Wissen als Ressource

Rüdiger Reinhardt

Wissen als
Ressource

Theoretische Grundlagen, Methoden
und Instrumente zur Erfassung von Wissen

PETER LANG
Frankfurt am Main · Berlin · Bern · Bruxelles · NewYork · Oxford · Wien

Die Deutsche Bibliothek - CIP-Einheitsaufnahme

Reinhardt, Rüdiger :
Wissen als Ressource : theoretische Grundlagen, Methoden und Instrumente zur Erfassung von Wissen / Rüdiger Reinhardt. - Frankfurt am Main ; Berlin ; Bern ; Bruxelles ; New York ; Oxford ; Wien : Lang, 2002
  Zugl.: Chemnitz, Techn. Univ., Habil.-Schr.
  ISBN 3-631-38307-X

...ADELTA.COM AG
CONSULTING GROUP

Gedruckt auf alterungsbeständigem,
säurefreiem Papier.

ISBN 3-631-38307-X

© Peter Lang GmbH
Europäischer Verlag der Wissenschaften
Frankfurt am Main 2002
Alle Rechte vorbehalten.

Das Werk einschließlich aller seiner Teile ist urheberrechtlich geschützt. Jede Verwertung außerhalb der engen Grenzen des Urheberrechtsgesetzes ist ohne Zustimmung des Verlages unzulässig und strafbar. Das gilt insbesondere für Vervielfältigungen, Übersetzungen, Mikroverfilmungen und die Einspeicherung und Verarbeitung in elektronischen Systemen.

Printed in Germany 1 2 3 4 6 7

www.peterlang.de

für

Sibille und Jonas

Vorwort der ADELTA.COM AG

Dass wir uns auf dem Weg zur Wissensgesellschaft befinden, wird unisono anerkannt, wenngleich vielen die Vorstellungskraft fehlt, was dies bedeuten kann und wird. Es verwundert daher nicht, daß der Begriff Wissensgesellschaft immer noch sehr häufig auf Wissensmanagement und dieses wiederum auf informationstechnologisch getriebene Informationsaggregation reduziert wird. Aber so, wie die Agrargesellschaft, dann die Industriegesellschaft ihre spezifischen Lebens- und Arbeitsformen und damit Quellen der Wertschöpfung entwickelt haben, entstehen in der Wissensgesellschaft neue Lebens- und Arbeitsstrukturen. Und darin gilt es, den Produktionsfaktor Wissen zu erfassen und Wissensorganisationen zu entwickeln.

Rüdiger Reinhardt hat dies in seiner Arbeit erkannt und eine umfassende Perspektive dargestellt, welchen Herausforderungen sich eine wissensgeleitete Unternehmung stellen muß. Dabei bedient er sich eines integrativen pluralistisch-epistemologischen Ansatzes als methodologische Voraussetzung, um die Interpenetrationen zwischen den unterschiedlichsten Wissensfacetten zu systematisieren und zu verknüpfen. Im Gegensatz zu reduktionistischen (IT-)Modellen steht für ihn (un-)ausgesprochen der Mensch als *Wissensarbeiter* im Brennpunkt von Veränderung. Genau dies spiegelt die Erfahrung einer Unternehmensberatung wieder, deren Aufgabe darin besteht, Unternehmen ganzheitlich strategisch zu beraten.

Nach dem Motto, es gibt nichts praktischeres als eine gute Theorie, empfehlen wir allen Wissens"managern" den Ausflug in die Reinhardt'sche Argumentation zur Erfassung der zentralen Ressource von Wissensorganisationen.

Düsseldorf, Januar 2002   Dr. Joachim Tries
                                                                          Günter Piff

Inhaltsübersicht

1	ENTDECKUNGSZUSAMMENHANG	21
1.1	Wissen – eine Begriffsannäherung	21
1.2	Die Erfassung von Wissen – eine Problemübersicht	26
1.3	Vorgehensweise und Übersicht	49
2	BEGRÜNDUNGSZUSAMMENHANG	57
2.1	Übersicht	57
2.2	Ökonomische Ansätze	60
2.3	Managementwissenschaftliche Ansätze	129
2.4	Interpretation und Schlußfolgerungen	200
3	METHODEN UND INSTRUMENTE DER ERFASSUNG VON WISSEN	211
3.1	Übersicht	211
3.2	Die betriebswirtschaftlich-monetäre Perspektive	216
3.3	Die managementwissenschaftliche Perspektive	260
3.4	Die integrative Perspektive	297
3.5	Konsequenzen für die Erfassung von Wissen	346
4	THEORETISCHE UND FORSCHUNGSBEZOGENE IMPLIKATIONEN	371
4.1	Übersicht	371
4.2	Theoretische Implikationen	374
4.3	Fazit: Implikationen für die Forschungspraxis	387
5	LITERATUR	393
6	SCHLAGWORT- UND AUTORENVERZEICHNIS	449

Inhaltsverzeichnis

1	**ENTDECKUNGSZUSAMMENHANG**	**24**
1.1	Wissen – eine Begriffsannäherung	24
1.2	Die Erfassung von Wissen – eine Problemübersicht	30
1.2.1	Wissen als Element volkswirtschaftlicher Wertschöpfung	30
1.2.2	Wissen als Element einzelwirtschaftlicher Wertschöpfung	34
1.2.2.1	Wissensbezogene Anforderungen des Kapitalmarkts	35
1.2.2.2	Unzureichende Erfaßbarkeit von Wissen im traditionellen Rechnungswesen	38
1.2.2.3	Wissenskapitalsysteme	41
1.2.2.4	Die Erfassung von Wissenstransformationsprozessen	46
1.2.3	Zielsetzung der Arbeit	49
1.3	**Vorgehensweise und Übersicht**	**53**
2	**BEGRÜNDUNGSZUSAMMENHANG**	**61**
2.1	**Übersicht**	**61**
2.2	**Ökonomische Ansätze**	**64**
2.2.1	Volkswirtschaftliche Wachstumstheorie	65
2.2.1.1	Klassische Ökonomie	65
2.2.1.2	Neoklassische Überlegungen	66
2.2.1.3	Neue Wachstumstheorie	67
2.2.2	Humankapitaltheorie	69
2.2.2.1	Humankapital und Wissen	70
2.2.2.2	Grundannahmen der Humankapitaltheorie	71
2.2.2.3	Investitionen in Humankapital	72
2.2.2.4	Zur Gültigkeit der Humankapitaltheorie	74
2.2.3	Konzeptionelle Weiterentwicklungen der Humankapitaltheorie	76
2.2.3.1	Organisationskapital	77
2.2.3.2	Soziales Kapital	81
2.2.4	Die ökonomische Produktion von Wissen	84
2.2.4.1	Merkmale von Wissen	84
2.2.4.2	Erfassung von Wissen	86
2.2.4.3	Klassifikation von Wissen	88
2.2.5	Traditionelle betriebswirtschaftliche Überlegungen zum Faktor Wissen	90
2.2.5.1	Der Produktionsfaktoransatz	90
2.2.5.2	Erfahrungs- und Lernkurven	91
2.2.5.3	Zusammenfassung	93

2.2.6	Aktuelle betriebswirtschaftliche Bezüge zum Faktor Wissen	94
2.2.6.1	Die Honorierung wissensbezogener Investitionen durch den Kapitalmarkt	94
2.2.6.2	Investor-Relations und Wissen	97
2.2.6.3	Unternehmensbewertung, Due Diligence und Wissen	101
2.2.6.3.1	Due Diligence und Human Resources	104
2.2.6.3.2	Due Diligence und Organisation	105
2.2.7	Erkenntnisbeitrag und Erkenntnisgrenzen ökonomischer Ansätze	106
2.2.7.1	Zusammenfassung und erste Implikationen	106
2.2.7.2	Informationstheoretischer Exkurs	108
2.2.7.2.1	Begriffliche Grundlagen der Informationstheorie	109
2.2.7.2.2	Daten, Information, Wissen: Eine informationstheoretische Abgrenzung	113
2.2.7.2.3	Die Messung von Information und Wissen	116
2.2.7.2.4	Informationstheoretische Implikationen für die vorliegende Arbeit	118
2.2.7.3	Vorüberlegungen zu wissensbezogenen Merkmalen (Teil 1)	123

2.3 Managementwissenschaftliche Ansätze — 133

2.3.1	Human Resource Management	134
2.3.1.1	Begriffsbestimmung	135
2.3.1.2	Der Beitrag des HRM zum Unternehmenserfolg	136
2.3.2	Wissensmanagement	140
2.3.2.1	Wissensmanagement als Umwandlung von Wissensklassen: Der Ansatz von Nonaka/Takeuchi (1995)	141
2.3.2.1.1	Vorüberlegungen: Klassifikation von Wissen	142
2.3.2.1.2	Wissen im Rahmen des Modells der Wissensentwicklung	144
2.3.2.2	Wissensmanagement als Gestaltung organisationaler Lernprozesse: Der Ansatz von Pawlowsky (1994)	147
2.3.2.2.1	Theoretische Perspektiven organisationalen Lernens	147
2.3.2.2.2	Wissen im Rahmen des Modells des integrativen Wissensmanagements	150
2.3.3	Der Ressourcenorientierte Ansatz	156
2.3.3.1	Ressourcen als Quellen der Einzigartigkeit: Die Überlegungen von Penrose (1959)	157
2.3.3.2	Die Einzigartigkeit von Ressourcen als Wettbewerbsvorteil: Der Ansatz von Barney (1986)	159
2.3.3.3	Das Konzept der Kernkompetenzen: Der Ansatz von Hamel/Prahalad (1991)	163
2.3.3.4	Die Bedeutung von Wissen im Ressourcenorientierten Ansatz	166
2.3.4	Wissensbasierte Theorien des Unternehmens	168
2.3.4.1	Der Ansatz von Grant (1996)	169
2.3.4.1.1	Begriffliche Grundlagen	169
2.3.4.1.2	Implikationen für die Existenz des Unternehmens	171
2.3.4.1.3	Die unternehmensbezogene Koordination von Aktivitäten	172
2.3.4.1.4	Wissensbezogene Organisationsstruktur	173

2.3.4.2	Der Ansatz von Spender (1996)	175
2.3.4.2.1	Begriffliche Grundlagen	175
2.3.4.2.2	Implikationen für die Nutzbarkeit von Wissen	176
2.3.4.2.3	Implikationen für die Auffassung von Unternehmen	177
2.3.4.2.4	Implikationen für die Führung wissensbasierter Systeme	177
2.3.4.3	Der Ansatz von Boisot (1995, 1998)	178
2.3.4.3.1	Begriffliche Grundlagen	178
2.3.4.3.2	Lernprozesse im Information Space (I-Space)	180
2.3.4.4	Zusammenfassung	183
2.3.5	Erkenntnisbeitrag und Erkenntnisgrenzen managementwissenschaftlicher Ansätze	183
2.3.5.1	Zusammenfassung	183
2.3.5.2	Meta-theoretischer Exkurs: Repräsentationistische vs. antirepräsentationistische Ansätze	185
2.3.5.2.1	Implikationen für die Begriffsbestimmung: Daten, Information, Wissen	190
2.3.5.2.2	Implikationen für den Gültigkeitsbereich von Aussagen	192
2.3.5.2.3	Zusammenfassung	195
2.3.5.3	Vorüberlegungen zu wissensbezogenen Merkmalen (Teil 2)	195
2.4	**Interpretation und Schlußfolgerungen für den weiteren Verlauf der Arbeit**	**204**
2.4.1	Die Wertschöpfungsrelevanz von Wissen: Zusammenfassung	204
2.4.2	Die Ableitung der Merkmale von Wissen	208
2.4.2.1	Die Merkmale von Wissen: Vorüberlegungen	209
2.4.2.2	Die originären Merkmale von Wissen	214
3	**METHODEN UND INSTRUMENTE DER ERFASSUNG VON WISSEN**	**215**
3.1	**Übersicht**	**215**
3.2	**Die betriebswirtschaftlich-monetäre Perspektive**	**220**
3.2.1	Methodische Grundlagen: Betriebswirtschaftliche Bewertung	220
3.2.1.1	Grundbegriffe	220
3.2.1.1.1	Der wertmäßige Kostenbegriff	222
3.2.1.1.2	Der pagatorische Kostenbegriff	224
3.2.1.2	Gütekriterien der Bewertung	225
3.2.1.3	Fazit: Die Erfaßbarkeit von Wissen im Rahmen betriebswirtschaftlichen Bewertens	226
3.2.2	Traditionelle Perspektive: Orientierung der Bewertung an der Rechnungslegung	230
3.2.2.1	Die Bilanzierung unsichtbarer Vermögenswerte	230
3.2.2.1.1	Die Klassifikation immaterieller Aktiva	231
3.2.2.1.2	Die Operationalisierung unsichtbarer Vermögenswerte	233
3.2.2.1.3	Die Bewertung unsichtbarer Vermögenswerte: Grundlagen und Probleme	235
3.2.2.2	Das Knowledge Statement	237

3.2.2.3	Calculated Intangible Value	238
3.2.2.4	Humanvermögensrechnung	239
3.2.2.4.1	Human Cost Accounting	240
3.2.2.4.2	Human Value Accounting	241
3.2.2.4.3	Effekte der Humanvermögensrechnung	243
3.2.2.4.4	Schlußfolgerung	243
3.2.3	Aktuelle Perspektive: Orientierung der Bewertung am ökonomischen Wert	244
3.2.3.1	Marktwertorientierte Grundbegriffe	245
3.2.3.1.1	Shareholder Value	245
3.2.3.1.2	Economic Value Added	246
3.2.3.1.3	Von der rechnungslegungsbezogenen zur wertbezogenen Perspektive betrieblicher Leistungserstellung	248
3.2.3.2	Information Productivity & Knowledge Capital: Der Ansatz von Strassmann (1996)	249
3.2.3.2.1	Begriffe und Definitionen	250
3.2.3.2.2	Anwendungsbeispiel	252
3.2.3.2.3	Diskussion	254
3.2.3.3	Value Added Intellectual Capital: Der Ansatz von Pulic (1996)	255
3.2.3.3.1	Begriffe und Definitionen	255
3.2.3.3.2	Anwendungsbeispiel	256
3.2.3.3.3	Diskussion	258
3.2.4	Die Erfassung von Wissen mittels finanzwirtschaftlicher Instrumente	259
3.2.4.1	Zusammenfassung	259
3.2.4.2	Erfassung wissensbezogener Wertschöpfung mittels finanzwirtschaftlicher Instrumente: Eignung	261
3.3	**Die managementwissenschaftliche Perspektive**	**264**
3.3.1	Methodische Grundlagen: Der sozialwissenschaftlich-empirische Meßprozeß	264
3.3.1.1	Der Prozeß des Messens	264
3.3.1.1.1	Meßbezogene Entscheidungen	266
3.3.1.1.2	Gütekriterien der Messung: Validität, Reliabilität und Objektivität	268
3.3.1.2	Fazit: Die Meßbarkeit von Wissen im Rahmen sozialwissenschaftlich-empirischen Messens	270
3.3.2	Diagnostik des Wissensmanagements	273
3.3.2.1	Grundlagen: Diagnose als Entscheidungssystem	273
3.3.2.2	Die Pilotstudie von Reinhardt (1998)	277
3.3.2.2.1	Zielsetzung des Projekts bzw. der Teilprojekte	277
3.3.2.2.2	Methode	278
3.3.2.2.3	Ergebnisse	282
3.3.2.2.4	Diskussion	284
3.3.2.3	Die Studie von Bontis (1999)	287
3.3.2.3.1	Zielsetzung der Studie	287
3.3.2.3.2	Theoretischer Hintergrund	287
3.3.2.3.3	Methode	291

3.3.2.3.4	Ergebnisse	291
3.3.2.3.5	Diskussion	292
3.3.3	Exkurs: Erfassung von Wissen aus konstruktivistischer Perspektive	293
3.3.4	Die Meßbarkeit von Wissen aus managementwissenschaftlicher Perspektive	297
3.3.4.1	Zusammenfassung	297
3.3.4.2	Erfassung wissensbezogener Wertschöpfung mittels managementwissenschaftlicher Instrumente: Eignung	299

3.4 Die integrative Perspektive — 301

3.4.1	Methodische Grundlagen: Indikatoren- und Kennzahlensysteme	301
3.4.1.1	Begriffliche Grundlagen	302
3.4.1.1.1	Indikatoren und Kennzahlen	302
3.4.1.1.2	Kennzahlen- und Indikatorensysteme	304
3.4.1.2	Messung mit Indikatoren	305
3.4.1.3	Entwicklung von Indikatorensystemen	306
3.4.1.4	Gütekriterien und Anforderungen an Indikatoren und Kennzahlen	307
3.4.1.5	Fazit: Die Erfaßbarkeit von Wissen im Rahmen von Indikatorensystemen	308
3.4.2	Wissenskapitalsysteme	310
3.4.2.1	Konzeptionelle Grundlagen	310
3.4.2.1.1	Der Ansatz von Sveiby (1997)	313
3.4.2.1.2	Der Ansatz von Edvinsson/Malone (1997)	315
3.4.2.1.3	Der Ansatz von Roos et al. (1997)	317
3.4.2.2	Die Erfassung von Wissenskapital	317
3.4.2.2.1	Der individuelle Wissenskapitalbestand	317
3.4.2.2.2	Der interne Wissenskapitalbestand	324
3.4.2.2.3	Der externe Wissenskapitalbestand	330
3.4.2.2.4	Die prozeßbezogene Erfassung von Wissenskapital	335
3.4.2.3	Die Nutzung von Wissenskapitalsystemen: Empirische Befunde	338
3.4.2.4	Die Erfassung von Wissen mittels Wissenskapitalmessung	341
3.4.2.4.1	Zusammenfassung	341
3.4.2.4.2	Die Erfassung wissensbezogener Wertschöpfung mittels Wissenskapitalmessung: Eignung	343
3.4.2.4.3	Exkurs: Balanced Scorecard	346
3.4.2.4.4	Abschließende Beurteilung der Eignung von Wissenskapitalsystemen	349

3.5 Konsequenzen für die Erfassung von Wissen — 350

3.5.1	Überblick: Die Auffassung von Wissen	351
3.5.2	Systematisierung wissensbezogener Meßgrößen	356
3.5.2.1	Leitdimensionen zur Klassifikation wissensbezogener Meßgrößen	356
3.5.2.2	Wissensbezogene Meßgrößen: Perspektive I	359
3.5.2.3	Wissensbezogene Meßgrößen: Perspektive II	360
3.5.2.4	Wissensbezogene Meßgrößen: Perspektive III	362
3.5.2.5	Wissensbezogene Meßgrößen: Perspektive IV	364
3.5.2.6	Schlußfolgerung	365

3.5.3	Synthese: Erfassung von Wissen als Gesamtprozeß	365
3.5.3.1	Repräsentationistische Integration	366
3.5.3.2	Konstruktivistische Integration	368
3.5.4	Schlußfolgerung: Exemplarische Ableitung eines Indikatorensystems zur Erfassung von Wissen	370

4	**THEORETISCHE UND FORSCHUNGSBEZOGENE IMPLIKATIONEN**	**375**
4.1	**Übersicht**	**375**
4.2	**Theoretische Implikationen**	**378**
4.2.1	Auffassung und Handhabung von Inkommensurabilität	378
4.2.1.1	Vorüberlegung: Das Problem der Inkommensurabilität	378
4.2.1.2	Lösungsansätze für das Inkommensurabilitätsproblem	379
4.2.1.3	Die Lösung des Inkommensurabilitätsproblems	381
4.2.1.4	Implikationen für die Erfassung von Wissen	385
4.2.2	Die Erfassung von Wissen als technologisches Problem	385
4.2.2.1	Wissenschaftliche und technologische Aussagen	386
4.2.2.2	Implikationen für die Messung von Wissen	389
4.2.3	Konsequenzen	390
4.3	**Fazit: Implikationen für die Forschungspraxis**	**391**
5	**LITERATUR**	**397**
6	**SCHLAGWORT- UND AUTORENVERZEICHNIS**	**449**

Abbildungsverzeichnis

Abbildung 1: Grundprobleme der Erfassung von Wissen ... 32
Abbildung 2: Hypothese zur Wertschöpfungsrelevanz von Wissen ... 47
Abbildung 3: Argumentationsablauf, Hauptziele und Leitfragen der Arbeit ... 49
Abbildung 4: Ablauf der Arbeit ... 57
Abbildung 5: Argumentationsablauf des zweiten Kapitels ... 60
Abbildung 6: Infomationstheoretische Ebenen von Information und Wissen ... 112
Abbildung 7: Vier Formen der Wissensumwandlung ... 142
Abbildung 8: Bausteine eines integrativen Theorieansatzes organisationalen Lernens ... 148
Abbildung 9: Gesamtmodell des Integrativen Wissensmanagements ... 149
Abbildung 10: Der I-Space ... 177
Abbildung 11: Der Begründungszusammenhang in der Gesamtschau ... 202
Abbildung 12: Argumentationsverlauf des dritten Kapitels ... 216
Abbildung 13: Entwicklung von Buchwert und *knowledge capital* ... 250
Abbildung 14: VACA-Analyse für Österreich ... 254
Abbildung 15: VAIP-Analyse für Österreich ... 254
Abbildung 16: Die drei finanzwirtschaftlichen Perspektiven der Erfassung von Wissen ... 257
Abbildung 17: Entscheidungsstufen des empirischen Meßprozesses ... 262
Abbildung 18: Schematische Darstellung eines diagnostischen Entscheidungsprozesses ... 272
Abbildung 19: Praxisbezogenes Modell des integrativen Wissensmanagements ... 276
Abbildung 20: Fragebogenausschnitt – Phase: „Formulieren wissensbezogener Ziele" ... 277
Abbildung 21: Wettbewerbsvorteile und zukünftige Herausforderungen ... 278
Abbildung 22: Befragungsergebnisse – Perspektive Wissensmanagementphasen ... 279
Abbildung 23: Das „*Strategic Learning Assessment Map*" ... 286
Abbildung 24: Die prozeßbezogene Perspektive der Erfassung von Wissen ... 295
Abbildung 25: Die wissenskapitalbezogene Perspektive der Erfassung von Wissen ... 340
Abbildung 26: Leitdimensionen der Analyse wissensbezogener Meßgrößen ... 355
Abbildung 27: Perspektive I wissensbezogener Meßgrößen ... 356
Abbildung 28: Perspektive II wissensbezogener Meßgrößen ... 358
Abbildung 29: Perspektive III wissensbezogener Meßgrößen ... 360
Abbildung 30: Perspektive IV wissensbezogener Meßgrößen ... 361
Abbildung 31: Gesamtperspektive der Erfassung wissensbezogener Indikatoren (repräsentationistische Auffassung) ... 363
Abbildung 32: Gesamtperspektive der Erfassung wissensbezogener Indikatoren (konstruktivistische Auffassung) ... 366
Abbildung 33: Exemplarisches Indikatorensystem zur Erfassung wertschöpfungsrelevanten Wissens ... 369
Abbildung 34: Argumentationsverlauf des vierten Kapitels ... 374

Tabellenverzeichnis

Tabelle 1:	Ausprägungen des Human- und Organisationskapital	77
Tabelle 2:	Wissensklassifikation von Machlup	86
Tabelle 3:	Marktrelevante Bedeutung nicht-finanzieller Leistungsindikatoren aus Investorensicht	97
Tabelle 4:	Charakteristika von Wissen vs. Charakteristika materieller Ressourcen (Teil 1)	121
Tabelle 5:	Neoklassische Perspektiven zur Bewertung wissensbezogener Güter	129
Tabelle 6:	Beziehung zwischen HRM-Qualität und finanzwirtschaftlichem Erfolg	136
Tabelle 7:	Wissenskategorien	140
Tabelle 8:	Typen von organisationalem Wissen innerhalb des wissensbasierten Ansatzes des Unternehmens	172
Tabelle 9:	Charakteristika von Wissen vs. Charakteristika materieller Ressourcen (Teil 2)	193
Tabelle 10:	Klassen unsichtbarer Vermögenswerte	229
Tabelle 11:	Notwendige Kriterien zur Bewertung eines unsichtbaren Vermögensgegenstandes	231
Tabelle 12:	Konversion des *accounting model* in das *economic model*	245
Tabelle 13:	Zusammenhang zwischen Wissensmanagementphasen und aktuellen Wettbewerbsvorteilen bzw. zukünftigen Herausforderungen	280
Tabelle 14:	Das „4-i Framework of Organizational Learning"	285
Tabelle 15:	Definition der Elemente des SLAM-Modells	287
Tabelle 16:	Abstufung der Wissensdimensionen im I-Space	292
Tabelle 17:	Übersicht über Dimensionen und Kategorien von Wissenskapital	309
Tabelle 18:	Intangible Assets Monitor (Ausschnitte) für das schwedische Unternehmen Celemi	312
Tabelle 19:	Die individuelle Perspektive der Erfassung von Wissenskapital (1)	315
Tabelle 20:	Die individuelle Perspektive der Erfassung von Wissenskapital (2)	316
Tabelle 21:	Die individuelle Perspektive der Erfassung von Wissenskapital (3)	317
Tabelle 22:	Die interne Perspektive der Erfassung von Wissenskapital (1)	322
Tabelle 23:	Die interne Perspektive der Erfassung von Wissenskapital (2)	323
Tabelle 24:	Die interne Perspektive der Erfassung von Wissenskapital (3)	324
Tabelle 25:	Die externe Perspektive der Erfassung von Wissenskapital (1)	328
Tabelle 26:	Die externe Perspektive der Erfassung von Wissenskapital (2)	329
Tabelle 27:	Die prozeßbezogene Perspektive der Erfassung von Wissenskapital	334
Tabelle 28:	Inhaltlicher Überblick des Konzepts „Wissen als Ressource" (1)	350
Tabelle 29:	Inhaltlicher Überblick des Konzepts „Wissen als Ressource" (2)	351
Tabelle 30:	Gemeinsamkeiten und Unterschiede zwischen wissenschaftlichen und technologischen Aussagesystemen.	384
Tabelle 31:	Modi der Wissensproduktion	390

Verzeichnis der Erläuterungen (Kästen)

Kasten 1:	Beispiel zu den Manifestationsebenen von Wissen	23
Kasten 2:	Ausgewählte Definitionen der Begriffe „Daten", „Information", „Wissen"	26
Kasten 3:	Indikatoren zur Erfassung von Wissenskapital	42
Kasten 4:	Fallbeispiel zur Erläuterung der Merkmale von Wissen	210
Kasten 5:	Beispiel zur Verdeutlichung der Differenz zwischen theoretischen und praxeologischen Gütekriterien	386

1 ENTDECKUNGSZUSAMMENHANG

Durch eine Vielzahl volks-, betriebs- und managementwissenschaftlicher Phänomene wird eine zunehmende Entmaterialisierung von Wertschöpfungsprozessen deutlich, die durch Begriffe wie „Wissen als Kapital", „Wissen als Ressource" oder „Wissen als Produktionsfaktor" beschrieben werden kann. Obwohl inzwischen kaum mehr Zweifel an dieser zunehmenden Wissensorientierung von Wertschöpfung bestehen, bieten Betriebswirtschafts- und Managementlehre als wissenschaftliche Disziplinen nur unsystematische Hinweise zur Messung dieser „unsichtbaren" Vermögenswerte. Aus diesem Spannungsfeld läßt sich folgende **Aufgabenstellung** für die vorliegende Arbeit ableiten: Zum einen soll herausgearbeitet werden, welche theoretisch begründeten Hinweise zur Messung von Wissen identifiziert werden können, und zum anderen soll darauf aufbauend geprüft werden, ob bzw. in welchem Umfang sich daraus ein Meßmodell für die Erfassung der Ressource Wissen ableiten läßt.

Zunächst möchte ich anhand einiger konkreter, einführender Überlegungen für die vorliegende Fragestellung sensibilisieren (vgl. Abschnitt 1.1). In Abschnitt 1.2 werden anschließend die wichtigsten Problemfelder erörtert, die die Relevanz der obigen Aufgabenstellung begründen sollen. Dabei werde ich zunächst einige volkswirtschaftliche Rahmenbedingungen zum Problemfeld „Wissensbezogene Wertschöpfung" skizzieren, woran sich eine vertiefte betriebswirtschaftliche bzw. managementwissenschaftliche Elaboration dieser Problemstellung anschließt, die sich zudem als weitergehende Fokussierung verstehen läßt. Aufbauend auf diesen Überlegungen werden die Konsequenzen für die Präzisierung der Fragestellung abgeleitet und in Abschnitt 1.3 die Implikationen für den Aufbau der weiteren Arbeit erläutert.

1.1 Wissen – eine Begriffsannäherung

Zum Verständnis der vorliegenden Fragestellung ist es hilfreich, sich zunächst mit deren **konkreten** Aspekten auseinanderzusetzen. Ich möchte daher mit einigen „phänomenologischen" Überlegungen zum Thema „Wissen und Wertschöpfung" beginnen, wobei ich ein konkretes – objektbezogenes – Beispiel an den Anfang meiner Überlegungen stelle (vgl. Kasten 1), dann auf eine prozessuale Perspektive von wertschöpfungsbezogenem Wissen überleite und abschließend auf einige definitorische Schwierigkeiten im Umgang mit dem Begriff „Wissen" verweisen möchte.

> Als IT-Laie stellt mein PC eine „*black box*" für mich dar. Ich habe zwar gelernt, wie ich den PC bedienen kann – also wie die Tastatur und die Maus funktioniert („*Wissen im Kopf*"), doch benötige ich spätestens dann eine Anleitung („*Wissen als dokumentierter Prozeß*"), wenn ich mein Wissen über eine spezifische Anwendungssoftware erweitern will.
>
> Weist mein PC demgegenüber einen Defekt auf, so bleibt mir nichts anderes übrig, als einen Experten zu Rate zu ziehen und ihn um eine Problembeseitigung zu bitten. Dieser Experte wird ggf. eine Platine austauschen („*Wissen im Objekt*"), um den Rechner wieder funktionsfähig zu machen.

Kasten 1: Beispiel zu den Manifestationsebenen von Wissen

Analysiert man das Beispiel aus Kasten 1 anhand der Frage, wie das Wissen in das Dokument bzw. in das Objekt geraten ist, so ist hier ein menschlicher Akteur als Urheber zu identifizieren: Zum einen in der Form, daß es Menschen sind, die ihr Wissen für die Konstruktion der entsprechenden Fertigungsanlagen zur Verfügung gestellt haben („Prozeßintelligenz"), zum anderen Wissen, das zur Entwicklung der Chips beigetragen hat („Produktintelligenz") und schließlich Wissen, das beispielsweise aus dem Umgang mit Fehlern resultiert und dazu verwendet wird, aus bisherigem Wissen neues Wissen zu schöpfen.

In Abhängigkeit des in Kasten 1 skizzierten Problems läßt sich die Frage anschließen, welchen „Wert" das Wissen hat, das mir hilft, den Defekt meines PCs zu beseitigen. Hier sind mehrere Antworten denkbar: (a) „120,-- DM" – wenn man davon ausgeht, daß der Stundenlohn des Experten DM 120,-- beträgt; (b) „25.000,-- DM" – wenn man den Wert des kumulierten Wissens dieses Experten im Umgang mit PCs (operationalisiert über die damit verbrachte Zeit und einem entsprechenden Stundenhonorar) zugrundelegt, bis hin zu (c) "unbestimmbar", da man letztlich nicht präzise angeben kann, welche Wissenskategorie in welchem Umfang bei der Reparatur eingesetzt wurde, und somit kein Preis zuordenbar ist. Dieses Beispiel liefert bereits erste Hinweise, daß sich Wissen zum einen im Wertschöpfungsprozeß *unterschiedlich* verorten läßt, und zum anderen, daß hier der Wert von Wissen durch *unterschiedliche* Preise erfaßt werden kann.

Darauf aufbauend läßt sich folgender Zugang zu dem Thema „Wissen im Wertschöpfungsprozeß" anhand der drei folgenden Perspektiven erschließen (vgl. North 1998, S. 27): (1) Wissen kann in ein **Objekt** einfließen; es kann (2) dazu genutzt werden, den **Wertschöpfungsprozeß** zu verbessern, oder es kann (3) dazu verwendet werden, **neues Wissen** zu erzeugen. Wie lassen sich diese drei Perspektiven näher beschreiben?

- **Inkorporation von Wissen in Outputs – Wissen in Produkten bzw. Dienstleistungen:** Wissen wird im Rahmen der Erstellung von Produkten und Dienstleistungen eingesetzt, d.h. der Wert des Produktes oder der Dienstleistung nimmt für den Käufer aufgrund des inkorporierten Wissens zu. Diese Perspektive kann anhand der folgenden Daten veranschaulicht werden: 70 Prozent des Wertes von Produkten wie Autos basieren auf wissensbezogenen Bestandteilen, wie Kreativität, Kundenbeziehungen, Marketing und Verkaufstechniken; bei Hochtechnologieprodukten wie Mikrochips oder CDs erreicht dieser Wert sogar 85 Prozent (World Economy Survey 1996, S. 43). Die Wissensintensität im Output hängt somit sowohl von der Inkorporation personengebundenden Wissens in Erzeugnisse als auch von der Automatisierung bzw. Computerisierung des Prozesses ab.

- **Inkorporation von Wissen in Prozessen:** Das Wissen in Gütern und Dienstleistungen kann aus Wissen stammen, das die Inputfaktoren bereits enthalten haben oder aber das durch entsprechende wissensintensive Verarbeitungsschritte "veredelt" wurde. Damit wird durch den Einsatz des Faktors Wissen eine hohe Flexibilität im Prozeßverlauf möglich. Beispiele hierfür sind "n=1"-Lösungen oder aber Fertigungssysteme, die aus Fehlern lernen können. Die Wissensintensität in der Wertschöpfungskette resultiert beispielsweise aus dem Einsatz von IT-Systemen. Allerdings sind hier auch andere Wege möglich; dies läßt sich unter anderem anhand der Prozesse der Wissensdiffusion und -umsetzung bei der Fast Food-Kette „McDonalds" verdeutlichen: Durch ein hohes Maß an – durch Dokumentation der Prozesse unterstützte – Standardisierung gelang es hier innerhalb kürzester Zeit, sowohl Unternehmenspolitik und (Teil-)Strategien bis in die entferntesten Regionen zu transferieren, sowie sicherzustellen, daß diese (neuen) Standards auch schnellstmöglich umgesetzt werden. Diese Form der Prozeßintelligenz basiert somit auf der gleichförmigen Nutzung dokumentierten Wissens durch eine Vielzahl von Anwendern.

- **Erzeugung neuen Wissens:** Eine dritte Perspektive des Einsatzes von Wissen ergibt sich aus der – selbstreferentiellen – Anwendung von Wissen auf Wissen mit dem Ziel der Entwicklung neuen Wissens. Dies beinhaltet die Möglichkeit, mit Hilfe von vorhandenem Wissen neues Wissen zu produzieren und zu verkaufen, wie dies bei „wissensintensiven" Unternehmen (z.B. Beratungsfirmen, Banken, Versicherungen, aber auch Ärzten und Rechtsanwaltskanzleien) der Fall ist: Sie setzen Wissen für die Lösung von Kundenproblemen ein, und nutzen ihr Wissen aber auch, ihr eigenes Know-how permanent zu erweitern und zu aktualisieren. Parallel dazu ist ein solcher Prozeß natürlich auch innerhalb eines einzelnen Individuums, z.B. in Form von Problemlösungsprozessen, vorstellbar.

Welche ersten Implikationen lassen sich auf Basis dieser Darstellung für die **Messung von Wissen** ableiten? Zunächst ist offensichtlich, daß sich Wissen als wertschöpfungsrelevante Größe einer direkten Beobachtung entzieht – offensichtlich sind nur Rückschlüsse auf mögliche Effekte von Wissen in der Wertschöpfung möglich. Damit einhergehend ist zu vermuten, daß aufgrund dieser mangelnden direkten Beobachtbarkeit von Wissen ein Zurechnungsproblem in der Hinsicht auftritt, daß die tatsächlichen „Urheber" dieser Effekte nur unscharf zu bestimmen sind. Darüber hinaus wird deutlich, daß der Nutzung von Wissen keine linearen Wirkungen unterstellt werden können: Wenn die Anwendung von Wissen zu neuem Wissen führt, dann kann dies fördernde – aber auch hemmende – Effekte auf den bereits vorhandenen Wissensbestand haben.

Abstrahiert man von diesen Problemen, so läßt sich die generelle Frage ableiten, wie der Anteil an Wissen in einem Produkt, in einem objektbezogenen (Wissen in Prozessen) oder einem selbstreferentiellen (Wissen erzeugt neues Wissen) Prozeß konzipiert, erfaßt, gemessen und bewertet werden kann: **Läßt sich Wissen hierbei in monetären Größen erfassen und bewerten, oder ist es vielmehr notwendig, Wissen mittels qualitativer Kategorien abzubilden?**

Die Beantwortung dieser Fragenkomplexe setzt voraus, sich ein klareres Bild von dem Begriff „Wissen" zu verschaffen. Wenn man versucht, den Begriff „Wissen" zu definieren oder von ähnlichen Begriffen wie „Daten" oder „Information" abzugrenzen, wird allerdings schnell eine begriffliche Unschärfe deutlich. Faßt man in Anlehnung an Musgrave (1993, S. 62) 2500 Jahre abendländischer Philosophie als Diskurs zu den Themen „Was können wir wissen?" und „Was ist Wissen?" auf, so ist auch nicht zu erwarten, daß Wissen einen Begriff darstellt, der sich einfach oder gar zweifelsfrei bzw. eindeutig definieren läßt – auch dann nicht, wenn man auf eine umfassende philosophische bzw. erkenntnistheoretische Grundlegung des Begriffs Wissen aufbaut.

Da im Laufe der vorliegenden Arbeit immer deutlicher werden wird, was unter dem hier interessierenden Begriff des – wertschöpfungsrelevanten – Wissens zu verstehen ist, möchte ich zu Beginn zunächst einige Definitionen der drei Begriffe „Daten", „Information" und „Wissen" präsentieren (vgl. Kasten 2) und hieraus drei erste – phänomenbezogene – Schlußfolgerungen ableiten. Darüber hinaus wird dadurch die Heterogenität bzw.

auch die – in Teilen sichtbar werdende – Unvereinbarkeit dieser Begriffe deutlich[1].

"Als Daten bezeichnen wir die symbolische Repräsentation von Sachverhalten. (...) Als Information bezeichnen wir ein Bündel von Daten, das in einer propositionalen Struktur zusammengefaßt ist. (...) Als Wissen schließlich bezeichnen wir die systematische Verknüpfung von Informationen dergestalt, daß prognostische oder explanatorische Erklärungen abgegeben werden können, d.h. sinnvolle Fragen richtig beantwortet werden können" (Winkelhage 1998, S. 15).

„Das spezifische Wissen, das man in einer bestimmten Situation benötigt um beispielsweise ein Problem zu lösen, wird Information genannt" (Hartmann/Näf/Schäuble 2000, S. 15)

„When organized and defined in some intelligible fashion, then data becomes information. (...) Information that has been interpreted and synthesized, reflecting certain implicit values, becomes knowledge" (Tapscott 1997, S. 32).

„Information ist allerdings eine ganz besondere Entität des Seins. Sie ist weder Materie noch ist sie Energie, beide dienen lediglich als Träger von Information. Wenn ich Materie oder Energie weitergebe, dann besitze ich nachher die entsprechende Menge an Materie oder Energie weniger. Gebe ich aber Information weiter, dann habe ich sie nachher immer noch. Ja, ich kann sie beliebig vervielfältigen, ohne weitere Information aufnehmen zu müssen." (Vester 1978, S. 29).

„Wir müssen Vorträge, Bücher, Diapositive, Filme usw. nicht als Information, sondern als Träger potentieller Information ansehen. Dann wird uns nämlich klar, daß das Halten von Vorträgen, das Schreiben von Büchern, die Vorführung von Diapositiven und Filmen usw. kein Problem löst, sondern ein Problem erzeugt: Nämlich zu ermitteln, in welchen Zusammenhängen diese Dinge so wirken, daß sie in den Menschen, die sie wahrnehmen, neue Einsichten, Gedanken und Handlungen erzeugen" (von Foerster 1971, S. 197).

„Bis zu einem gewissen Grad entsteht Wissen aus konkreter Erfahrung, basiert es auf einer Körperlichkeit, die jeder von uns anders erlebt" (Turkle 1995, S. 386).

Kasten 2: **Ausgewählte Definitionen der Begriffe „Daten", „Information", „Wissen"**

---

[1] Bereits an dieser Stelle ist darauf hinzuweisen, daß auch die wirtschaftswissenschaftliche Theoriebildung mit diesem Problem der „Unschärfe" zu kämpfen hat. Ein Beispiel einer solchen „Unschärfe" kann durch den Versuch verdeutlicht werden, den Wissensbegriff *inhaltlich* zu präzisieren. Strube et al. (1997, S. 799ff.) gelingt es, 39 (!) verschiedene Wissensarten – und somit Wissensinhalte – voneinander abzugrenzen. Diese große Anzahl distinkter Kategorien legt die Vermutung einer mangelnden Eignung dieser Kategorien für eine wirtschaftswissenschaftliche Betrachtung nahe.

„Wissen läßt sich nicht vermitteln, es läßt sich nicht als eine Art Gegenstand, eine Sache oder ein Ding begreifen, das man – wie Zucker, Zigaretten, Kaffee – von A nach B transferieren kann, um in einem Organismus eine bestimmte Wirkung zu erzeugen" (von Foerster 1998, S. 70).

„I define knowledge in terms of potentially observable behavior, as the ability of an individual or group of individuals to undertake, or to instruct or otherwise induce others to undertake, procedures resulting in predictable transformations of material objects" (Howitt 1996, S. 11).

Kasten 2: Ausgewählte Definitionen der Begriffe „Daten", „Information", „Wissen" (Fortsetzung)

Welche ersten Schlußfolgerungen lassen sich aus dieser in Kasten 2 enthaltenen Übersicht ziehen? Meines Erachtens werden hier folgende Merkmale von Wissen deutlich:

- Wissen unterscheidet sich von Information dadurch, daß (neues) Wissen aus einer Verknüpfung von Informationen mit schon bereits gespeichertem Wissen resultiert.

- Information selbst läßt sich von Materie und Energie abgrenzen. Allerdings sind materielle, energetische oder personale Träger notwendig, um Information übertragen zu können.

- Wissen besitzt einen instrumentellen, das heißt einen handlungsorientierten Charakter. Allerdings sind die Effekte einer „Wissensübertragung" nicht vorhersagbar.

Nach diesen ersten Überlegungen zu einer Annäherung an den Wissensbegriff, der die Schwierigkeiten[2], die mit der Messung von Wissen einhergehen, bereits erahnen läßt, möchte ich jetzt die Problemfelder, die mit der Erfassung von Wissen in Beziehung stehen, präzisieren.

1.2 Die Erfassung von Wissen – eine Problemübersicht

Zunächst wird anhand einer volkswirtschaftlichen Argumentation gezeigt, daß auch hier Wissen als Produktionsfaktor an Bedeutung zunimmt, und damit einhergehend die Frage nach dessen *angemessener* Erfassung

---

[2] Diese Schwierigkeiten lassen sich insbesondere auf die mangelnde Vorhersagbarkeit der Güte von „Wissensübertragungseffekten" sowie die prinzipielle Differenz von Wissen zu Materie bzw. Energie zurückführen (ausführlich hierzu vgl. Abschnitt 2.2.7.3 und 2.3.5.3).

bzw. Messung auftaucht. Anschließend wird das sich schon dort abzeichnende Problem unzureichender Indikatoren auf betriebswirtschaftlicher und managementwissenschaftlicher Ebene – dem zentralen Fokus der vorliegenden Arbeit – vertieft.

1.2.1 Wissen als Element volkswirtschaftlicher Wertschöpfung

Auf **volkswirtschaftlicher Ebene** werden die sich verändernden Wertschöpfungsprinzipien auf verschiedenen Ebenen diskutiert: So enthält beispielsweise die *Regierungserklärung zur Sicherung des Wirtschaftsstandorts Baden Württemberg* von 1993 eine klare Aussage hinsichtlich der Förderung von Ausbildung, Motivation und Fertigkeiten als Grundlage von Wettbewerbsvorteilen[3]. Die *BMFT-Studie* von 1996 verdeutlicht Defizite in der Nutzung von Know-how zur Erzielung von Innovationen und Wettbewerbsvorteilen für Deutschland im internationalen Vergleich; diese Nachteile konnten bis zum Jahr 1998 teilweise ausgeglichen werden[4]. Die *Europäische Union* betont die Nutzung von Wissen als Grundlage von

---

[3] *"Unsere wichtigste Ressource sind die Menschen. Von der Qualität ihrer Ausbildung, von der Fertigkeit und Motivation, von der ständigen Suche nach Verbesserungen, von der Lernfähigkeit und Anpassungsfähigkeit der Menschen hängt unsere Wettbewerbsfähigkeit, hängt die Sicherheit unserer Arbeitsplätze entscheidend ab"* (Regierungserklärung 1993; aus Mohr 1997, S. 5).

[4] Die Hauptargumentation lautet hier wie folgt: *"Der Übergang von der Industrie- in die Wissensgesellschaft macht den Faktor Wissen, d. h. die Fähigkeit, Wissen zu schaffen, zu organisieren, anzuwenden und weiterzugeben, zum zentralen Faktor für die technologische Leistungsfähigkeit einer Volkswirtschaft. Wissen und Wissensmanagement, die daraus erwachsende Fähigkeit zur Innovation, bestimmen den Strukturwandel, das Wachstum und den wirtschaftlichen Erfolg. Die damit verbundenen Struktur- und Leistungsindikatoren der Wirtschaft, des Bildungs- und Forschungssystems und ihr Zusammenspiel im Sinne von Innovationsfähigkeit stehen daher im Mittelpunkt der Untersuchungen zur technologischen Leistungsfähigkeit einer Volkswirtschaft. Dabei ist eine ganze Reihe von Einzelindikatoren zu betrachten, um sich ein Bild von der technologischen Leistungsfähigkeit einer Volkswirtschaft machen zu können. Die Wahl der Indikatoren orientiert sich an den genannten Anforderungen, d. h. insbesondere an Dynamik und Veränderung in Bildungsstand und Qualifikationsstruktur der Beschäftigten, in der Wirtschaftsstruktur (z. B. Gründungsdynamik), in der Fähigkeit, Wissen in technologische Erfindungen (Patente), in Weltmarktprodukte, Dienstleistungen und Verfahren umzusetzen. Von besonderem Interesse ist dabei die Wirkung der Veränderung der technologischen Leistungsfähigkeit auf die gesamtwirtschaftlichen Ziele (z. B. Beschäftigungsstand, angemessenes Wirtschaftswachstum)"* (BMBF 1998, Kap. 9.3).

Wohlstand[5]. Die OECD (1996) weist nach, daß seit der Mitte der achtziger Jahre die Investitionen in immaterielle Vermögensgegenstände höher sind als die in materielles Anlagevermögen. Schließlich diskutiert die Weltbank (1998) unter der Überschrift "Paradigmenwechsel" die zunehmende Integration und Globalisierung von Märkten für Handel, Kapital und Wissen, aus der sich die Notwendigkeit eines neuartigen Wirtschaftens ergibt. Tapscott (1998, S. 7) prognostiziert, daß im Jahr 2000 nicht nur 20 Prozent aller Werktätigen Wissensarbeiter sein, sondern daß diese 20 Prozent auch mehr als die übrigen 80 Prozent verdienen werden. Alan Greenspan verdeutlicht die Bedeutung des Faktors Wissen (1996, S. 43), indem er nachweist, daß der Output der US-Wirtschaft im Jahr 1896 nur unwesentlich geringer als im Jahre 1996 war – gemessen über „Tonnen", also einer mengenbezogenen Größe; demgegenüber stieg das BSP auf das 20-fache in diesem Zeitraum an. Lee/Has (1996) verdeutlichen analog für die kanadische Volkswirtschaft, daß die Wissensintensität einzelner Branchen zu differenzierenden Effekten auf eine Reihe von Leistungsvariablen wie Beschäftigungsrate, Marktanteilswachstumsrate und Einkommenszuwachs führt[6].

Solche Befunde können anhand der Studie der OECD (1992) vertieft werden: Hier wird gezeigt, daß der Anteil der „intangiblen" Investitionen[7] (F&E, Werbung, Software) an den Gesamtinvestitionen in den fünf großen

---

[5] *"The European Union's greatest asset for boosting its industrial competitiveness is its capacity to generate and use knowledge, with the aid of the great potential of its labour force and the social consensus laying the foundation for harnessing it"* (EU White Paper on Education and Training 1996; aus Mohr 1997, S. 5).

[6] Die Autoren nehmen eine *Extremgruppenzuordnung* vor und ordnen 55 kanadische Industriezweige zu den drei Stufen "hoch wissensintensiv", "mittel wissensintensiv" und "wenig wissensintensiv" zu. Grundlage hierfür ist die Überlegung, daß eine Industrie dann als hoch-wissensintensiv gilt, wenn sie hinsichtlich der Ausprägung von jeweils zwei Dritteln der F&E-Indikatoren wie auch bei den Humankapitalindikatoren in den Bereich des obersten Drittels gehören; analog gilt für die Bewertung "wenig wissensintensiv", daß die entsprechenden Indikatoren in den Bereich des untersten Drittels fallen.

[7] Die OECD (1992, S. 114) definiert hier wie folgt: *„Intangible investments cover all long-term outlays by firms aimed at increasing future performance other than the purchase of fixed assets".* Investitionen in „intangible assets" sind somit im Prinzip Ausgaben, die auf der einen Seite Investitionscharakter aufweisen, sich aber auf der anderen Seite nicht im Finanz- oder Sachanlagevermögen niederschlagen. Das zentrale Problem solcher Investitionen besteht in der Unsicherheit zwischen Investition und Ertrag: Einer Ausgabe in der Gegenwart stehen Erwartungswerte über die Rückflüsse in der Zukunft gegenüber, die sich über mehrere Perioden erstrecken können. „Intangible Assets" führen aufgrund ihres längerfristig angelegten Investitionscharakters nicht zu einem unmittelbaren Ertrag (vgl. Abschnitt 3.2.2.1).

OECD-Staaten USA, Japan, Deutschland, Frankreich und England im Durchschnitt von 14,6% im Jahr 1974 auf 20,9% im Jahr 1984 gestiegen ist. Zur Begründung für diesen Anstieg intangibler Investitionen werden von der OECD (1992, S. 122) folgende **Überlegungen** angeführt:

- Das Bewußtsein des Managements hat sich verändert: Die Nutzung neuer Technologien, die Qualifikation der Mitarbeiter sowie die innerbetriebliche Organisation bestimmen die Wettbewerbsfähigkeit eines Unternehmens maßgeblich.

- Die zunehmende Nutzung von IT-Systemen – und die damit einhergehenden hohen Investitionsvolumina in solche hochentwickelte Systeme – erhöht die Bedeutung von Qualifikation und Organisation im Vergleich zu traditionellen Faktoren wie Arbeit, Kapital oder natürlichen Ressourcen.

- Der Strukturwandel in Richtung High-Tech-Branche wird von Innovationen, Qualifikationen und Informationen – und weniger von der Verfügbarkeit von Finanzkapital – vorangetrieben. Analoges gilt auch für die Verschiebungen innerhalb der Dienstleistungsbranchen, wo ebenfalls zunehmend mehr in Training und Weiterbildung investiert wird.

Diesen und ähnlichen Trends wird im Rahmen von **Konzepten** wie *Informationsgesellschaft* (Masuda 1980), *Wissensgesellschaft* (Naisbitt 1982; Quinn 1992), *Postkapitalismus* (Drucker 1993) oder *Sechster Kondratieff* (Nefiodow 1996) nachgespürt und dadurch versucht, dem Phänomen „Wissensgesellschaft" bzw. „Wissensökonomie" auf volkswirtschaftlicher Ebene näher zu kommen. Hierbei lassen sich drei Schwerpunkte des Begriffs „Wissensökonomie" herausarbeiten (Pawlowsky/Wilkens 2000). Demnach verweist der Begriff Wissensökonomie auf (1) die *zunehmende Expansion von Wissensindustrien*, wie z.B. von Beratungsunternehmen; auf (2) die gestiegene Bedeutung der *Wissensarbeit* für die Wertschöpfung; oder (3) auf den Tatbestand, daß *Wissen als Produktionsfaktor die übrigen Faktoren an Bedeutung zunehmend verdrängt*[8].

---

[8] Tatbestände für solche Interpretationen resultieren (a) aus entsprechenden Sektorenverschiebungen bei Arbeitskräften (Stewart 1997; Heidenreich 1999); (b) der Zunahme wissensintensiver Branchen, wie zum Beispiel Venture Capitalists, Think Tanks, Online-Dienste, Berater oder Informationsbroker (Kurtzke/Popp 1999). Exemplarisch hierzu die Prognose des IAB (1999) zur erwarteten Entwicklung des Sektors der sekundären Dienstleistungen zwischen 1995 und 2010 (prozentualer Anteil der Erwerbstätigen im Sektor): F&E: von 5,0% auf 5,5%; Organisation & Management: von 6,7% auf 8,4%; Betreuen, Beraten, Publizieren, Lehren: von 14,6% auf 17,7%; der erwartete Gesamtzuwachs in diesem Segment beträgt demnach 5,3 Prozentpunkte (von 26,3% auf 31,6%).

Aufgrund dieser wachsenden Bedeutung der Ressource Wissen werden nachhaltige volkswirtschaftliche sowie sozialpolitische Veränderungen erwartet: *"That knowledge has become **the** resource, rather than **a** resource makes our society 'post-capitalist'. It changes fundamentally, the structure of society. It creates new social dynamics. It creates new economic dynamics. It creates new politics"* (Drucker 1998, S. 31; Hervorhebungen im Original).

Offen bleibt allerdings, wie dieser **Beitrag von Wissen zur Wertschöpfung** im Rahmen der volkswirtschaftlichen Gesamtrechnung erfaßt werden soll. Die folgenden Überlegungen sollen einige wichtige Hinweise auf dieses Problem geben.

Zunächst läßt sich zeigen, daß die klassischen Output-Indikatoren volkswirtschaftlicher Wertschöpfung wie „Beitrag zum BSP" sich nur sinnvoll auf Industrieunternehmen beziehen lassen – und daß die Wertschöpfung bzw. Produktivität dienstleistungsbezogener – und erst recht wissensorientierter – Unternehmen nur schwierig zu erfassen ist.

„After decades of discussion we are not even close to a professional agreement on how to define and measure the output of banking, insurance, or the stock market. Similar difficulties arise in the conceptualizing the output of health services, lawyers, and other consultants or the capital stock of R&D" (Griliches 1998, S. 230).

Betrachtet man die Meßgrößen, die für die Erfassung von Wissensbeständen auf volkswirtschaftlicher Ebene verwendet werden, wie (a) Standardmessungen von F&E-bezogenen Investitionen und Aktivitäten, (b) Aufwendungen im Schul-/Hochschul- und Weiterbildungsbereich, und (c) Privataufwendungen während der Erziehung (OECD 1996), so ist leicht zu zeigen, daß solche Indikatoren den Wert der hieraus resultierenden Wissensbestände nur unzureichend abbilden können: Auf der einen Seite ist eine **Überschätzung** anzunehmen, da unklar bleibt, wieviel Wissen durch die jeweiligen Maßnahmen tatsächlich erzeugt bzw. absorbiert wird. Auf der anderen Seite kann eine **Unterschätzung** dahingehend vermutet werden, daß eine Vielzahl selbstgesteuerter Lernprozesse, die zu einem Wissenszuwachs beitragen, ebenfalls nicht erfaßt wird. Howitt (1996) fordert mit dem Hinweis auf weitere, in diesem Zusammenhang nicht gelöste Probleme, daß angemessenere und somit neuartige Meßgrößen für die Erfassung der wissensbezogenen Wertschöpfung auf volkswirtschaftlicher Ebene zu entwickeln sind[9].

---

[9] "If knowledge is indeed different from other goods, then it must be measured differently from other goods, and, its relationship to the price system must be different from that of other goods. (...), we have no generally accepted empirical measures of such theoretical concepts as the stock of technological knowledge, human capital, the re-

1.2.2 Wissen als Element einzelwirtschaftlicher Wertschöpfung

Die These von Wissen als Produktionsfaktor läßt sich nicht nur auf volkswirtschaftlicher, sondern auch auf einzelwirtschaftlicher Ebene ableiten. Wissen wird auch hier als **Ressource** aufgefaßt und sollte somit explizit in den Kanon **wirtschaftswissenschaftlicher Produktionsfaktoren** aufgenommen werden: Wissen kann demnach zur Produktion von Gütern und Dienstleistungen, von weiterem Wissen, von Finanzkapital sowie weiteren Kapitalformen wie Humankapital, Organisationskapital oder Sozialkapital eingesetzt werden. Wertschöpfung und somit Wettbewerbsfähigkeit hängt gemäß dieser Perspektive zunehmend mehr von einer effektiven und effizienten Bewirtschaftung des Faktors Wissen ab. Soll Wissen zielführend im Wertschöpfungsprozeß eingesetzt werden, ist es konsequenterweise notwendig, hierfür eine geeignete Metrik zur Erfassung dieser Ressource zu nutzen. Dies liegt nicht nur im Interesse der Praxis[10], sondern läßt sich insbesondere aus theoretisch-konzeptioneller Perspektive anhand von **vier** Problemfeldern verdeutlichen (vgl. Abbildung 1), die nachfolgend ausführlicher behandelt werden:

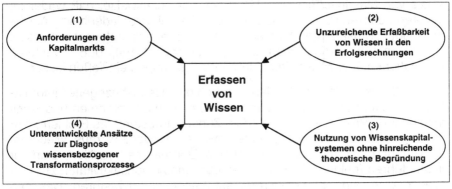

Abbildung 1: Grundprobleme der Erfassung von Wissen

---

source cost of knowledge acquisition, the rate of innovation or the rate of obsolescence of old knowledge" (Howitt 1996, S. 10).

[10] So wird in der Praxis häufig anhand des folgenden „Dreiklangs" im Rahmen von Performance Management argumentiert: *„You cannot manage what you don't measure! (...) What gets measured gets done! (...) Measurement influences behavior!"* (Klingebiel 1997, S. 658),

1.2.2.1 Wissensbezogene Anforderungen des Kapitalmarkts

Im Rahmen der Diskussion über den *shareholder value*, dessen Maximierung als bedeutsamstes Unternehmensziel von einer Vielzahl unterschiedlicher Autoren propagiert wird (z.B. Fruhan 1979; Rappaport 1979, 1981, 1986; Reimann 1987; Gomez/Weber 1989; Bühner 1989; Copeland/Koller/Murrin 1990), wurde ebenfalls die zunehmende Abhängigkeit der börsennotierten Unternehmen von Fremdkapital und somit von Investoren und Analysten deutlich (Copeland/Koller/Murrin 1994; Volkart/Nadig 1995). Dies führt zur Frage, ob bzw. in welchem Umfang **Investoren und Analysten** Informationen über wissensbezogene Outputs in ihren Entscheidungen berücksichtigen.

Zunächst können hier folgende allgemeine Tendenzen berichtet werden (vgl. auch Leitner/Schibany 2000): Lev (1999) verdeutlicht, daß Investoren vor allem Informationsbedarf in bezug auf innovationsbezogene Entscheidungsfelder – wie Patente, *time-to-market* usw. – haben. Solche Informationen stehen nach Lev (1999) in engem Zusammenhang mit dem Gewinn und dem Marktwert. Unklar ist demgegenüber, welche Bedeutung Informationen über Humanressourcen für Investitionsentscheidungen hat: Die Studie von Mavrinac/Siesfeld (1998) zeigt beispielsweise, daß weder Investoren noch Analysten Variablen wie „Mitarbeiterzufriedenheit", „Ausbildung" oder „Umsatz pro Mitarbeiter" als entscheidungsrelevant auffassen. Demgegenüber verdeutlichen Eccles/Mavrinac (1995), daß Investoren Informationen über Mitarbeiter in ihre Entscheidungen einfließen lassen.

Lev (1999) weist darauf hin, daß das Fehlen wissensbezogener Informationen im externen Berichtswesen zu Informationsasymmetrien und somit zu folgenden Problemen führen kann: Zunächst besteht das Problem, daß börsengeführte Unternehmen unterbewertet werden, woraus wiederum die Gefahr einer möglichen feindlichen Übernahme resultiert. Darüber hinaus führen fehlende Informationen über Innovationsaktivitäten zur Kalkulation einer Unsicherheitsmarge auf Seiten der Investoren, was den Preis des Fremdkapitals erhöht und ggf. zu niedrigeren Investitionen und geringerem Wachstum führt. Lev (1999) verdeutlicht weiter, daß Unternehmen, die hohe Investitionsraten im Bereich F&E und gleichzeitig geringe Gewinnaussichten haben, unterbewertet werden. Zusammengefaßt läßt sich dies dahingehend interpretieren, daß solche Informationsasymmetrien das Wachstum von wissensbasierten und High-Tech-Unternehmen gefährden können. Konsequenterweise sollten wissensbezogene Indikatoren eingesetzt werden, um diesen Problemen vorzubeugen.

Eng mit der kapitalmarktbezogenen Bewertung von Unternehmen ist die Frage nach den Kriterien von **Unternehmensakquisitionen** verbunden. Auch in diesem Zusammenhang lassen sich wichtige Hinweise in bezug auf die Notwendigkeit ableiten, wissensbezogene Meßgrößen theoretisch begründen zu können. Gilt als grundsätzliches Motiv für Unternehmensakquisitionen die Suche nach Potentialen für Wettbewerbsvorteile und deren Umsetzung in einem neuen Unternehmensverbund (vgl. Gomez/Weber 1989, S. 14; Rappaport 1999, S. 1ff.), so führt dies direkt zur Frage nach der „Natur" solcher Potentiale.

In diesem Zusammenhang mehren sich die Hinweise, daß rein monetäre bzw. investitionsrechnerische Ansätze bei der Wertbestimmung von Unternehmen nicht mehr ausreichen, da auch hier zunehmend mehr dem Umstand Rechnung getragen wird, daß immaterielle bzw. wissensbezogene Vermögenswerte bei der Wertbemessung eine wichtiger werdende Rolle einnehmen[11]:

„Insbesondere bei der Berücksichtigung strategischer Zielsetzungen ist eine isolierte Bewertung des Akquisitionsobjektes allein aufgrund zukünftiger Ertrags- oder Einzahlungsüberschüsse als nicht sachgerecht zu beurteilen, da in die Preisfindung nicht unbedingt nur diese eingehen. Für die Unternehmensbewertung entsteht folglich mitunter das Problem, daß sie zu schnell zu viel Komplexität reduziert und Werte generiert, die nicht mehr auf ihre Annahmen hinterfragt werden können. Die Frage der Komplexitätsreduktion erfordert vielmehr eine **stärkere Hinwendung zu weniger formalisierten, qualitativen Formen des Wertens** z.B. durch Expertenurteile über Chancen und Risiken" (Berens/Strauch 1999, S. 18; Heraushebung d.A.).

Damit aber geht es im Rahmen einer Unternehmensbewertung nicht mehr nur um die Wahl der „richtigen" – nämlich finanzbezogenen – Bewertungsmethode, sondern ebenfalls um die Frage, welche „Objekte" aufgrund solcher qualitativer Urteile bewertet werden können bzw. sollen.

Betrachtet man die zentralen Motive einer Unternehmensakquisition, die – neben dem Zugriff auf das Fremd- und Eigenkapital des akquirierten Unternehmens[12] – im Erwerb von Managementkompetenzen und Synergie-

---

[11] Helbling (1995, S. 63f.) weist ebenfalls auf den beschränkten Stellenwert investitionsrechnerischer Verfahren im Rahmen einer Unternehmensbewertung hin: *„Aufgrund der Datenkonstellation, basierend auf der Analyse des Rechnungswesens des Unternehmens und von Prognosen, die unter Berücksichtigung des Zielsystems des Unternehmens und desjenigen des Investors stattfinden, wird die Entscheidung oft außerhalb der Investitionsrechnung getroffen"*.

[12] Der Vollständigkeit halber soll an dieser Stelle darauf hingewiesen werden, daß hier ein „asset deal", ein Unternehmenskauf im engeren Sinne, unterstellt wird, bei dem entsprechende Vermögenswerte und Verbindlichkeiten erworben werden, wohingegen bei einem „share deal" Beteiligungen ohne Überleitung der Aktiva und Passiva an das

potentialen zu finden sind (Berens/Mertens/Strauch 1999, S. 43ff.), so lassen sich hier entsprechende erste Hinweise für die Erfassung solcher Kompetenzen bzw. Potentiale ableiten. Dies gilt um so mehr, als daß sich einige zentrale Rahmenbedingungen für einen erfolgreichen Know-how-Transfer vom akquirierten Unternehmen zum neuen Unternehmensverbund identifizieren lassen: Zum einen gilt, daß sich die Wertketten der beteiligten Unternehmen ähneln müssen, und zum anderen sich auf Tätigkeiten beziehen sollten, die für den Wettbewerb von zentraler Bedeutung sind (vgl. Porter 1996, S. 428f.) Schließlich sollte es sich hierbei um Know-how handeln, daß den Wettbewerbern nicht zur Verfügung steht bzw. nur schwer zu imitieren ist (vgl. Coenenberg/Sautter 1988, S. 700)[13].

Problematisch an diesen Überlegungen scheint allerdings die zugrundeliegende Simplifizierung des Know-how-Transfers zu sein: Auf der einen Seite ist aus investitionsbezogener Sicht offensichtlich, daß ein Know-how-Transfer nur dann zu einer Wertsteigerung führen kann, wenn die Synergieeffekte bei dem akquirierenden Unternehmen zu einer Zunahme der *cash flows* führen, die die Auszahlungen dieses Transfers übersteigen.

Auf der anderen Seite wird verkannt, daß eine Diagnose und Passung des Know-hows nur eine Vorstufe des tatsächlichen Transfers darstellt – ob und inwiefern das Know-how tatsächlich an die bestehenden Wissensstrukturen anschlußfähig ist, setzt tiefergehende Prüfungen voraus[14]. Reduziert man den Begriff Know-how auf die Ebene der immateriellen Vermögenswerte im bilanztechnischen Sinne, so bezieht sich dies wiederum lediglich auf die Nutzung der erworbenen Forschungsergebnisse, Patente, Lizenzen usw.

Faßt man diese Überlegungen zusammen, so wird zum einen deutlich, daß wissensbezogenen Aspekten im Rahmen von Unternehmenszusammenschlüssen ein wertbeeinflussendes Potential zugesprochen werden kann, doch bleibt zum anderen offen, mit Hilfe welcher Instrumente und

---

akquirierende Unternehmen erworben werden (vgl. Berens/Mertens/Strauch 1999, S. 23ff.).

[13] *„Immaterielle Synergiepotentiale können auf eine Vielzahl typbedingter Ähnlichkeiten zwischen den Akquisitionspartnern zurückgeführt werden. So lassen sich zumeist bei Vorliegen des identischen Strategietyps, desselben Abnehmertyps, eines ähnlichen Wertkettenaufbaus oder einer ähnlichen Gewichtung bestimmter Wertaktivitäten Synergiepotentiale ermitteln. Anhand der Wertkette kann systematisch geprüft werden, ob bei einzelnen Wertaktivitäten oder im gesamten Aufbau der Wertkette derartige Ähnlichkeiten vorhanden sind"* (Rockholtz 1999, S. 187).

[14] Zu den Grundlagen einer Wissensdiagnostik vgl. Abschnitt 3.3.2; vgl. auch die Übertragungsproblematik impliziten Wissens bei Nonaka/Takeuchi (1995).

Methoden es *vor* einer Akquisition gelingen kann, die jeweiligen Knowhow-Strukturen zu explizieren und somit spezifischere Hinweise über mögliche Synergiepotentiale zu erhalten.

Damit aber stellt sich die Frage, welche Indikatoren im Rahmen von *Investor Relations* oder *Pre-Merger*-Aktivitäten von den Unternehmen genutzt werden können. Konkret: In welchem Umfang ist das traditionelle Rechnungswesen geeignet, Hinweise zur wissensbezogenen Wertschöpfung zur Verfügung zu stellen?

1.2.2.2 Unzureichende Erfaßbarkeit von Wissen im traditionellen Rechnungswesen

Das Problem der **mangelnden Eignung des externen Berichtswesens** (Geschäftsbericht mit Bilanz, GuV, Anhang und ggf. weiteren Finanzanalysen und ergänzenden Interpretationen bzw. Erläuterungen) zum Ausweisen von Elementen wissensbezogener Wertschöpfung soll zunächst anhand des folgenden **Beispiels** verdeutlicht werden: Man nehme an, daß mehrere F&E-Mitarbeiter für DM 1 Mio. Jahresgehalt eingestellt werden. Am Ende des Jahres wird ein Patent angemeldet, dessen Lizensierung Umsatzerlöse für die Folgeperiode in Höhe DM 20 Mio. erwarten lassen. Dieser Betrag kann bzw. darf vom Unternehmen nicht kapitalisiert werden (vgl. Abschnitt 3.2.2.1). Das einzige, was beobachtbar – da erfaßbar – ist, sind die Aufwendungen für die Gehälter – und eine Profitreduktion um DM 1 Mio. Im Gegensatz dazu könnte eine Maschine, die im Wert von DM 20 Mio. gekauft worden wäre, entsprechend in der Bilanz als materieller Aktivposten ausgewiesen werden.

Abstrahiert man von diesem Beispiel, so wird deutlich, daß das Standardinstrumentarium zur Messung und Bewertung des Einsatzes von Produktionsfaktoren mittels der externen Rechnungslegungsvorschriften nur wenig geeignet ist, umfassende Informationen über den Einsatz der Ressource „Wissen" zu liefern: Im Rahmen der Aktivaposition der unsichtbaren Vermögenswerte darf üblicherweise nur ein – vergleichsweise geringer – Teil der wissensbezogenen Vermögensgüter ausgewiesen werden. Analoges gilt für das interne Rechnungswesen, in dem die Mehrzahl der Investitionen in die Ressource Wissen nur als Aufwendung verbucht werden kann, woraus sich schließlich eine systematische **Unterschätzung** der Leistungsfähigkeit eines Unternehmens ergibt. Analog ergibt sich eine spätere **Überschätzung**, wenn sich entsprechende Investitionen in die Ressource Wissen erst in der Folgeperiode auswirken. Daraus resultiert eine Verzerrung von Entscheidungsgrundlagen, die wiederum die Haltung von Entscheidungsträgern perpetuiert[15], Investitionen in Potentialfaktoren wie Wissen oder Humankapital ausschließlich als Kosten- bzw. Aufwandsposition aufzufassen (vgl. Fischer 1999).

Solche und ähnliche Kritik am traditionellen Berichtswesen hat auch das American Institute of Certified Public Accountants (AICPA) veranlaßt, sich mit dem Problem der Messung von unsichtbaren Aktiva als zunehmend wichtiger werdende Quelle der Wertschöpfung sowie entsprechender Empfehlungen für die Rechnungslegung auseinanderzusetzen:

"Um die wechselnden Bedürfnisse des Nutzers zu befriedigen, muß das Berichtswesen mehr Informationen über Pläne, Möglichkeiten, Risiken und Unsicherheiten liefern, sich eher auf diejenigen Faktoren konzentrieren, die langfristig wertschöpfend sind, darunter auch nicht-finanzielle Kennzahlen, die die Leistung der Hauptprozesse widerspiegeln, die Informationen des externen Berichtswesens an die Informationen anzupassen, die intern der Geschäftsleitung berichtet werden, um ihr die Führung des Unternehmens zu ermöglichen" (vgl. AICPA 1994, S. 30).

Zusätzlich kann vermutet werden, daß die Notwendigkeit, wissensbezogenen Indikatoren mehr Aufmerksamkeit als bislang zu zollen, durch eine aktuelle Gesetzgebungsvorschrift unterstützt wird: Seit 1. Mai 1998 gelten in Deutschland für alle Kapitalgesellschaften, börsen- und amtlich notierten Aktiengesellschaften zahlreiche Vorschriften zur besseren Kontrolle und Transparenz im Unternehmen (KonTraG). Hierdurch entstehen für den Vorstand neue gesetzliche Verpflichtungen: (1) Die Berichtspflicht an den Aufsichtsrat über die künftige Geschäftspolitik (besonders Finanz-, Investitions- und Personalplanung) wird verstärkt. (2) Geeignete Maßnahmen zum Risikomanagement müssen getroffen und (3) muß ein Überwachungssystem eingerichtet werden, um Entwicklungen früh zu erkennen, die den Fortbestand der Gesellschaft gefährden könnten. Zur Erfüllung der gesetzlichen Vorschriften bedarf es der **Implementierung eines systematischen Risikomanagements** im Unternehmen. Gesichert wird die Einhaltung der gesetzlichen Regelungen dadurch, daß Wirtschaftsprüfer bei ungenügendem Risikomanagement kein Testat zur Entlastung des Vorstandes mehr ausstellen.

---

[15] Lusch/Harvey (1994) haben in einer Studie Führungskräfte nach den wichtigsten Ressourcen ihres Unternehmens befragt. Das Ergebnis war in bezug auf die Nützlichkeit der Rechnungslegung niederschmetternd: Nur 8% der Befragten erwähnten Ressourcen, die auch in Bilanzen erscheinen, wie zum Beispiel liquide Mittel, Ausrüstung oder Anlagegüter. 92% der Führungskräfte nannten Ressourcen, die **nicht** in herkömmlichen Bilanzen erscheinen: Fähigkeiten und Erfahrungen von Mitarbeitern und des Managements, Unternehmenskultur, Kontakte mit ihren Kunden, Markenname, verwendete Technologien oder Flexibilität des Unternehmens.

Zieht man in Betracht, daß sich Risikomanagement unter anderem auf wissensbezogene Aspekte wie Humanressourcen, Organisationsstrukturen und Vertriebskanäle beziehen (Hahn/Krystek 1993, S. 2844; zur ausführlichen Begründung des Wissensbezugs dieser Aspekte vgl. Abschnitt 2.2.6.3), so ist es plausibel anzunehmen, daß Elemente des wissensbezogenen Wertschöpfungsprozesses Einzug in ein solches Risikomanagementsystem halten werden.

Auch scheint die Argumentation über den Prozeß der **Inkorporation von Wissen** (vgl. Abschnitt 1.1) zwar deskriptiv sinnvoll, doch operational – und somit kostenrechnungsmäßig – problematisch zu sein, wie folgende Argumentation zeigt: Unterstellt man den Mechanismus der Inkorporation von Wissen in Gütern und Dienstleistungen, so stellt sich zum einen die Frage, ob bzw. in welchem Umfang aus dem Preis eines Gutes bzw. einer Dienstleistung Schlußfolgerungen für den entsprechenden Preisanteil des inkorporierten Wissens gezogen werden können, und zum anderen ist zu prüfen, wie stabil diese Relation von Wissen am Produkt oder an der Dienstleistung ist. Dieses Problem soll anhand des Beispiels des Merkmals „Qualität" verdeutlicht werden: Die Beobachtung, daß sich die Preise für Produkte bzw. Dienstleistungen – als Outputgröße – verändert haben, sagt nichts darüber aus, welchen relativen Anteil das Merkmal "Qualität" an der entsprechenden Preisbildung hat. Auch statistische Ansätze zur Berechnung der jeweiligen Anteile von Qualität am Preis – operationalisiert über Zuordnungen zu spezifischen Produkt- bzw. Dienstleistungsattributen – helfen nicht weiter, da zum einen keine objektive „Zerlegung" eines Gutes oder einer Dienstleistung in seine preisbildenden Komponenten möglich ist, und zum anderen, da sich die Bedeutung des Beitrags der jeweiligen Komponente mit der Zeit – in einer nicht vorhersagbaren Weise – verschieben kann. Bezugnehmend auf den Faktor Wissen sind hier Befunde von Bedeutung, die zeigen, daß der Anteil von Wissen in Produkten und Dienstleistungen im Laufe der letzten Jahre zugenommen hat (vgl. Davis/Davidson 1992). Zusammenfassend bedeutet dies, daß hinsichtlich des Outputs – des erzielten Preises – nicht festgestellt werden kann, welcher Teil davon auf den Faktor Wissen zurückgeführt werden kann bzw. muß.

Faßt man diese Probleme zusammen, so scheint es einsichtig, daß die Messung der monetären Effekte von Wissen durch dessen Charakteristika der „Unsichtbarkeit" bzw. „Nicht-Greifbarkeit" erschwert wird. Mit der Nutzung von Wissenskapitalsystemen ist der Anspruch verbunden, die Transparenz wissensbezogener Wertschöpfung mit der folgenden doppelten Zielsetzung zu erhöhen: Bereitstellung relevanter Informationen an (a) externe *stakeholder* und (b) an interne Führungskräfte. Diese Überlegungen sollen jetzt vorgestellt werden.

1.2.2.3 Wissenskapitalsysteme

Wissensintensive Unternehmen verfügen qua definitionem über ein vergleichsweise geringes Maß an materiellem Anlagevermögen (Sveiby 1989). Somit sind gerade „wissensintensive" Unternehmen von der Gefahr einer mangelnden Attraktivität für potentielle Investoren bedroht, da sich deren Bewertungsmaßstäbe – noch – maßgeblich an dem Wert der Sach- und Finanzanlagen orientieren (Brennan 1992; Edwards 1997). Einige innovative Unternehmen, wie z.B. Skandia AFS oder Celemi haben daher in der Zwischenzeit begonnen, Informationen über ihr „Wissenskapital" als Anlage zum „normalen" Geschäftsbericht zu veröffentlichen.

Mit Hilfe dieses Konzeptes des "intellectual capital"[16] bzw. des **Wissenskapitals** wird – vor allem von Beratern und Managern – versucht, die der Wertschöpfung zugrundeliegenden immateriellen Transformationsleistungen zu erfassen, zu messen und auch ökonomisch zu bewerten. Ausgangspunkt hierfür ist das Grundverständnis, daß *Wissenskapital auf dem Wissen aller Organisationsmitglieder und der Fähigkeit des Unternehmens basiert, dieses Wissen für die nachhaltige Befriedigung der Kundenerwartungen einzusetzen* (vgl. Roos/Roos/Edvinsson/Dragonetti 1997, S. 27). Wissenskapital soll somit über die immateriellen Anlagewerte hinausreichen und auch diejenigen Wertschöpfungskomponenten beinhalten, die durch die Maschen klassischer Rechnungslegungs- und Buchführungsvorschriften fallen und daher – bislang – unsichtbar sind:

"Intellectual capital represents intangible assets which *frequently do not appear on the balance sheet* (...): Assets which give the company power in the marketplace: trademarks, customer loyalty, repeat business and so on. Assets representing property of the mind – intellectual property such as patents, trademarks, copyrights and so on. Assets which give the organization internal strength, such as corporate culture, management and business processes, strength derived from IT-systems and so on. Assets derived from the people who work in the organization, such as their knowledge, competencies, work related know-how, networking capability and so on" (Brooking 1997a, S. 364; Heraushebung d.A.).

Zusätzlich wird mit dem Konzept des Wissenskapitals der Anspruch erhoben, einen Beitrag zur Wertsteigerung des Unternehmens zu leisten: *"In-*

---

[16] In der englischsprachigen Literatur wird von *intellectual capital* gesprochen. Auf diesen Begriff wird hier zum einen deshalb verzichtet, um eine zu starke Assoziation mit dem Begriff "intellektuell" zu vermeiden und um somit eine Renaissance von klassisch-logischen Rationalitätsvorstellungen nicht unnötig zu verstärken. Zum anderen ist der Begriff Wissenskapital geeigneter, einen Anschluß an die *managementtheoretische* Diskussion um die Ressource "Wissen" herzustellen (vgl. Reinhardt 1998a; Sveiby 1997). In der Literatur wird auch von "Know-how Kapital" (Probst/Knaeser 1998) oder "intellectual potential" (Pulic 1998) gesprochen.

tellectual capital is defined as the difference between the book value of the company and the amount of the money someone is prepared to pay for it" (Brooking 1997a, S. 364; vgl. auch Stewart 1997; Edvinsson/Malone 1997; Sveiby 1997; Roos et al. 1997). Gelingt es gemäß dieser Überlegung, den Wert des Wissenskapitals zu erhöhen, so resultiert hieraus eine höhere Marktkapitalisierung.

Die Diskussion um das Konzept Wissenskapital wird bislang maßgeblich durch Manager und Berater vorangetrieben. Pragmatische Lösungen praktischer Probleme eilen daher ihrer theoretischen Begründung und Reflexion voraus, wie die Arbeiten der Protagonisten zum Thema Wissenskapital wie z.B. Sveiby[17] (1997), Edvinsson[18]/Malone[19] (1997), Stewart[20] (1997), Brooking[21] (1997a, b) sowie Roos[22]/Roos[23]/Edvinsson/Dragonetti[24] (1997) verdeutlichen.

Es können folgende **Ansprüche** des Managements von Wissenskapital herausgearbeitet werden: (1) Diese Ansätze berücksichtigen die immer offensichtlicher werdenden Verschiebungen des Beitrags der einzelnen Produktionsfaktoren zum Unternehmenserfolg explizit – und gehen somit über bisherige Ansätze des **Wertmanagements** (vgl. Abschnitt 3.2.3) hinaus. (2) Desweiteren bieten sie die notwendige Ergänzung zur bisherigen Perspektive des **Wissensmanagements** (vgl. Abschnitt 2.3.2), indem Indikatoren zum Messen und Überwachen wissensbezogener Prozesse aus interner Sicht bereitgehalten werden. Diese beiden Ansprüche werden dadurch eingelöst, daß zum einen *versucht* wird, den Wert des Wissenskapitals in **monetären Größen** anzugeben[25], und zum anderen im Rah-

---

[17] Entwicklung des eigenen Wissenskapitalmodells als verantwortlicher Manager (vgl. Sveiby/Lloyd 1989), z.Zt. Berater für Wissensmanagement und Research Fellow (Universität Queensland).

[18] Seit 1991 Chief Knowledge Officer bei Skandia AFS.

[19] Mitherausgeber von Forbes ASAP Magazine.

[20] Mitherausgeber von Fortune Magazine.

[21] Beraterin für Wissensmanagement und IT-Management.

[22] Professor für Strategisches Management am IMD (Lousanne).

[23] Geschäftsführer in der Beratungsgesellschaft *Intellectual Capital Services Ltd.* (London).

[24] Berater in der Beratungsgesellschaft *Intellectual Capital Services Ltd.* (London)

[25] An dieser Stelle soll darauf hingewiesen werden, daß eine solche Erfassung zum einen *explizit* im Kontext des Indikators „Tobins q" versucht wird (Tobin 1969; vgl. Abschnitt 2.2.6.1); zum anderen erfolgen *implizite* Verweise auf eine monetäre Erfass-

men einer **mehr-dimensionalen** Perspektive Dimensionen und Kategorien eingeführt werden, mit deren Hilfe das Wissenskapitalkonzept sich inhaltlich präzisieren läßt. Hierbei wird im allgemeinen auf die Grundstruktur "Humankapital" (individuell gebundenes Wissen), "Organisationskapital" (strukturell gebundenes Wissen) und "Kundenkapital" (Wissen in bezug auf externe Konstituenten) Bezug genommen (vgl. Edvinsson/Malone 1997; Sveiby 1997; vgl. Abschnitt 3.4.2).

Darüber hinaus lassen sich – auch ohne vertiefende theoretische Analyse – folgende **Schwachpunkte** der aktuellen Wissenskapitaldiskussion identifizieren: Die bisherigen Autoren zeichnen sich – wie oben bereits angedeutet – eher durch pragmatisch-eklektische Argumentationsstränge als durch eine stringente theoriegeleitete Begründung aus, was dazu führt, daß sich im selben Meßsystem Meßgrößen finden lassen, die auf Basis verschiedener, zum Teil sich ausschließender Vorannahmen entwickelt wurden[26]. Als weiterer Beleg hierfür soll an dieser Stelle auf die Entwicklung eines Wissenskapitalindex verwiesen werden, der aus folgenden Indizes additiv (sic!) aggregiert wurde: Marktanteil, Kundenzufriedenheitsindex, Leadership-Index, Motivations-Index, F&E-Index, Trainings-Index, Qualitätsziele, Mitarbeiterloyalität, Effizienz der Verwaltung/Umsatz (vgl. Roos et al. 1997, S. 78ff.).

Hinzu kommt, daß sich hier eine Vielzahl unterschiedlicher, das Konzept „Wissenskapital" konstituierender Komponenten, die bislang zur Erfassung von Wissenskapital vorgeschlagen wurden, identifizieren läßt. Meines Erachtens ist hier keine weitergehende theoretische bzw. methodische Analyse notwendig, um das zugrundeliegende Meß- und Integrationsproblem aufzuzeigen (vgl. Kasten 3):

---

ung, wenn Wissenskapital auch mit finanzwirtschaftlichen Indikatoren zu messen versucht wird (z.B. Stewart 1997; vgl. Abschnitt 3.4.2).

[26] Dies wird beispielsweise durch eine teilweise relativ geringe Trennschärfe zwischen den Ansätzen deutlich, deren Inhalte sowohl humankapitaltheoretisch als auch managementtheoretisch begründet werden. Analoges gilt für die Trennung zwischen finanziellen und mikro-ökonomischen Ansätzen, da letztere auch finanzielle bzw. monetäre Komponenten enthalten.

> Market position, employee morale, good ideas, good management, patent lists, best practices databases, information systems, customer goodwill, expertise, distribution systems, communication systems, copyrights, design rights, customer lists, technological knowledge, organizational knowledge, customer base knowledge, a company's ability to grow and learn, ability to respond to market conditions, knowledge about clients, knowledge about markets, patents, specialized databases, customer service reputation, R&D efforts, continuous learning, information technology, employee brainpower, employee know-how, technology leadership, employee training, responsiveness to customers, customer relationships, customer potential, ability to innovate, renewal, development, skill, infrastructure, employee motivation, business development, process capabilities, employee flexibility, customer loyalty, employee creativity, employee communication ability, networking infrastructure, business processes, repeat business, concepts, models, brand names, trademarks, image.

Kasten 3: Indikatoren zur Erfassung von Wissenskapital[27]

Ungeachtet des Problems der **unzureichenden theoretischen Begründung des Wissenskapitalkonzepts** haben Unternehmen mittlerweile nicht nur damit begonnen, solche Indikatoren für interne Veränderungsprozesse bzw. im Sinne eines internen Reportingsystems zu nutzen, sondern auch ihren externen Bezugsgruppen (*shareholder* und *stakeholder*) solche Daten explizit zur Verfügung zu stellen. Für Europa läßt sich beispielsweise folgende Entwicklung skizzieren: Im Jahre 1993 hat das *Swedish Council for Service Industries* ihren Mitgliedsunternehmen empfohlen, Wissenskapitalindikatoren mit in ihre Geschäftsberichte aufzunehmen. 1995 wurden solche Vorschläge in die *EG* bzw. *OECD* eingebracht. Erste systematische Untersuchungen zum Einsatz von Wissenskapitalberichten wurden zuerst im Jahr 1997 vom *Danish Trade and Industry Development Council* in Skandinavien initiiert; im Jahr 1999 hat die OECD eine Initiative gestartet, um den Status Quo der Wissenskapitalbilanzierung in acht Ländern zu erheben (vgl. Abschnitt 3.4.2.4). In beiden Studien wurde – entgegen der ursprünglichen Erwartungen des „Vaters" der Wissenskapitalsysteme – Sveiby (1989, 1997) deutlich, daß der Nutzung von wissensbezogenen Indikatoren zu Entwicklung der eigenen Leistungsfähigkeit (interne Perspektive) eine größere Bedeutung zukommt als der Kommunikation solcher Leistungsindikatoren an externe Bezugsgruppen.

Stellt man sich die Frage nach der Verantwortung für die Planung, den Einsatz und die Überwachung solcher wissensbezogener Berichtssy-

---

[27] vgl. Bontis 1996; Brooking 1997a, b; Brooking/Motta 1996; Edvinsson/Malone 1997; Edwards 1997; Eiley 1996; Kaplan/Norton 1996; Stewart 1994, 1997; Stivers et al. 1997; Sveiby 1997

steme, so gelangt man zur **Institutionalisierung** entsprechender Managementfunktionen. Zahlreiche Unternehmen haben bereits konkrete Stellen für Wissensmanagement oder Wissenskapitalmanagement auf der Managementebene definiert (Grundstein 1998). Der Aufgabenbereich *solcher Chief Knowledge Officer* bzw. *Chief Learning Officer*[28] ist relativ einheitlich definiert (vgl. Probst/Raub/Romhardt 1997, S. 358ff.; Davenport/Prusak 1998, S. 107 ff.): Der *Chief Knowledge Officer* bzw. *Chief Learning Officer* hat zwei zentrale Verantwortungsbereiche: Die **Erfassung, Entwicklung und somit Dokumentation des Wertes des Wissenskapitals** und die Kommunikation seines Wertes nach (1) **außen** – in Richtung der Anteilseigner, (potentiellen) Investoren und Analysten, und (2) die **interne** Nutzung von Wissenskapitalindikatoren zur Verbesserung des Wertschöpfungsprozesses. Aus letzterem resultiert, das Gesamtunternehmen für die Bedeutung der Ressource Wissen zu sensibilisieren, zu mobilisieren und dann entsprechende Maßnahmen zu implementieren. Idealerweise ist er Mitglied der Geschäftsleitung und dort für die Unternehmensentwicklung aus der Wissensperspektive zuständig. Der *Chief Knowledge Officer* ist somit konkret für die Schaffung wissensbezogener Infrastrukturen wie z.B. Kompetenzzentren oder IT-Systemen genauso verantwortlich wie für die Unterstützung der Führungskräfte bei der Übersetzung von operativen und strategischen Zielen in Wissensziele[29]. Somit ist hier zusätzlich die Frage zu beantworten, mit Hilfe welcher Indikatoren es gelingt, die Güte der Aufgabenerfüllung eines *Chief Knowledge Officer* zu überprüfen.

---

[28] Das "European Knowledge Management Survey" (1997), an dem 100 europäische Unternehmen teilgenommen haben und Führungskräfte der 1. und 2. Führungsebene befragt wurden, liefert folgende Unterstützung: Die Implementierung von Wissensmanagement erfolgt häufig über drei Stufen: *(1) Problembezogene Projekte* mit Verantwortung bei F & E, HR, IT-Management, Strategische Planung; *(2) Bereichsübergreifende Projekte* mit der Verantwortung im oberen Führungskreis und *(3) Institutionalisierung, also dem Schaffen eines eigenen Funktionsbereichs* auf der 1. Führungsebene, z.B. Chief Knowledge Officer, Chief Learning Officer oder der 2. Führungsebene, z.B. Program Manager Knowledge.

[29] Der multifunktionale Anspruch an eine Wissensmanagementfunktion kann ebenfalls durch die Ergebnisse des "European Knowledge Management Survey" (1997) belegt werden: Führungskräfte mit Verantwortung für Wissensmanagement stammen demnach aus folgenden Funktionen: Finanzmanagement (25% - 35%), Personalmanagement (25% - 40%), Unternehmensplanung (30% - 55%), Marketing (35% - 60%), Kundenservice (40% - 60%), Information & Kommunikation (45% - 60%), Forschung & Entwicklung (50% - 65%).

1.2.2.4 Die Erfassung von Wissenstransformationsprozessen

Eine interne und externe Dokumentation von wertschöpfungsrelevanten Aspekten von Wissen impliziert ebenfalls die Notwendigkeit, die zwischen den Berichtsperioden zu realisierenden Wissenstransformationsprozesse zu „managen". Solche Gestaltungs-, Entwicklungs- und Lenkungsprozesse (Bleicher 1991), bei denen der Faktor Wissen im Mittelpunkt steht, ist zentrales Thema von Ansätzen des **Organisationalen Lernens** und des **Wissensmanagements**.

Betrachtet man die in diesem Zusammenhang entwickelten Theorien und Konzepte des organisationalen Lernens (Wiegand 1996; Dierkes/Child/Nonaka 2000) und des Wissensmanagements (Pawlowsky 1994; Nonaka/Takeuchi 1995; Probst/Raub/Romhardt 1996) genauer, so lassen sich die beiden folgenden Schwerpunkte herausarbeiten: Auf der einen Seite lassen sich Ansätze zur **Wissensentwicklung** identifizieren, die insbesondere verdeutlichen, welche Prozesse die Entwicklung neuen Wissens aus der Explikation vorhandenen, aber bislang nicht kommunizierten impliziten Wissens (Nonaka/Takeuchi 1995) unterstützen, und welche Rolle Führung und Vertrauen (Senge 1990; Senge et al. 1994) und die strategische Ausrichtung bzw. Kernkompetenzen (Hamel/Prahalad 1989) hierbei spielen. Auf der anderen Seite existieren Konzepte zur **Anwendung von Wissen**, mit denen verdeutlicht werden kann, in welchem Zusammenhang qualifikatorische und organisatorische Gestaltungsaspekte stehen, um Wettbewerbsvorteile zu erreichen (Hamel/Prahalad 1994) und in welchem Umfang unsichtbare Aktiva (Itami/Roehl 1987) wie Wissen, Kompetenzen und Know-how hierzu eingesetzt werden können. Demgegenüber kommt dem Problemfeld der **Wissensbewertung** bei diesen Ansätzen nur eine untergeordnete Bedeutung zu, obwohl Autoren wie Probst et al. (1996), North (1998) und Raub (1998) zumindest die *Notwendigkeit* sehen, Wissensziele und -meßgrößen für ein systematisches Wissensmanagement zu entwickeln und einzusetzen.

Eine Vielzahl empirischer Studien verdeutlicht dieses Defizit auch für die Praxis (z.B. ILOI 1997; Bullinger et al. 1997; Reinmann-Rothmeier/Mandl 1998; North 1998; American Productivity & Quality Center 1998). Exemplarisch sei hier die Studie "International Survey on Knowledge Management Drivers" (1997; n=143 Unternehmen weltweit) angeführt, deren Ergebnisse sich dahingehend interpretieren lassen, daß zwar das Problem, die Ressource Wissen „managen" zu müssen, erkannt wurde, aber Instrumente und Bewertungs- und Evaluationsverfahren unbekannt oder wenig akzeptiert sind: 92% der befragten Unternehmen stimmen der Aussage "wir arbeiten in einem wissensintensiven Unternehmen" zu, wohingegen folgende Erfahrungen gerade *nicht* auf einen effizienten und effektiven Umgang mit dieser Ressource hinweisen: (a) „Wir setzen Wissen sehr effektiv zur Verbesserung unserer Leistungsfähigkeit und Geschäftsergebnisse ein": 6%; (b) „Wichtiges Wissen ging ohne Warnung verloren": 65%; (c) „Verluste aufgrund ineffektiven Umgangs mit Wissen über Wettbewerber: 70%, Kunden: 76%, Prozesse": 79%; „Unsere Mitarbeiter sind nicht in der Lage, neue Informationen richtig zu interpretieren": 80%; „Bei uns wird zweimal derselbe Fehler gemacht – also nicht aus Fehlern gelernt": 82%.

Analog wurden in derselben Studie die folgenden Erwartungen hinsichtlich der *Bewertbarkeit von Wissen* ermittelt: *"Wissensvermögen ist zu schwierig zu bewerten":* Nordamerika: 60% Zustimmung / 25% Ablehnung; Europäische Unternehmen: 40% Zustimmung / 42% Ablehnung; *"Bewertung von Wissensvermögen im Geschäftsbericht":* 40% der europäischen Unternehmen erwarten in den nächsten 5 Jahren eine Berücksichtigung von wissensbezogenen Vermögenswerten im Geschäftsbericht – nur 15% der nordamerikanischen Firmen schließen sich dieser Einschätzung an; 45% der nordamerikanischen Firmen glauben, daß wissensbezogene Vermögenswerte niemals im Geschäftsbericht aufgenommen werden – nur 15% der europäischen Firmen schließen sich dieser Einschätzung an.

Faßt man diese Befunde zusammen, ist folgende Schlußfolgerung sicherlich gerechtfertigt: Bislang liegen zu wenige befriedigende wissensmanagementbezogene Ansätze zur Operationalisierung des Zusammenhangs zwischen (organisationalem) Wissen bzw. Lernprozessen und betrieblichen Leistungsindikatoren vor. Dies verhindert sowohl das Messen und die Überwachung interner Wertschöpfungsprozesse mittels geeigneter Indikatoren, als auch die Möglichkeit, Informationen über die Qualität des eigenen Wissensmanagements an externe Bezugsgruppen wie Anteilseigner, Analysten und Investoren berichten zu können, bei denen eine zunehmend deutlicher werdende Nachfrage nach qualitativen bzw. wissensbezogenen Indikatoren zu beobachten ist. Allerdings ist auf erste Ansätze zu verweisen, mit deren Hilfe versucht wird, dieses Problem zu lösen. Die grundlegende Überlegung hierbei ist, den Wissenstransformationsprozeß in distinkte Kategorien zu unterteilen und jede dieser einzelnen Kategorien anhand entsprechender sozialwissenschaftlich konstruierter Skalen zu erfassen (Nonaka 1998; Reinhardt 1998c).

1.2.3 Zielsetzung der Arbeit

Durch obige Ausführungen konnten folgende Problemfelder verdeutlicht werden: Aus **volkswirtschaftlicher Perspektive** ist eine Zunahme wissensbezogener Investitionen und eine Sektorenverschiebung in Richtung wissensintensiver Branchen zu verzeichnen, wobei die Frage nach der Messung des Beitrags von Wissen in der volkswirtschaftlichen Wertschöpfung nicht befriedigend gelöst ist. Aus **einzelwirtschaftlicher Perspektive** wurden die folgenden vier Probleme herausgearbeitet: (a) Die Anforderungen von Investoren und Analysten an wissensbezogene Informationen; (b) die mangelnde Erfaßbarkeit von Wissen durch die Rechnungslegung; (c) die unklare Eignung von Wissenskapitalsystemen zur Erfassung wissensbezogener Wertschöpfung sowie (d) die mangelnde empirische Evidenz im Rahmen der Diagnose von Wissensmanagementprozessen.

Faßt man die bislang geschilderten Argumentationsstränge zusammen, so ergibt sich folgendes Bild: **Obwohl sich inzwischen die „Entmaterialisierung" von Wertschöpfungsprozessen immer deutlicher abzeichnet, existieren bislang nur wenige geeignete und theoretisch begründete – geschweige denn standardisierte – Methoden und Instrumente, um die „unsichtbaren" wettbewerbsrelevanten Prozesse und Strukturen sichtbar zu machen, zu erfassen und zu messen sowie – ggf. monetär – zu bewerten.** Damit aber bleibt zum momentanen Zeitpunkt offen, ob und wie die – vermuteten – grundsätzlichen Beziehungen in bezug auf den Wertschöpfungsbeitrag von Wissen erfaßt und darauf aufbauend in der Praxis genutzt werden können.

Was bedeutet dies für den Gegenstand der vorliegenden Arbeit? Es ist offensichtlich, daß die Notwendigkeit, sich mit der Erfassung bzw. Erfaßbarkeit von Wissen näher zu beschäftigen, davon abhängt, *ob* im Vorfeld die Wertschöpfungsrelevanz[30] von Wissen theoretisch begründet werden kann. Die bisherige Argumentation im obigen Abschnitt gibt erste Hinweise über die mögliche Struktur der Hypothese zur Wertschöpfungsrelevanz von Wissen (vgl. Abbildung 2):

---

[30] Um Mißverständnisse zu vermeiden, möchte ich darauf hinweisen, daß der Begriff „Wertschöpfungsrelevanz" gewählt wurde, um zu verdeutlichen, daß der Einsatz von Wissen – als Ressource – einen positiven Effekt auf den wirtschaftlichen Erfolg bzw. eine wertschöpfende Funktion hat. Die Wahl dieses Begriffs soll somit *keinen* Bezug zur Wertschöpfungsrechnung im engeren Sinne (z.B. Weber 1980) indizieren.

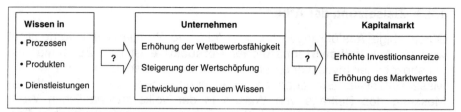

Abbildung 2: Hypothese zur Wertschöpfungsrelevanz von Wissen

In Abbildung 2 wird die Struktur der **Hypothese zur Wertschöpfungsrelevanz** von Wissen gezeigt, wie sie sich aus den bislang skizzierten Problemfeldern ergibt: Der Einsatz der Ressource Wissen in Prozessen, Produkten und Dienstleistungen führt zu einer Steigerung der Wertschöpfungsleistung, zur Verbesserung der Wettbewerbsfähigkeit des Unternehmens und zusätzlich zu neuem Wissen. Diese positiven, auf die effiziente und effektive Bewirtschaftung des Faktors Wissen zurückführbaren Effekte werden vom Kapitalmarkt wahrgenommen und entsprechend mit einer höheren Investitionsbereitschaft honoriert, die wiederum positiv von den Anteilseignern registriert wird und zur Marktwerterhöhung beiträgt.

Zusammengefaßt verdeutlicht diese Argumentation, daß sich die vorliegende Arbeit mit einer **doppelte Zielsetzung** auseinanderzusetzen hat: Zum einen soll die Gültigkeit der obigen Hypothese theoretisch begründet werden, und zum andern sollen – darauf aufbauend – theoretisch und methodisch begründete Konsequenzen für die Erfassung von Wissen abgeleitet werden. Ich möchte diese doppelte Zielsetzung anhand von fünf **Leitfragen** präzisieren, die im Rahmen der vorliegenden Arbeit beantwortet werden sollen:

1. Zunächst ist zu prüfen, welche theoretischen Ansätze und Befunde in bezug auf die **Wertschöpfungswirksamkeit** der Ressource Wissen vorliegen. Konkret: *Mittels welcher theoretisch begründeter Überlegungen kann gezeigt – also erklärt – werden, daß der Einsatz des Faktors Wissen positive Effekte auf ökonomische Erfolgsgrößen wie Wachstum, Erfolg, Wettbewerbsfähigkeit usw. hat?*

2. Können solche Effekte theoretisch begründet werden, schließt sich die Frage nach den **Eigenschaften** bzw. den **Merkmalen** dieser Ressource „Wissen" an – da die Explikation solcher Merkmale eine zentrale Voraussetzung für ihre Erfassung bzw. Messung darstellt. Konkret: *Welche Merkmale lassen sich in bezug auf die Ressource Wissen feststellen? In welchem Umfang unterscheiden sich diese Merkmale von denen materieller oder finanzieller Vermögenswerte? Welche An-*

forderungen stellen diese Merkmale an eine Meßmethodik zur Erfassung von Wissen?

3. Diese Eigenschaften von Wissen stellen wiederum die Voraussetzungen für die Auswahl und die Anwendung einer entsprechenden **Meßmethode** dar – und geben somit Hinweise für eine Meßbarkeit von Wissen. Konkret: *Welche generellen Meßmethoden zur Erfassung von Wissen lassen sich identifizieren? In welchem Umfang sind die jeweiligen Methoden zur Erfassung von Wissen geeignet? Wo liegen ihre jeweiligen Stärken und ihre Schwächen?*

4. Diese methodenbezogenen Befunde stellen den Rahmen für die Beurteilung von **Instrumenten** zur Erfassung von Wissen dar. Konkret: *Welche Instrumente bzw. konkreten Meßverfahren zur Messung von Wissen lassen sich in Theorie und Praxis identifizieren? In welchem Umfang sind sie geeignet, die Ressource Wissen zu erfassen? Wo liegen ihre jeweiligen Stärken und ihre Schwächen?*

5. Die letzte der im Rahmen der vorliegenden Arbeit zu elaborierende Überlegung bezieht sich auf die Frage nach den Implikationen aus der zuvor vorgenommenen theoretischen und methodischen Analyse zur Erfassung bzw. Erfaßbarkeit der Ressource Wissen. Konkret führt dies zur folgenden – gleichermaßen **theorie**- und **praxisbezogenen** – Frage: *Wie bzw. in welchem Umfang gelingt es, theoretisch zu begründen, welche wissensbezogenen Meßgrößen in der Praxis zum Einsatz kommen können bzw. sollen?*

In Abbildung 3 wird eine zusammenfassende Übersicht über die Hauptargumentationslinien bzw. –ziele sowie der Bezug zu den fünf Leitfragen dargestellt:

```
┌─────────────────────────────────────────────────────────────────────────────┐
│        Entdeckungszusammenhang: Hinweise bzgl. der Wertschöpfungsrelevanz von Wissen │
│  ┌──────────────────────────────┐      ┌──────────────────────────────┐     │
│  │ Warum ist es notwendig,      │ ──>  │ Hinweise, daß Wissen als     │     │
│  │ Wissen zu messen?            │      │ ökonomische Ressource        │     │
│  │                              │      │ aufgefaßt werden sollte      │     │
│  └──────────────────────────────┘      └──────────────────────────────┘     │
│                         ┌────── Systematik ──────┐                          │
└─────────────────────────────────────────────────────────────────────────────┘
┌─────────────────────────────────────────────────────────────────────────────┐
│    Begründungszusammenhang: Begründung der Wertschöpfungsrelevanz von Wissen │
│  ┌──────────────────────────────┐      Ökonomische Ansätze    (Leitfrage 1) │
│  │ Wie läßt sich theoretisch    │ ──>  Managementwissenschaftliche Ansätze  │
│  │ begründen, daß Wissen der    │                                           │
│  │ Stellenwert einer            │                                           │
│  │ ökonomischen Ressource       │                                           │
│  │ zukommt?                     │                                           │
│  └──────────────────────────────┘                                           │
│              ┌─── Merkmale von Wissen ───┐                                  │
│              │  Methodische Anforderungen │   (Leitfrage 2)                 │
└─────────────────────────────────────────────────────────────────────────────┘
┌─────────────────────────────────────────────────────────────────────────────┐
│ (Leitfrage 3)  Methoden und Instrumente: Messung & Meßbarkeit von Wissen  (Leitfrage 4) │
│  Methoden:                             Instrumente:                          │
│  Welche Anforderungen stellen    <──>  Mit welchen Instrumenten wird Wissen  │
│  einzelne Meßmethoden an Merkmale      bislang gemessen?                     │
│  des zu messenden empirischen          In welchem Umfang werden spezifische  │
│  Objekts?                              Merkmale von Wissen berücksichtigt?   │
│         ┌──── Theoretisch & methodisch begründete Hinweise ────┐            │
│         │         zur Operationalisierung von Wissen           │            │
└─────────────────────────────────────────────────────────────────────────────┘
┌─────────────────────────────────────────────────────────────────────────────┐
│                      Implikationen    (Leitfrage 5)                          │
│  Wie läßt sich der bei der Erfassung von Wissen sichtbar gewordene Theorien- │
│  und Methodenpluralismus *begründet* handhaben? Welche theoretisch           │
│  begründete Empfehlungen zur praktischen Erfassung von Wissen lassen sich    │
│  ableiten?                                                                   │
└─────────────────────────────────────────────────────────────────────────────┘
```

Abbildung 3: Argumentationsablauf, Hauptziele und Leitfragen der Arbeit

Vor der konkreten Erläuterung, mittels welcher Arbeitsschritte diese fünf Leitfragen beantwortet werden sollen, möchte ich im Vorfeld noch drei generelle Anmerkungen vorausschicken:

1. Zunächst möchte ich – um Mißverständnisse zu vermeiden – anführen, daß die Trennung zwischen Theorie (Begründungszusammenhang: Leitfrage 1) und Methodik (Leitfragen 3 und 4) begründungsnotwendig ist. An dieser Stelle möchte ich lediglich darauf verweisen, daß diese analytische Trennung dazu beiträgt, die Argumentationsschärfe zu erhöhen. Die entsprechende Begründung wird im folgenden Abschnitt, in dem der Aufbau der Arbeit ausführlicher dargestellt wird, vorgenommen.

2. Anschließend möchte ich darauf verweisen, daß die Arbeit relativ „breit" angelegt ist: Sowohl im Entdeckungs- als auch im Begründungszusammenhang werden sowohl volks- und betriebswirtschaftliche wie auch managementwissenschaftliche Argumentationsstränge – wenn

auch mit unterschiedlichem Detaillierungsgrad – aufgegriffen und vertieft. Diese „Breite" spiegelt sich ebenfalls im Methodenteil wider: Hier werden die Ansätze betriebswirtschaftlicher Bewertung, sozialwissenschaftlich-empirischen Messens sowie integrativer Indikatorensysteme erörtert.

3. Schließlich möchte ich nochmals betonen, daß die Verwendung des Begriffs „Wissen" von einer prinzipiellen Unschärfe begleitet ist (vgl. Abschnitt 1.1). Dies ist zum einen – wie sich noch herausstellen wird – auf das Merkmal der „Unsichtbarkeit" zurückzuführen: Wissen läßt sich weder direkt – aber auch nicht unabhängig von einem Träger – beobachten, sondern in seiner Wirkung nur in bezug auf seine Effekte erschließen. Daher geben Begriffe wie „Wertschöpfungsrelevanz von Wissen" „wissensbezogene Aspekte der Wertschöpfung", „wissensbezogene Güter", „wissensrelationale Effekte" usw. eigentlich ein genaueres Bild über die zu untersuchenden Phänomene. Der Begriff „Wissen" wird im Rahmen der vorliegenden Arbeit daher in diesem wertschöpfungsbezogenen und somit instrumentellen Sinne gebraucht.

Im folgenden Abschnitt soll herausgearbeitet werden, was die bisherige Argumentation für den Aufbau der vorliegenden Arbeit bedeutet.

1.3 Vorgehensweise und Übersicht

Durch den Entdeckungszusammenhang im bisherigen **ersten Kapitel** konnte folgendes Spannungsfeld herausgearbeitet werden: Auf der einen Seite wurde deutlich, daß der Ressource Wissen für volkswirtschaftliche und betriebliche Wertschöpfungsprozesse eine zunehmend wichtiger werdende Bedeutung zukommt, was wiederum zur Notwendigkeit führt, den Wertschöpfungsbeitrag von Wissen – im Rahmen einer betriebswirtschaftlichen Argumentation – in geeigneter Form für interne und externe *stakeholder* transparent zu machen bzw. zu dokumentieren. Auf der anderen Seite können die bisherigen Ansätze bzw. Instrumente zur Erfassung der Ressource von Wissen auf der betrieblichen Ebene als defizitär bezeichnet werden: Die bisherigen Instrumente des betrieblichen Rechnungswesens genügen wegen ihrer Fokussierung auf materielle Vermögenswerte den Anforderungen zur Erfassung wissensbezogener Wertschöpfung nur unzureichend; die verschiedenen Ansätze des Wissenskapitals sind zumindest theoretisch als unbefriedigend zu bezeichnen; dem Aspekt der Wissensbewertung kommt in den Ansätzen Organisationalen Lernens und des Wissensmanagements eine untergeordnete Rolle zu.

Somit stellt sich die generelle Frage nach einer Systematisierung und einer theoretischen Begründung von Indikatoren bzw. Meßsystemen zur Erfassung von Wissen als Ressource. Damit aber steht die Kernfrage nach der Entwicklung – und somit die Frage nach der theoretischen Begründung – einer geeigneten Metrik für eine adäquate Erfassung von Wissen im Mittelpunkt der vorliegenden Arbeit. Anhand dieser Kernfrage kann der Suchraum nach bisherigen Antworten – und den damit einhergehenden Stärken, Schwächen und den damit implizierten Verbesserungsnotwendigkeiten – auf doppelte Weise präzisiert werden:

1. Auf der einen Seite geht es darum, theoretisch zu begründen, wie und in welchem Umfang Wissen einen Beitrag zur Wertschöpfung und den daraus resultierenden Outputs wie Produktivität, Wachstum oder Wettbewerbsfähigkeit leistet. Diese Argumentation begründet die Notwendigkeit, sich mit der **Messung von Wissen** auseinanderzusetzen.

2. Auf der anderen Seite geht es um die methodische Frage der **Meßbarkeit von Wissen**: Diese Frage bezieht sich auf das Spannungsfeld, das durch die beiden folgenden Elemente konstituiert wird: Zum einen geht es um die Analyse vorhandener Meßinstrumente, die bislang zur Erfassung von wissensbezogener Wertschöpfung eingesetzt werden, und zum anderen um die Frage, in welchem Umfang bestehende Methoden geeignet sind, die Merkmale bzw. Eigenschaften der Ressource Wissen abzubilden.

Diese analytische Trennung ist – wie oben schon angedeutet – begründungsnotwendig, da die Fragen nach der Messung und Meßbarkeit von Wissen miteinander verzahnt sind. Diese Verzahnung kommt allerdings (1) nur zum Teil zum Tragen – beispielsweise bei dem engen Zusammenhang zwischen Humankapitaltheorie und Humanvermögensrechnung (vgl. Abschnitt 2.2.2 bzw. 3.2.2.4) oder bei den Überlegungen zur methodischen Begründung einer Wissensmanagementdiagnostik (vgl. Abschnitt 2.3.2.2 und 3.3.2.2). Bei den aktuellen Überlegungen zu den „*knowledge based theories of the firm*" werden hingegen teilweise überhaupt keine Aussagen zur Operationalisierung von Wissen gemacht (vgl. Abschnitte 2.3.4.1 und 2.3.4.2). Darüber hinaus gelingt es (2) nur schwer, die Eigenschaften bzw. Merkmale der Ressource Wissen bei einer integrativen Sichtweise von Theorie und Methodik herauszudestillieren, da einige theoretische Ansätze – wie zum Beispiel die Humankapitaltheorie (vgl. Abschnitt 2.2.2) – nur unzureichende Aussagen über die Eigenschaften von Wissen machen. Schließlich gilt analog, daß (3) einige Meßsysteme, auf eine Explikation ihrer theoretischen und methodologisch-methodischen Grundlagen weitestgehend verzichten – ein Beispiel hierfür sind die Ansätze zu Erfassung von Wissenskapital (vgl. Abschnitt 3.4.2). Zusammengenommen scheint mir dies ausreichend, eine nach Theorie und Methodik getrennte Aufarbeitung der Fragestellung vornehmen zu können.

Was bedeuten diese Überlegungen für den Ablauf der weiteren Argumentation? Entsprechend der obigen Überlegungen befaßt sich das 2. **Kapitel** – der **Begründungszusammenhang** – mit Theorieansätzen und Modellen, mit deren Hilfe der Einsatz von Wissen als Ressource begründet werden kann. Nach einer Einführung (Abschnitt 2.1) erfolgt in Abschnitt 2.2 eine Explikation dieser theoretischen Grundlagen aus **ökonomischer** Sicht: In den Unterabschnitten zur volkswirtschaftlichen Wachstumstheorie (Abschnitt 2.2.1), Humankapitaltheorie (Abschnitt 2.2.2) und deren Weiterentwicklungen im Kontext der Konzepte Organisationskapital und Soziales Kapital (Abschnitt 2.2.3), zur ökonomischen Produktion von Wissen (Abschnitt 2.2.4), traditionellen (Abschnitt 2.2.5) und aktuellen marktorientierten betriebswirtschaftlichen Überlegungen zum Faktor Wissen (Abschnitt 2.2.6) wird der Versuch unternommen, solche Theoriestränge zu identifizieren, mit deren Hilfe eine monetäre Erfassung der Effekte des Einsatzes der Ressource Wissen abgebildet wird.

Die Analyse dieser ökonomischen Argumentationsstränge (Abschnitt 2.2.7) führt zu einer vierfachen Schlußfolgerung: Es lassen sich (a) bedeutende Hinweise identifizieren, die es erlauben, Wissen als Ressource aufzufassen, da deren Einsatz zu positiven Effekten auf wirtschaftliches Wachstum, Produktivität oder Wettbewerbsfähigkeit führt. Es wird (b) deutlich, daß sich Wissen von materiellen bzw. finanziellen Faktoren in grundsätzlicher Form unterscheidet, was wiederum erste deutliche Grenzen in bezug auf dessen monetäre Erfaßbarkeit nahelegt. Hinzu kommt (c), daß eine grundsätzliche Unklarheit der verwendeten Begriffe – um Daten, Informationen, Wissen – und deren Abgrenzung offen bleibt. Darüber hinaus bleibt (d) unklar, wie sich Phänomene „Inkorporation von Wissen" oder „Wissen in Prozesse, Produkten oder Dienstleistungen" erklären lassen. Mittels einer **informationstheoretischen Analyse** (Abschnitt 2.2.7.2) wird versucht, (a) eine vertiefende Einsicht in die Begriffe Daten, Information und Wissen zu erhalten; (b) eine größere Klarheit in den Prozeß der Inkorporation von Wissen zu bringen bzw. die Frage der Relation zwischen Wissen und seinem Träger bzw. Speicher zu klären; und darüber hinaus (c) Hinweise zur Erklärung des plötzlich auftretenden Wertverlustes bisherigen Wissens durch neues Wissen ableiten zu können. Nach diesem informationstheoretischen Exkurs erfolgt eine Integration der ökonomischen Argumentation mit dem Ziel, Hinweise für die Explikation wissensbezogener Merkmale abzuleiten, wobei die Gegenüberstellung zwischen materiellen Faktoren und Wissen erkenntnisleitend ist.

Im Abschnitt 2.3 steht die Elaboration **management- bzw. verhaltenswissenschaftlicher** Ansätze im Mittelpunkt, um zu prüfen, ob Wissen als wertschöpfungswirksame Ressource aufgefaßt werden kann. In den Unterabschnitten zum Human Resource Management (Abschnitt 2.3.1) und zum Wissensmanagement (Abschnitt 2.3.2) wird eine *unternehmensinterne* Sicht der Wirkungsmechanismen der Ressource Wissen aus individueller und prozessualer Sicht entfaltet. Im Rahmen der Diskussion zum Ressourcenorientierten Ansatz (Abschnitt 2.3.3) erfolgt eine Erweiterung dieser internen Perspektive hin zu einer *marktbezogenen* Sicht, die auf der Basis neuerer Überlegungen zur *knowledge based theory of the firm* (Abschnitt 2.3.4) vervollständigt wird.

Die Analyse dieser managementwissenschaftlichen Überlegungen (Abschnitt 2.3.5) führt zu drei zentralen Überlegungen: (a) Die managementwissenschaftliche Analyse zeigt ebenfalls, daß Wissen zur Erhöhung der Produktivität und zur Entwicklung von Wettbewerbsvorteilen beiträgt; (b) Wissen wird als kontextgebundene und somit nicht von ihrem Umfeld trennbare Variable aufgefaßt; schließlich ist (c) eine Heterogenität von Wissens- und Lernbegriffen, die konstitutiv für die Ansätze des Wissensmanagements bzw. der wissensbasierten Unternehmenstheorien sind, zu beobachten. Mittels einer **epistemologischen Analyse** (Abschnitt 2.3.5.2.) wird versucht, Gemeinsamkeiten und Unterschiede aus dem Objektbereich „Wissen" herauszuarbeiten. Auf Basis der Differenzierung zwischen repräsentationistischen und anti-repräsentationistischen Ansätzen zur Beschreibung und Erklärung wissensbezogener Hypothesen (von Krogh/Roos 1996) gelingt es zum einen, eine Klassifikation bzw. Abgrenzung geläufiger managementtheoretischer Wissenskonzepte vorzunehmen und zum anderen, die Grenzen der Gültigkeit wissensbezogener Aussagen auszuloten: Mittels repräsentationistischer Überlegungen können Hypothesen abgeleitet werden, die auf Basis des kritisch-rationalen Paradigmas auf Gültigkeit geprüft werden können. Demgegenüber führen anti-repräsentationistische bzw. konstruktivistische Ansätze zu lokal begrenzten Aussagen, die nicht den Anspruch auf Generalisierbarkeit haben. Nach diesem epistemologischen Exkurs erfolgt eine Integration der managementwissenschaftlichen Argumentation mit dem Ziel, Hinweise für die Explikation wissensbezogener Merkmale abzuleiten, wobei wiederum die Gegenüberstellung zwischen materiellen Faktoren und Wissen erkenntnisleitend ist.

Im abschließenden Abschnitt 2.4 des zweiten Kapitels wird die Wertschöpfungshypothese von Wissen in ihrem Gesamtzusammenhang begründet und darüber hinaus geprüft, anhand welcher Merkmale Wissen beschrieben werden kann, da die Identifikation von Merkmalen eines empirischen Objekts eine wichtige Voraussetzung für die Ableitung von Anforderungen an Meßmethoden bzw. -instrumente darstellt.

Das **dritte Kapitel – Methoden und Instrumente zur Messung von Wissen** – besteht aus vier Hauptabschnitten: In den ersten drei Abschnitten werden jeweils die methodischen Grundlagen eines Meßansatzes sowie die dazugehörigen Instrumente erläutert, woran sich im letzten Abschnitt 3.5 eine Synthese der methodischen Argumentation anschließt.

Nach der Übersicht in Abschnitt 3.1 wird in Abschnitt 3.2 die Erfassung der Ressource Wissen in den Mittelpunkt des Bewertungsbegriffs, also der „Messung" in monetären Einheiten, gestellt. Im Kontext der **betriebswirtschaftlichen Bewertungslehre** wird daher zunächst der für den Bewertungsprozeß zentrale Begriff der „Kosten" herausgearbeitet (Abschnitt 3.2.1.1). Dabei wird deutlich, daß der betriebswirtschaftliche Kosten- und damit Bewertungsprozeß eng an materielle Güter geknüpft ist, woraus sich erste Grenzen der Erfaßbarkeit von Wissen in monetären, wertbezogenen Größen ableiten lassen. In Abschnitt 3.2.2 werden zunächst solche Instrumente diskutiert, die in engem Zusammenhang mit der *traditionellen Rechnungslegung* stehen. Im einzelnen werden hier folgende Instrumente analysiert: (a) Die Bewertung immaterieller Aktiva in der Bilanz; (b) die Handhabung wissensbezogener Investitionen in der GuV anhand des *knowledge statement* von Rennie (1998); (c) der Indikator *calculated intangible value* (Stewart 1997). Neben diesen drei „extern" orientierten Meßinstrumenten soll abschließend das interne Instrument der Humanvermögensrechnung diskutiert werden, mit dessen Hilfe die Überlegungen der Humankapitaltheorie in den Kontext des internen Rechnungswesens übertragen wurden.

Im folgenden Abschnitt 3.2.3 werden solche Instrumente erläutert, die in engem Zusammenhang mit der *wertbezogenen Unternehmensführung* stehen. Anhand von zwei Instrumenten wird gezeigt, wie es gelingt, den Anteil von Wissen an der Erhöhung des ökonomischen Wertes – gemessen über den Indikator *economic value added* (vgl. Stern/Stewart 1993) – zu bestimmen: Im einzelnen geht es hier um die Indikatoren (a) *information productivity* sowie *knowledge capital* (Strassmann 1996, 1998) und (b) *value added intellectual capital* (Pulic 1996, Bornemann 1998).

In Abschnitt 3.3 wird die Erfassung der Ressource Wissen in den Mittelpunkt des **sozialwissenschaftlich-empirischen Meßbegriffs** gestellt. Im ersten Unterabschnitt werden zunächst die methodischen Grundlagen dieses Meßbegriffs anhand von Entscheidungen herausgearbeitet, die im Verlaufe des Meßprozesses zu treffen sind (Abschnitt 3.3.1; vgl. Fischer 1989). Verknüpft man diese Anforderung sozialwissenschaftlich-empirischer Messung mit den Merkmalen von Wissen (vgl. Abschnitt 2.4.2.2), so werden Grenzen der Meßbarkeit von Wissen deutlich, wobei insbesondere die mangelnde Abgrenzbarkeit zu ähnlichen Begriffen wie Daten oder Information sowie die wegen der Kontextabhängigkeit von Wissen, dessen nur unzureichende Strukturierbarkeit ins Gewicht fallen. In den folgenden beiden Unterabschnitten werden wiederum einzelne Instrumente diskutiert, die den Anspruch haben, Wissen zu messen. In Unterabschnitt 3.3.2 werden die Grundlagen einer Diagnostik des Wissensmanagements herausgearbeitet und diskutiert (vgl. Reinhardt 1998c; Bontis 1999).

In Hauptabschnitt 3.4 wird die Erfassung der Ressource Wissen aus **integrativer Sicht** beleuchtet. Der Begriff „integrativ" verweist hier darauf, daß Indikatoren, die einem unterschiedlichen Meßverständnis entstammen, *gemeinsam* in *einem* Indikatoren- bzw. Kennzahlensystem zur Anwendung kommen. Zunächst werden im ersten Unterabschnitt die methodischen Grundlagen von Indikatorensystemen herausgearbeitet. Hierbei wird deutlich, daß sich logische, empirische und hierarchische Indikatorensysteme identifizieren lassen, deren Güte sich zudem dadurch beurteilen läßt, in welchem Umfang sie den Anforderungen an **Klarheit** bzw. **Einfachheit, Akzeptanz und hierarchische Strukturiertheit** genügen. Verknüpft man diese Gütekriterien mit den Merkmalen von Wissen, so wird deutlich, daß Indikatorensysteme aufgrund ihrer Multidimensionalität dem Anspruch an Meßbarkeit von Wissen dadurch gerecht werden, daß sowohl ökonomische als auch managementwissenschaftliche Indikatoren verwendet werden können. Problematisch ist der Nachteil der „Beliebigkeit", der dadurch entsteht, daß aufgrund mangelnder empirischer Erkenntnisse unklar bleibt, welche Indikatoren notwendigerweise in ein solches System integriert werden sollten (vgl. Abschnitt 3.4.1.5). In den folgenden beiden Unterabschnitten werden zwei Indikatorensysteme bzw. Instrumente diskutiert, die den Anspruch haben, Wissen erfassen zu können: In Unterabschnitt 3.4.2 wird das Konzept des *Wissenskapitals* (z.B. Sveiby 1997) herausgearbeitet, das sich eher als eklektische Meßmethodik denn als theoretisch begründeter Ansatz zur Operationalisierung von Wissen bzw. wissensbezogenen Effekten auffassen läßt. In diesem Zusammenhang wird das Konzept der *Balanced Scorecard* herangezogen (Abschnitt 3.4.2.5.3), um den expliziten Anspruch nach empirischer Überprüfbarkeit und Weiterentwicklung wissensbezogener Indikatorensystemen aufzeigen zu können.

Der abschließende Hauptabschnitt 3.5 dient der Synthese der vorgelegten Argumentation, wobei hier zwei Blickwinkel im Vordergrund stehen: Auf der einen Seite wird geprüft, ob bzw. in welchem Umfang sich die durch die Vielzahl unterschiedlicher Meßinstrumente abgeleiteten wissensbezogenen Indikatoren systematisieren lassen, woraus begründete Überlegungen zur Operationalisierung wertschöpfungsrelevanten Wissens abgeleitet werden. Auf der anderen Seite wird ein integratives Meßmodell entwickelt, mit dessen Hilfe es gelingt, die abgeleiteten vier Ebenen der Erfassung von Wissen – die *kapitalmarkt-, rechnungslegungs-, bestands- und prozeßbezogene* Perspektive – zu synthetisieren.

Im **vierten** und damit letzten Kapitel der vorliegenden Arbeit werden die Konsequenzen des in Abschnitt 3.5.3 abgeleiteten integrativen Meßmodells von Wissen herausgearbeitet: Aus theoretischer Perspektive wird gezeigt, welche Anforderungen an eine empirische Überprüfung dieses integrativen Meßmodells zu stellen sind. Hierzu ist es notwendig, anhand einer entsprechenden meta-theoretischen Diskussion das Problem der Inkommensurabilität der in diesem Meßmodell enthaltenen Theoriebezüge zu lösen. Dabei wird deutlich, daß die Entwicklung und Überprüfung von wissensorientierten Meßgrößen im Gesamtzusammenhang die Überwindung elitärer Positionen – innerhalb und zwischen Disziplinen – voraussetzt und durch einen problemorientierten bzw. einen transdisziplinären[31] Forschungsbegriff ergänzt werden sollte.

Faßt man diese Ausführungen zum Ablauf der vorliegenden Arbeit zusammen, so wird deutlich, daß diese sich im Spannungsfeld zwischen Theorie, Methodik, Epistemologie und Praxis bewegt. Es geht (a) um die theoretische Begründung, warum Wissen als wertschöpfungsrelevante Ressource aufgefaßt werden kann; (b) um die Prüfung von Methoden, in welchem Umfang diese zur Messung von Wissen geeignet sind. Dies setzt wiederum (c) voraus, die Vorannahmen, die bei der Beschreibung der Ressource Wissen herangezogen werden, zu explizieren, d.h. aus epistemologischer Sicht zu reflektieren. Schließlich ist (d) auf das Verwertungsinteresse der Praxis hinzuweisen, das es notwendig macht zu prüfen, ob bzw. in welchem Umfang es gelingt, theoretisch begründete Hinweise für die Nutzung wissensbezogener Meßgrößen zu geben.

In Abbildung 4 wird der Aufbau der Arbeit im Gesamtzusammenhang verdeutlicht:

---

[31] „*Transdisciplinary knowledge is generated and sustained in the context of application and not developed first and then applied to that context later by a different group of practitioners; develops its own theoretical structures, research methods and modes of practice, though they may not located on the prevailing disciplinary map; is communicated to those who have participated in the course of that participation and so, in a sense, the diffusion of results is initially accomplished in the process of their production; is dynamic. It is problem solving capability on the move*" (Gibbons et al. 1994, S. 4).

Kapitel 1:	Entdeckungszusammenhang: Problemfelder der Messung von Wissen

Kapitel 2:	Begründungszusammenhang: Begründung der Wertschöpfungsrelevanz von Wissen

Ökonomische Ansätze	Managementwissenschaftliche Ansätze
Volkswirtschaftliche Perspektiven • Neue Wachstumstheorie • Humankapitaltheorie • Wissensproduktion **Betriebswirtschaftliche Perspektiven** • Produktionsfaktoransatz • Lern- und Erfahrungskurven • Bewertung wissensbezogener Investitionen • Investor Relations • Due Diligence	**Individuell gebundenes Wissen** • Human Resource Management **Unternehmensinterne Prozeßperspektive** • Wissensmanagement **Beziehung zwischen Unternehmen und Umwelt** • Der Ressourcenorientierte Ansatz • Wissensbasierte Theorien des Unternehmens

Synthese: Merkmale von Wissen

Kapitel 3:	Methodik der Messung von Wissen

Methodische Grundlagen

Ökonomische Ansätze	Managementwissenschaftliche Ansätze	Indikatorensysteme

Instrumente

• Unsichtbare Vermögenswerte • Knowledge Statement • Calculated Intangible Value • Humanvermögensrechnung • Information Productivity • Knowledge Capital • Value Added Intellectual Potential	• Diagnostik des Wissensmanagements • Bewertung wissensbezogener Güter	• Wissenskapital (eklektisch) • Balanced Scorecard (empirisch)

Synthese: Theoretisch und methodisch begründete Meßgrößen für Wissen

Kapitel 4:	Implikationen

Handhabung von Inkommensurabilität	Messung als technologische Operation
Trennung zwischen • primärer Praxis • theoretischer Praxis • theoriegeleiteter Praxis	Trennung zwischen • nomologischen Aussagen • nomopragmatischen Aussagen

Fazit: Transdisziplinärer Forschungsansatz

Abbildung 4: Ablauf der Arbeit

2 BEGRÜNDUNGSZUSAMMENHANG

2.1 Übersicht

Im Mittelpunkt des vorliegenden zweiten Kapitels steht die **theoretische Begründung** der in der Einführung skizzierten Hypothese der Wertschöpfungsrelevanz von Wissen. Bei der Erörterung der jeweiligen theoretischen Konzepte und Modelle wird zunächst eine Trennung zwischen **ökonomischen** und **managementwissenschaftlichen** Ansätzen vorgenommen: Hierbei wird der Unterscheidung gefolgt, Wissen – bei ersteren Ansätzen – im Rahmen von Input-Output-Modellen zu beschreiben und dessen Effekte auf Wertschöpfung zu erklären. Demgegenüber wird bei letzterer Perspektive die „*black box*"-bezogene Input-Output-Argumentation dadurch transparent gemacht, daß Mechanismen expliziert werden, mit deren Hilfe die Effekte von Wissen auf Variablen wie Produktivität, Erfolg, Wettbewerbsfähigkeit usw. analytisch beschrieben und somit erklärt werden können. Im einzelnen werden folgende Ansätze vorgestellt:

Zunächst wird im Rahmen der **ökonomischen** Argumentation (Abschnitt 2.2) gezeigt, daß traditionelle **klassische** und **neoklassische Argumentationsmuster** für die Beschreibung der Effekte von Wissen auf Wertschöpfung eher ungeeignet sind. Dies kann zum einen auf die Annahme, Wissen – besser: Information – als öffentliches Gut zu konzipieren, zurückgeführt werden; darüber hinaus wird kurz skizziert, daß Wachstum ausschließlich auf die Produktivität der Faktoren Arbeit und Kapital zurückgeführt wird (Abschnitt 2.2.1.1 und 2.2.1.2). Die Externalisierung des – auf Effekte von Wissen zurückführbaren – technologischen Fortschritts wird im Rahmen der **„Neuen Wachstumstheorie"** (z.B. Romer 1990; Lucas 1986; Grossman/Helpman 1991) aufgehoben, und dies insbesondere durch Effekte von Humankapital und Forschung & Entwicklung sowie Innovation zu erklären versucht (Abschnitt 2.2.1.3). Anschließend wird in Abschnitt 2.2.2 die Argumentation der **Humankapitaltheorie** sowie deren konzeptioneller Weiterentwicklung aus der Perspektive des Organisationskapitals und des Sozialen Kapitals (Abschnitt 2.2.3) präzisiert. Schließlich werden grundsätzliche Überlegungen zur **Wissensproduktion** (Machlup 1962, 1984) vorgestellt, die sich als Bindeglied zu managementwissenschaftlichen Ansätzen auffassen lassen. Abschließend wird gezeigt, daß Wissen im Rahmen der traditionellen **betriebswirtschaftlichen** Argumentation eine nur untergeordnete Rolle zukommt (Abschnitt 2.2.4): Zwar gelingt es, anhand von **Lern- bzw. Erfahrungskurven** positive Effekte von Wissensakkumulation bzw. Lernen auf das Betriebsergebnis – im Sinne von Kostendegressionseffekten – nachzuweisen, doch können solche Effekte letztlich *nicht* im Rahmen der traditionellen „*black box*"-Argumentation erklärt werden. Ebenfalls tragen die Hinweise auf Basis des

Begriffs „technisch-organisatorisches Wissen" im Rahmen der **Produktionsfaktorargumentation** nur wenig zur Erklärung dieser Effekte bei. Schließlich verdeutlicht die Skizze neuerer kapitalmarktorientierter Überlegungen im Rahmen der Betriebswirtschaftslehre, daß zum einen wissensbezogene Investitionen vom Kapitalmarkt honoriert werden, und zum anderen Erfahrungen im Rahmen von *Investor Relations*- wie auch *Due Diligence* Prozessen auf die Wertschöpfungsrelevanz von Wissen verweisen. Ein **informationstheoretischer Exkurs** (Abschnitt 2.2.7.2) trägt zum einen dazu bei, die im Rahmen der ökonomischen Argumentation identifizierten Defizite hinsichtlich der Abgrenzbarkeit der Begriffe „Daten", „Information" und „Wissen" zu präzisieren, und zum anderen Probleme, die mit der Erklärung wissensbezogener Wertschöpfungseffekte, wie zum Beispiel der Entwertung bisherigen Wissens durch neues Wissen, in Verbindung stehen, zu beseitigen. Dies ist eine zentrale Voraussetzung dafür, **Unterschiede zwischen Wissen und materiellen Faktoren** herausarbeiten zu können (Abschnitt 2.2.7.3).

Im Rahmen der **managementwissenschaftlichen Argumentation** (Abschnitt 2.3) wird zunächst die Bedeutsamkeit der Human Resources für den Unternehmenserfolg diskutiert (Abschnitt 2.3.1). Anschließend werden – aufbauend auf einer organisationstheoretischen Übersicht über relevante Wissensklassen – grundsätzliche Überlegungen des **Wissensmanagements** erörtert, da solche Konzepte den Anspruch haben, Prozesse einer wissensbasierten Wertschöpfung beschreiben und erklären zu können (Abschnitt 2.3.2). Abschließend wird in Abschnitt 2.3.3 die unternehmensinterne Perspektive verlassen und zum einen anhand des **Ressourcenorientierten Ansatzes** gezeigt, wie Unternehmen Wettbewerbsvorteile aufgrund einer effizienten Bewirtschaftung des Faktors Wissen generieren können. Zum anderen werden aktuelle Argumentationslinien zu den *knowledge based theories of the firm* skizziert, die den Anspruch haben, die Existenz von Firmen aufgrund der Prozesse von Wissenserzeugung und Wissensverarbeitung zu erklären (Abschnitt 2.3.4). Abschließend erfolgt ein **epistemologischer Exkurs**, mit dessen Hilfe die Vielzahl managementwissenschaftlicher Wissensbegriffe und -konzeptionen klassifiziert werden können. Dies ist eine wichtige Voraussetzung dafür, **Unterschiede zwischen Wissen und materiellen Faktoren** herausarbeiten zu können (Abschnitt 2.3.5.3).

Im letzten Abschnitt (2.4) werden die Überlegungen, mit deren Hilfe die **Wertschöpfungsrelevanz** von Wissen theoretisch begründet werden kann, zusammengefaßt und integriert: Dies erfolgt sowohl vor dem Hintergrund der zu prüfenden Hypothese der Wertschöpfungsrelevanz von Wissen, als auch dahingehend, daß zentrale Merkmale von Wissen aus den vorab diskutierten theoretischen Bezugspunkten herausdestilliert werden.

Zusammengefaßt verfolgt das zweite Kapitel die beiden folgenden **Zielsetzungen**: Zum einen soll herausgearbeitet werden, mit Hilfe welcher theoretischen Annahmen – und/oder empirischen Erkenntnisse – begründet werden kann, daß der Einsatz von Wissen zu einer Erhöhung der Leistungsfähigkeit eines Unternehmens beiträgt – Wissen also ein **wertschöpfungsrelevanter Charakter** zugeschrieben werden kann. Zum anderen sollen aus diesen grundlegenden theoretischen Beiträgen die zentralen **Charakteristika von Wissen** extrahiert werden. Die Identifikation solcher Merkmale stellt einen wichtigen Bezugspunkt zur Beantwortung der Frage dar, welche Methoden für die Erfassung von Wissen geeignet sind. In Abbildung 5 wird der Argumentationsgang von Kapitel 2 graphisch dargestellt:

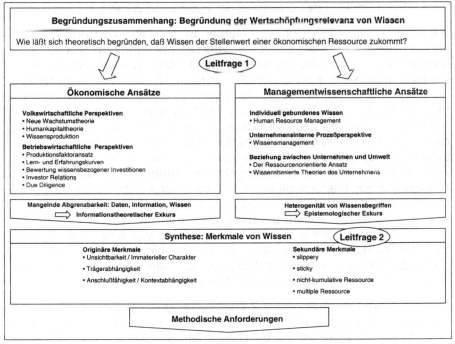

Abbildung 5: Argumentationsablauf des zweiten Kapitels

Durch Abbildung 5 wird ebenfalls deutlich, daß das zweite Kapitel Antworten auf die beiden ersten Leitfragen bereitstellen soll (vgl. Abschnitt 1.2.3) – **Leitfrage 1** lautet: Mittels welcher theoretisch begründeter Überlegungen kann gezeigt – also erklärt – werden, daß der Einsatz des Faktors Wissen positive Effekte auf Variablen wie Wachstum, Erfolg, Wettbewerbsfähigkeit usw. hat? – **Leitfrage 2:** Welche Merkmale lassen sich in bezug auf die Ressource Wissen feststellen? In welchem Umfang unterscheiden sich diese Merkmale von denen materieller oder finanzieller Vermögenswerte? Welche Anforderungen stellen diese Merkmale an eine Meßmethodik zur Erfassung von Wissen?[32]

2.2 Ökonomische Ansätze

Im vorliegenden Abschnitt (2.2) soll herausgearbeitet werden, in welchem Umfang ökonomische Erklärungsansätze einen Beitrag leisten, die Wertschöpfungsrelevanz von Wissen zu begründen. Die Verwendung des Begriffs „ökonomisch" verweist hierbei auf die monetäre Erfassung bzw. Bewertung von Effekten des Einsatzes der Ressource Wissen.

Die Argumentation orientiert sich hierbei an den folgenden **drei** Schwerpunkten: (1) Aus der Perspektive der **volkswirtschaftlichen Wachstumstheorie** wird verdeutlicht, wie Investitionen in Wissen – in Form von Investitionen in Humankapital und F&E – wirtschaftliches Wachstum fördern (vgl. Abschnitt 2.2.1), woran sich eine Vertiefung der Humankapitaltheorie (Abschnitt 2.2.2), der Überlegungen zum Organisations- und Sozialkapital (Abschnitt 2.2.3) und zentrale Überlegungen von Machlup (1962, 1984) zur Produktion von Wissen anschließen (Abschnitt 2.2.4). Im Kontext der **betriebswirtschaftlichen Theorie** werden im Rahmen des Produktionsfaktoransatzes und der Erfahrungskurven **unternehmensinterne Bezugspunkte** zur Wertschöpfung von Wissen hergestellt (Abschnitt 2.2.5), woran sich (3) Überlegungen anschließen, die die Beziehung des Unternehmens zu seinen **externen *stakeholders*** in den Mittelpunkt stellen: Hierbei geht es zunächst um die Wahrnehmung von wissensbezogenen Investitionen durch den Kapitalmarkt; darüber hinaus um wissensbezogene Aspekte der *Investor Relations* wie auch um wissensbezogene Aspekte von *Due Diligence*-Prozessen (Abschnitt 2.2.6).

Schließlich wird im Abschnitt 2.2.7 versucht, den Erkenntnisbeitrag und die Erkenntnisgrenzen ökonomischer Ansätze auszuloten. Hierbei wird deutlich, daß im Rahmen der ökonomischen Analyse folgende Probleme nur unzureichend gelöst werden können: (a) **Definition und Abgrenzung**

---

[32] Um Mißverständnisse zu vermeiden, möchte ich noch *vor* Beginn der theoretischen Erörterungen darauf hinweisen, daß die einzelnen Theoriestränge *unterschiedlich* explizit rezipiert und diskutiert werden. Dies ist dem Umstand geschuldet, daß die einzelnen Ansätze zur Begründung der Wertschöpfungsrelevanz von Wissen aufgrund ihres jeweiligen Beitrags unterschiedlich gewichtet werden müssen.

Begriffe Daten, Information und Wissen; (b) Erklärung von Begriffen bzw. Konzepten wie „**Inkorporation von Wissen**" oder „**Wissen in Produkten und Prozessen**"; (c) Entwertung bisherigen Wissens durch neues Wissen. Daher wird mittels einer anschließenden **informationstheoretischen** Analyse gezeigt, wie diese Probleme einer Lösung zugeführt werden können (Abschnitt 2.2.7.2). Abschließend werden anhand einer Gegenüberstellung zu materiellen Faktoren die Merkmale der Ressource Wissen vertieft analysiert und herausgearbeitet (Abschnitt 2.2.7.3).

2.2.1 Volkswirtschaftliche Wachstumstheorie

2.2.1.1 Klassische Ökonomie

Klassische Ökonomen wie Adam Smith, David Ricardo oder Karl Marx orientierten sich ausschließlich an einem materiellen Wertbegriff – also Wertvorstellungen, die mit dem Wert von Land, Kapital und Arbeit einhergingen. Wissen und Informationen tauchten in ökonomischen Analysen nur selten[33] auf und waren meist nur implizit mit dem Faktor Arbeit verknüpft. So bezieht sich beispielsweise Smith (1776) auf die Frage, ob die Fähigkeiten des Menschen als Kapital zu interpretieren seien. Seine Schlußfolgerung besteht darin, daß nicht nur Maschinen, Werkzeuge und Gebäude, sondern auch "*die erworbenen nutzbringenden Fähigkeiten aller Einwohner oder Glieder der betreffenden Volkswirtschaft*" als **stehendes Kapital**[34] zu interpretieren sind, für das kennzeichnend ist, "*daß es Einkommen oder Gewinn abwirft, ohne in Umlauf gesetzt zu werden oder den Betrieb zu verlassen*" (Smith 1933; zit. nach Hüfner 1970, S.12). Da-

---

[33] Die Frage nach der Bedeutung von Wissen für die *(National-)Ökonomie* wurde erstmals von dem schwedischen Ökonom Westerman (1768) aufgrund folgender Beobachtungen systematisiert: Die Leistungsfähigkeit des schwedischen Schiffbaus Mitte des 18. Jahrhunderts blieb weit hinter der Leistungsfähigkeit von Holland und England zurück. Er führte dies auf ein Defizit an "industrial knowledge" zurück, wobei er hierunter die Fähigkeit zur Organisation der Arbeit und Kenntnisse im Umgang mit neuen Maschinen verstand (vgl. Eliasson et al. 1987; Pawlowsky 1994).

[34] "Der Erwerb solcher Fähigkeiten macht infolge der Notwendigkeit, die betreffenden Menschen während der Zeit ihrer Ausbildung, ihres Studiums oder ihrer Lehrlingszeit zu unterhalten, *stets Geldausgaben erforderlich, die sozusagen in einen Menschen gestecktes, stehendes Kapital darstellen*. Diese Fähigkeiten bilden nicht nur einen Teil des Vormögens der gesamten Volkswirtschaft, der er angehört. In derselben Weise läßt sich die gesteigerte Geschicklichkeit eines Arbeiters als eine Art Maschine oder Werkzeug betrachten, die die Arbeit erleichtert oder abkürzt, und die, wenn sie auch Ausgaben verursacht, diese doch mit Gewinn zurückzahlt" (Smith, 1933, 176f. zit. nach Hüfner 1970, S.12; Heraushebungen d.A.).

mit läßt sich festhalten, daß bereits Smith (1776) die generelle Notwendigkeit von Investitionen in Qualifikation bzw. Wissen sieht, wie auch die Erwartung ableitet, daß diese Investitionen zu einem entsprechenden ökonomisch relevanten Output führen. Allerdings würde man den Beitrag von Smith (1776) und anderen klassischen Nationalökonomen überbetonen, würde man diese Überlegungen als prinzipielles Eingeständnis des Produktivcharakters der Ressource Wissen auffassen.

2.2.1.2 Neoklassische Überlegungen

Im Mittelpunkt der **neoklassischen Argumentation** steht das Konzept der Produktionsfunktion, mit deren Hilfe die Transformation der Inputfaktoren in Outputgrößen abgebildet wird. Prinzipiell gilt, daß die aggregierte Produktionsfunktion konstante Skalenerträge und sinkende Grenzerträge für jeden Input ausweist. Volkswirtschaftliches Wachstum wird hier von den beiden Faktoren Arbeit und Kapital gespeist (Solow 1956). Grundlegend hierbei ist die Annahme, daß Kapitalakkumulation durch zeitweiligen Nichtkonsum von Gütern, also durch Sparen, erfaßt wird, wohingegen das Arbeitspotential über ein exogenes Bevölkerungswachstum erklärt wird. Dabei wird unterstellt, daß die Sparquote in der gleichen Höhe wie das Arbeitspotential wächst. Das Wachstum des Outputs pro Arbeitskraft resultiert aus einer relativen Substitution von Arbeit durch Kapital – woraus sich eine tendenziell zunehmende Rate von Kapital zu Arbeit ergibt.

Problematischerweise zeigen bereits die Studien von Abramowitz (1956) und von Solow (1957), daß das Wachstum der US-Wirtschaft seit Ende des 19. Jahrhunderts *nicht* – der neoklassischen Axiomatik entsprechend – aufgrund von Kapitalakkumulation, sondern zu mehr als drei Vierteln aus der zunehmenden Effizienz der in der Produktion eingesetzten Faktoren Kapital und Arbeit resultiert. Dieses Erklärungsdefizit machte die Einführung einer "Residualgröße" – meist als "technischer Fortschritt" verstanden (Metcalfe 1987) – notwendig. Somit wird angenommen, daß eine Volkswirtschaft im Laufe der Zeit aufgrund des **exogenen** Faktors „**technischer Fortschritt**", der als zeitabhängige Verschiebung der Produktionsfunktion interpretiert wird, wächst. Damit aber wird die Variable „technischer Fortschritt" – und das darin zum Einsatz kommende Wissen – im Rahmen der traditionellen neoklassischen Argumentation *nicht* als Produktionsfaktor konzipiert, woraus ein entsprechendes Erklärungsdefizit resultiert.

2.2.1.3 Neue Wachstumstheorie

Aufbauend auf den Überlegungen von Arrows (1962) verfolgen „**neue Wachstumsmodelle**" das Ziel, die Variable „technischer Fortschritt" zu endogenisieren. Hier wird davon ausgegangen, daß die Entwicklung neuer Technologien und Wissensakkumulation mit Externalitäten einhergeht, die **nicht** durch die Marktpreise der Produkte berücksichtigt werden kann. Vielmehr entsteht diese durch Lernprozesse auf der Ebene des Humankapitals (Lucas 1988) oder als technologisches Wissen, wie zum Beispiel in Form neuer Produktionsmethoden (Romer 1990).

Von besonderer Bedeutung der neueren – bzw. endogenen – Wachstumstheorien ist der Prozeß der **Wissensakkumulation** (Lucas 1988): Der *humankapitalbezogene* Effekt kann anhand folgender Überlegung konkretisiert werden: Haushalte verfügen mit Hinblick auf spätere Konsummöglichkeiten nicht nur über die Option des gegenwärtigen Konsumverzichts durch Sparen, sondern ebenfalls über die Option des gegenwärtigen Konsumverzichts zugunsten einer Investition in Humankapital. Mit einer solchen Investition in das Humankapital erhöht sich nicht nur die Produktivität der eigenen Arbeitskraft, sondern es wird zudem ein allgemein zugänglicher Wissensbestand geschaffen, der die menschliche Arbeit insgesamt produktiver macht.

In bezug auf die Entwicklung *technologischen* Wissens können folgende Überlegungen herangezogen werden (Romer 1990): Zunächst kann allgemein festgehalten werden, daß sich Wissen auf unterschiedliche Aspekte wie Humankapital, organisatorisches Kapital oder physisches Kapital beziehen kann. Wachstum – qua technischem Fortschritt – hängt von der Ausstattung an Fähigkeiten und Fertigkeiten, sowie dem Anreiz, neuartige Lösungen für (bestehende) Probleme zu suchen, ab. Hierbei lassen sich die beiden folgenden Mechanismen identifizieren: Die Ausbildung (Qualifikation, Know-how) von Mitarbeitern trägt dazu bei, neue physische Produkte zu entwickeln – dabei fällt zusätzlich neues Wissen an. Zudem genügt es nicht unbedingt, auf bereits vorhandenes Wissen zurückgreifen zu können, vielmehr kann es notwendig werden, externes Wissen zu beziehen.

Zudem erklärt die Interdependenz zwischen den beiden obigen Mechanismen der Humankapitalinvestition und der Entwicklung technologischen Wissens die Existenz von ***Spill-Over*-Effekten**: Sie greifen auf die gesamte Wirtschaft über, und leisten somit einen Beitrag für die Erklärung des langfristigen Wachstum von Ländern mit bereits hohem Pro-Kopf-Einkommen (z.B. Grossman-Helpman 1991). Zusammengefaßt bedeutet dies, daß es solchen neueren Wachstumsmodellen gelingt, endogenes

Wachstum durch die Akkumulation von Wissen erklären zu können – **ohne** dabei Investitionen in physisches Kapital heranzuziehen. Vielmehr kann eine der zentralen Annahmen neoklassischer Wachstumsmodelle, nämlich die der sinkenden Grenzerträge des akkumulierten Faktors Kapital, aufgegeben werden. Langfristige Wachstumsraten werden vielmehr durch Humankapital, dessen Veränderung durch Lernen, Forschung und Entwicklung sowie Innovation generiert. Damit aber können solche Effekte als Investitionen in Wissensentwicklung aufgefaßt und somit als prinzipiell **meßbar** betrachtet werden.

Eine solche Messung stellt die Abgrenzung entsprechender Wissensklassen voraus; solche Überlegungen sollen anhand der Arbeiten der OECD, die mehrere Klassifikationstypologien zur Beschreibung solcher wissensbezogenen Felder entwickelt hat, exemplifiziert werden: Zunächst[35] wird im Jahr 1992 eine Trennung zwischen immateriellen (F&E, Patente und Lizenzen, Entwicklung von Humankapital durch Weiterbildung, Organisation der Produktions- und Arbeitsbeziehungen, Marktforschung und Software) und materiellen Investitionen (Anlagevermögen) vorgenommen. Die Gruppe der intangiblen Vermögenswerte wird wie folgt spezifiziert (OECD 1992, S. 114ff.):

- Die „**intangible investments in technology**" fördern die Kompetenz- und Wissensbasis, um neue Prozesse und Produkte zu entwickeln und einzuführen: F&E, Technologieerwerb mittels Patenten und Lizenzen, Design, Engineering, sowie Suchaktivitäten, um mit Wettbewerbern Schritt halten zu können.

- Die „**enabling intangible investments**" sind Investitionen in Humanressourcen, Organisation und Informationsstruktur und sind somit zentrale Voraussetzungen für den Investitionserfolg in physisches Kapital. Zum Beispiel kann die Entwicklung eines CIM-Systems aufgrund der Integration verschiedener Fertigungskomponenten in der Regel nicht ohne vorherige Investitionen in eben diese Fertigungskomponenten erfolgen.

- Die Investitionen in „**market exploration**" und „**market organisation**" stellen eine weitere Klasse immaterieller Investitionen dar und beziehen sich auf Marktforschungsaktivitäten – im Sinne des Erwerbs von

---

[35] Im Rahmen *neuerer* Erhebungen nutzt die OECD folgendes, leicht modifiziertes Klassifikationsschema: Investitionen in F&E, Aus- und Weiterbildung, Software, Marketing, Nutzungsrechte auf Bodenschätze, Patente sowie Lizenzen, Brands und Copyrights (vgl. OECD 1998).

Wissen über Kundenerwartungen – und die hierfür notwendige Bereitstellung der entsprechenden Infrastruktur.

- Schließlich ist „**software**" als Anlagevermögen isoliert identifizierbar, da es in eine physische Ausstattung integriert oder als eine Ergänzung aufgefaßt werden kann. Daher werden softwarebezogene Investitionen den materiellen Investitionen zugerechnet.

Zusammengefaßt zeigen die Ansätze der neueren Wachstumstheorie, daß F&E und Humankapital wichtige Produktionsfaktoren darstellen und somit als wichtige endogene Determinanten für die Wettbewerbsfähigkeit von Volkswirtschaften – und Unternehmen – aufgefaßt werden können. Problematisch ist demgegenüber, daß sie keine weitergehenden Erkenntnisse für eine Klassifikation und Bewertung verschiedener wissensbezogener Faktoren liefern – was letztlich auch nicht als Intention dieser Ansätze aufgefaßt werden kann. Zusätzlich werden kaum Aussagen über Interaktionseffekte unterschiedlicher wissensbezogener Investitionen gemacht. Als eine der wenigen Ausnahmen kann hier die Arbeit von Sjögren (1998) aufgefaßt werden, der die Wechselwirkung zwischen Humankapitalakkumulation und Investitionen in F&E sowie deren Effekte auf ökonomischen Wachstum abbildet. Zentrales Ergebnis ist hierbei, daß der Anreiz, in Humankapital zu investieren, davon abhängig ist, in welchem Umfang neue Produkte und/oder Technologien entwickelt bzw. eingeführt werden sollen. Allerdings ist abschließend noch auf das **Problem** der **mangelnden Trennbarkeit** zwischen wissensbezogenen und materiellen Investitionen hinzuweisen: Investitionen in F&E enthalten nicht nur Investitionen in die Wissensentwicklung, sondern auch meist in materielle Faktoren, wie Ausstattung, Prozesse usw.

2.2.2 Humankapitaltheorie

Die Ursprünge der Humankapitaltheorie finden sich in den Untersuchungen von Schultz (1961), Mincer (1962) und Becker (1964), die sich zunächst mit den Auswirkungen von Humankapitalinvestitionen auf volkswirtschaftliches Wachstum beschäftigt haben. Da die gesamtwirtschaftliche Leistungsfähigkeit einer Gesellschaft wiederum von der Leistungsfähigkeit ihrer privaten und öffentlichen Organisationen abhängt, wurde der Humankapitalansatz auf diese Ebene übertragen (Kuznets 1966; Anderson/Bowman 1976; Schultz 1981; Becker 1983, 1993). Hier faßt die Humankapitaltheorie Individuen als Investoren auf, die in ihre Ausbildung investieren, was kurzfristig mit Kosten verbunden ist, langfristig jedoch höhere Erträge – für das Individuum und die Organisation – nach sich zieht (z. B. Mincer 1958; Becker 1975; Kendrick 1976). Unabhängig von der

Bezugsebene konzentriert sich die Humankapitaltheorie auf die Effekte von Investitionen in Bildung und auf die Erträge aus diesen Investitionen, z.B. Wirtschaftswachstum, Gewinn oder Erzielung von Einkommen[36].

2.2.2.1 Humankapital und Wissen

Unter Humankapital wird allgemein das in ausgebildeten und lernfähigen Individuen repräsentierte Leistungspotential einer Bevölkerung verstanden, wobei dieses Leistungspotential zum einen zur Produktion von Gütern oder Dienstleistungen eingesetzt wird und zum anderen der Steuerung zukünftiger Erträge für das Individuum führt[37]. Auch die OECD (1996) faßt Humankapital als das Produktivitätspotential von Individuen auf: Humankapital wird definiert als das Wissen von Individuen, daß im Laufe ihres Lebens aufgebaut und dazu genutzt wird, Produkte, Dienste oder Ideen zu produzieren (OECD 1996, S. 22). Hinzukommt, daß auch das Wissen, das von Individuen oder Gruppen akquiriert und zum kollektiven Wissen transformiert wird, unter dem Begriff Humankapital subsumiert werden kann. Problematisch hierbei ist, daß die Quellen solcher Wissensgenerierungsprozesse – wie Schule, Freizeit, Job usw. – dabei konzeptionell und somit kalkulatorisch unberücksichtigt bleiben.

Bereits die Argumentation in Abschnitt 1.2.1 hat verdeutlicht, daß geistige Arbeit zunehmend mehr die körperliche Arbeit verdrängt. Daher gewinnen wissensbezogene Facetten – im Gegensatz zu physischen Aspekten wie Gesundheit und Arbeitskraft – des Humankapitals für die Wertschöpfung an Bedeutung. Somit aber stellen Wissen und Erfahrungen – also personengebundene Aspekte – diejenigen Komponenten von Humankapital dar, die im Rahmen der vorliegenden Arbeit von besonderer Bedeutung sind. Humankapital kommt in diesem Zusammenhang die folgenden **Funktionen** zu (Doré/Clar 1996, S. 160):

- Humankapital **nutzt** Wissen, wenn es in der Lage ist, das für die Zielerreichung notwendige Wissen zu identifizieren und anzuwenden. Desweiteren kann Humankapital (neues) Wissen **produzieren**, beispiels-

---

[36] Vgl. hierzu die Differenzierung von Pawlowsky (1994), der zwischen drei Ebenen der Anwendung der Humankapitaltheorie „Volkswirtschaft", „Betrieb" und „Individuum" unterscheidet.

[37] vgl. Becker (1964, S. 1): "*(...) that the development of human capital generally can be defined as activities that influence monetary and psychic income by increasing the resources in people*".

weise im Rahmen wissenschaftlicher Forschung oder in F&E-Prozessen.

- Humankapital kann desweiteren Träger von Wissen sein, d.h. **Wissen aufbauen** bzw. akkumulieren: Erziehung, Ausbildung, Fort- und Weiterbildung sind hier entsprechende Mechanismen.

- Schließlich dient Humankapital als **Instrument des Transfers** von Wissen, wobei man hier intendierte Transferprozesse (durch Anleitung, Weiterbildung, Training, Coaching usw.) von inzidentellen Transferprozessen – im Sinne des Sozialisationsbegriffs von Nonaka (1992; vgl. Abschnitt 2.3.2.1) – unterscheiden kann. Dieser Transfer führt wiederum zu entsprechenden *Spill-Over*-Effekten.

Von Bedeutung ist hier zudem, daß Humankapital eine notwendige, aber keine hinreichende Voraussetzung für diese im Zusammenhang mit Wissen stehenden Aspekte darstellt (z.B. Mankiw/Romer/Weil 1992): Organisatorische und institutionelle Faktoren können hier entscheidende Barrieren darstellen (Braczyk 1996)[38].

Im Hinblick auf die Zielsetzung des vorliegenden Kapitels ist die Frage zu beantworten, wie mittels des Konzepts Humankapital Wachstum oder ökonomischer Erfolg erklärt werden können.

2.2.2.2 Grundannahmen der Humankapitaltheorie

Die Grundannahmen der Humankapitaltheorie lassen sich relativ einfach zusammenfassen (vgl. Schultz 1961; Mincer 1962; Becker 1964): Ausgangspunkt ist die neoklassische Annahme, daß Individuen – wie alle Marktteilnehmer – versuchen, den eigenen Gewinn im Markt über verschiedene Zeiträume hinweg zu maximieren. Eine Möglichkeit hierzu besteht in einer Investition in ihr Humankapital – in Form von Bildung – um die eigenen Fähigkeiten bzw. Kompetenzen zu erweitern. Somit begründen nicht die individuellen Neigungen die Investitionen in eine spezifische Ausbildung, sondern die Erwartungen an eine entsprechende Ertragsrate. Konkret: Das Individuum investiert solange in eine Ausbildung (und Weiterbildung), wie die anfallenden Kosten geringer sind als die langfristig zu erwartenden Erträge. Kosten hierbei sind nicht nur Aufwendungen für Lehrmittel und/oder Gebühren, sondern auch das Entgelt, das dem Indivi-

---

[38] Vgl. hierzu die Weiterentwicklung des Humankapitalkonzepts in Richtung Organisationskapital, wo es um die explizite Berücksichtigung weiterer organisationaler Variablen bzw. Rahmenbedingungen geht (vgl. Abschnitt 2.2.3.1).

duum aufgrund der Ausbildung entgangen ist, also indirekte Kosten darstellen.

Analog der neoklassischen Argumentation wird auch hier ein vollkommener Markt vorausgesetzt – ein Markt, auf dem uneingeschränkter Wettbewerb herrscht, Angebot und Nachfrage eines Gutes über Preismechanismen reguliert werden und alle Marktteilnehmer den gleichen Zugang zu Informationen besitzen, aufgrund derer sie ihre Entscheidungen treffen. Die Marktteilnehmer bieten ihre Fähigkeiten auf diesem vollkommenen Arbeitsmarkt an – konsequenterweise wird ihr Humankapital solange aufgekauft, bis der Grenznutzen des Humankapitals den Grenzkosten des Marktes entspricht.

Obwohl die Investitionen in Humankapital (geldlich, zeitlich) nur schwer zu erfassen sind, und die Erträge aus diesen Investitionen nicht nur monetärer, sondern auch nicht-monetärer Art sind, verkürzt die Humankapitaltheorie diese Problematik auf eine einzige Dimension: Es wird davon ausgegangen, daß sich die Erträge von Humankapitalinvestitionen **ausschließlich** in den im Laufe des Lebens realisierten Einkommen widerspiegeln. Damit legt die Humankapitaltheorie fest, daß mit einem höheren Ausbildungsniveau eine höhere Arbeitsproduktivität einhergeht, die der Markt mit entsprechend höherem Einkommen honoriert[39].

2.2.2.3 Investitionen in Humankapital

Investitionen in Humankapital führen – wie in Abschnitt 2.2.1.3 bereits verdeutlicht – zu höherer Produktivität und Wirtschaftswachstum[40]. Die

---

[39] Diese Annahme wird von Pulic (1996) bei dessen Ableitung eines Indikators zur Erfassung von Wissenskapital aufgegriffen: Lohn- und Arbeitskosten stellen einen angemessenen Indikator für die wissensbezogenen Inputs der Arbeitnehmer dar (vgl. Abschnitt 3.2.3.3). Daneben nennt Reich (1993) hierzu folgende Daten: Die Durchschnittsgehälter des ärmsten Fünftels der US-amerikanischen Bevölkerung sind zwischen 1977 und 1990 um 5 Prozent gefallen, während in der gleichen Zeit das reichste Fünftel um 9 Prozent reicher wurde. Ein CEO hat 1960 im Durchschnitt 40 mal mehr verdient als ein Fabrikarbeiter, im Jahr 1988 hat er bereits das 43-fache verdient. Ein College-Absolvent hat 1980 80 Prozent mehr als ein High School-Absolvent verdient, 1990 hat sich diese Kluft verdoppelt.

[40] „Durch die Investition in Humankapital wird nicht nur die eigene Arbeitskraft eines Unternehmens produktiver, sondern ein allgemein zugänglicher Wissensbestand geschaffen, der die menschliche Arbeit insgesamt produktiver macht, indem er durch sog. spill over-Effekte auf die ganze Wirtschaft übergreift. Während die Kapitalakkumulation allein nicht in der Lage ist, das Wachstum der Wirtschaft langfristig zu erhöhen, sorgt die Humankapitalakkumulation dafür, daß der Investitionsanreiz während

Kernüberlegung der **betriebswirtschaftlichen Perspektive** der Humankapitaltheorie besteht in der Annahme, daß Investitionen in Humankapital – also in Wissen – ökonomisch sinnvoll sind. Konkret heißt dies wiederum, daß die Erträge aus Humankapitalinvestitionen die entsprechenden Aufwendungen übersteigen sollten. Hierbei existiert allerdings ein grundlegender Unterschied zwischen Investitionen in Sachkapital und Investitionen in Humankapital: Im Gegensatz zu Sachinvestitionen führen humankapitalbezogene Investitionen **nicht** zu Eigentum des Unternehmens. Dieses kann vielmehr nur so lange von der Investition profitieren, wie der Weitergebildete dem Unternehmen auch angehört (vgl. Becker 1964; Bardeleben et al. 1990). Eine rationale Konsequenz hieraus besteht in einer Unterinvestition in betriebliches Humankapital (vgl. Bekker, 1964): Privatwirtschaftliche Betriebe investieren deshalb zu wenig in ihr Humankapital, weil der Nutzen dieser Investitionen in erster Linie den aus- und weitergebildeten Individuen zugute kommt, wohingegen die Firma das Investitionsrisiko trägt.

Daraus resultiert die Differenzierung zwischen generellem und spezifischem Humankapital: **Generelles Humankapital** kann dadurch charakterisiert werden, daß es die Grenzproduktivität des Arbeitnehmers – als Träger dieses Humankapitals – in **allen** am Arbeitsmarkt aktiven Unternehmen in gleichem Umfange erhöht. **Spezifisches Humankapital** erhöht demgegenüber die Grenzproduktivität des jeweiligen Arbeitnehmers **nur** in dem Unternehmen, daß in dessen Humankapital – z.B. in Form von Weiterbildung usw. – investiert (Becker 1964, 1970)[41]. Daraus läßt sich folgendes risikominimierendes Entscheidungsverhalten aus Unternehmensperspektive ableiten: Investitionen in spezifisches Humankapital sollten sich Arbeitgeber und Arbeitnehmer teilen, da der Ertrag beiden Gruppen zugute kommt. Investitionen in generelles Humankapital sollten demgegenüber ausschließlich von den Arbeitnehmern vorgenommen werden, da dies die Attraktivität des Arbeitnehmers für andere potentielle Arbeitgeber und somit dessen Abwanderungswahrscheinlichkeit erhöht.

Interessanterweise zeigen eine Vielzahl empirischer Studien, daß Arbeitgeber hauptsächlich in generelles Humankapital investieren (als Übersicht

---

des Wachstumsprozesses nicht schwindet. Es bleibt für die Unternehmer ständig profitabel, eine zunehmend besser ausgebildete Arbeitskraft mit zusätzlichem Kapital auszustatten. Im Aggregat aller ergeben sich dann die zunehmenden Ertragszuwächse" (Heinsohn/Steiger 1997, S. 355)

[41] Zu einem späteren Zeitpunkt wurde noch der Begriff des *transferierbaren Humankapital* eingeführt (Stevens 1993, 1994), worunter verstanden wird, daß es in andere Unternehmen transferiert werden kann, dies aber nicht zu den gleichen Produktivitätserhöhungen führen muß.

vgl. Kaestner/Solnick 1992). Glick/Feuer (1984) und Feuer/Glick/Desai (1991) erklären dies dadurch, daß Arbeitgeber deshalb in generelles Humankapital investieren, da hierdurch erst die Voraussetzung für Arbeitnehmer geschaffen wird, in ihr spezifisches Humankapital zu investieren. Katz/Ziderman (1990) erklären die Präferenz, in generelles Humankapital zu investieren mit der Existenz einer asymmetrischen Informationssituation, die einen Vorteil des aktuellen Arbeitgebers im Gegensatz zu potentiellen Arbeitgebern darstellt. Alewell (1997, 1998) verdeutlicht, daß solche generellen Humankapitalinvestitionen als Ergebnis einer effizienten Risikoaufteilung und der Realisierung effizienter Anreizstrukturen aufgefaßt werden kann.

Schließlich haben solche Erklärungsdefizite zu verschiedenen **Modifikationen der ursprünglichen Humankapitaltheorie** geführt: Durch Ergänzung der Annahmen mittels entsprechender moderierender Variablen, wie z.B. Anstellungsdauer, Einkommenspolitik des Unternehmens oder Risiko des Arbeitsplatzwechsels (Becker 1983; Blaug 1985) konnte die prädikative Validität der Humankapitaltheorie erhöht werden. Einen anderen Weg zur Erklärung solcher Defizite schlägt Sadowski (1980) ein, indem er zeigt, daß generelle Humankapitalinvestitionen zwar einerseits rational – vor dem Hintergrund von zukünftigen Ertragserwartungen – sind. Andererseits erleichtern diese gleichzeitig die Personalbeschaffung und -selektion, da über solche Investitionen die Reputation des Unternehmens für potentielle Arbeitnehmer am Markt steigt und somit die Suchkosten nach Personal entsprechend reduziert werden können.

2.2.2.4 Zur Gültigkeit der Humankapitaltheorie

Es liegen eine Vielzahl humankapitaltheoretischer Studien vor; die folgende kurze Übersicht soll einige Befunde herausstellen: Der aktuellen Literaturübersicht von Westphalen (1999) ist zu entnehmen, daß bislang keine eindeutig interpretierbaren Ergebnisse in bezug auf die Amortisation von Investitionen in Humankapital auf Unternehmensebene vorliegen. Es lassen sich zwar die direkten und indirekten Kosten für die Rekrutierung und Ausbildung als Inputgröße auffassen, doch können die gefundenen Effekte aufgrund ihrer unklaren Zurechenbarkeit – also einer Einschränkung der internen Validität der Aussagen – nur schwer interpretiert werden. Analoges gilt für die Versuche, Korrelationsbeziehungen zwischen Investitionen in Ausbildung und der Unternehmensleistung herzustellen (Westphalen 1999, S. 7).

Allerdings liegen auch einige positive Befunde vor, die den erwarteten Zusammenhang zwischen Ausbildung und Produktivität bestätigen: (1) Bartel

(1991) weist einen Zusammenhang zwischen dem Penetrationsgrad von Trainingsprogrammen und der Arbeitsproduktivität nach. (2) Arthur (1994) verdeutlicht, daß Unternehmen mit innovativen Kompensationsstrategien und partizipativen Arbeitsmodellen eine höhere Leistung erbringen als andere Unternehmen. (3) Tepstra/Rozell (1993) weisen eine positive Beziehung zwischen spezifischen Rekrutierungs- und Selektionsprozeduren und der Unternehmensleistung nach. (4) Die American Society for Training & Development (ASTD) zeigt auf Basis einer Studie mit 500 US-amerikanischen Unternehmen, in welchem Umfang Beziehungen zwischen Investitionen in Humankapital (Aus- und Weiterbildung, Personalentwicklung) und der Leistungsfähigkeit des Unternehmens bestehen (vgl. Bassi/Van Buren 1999): Hierbei wurde zum einen deutlich, daß Humankapitalinvestitionen und Unternehmensleistung in positiver Beziehung stehen, und zum anderen, daß der Kapitalmarkt Investitionen in Humankapital positiv bewertet, d.h. daß ein positiver Zusammenhang zwischen ausbildungsbezogenen Investitionen und der Markt-Buchwert-Differenz nachgewiesen werden konnte[42].

Die **Grenzen der Gültigkeit** der Humankapitaltheorie – inkl. ihrer Modifikationen – lassen sich maßgeblich auf die neoklassischen Vorannahmen zurückführen. Diese Problembereiche schränken zwar den Gültigkeitsbereich der Humankapitaltheorie, aber nicht deren Hauptaussagen in bezug auf die Produktivität von Humankapital ein. Daher genügt an dieser Stelle eine kurze Skizze dieser Kritik (vgl. Doré/Clar 1996): Zunächst ist festzuhalten, daß es für Humankapital **keine vollkommenen Märkte** gibt: (a) Humankapital ist nicht beliebig mobil; (b) Investitionsentscheidungen werden unter hohen Unsicherheitsbedingungen getroffen; (c) das Einkommen von Mitarbeitern wird nicht nur durch Märkte, sondern auch durch innerbetriebliche Faktoren wie Macht, Status, Hierarchien wie auch durch externe Beschränkungen wie Tarifpolitik bestimmt.

Hinzukommt, daß die Annahme der **Bildungsrendite als alleiniges Motiv** für Individuen, in ihr Humankapital zu investieren, zu kurz greift: So beeinflussen (a) Eltern die Berufswahl maßgeblich, fragen (b) Unternehmen spezifische Qualifikationen nach, führt (c) eine schlechte Konjunktur zu einem niedrigen Ausbildungsplatzangebot und können (d) demographische Rahmenbedingungen – im Sinne der Mitgliedschaft einer kleinen oder großen Kohorte – die Berufswahl ebenfalls beeinflussen.

---

[42] Mit dieser Studie wird bereits auf den Argumentationsstrang des Human Resource Managements übergeleitet, in dessen Rahmen sich eine zunehmende Anzahl von empirischen Arbeiten identifizieren lassen, die die Effekte von HRM bzw. Personalentwicklungsprogrammen auf den Unternehmenserfolg nachzuweisen versuchen; diese werden in Abschnitt 2.3.1 ausführlicher dargestellt.

Zusätzlich existieren folgende weitere Einschränkungen: (a) Die Humankapitaltheorie setzt individuelles Humankapital mit dem höchsten Bildungsstand gleich. Humankapital wird aber nicht nur in formalen Bildungsgängen, sondern auch durch nicht-formale Lernprozesse (in Familie oder Arbeitsplatz) gebildet. (b) Der Wert von Humankapital ist aufgrund der verschiedenen Anforderungen auf dem Arbeitsmarkt nicht konstant: Qualifikationen verlieren ihren Wert – wohingegen das zugrundeliegende Wissen und Know-how erhalten bleibt. (c) Eine höhere Ausbildung führt gemäß der Humankapitaltheorie über eine höhere Produktivität zwangsläufig zu höherem Einkommen.

Zusätzlich ist darauf hinzuweisen, daß Produktivitätserhöhung nicht nur vom vorhandenen Humankapital, sondern von einer Vielzahl, vom einzelnen Subjekt nicht beeinflußbaren, Faktoren wie Arbeitsorganisation, Technologie usw. abhängen. Solche Variablen werden im Rahmen des Konzepts des Organisationskapitals berücksichtigt.

2.2.3 Konzeptionelle Weiterentwicklungen der Humankapitaltheorie

Bereits im Kontext der neueren Wachstumsmodelle wurde gezeigt, daß Investitionen in Humankapital und F&E als wachstumsstiftender Faktor aufgefaßt werden kann. Desweiteren wurde verdeutlicht, daß es bislang kaum Befunde zur Interaktion dieser Effekte gibt. Dieses Problem läßt sich meines Erachtens insbesondere darauf zurückführen, daß diese beiden Effekte zwar analytisch, aber nicht empirisch voneinander trennbar sind. Analoges gilt für die mangelnde Trennbarkeit zwischen Investitionen in F&E und materielle Faktoren. Entsprechend zeigen Erklärungsdefizite der Humankapitaltheorie, daß reine humankapitalbezogene Investitionen – im Sinne spezifischer oder genereller Weiterbildungsaufwendungen – nicht ausreichen, um individuellen Einkommenszuwachs oder organisationale Leistungsfähigkeit zu erklären.

Zusammengefaßt stellt sich somit die Frage nach der Notwendigkeit, weitere Variablen zur Erklärung wissensbezogener Effekte hinzuzuziehen. Im folgenden wird zum einen das Konzept des **Organisationskapitals** skizziert, in dem insbesondere strukturelle Variablen auf ihren Wertschöpfungsbeitrag hin untersucht werden, und zum anderen das Konzept des **Sozialen Kapitals** erläutert, in dessen Mittelpunkt die Analyse des Wertbeitrags von Beziehungen zwischen Organisationsmitgliedern steht.

2.2.3.1 Organisationskapital

Das Konzept des Organisationskapitals läßt sich auf zwei Argumentationslinien zurückführen: Zum einen betrachtet Tomer (1987) das Konzept des Organisationskapitals als Weiterentwicklung bzw. Ergänzung der – betrieblichen – Humankapitaltheorie durch die Einführung organisationaler bzw. verhaltensbezogener Variablen: *"Organizational Capital is defined as human capital in which the attribute is embodied in either the organisational relationships, particular organisation members, the organization's repositories of information, or some combination of the above in order to improve the functioning of the organisation"* (Tomer 1987, S. 24).

Zum anderen verwendet Sadowski (1991) das Konzept des Organisationskapitals, um die neoklassischen Erklärungsdefizite des betrieblichen Humankapitalansatzes (vgl. Abschnitt 2.2.2) mit Hilfe institutionenökonomischer Annahmen zu beseitigen (z.B. Coase 1937; Ross 1973; Williamson 1985): Während Humankapital als Ertragswert der verfügbaren Qualifikationen aufgefaßt wird, bezieht sich Organisationskapital auf ein langfristig nutzbares Vermögen des Unternehmens. Sadowski (1991, S. 136f.) ordnet dem Begriff Organisationskapital Aspekte wie *„den Bestand an Regeln in einer Organisation bzgl. des Teilens von Informationen, Konflikte beizulegen oder Kooperationsbereitschaft zu signalisieren"* zu. Organisationskapital stellt somit den formalen und informalen Rahmen für die Nutzung des Humankapitals dar. Wichtig ist auch bei Sadowski (1991) der personenunabhängige bzw. *„intangible und infrastrukturelle"* Aspekt von Organisationskapital, *„der weder einzelnen Personen, Transaktionen, Produkten noch Projekten zuzuschreiben ist"*. Die Begründung vorteilhafter Investitionen in das Organisationskapital erfolgt durch Sadowski (1991) mittels der Ansätze Transaktionskostentheorie (Williamson 1985, 1991) und der Principal-Agent-Theorie (Ross 1973; Jensen/Meckling 1976) . Damit aber konzentriert sich der Aussagegehalt des Organisationskapitalkonzepts im Sinne Sadowskis

" (...) in Entscheidungen darüber, Lohn- und Beschäftigungsanpassungen an die jeweils aktuelle Verhandlungsmacht oder Konjunkturlage anzuschließen oder nicht anzuschließen; Betriebsvereinbarungen zu treffen und zu halten – oder auch nicht; Arbeitnehmerbeteiligungsrechte zu gewähren, um unerzwingbare Loyalitäten zu fördern; Personalentwicklungsmöglichkeiten und Beschäftigungsschutz als Nebenbedingungen wirtschaftlicher Entscheidungen zu wollen" (Sadowski 1991, S. 136).

Diese Auffassung verdeutlichen einen eher begrenzten Stellenwert von Sadowskis (1991) Überlegungen für die vorliegende Fragestellung, da hier auf agency-theoretische Probleme der Vertragsgestaltung zwischen institutionellen Akteuren rekurriert (Ross 1973; Jensen/Meckling 1976), aber nicht auf die Wertschöpfungsrelevanz von Organisationskapital eingegangen wird. Daher orientiert sich die weitere Argumentation an Tomers Konzept des Organisationskapitals.

Bei Tomer (1987) findet sich die erste umfassende Übersicht zur Entwicklung des Begriffs „Organisationskapital". Im Mittelpunkt seiner Argumentation stand die Überlegung, neben dem kontrollorientierten *„property-rights"*-Ansatz (Coase 1937; Demsetz 1967) eine ökonomische Unternehmenstheorie zu entwickeln, die sich mit dem Spannungsfeld zwischen Kooperationsnotwendigkeit und Verfolgung eigener Interessen aus einer nicht-vertraglichen Perspektive nähert[43]. Nach Tomer (1987, S. 1) dient das Konzept Organisationskapital der Erreichung folgender Ziele:

„[Organizational Capital] (...) which holds great promise as: (1) an explanation of a neglected source of economic growth, (2) an explanation for the behavior and productivity of the firm, (3) an explanation of how productivity is related to interorganizational behavior, (4) a guide to formulating better governmental policies with respect to economic growth and development, and (5) a vehicle for achieving a better appreciation of how institutional arrangements contribute to economic as well as social outcomes".

Tomer (1987) begründet die Einführung des Konzepts Organisationskapital mit dem Argument, daß sich individuelles Verhalten *nicht* allein aus der Kenntnis von Persönlichkeitsmerkmalen – Humankapital – und Organisationscharakteristika, wie z.B. formale Strukturen, erklären läßt. Vielmehr resultiert Leistungsverhalten aus der Interaktion[44] zwischen Humankapital und Organisationskapital: *„(...) and thus, organizational productivity is the result of an interaction between the characteristics of an organization and the individual"* (Tomer 1987, S. 2).

Investitionen in Organisationskapital stellen damit organisationale Veränderungen dar, die zu höherer Leistungsbereitschaft und somit zu einem höheren Output führen. Investitionen in Organisationskapital beziehen sich auf die doppelte Zielsetzung Produktivität und Verbesserung der Arbeitssituation:

---

[43] Damit widerspricht Tomer gerade den Annahmen von Sadowski (1991). In seinem Beitrag von 1998 nimmt Tomer nochmals die Kritik an der institutionenökonomischen Perspektive der Organisation und somit auch des Organisationskapitals auf und vertieft diese: Institutionelle Arrangements im Sinne der Institutionenökonomik reichen nach Tomer (1998) nicht aus, um sich des Commitments der Mitarbeiter – und somit seiner Leistung – zu versichern.

[44] Dieser Argumentation liegt die Analyse des Konzepts der X-Effizienz (Leibenstein, 1966, 1976) zugrunde, mit dessen Hilfe suboptimales Leistungsverhalten durch die Verfolgung eigener Interessen erklärt wird. Tomer (1987) argumentiert hier, daß ein solches suboptimales Verhalten nicht ausschließlich durch das Verfolgen von Eigeninteresse erklärt werden kann, sondern ebenfalls auf entsprechende organisationale Rahmenbedingungen zurückgeführt werden muß.

„Investment in organizational capital refers to the using up of resources in order to bring about lasting improvement in productivity and/or worker well-being through changes in the functioning of the organization. **Organizational capital formation could involve (1) changing the formal and informal social relationships and patterns of activity within the enterprise or (2) changing individual attributes important to organizational functioning, or (3) the accumulation of information useful in matching workers with organization situations"** (Tomer 1987, S. 2; Hervorhebung d.A.).

Neben originären Investitionen in das Organisationskapital auf der Basis einer Veränderung formaler Organisationsstrukturen oder des Organisationsklimas sowie in das Humankapital, führt Tomer (1987) zwei hybride Investitionstypen auf:

„(...) these types contribute to the functioning of the organization but may be embodied in employees in the form of information or behavioral attributes inculcated, perhaps, as result of the organization's socialization process. Information relevant to matching employees with other employees and organization positions may also be embodied in the organization's formal files in a way that makes it available to decision makers" (Tomer 1987, S. 2).

Daraus resultieren zusammengenommen vier, in Tabelle 1 wiedergegebene, verschiedene Perspektiven von Veränderungsmöglichkeiten des Human- und Organisationskapitals (vgl. Tomer 1987)[45]. Die nähere Betrachtung von Tabelle 1 verdeutlicht, daß sich die vier Aspekte von Organisationskapital zum einen hinsichtlich der Eigentümerrelation – dem Individuum oder der Organisation zugehörig – und zum anderen hinsichtlich seiner Effekte – Veränderung des Human- bzw. Organisationskapitals – differenzieren lassen. Eine weitergehende Analyse verdeutlicht, daß die Investitionen in die einzelnen Organisationskapitalfacetten nicht ausschließlich im Sinne der traditionellen Humankapitaltheorie – also monetär – erfaßt werden, sondern sich als managementtheoretisch begründbare Interventionen auffassen lassen. Schließlich ist darauf hinzuweisen, daß die Kopierbarkeit der Organisationskapitalbestände von links nach rechts abnimmt, d.h. daß (erfolgreiche) Investitionen in O-O-Kapital einen höhe-

---

[45] Tomer (1987, S. 29) definiert diese vier Komponenten wie folgt: *"Pure human capital (H-H), such as results from training a machine operator or bookkeeper is specific to the technology of the firm and is an attribute of an individual; H-O-capital such as results from the formal and informal socialization of a new member of the organization is specific to the firm's organization and perhaps to its technology, but is an attribute of the employee; O-H capital is formed when the firm acquires information that aids in the utilization of their employees; it is specific to the firm's organization and perhaps to its technology and employees, and is an attribute either of the organization or of certain members; pure O-O capital resulting, for example, from a change in the formal organizational structure is specific to the firm's organization and perhaps its technology and employees, and is an attribute of the organization".*

ren Beitrag zur Wettbewerbsfähigkeit im Sinne des Ressourcenorientierten Ansatzes (vgl. Abschnitt 2.3.3) leisten als Investitionen in reines H-H-Kapital.

	Pure human capital	Human-organizational capital hybrids		Pure organizational capital
	H-H Capital	H-O-Capital	O-H-Capital	O-O-Capital
Investition in / Veränderung von	Individuum ...	Individuum ...	Organisation oder einigen Organisationsmitgliedern	Organisation (Struktur, Technologie) ...
Zweck	... zur Erhöhung des Humankapitals	... zur Erhöhung des Organisationskapitals	... zur Erhöhung des Humankapitals	... zur Erhöhung des Organisationskapitals
Eigentümer	Individuum	Individuum	Organisation	Organisation
Beispiele	Aus- / Weiterbildung spezifischer Fertigkeiten z.B. Bedienen von Maschinen (CNC-Programmierung)	Verhaltensweisen, die sich auf das „Funktionieren" der Organisation beziehen, z.B. Einarbeitung eines Mitarbeiters	Investition in Informationen über aktuelle und erwünschte Charakteristika von Mitarbeitern (Teil des Organisationsgedächtnisses; Wissen der Mitarbeiter über neue Strategie oder neue Mitarbeiter)	Veränderung der formalen Organisationsstruktur: (a) Änderung der Kommunikationskanäle; (b) Änderung der Arbeitsabläufe; (c) Änderung der Beziehungen

Tabelle 1: Ausprägungen des Human- und Organisationskapital (Quelle: Tomer 1987, S. 30)

In seinem Beitrag von 1998 vertieft Tomer seine Überlegungen zum Begriff des Organisationskapitals: Hierbei spielt die Formierung der Beziehung zwischen Individuum und Organisation – „joining up" genannt – eine elementare Rolle für die Produktivität des Mitarbeiters und somit der Organisation. Der „joining up"-Prozeß vollzieht sich in zwei Phasen, um eine optimale Passung zwischen Individuum und Organisation herzustellen und somit das Commitment der Organisationsmitglieder zu erhöhen. (1) Die

Selektionsstufe „*serves the subtle function of selecting individuals whose values are compatible with organizational values and screening out those whose values are incompatible*" (Chatman 1991, S. 461). (2) Die zweite Stufe basiert auf **Sozialisation**, ein Prozeß „*that refers to the process by which a newly elected member of the organization comes to learn values, norms, required behavior, expectations, and social knowledge essential to participation in the organization*" (Chatman 1991, S. 461).

Für die erfolgreiche Gestaltung des „*joining* up"-Prozesses sind nach Tomer (1998) zwei Klassen von Organisationskapital relevant – „*pre-organizational capital*" und „*linking organizational capital*": „**Pre-organizational capital** *refers to certain human qualities that provide productive capacity in that are a necessary antecedent to successful joining-up*" (Tomer 1998, S. 835). Hierzu gehören eine Vielzahl von Werthaltungen und Einstellungen, wie z.B. Vertrauenswürdigkeit, Zuverlässigkeit, Glaubwürdigkeit, Loyalität usw. (Grossbard-Shechtman 1988). Diese Eigenschaften bringen Mitarbeiter mit in das Unternehmen ein – *pre-organizational capital* ist daher eine Form von H-O–capital. „**Linking organizational capital** *is the organization specific productive capacity formed by the organization during the two stages of the joining up-process, selection and socialisation*" (Tomer 1998, S. 837). Im Rahmen des Selektionsprozesses findet zunächst eine Entwicklung des O-H-Kapitals dadurch statt, daß sich diejenigen Personen, die mit der Auswahl betraut sind, neues Wissen in bezug auf die potentiellen Mitarbeiter aneignen. In der direkten Interaktion des Selektionsprozesses findet eine erste Entwicklung des H-O-Kapitals der Bewerber statt. Diese Weiterentwicklung von H-O-Kapital findet während der Sozialisation aufgrund der individuellen Lernprozesse seine Fortsetzung. Parallel dazu entwickelt sich das O-H-Kapital dadurch weiter, daß die Organisation Wissen darüber ansammelt, in welcher Form die neuen Mitglieder einen optimalen Beitrag zur Zielerreichung leisten können. Letztlich wird reines Organisationskapital (O-O-Kapital) aufgrund der langfristigen Beziehungen des Mitarbeiters zur Organisation gebildet.

2.2.3.2 Soziales Kapital

Der Begriff Soziales Kapital kann allgemein den Strömungen der Sozial- und Organisationstheorie zugeordnet werden, die die Kooperation – im Gegensatz zum Opportunismus der Institutionenökonomik[46] – zwischen

---

[46] Im Zusammenhang mit den neueren institutionalistischen Ansätzen wird deutlich, daß hier ähnliche Überlegungen Fuß fassen. So wird z.B. im Prinzipal-Agenten-Ansatz (z.B. Jensen/Meckling 1976) thematisiert, daß Kontrolle als Kostenfaktor zu verstehen

Individuen zum Gegenstand der Analyse machen (z.B. Jacobs 1965; Bourdieu 1986; Coleman 1988, 1990; Putnam 1995). Ein wichtiger Ausgangspunkt hierbei steht in engem Bezug zu Barnards Definition einer Organisation, in dessen Mittelpunkt kooperative Beziehungen gestellt werden: *"(...) Although I define an organization as a system of cooperative activities of two or more persons – something intangible and impersonal, largely a matter of relationships (...)"* (Barnard 1956, S. 75). Soziales Kapital wird allgemein als Produktionsfaktor aufgefaßt:

„Wie andere Kapitalformen ist soziales Kapital produktiv, denn es ermöglicht die Verwirklichung bestimmter Ziele, die ohne es nicht zu verwirklichen wären. (...) Anders als andere Kapitalformen wohnt soziales Kapital den Beziehungsstrukturen zwischen zwei oder mehr Personen inne. Es ist weder Individuen noch materiellen Produktionsgeräten eigen" (Coleman, 1991a, S. 392).

Ordnet Tomer (1987, 1998) Organisationskapital noch der Organisation oder dem Individuum zu, erlangt Soziales Kapital eine eigenständige Qualität und erfaßt Vermögenswerte, die *nicht* isoliert dem Human- oder dem Organisationskapital zugeordnet werden können:

„Physisches Kapital wird geschaffen, indem man Material so verändert, daß daraus ein Werkzeug entsteht, das die Produktion erleichtert; dementsprechend wird Humankapital geschaffen, indem Personen so verändert werden, daß sie neue Fertigkeiten und Fähigkeiten erlangen, die ihnen erlauben, auf neue Art und Weise zu handeln. **Soziales Kapital dagegen entsteht, wenn sich die Beziehungen zwischen Personen so verändern, daß bestimmte Handlungen erleichtert werden [oder neue entstehen können]** (vgl. Coleman, 1991, S. 394; Anm. und Hervorhebung d.A).

Nach Coleman (1991) stellen zwischenmenschliche Beziehungen sozialstrukturelle Ressourcen dar, die bestimmte Handlungen erleichtern. Formen des Sozialen Kapitals sind u.a. (a) Verpflichtungen und Erwartungen, (b) Informationen über soziale Beziehungen, (c) Normen und wirksame Sanktionen, (d) Kontrollrechte im Rahmen von Herrschaftsbeziehungen, (e) übereignungsfähige soziale Organisationen – im Sinne der Übereignung von Beziehungsstrukturen aus Verpflichtungen und Erwartungen – und (f) zielgerichtete Organisationen, die auch von Akteuren genutzt werden, die sie selbst nicht ins Leben gerufen haben.

Eine ähnliche, wenn auch von weniger expliziten Rationalitätsannahmen begleitete Argumentation entwickelt Bourdieu (1979, 1982, 1986) im Rahmen seiner Sozialtheorie. Demnach kann unter *„Sozialkapital die Ge-*

---

ist, der durch Vertrauensbildung – also die Herausbildung von *Vertrauenskapital* – reduziert werden kann: *„Es lohnt sich für Vorgesetzte und Mitarbeiter, in gegenseitiges Vertrauen zu investieren,* weil dadurch beide Seiten Kontrollkosten sparen können – bis eine Seite das Vertrauen ausbeutet und dabei erwischt wird" (Albach, 1989, S. 705; kursiv im Original).

samtheit der aktuellen und potentiellen Ressourcen, die mit dem Besitz eines dauerhaften Netzes von mehr oder weniger institutionalisierten Beziehungen gegenseitigen Kennens oder Anerkennens verbunden sind (...)" verstanden werden (Bourdieu 1979, S. 36). Dabei stellt dieses „*Beziehungsnetz das Produkt individueller oder kollektiver Investitionsstrategien dar, die bewußt oder unbewußt auf die Schaffung und Erhaltung von Sozialbeziehungen gerichtet sind, die früher oder später einen unmittelbaren Nutzen versprechen"* (Bourdieu 1979, S. 37).

Verzichten Coleman (1988, 1990) und Bourdieu (1979, 1982, 1986) weitestgehend auf empirische Analysen des Konzepts des Sozialen Kapitals im Rahmen ihrer jeweiligen Sozialtheorie, greifen andere Autoren den grundlegenden Gedanken des sozialtheoretischen Begriffs auf und interpretieren Organisationen als „*social communities*" (z.B. Conner/Prahalad 1996; Kogut/Zander 1996; Nahapiet/Ghoshal 1998).

Nahapiet/Ghoshal (1998, S. 243) definieren Soziales Kapital als *"the sum of the actual and potential resources embedded within, available through, and derived from the network of relationships possessed by an individual or social unit."* Es lassen sich im Rahmen einer organisationalen Analyse drei Klassen von Sozialem Kapital unterscheiden (Granovetter 1992; Putnam 1995; Nahapiet/Ghoshal 1998):

- Die **strukturelle Dimension** von Sozialkapital bezieht sich auf das Muster der Beziehungen zwischen den Akteuren. In Anlehnung an Coleman (1993), können solche Beziehungen durch Begriffe wie Dichte, Verbindungsgrad und Hierarchische Durchdringung des Netzwerks präzisiert werden.

- **Relationales Sozialkapital** beschreibt die Entwicklungsgeschichte der Beziehungen im Netzwerk; relevante Dimensionen sind Vertrauen und Vertrauenswürdigkeit (Putnam 1995), Normen und Sanktionen (Coleman 1990), Erwartungen (Burt 1992), Identität und Identifikation (Merton 1968).

- Die **kognitive Dimension** von Sozialkapital beinhaltet geteilte bedeutungs- und somit handlungsrelevante Repräsentations- und Intepretationsmuster (Conner/Prahalad 1996; Grant 1996).

In bezug auf die vorliegende Fragestellung läßt sich im Rahmen der obigen Skizze verdeutlichen, daß **Sozialkapital als Produktionsfaktor** aufgefaßt werden kann. Zudem existieren keine individuellen Eigentumsrechte an Sozialkapital; die Entwicklung von Sozialkapital geht mit zugrundeliegenden wissensbezogenen Austausch- und Kombinationsprozessen einher (Burt 1992; Nahapiet/Ghoshal 1998). Damit gehen die Überlegungen im Kontext des Sozialen Kapitals über die individuelle Perspektive des Wertschöpfungsbeitrags von Wissen hinaus und verdeutlichen, daß den Interaktions- bzw. Kommunikationsstrukturen in der Organisation ebenfalls ein Ressourcencharakter zugeschrieben werden sollte.

2.2.4 Die ökonomische Produktion von Wissen

Machlup (1980 – Erstausgabe 1962 – sowie 1984) beschäftigt sich schon relativ früh mit der Wertschöpfungsrelevanz des Faktors Wissen, und zwar aus dem Blickwinkel der volkswirtschaftlichen Produktion von Wissen. Da Machlup (1980, 1984) hierbei die rein monetäre bzw. investive Betrachtungsweise von Wissen, die die volkswirtschaftliche Diskussion prägt, aufgibt und einen wichtigen Beitrag zur Herausarbeitung von Merkmalen der Ressource Wissen leistet, sollen diese Überlegungen etwas ausführlicher dargestellt werden. Allgemein macht Machlup (1980, S. 6) die Überlegung zum Ausgangspunkt seiner Argumentation, daß Ausbildung, Basisforschung, angewandte F&E und Marktforschung als Formen der Wissensproduktion aufgefaßt werden können, denen ihrerseits eine hohe Bedeutung für die betriebliche Wertschöpfung zukommt[47].

2.2.4.1 Merkmale von Wissen

Machlup (1980) arbeitet einige zentrale Merkmale von Wissen im Vergleich zu materiellen Vermögenswerten heraus, um die Bewertungsproblematik von Wissen zu verdeutlichen. Er argumentiert anhand des Beispiels der Bewertung von Patenten, daß es prinzipiell schwierig ist, den Wert von Informationen und Wissen zu bestimmen. Insbesondere ist die Messung von Wissensflüssen anhand der Veränderung von Wissensbeständen als problematisch zu betrachten, da Wissensabflüsse nicht gleichzusetzen sind mit einem Wissensverlust: *„A flow of goods from one person to another reduces the stock of the former and increase the stock of the latter. By contrast, a flow of knowledge may increase the recipient's stock of knowledge without reducing the stock of the transmitter."* (Machlup 1980, S. 170). Zusammengefaßt bedeutet dies, daß Wissen als Ressource einen **multiplen Charakter** aufweist: Ein und dasselbe Wissen – also derselbe Vermögenswert – kann an verschiedene Rezipienten wei-

---

[47] vgl. die Ähnlichkeit dieser Klassifikation mit der der OECD bzgl. der „intangible Assets" in Abschnitt 2.2.1.3.

tergegeben werden, *ohne* daß der urspüngliche „Sender" dieses Wissen verliert.[48]

Wissen verbleibt also auch nach einem Verkauf bei dem ursprünglichen Besitzer. Analoges gilt für den Einsatz von Wissen bei der Erstellung von Produkten oder Dienstleistungen. Wissen kann wiederholt investiert werden; die Grenzen hängen lediglich von der Veraltung bzw. Entwertung des Wissens ab. Auf einen ähnlichen Sachverhalt wurde bereits von Schumpeter (1934) hingewiesen: Ideen sind *„slippery"*, sie breiten sich also ohne weitere Kosten oder Anstrengungen aus. Diese **Flüchtigkeit von Wissen** führt somit dazu, daß solche Wissensinhalte mit der Zeit den Charakter eines öffentlichen Gutes einnehmen.

Von Hippel (1994) hebt quasi den **gegenteiligen** Charakter von Wissen mittels des Begriffs *„stickiness"* hervor: Unter *„stickiness"* versteht von Hippel (1994) die Eigenschaft, daß Wissen wegen seiner Kontextgebundenheit[49] außergewöhnlich **schwierig** zu übertragen ist. So könnte man beispielsweise mir mit Sicherheit die neuesten Erkenntnisse der Chip-Fertigung anvertrauen – ich persönlich könnte mit diesem Wissen nichts unmittelbar Produktives anfangen! Verallgemeinert bedeutet dies, daß auch die Eigenschaft von *„stickiness"* Resultat des sozialen Charakters von Wissen ist. Somit kann festgehalten werden, daß das Problem der Identität von zwei verschiedenen Wissenselementen aufgrund der *„stickiness"* von Wissen nicht endgültig entscheidbar ist.

Bereits Arrows (1962) weist auf den Umstand hin, daß der subjektive Wert von Wissen erst dann beurteilt werden kann, wenn es erworben bzw. „verbraucht" wird. Eine Vorabinformation über Wissen ist – entgegen neoklassischer Annahmen über die Inspektionsmöglichkeiten von Gütern vor dem Erwerb – zwecks Abschätzung des subjektiven Nutzens – *nicht* möglich. Machlup (1980) greift diese Überlegung auf und fragt berechtigterweise:

„ (...) people usually have a pretty good idea of how much an extra cup of coffee or ounce of meat per day would contribute to their happiness. But can they know this also about an extra piece of knowledge which they neither possess nor ever have posses-

---

[48] Parallel dazu kann Wissen auch noch als *nicht-kumulative* Ressource aufgefaßt werden: Der Erwerb desselben Wissens führt *nicht* zu einer weiteren Nutzenerhöhung beim Rezipienten, wohingegen der Erwerb einer zweiten Einheit eines identischen materiellen Gutes, beispielsweise eines zweiten PKWs, eine Nutzensteigerung mit sich bringt (vgl. Abschnitt 2.2.7.3).

[49] Diese bereits im ökonomischen Kontext anklingende Diskussion um die Eigenschaften von Wissen wird im Rahmen einer weiterführenden epistemologischen Analyse vertieft (vgl. Abschnitt 2.3.5.2).

sed and which they cannot know how important it might be for them to have, because if they knew it they would possess it?" (Machlup 1980, S. 208).

2.2.4.2 Erfassung von Wissen

Diese Merkmale von Wissen führen zu unterschiedlichen Schwierigkeiten seiner Messung. Zunächst wird deutlich, daß sich Wissen weitestgehend der Messung anhand physischer Meßgrößen entzieht: So hängt beispielsweise der monetäre Wert des in einem wissenschaftlichen Buch enthaltenen Wissens – falls überhaupt – nur zu einem geringen Bruchteil von dessen Seitenzahl ab[50].

Weiterhin arbeitet Machlup (1980) heraus, daß mit der Rezeption von Wissen keine oder nur geringe Kosten anfallen, woraus sich prinzipielle Probleme hinsichtlich der ökonomischen Bewertung eines solchen „nichtknappen" Gutes, wie beispielsweise auch Luft, ergeben. Damit einhergehend ist eine kostenbezogene Differenz zwischen privatem und öffentlichem Bereich festzuhalten: Die Aufwendungen für die Aneignung von Wissen kann aus privater Sicht sehr gering sein, wohingegen die Bereitstellung eben dieses Wissens aus öffentlicher Sicht sehr kostspielig sein kann, wie dies anhand des Problems der Bildung – z.B. anhand der Frage von Studiengebühren – illustriert werden kann. Analoges gilt für die Beziehung zwischen privatwirtschaftlicher Wissensnutzung und dem Angebot an Wissen: In der Gesellschaft wird ständig Wissen produziert (z.B. durch Hochschulen, Forschungsinstitute usw.), das den Unternehmen – prinzipiell – zur Verfügung steht. Die Identifikation dieses Wissens kann für die Unternehmen relativ kostspielig sein – zum Beispiel durch die Inanspruchnahme von *Knowledge-Brokern* – oder aber vergleichsweise kostengünstig, zum Beispiel über eine Internetrecherche.

Prinzipiell scheint es für Machlup (1980) Grenzen zu geben, wenn es darum geht, das Marktmodell auf die Ressource Wissen anzupassen: Wissen kann dort nur dann berücksichtigt werden, wenn dafür ein Preis bezahlt wird, was wiederum die Voraussetzung dafür ist, Wissensbestände im betrieblichen oder volkswirtschaftlichen Berichtswesen zu erfassen. Die obigen Skizzen haben aber bereits gezeigt, daß offensichtlich nicht jede Form von Wissen über Märkte transferiert – und somit eben *kein* Preis festgelegt werden kann. Insbesondere betont Machlup (1984), daß in bezug auf die Erfassung von Humankapital solche Probleme unlösbar schei-

---

[50] An dieser Stelle soll auf das Problem der Trennung zwischen Wissen und Information sowie Wissen und Wissensträger hingewiesen werden; ausführlichere Überlegungen hierzu finden sich in Abschnitt 2.2.7.2.

nen: *"The absence of market proxies for human capital is one of the greatest obstacles to empirical tests of this segment of economic theory"* (Machlup 1984, S. 423).

Dieses Problem ist insofern bedeutsam, da Machlup (1980) die Produktion von Wissen als einen **kumulativen**[51] – insbesondere durch Humankapitalakkumulation realisierten – Prozeß auffaßt. Ganz allgemein gilt hier – wie in Abschnitt 2.2.2.3 bereits ausgeführt, daß Investitionen in Humankapital zur Wissensvermehrung führen. Wissensproduktion ist somit ein historischer Prozeß, da das Ausmaß der potentiellen aktuellen Wissensakkumulation von der Qualität und der Quantität der früheren Wissensakkumulation bzw. -akquisition abhängt. Nach Machlup (1980, S. 172) stellt interpersonelle Kommunikation die Methode zum Wissensaustausch, also zur Gestaltung von Wissensflüssen, dar. In diesem Zusammenhang verweist Machlup (1980) ebenfalls auf den Sachverhalt, daß implizites Wissen notwendig ist, um explizites Wissen zu produzieren und zu nützen[52].

In Bezug auf die Bewertung von Wissen argumentiert Machlup (1980), die Aufwendungen, die mit der Wissensproduktion verbunden sind, generell als zukunftsbezogene Investitionen[53] aufzufassen: *"When knowledge is produced in order that, or in the expectation that, the productivity of resource – human, natural, or manmade – will, as a result, increase in the foreseeable future, the production of knowledge can be regarded as an investment"* (Machlup 1980, S. 195). Somit sollten Aufwendungen, die von Unternehmen für F&E getätigt werden, **nicht** als Kosten der laufenden Produktion betrachtet werden, da sie die eigene zukünftige Wettbewerbsposition verbessern helfen. Demgegenüber stellen die Kosten der Gene-

---

[51] An dieser Stelle soll auf folgenden Sachverhalt hingewiesen werden: „*Kumulativ*" meint hier, daß Wissen im Sinne einer „Addition" bzw. Integration zwischen bisherigem und neuem Wissen weiterentwickelt werden kann. In Abschnitt 2.2.7.3 wird noch darauf hingewiesen, daß Wissen ebenfalls einen *nicht-kumulativen* Charakter aufweist: Der Wert des bisherigen Wissens erhöht sich *nicht*, wenn dasselbe Wissen nochmals erworben wird.

[52] Ausführlich hierzu die Argumentation von Nonaka/Takeuchi (1995) im Rahmen der Darstellung der Wissensmanagementkonzepte in Abschnitt 2.3.2.

[53] Solche Investitionen werden in der Literatur als *Meta-Investitionen* aufgefaßt (Carter 1994): Sie stellen Investitionen in Veränderungen bzw. Änderungspotentiale dar. Solche Meta-Investitionen sind beispielsweise Investitionen in IT-Systeme, F&E, dem Aufbau neuer Märkte oder der Verbesserung von Geschäftsprozessen. Alle diese Beispiele zeichnen sich dadurch aus, daß ihr Charakter als Investition oder Aufwendung zum Zeitpunkt der Ausgabe nicht absehbar ist. Damit aber verhindern die bisherigen Rechnungslegungssysteme die Möglichkeit, Effekte aufgrund wissensbezogener Investitionen erfassen zu können.

rierung, Verbesserung und Erhaltung der produktiven Kapazität Investitionen in physische Güter oder in Personen dar (vgl. Machlup 1984, S. 428)[54]. Somit ist der Wert von Investitionen in wissensbezogene Vermögenswerte im Vergleich zu Investitionen in physische Güter, wie in eine neue Maschine, bei der Produktivitätsgewinne einfacher berechnet werden können, schwieriger abzuschätzen: Die outputbezogene Messung ist bei wissensbezogenen Investitionen somit mit grundsätzlichen Problemen behaftet.

Machlup (1980, S. 177f) faßt das Problem der **mangelnden Meßbarkeit von Wissen** – wie folgt zusammen: *"We have (...) concluded that stocks of knowledge are neither measurable nor comparable, whereas flows on knowledge can be either quantified and appraised by the „measuring rod of money" applied either to what is being paid for the knowledge by those who buy it (for themselves or for others) or to what is being given up for it to be made available".* Das wissensbezogene Meßproblem wird im Rahmen einer öffentlichen Produktion von Wissen noch vergrößert: Der Nutzen, den die Wissenskäufer erwerben, spiegelt sich nicht in den Umsätzen – und somit Preisen – der Wissensproduzenten wider. Somit kann der Wert von öffentlich produziertem Wissen monetär so gut wie gar nicht erfaßt werden (vgl. Machlup 1980, S. 219).

2.2.4.3 Klassifikation von Wissen

Die Arbeiten von Machlup (1980, 1984) können desweiteren als wichtiges Bindeglied zwischen volkswirtschaftlicher und managementwissenschaftlicher Argumentation in bezug auf den Faktor Wissen aufgefaßt werden. In diesem Zusammenhang wird deutlich, daß Machlup (1980, S 21ff.) vergleichsweise früh Wissen in Abhängigkeit von dessen *subjektiver Bedeutung*[55] differenziert hat. Dabei schlägt er folgende Wissensklassen vor (vgl. Tabelle 2):

---

[54] Zur buchhalterischen Handhabung dieses Problems vgl. den Ansatz von Rennie (1998) in Abschnitt 3.2.2.2.

[55] Die "subjektive Bedeutung" des Wissens wird durch die Formulierung "his" unterstrichen (vgl. auch Wittmann 1979: Sp. 2264; Nonaka 1991a, 1994).

Klasse	Definition / Beispiele
Practical knowledge	Useful in his work, his decisions, and actions; can be subdivided, according to his activities, into (a) professional knowledge; (b) business knowledge; (c) workman's knowledge; (d) political knowledge; (e) household knowledge; (f) other practical knowledge.
Intellectual knowledge	Satisfying his intellectual curiosity, regarded as part of liberal education, humanistic and scientific learning, general culture; acquired, as a rule, in active concentration with an appreciation of the existence of open problems and cultural values.
Small-talk and pastime knowledge	Satisfying the nonintellectual curiosity of his desire for light entertainment and emotional stimulation, including local gossip, news of crimes and accidents, light novels, stories, jokes, hames etc.; acquired as a rule, in passive relaxation from "serious" pursuits; apt to dull his sensitiveness.
Spiritual knowledge	Relates to his religious knowledge of God and of the ways to the salvation of the soul.
Unwanted knowledge	Outside his interests, usually accidentally acquired, aimlessly retained.

Tabelle 2: Wissensklassifikation von Machlup (Quelle: Machlup 1980, S. 21ff.)

Aus Tabelle 2 wird zunächst die **subjektive Konnotation** des Wissensbegriffs deutlich, insbesondere auch im Zusammenhang mit der Diskussion weiterer Klassifikationsmöglichkeiten von Wissen wie "*instrumental knowledge*", die Machlup (1980) jedoch wegen des impliziten Objektivierungsanspruches zurückweist: "*(...) what is instrumental knowledge for the professional man is intellectual knowledge for the man outside the field.*" (Machlup 1980, S. 21).

Orientiert man sich an den **Wissensinhalten** der Argumentation von Machlup (1980, 1984), so wird deren **instrumenteller Charakter** deutlich: Wissen wird in Abhängigkeit der Wahrscheinlichkeit, bestimmte Ziele erreichen zu können, klassifiziert. In späteren Arbeiten entwickelt Machlup (1980, 1984) weitere Klassifikationstypen, wie z.B. "theoretical vs. historical knowledge", "basic vs. applied knowledge"[56].

---

[56] Als weitere Wissensklassen seien hier genannt: "*Knowledge embodied in individual physical tools or machines specially built according to specifications developed*

Zusammengefaßt wird deutlich, daß Machlup (1980, 1984) erste Anhaltspunkte für eine Klassifikation von Wissen im Rahmen eines instrumentellen Wissensverständnisses gegeben hat – beide Überlegungen finden sich auch in späteren managementwissenschaftlichen Ansätzen zum Wertschöpfungsbeitrag von Wissen wieder (vgl. Abschnitt 2.3.2.1.1).

2.2.5 Traditionelle betriebswirtschaftliche Überlegungen zum Faktor Wissen

Wissen kommt als Faktor im Rahmen traditioneller betriebswirtschaftlicher Theoriebildung ein eher untergeordneter Stellenwert zu: Im Rahmen des Produktionsfaktoransatzes lassen sich implizite Hinweise für die Wirkung von Wissen ableiten, und im Kontext des Erfahrungskurvenkonzepts wird deutlich, daß Lernen – als Akkumulation von Wissen verstanden – zu Kostenvorteilen führt.

2.2.5.1 Der Produktionsfaktoransatz

Auf die Wettbewerbsfähigkeit eines Unternehmens wird auf einzelwirtschaftlicher Ebene üblicherweise anhand seines Wachstums, seines steigenden Marktanteils sowie seines Gewinns geschlossen (Wöhe 1990). In traditionellen betriebswirtschaftlichen Ansätzen wird die relative Wettbewerbsfähigkeit eines Unternehmens durch die komparativen Kosten der Produktion erklärt. Konsequenterweise resultiert eine höhere Wettbewerbsfähigkeit aus der Kostensenkung in der Produktion, wie zum Beispiel der Kostensenkung des Faktors Arbeit.

Somit kommt Wissen als Faktor auch im Rahmen (klassischer) **betriebswirtschaftlicher** Theoriebildung zwangsläufig ein impliziter Charakter zu: So wird die Ressource "Wissen" im System der betrieblichen Produktionsfaktoren als dispositiver Faktor ansatzweise berücksichtigt: Im Rahmen des Gutenbergschen Faktorsystems (1951) klingt Wissen als Aspekt des **dispositiven Faktors**[57] – als technisch-organisatorisches Wissen der Be-

---

in costly research and development, (...) **knowledge embodied in individual persons***, specially schooled and trained "knowledge carriers" and qualified workers with acquired skills, (...)* **non-embodied knowledge***, created and disseminated at a cost but not inseparably embodied in any particular knowledge carriers or any particular products* (Machlup 1984, S. 430f.; Heraushebungen des Autors).

[57] Gutenberg (1958) beschreibt die Aufgabe der Betriebsführung als zentrale Funktion des dispositiven Faktors wie folgt: *"Charakteristisch für diese Aufgabe ist die Tatsache, daß sie in die Zukunft gerichtet ist. Erfahrung bedeutet viel, aber Vorstellungsfähigkeit und Urteilskraft bedeuten mehr. Die Unsicherheit, die aller Beurteilung künftiger Ent-*

triebsführung (vgl. Wöhe 1990) – bereits an. Wittmann (1959) schlägt darauf aufbauend vor, **Information** als eigenständigen Produktionsfaktor zu berücksichtigen, wobei Information als **zweckorientiertes Wissen** definiert wird, also als Wissen, das zur Erreichung eines Zieles eingesetzt wird. Information spielt wiederum im derivativen Faktor "Planung" in doppelter Hinsicht eine zentrale Rolle: Das Vorliegen von Information reduziert die Unsicherheit im Planungs- bzw. Entscheidungsprozeß – sie ermöglicht eine (objektiv) bessere Identifikation einer Alternative in einer Wahlsituation, und sie reduziert ebenfalls das Ausmaß an Ungewißheit – im Sinne einer verbesserten (subjektiven) Entscheidungsfindung durch den entsprechenden Entscheidungsträger. Von zusätzlicher Bedeutung ist hier, daß sich Wissen als Faktor grundsätzlich von den anderen Faktoren unterscheidet: Wissen kann in der Diktion von Gutenberg (1958) bzw. Heinen (1974) als Potentialfaktor aufgefaßt werden: Der Verbrauch solcher Potentialfaktoren ist im Vollzug des Wertschöpfungsprozesses nur unzureichend meßbar, sie sind nicht beliebig teilbar und müssen nur über einen längeren Zeitraum hinweg erneuert werden.

Der Faktor "Wissen" wird somit implizit als notwendige Voraussetzung der Leitung, Planung, Organisation und Überwachung von betrieblichen Abläufen definiert. Er wird weder explizit als Input des dispositiven Faktors beziehungsweise als betriebliche Investition in den dispositiven Faktor behandelt, noch zum Gegenstand des betrieblichen Managementprozesses gemacht. Die Existenz des dispositiven Faktors erscheint als hinreichend, um eine rationale, dem Wirtschaftlichkeitsprinzip folgende, Entscheidungsfindung zu gewährleisten (vgl. Pawlowsky 1994, S. 26).

2.2.5.2 Erfahrungs- und Lernkurven

Ein weiterer – eher impliziter – Bezug zur Ressource Wissen kann im Zusammenhang mit **Kostendegressionseffekten** nachgezeichnet werden, da diese auch im Rahmen **von Erfahrungs- und Lernkurven-Konzepten**[58] zu erklären versucht werden: Dieser Effekt tritt ein, wenn von einem

---

wicklungen innewohnt, erschwert zwar die Bestimmung dessen, was in der nahen oder fernen Zukunft geschehen soll. Aber selbst wenn es gelänge, Informationen zu gewinnen, die diese Erwartungsunsicherheit auf ein Minimum reduzieren, bleibt immer noch das Geheimnis richtiger Entscheidungen auch bei voller Kenntnis der gegenwärtigen Sachlage und der künftigen Situation. Wir stoßen hier auf ein irrationales Element, das dem dispositiven Faktor nun einmal innewohnt" (Gutenberg, 1958, S. 45).

[58] Der *historische Ausgangspunkt* der Analyse von Erfahrungskurveneffekten waren empirische Untersuchungen der Rüstungs- und Flugzeugproduktion im 2. Weltkrieg (vgl. Yelle 1979; Adler 1990; Day/Montgomery 1983; Dutton/Thomas 1984). Untersucht wurden sichtbare und einfach meßbare "Lernresultate", die teilweise nachträglich

bestimmten Produkt eine größere Stückzahl gefertigt wird, d.h. daß pro produzierter Einheit sinkende Kosten pro Einheit bei Erhöhung der kumulierten Menge erwartet werden können ("economies of scale"). Analoge Überlegungen finden sich hinsichtlich des Transfers von Erfahrungen: Bei zunehmender Erfahrung mit einem bestimmten Produktionsablauf, einer bestimmten Technologie usw. nimmt die Geschwindigkeit des Umgangs mit ähnlichen Technologien oder Prozessen – unter sonst gleichbleibenden Bedingungen bzw. Kontexten – zu (vgl. Allan/Hammond 1975).

Lern- und Erfahrungskurvenkonzepte stehen in engem Zusammenhang mit der Institutionalisierung von Wissen und Lernprozessen von und in Organisationen (z.B. Levitt/March 1988; Cyert/March 1963; Shrivastava 1983; Jelinek 1979). Die wissenschaftliche Auseinandersetzung mit Lern- und Erfahrungskurven führt zu dem Ergebnis, daß sich Lernkurven mit großer Regelmäßigkeit beobachten – und daher auch prognostizieren lassen (vgl. Henderson 1984). Desweiteren lassen sich eine Vielzahl unterschiedlicher Erklärungsansätze für die Entstehung der Lernkurven identifizieren (z.B. vgl. Adler 1990; Argote/Epple/Beckman 1991; Adler/Clark 1991; Day/Montgomery 1983; Dutton/Thomas 1984).

Trotz des Sachverhalts, daß die Existenz von Erfahrungseffekten anhand "harter" Indikatoren wie Kostenersparnis, Produktivitätssteigerung o.ä. nachgewiesen werden, orientieren sich eine Vielzahl von Erklärungen für solche Effekte *nicht* an der neoklassischen Input/Output-Perspektive, sondern an Lernvorgängen beim Einzelnen und in der Gruppe bzw. der Organisationseinheit (z.B. Dutton/Thomas 1984; als Überblick vgl. Shrivastava 1983; Huber 1991; Wiegand 1997). Allerdings ist zu betonen, daß Wissen hier ausschließlich im Rahmen einer Optimierung von routinisierbaren Abläufen berücksichtigt wird und somit der im Rahmen der historischen Argumentation skizzierten Produktivitätssteigerungsphilosophie untergeordnet wird.

---

als Lernprozeß rekonstruiert wurden. Das *Erfahrungskurvenkonzept* selbst geht auf Henderson (1984, S. 19, zunächst 1968) zurück: "Die in der Wertschöpfung eines Produktes enthaltenen Kosten scheinen um 20-30% abzufallen mit jeder Verdopplung der kumulierten Produkterfahrung im Industriezweig als Ganzes, wie auch beim einzelnen Anbieter." Diese regelmäßig beobachtbare Kostenreduktion wird häufig wie folgt erklärt: (a) *learning by doing* während des Fertigungsprozesses; (b) *learning by using* durch extern induziertes Lernen durch Rückmeldungen von Kunden; (c) *learning by failure* durch Erfahrungen von Ablehnungen neuentwickelter Produkte im Markt (vgl. Dutton/Thomas 1984; Maidique/Zirger 1985).

2.2.5.3 Zusammenfassung

Wissen taucht als expliziter Begriff im Rahmen **betriebswirtschaftlicher Theoriebildung** somit nicht auf. So argumentiert Pawlowsky (1994, S. 29) in diesem Zusammenhang wie folgt: *"Eine Durchsicht einiger betriebswirtschaftlicher Standardlehrbücher zeigt jedoch, daß zum Begriff ‚Wissen' im Schlagwortverzeichnis keine Eintragungen vorhanden sind".* Analog argumentieren Kleinhans (1989), der zumindest auf eine Rezeption des Informationsbegriffes eingeht, und Picot (1990), der in wirtschaftswissenschaftlichen Lehrbüchern, die üblicherweise Arbeit, Boden und Kapital (bzw. Arbeit, Betriebsmittel und Werkstoffe) als Produktionsfaktoren benennen, den Verweis auf Information, Wissen und Können vermißt: *"Offensichtlich wird bei derartigen Sichtweisen des Produktivitätsproblems unterstellt, daß Informationen als ideenspendende, verknüpfende, begleitende, vorauseilende und dokumentierende Größe selbstverständlich vorhanden ist und eingesetzt werden kann"* (Picot 1990, S. 6). Lullies et al. (1993, S. 23) gelangen in ihrem Ansatz zur Wissenslogistik zu einer ähnlichen Schlußfolgerung: *"Generell läßt sich feststellen, daß in der betriebswirtschaftlichen Auseinandersetzung mit der Forschungs- und Entwicklungsleistung das wesentliche Definitionskriterium von Entwicklungsprozessen, nämlich Wissen, bislang nur wenig Beachtung gefunden hat".*

Auf Basis der obigen Ausführungen kann festgestellt werden, daß die Notwendigkeit, Wissen als Element betriebswirtschaftlicher Modellbildung explizit miteinzubeziehen, entgegen grundsätzlicherer Hinweise (z.B. Wittmann 1972)[59] bislang nicht gefolgt wurde. Damit kann konstatiert werden, daß der **Wissensbegriff zwar zum Vorverständnis der Betriebswirtschaftslehre** gehört und somit im Sinne des allgemeinen Sprachgebrauchs eingesetzt (vgl. Kleinhans 1989; Pawlowsky 1994), allerdings nicht im Sinne einer umfassenden Theoriebildung berücksichtigt wird. Ausnahmen hiervon lassen sich insofern identifizieren, wenn man zugesteht, daß die *Erfassung* von Wissen bzw. wissensbezogener Aspekte der Wertschöpfung im Rahmen der Rechnungslegung unter der Überschrift "immaterielle Aktiva" erfolgt (vgl. Abschnitt 3.2.2.1). Diesen Abschnitt zu-

---

[59] *"Wissen und Information ist die Grundlage aller sinnvollen ökonomischen Entscheidungen und Handlungen, die in den Plänen - eben durch und mit Hilfe von Wissen - vorbereitet werden. (...) In der Regel bedarf die Anwendung vorhandener Technologie und die Schöpfung neuer der laufenden Wissensproduktion, wobei es für die Unternehmung nicht sehr erheblich ist, ob sie (objektiv) neues Wissen schafft oder sich (subjektiv) neues Wissen, das bereits anderswo entstanden ist, besorgt. In beiden Fällen finden Aktivitäten der Wissensproduktion statt, die unter dem Einsatz von (natürlich unterschiedlichen) Faktoren das Produkt 'Wissen' erzeugen, das dann selbst in der Unternehmung als Produktionsfaktor verwendet wird"* (Wittmann 1972, Sp. 2266).

sammenfassend kann Pawlowsky (1994, S. 26) zugestimmt werden, der in bezug auf die mangelnde Berücksichtigung des Faktors Wissen in der wirtschaftswissenschaftlichen Theoriebildung wie folgt argumentiert: *"Die Ressource Wissen und Qualifikation geht dementsprechend in die klassische (im Sinne von „traditionell", Anm. d. A.) Ökonomie nur in soweit ein, als sie unmittelbare Produktivitätsgewinne verspricht und zwar dadurch, daß sie bei der Transformation materieller Ressourcen Lernvorteile generiert"*.

2.2.6 Aktuelle betriebswirtschaftliche Bezüge zum Faktor Wissen

In Abschnitt 1.2.2.1 wurde bereits darauf verwiesen, daß dem Kapitalmarkt bei der Begründung wissensbezogener Indikatoren eine wichtige Bedeutung zukommt. Hier soll zunächst untersucht werden, ob der Markt wissensbezogene Investitionen honoriert. Diese Diskussion wird anhand des **Indikators q** von James Tobin (1969), der Markt- und Buchwert von Unternehmen in Beziehung setzt, geführt. In den anschließenden Ausführungen wird die Frage nach der Rolle wissensbezogener Indikatoren im Rahmen von **Investor Relations** diskutiert, sowie geprüft, in welchem Umfang wissensbezogene Größen bei Unternehmensakquisitionen, bzw. den hierbei vorgelagerten Unternehmensbewertungsprozessen auf der Basis von **Due Diligence**-Prüfungen, zum Tragen kommen.

2.2.6.1 Die Honorierung wissensbezogener Investitionen durch den Kapitalmarkt

Tobin (1969) hat einen wichtigen Beitrag zur Herausarbeitung der Rolle der Kapitalmärkte bei der Bewertung von börsennotierten Unternehmenswerten geleistet. Der dabei entwickelte **Indikator q** – die Relation zwischen Markt- und Buchwert eines Unternehmens – wurde ursprünglich eingeführt, um das Treffen einzelwirtschaftlicher Investitionsentscheidungen unabhängig von gesamtwirtschaftlichen Entwicklungen zu verbessern: q stellt den Quotienten aus der Grenzleistungsfähigkeit des Kapitals und den Finanzierungskosten dar. Aus *betriebswirtschaftlicher* Sicht werden hier der Marktwert und der Reproduktionswert – meist geschätzt über den Buchwert – gegenübergestellt. Ist q kleiner als 1, so bedeutet dies, daß die in ein Unternehmen investierten Beträge mit einem Abschlag bewertet werden und somit für einen Eigenkapitalgeber nicht interessant sind. Ist q größer als 1, so ist dies ein gewichtiger Hinweis für die Wertsteigerung des Unternehmens (vgl. Gehrke 1994). Ein Grund für hohe q-Werte besteht in der Ausschöpfung von Monopolrenten und kann auf die Ausnutzung der starken Marktposition eines Unternehmens oder auf bestehende Markteintrittsbarrieren zurückgeführt werden.

Die folgenden Studien stützen die Evidenz, daß der Kapitalmarkt Investitionen in Wissen bzw. wissensbezogene Wertschöpfung honoriert (vgl. auch Leitner/Schibany 2000): Johanson (1996) vergleicht die Entwicklung des Marktwertes von schwedischen Unternehmen in Abhängigkeit der Investitionen in Humankapital. Johanson (1996) unterscheidet zwischen kapitalintensiven und wissensbasierten[60] Firmen und zeigt, daß über den Zeitraum von 1985 bis 1997 die Differenz zwischen Markt- und Buchwert bei beiden Gruppen gestiegen, bei wissensintensiven Unternehmen aber wesentlich *deutlicher* gestiegen ist. Damit existiert Evidenz dafür, daß Investitionen in Humankapital vom Markt honoriert werden.

In Abschnitt 2.2.1.3 wurde bereits aus volkswirtschaftlicher Perspektive verdeutlicht, daß Investitionen in F&E wachstumsrelevante Bedeutung haben. Daher sollte erwartet werden können, daß Investoren solche Kriterien in ihren Entscheidungen berücksichtigen: Griliches (1981) wies einen positiven Zusammenhang zwischen Tobins q und Investitionen in F&E sowie Patenten nach. Analog verdeutlicht Ben-Zion (1984), daß die Höhe der Differenz zwischen Buchwert und Marktwert mit den F&E-Aufwendungen korreliert. Lev (1999) arbeitet eine enge Beziehung zwischen F&E-Investitionen und Marktwert heraus, d.h. daß Unternehmen, die höhere Investitionen in F&E tätigen, höher als andere Unternehmen derselben Branche bewertet werden.

Von besonderer Bedeutung ist nicht nur die ex post-Bewertung von bereits erfolgten Investitionen, sondern auch der Tatbestand, daß bereits die *Ankündigung*, F&E-bezogene Investitionen zu erhöhen, positiv vom Kapitalmarkt honoriert wird (z.B. Connolly/Hirschey 1990; Woolridge 1988). Dieser Effekt scheint in den neunziger Jahren nach Hall (1993a) weniger stark ausgeprägt zu sein als in den siebziger und achtziger Jahren, was sich dahingehend interpretieren läßt, daß F&E nicht mehr als alleiniger bzw. zentraler Werttreiber eines Unternehmens aufgefaßt wird. Ähnliche positive Effekte lassen sich in bezug auf die Bewertung werbungsbezogener Aufwendungen nachweisen (Chauvin/Hirschey 1993; Kim/Chung 1997). Hinzukommt, daß der Güte des Managements interner Prozesse

---

[60] Johanson (1996) führt einen Extremgruppenvergleich hinsichtlich der Personalaufwendungen (= Humankapital) durch: Er definiert diejenigen Firmen, die im oberen Perzentil liegen als *wissensintensiv*, und diejenigen, die im unteren Perzentil liegen, als *kapitalintensiv*, und stellt den Verlauf der Markt-Buchwert-Differenzen für beide Gruppen gegenüber.

und deren Outputs ebenfalls vom Kapitalmarkt Aufmerksamkeit gezollt wird: So arbeiten Mavrinac/Jones/Meyer (1995) heraus, daß Variablen wie Produktqualität, Kundenzufriedenheit, Personalentwicklung, Anreizsysteme, Prozeßmanagement und die Existenz von TQM-Programmen, positiv mit dem Marktpreis korrelieren.

Zudem wird deutlich, daß nur unscharfe Beziehungen zwischen traditionellen Erfolgsgrößen und dem Marktwert existieren: Dies gilt beispielsweise für den *Gewinn*, der nur sehr unzureichend die Höhe des Marktwertes erklären kann: Gewinnunterschiede können – über einen längeren Zeitraum betrachtet – nur 5 bis 10% der Differenz des Marktwertes zwischen Unternehmen erklären (vgl. Mavrinac/Siesfeld 1998). Analoges gilt für die zunehmend geringer werdende prognostische Validität von traditionellen Erfolgsgrößen wie *cash flow* und Eigenkapitalhöhe, aber auch innovative Indikatoren wie den *economic value added* (Lev/Zarowin 1998; vgl. Abschnitt 3.2.3.1.2). Als moderierende Größe kann hier die Wissensintensität einer Branche – operationalisiert über die relative Höhe der F&E-Investitionen – betrachtet werden: Bei Unternehmen, deren F&E-Intensität zugenommen hat, geht eine zunehmend geringere Korrelation zwischen Gewinn und Marktwert einher (Lev/Zarowin 1998).

Faßt man diese Überlegungen zusammen, so wird sichtbar, daß finanzielle Erfolgsgrößen zunehmend weniger in der Lage sind, den Marktwert bzw. Marktwertveränderungen vorherzusagen. Dies gilt offensichtlich um so mehr, je höher die wissensbezogenen Wertschöpfungsanteile in einem Unternehmen sind. Konsequenterweise steht auch hier die Überlegung im Raum, welche Indikatoren geeignet sind, die Wertschöpfungsbeiträge von Wissen zu erfassen. Aufbauend auf der hier skizzierten Argumentation lassen sich hier zwei Argumentationsstränge entfalten: Zum einen soll – trotz der kritischen Hinweise von Lev/Zarowin (1998) – geprüft werden, in welchem Umfang innovative Finanzindikatoren einen Beitrag zur Erfassung wissensbezogener Wertschöpfung leisten können. Diese Diskussion wird in den folgenden Abschnitten aufgegriffen.

Desweiteren soll an dieser Stelle auf die **monetäre Bewertung von Wissenskapital** verwiesen werden, in dessen Mittelpunkt die Analyse der Markt-Buchwert-Differenz stand (z.B. Brooking 1997a; Stewart 1997; vgl. Abschnitt 1.2.2.3). Einige Autoren haben darüber hinausgehend versucht, die quantitative Wissenskapitalargumentation mit dem Indikator q zu verknüpfen: So werden hohe q-Werte in diesem Zusammenhang auf ein erfolgreiches Management der Ressource Wissen zurückgeführt (Landsmann/Shapiro 1995): Unsichtbare Vermögenswerte tragen zum Abschöpfen von Monopolrenten bei und stellen somit Vermögenswerte dar, über die *nur* Unternehmen mit hohen q-Werten verfügen. Tobins q wird auch als Maß für die fehlende Imitierbarkeit bzw. die Nachhaltigkeit von Wettbewerbsvorteilen aufgefaßt (North/Probst/Romhardt 1998, S. 160). Die Abnahme von q – ggf. bezogen auf konkrete Vermögensgegenstände – kann als Warnhinweis interpretiert werden, daß zuwenig für die Marktwahrnehmung des Unternehmens getan wird, z.b. durch Markenpflege, Kundenorientierung, Transparenz in bezug auf die eigenen Wettbewerbsvorteile, uneinheitliches Image – alles Aspekte, die das Interesse von Investoren beeinflussen können. Zusätzlich ist es möglich, die Entwicklung der Leistungsfähigkeit eines Unternehmens zu verfolgen und ähnliche Unternehmen zu vergleichen, da mittels des Indikators q unterschiedliche Abschreibungspolitiken kompensiert werden (vgl. Johansen 1996).

Tobins q erlaubt es somit, Aussagen über die Güte des Managements der Ressource Wissen zu machen – wenn hierbei zum einen Beschränkungen auf dieselbe Branche vorgenommen werden und zum anderen solche Analysen über einen längeren Zeitraum hinweg erfolgen. Nach Ruigrok/Wagner/Edvinsson (1998, S. 25) stellt q eine angemessen Schätzgröße zur Kalkulation des monetären Wertes der wissensbezogenen Wertschöpfung eines Unternehmens dar.

2.2.6.2 Investor-Relations und Wissen

Wenn der Kapitalmarkt wissensbezogene Investitionen honoriert, stellt sich die Frage, ob bzw. wie ein Unternehmen den Markt für die Berücksichtigung bzw. Wahrnehmung solcher Investitionen sensibilisieren kann. Ein wichtiger Ansatz hierfür stellt die Pflege der Beziehung zu den Investoren – die **Investor Relations** – dar.

Im Mittelpunkt einer *Investor Relations*-Politik steht die zielorientierte Kommunikation zwischen Unternehmen und Kapitalgebern (Krystek/Müller 1993), wobei diese Informationen im allgemeinen nicht ausschließlich den Kapitalgebern, sondern auch anderen Bezugsgruppen zur Verfügung gestellt werden (Poitevin 1990).

Die **Zielsetzungen** von *Investor Relations* beziehen sich auf die Erhöhung des Aktienkurses, einer Stabilisierung der Kursentwicklung, eine Verstetigung von Eigentums- und Kapitalgeberverhältnissen und die Verringerung von Eigen- und Fremdkapitalkosten (Becker 1994, S. 300ff.; Paul/Zieschang 1994, S. 1486). *Investor Relations*-Politik ist auf die Beeinflussung der Investoren und somit auf die kapitalmarktbezogene Bewertung des eigenen Unternehmens ausgerichtet, da deren Veröffentlichungen kursrelevante Entscheidungen anderer Marktteilnehmer nach sich ziehen (Dürr 1994).

Vom Grundcharakter her kann *Investor Relations* als stetiger **Vertrauensbildungsprozeß** angesehen werden (Steiner 1993, S. 190), der sich informationspolitisch an den Strategien des Unternehmens orientiert (Rappaport 1992) und sich daher durch die Kriterien „Unverzüglichkeit", „Wesentlichkeit", „Gleichbehandlung" und „Kontinuität" auszeichnen sollte (Link 1991, S. 347ff.). Die **Zielgruppen** von *Investor Relations* sind private Anleger, institutionelle Investoren sowie meinungsbildende Kapitalmarktakteure (Paul 1993), wobei zum einen eine Konzentration der *Investor Relations*-Aktivitäten wegen des hohen Anlagevolumens auf die institutionellen Anleger und zum anderen auf die Kapitalmarktakteure wegen deren Multiplikationswirksamkeit zu beobachten ist (Copeland/Koller/Murrin 1990).

Als **„unpersönliche Instrumente"** – also Instrumente ohne Feedbackmöglichkeit – der *Investor Relations* dienen Jahresabschluß und Geschäftsbericht (Küting/Hütten/Lorson 1995), Zwischenberichte und Aktionärsbriefe (Schreib 1993), Fact-Books und Presseinformationen (Dürr 1994), Ratings einer Rating-Agentur zur Bonitätsbeurteilung der Eigen- oder Fremdfinanzierungsinstrumente (Bruns 1993). **„Persönliche Instrumente"** der *Investor Relations* sind hingegen die zielgruppenübergreifende Hauptversammlung, Pressekonferenzen, Unternehmenspräsentationen (*road shows*), Gruppen- und Einzelgespräche sowie Analystentreffen (Dürr 1994, S. 90ff.).

Die Inhalte der *Investor Relations* Kommunikation lassen sich in qualitative und quantitative Aspekte differenzieren: **Qualitative** Informationen beziehen sich auf die strategischen Unternehmensziele, die Marktposition und die Unternehmensstrategien (Paul 1993). Hinzu kommen Informationen über die Qualifikation von Führungspersonen oder ein Rückblick auf bisherige Erfahrungen mit der Erreichung unternehmensbezogener Ziele im Rahmen der Unternehmensentwicklung (Chufh/Meador 1984; Higgins/Diffenbach 1985). **Quantitative** Informationen beinhalten Kursentwicklungen des Unternehmens im Vergleich zum Branchendurchschnitt und in Relation zum *„discounted cash flow"*-bezogenen Unternehmenswert (Küting/Hütten/Lorson 1995). Diese finanzbezogenen Basisgrößen können durch weitere kursrelevante Indikatoren (Steiner 1993) oder bereichsspezifische Meßgrößen ergänzt werden.

Die Grenzen der *Investor Relations*-Politik resultieren aus dem Risiko, daß die Preisgabe relevanter Informationen zu Wettbewerbsnachteilen führen kann – und dem Risiko, daß aufgrund potentiell zurückgehaltener Informationen ein Reputationsverlust bei den Investoren droht (Steiner 1993). In diesem Zusammenhang soll darauf hingewiesen werden, daß das Verschweigen negativer Entwicklungen nachteilig wirkt – und gerade die

Kontinuität der Kommunikation mit den Anlegern in Krisenzeiten einen positiven Erfolgsfaktor darstellt (Higgins/Diffenbach 1985).

In Abschnitt 1.2.2.1 wurde bereits darauf hingewiesen, daß Analysten und Investoren von Unternehmen nicht nur Belege finanzieller Leistungsfähigkeit, sondern zunehmend mehr Hinweise über die Qualität der Nutzung interner Wissens- und Kompetenzpotentiale erwarten. Damit stellt sich die Frage nach den wissensbezogenen Informationen, die Investoren und Analysten ihren Entscheidungen zugrunde legen. Dies soll anhand der Studie von Ernst/Young (1997) exemplifiziert werden, mit deren Hilfe die Bedeutung solcher immateriellen Potentiale für Investitionsentscheidungen und Verkaufsempfehlungen für vier Branchen nachgewiesen wurde.

In Tabelle 3 wird eine Übersicht über die Ergebnisse einer Studie von Ernst/Young (1997) gegeben, die die Nutzung nicht-finanzieller Leistungsindikatoren für Investitionsentscheidungen (n=300 Investoren) und Verkaufsempfehlungen (n=275 Analysten) für vier Branchen untersucht haben.

Bevor die wertbezogenen Implikationen verdeutlicht werden können, soll zunächst skizziert werden, in welchem Zusammenhang die in Tabelle 3 aufgezeigten Indikatoren in Beziehung mit der Ressource Wissen stehen: Die **„Kompetenz des Managements"** bezieht sich auf Erfahrungen und Know-how im Umgang mit Unternehmenskrisen oder aber mit erfolgreichen Unternehmensveränderungsprozessen bzw. strategischen Neupositionierungen (Ernst/Young S. 35ff.). Die Qualität von Produkten und Dienstleistungen basiert im wesentlichen darauf, wie effektiv und effizient Wissen – über Kundenerwartungen in bezug auf Produkt- bzw. Dienstleistungsmerkmale – in die jeweiligen Wertschöpfungsoutputs inkorporiert werden konnten.

Auf höherem Abstraktionsniveau läßt sich **Kundenzufriedenheit** als Indikator dafür auffassen, wie nachhaltig es einem Unternehmen gelungen ist, die Erwartungen von Kunden zu erfüllen (Reichheld 1996; Kotler/Bliemel, 1997). Faßt man Unternehmenskultur als **erlerntes** System von Wertvorstellungen, Annahmen, Überzeugungen, Verhaltensnormen, Denk- und Handlungsweisen auf (vgl. Bleicher 1986; Sackmann 1989), so bezieht sich die Stärke der **Unternehmenskultur** allgemein auf die Homogenität geteilter Normen, Werte und Annahmen – und somit wissensbezogenen Elementen.

	EDV	Pharma	Nahrung	Energie
Kompetenz des Managements	7,6	2,6	1,4	4,2
Qualität der Produkte und Dienstleistungen	2,4	0,9	1,4	5,8
Kundenzufriedenheit	–	–	–	–
Stärke der Unternehmenskultur	–	–	–	–
Qualität der Investor-Beziehungen	0,8	0,5	0,3	0,9
Variabler Gehaltsanteil: Topmanagement	0,9	0,6	0,4	1,1
Innovationsleistung: Produktentwicklung	–	5,3	0,9	1,6
Marktposition	3,1	0,3	–	7,3

Tabelle 3: Marktrelevante Bedeutung nicht-finanzieller Leistungsindikatoren aus Investorensicht (Quelle: Ernst/Young 1997, S. 65)

Mit einer **starken** Unternehmenskultur gehen positive Effekte der betrieblichen Leistungserstellung einher, wie z.b. erhöhte Handlungsorientierung, reibungslose Kommunikation, rasche Entscheidungsfindung, zügige Implementierung von Veränderungsprozessen, geringer formaler Kontrollaufwand, ausgeprägter Motivation und Teamgeist sowie Stabilität (Schreyögg 1996, S. 452 f.). Die **Qualität der Investor-Beziehungen** hängt von dem Wissen des Unternehmens über die Erwartungen der Investoren ab (Poitevin 1990; Opitz 1993); wohingegen sich die Höhe des variablen Gehaltsanteils für Topmanager als Maßzahl für deren Risikofreude interpretieren läßt (vgl. hierzu die *agency-theoretischen* Grundlagen bei Ross 1973; Jensen/Meckling 1976). **Innovationsleistungen** sind Effekte von Investitionen in die Wissensentwicklung (Nonaka/Takeuchi 1995), wohingegen sich für das Kriterium „Marktposition" nur schlecht *direkte*[61] wissensbezogene Bezüge nachweisen bzw. rekonstruieren lassen.

---

[61] *Indirekte* Bezüge lassen sich dadurch herstellen, wenn man (a) die Markposition als Resultat des Wissens von Marktteilnehmern und deren Handlungen auffaßt, und (b) wenn man hierbei die wissensbezogenen Aktivitäten des Unternehmens, wie z.B. Marketing, berücksichtigt.

Welches sind nun die Implikationen dieser Studie in bezug auf die **Bewertung** von individuellem und organisationalem Wissen bzw. Kompetenzen? Anhand der Daten aus Tabelle 3 können exemplarisch folgende Überlegungen herausgearbeitet werden: Die Investoren erwarten zum Beispiel einen 2,6-prozentigen Anstieg des Aktienwertes in der Pharma-Branche, *falls* festgestellt werden kann, daß sich die Managementkompetenz auf der Ratingskala der Investoren um einen Punkt erhöht. Für eine Pharma-Firma wie Merck bedeutet dies, daß, bei einem mittleren Aktienpreis von $ 127 im Jahr 1997 und bei ca. 1.1 Milliarden sich im Umlauf befindenden Papieren, erwartet wird, daß sich der Marktwert − bei einem Anstieg der Managementkompetenz um einen Punkt − um ca. $ 3,9 Milliarden erhöht (Standard/Poor's 1999). Laut Ernst/Young (1997) werden bis zu 35 Prozent der Investitionsentscheidungen durch solche qualitativen Faktoren determiniert.

Faßt man diese Überlegungen zusammen, so wird deutlich, daß Investoren und Analysten der Ressource Wissen eine deutliche Wertschöpfungsrelevanz zuschreiben. Darüber hinaus scheint es plausibel zu sein, anzunehmen, daß Investoren ihre Entscheidungen auch an den entsprechenden Erwartungen orientieren. Konsequenterweise sollten wissensbezogene Indikatoren auch im Rahmen der *Investor Relations*-Politik eingesetzt werden.

2.2.6.3 Unternehmensbewertung, Due Diligence und Wissen

Im Mittelpunkt einer Unternehmensbewertung steht im allgemeinen die Ermittlung potentieller Preise für Unternehmen (vgl. Moxter 1991; Bellinger/Vahl 1992), wobei darauf hinzuweisen ist, daß der Unternehmenswert stets vom **Bewertungszweck**, wie z.B. Akquisition, Verkauf, Auswertung von Geschäftsstrategien, Änderung der Eigentumsverhältnisse oder Kreditwürdigkeitsanalyse, abhängig ist (Mandel/Rabel 1997)[62]. Hierbei spielen nicht nur finanzrechnerische Analysen[63], sondern zunehmend mehr auch

---

[62] Aus historischer Sicht ist auf folgende Entwicklung hinzuweisen: Die Idee einer „objektiven" Unternehmensbewertung − mit dem Substanzwertverfahren als Berechnungsgrundlage − wird zunehmend mehr in Richtung einer „subjektiven" Unternehmensbewertung − mit dem Ertragswertverfahren im Mittelpunkt − geändert; dies mündet schließlich in einer funktionalen, d.h. zielgebundenen Unternehmensbewertung, in deren Mittelpunkt meist *discounted cash flow*-Verfahren (DCF-Verfahren) stehen (Born 1995; vgl. grundlegend auch Münstermann 1966).

[63] Im Rahmen eines Unternehmenskaufes basiert die Kalkulation auf einem investitionstheoretischen Kalkül bei unsicheren Erwartungen (Ballwieser 1990). Die Unter-

Analysen und Bewertungen non-monetärer bzw. wissensbezogener Sachverhalte eine entscheidende Rolle (vgl. Abschnitt 2.2.6.2). Solche wissensbezogenen Aspekte der Unternehmensbewertung können im Rahmen einer *Due Diligence*-Prüfung, deren Grundelemente zunächst skizziert werden sollen, berücksichtigt werden.

In den achtziger Jahren feierte die Akquisition von Unternehmen Hochkonjunktur – häufig wurden Unternehmen ohne weitreichende Analysen gekauft. Allein die Mitarbeiter und Immobilien des akquirierten Unternehmens stellten aber einen nicht unerheblichen Wert dar. Darauf folgte in den letzten Jahren das Erwachen: Viele Akquisitionen stellten sich als Mißerfolg heraus, da das Unternehmen mit der akquirierten Gesellschaft die anvisierten strategischen Vorteile und Synergien nicht realisieren konnte, insbesondere deshalb, weil das Unternehmen **zuwenig relevante Informationen** über die akquirierte Gesellschaft hatte (vgl. Frank 1993; Siebenhaar/Zeller 1993).

An diesem Punkt setzt die *Due Diligence*-Prüfung[64] ein. Es handelt sich um die bewußte, systematische, professionelle Untersuchung während der laufenden Kaufverhandlungen. Sie beurteilt diejenigen Aspekte der zu erwerbenden Gesellschaft, von denen sich der Käufer zum einen **Synergiepotentiale**, und damit einhergehend eine Wertsteigerung des Gesamtsystems nach erfolgter Akquisition erhofft. Zum anderen sollen solche Aspekte identifiziert werden, die den Wert erheblich mindern oder dazu füh-

---

nehmensbewertung soll dem Käufer verdeutlichen, wieviel er unter gegebener Zielstellung maximal für das zu akquirierende Unternehmen ausgeben sollte, ohne sich schlechter zu stellen, als wenn er auf den Kauf verzichtet (Hafner 1988). Der Maximalpreis ergibt sich aus dem isolierten Einzelwert des Akquisitionsobjektes und der zusätzlich zu erwartenden akquisitionsbedingten Wertsteigerung (Rappaport 1999). Von besonderer Bedeutung bei der finanziellen Bewertung des zu akquirierenden Unternehmens ist die DCF-Analyse (vgl. z.B. Ballwieser 1990; Bretzke 1992), da der DCF-Ansatz die wichtigsten finanziellen Werteelemente berücksichtigt und zusätzlich Informationen über Strategie, Restrukturierungspotential, Spartenbeiträge, Budgetierungsgrundlagen, Investitionsbedarf, Finanzstruktur und Finanzströme gibt.

[64] Der Begriff der *Due Diligence* oder *Due Care* stammt aus den angelsächsischen Rechtswissenschaften. Er bedeutet „mit der gebührenden Sorgfalt". Er wird beispielsweise dort angewendet, wo es darum geht, festzustellen, ob ein Angeklagter mit der „gebührenden Sorgfalt" gehandelt hat, um einer Haftung zu entgehen oder seine Unschuld beweisen zu können. Über die generelle juristische Verwendung hinaus hat aber der Begriff im Bereich Mergers & Acquisitions eine besondere Bedeutung erlangt. Im Bereich der Firmenakquisition bedeutet eine *Due Diligence*-Review spezifisch die Überprüfung der zu kaufenden Gesellschaft durch den Interessenten. Da *Due Diligence* bei Akquisitionen zu Verwechslungen mit der juristischen Verwendung des Begriffs führen kann, spricht man im angelsächsischen Bereich auch von *acquisition investigation* (vgl. Berens/Strauch 1999, S. 6).

ren könnten, daß die akquirierte Gesellschaft zu einem Problem des Käufers wird, anstatt ihn zu stärken und die Erreichung seiner strategischen Ziele zu unterstützen. Due Diligence hilft somit, das Informationsdefizit des Käufers zu beseitigen. Ein Käufer kann einen realistischeren Kaufpreis verhandeln, den Kaufvertrag sachgerechter formulieren und die gesamte Transaktion juristisch gemäß den tatsächlichen Gegebenheiten des zu kaufenden Unternehmens strukturieren. Die *Due Diligence* Prüfung spielt vor dem Hintergrund der vorliegenden Fragestellung insbesondere deshalb eine zentrale Rolle, weil in diesem Bewertungsprozeß nicht nur materielle, sondern auch immaterielle Aktiva[65] erworben werden und daher einer Bewertung unterzogen werden müssen. Eine *Due Diligence*-Prüfung wird in der Regel im Interesse des Käufers unternommen. Die Untersuchungen erstrecken sich auf drei Aspekte des Kaufobjekts (vgl. Binder/Lanz 1993, S. 19f.):

- **Akquisitions-Strategie**: Inwieweit entspricht das Kaufobjekt den strategischen Zielen des Käufers? Aspekte hierzu sind beispielsweise: (a) Marktanteile des zu kaufenden Unternehmens in verschiedenen Märkten, bei verschiedenen Kunden und mit verschiedenen Produkten und Dienstleistungen; (b) Auftreten und Image auf dem Markt; (c) Qualität des Vertriebsnetzes und des gesamten Marketings; (d) Entwicklung der verschiedenen Produktgruppen, deren Deckungsbeiträge usw.; (e) erwarteter Deckungsbeitrag der akquirierten Produktgruppen.

- **Deal Breakers**: Bestehen bei der angebotenen Gesellschaft Umstände oder Aspekte, die ein so großes Risiko in sich bergen, daß von einem Kauf abzuraten ist? Hier sind zum Beispiel zu nennen: (a) Der Umsatz der Firma wird nur durch wenige Hauptkunden erzielt; (b) Mangelnde Kompatibilität der Managementstile bzw. Unternehmenspolitiken führt zur Gefahr einer größeren Fluktuation beim Personal; (c) Ungenügend finanzierte Personalvorsorge-Einrichtungen können zu einem entsprechenden Nachholbedarf führen; (d) Rechts- und Steuerfragen, wie z.B. Haftpflicht- und Garantiefälle, Marken- und Patentstreitigkeiten, Steuerverfahren usw.; (e) Umweltschutzprobleme, z.B. durch verseuchtes Gelände.

- **Transaktionsstruktur**: Bestehen im angebotenen Unternehmen Umstände oder Aspekte, die in der Struktur der Transaktion und insbesondere im Vertrag berücksichtigt werden müssen? – wie beispielsweise

---

[65] An dieser Stelle soll darauf hingewiesen wird, daß der Begriff „immaterielle Aktiva" im Rahmen der *Due Diligence* Diskussion nicht auf dessen handelsrechtliche Auffassung beschränkt ist, sondern, wie noch deutlich wird, auch auf weitere immaterielle Vermögenswerte Bezug nimmt.

(a) direkt transaktionsspezifische Elemente des Kaufs von Aktien oder von Aktiva; (b) Definition vertraglicher Inhalte, wie z.B. Garantiebestimmungen und Sicherheiten; (c) weitere preisrelevante Aspekte.

Die beiden folgenden Abschnitte beschäftigen sich mit Überlegungen, die aus einer **wissensbezogenen Perspektive** im Rahmen einer *Due Diligence*-Prüfung von Bedeutung sind. Hierbei wird, wie bereits im Rahmen der Human- und Organisationskapitalbetrachtungen, eine Zweiteilung der Argumentation deutlich: Auf der einen Seite geht es um die Qualifikation und die Motivation der Führungskräfte und Mitarbeiter, auf der anderen Seite um die strukturellen Rahmenbedingungen, die die Nutzung dieses Know-hows fördern oder hemmen können. In bezug auf die drei obigen Aspekte ist also zu prüfen: (a) **Wissensbezogene Akquisitions-Strategie**: Inwieweit unterstützen zu akquirierenden Managementkompetenzen und Organisationsstrukturen das Erreichen der strategischen Ziele? (b) **Wissensbezogene Deal Breakers**: In welchem Umfang stellt das Motivationspotential oder das IT- bzw. Vertriebssystem der zu akquirierenden Gesellschaft ein solches Risiko dar? (c) **Wissensbezogene Transaktionsstruktur**: In welchem Umfang können die im angebotenen Unternehmen bestehenden immateriellen Aktiva genutzt – oder veräußert – werden?

2.2.6.3.1 Due Diligence und Human Resources

In der Literatur herrscht Konsens darüber, daß der Beurteilung des Managements und der Belegschaft im Vorfeld einer Akquisition eine zentrale Bedeutung zukommt (z.B. Gomez 1989; Carleton 1997; Dielmann 1997; Hüffer/Schum 1998). Eine solche **cultural-** oder **human resources-bezogene** *Due Diligence* ist mit einer Vielzahl von Risiken verbunden, da es hier um die Einschätzung von Motivationen, Erwartungen und Unternehmenskulturen[66] geht, deren mangelnde Passung schnell zu einem Integrationsproblem werden kann[67].

Geprüft werden in diesem Zusammenhang der funktionale Hintergrund der Unternehmensleitung, deren Entscheidungs-, Ablauf- und Kontrollpro-

---

[66] Das Problem des „*cultural misfits*" resultiert insbesondere aus einer fehlenden Übereinstimmung zwischen Personalplanung und Entgeltpolitik (vgl. Wächter 1990, S. 118ff.).

[67] vgl. hierzu das Phänomen, daß eine Vielzahl großer Unternehmensberatungsgesellschaften, wie z.B. Anderson Consulting, Boston Consulting Group, das Geschäftsfeld „*post merger integration*" mit in ihr Kompetenzportfolio aufgenommen haben (vgl. auch Ottersbach/Kolbe 1990).

zesse (Leffson 1988) sowie die Eigenmotivation des Managements und dessen Fähigkeit, die Belegschaft zu motivieren. Nach Voigt (1990, S. 74) stellt **Motivation** einen immateriellen Vermögensgegen- stand dar, dem aufgrund seiner Reichweite besondere Aufmerksamkeit gezollt werden sollte. **Indikatoren** einer unzureichenden Motivationslage sind über dem Branchendurchschnitt liegende Lohn- und Gehaltsstrukturen, hohe Fluktuations- und Krankheitsraten, Streikbereitschaft der Mitarbeiter oder auch eine mangelnde Flexibilität hinsichtlich Überstunden bei Engpässen.

Neben der Passung zentraler Normen und Werte, deren Stabilität auch lange Jahre nach einer Akquisition noch beobachtbar ist[68], ist es wichtig, das Risiko einzuschätzen, das durch den Weggang von Führungskräften nach der Akquisition durch entsprechende negative „Propaganda" entstehen kann[69].

Die Führungsqualität selbst kann mittels Verfahren geprüft werden, wie sie auch aus der Personalentwicklung bekannt sind: In Management Audits (Hübbe 1998) oder mittels Einzel-Assessments (Aldering 1998) werden bestehende Kompetenzen erfaßt und mit der Soll-Vorstellung des Käufers verglichen (McLagan 1997; Jochmann 1995, 1998).

2.2.6.3.2 Due Diligence und Organisation

Die Organisationsprüfung im Rahmen einer *Due Diligence* orientiert sich an drei Aspekten: An der Güte der formalen Organisationsstruktur, an der real existierenden informalen Organisationsstruktur, und den unterstützenden Systemen, insbesondere den EDV-Systemen.

Hinsichtlich der **formalen Organisationsstruktur** geht es um die Identifikation von Organisationsplänen, Stellenbeschreibungen (Leffson 1988), die zeitliche, räumliche und sachliche Zuordnung der Arbeitsprozesse (Hartmann 1985) mit dem Ziel, die Zuständigkeiten, aber auch die Wirtschaftlichkeit sowie deren Verbesserungsmöglichkeiten der internen Aktivitäten überprüfen zu können. Die Prüfung der **informalen Organisationsstruktur** spielt insofern eine besondere Rolle, als daß die Gefahr von

---

[68] Instrumente, mit deren Hilfe Unternehmenskulturen analysiert und aufeinander abgestimmt werden können sind beispielsweise die *„Netzwerkdarstellung von Unternehmenskulturen"* (Gomoz/Wobor 1989) und die *„Unternehmenskultur-Profildarstellung"* (Reißner 1992).

[69] Frühzeitige Einbindung der Führungskräfte und schnellstmögliche Klärung zukünftiger Positionen sind hier wichtige Strategien, um solche Frustrationsverluste zu vermeiden.

Motivationsdefiziten aufgrund organisatorischer Veränderungen nach der Akquisition schon im Vorfeld identifiziert werden sollten. Hinsichtlich der **Informationssysteme** geht es insbesondere um die Integrationsfähigkeit der Systeme beider Unternehmen. Hierbei wird geprüft, (a) welche Systeme unbedingt zusammengelegt werden müssen, (b) bei welchen Systemen die Zusammenlegung wünschenswert, aber nicht notwendig ist, bzw. bei denen (c) keine Zusammenlegung angestrebt wird, und (d) die verändert oder abgeschafft werden sollten (Harvey/Lush 1995, S. 16).

Faßt man die Ausführungen zum Thema *Due Diligence* zusammen, wird deutlich, daß der Ressource Wissen von Seiten des akquirierenden Unternehmens ein substantieller Beitrag an der Wertschöpfung zugeschrieben wird. **Unklar** bleibt die Beantwortung der Frage nach der **Erfassung** solcher Wertbeiträge: Geht es um eine finanzielle Bewertung solcher qualitativer Merkmale wie Managementkompetenz, IT-Struktur usw. – oder steht eine qualitative Erfassung der entsprechenden Merkmale im Vordergrund? Und schließlich: Wenn man den Zeitdruck berücksichtigt, in dem *Due Diligence*-Prozesse üblicherweise ablaufen müssen, um Veränderungen, die sich nach der Prüfung ergeben und in der Bewertung nicht mehr berücksichtigt werden können, zu vermeiden (vgl. Binder/Lanz 1993), stellt sich die Frage nach der Nutzung – empirisch zu begründender – zeitsparend zu erhebender und gleichzeitig hochvalider Indikatoren.

2.2.7 Erkenntnisbeitrag und Erkenntnisgrenzen ökonomischer Ansätze

2.2.7.1 Zusammenfassung und erste Implikationen

Die Zielsetzung von Abschnitt 2.2 bestand darin, relevante theoretische Ansätze aus der Ökonomie zu identifizieren, mit deren Hilfe sich erklären bzw. begründen läßt, daß der Einsatz von Wissen einen Beitrag zum wirtschaftlichen Wachstum, zur Produktivitätserhöhung oder der Erhöhung der Wettbewerbsfähigkeit leistet und somit als Ressource bzw. Produktionsfaktor aufgefaßt werden kann.

Die vorliegende Analyse hat gezeigt, daß Wissen im Rahmen klassischer und traditioneller neoklassischer Überlegungen der Makro-Ökonomie nur eine stark untergeordnete Rolle spielt. Im Kontext der neueren Wachstumsmodelle wird Wissen – in Form von Humankapital und technologischem Wissen – als endogener Faktor aufgefaßt. Hierbei wird deutlich, daß es mit Hilfe entsprechender inhaltlicher Differenzierungen zumindest ansatzweise gelingt (z.B. OECD 1992, 1998), einen Zusammenhang zwischen wissensbezogenen Investitionen und wirtschaftlichem Wachstum herzustellen, wobei den *Spill-Over*-Effekten eine besondere Rolle zukommt.

Im Rahmen humankapitaltheoretischer Überlegungen wurde gezeigt, welche Effekte Wissen – in Form von akkumulierter Bildung – auf individuelles Einkommen, Produktivität und Marktwert von Unternehmen hat. Darüber hinaus wurde das Problem der Risikoallokation im Rahmen der Investitionen in generelles und spezifisches Humankapital diskutiert. Zusammengefaßt wurde deutlich, daß die auf Basis der Humankapitaltheorie abgeleiteten Hypothesen einer Vielzahl von Modifikationen unterzogen wurden. Ein Teil der Erklärungsdefizite dieser Theorie läßt sich auf die Vernachlässigung organisationaler Kontextfaktoren zurückführen, die wiederum im Rahmen organisationskapitaltheoretischer Überlegungen berücksichtigt werden.

Anschließend konnten im Rahmen der Wissensproduktionsargumentation von Machlup (1980, 1984) erste Hinweise in bezug auf die Eigenschaften von Wissen verdeutlicht werden, die die prinzipielle Schwierigkeit für dessen Messung begründen. Abschließend wurde im Rahmen einer betriebswirtschaftlichen Diskussion ein vergleichsweise geringer Stellenwert des Faktors Wissen innerhalb der traditionellen ökonomischen Betriebswirtschaftslehre deutlich, dessen Bedeutung aber im Rahmen der Diskussion um die Kapitalmarktrelevanz wissensbezogener Investitionen, um *Investor Relations*- und *Due Diligence* Prozesse deutlicher sichtbar wird.

Faßt man diese theoretischen Ansätze aus Abschnitt 2.2 hinsichtlich ihres Beitrags zur Begründung der Wertschöpfungsrelevanz von Wissen zusammen, so lassen sich die folgenden zentralen **Schlußfolgerungen** ziehen und damit einhergehende **Probleme** ableiten:

1. **Die ökonomische Analyse zeigt, daß Wissen zu wirtschaftlichem Wachstum, Produktivität und Wettbewerbsvorteilen beiträgt. Daher liegt es nahe, Wissen als Ressource im ökonomischen Sinn aufzufassen.**

2. **Im Rahmen der ökonomischen Analyse bleibt die Trennung zwischen den Begriffen „Daten", „Information" und „Wissen" unklar bzw. ist nicht entscheidbar. Wenn es darum geht, Wissen zu erfassen bzw. zu bewerten und zu messen, ist es notwendig, sich ein klares Verständnis in bezug auf die Begriffe „Daten", „Information" und „Wissen" sowie ihrer Abgrenzung zu verschaffen, da dies eine wichtige Voraussetzung für eine angemessene Merkmalsanalyse darstellt.**

3. Der Mechanismus der „Inkorporation von Wissen" bleibt unklar bzw. besitzt eher einen metaphorischen Charakter – analoges gilt für Überlegungen wie „Wissen in Prozessen, Produkten oder Dienstleistungen".
4. Es wird deutlich, daß sich „Wissen" aufgrund seiner Merkmale von materiellen bzw. Finanzanlagen unterscheidet. Zudem können solche wissensbezogene Merkmale im Rahmen der – "*black box*"- bezogenen – ökonomischen Analyse *nicht* befriedigend erklärt werden.
5. Weiterhin führen solche Merkmale letztlich zu Unklarheiten hinsichtlich der Anwendbarkeit des *Eigentumsbegriffs* auf die Ressource „Wissen", woraus wiederum Einschränkungen hinsichtlich der Anwendbarkeit des Marktmodells auf die Ressource „Wissen" resultieren. Insbesondere versagt das Marktmodell bei der Erklärung, warum neues Wissen bisheriges Wissen schlagartig entwerten kann.

Was bedeutet dies für den Fortgang der vorliegenden Arbeit? Um eine mögliche Konfundierung mit betriebswirtschaftlich oder sozialwissenschaftlich geprägten Wissens- und Informationsbegriffen zu vermeiden, soll im nächsten Abschnitt eine **informationstheoretische Analyse** vorgenommen werden. **Zielsetzung** dieser Analyse ist es, (a) eine vertiefende Einsicht in die Begriffe Daten, Information und Wissen zu erhalten; (b) Klarheit in den Prozeß der Inkorporation von Wissen zu bekommen bzw. die Frage der Relation zwischen Wissen und Träger bzw. Speicher zu klären; (c) Hinweise zur Erklärung des plötzlich auftretenden Wertverlustes bisherigen Wissens durch neues Wissen zu erhalten.

2.2.7.2 Informationstheoretischer Exkurs

Die obigen Überlegungen haben gezeigt, daß die drei folgenden **Fragen** im Rahmen der bisherigen ökonomischen Diskussion bislang nicht hinreichend beantwortet werden konnten:

- **Unklare Begriffsdefinition und unklare Begriffsabgrenzung**: Was genau *sind* Daten, Information und Wissen – in welcher Relation stehen diese Begriffe zueinander?

- **Unklare Beziehung zwischen Information bzw. Wissen und einem Träger**: Was genau versteht man unter „Inkorporation von Wissen"? – Was genau meint „Wissen in Produkten und Prozessen"? – ‚Enthält' ein Produkt dann wirklich ‚Wissen'?"

- **Plötzlicher Wertverlust von Wissen:** Wie kann man erklären, daß neues Wissen bisheriges Wissen schlagartig entwerten kann?

Im folgenden werden diese drei Probleme auf Basis informationstheoretischer Überlegungen diskutiert. Die Einbeziehung der Informationstheorie ist im Rahmen der vorliegenden Fragestellung aus folgendem Grund vorteilhaft: Die Grundbegriffe „Daten", „Information" und „Wissen" können *außerhalb* einer betriebswirtschaftlichen Argumentation entwickelt und präzisiert werden. Hierdurch kann auf das mit einer betriebswirtschaftlichen Argumentation verknüpfte instrumentelle Vorverständnis von Wissen (vgl. Abschnitt 1.1) verzichtet und *allgemeine* Aspekte dieser Grundbegriffe können herausgearbeitet werden. Dabei wird deutlich, daß es mittels dieser informationstheoretischen Analyse gelingt, die drei oben skizzierten Probleme zu lösen, *ohne* in Gefahr einer Konfundierung mit einer wirtschaftswissenschaftlichen Argumentation zu laufen[70].

2.2.7.2.1 Begriffliche Grundlagen der Informationstheorie

Das **informationstheoretische Kommunikationsmodell** enthält die Elemente „Sender", „Empfänger" und „zu übertragende Nachricht". Kommunikation – als Übertragung von **Information** – läßt sich anhand von sechs Phasen beschreiben (Megla 1961, S. 38ff; Flechtner 1970, S. 63f.; vgl. auch Folbert/Hackl 1986):

1. Das Entstehen eines *Nachrichtenbedürfnisses*: Ich habe etwas erfahren, weiß etwas, fühle etwas usw., das ich mitteilen möchte.

2. Die *Formung* einer Nachricht als die Codierung des Erfahrenen, Gewußten, Gefühlten usw., etwa in Form eines „inneren Sprechens".

3. Die Transformation einer Nachricht in ein übertragungsfähiges *Signal*, z.B. Umwandlung in Sprachlaute, in Schrift, Datenfile usw..

4. Die Beförderung des Signals durch einen *Kanal*.

5. *Empfang* des Signals und dessen Decodierung.

6. Die Transformation eines Signals in eine Nachricht – *das Verstehen der Nachricht*, also Decodieren des „letzten" Signals (aus dem Übermitt-

---

[70] Zusätzlich möchte ich darauf verweisen, daß ich mich hierbei aus Sparsamkeitsgründen auf eine Skizze der *nachrichtentechnischen Darstellung der Informationstheorie* und ihrer *Modifikationen* beschränke; dies genügt, um obige Probleme angehen zu können.

lungsweg Sinnesorgan - Großhirn) in Erfahrenes, Gewußtes, Gefühltes usw..

Dieses Modell macht zunächst deutlich, daß Phase 3 und 6 zueinander komplementär sind, da es hier um den Transformationsprozeß von einer Nachricht in ein Signal und umgekehrt geht. Darüber hinaus muß zwischen den Begriffen „Signal" und „Nachricht" differenziert werden: Phase 1 und 2 gelten nur für eine **intendierte** Nachrichtenübertragung; zusätzlich können Signalquellen als Nachrichtenquellen aufgefaßt werden, *ohne daß die Sendung einer entsprechenden Nachricht beabsichtigt gewesen wäre.*

Für die weitere Diskussion ist von Bedeutung, daß in Phase 3 nicht nur eine analytische, sondern eine empirische bzw. grundsätzliche Trennung zwischen Information und seinem Träger erfolgt: Information ist *keine* Materie, benötigt aber einen Träger für ihre Übertragung (vgl. unten die Ausführungen zum syntaktischen Informationsbegriff)[71].

Die Differenz zwischen Phase 3 und 6 verweist zudem auf die **Subjektabhängigkeit** von **Kommunikation** bzw. **Informationsübertragung**. Diese Subjektabhängigkeit kann durch Phase 6, in der deutlich wird, daß ein Signal eine Nachricht enthalten *kann* – aber **nicht** *muß*, weiter vertieft werden. Hierzu ist es hilfreich, zwischen verschiedenen **Ebenen** der Information zu differenzieren (z.B. Gitt 1985, 1989, 1994; Folbert/Hackl 1986; Rehäuser/Krcmar 1996):

Ebene 1 – Statistik: Nach Shannon (1949), dem Begründer der Informationstheorie, wird jede beliebige Zeichenkette als Information betrachtet, unabhängig davon, wie sie entstanden ist und unabhängig davon, ob darin ein Sinn enthalten ist oder nicht. Nach Shannon (1949) stellt der Informationsgehalt einer Nachricht ein Maß für die Unsicherheit ihres Empfangs dar. Konsequenterweise enthält ein gestörtes Signal im allgemeinen mehr Information als ein ungestörtes, da ein gestörtes Signal einer größeren Menge von Alternativen entspringen kann[72]. Die Shannonsche Theorie

---

[71] Darauf wies bereits Wiener hin (1948), der gleichzeitig mit der Begründung der Informationstheorie durch Shannon und Weaver sein Buch "*Cybernetics or Control and Communication in the Animal and the Machine*" publizierte. Darin führt er "Information" als dritte Grundkomponente der (System-) Welt neben Materie und Energie ein.

[72] Nach Shannon (1949) wird der mittlere Informationsgehalt eines Zeichens gemäß der folgenden Formel berechnet: $H = -p * ld\ p$; d.h., je größer die Auftrittswahrscheinlichkeit p eines Zeichens ist, desto geringer ist dessen Informationsgehalt H. Das entsprechende informationstheoretische Kalkül basiert auf der Überlegung, wie oft ein Empfänger einen Sender fragen muß, um seinen Zustand des Nichtwissens $Wi(X) = 0$ bzw. $Wi^{-1}(X) = 1$ auf einen Zustand des Wissens, also der Informiertheit, zu reduzie-

bewegt sich auf der Ebene der Statistik, da sie letztlich lediglich Aussagen über bedingte Auftrittswahrscheinlichkeiten von Zeichen erlaubt; so ist beispielsweise die Berechnung von Informationsmengen bestimmter Silben möglich (z.B. Fucks 1956).

Ebene 2 – Syntax: Betrachtet man sprachliche Zeichenketten – Wörter – genauer, wird deutlich, daß die Aneinanderreihung der Zeichen zu Wörtern sowie die Verknüpfung von Wörtern zu Sätzen bestimmten Regeln folgen. Diesen Regeln liegt für jede Sprache eine **bewußte Vereinbarung** vor. Unter der Syntax können sämtliche strukturelle Merkmale der Informationsdarstellung subsumiert werden. Im Mittelpunkt der syntaktischen Analyse stehen das Zeichensystem – der **Code**[73] – und die Verknüpfungsregeln innerhalb dieses Codes, die **Syntax**. Oben wurde bereits skizziert, daß ein Informationsaustausch – eine Kommunikation – voraussetzt, daß Sender- und Empfängercode aufeinander abgestimmt sind. Im Kontext der syntaktischen Analyse ist darauf hinzuweisen, daß der Code der **Übertragungstechnik**[74] angepaßt sein muß. Daraus läßt sich schlußfolgern, daß eine solche Zuordnung auf einem intendierten Prozeß beruht.

Ebene 3 – Semantik: Um eine Nachricht verstehen zu können, ist für einen Empfänger nicht die Güte der Syntax hauptausschlaggebend, sondern die darin enthaltene Botschaft – deren Bedeutung bzw. Sinn[75]. Diese

---

ren: Wi (X) =1. Geht man davon aus, daß Information alles enthält, was ich von X nicht weiß, d.h. Wi^{-1} (X) = $I(X)_{max}$,so gilt: Das durch I(X) behobene Nichtwissen Wi^{-1} (X) ist somit eine Größe für die in der Nachricht enthaltene *Information*. Damit aber wird obige formale Definition des Informationsbegriffs plausibel: Je größer die Wahrscheinlichkeit ist, mit der ein Zeichen bzw. eine Zeichenkombination – also Nachricht – erwartet werden kann, desto geringer ist dessen Informationsgehalt: *Information ist ein Maß für die Reduktion von Ungewißheit.*

[73] *Beispiele für Codes* sind der Binärcode (aus zwei Zeichen bestehend), der Dezimalcode (aus 10 Zeichen bestehend), das Lateinische Alphabet (aus 26 Zeichen bestehend) oder das Russische Alphabet (aus 32 Zeichen bestehend). Die *Entwicklung von Codesystemen* folgt Kriterien wie Anschaulichkeit (Piktogramme), kurze Schreibzeit (Stenographie), leichte Wahrnehmung (Blindenschrift), leichte technische Lesbarkeit (Warenstrichcode), Darstellung der Laute einer natürlichen Sprache (Alphabet)

[74] Hierbei lassen sich unterscheiden: Akustische Übertragung (Signalträger: Schall); Optische Übertragung (Signalträger: Licht); Taktile Übertragung (Signalträger: Abtastung); Magnetische Übertragung (Signalträger: Magnetfeld); Elektrische Übertragung (Signalträger: Elektromagnetische Wellen); Chemische Übertragung (Signalträger: Chemische Verbindungen); Olfaktorische Übertragung (Signalträger: Chemische Verbindungen).

[75] Ein syntaktisch inkorrekter Satz ist beispielsweise: „Herbert Simon war Begründer dem Begriffes ‚Begrenzte Rationalität' "; ein semantisch inkorrekter – aber syntaktisch korrekter – Satz kann dann entsprechend lauten: „Herbert Simon hat ‚Begrenzte Rationalität' gemacht".

dritte Ebene von Information wird **Semantik** genannt und weist einen ersten *handlungsorientierten* Bezug auf: Die Bedeutung einer Information wird vom Empfänger auf Sinnhaftigkeit geprüft und weiterverarbeitet. Wichtig ist auch hier, daß die Vermittlung von „Bedeutung" an Vereinbarungen geknüpft ist. Information kann an einzelne Empfänger (z.b. direkte Rede) oder an viele Empfänger (z.B. Werbung) gerichtet sein, oder aber nie ankommen (z.b. ein verlorengegangenes Memo).

Ebene 4 – Pragmatik: Bislang wurde die Frage nach der **Zielsetzung** von Kommunikation außer acht gelassen – im Kontext der pragmatischen Ebene wird die Frage beantwortet, welche Zielsetzung der Sender mit der Übertragung einer Nachricht verfolgt: Jede Informationsweitergabe ist mit einer senderbezogenen Absicht verbunden, beim Empfänger ein bestimmtes Ergebnis zu bewirken. Gerade für den Managementkontext ist von Bedeutung, daß der pragmatische Aspekt verschiedenen Freiheitsgraden unterliegt: Computerprogramme sind unabdingbar und eindeutig hinsichtlich des weiteren Verlaufs der jeweiligen Programmausführung, wohingegen üblicherweise beim Menschen ein vergleichsweise hoher Freiheitsgrad vorhanden ist, sich an dem pragmatischen Aspekt einer Nachricht zu orientieren. Konsequenterweise existiert eine Vielzahl von sprachlichen Stilmitteln, wie Bitten, Klagen oder Drohen, um die handlungsbezogenen Freiheitsgrade des Empfängers einzuschränken.

Ebene 5 – Apobetik[76]**:** Der Ziel- bzw. Ergebnisaspekt ist in der „höchsten" Informationsstufe enthalten: Geht es beim pragmatischen Aspekt noch darum, Handlungen auszulösen, wird im Rahmen der **Apobetik** geprüft, ob die vom Empfänger aus der Nachricht entnommene und umgesetzte Handlung auch der Absicht des Senders entspricht. Im Mittelpunkt steht also die Frage, warum der Sender überhaupt die Information sendet und welches Ergebnis er beim Empfänger erreichen will. Beispielhafte Aspekte sind hier Zielvorgaben in Mitarbeitergesprächen oder Werbung.

Aufbauend auf diesen grundlegenden Überlegungen soll zunächst untersucht werden, welche Anknüpfungspunkte zwischen den Begriffen Daten, Information und Wissen bestehen und anschließend geprüft werden, ob bzw. in welchem Umfang sich Wissen und/oder Information messen läßt.

---

[76] *apobeinon* (griech.) = Ergebnis, Erfolg, Ausgang

2.2.7.2.2 Daten, Information, Wissen: Eine informationstheoretische Abgrenzung

Die Abgrenzung des Begriffs „Datum" von den beiden Begriffen „Information" und „Wissen" ist zumindest auf analytischer Ebene einfach: Daten stellen Zeichen bzw. eine definierbare Folge aus Zeichen dar. Somit können Daten – vereinfacht ausgedrückt – als *Informationen auf syntaktischer Ebene* aufgefaßt werden (vgl. Rehäuser/Krcmar 1996, S. 6f.).

Demgegenüber scheint die Abgrenzung des Begriffs „Wissen" vom Begriff „Information" schwieriger. Ich möchte daher zunächst einen *konkreten* Zugang zur Entfaltung dieser Differenz wählen: Aus alltagssprachlicher Perspektive läßt sich zunächst festhalten, daß Informationen Nachrichten sind, die etwas Neues mitteilen, d.h. etwas, was wir nicht wissen – oder aber Nichtwissen ein Mangel ist, der zu einem Bedürfnis führt, informiert zu werden. Nicht-Wissen läßt sich also durch eine empfangene Nachricht, die „Nicht-Gewußtes", also Information enthält, beseitigen. Wenn Informationen somit Nachrichten sind, die etwas Neues mitteilen, dann läßt sich schlußfolgern, daß der Begriff „Information" einen empfängerbezogenen Begriff darstellt[77].

Somit wird zum einen deutlich, daß der Informationsgehalt einer Nachricht **nicht** eine Eigenschaft der Nachricht selbst darstellen kann, denn dieselbe Nachricht kann für einen Empfänger eine Information, für einen zweiten Empfänger ein längst bekannter Sachverhalt und für einen dritten Empfänger völlig unverständlich – also sinnlos sein[78].

Zum anderen wird hierdurch eine gewisse **Komplementarität** zwischen den Begriffen "Information" und "Wissen" deutlich: *„Ob eine Nachricht für einen Empfänger Information enthält oder nicht, hängt davon ab, ob die Nachricht beim Empfänger ein bestimmtes Nichtwissen beseitigt – der Informationsgehalt der Nachricht ist somit eine Funktion des Zustandes des Empfängers"* (Flechtner 1970, S. 71).

Hinzu kommt, daß die Kontextabhängigkeit des Informationsgehalts einer Nachricht berücksichtigt werden muß, da die Wahrscheinlichkeit, daß in einer Nachricht eine Information enthalten ist, von deren Kontext ab-

---

[77] Dies gilt bereits für die syntaktische, aber auch für alle weiteren Ebenen der Information.

[78] „The word ‚information' in communication theory relates not so much to what you do say, as what you could say" (Weaver 1949, S. 100).

hängt[79]. Was bedeutet dies nun für den **Wissensbegriff**? Ich möchte diese Frage zunächst anhand eines Beispiels beantworten, in dessen Mittelpunkt die Analyse der Nachricht „*Der Aktienkurs von Firma X ist um 5% gestiegen*" steht (vgl. Abbildung 6).

Abbildung 6 läßt sich wie folgt erläutern: Ein Sender kommuniziert die Nachricht „*Der Aktienkurs von Firma X ist um 5% gestiegen*" – wobei es sich hier um eine persönliche Nachricht, eine vom Display in einer Börse oder aus dem Internet entnommene Information handeln kann.

Auf **statistischer Ebene** der Information lassen sich allgemeine Zusammenhänge erkennen wie beispielsweise, daß der Informationsgehalt der Buchstabenfolge „GE" 0,099 bit beträgt (Fucks 1956, S. 11). Auf der **syntaktischen** Ebene lassen sich die Zeichen (Buchstaben) und deren Zusammensetzung zu Wörtern in diesem Satz analysieren. Der syntaktisch korrekte Satz kann somit als entsprechendes Datum aufgefaßt werden – resultierend aus Beobachtungen der Kursentwicklungen. Auf **semantischer** Ebene erschließt sich für den Empfänger die Bedeutung dieses Satzes – jetzt ist sein Vermögen um Y DM angestiegen, da er 100 Aktien von Firma X besitzt. Die **pragmatische** Ebene führt zur Frage, ob weitere Aktien gekauft – oder aber eher verkauft werden sollten. An dieser Stelle kommt das **Wissen** des Empfängers ins Spiel: Er weiß beispielsweise, daß der aktuelle Marktwert noch nicht den inneren Wert des Papiers widerspiegelt – hat also eine Erklärung für den Kursanstieg und glaubt daher, aufgrund seines Wissens einen weiteren Kursanstieg vorhersagen zu können (prognostische Aussage). Schließlich enthält die **apobetische** Ebene den Aspekt, ob die Kursentwicklung tatsächlich wie erwartet eingetreten ist.

Nachdem jetzt sowohl allgemein als auch anhand eines Beispiels die Differenz wie auch die Beziehungen zwischen Information und Wissen aufgezeigt wurde, soll jetzt – vor dem Hintergrund der Problemstellung der vorliegenden Arbeit – die informationstheoretische Messung von Information und Wissen erläutert werden.

---

[79] Streng genommen ist dieser Zusammenhang ausschließlich für die Shanonnsche Informationstheorie, also der statistischen Ebene, formalisiert worden: Die Stellung eines Zeichens in einer Zeichenkette stellt eine bedingte Wahrscheinlichkeit dar, deren Informationsmenge wiederum berechenbar ist. „*(...) daß die von einer Nachricht übermittelte Menge an Information von Kontext zu Kontext verschieden ist, weil die Wahrscheinlichkeit, daß gerade diese Nachricht geliefert wird, von Kontext zu Kontext verschieden ist*" (Coombs/Dawes/Tversky 1975, S. 358). Diese Kontextabhängigkeit der Auftrittswahrscheinlichkeit von Wissen wird im Kontext konstruktivistischer Wissensmanagementansätze als „lokale Abhängigkeit" (Willke 1998) aufgegriffen.

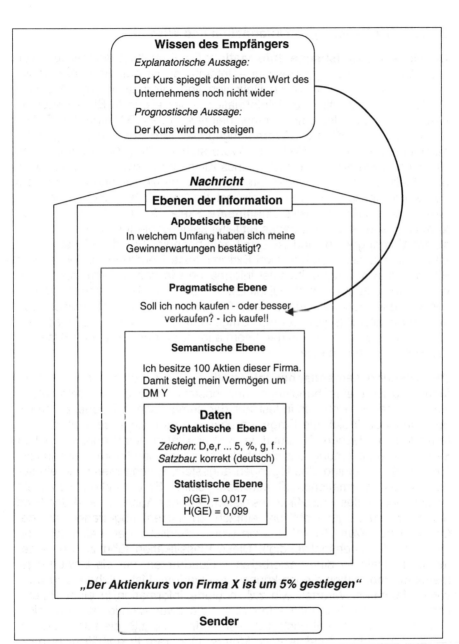

Abbildung 6: Infomationstheoretische Ebenen von Information und Wissen

2.2.7.2.3 Die Messung von Information und Wissen

Die Messung statistischer Information: Die Einheit für die Messung von – statistischer bzw. syntaktischer – Information ist das *Bit* (binary digit). Berücksichtigt man die obige Definition von Information (vgl. Abschnitt 2.2.7.2.1), wird deutlich, daß Information – gemessen in Bit – keinem linearen Maßstab folgt. Damit unterscheidet sich das „Bit", von den Einheiten, in denen der Wert von Waren angegeben wird bzw. die in engem Zusammenhang mit dem Wert einer Ware stehen: Liter, Kilogramm, Meter, Stück usw.: Ein halber Liter, ein halbes Kilogramm usw. einer Ware kostet etwa halb soviel wie der volle Liter oder das ganze Kilogramm; in jedem Fall kann ein solcher Preis zumindest theoretisch begründet werden – Grundlage hierfür ist jeweils eine **lineare** Skala. Bei der Messung von Information ist dies anders: Jedes Bit leitet seine Bedeutung aus der Syntax seiner Vorgänger ab, und ist somit zeitabhängig. Für die Messung von Information lassen sich hier zwei Extrempunkte identifizieren: Jedes neue Bit kann maximal doppelt soviel Information wie das vorhergehende enthalten; das elfte Bit enthält beispielsweise 2^{10} (=1024) mal soviel Information wie das erste Bit. Jedes neue Bit kann somit den Informationswert des vorherigen Bits potenzieren. Umgekehrt gilt als untere Grenze aber auch, daß neue Information den Informationswert der vorherigen Bits – bis auf Null – reduzieren kann.

Die Messung semantischer Information: Wie schon mehrfach ausgeführt, impliziert eine handlungs- und gestaltungsbezogene Betrachtung von Information, sich zumindest auf der semantischen Ebene zu bewegen. Damit stellt sich die Frage, ob bzw. wie es gelingt, semantische Information zu erfassen. Aufgrund der Komplexität dieses Problems existiert *keine* Übereinstimmung hinsichtlich des semantischen Informationsanteils. Gitt (1985) hat einige Überlegungen angestellt, welche Merkmale ein semantisches Informationsmaß aufweisen sollte. Er entwickelt hierzu ein zweidimensionales Klassifikationssystem: Auf der Abszisse wird der *Grad der Nutzbarkeit* (‚gar nicht' bis ‚einfach' zu nutzen) abgetragen, auf der Ordinate der *Wert der Information* (von ‚schädlich über ‚belanglos' und ‚nützlich' bis ‚lebensnotwendig'). Diese Klassifikation führt zu vier – semantisch qualitativ differenzierbaren – Quadranten, die als Bewertungsmatrix für Information dienen können: In Quadrant I ist nutzbare und wertvolle Information verortet, wie z.B. codierte Information in einer Patentschrift; Quadrant II enthält Information, die zwar wichtig ist, aber nicht nutzbar – weil vielleicht noch nicht vorhanden, wie z.B. die Information über den Bau eines Ein-Liter-Otto-Motors; Quadrant III enthält nicht nutzbare und schädliche Information, also etwa in bezug auf eine Formel für ein neues, noch nicht erfundenes Giftgas, das noch mehr Menschen als bisheriges Giftgas töten kann. Schließlich enthält Quadrant IV schädliche, aber nutzbare Information, wie beispielsweise Programmcodes für Computerviren. Diese Skizze genügt, um den subjektiven Charakter der Bewertung semantischer Information aus qualitativer Sicht zu illustrieren.

Gitt (1994) schlägt ebenfalls einige **quantitative** Semantikmaße vor: (1) *Semantische Qualität* dient dazu, die Bedeutungsschwere einer Information zu erfassen (z.B. Effektivität eines Algorithmus, geringer Rechenzeitbedarf); (2) die *Relevanz* gibt die Bedeutung einer Nachricht für die Erreichung eines Zieles an; (3) die *Aktualität* gibt an, ob die erforderliche Information zum richtigen Zeitpunkt vorliegt; (4) der *Zugriff* gibt an, ob überhaupt Zugriff zu einer Information besteht; (5) mit der *Existenz* ist die Frage nach dem prinzipiellen Vorliegen einer Information verbunden; (6) die *Verständlichkeit* gibt den Grad der Sender-Empfänger-Übereinstimmung hinsichtlich des verwendeten Codes wider.

Diese Semantikmaße besitzen eine Relevanz im betrieblichen Kontext, wenn es beispielsweise darum geht, den Informationsfluß zu beurteilen. Implizit werden solche Kriterien bei Mitarbeiterbefragungen verwendet, zum Beispiel dann, wenn die Mitarbeiter nach der Relevanz und Aktualität der Informationen, die sie von ihrem Vorgesetzten erhalten, befragt werden (vgl. Bungard/Jöns 1997; Borg 2000).

Die informationstheoretische Messung von Wissen: Umstätter (1998) versucht, einen auf informationstheoretischen Überlegungen aufbauenden quantifizierbaren Wissensbegriff abzuleiten. Hierbei stellt er die induktive und die deduktive Funktion von Wissen in den Vordergrund – und zwar *„die Empirie bzw. das Erfahrungswissen mit seinen induktiven Elementen und das eigentliche Kausalwissen bzw. die logische Folgerung mit seinen deduktiven Elementen"* (Umstätter 1998, S. 223). Daraus läßt sich ableiten, daß der Wert von Wissen dann hoch ist, wenn entweder abgeleitete Vorhersagen zutreffen oder er aber dazu führen, aus gespeicherten Informationen ein Maximum neuer Informationen zu extrahieren[80]. Aufbauend auf diesen Überlegungen läßt sich Wissen als Quotient aus vorhergesagter Information zu erhaltener Information auffassen, wobei hier die von

---

[80] Dies findet sich auch bei den Regeln zur Konstruktion von Theorien wieder: Die vorhandenen Beobachtungen sind aufgrund einer minimalen Anzahl von Annahmen zu erklären (vgl. Ockham 1999; Orig. 14. Jhd.) – was nichts anderes als die Anwendung des ökonomischen Minimalprinzips auf die Informationstheorie, nämlich eine Minimierung der Bits pro Theorie zur Erklärung eines gegebenen Sachverhalts, darstellt.

Redundanz und Rauschen bereinigte Information zugrundegelegt wird (Umstätter 1998, S. 223)[81].

2.2.7.2.4 Informationstheoretische Implikationen für die vorliegende Arbeit

Welche Schlußfolgerungen lassen sich aus den bisherigen Überlegungen ziehen? Zunächst wird deutlich, daß **Wissen** *nicht* dasselbe wie **Information** ist. Wenn dieser Befund auch trivial erscheinen mag, so zeigen doch eine Vielzahl begrifflicher Unschärfen (exemplarisch hierzu: Abschnitt 1.1), die Notwendigkeit einer solchen expliziten begrifflichen Differenzierung. Eng damit verknüpft ist die Erkenntnis, daß das **Wissen des Empfängers den Informationsgehalt** der Nachricht **reduziert**: Verfügt er bereits über diese Information („er weiß es bereits!"), dann enthält die Nachricht keine Information[82]. Der Kontext der Informationsübertragung – formale und informale Strukturen usw. – beeinflussen die Qualität der Informationsübertragung. Somit ist die Wahrscheinlichkeit, daß der Informationsgehalt einer Nachricht von einem Empfänger aufgenommen und verarbeitet werden kann, **kontextabhängig**. Wissen weist – als Komplement zur Information – ebenfalls einen immateriellen Charakter auf; außerdem ist es stets subjektgebunden und speicherabhängig.

Faßt man Wissen – wie im Kontext der vorliegenden Arbeit – als instrumentell bzw. zweckorientiert auf, so stellt sich die Frage nach dem Ziel des Einsatzes von Wissen. Wie oben bereits anhand der Ausführungen von Umstätter (1998) gezeigt wurde, bietet es sich an, den „Zweck" hier in zwei Richtungen zu präzisieren: Einmal geht es um die Fähigkeit, mittels Wissen etwas zu erklären – eine **explanatorische** Aussage zu treffen,

---

[81] An dieser Stelle soll darauf hingewiesen werden, daß eine solche Auffassung von Wissen einem kritisch-rationalen bzw. einem repräsentationistischen Verständnis von Wissen folgt (vgl. ausführlich hierzu Abschnitt 2.3.5.2).

[82] Ohne den Fokus der vorliegenden Arbeit unnötig zu erweitern, soll an dieser Stelle lediglich auf zwei weitere Implikationen dieser begrifflichen Differenzierung *hingewiesen* werden: Zum einen überträgt Informationstechnologie *keine* Information, sondern Daten – auch wenn die Protagonisten der IT-orientierten Wissensmangementansätze hier eine andere Auffassung vertreten (z.B. Petkoff 1997; Gentsch 1999). Zum anderen wird im Rahmen von Wissensmanagement auch kein Wissen „gemanaged", sondern die *Rahmenbedingungen*, die die Interaktion zwischen Daten, der Nutzung solcher Daten als Information und der Verarbeitung solcher Information zu Wissen fördern – oder aber auch behindern – können (vgl. Pawlowsky et al. (2000) zu dem Problem der Begründung von Instrumenten organisationalen Lernens).

und zweitens um die Fähigkeit, mittels des Wissens Vorhersagen zu machen, also **prognostische** Aussagen zu treffen.

Darüber hinaus ist es meines Erachtens sinnvoll, Begriffe bzw. Formulierungen wie „Wissen in Produkten bzw. Prozessen" oder „Inkorporiertes Wissen" dahingehend zu präzisieren, daß in diesen Zusammenhängen auf den Begriff **Information** abgestellt wird: Das Wissen eines Akteurs wird in Form einer Information in ein Produkt, eine Dienstleistung, einen Prozeß oder in einen Problemlösungsprozeß überführt – daher ist es präziser, von **inkorporierter Information** zu sprechen. „Inkorporation" kann allgemein als Speicherung von Information in einem materiellen Träger aufgefaßt werden. Da die Existenz von Information an die Existenz – intendierter – Vereinbarungen geknüpft ist, resultiert hieraus, daß Information keine Eigenschaft von Materie sein kann, wiewohl die Codes an einen Träger geknüpft sind, die *auch* materieller Natur sein können[83].

Wenn die Existenz von Information subjektabhängig ist, so resultiert hieraus, daß die Schaffung bzw. Generierung **neuer Information** ebenfalls immer an die kognitive Struktur einer Person gebunden ist – also einen Willensakt eines geistigen Urhebers voraussetzt. Demgegenüber kann Information durch eine Weitergabe bereits existierender Informationen **vervielfältigt** werden. Hierbei entsteht **keine** neue Information – vielmehr basiert diese auf einer Vervielfältigung des Trägers, z.B. Kopieren von Software, von Texten usw. Vervielfältigung von Information führt also dazu, daß einer größeren Anzahl von Nutzern diese Information zugänglich gemacht wird, *ohne* daß dabei neue Information entsteht.

In Abschnitt 2.2.7.2.3 wurde erläutert, daß beispielsweise das elfte Bit das 2^{10} (=1024)-fache an Information wie das erste Bit einer Zeichenkette enthält. Läßt sich aus diesem Beispiel der Messung statistischer Information schlußfolgern, daß das elfte Bit auch mehr als 1000 mal soviel wert wie das erste Bit – gemessen in monetären Größen – sein muß? Sicherlich

---

[83] Damit wird ebenfalls deutlich, daß Information dadurch vernichtet werden kann, daß ihr Träger vernichtet wird: Ein Buch kann man verbrennen, eine Diskette löschen und Ideen, die nicht aufgeschrieben werden, werden irgendwannmal vergessen. Allerdings ist die Information nicht mit ihrem Speicher- bzw. Trägermedium zu verwechseln: Schreibt man etwas auf eine Tafel und wischt diese mit dem Schwamm aus, dann sind die Kreidepartikel noch vorhanden – die Information ist aber verschwunden. Ebenso gilt, daß die Speicherung von Information nicht an die materielle Menge eines Trägers geknüpft ist: Man hätte statt der Kreide-Tafel-Kombination eine Diskette zur Speicherung verwenden können. Daraus läßt sich ableiten, daß der ökonomische Wert von Information – bzw. Wissen – ebenfalls von den Aufwendungen für die Informationsspeicher abhängt, wie anhand des kontinuierlichen Preisverfalls von Speicherchips – bei gleichzeitiger Zunahme der Speicherdichte – beobachtet werden kann.

nicht – da zunächst darauf verwiesen werden muß, daß im Alltag selten „reine" Information zu erhalten ist, sondern solche Prozesse stets mit Rauschen, also Störungen sowie Redundanz, also Wiederholungen, einhergehen.

Nichtsdestotrotz lassen sich entsprechende **nicht-lineare** Implikationen des Informationswertes auch im Managementalltag beobachten: Investitionen in Wissen können ein Vielfaches ihrer Investitionen hereinspielen, wie dies beispielsweise beim Einsatz von Intranetsystemen bei Beratungsfirmen beabsichtigt war (Strassmann 1998). Analoges gilt für die Vervielfältigung von Information in Form von Software, was zu einer hohen eine Wertsteigerung dieser Information geführt hat[84].

Umgekehrt kann neues Wissen das vorherige Wissen mit einem Schlage obsolet, also wertlos machen, wie die vielen Beispiele zur Notwendigkeit strategischer Neuorientierungen verdeutlichen (z.B. Beer/Eisenstat/Spector 1989; Mintzberg 1999), wenn dies als Eingeständnis aufgefaßt wird, daß neues Wissen über die Unternehmens-Umwelt-Relationen vorliegt, und daß bisheriges Wissen – und die daraus abgeleiteten Handlungen – nicht mehr zielführend eingesetzt werden kann. Zudem werden drei weitere wichtige Implikationen aufgrund der informationstheoretisch begründbaren Charakteristika von Information und Wissen deutlich:

- Die **zeitliche** Implikation macht deutlich, daß Information einem – nicht vorhersagbaren – Wertverlust durch **Alterung** unterliegt, da spätere Informationen die vorherigen entwerten können. Konsequenterweise sollte die Nutzung neuer Informationen zeitnah geschehen: Je größer der Zeitabstand zwischen Informationsgewinnung und ihrer Verarbeitung ist, desto größer ist ihr – potentieller – Wertverlust.

---

[84] Daß in diesem Zusammenhang von „fehlenden Grenzkosten" von Information gesprochen wird (Arthur 1990, 1996), ist auf eine Aggregation unterschiedlicher Sachverhalte zurückzuführen: Zum einen erhöht sich die Informationsdichte eines *Trägers*, dessen Herstellungskosten zudem gesunken sind, wobei zum anderen der Markt nicht gesättigt und somit eine hohe Nachfrage verbunden ist, und schließlich eine „Modellpolitik" betrieben wird, die es notwendig macht, sich permanent mit den neuesten Programmausführungen zu versorgen. Schließlich ist der informationsbezogene Kostenanteil nicht von der Ausbringungsmenge abhängig. Daraus resultiert eine zunehmende Produktivität des Faktors „Information", wohingegen die Faktoren Kapital und Arbeit relativ an Kosten zunehmen. Arthur (1990, 1996) argumentiert in diesem Zusammenhang, daß aufgrund dieser Phänomene das Grenzkostengesetz in der Wissensökonomie *keine* Gültigkeit mehr hat und durch ein *„law of positive returns"* ergänzt werden sollte.

- Die **subjektive** Implikation legt nahe, Information und Wissen als ausschließlich subjektgebundene und zudem komplementäre Begriffe aufzufassen. Dies heißt, daß sich die Existenz bzw. Wirkung von Wissen und Information einer objektiven oder objektivierbaren Beobachtung entzieht. Damit aber kann die Bewertung von Wissen auch nur subjektiven Kosten-Nutzen-Kalkülen unterliegen, was eine **Trennung zwischen Informationswert und monetärer Bewertung** notwendig macht: Ein Vortrag enthält nicht dadurch mehr an Information, wenn für dessen Teilnahme DM 2000,-- an Gebühren anfallen[85]. Darüber hinaus heißt dies auch, daß sich die Bedeutung von Information – und somit ihr Wert – durch eine Änderung des Interpretationssystems drastisch verändern kann, also wenn mir – um beim Beispiel des Vortrags zu bleiben – gesagt wird, daß der Redner unglaubwürdig ist.

- Schließlich wird – aufgrund der Transformation einer Nachricht in ein Signal – deutlich, daß Information nicht unabhängig von einem Träger, zum Beispiel einer Ware (Buch usw.) oder einer Person (Mitarbeiter) – existieren kann, was wiederum die Gefahr einer Verwechslung der Information mit seinem Träger mit sich bringt. Diese **Trägerabhängigkeit** soll anhand des folgenden Beispiels exemplifiziert werden: Wenn ich ein Buch für DM 100,-- kaufe, erwerbe ich den materiellen Träger der Information und damit einhergehend bestimmte Nutzungsrechte an dieser Information; Eigentümer dieser Information – des geistigen Eigentums – bleibt jedoch der Autor. Damit aber wird deutlich, daß es, wie die obigen Ausführungen zur Inkorporation von Wissen zeigen, wichtig ist, zwischen Information und deren Träger zu trennen: Von Bedeutung ist hier nicht der Informationswert, der in das Produkt bzw. die Dienstleistung einfließt, sondern die daraus erzielbaren Erträge, also die monetäre Messung des Wertes, den diese Informations-Träger-Kombination für den Markt hat. Um bei dem Beispiel des Buches zu bleiben: Die Informationsmenge, die ich mit dem Erwerb eines herkömmlichen Buches und eines „*electronic book*" erwerbe, ist identisch – der Träger aber nicht. Welchen Preis ein Käufer für den jeweiligen Träger zu zahlen bereit ist, hängt von dessen konkreten Nutzenerwar-

---

[85] Vielmehr verdeutlicht dieses Beispiel das obige Problem mangelnder Vorinformation (vgl. Abschnitt 2.2.4.1): Ich weiß vorher nicht, ob die Teilnahme an diesem Vortrag die Ausgabe von DM 2000,-- rechtfertigt. Ich habe lediglich Erwartungen hinsichtlich seines Informationsgehalts, der für mich eine solche Ausgabe legitimieren kann. Darüber hinaus ist es mir auch nicht möglich, mich vorab zu informieren, da ich dann schon über die Informationen verfügen würde, die ich dann aber nicht mehr benötigen würde. Allerdings ist hier zu prüfen, ob der Preis, den ich zu zahlen bereit bin, durch die erwartete Information, oder durch die Befriedigung weiterer Bedürfnisse wie zum Beispiel von Prestige usw. legitimiert wird.

tungen ab, die ggf. auch von der Menge Information abhängt, die in die Soft- und Hardware des „*electronic book*" inkorporiert wurde. Aufbauend auf diesem Beispiel läßt sich die folgende allgemeine Frage in bezug auf den preisbildenden Aspekt der **Substituierbarkeit von Faktoren** formulieren – und zwar, ob sich die Substituierbarkeit auf die Information oder den Informationsträger bezieht.

Betrachtet man diese Überlegungen aus einer anderen Perspektive, so lassen sich folgende weitere Unterscheidungen in bezug auf die **Kategorisierung von Information** vornehmen: (a) Information, deren Verbreitung dem Urheber einen Vorteil bringt, zum Beispiel durch Werbung; (b) Information, deren Verbreitung dem Urheber einen Nachteil bringt, zum Beispiel aufgrund des fehlenden Schutzes durch ein Patent (vgl. Umstätter 1988, S. 561). Konsequenterweise müßten sich in bezug auf diese beiden Klassen auch verschiedenartige Bewertungsmethoden identifizieren lassen: Im Rahmen der neoklassischen Argumentation würde man im ersten Fall von dem Ziel sprechen, die Informationen über das zu bewerbende Produkt zu einem öffentlichen Gut zu machen, wohingegen im zweiten Fall ein rechtlich geschütztes Verwertungsrecht an dieser Information mit einer ganz spezifischen Eigentümerrelation vorliegt (vgl. hierzu Abschnitt 2.2.7.3). Auch hier kann nochmals auf die Differenz zwischen Informationswert und ökonomischem Wert hingewiesen werden: Unter Zuhilfenahme entsprechender Hilfsmittel läßt sich der Informationsgehalt eines geschützten Gutes, wie z.B. der Quellcode einer Software, bestimmen, was aufgrund der rechtlichen Bestimmungen allerdings nicht legitim ist und somit keiner weiteren Verwertung unterzogen werden darf.

Zu Beginn von Abschnitt 2.2.7.2 wurden drei Fragen gestellt, die im Rahmen der ökonomischen Analyse nur unzureichend beantwortet werden konnten. Die informationstheoretische Analyse kommt in bezug auf diese drei Eingangsfragen zusammenfassend zu folgenden Schlußfolgerungen:

- Information ist ein subjektabhängiger Begriff, der sich auf fünf Ebenen präzisieren läßt: Statistik, Syntax, Semantik, Pragmatik und Apobetik. (Funktionierende) Kommunikation – Informationsaustausch – hängt stets mit willentlichen Vereinbarungen zusammen. Daten können hierbei als Informationen auf syntaktischer Ebene bezeichnet werden. Darüber hinaus stehen Information und Wissen in einer komplementären Beziehung zueinander.

- Darüber hinaus muß zwischen Information und seinem Träger differenziert werden: Information läßt sich in Produkten oder Prozessen inkorporieren. Darüber hinaus läßt sich Information durch Operationen an ihrem Träger vervielfältigen – oder aber vernichten.

- Neues Wissen entwertet bisheriges Wissen – besser: Information – dadurch schlagartig, daß neue Information die Auftrittswahrscheinlichkeit bisheriger Information auf Null reduziert. Schließlich ist zwischen zwei Wertbegriffen zu trennen: Der Informationswert hängt – im einfachsten Fall, also auf statistischer Ebene – von Auftrittswahrscheinlichkeiten ab, wohingegen der ökonomische Wert einer Information von subjektiven Präferenzen – und somit des Vorwissens – des Empfängers abhängt.

Im folgenden Abschnitt wird deutlich, in welchem Umfang die hier entwickelten Erkenntnisse für den Gesamtzusammenhang der Fragestellung fruchtbar gemacht werden können.

2.2.7.3 Vorüberlegungen zu wissensbezogenen Merkmalen (Teil 1)

Um die Eigenschaften bzw. Merkmale von Wissen[86] näher bestimmen zu können, werden die Unterschiede zwischen Wissen und materiellen Faktoren herausgearbeitet. Die Unterschiede zwischen Wissen und materiellen Faktoren dienen als Rahmen für die Ableitung von Hinweisen in bezug auf wissensbezogene Merkmale. Hierbei sind einige zentrale Kriterien, wie sie sich in der bisherigen Diskussion der ökonomischen Ansätze ergeben haben, erkenntnisleitend. In Tabelle 4 wird zunächst eine Übersicht über die zu diskutierenden Kriterien gegeben, mit deren Hilfe sich später die Merkmale von Wissen herausdestillieren lassen (vgl. Abschnitt 2.4.2.2).

---

[86] Im letzten Abschnitt habe ich herausgearbeitet, daß in einer Vielzahl ökonomischer Bezüge der Begriff „Information" dem Begriff des Wissens vorzuziehen, ist. Um die Anschlußfähigkeit meiner Argumentation an die kognitiven Strukturen der Leser nicht zu überstrapazieren, habe ich mich entschlossen, in weiten Teilen auf *diese* begriffliche Präzisierung zu verzichten.

Kriterium	Ressource	
	Wissen	Materieller Produktionsfaktor
Besitz	Vielfach	Individuell
Schutzmöglichkeiten	Einfach bis schwierig	Prinzipiell möglich
Identität	Nicht eindeutig	Eindeutig
Gebrauch	Wertsteigerung / Wertverlust	Wertverlust
Vervielfältigungskosten	Nicht eindeutig	Hoch
Verbreitung	Nicht eindeutig	Leicht
Preissystem	Div. Mechanismen	Rein monetär
Preis-Wert-Relation	Problematisch	Objektiv ermittelbar
Bewertbarkeit	Eingeschränkt	Möglich
Theorien	Defizite	Verfügbar

Tabelle 4: Charakteristika von Wissen vs. Charakteristika materieller Ressourcen (Teil 1)

Die Überlegungen in Tabelle 4 können wie folgt erörtert werden (vgl. Carter 1989, 1998; (Rehäuser/Krcmar 1996; Sveiby 1997; Roos et al. 1997; North 1998; Davenport/Prusak 1998; Bornemann/Knapp/Schneider/Sixl 1999; Reinhardt et al. 2000):

Besitz/Schutzmöglichkeiten: Wissen kann als „multiple Ressource" aufgefaßt werden, da Wissen auch bei Weitergabe bzw. Verkauf beim ursprünglichen Besitzer verbleibt. Da sich die Verbreitung von Wissensinhalten offensichtlich nur schwer bewerkstelligen läßt (vgl. die Argumentation mit dem Merkmal *„slippery"* in Abschnitt 2.2.4.2), ist es notwendig, den Gebrauch von Wissen rechtlich – über entsprechende Verfügungsrechte – zu schützen. Interessanterweise wird hier ein noch zu erklärender Widerspruch deutlich, wenn man sich das oben skizzierte Merkmal von Wissen – *„stickiness"* – vor Augen führt, da dieses zu der Annahme führt, Wissen *leicht* vor Verbreitung schützen zu können, da eine eventuelle Wissensaufnahme an die Existenz von individuellen bzw. organisationalen Voraussetzungen gebunden ist. Demgegenüber können sich materielle Produktionsfaktoren aufgrund ihrer Gegenständlichkeit immer nur im individuellen Besitz einer natürlichen oder einer juristischen Person befinden und somit prinzipiell von dem Gebrauch durch Dritte geschützt werden. Zudem soll darauf verwiesen werden, daß Wissen bzw. Information nicht als freie Entität, sondern stets nur an einen Träger gebunden, existiert. Daraus resultiert die Möglichkeit, die Kosten für den Informationsträger und für die Information kalkulatorisch zu trennen.

Identität: Es läßt sich zweifelsohne eine Vielzahl identischer materieller Faktoren erwerben bzw. veräußern, doch stellt sich bei der Ressource Wissen die Frage, ob hier sinnvoll von Identität gesprochen werden kann: Die obige Argumentation vor dem Hintergrund des *„slippery"*-Merkmals setzt voraus, daß der Transfer einer „Wissenseinheit" von einem Verkäufer zu einem Käufer zu demselben Wissen führt, wohingegen ein solcher Prozeß nicht angenommen werden kann, wenn auf die Subjektgebundenheit von Wissen abgestellt wird.

Gebrauch: Der Einsatz von Wissen als Produktionsfaktor soll zur „Veredlung" und somit zu einer Wertsteigerung von Produkten oder Dienstleistungen führen (vgl. den in Abschnitt 1.1 eingeführten Begriff „Inkorporation von Wissen"). Da Wissen – vorbehaltlich der Stabilität seines Trägers – unbegrenzt haltbar ist, sind keine Abschreibungsverluste durch häufige Nutzung zu erwarten. Allerdings ist auf die Möglichkeit des Alterns von Wissen zu verweisen: Ein Wertverlust bisherigen Wissens kann durch die Existenz neuen Wissens hervorgerufen werden[87]. Materielle Produktionsfaktoren in Form von Maschinen und Ausstattung nutzen sich demgegenüber im Leistungserstellungsprozeß ab, wohingegen Faktoren wie Vorräte und Werkstoffe einen Beitrag zur Wertsteigerung leisten, da sie in den Produktionsprozeß miteinfließen.

Vervielfältigungskosten: Die Vervielfältigung von Wissen ist kostspielig, weil hier stets der entsprechende Kontext – der eine Nachricht erst zu einem Wissen macht – mit kommuniziert bzw. multipliziert werden muß. Dieser Prozeß ist wegen der nicht vollständigen Explizierbarkeit von Wissen zudem stets fehlerbehaftet. Der Einsatz von IT-Instrumenten ist hier nur bedingt kostensparend, da hier nur Daten, aber kein Wissen transportiert wird. Die Vervielfältigung materieller Faktoren ist ebenso kostenabhängig, doch im allgemeinen präzise kalkulierbar.

Verbreitung: Hinsichtlich der Verbreitung von Wissen lassen sich widersprüchliche Aussagen treffen: Zum einen kann angenommen werden, daß hier aufgrund dessen impliziten Charakters mit großen Schwierigkeiten zu

---

[87] Dieser Effekt wurde in Abschnitt 2.2.7.2.4 bereits mit dem Sachverhalt erklärt, daß neue Information die Auftrittswahrscheinlichkeit bisheriger Information auf Null reduzieren – und somit vollständig entwerten – kann.

rechnen ist. Zum anderen kann auch hier wiederum das Problemfeld „*slippery*" vs. „*stickiness*" – oder bei näherer Betrachtung „Daten" vs. „Wissen" aufgerollt werden: Die Verbreitung von Daten, wie zum Beispiel durch das Kopieren von Software, ist einfach; wohingegen die Verbreitung von Wissen eine entsprechende Anschlußfähigkeit an das Wissen der Rezipienten voraussetzt. Demgegenüber basiert die Verbreitung materieller Faktoren maßgeblich auf der Lösung von Logistikproblemen.

Preissystem: Im Rahmen der hier vorgenommenen ökonomischen Argumentation wurde vorausgesetzt, den Wert von Wissen in monetären Einheiten zu berechnen: Das Wissen von Beratern[88] oder Rechtsanwälten wird beispielsweise über Tagessätze berechnet. Welches aber ist die Währung für Wissen, wenn dies auf unternehmensinterne Nachfrage zur Verfügung gestellt wird – wenn beispielsweise ein Kollege Informationen darüber haben möchte, wie er einen Kunden am ehesten vom eigenen Produkt überzeugen kann? Wie kann hier die investierte Zeit verrechnet werden? Im folgenden werden drei Mechanismen skizziert, die Antwort auf diese Währungsfrage geben können:

- **Reziprozität:** Ein zentrales Motiv, Wissen weiterzugeben, besteht in der Erwartung, Wissen zu einem späteren Zeitpunkt auf Nachfrage erhalten zu können. Eine solche Verhaltenssteuerung durch die Erwartung von Reziprozität ist mit Hilfe verschiedener sozialpsychologischer Theorien umfassend beschrieben worden, wie z.B. der Equity-Theorie von Adams (1965), der Austauschtheorie von Homans (1961), oder anderen Theorien des sozialen Gleichgewichts (z.B. Thibaut/Kelley 1959). Aus organisationaler Perspektive geht es darum, Strukturen oder Freiräume bereitzustellen, die die Wahrscheinlichkeit eines solchen reziproken Austausches erhöhen.

- **Reputation:** Die Weitergabe von Wissen erhöht die Wahrscheinlichkeit, daß der Weitergeber von Wissen als „Experte", als „kompetent" gilt. Dies führt nicht nur zur Erhöhung der Reputation im Unternehmen, sondern führt gleichzeitig dazu, daß die Wahrscheinlichkeit steigt, auf eigenes Nachfragen geeignetes Wissen erhalten zu können. Das Kapital solcher „Netzwerker" besteht somit u.a. darin, jetziges Wissen gegen zukünftige Aufstiegsmöglichkeiten, Arbeitsplatzsicherheit, Anerkennung, Beliebtheit usw. einzutauschen.

---

[88] Interessanterweise wird hier nur die Input-Seite berücksichtigt – ob das bereitgestellte Wissen tatsächlich auch, wie vom Käufer intendiert, genutzt wird, spielt bei dieser Kalkulation nur eine untergeordnete Rolle. So scheiden Gewährleistungsansprüche beim Bezug von Beratungsleistungen meist aus.

- **Altruismus:** Als letzter Mechanismus, mit dessen Hilfe Wissensweitergabe erklärt werden kann, ist Hilfeverhalten oder Altruismus (vgl. Lück 1975, 1977). Auch hier lassen sich selbstwertdienliche Komponenten identifizieren, die beispielsweise bei dem Gefühl beginnen, ein hilfreicher Mensch zu sein und bei der Erwartung enden, sich über die Weitergabe von Wissen – beispielsweise über Mentorenprogramme o.ä. – für die Zeit nach seiner Betriebszugehörigkeit „unsterblich" zu machen.

Abschließend ist darauf hinzuweisen, daß diese drei Mechanismen zwar analytisch trennbar sind, im Organisationsalltag im allgemeinen aber meist zusammenhängend auftreten. So motiviert beispielsweise die Tatsache, daß der Vorgesetzte einen als kompetenten Wissensträger bezeichnet, die Bereitschaft Wissen weiterzugeben: Reputation wird hier mit Reziprozität kombiniert. Gegenüber diesen non-monetären Elementen des wissensbezogenen Preissystems besteht das Preissystem bei materiellen Gütern aus monetären Einheiten.

Preis-Wert-Relation: Der Wert von Wissen ist aufgrund der folgenden **Marktineffizienzen**[89] nur schwer bestimmbar:

- In einem Wissensmarkt existiert **keine vollständige Information** über den Ort des relevanten Wissens. Dem Wunsch von Heinrich von Pierer „Wenn Siemens wüßte, was Siemens weiß!" läßt sich durch Yellow Pages und andere IT-gestützte Datenbanken auch nur unwesentlich besser entgegenkommen.

- **Asymmetrische Besitzverhältnisse** sind eine Grundvoraussetzung für Austausch von Gütern. In bezug auf bestimmte Wissensinhalte muß daher auch prinzipiell von einer asymmetrischen Verteilung von Wissen, wie z.B. in bezug auf kunden- oder entwicklungsspezifisches Wissen, ausgegangen werden.

- **Die lokale Gebundenheit** von Wissen wurde bereits an anderen Stellen diskutiert. Im vorliegenden Zusammenhang geht es um den Zugang

---

[89] Angebot und Nachfrage auf Wissensmärkten weisen stark subjektive Charakteristika auf, deren Wahrnehmung zudem von einem nicht festlegbaren Maß an Unsicherheit begleitet ist, wenn man beispielsweise an die Wahrnehmung von Vertrauen oder an Erwartungen von Reziprozität denkt. Daher ist es sinnvoll, a priori von ineffizienten Wissensmärkten auszugehen: Es ist unklar, wo das für die eigenen Zwecke am meisten geeignete Wissen verortet werden kann – und selbst, wenn man dies weiß, ist unklar, ob dieses Wissen erhältlich ist, und falls auch dies – inkl. der entsprechenden Unsicherheiten – einschätzbar ist, bleibt unklar, ob das Wissen auch der erwarteten Qualität entspricht (vgl. unten: „Der Wert von Wissen wird meist erst nach dessen Verlust offenbar").

von Wissen, das bei anderen Organisationseinheiten existiert. Eines der hierbei auftretenden Phänomene ist das „satisficing" (Simon/March 1993), d.h. daß Personen sich mit Wissen zufrieden geben, zu dem sie unmittelbaren Zugang haben – beispielsweise „beim Kollegen im Nachbarbüro" – und dessen Qualität nicht mehr hinterfragen. Konkret: Der Wert von Wissen wird anhand seiner Verfügbarkeit festgemacht[90].

- Darüber hinaus muß **Wissen** als **nicht-kumulative Ressource** aufgefaßt werden: **Wissen gewinnt nicht an Wert, wenn dasselbe Wissen nochmals erworben wird.** Der Verkauf von zwei Einheiten derselben Ware erzielt im allgemeinen den doppelten Preis, dasselbe Wissen kann demselben Käufer nicht zweimal verkauft werden, da dieses „mehr desselben" keinen Mehrwert für den Käufer darstellt. Umgekehrt gilt, daß die wiederholte Anwendung bereits erworbenen Wissens zu einer beträchtlichen Wertsteigerung beitragen kann, insbesondere dann, wenn es sich um die Anwendung kodifizierten Wissens, z.B. in Form von EDV-Programmen, handelt.

- Schließlich ist **Wissen** häufig eine **post hoc zu bewertende Ressource:** Der Wert von Wissen läßt sich meist erst nach dem Verlust des entsprechenden Wissens abschätzen, insbesondere dann, wenn es sich hierbei um den Beitrag von implizitem Wissen für die Erstellung eines Produkts oder einer Dienstleistung handelt.

Wenn relevantes Wissen sich ausschließlich bei einer Person oder einer Gruppe konzentriert, so entsteht ein **Wissensmonopol**: Es existiert kein Wettbewerb, der den Austausch dieses Wissens fördern könnte. Aus Organisationssicht ist eine solche Monopolbildung schädlich, da nicht sichergestellt werden kann, daß das notwendige Wissen an den richtigen Ort gelangt. Ein Mechanismus, solcher Monopolbildung vorzubeugen, ist die Schaffung von Redundanz (Staehle 1991; Nonaka/Takeuchi 1995). **Künstliche Knappheit von Wissen** kann aus verschiedenen Gründen entstehen: Zunächst ist auf das Phänomen des *„not invented here*"-Syndrom zu verweisen, das sich darauf bezieht, daß fremdes Wissen abgelehnt und somit erst gar nicht zu identifizieren versucht wird. Knappheit kann desweiteren durch Barrieren – wie **formaler Autorität** – erzeugt werden, wenn beispielsweise Führungskräfte auf die Einhaltung bestimmter Informationswege, den offiziellen Dienstweg, oder aber die Involvierung ihrer Person bestehen. Letztlich führt **Downsizing** oder **Reengineering** auch zu solcher Knappheit, da die Wissensressourcen nicht mehr

---

[90] vgl. hierzu die Bewertung semantischer Information in Abschnitt 2.2.7.2.4 (Gitt 1985).

im Unternehmen sind oder aber an Stellen versetzt wurden, die nur schwer auffindbar sind. Weitere Barrieren resultieren aus einer unzureichenden IT-Infrastruktur oder einer ungenügenden Ausbildung der Mitarbeiter im Umgang mit diesen IT-Systemen. Demgegenüber lassen sich für **materielle Faktoren** die üblichen Preisbildungsmechanismen angeben, die sich aus der Dynamik von Angebot und Nachfrage ergeben.

Bewertbarkeit: Im Rahmen der neoklassischen Analyse hängt der Wert eines ökonomischen Gutes von dessen Knappheit und seinem subjektiven Nutzen ab. In bezug auf den Aspekt der **Knappheit** läßt sich allgemein feststellen, daß materiellen Gütern schon deshalb ein potentieller Wert zukommt, weil sie aufgrund ihrer raum-zeitlich begrenzten Existenz einen inhärent seltenen Charakter aufweisen. Demgegenüber können wissensbezogene Güter (Quellcodes für Software, Rezepte usw.) sowohl knapp als auch nicht knapp sein: Die Entwicklung eines neuen Medikamentes ist aufgrund des knappen Wissens im allgemeinen recht kostspielig; entsprechende Nachahmungspräparate lassen sich im Vergleich dazu mit weit niedrigeren Kosten herstellen. Auch die Begriffe "**Tausch**" und "**subjektiver Nutzen**" ermöglichen es, weitere Unterschiede zwischen materiellen und wissensbezogenen Gütern herauszuarbeiten: Materielle Güter können vor einem Tausch bzw. Kauf inspiziert werden – die hierbei entstehenden Informationen über die Eigenschaften des zu erwerbenden Gutes dienen zur Bestätigung eigener Erwartungen hinsichtlich des Nutzens dieses Gutes. Dieser Prozeß ist in bezug auf wissensbezogene Güter nicht möglich: Eine Vorabinformation über dessen Eigenschaften entspricht hier schon einem Erwerb – und zwar ohne daß eine Transaktion im ökonomischen Sinne stattgefunden hat. Konkret heißt das, daß durch eine solche Vorabinformation das Wissen schon geteilt wurde, wie z.B. in Form einer Formel, eines Rezeptes, einer Handlungsanweisung usw.. Dieses Problem führt wiederum zu der Schwierigkeit zu beantworten, ob das Vervielfältigen dieser Ressource mit einer Werterhöhung oder Wertreduktion einhergeht; die Antwort auf diese Frage ist auch hier nicht eindeutig: Der Wert von Wissen steigt, wenn ein Akteur es weitergibt, und daraus ein Nutzen für den Rezipienten resultiert. Allerdings ist es manchmal von Vorteil, Wissen nicht zu teilen: Eigenes Wissen erhält für einen Akteur einen höheren Wert, wenn er es nicht teilt. Der Nutzen für den Akteur steigt dadurch, daß sein Prestige steigt. Demgegenüber läßt sich der Wert – operationalisiert über die Kosten – für materielle Faktoren theoretisch begründen.

Theorien: Die ökonomische Theoriebildung in bezug auf den Faktor Wissen ist bislang eher als rudimentär zu bezeichnen, wohingegen hinsichtlich materieller Faktoren eine Vielzahl ausgereifter theoretischer Modelle existiert. Insbesondere ist hier auf folgende Einschränkungen in bezug auf die Präzisierung von Angebots- und Nachfrage-Mechanismen zu verweisen:

- In bezug auf die **Nachfrage** ist, wie schon oben verdeutlicht, darauf hinzuweisen, daß beim Kauf eines materiellen Gutes meist eine **Inspektion** durch den Käufer vorausgeht bzw. theoriebautechnisch sogar erforderlich ist, wohingegen eine solche Inspektion bei Wissen nicht möglich ist, da hierbei schon ein Transfer des Gutes stattgefunden hat. **Titel, Position** und **Berufsbezeichnungen** sind formale Etiketten für den Wissensmarkt: Nachfrage zu spezifischem Wissen wird zunächst an den Personenkreis adressiert, von dem vermutet werden kann, daß er über entsprechendes Know-how verfügt. So wird man vermutlich Fragen über Kundenzufriedenheit eher an einen Marketingmanager als an einen F&E-Manager richten.

- Im Gegensatz zur Wissensnachfrage, steht das **Wissensangebot** weit weniger explizit bzw. spezifisch zur Verfügung. Dies kann unterschiedliche Gründe haben: (a) Potentielle Wissensanbieter sind nicht in der Lage, ihr – implizites – Wissen zu explizieren bzw. zu formulieren, um es dem Markt zur Verfügung zu stellen; (b) Anderes Wissen ist dermaßen stark personalisiert bzw. kontextgebunden, so daß es sehr aufwendig wäre, dies dem Markt zur Verfügung zu stellen (vgl. oben das Charakteristikum „*stickiness*" – umgekehrt ist es im Sinne eines Anbieters, das Charakteristikum „*slippery*" zu vermeiden); (c) Der Wissensmarkt ist schlecht strukturiert – ich weiß nicht, an wen ich mich wenden soll, um relevantes Wissen erwerben zu können; umgekehrt ist unklar, auf welcher Plattform ich mein Wissen anbieten kann[91]; (d) die Bereitschaft zur Wissensweitergabe ist nur gering ausgeprägt (Davenport/Eccles/Prusak 1992), sei es aus Gründen einer vorhandenen Mißtrauenskultur (Bleicher 1991) oder aber aus Gründen der persönlichen Vorteile hinsichtlich des Hortens des eigenen Wissenskapitals (Sveiby/Lloyd 1989).

- Zusätzlich lassen sich noch **Vermittler zwischen Nachfrage und Angebot** in Form von **Wissensbrokern** identifizieren: Auf der einen Seite können formalisierte Strukturen bereitgestellt werden, mit deren Hilfe ein Wissensnachfrager an einen Wissensanbieter vermittelt werden soll[92]. Neben diesen formalen Strukturen lassen sich informale Rollen

---

[91] Die Einrichtung intranet-gestützter „gelber Seiten" ist eine Antwort auf dieses Problem (vgl. Gentsch 1999).

[92] Dies kann anhand der Abteilung „Dokumentation der GTZ" (Gesellschaft für technische Zusammenarbeit) exemplifiziert werden: Diese Abteilung hat die Aufgabe, die Erfahrungen bzw. das Wissen, das in unterschiedlichen Projekten gesammelt wurde,

in Form von *„boundary spanners"* oder *„gatekeepers"* (Tushman/ Scanlan 1981) identifizieren, die eine Wissensdiffusion dadurch fördern bzw. beschleunigen, daß sie Nachfrager an Anbieter vermitteln.

In bezug auf die **Marktbedingungen** basiert die Neoklassik auf vollständiger Information, wohingegen diese Annahme für Wissen aufgrund der oben skizzierten Unmöglichkeit der Vorabinformation wenig brauchbar ist. Daher ist **Vertrauen** die conditio sine qua non der Effizienz von Wissensmärkten. Dabei ist zu berücksichtigen, daß Vertrauensbeziehungen – genauso wie die oben geschilderten Austauschmechanismen – im allgemeinen nicht vertraglich geregelt sind bzw. werden können, sondern einen Kredit auf zukünftiges Vertrauen darstellen (Seifert 2000). Konkret: Ein Mitarbeiter wird kaum geneigt sein, sein Expertenwissen weiterzugeben, wenn er um seinen Arbeitsplatz fürchten muß – insbesondere dann nicht, wenn diese Wissensweitergabe die Wahrscheinlichkeit eines Arbeitsplatzverlustes erhöht. Vertrauen ist zunächst an persönliche Beziehung und somit Kommunikation gebunden. Wissensaufbewahrungs- und -verteilungsmedien wie Groupware sind hinsichtlich des Wissenstransfers deshalb weniger effizient, da der persönliche Beziehungsaspekt fehlt. Hierdurch kann die Vertrauenswürdigkeit der gespeicherten Information weniger gut eingeschätzt werden.

Faßt man die bisherige Argumentation zusammen, so wird deutlich, daß der theoretische Zugang zur Ressource Wissen im Rahmen der ökonomischen Perspektive eingeschränkt ist, da es letztlich die Merkmale von Wissen sind, die eine angemessene Modellierung dieser Ressource im Rahmen der Marktgesetze behindern oder gar verunmöglichen. Konkret: Hängt die Zuschreibung eines ökonomischen Wertes von der Gültigkeit der Marktgesetze ab, so impliziert dies, daß Wissen als Ressource im Rahmen einer rein ökonomischen Diskussion nur unvollständig erfaßt bzw. gemessen werden kann.

Schließlich hängt dieses Problem wiederum eng damit zusammen, daß es nur schwer gelingt, eindeutige Aussagen in bezug auf die Eigentumsrelationen bei Wissen zu treffen. Berücksichtigt man oben skizzierte „Diffusionsproblematik" im Kontext des Merkmals *„slippery"*, so werden folgende Einschränkungen in bezug auf die Definition von Verfügungs- bzw. Besitzrechten deutlich: Wissen läßt sich im Rahmen der neoklassischen Analyse nur aus zwei „Extrempositionen" heraus beschreiben: Entweder wird **Wissen als öffentliches Gut** gehandhabt, dem – aufgrund mangelnder

---

so aufzubereiten, daß es zum einen Nachfragern – bei neuen Projekten – zur Verfügung gestellt werden kann und zum anderen solchen Nachfragern entsprechende Ansprechpartner vermittelt werden können.

Knappheit – konsequenterweise kein Wert zugesprochen werden braucht, oder aber Wissen wird mittels rechtlicher Schutzbestimmungen so modifiziert, daß ihm die **Charakteristika materieller Güter** zugeschrieben werden können (vgl. Tabelle 5).

Neoklassische Bewertung	Unklare Bewertungsprinzipien	Neoklassische Bewertung
• Wissen als öffentliches Gut	• *Unklare, mehrdeutige* Charakteristika von Wissen	• Rechtlich geschütztes Wissen
• Keine Knappheit	• *Uneindeutige* Aussagen bzgl. des Wertes von Wissen	• Knappheit
• Kein Wert		• Wert bestimmbar

Tabelle 5: Neoklassische Perspektiven zur Bewertung wissensbezogener Güter

Tabelle 5 impliziert zudem, daß Wissen – in rechtlich geschützter Form – materielle Eigenschaften zugeschrieben werden können. Dies führt unmittelbar zur Ableitung der Konsequenz eines **kumulativen** Wissensverständnisses, für das wiederum die Gültigkeit von Marktgesetzen in Anspruch genommen werden kann.

Analog läßt sich das Problem der unzureichenden Konzeptualisierung von Wissen im Rahmen der neoklassischen Argumentation auf die entsprechenden Vorannahmen zurückführen: Die **neoklassische Axiomatik** geht – verkürzt dargestellt – davon aus, daß Menschen rational, informiert sowie autonom sind und daß die Verhaltensweisen der verschiedenen Akteure durch den Markt koordiniert werden. Die Notwendigkeit, Wissen über das Marktgeschehen zu besitzen bzw. zu erwerben, wird dadurch elegant "wegkonzeptualisiert", daß von einer *vollständigen Informiertheit* der Akteure ausgegangen wird bzw. ausgegangen werden muß: Ohne vollständige bzw. perfekte Information ist die Rationalitätsannahme nicht haltbar – der Akteur muß perfekte Kenntnis über seine Umwelt und die Folgen seines Handelns besitzen. Damit wird nicht nur auf den vollständigen Zugang zur Information rekurriert, sondern auch darauf, daß das Individuum in der Lage ist, all diese – unbegrenzten – Informationen optimal – im Sinne des rationalen Nutzenmaximierungskalküls – zu verarbeiten und entsprechende Entscheidungen zu treffen. Faßt man diese Überlegungen zusammen, wird der Mangel an Berücksichtigung des Faktors Wissen bzw. Information im Rahmen der ökonomischen Theoriebildung plausibel, da die Unterstellung einer objektiven Rationalität[93] der Akteure lange Zeit zentraler Bestandteil des dominanten Paradigmas der Volks- und Betriebswirtschaftslehre war bzw. ist.

Die bisherige ökonomische Analyse hat – insbesondere auch durch die Ergänzung mittels informationstheoretischer Aussagen – eine Vielzahl bedeutsamer Hinweise in bezug auf zentrale Unterschiede zwischen Wissen und materiellen Ressourcen ergeben.

Eine analoge Argumentation soll jetzt aus managementwissenschaftlicher Perspektive vorgenommen werden. Auf dieser Basis sollen zusätzliche Erkenntnisse – quasi über die „*black box*"-Argumentation hinaus – in bezug auf die Wertschöpfungsrelevanz von Wissen und zentraler Charakteristika dieser Ressource herausgearbeitet werden.

2.3 Managementwissenschaftliche Ansätze

Im vorliegenden Abschnitt 2.3 soll herausgearbeitet werden, in welchem Umfang management- bzw. verhaltenswissenschaftliche Erklärungsansätze einen Beitrag leisten, die Wertschöpfungsrelevanz von Wissen zu begründen. Die Verwendung des Begriffs „managementwissenschaftlich" verweist hierbei auf die konzeptionelle Öffnung des ökonomischen „*black box*"-Modells der Organisation.

Die Argumentation orientiert sich im folgenden an den drei Schwerpunkten: (1) Aus der Perspektive des **Individuums** werden Befunde dargestellt, mit deren Hilfe der Beitrag von Human Resource Management zum Unternehmenserfolg verdeutlicht werden kann (vgl. Abschnitt 2.3.1). Diese

---

[93] Ein Bruch mit dieser Argumentation kann auf das Konzept der begrenzten Rationalität (Simon 1957) zurückgeführt werden: Simon (1957) geht zunächst von der Annahme einer prinzipiellen Unvollständigkeit von Information aus – und grenzt sich somit von der neoklassischen Axiomatik der (potentiellen) vollständigen Informiertheit der Marktteilnehmer ab, und betont (1) insbesondere die subjektive Unfähigkeit, Information über eine bestimmte Grenze hinaus erfassen und für handlungsrelevante Belange berücksichtigen zu können. (2) Eine weitere Begrenzung besteht darin, daß eine Interpretationsdifferenz zwischen den subjektiv wahrgenommenen Zielen und den von der Organisation vorgegebenen Zielen existiert. Schließlich ist (3) die Rationalität zudem begrenzt, da das Individuum aufgrund seines eigenen kognitiven Systems – seinen Talenten, seinen Gewohnheiten und seinen "unbewußten Reflexen" – in seiner Informationsverarbeitung und somit seiner Entscheidungsfähigkeit stets beschränkt ist. Diese Überlegungen stellen einen zentralen Baustein verhaltens- bzw. managementwissenschaftlicher Modelle zur Erklärung organisationaler Prozesse dar, und finden sich beispielsweise – wenn meist auch nur implizit – im Rahmen der Argumentation um Wissensmanagementkonzepte wieder (vgl. Abschnitt 2.3.2).

Ergebnisse liefern Evidenz für die Annahme, daß das individuell gebundene Wissen einen Beitrag zur Wertschöpfung leistet. Wird in diesem Zusammenhang bereits auf die Wichtigkeit struktureller Rahmenbedingungen hingewiesen, die die Entfaltung individuellen Wissens bzw. Kompetenzen fördern, wird (2) diese strukturelle Perspektive im Rahmen der Diskussion um das Konzept des **Wissensmanagement** vertieft (vgl. Abschnitt 2.3.2). In diesem Zusammenhang wird der Prozeß der Wissenstransformation beschrieben und dahingehend verdichtet, daß die positiven Effekte in bezug auf Kostensenkung, Produktivität und ähnliche Elemente organisationaler Leistungsfähigkeit herausgearbeitet werden können. Schließlich wird der interne Prozeßfokus verlassen und diskutiert, in welchem Umfang die Handhabung von Wissen als Ressource einen Beitrag zur Erlangung von Wettbewerbsvorteilen leistet. Diese Position wird zunächst im Kontext des **Ressourcenorientierten Ansatzes** diskutiert (Abschnitt 2.3.3.), und anschließend durch die generellere Perspektive **der wissensbasierten Unternehmenstheorien** (Abschnitt 2.3.4), in denen Wissen als konstitutive Ressource der Existenz von Organisationen aufgefaßt wird, ergänzt.

Schließlich wird im Abschnitt 2.3.5 versucht, den Erkenntnisbeitrag und die Erkenntnisgrenzen managementwissenschaftlicher Ansätze auszuloten. Hierbei wird deutlich, daß im Rahmen der managementwissenschaftlichen Analyse folgende Probleme existieren: (a) **Definition und Abgrenzung** der Begriffe Daten, Information und Wissen; (b) **Heterogenität** vorhandener Wissensbegriffe, ohne einen gemeinsamen Bezugspunkt herausarbeiten zu können. Daher wird mittels einer anschließenden **epistemologischen** Analyse in Abschnitt 2.3.5.2 gezeigt, wie diese Probleme einer Lösung zugeführt werden können. Abschließend werden anhand einer Gegenüberstellung zu materiellen Faktoren die Merkmale der Ressource Wissen vertieft analysiert und herausgearbeitet.

2.3.1 Human Resource Management

Bereits im Rahmen der Humankapitaldiskussion (vgl. Abschnitt 2.2.2) wurde verdeutlicht, daß individuelle Qualifikationen – und somit Wissen – einen Beitrag zum Unternehmenserfolg leisten. Solche Aussagen können im vorliegenden Abschnitt weiter verfeinert werden: Es wird gezeigt, daß bisherige wissenschaftliche Studien einen – trotz aller methodischen Probleme – **deutlichen Zusammenhang** zwischen Praktiken des Human Resource Managements (HRM) und dem Unternehmenserfolg nahelegen.

2.3.1.1 Begriffsbestimmung

Eine eindeutige Bestimmung des Begriffs HRM ist schwierig, da er auf **Managemententscheidungen und Praktiken** rekurriert, die sich auf den Zusammenhang mit dem Unternehmen und den Arbeitnehmern – den Human Resources – beziehen (Beer et al 1985), wobei sich diese Praktiken eben im Laufe der Zeit[94] geändert haben. Die in den letzten Jahren entwickelten Konzepte und Übersichten zu Gestaltungsfeldern des HRM (Tichy et al. 1982; Beer et al. 1985; Ackermann 1987; Storey 1989; Schuler 1992; Beaumont 1993; Molander/Winterton 1994; Sparrow/Hiltrop 1994; Goss 1994; als Übersicht vgl. Wilkens 1998) weisen drei Gemeinsamkeiten auf:

- Zum einen ist hinsichtlich des Menschenbildes festzuhalten, daß Organisationsmitglieder als eigenverantwortlich handelnde Leistungsträger und nicht nur als Kostenfaktor betrachtet werden (z.b. McGregor, 1960; Likert, 1961; Miles 1965).

- Zum anderen steht die Annahme im Vordergrund, daß der Einsatz und die Nutzung von Human Resources eine wichtige Grundlage für den Unternehmenserfolg und schließlich von Wettbewerbsvorteilen darstellt.

- Letztlich resultiert HRM aus einer Perspektive, personalbezogene Maßnahmen aus der Sicht der Personal- und Unternehmensführung zu betrachten: Personalführung, weil es Aufgabe jeder einzelnen Führungskraft ist, den Erfolgsfaktor Personal zielführend einzusetzen – und Unternehmensführung, weil im Rahmen des HRM eine mit anderen unternehmerischen Zielsetzungen einhergehende integrative Perspektive auf die Ressourcen eines Unternehmens möglich wird.

Analysiert man die Veränderungen in der Schwerpunktsetzung der Forschung zum HRM, so wird zum einen deutlich, daß (a) eine Zunahme der empirischen Forschung – im Vergleich zu anfänglichen normativen Schwerpunkten – zu verzeichnen ist, und (b) daß HRM zunehmend mehr mit Aspekten des strategischen Managements – unter der Überschrift des Strategischen Human Resource Managements – verzahnt wird (z.B. Wright/McMahen 1992; Storey 1995; Miles/Snow 1978; Dean/Snell 1991).

---

[94] McKee (1997, S. 153) identifiziert die folgenden fünf Evolutionsstufen des HRM: „mechanistic, legalistic, organistic, strategic, catalystic", wohingegen Begin (1992, S. 388) vier Typen von HRM-Systemen voneinander abgrenzt: „simple, machine, professional, adhocratic".

Im Rahmen der Strategieorientierung des HRM wurde die Beantwortung der Frage in bezug auf den – schon früh erhobenen Anspruch – Beitrag von HRM zur organisationalen Leistungsfähigkeit zunehmend wichtiger (z.B. Delaney 1996; Arthur 1994; MacDuffie 1995; Ulrich 1997). Diese Forderung nach der Messung des Beitrags von HRM zum Unternehmenserfolg resultiert aber weniger aus fehlenden Meßgrößen, sondern aus dem Problem der ungeeigneten Meßgrößen[95].

2.3.1.2 Der Beitrag des HRM zum Unternehmenserfolg

Wie in Abschnitt 1.2.2.2 bereits skizziert wurde, mindern personenbezogene Aufwendungen aus Perspektive des Jahresabschlusses den Unternehmenserfolg; daher sind entsprechende Investitionen einem vergleichsweise hohen Legitimationsdruck ausgesetzt (vgl. auch Ulrich 1998). Entsprechend nachdrücklich wurde gefordert, die Rentabilität von HRM-bezogenen Maßnahmen nachzuweisen (Schmidt/Hofmann 1973; Fitz-enz 1984; Gow 1985; Scheppeck/Cohen 1985; Boudreau 1991).

Dieser Forderung wurde in Abhängigkeit der jeweiligen HRM-bezogenen Ziele unterschiedlich nachgekommen (vgl. Wintermantel/Mattimore 1997): Ursprüngliche, der klassischen Rolle von HRM als interner Dienstleister entsprechende Meßgrößen waren zum einen monetäre Größen, wie z.B. Kosten pro Einstellung oder Weiterbildungsausgaben, und zum anderen Größen, für deren Zustandekommen letztlich Führungskräfte verantwortlich waren, wie z.B. Motivation, Arbeitsmoral, Ausfallzeiten usw.. Die Aufgabenstellung des HRM hat sich zwischenzeitlich vom internen Dienstleister hin zum „Wertschöpfungspartner" – also zur Frage des Beitrags von HRM zur Gestaltung des Arbeitssystems als Ganzes – gewandelt (Ulrich 1997). Damit einhergehend wurden die ursprünglich verwendeten Meßgrößen immer weniger aussagekräftig; vielmehr kamen zunehmend mehr Meßgrößen zur Anwendung, anhand derer die durch HRM erstellten Problemlösungen reflektiert werden konnten, wie z.B. Veränderung der Anreizsysteme oder das Design und die Durchführung von Outsourcing-

---

[95] Der Vollständigkeit halber soll an dieser Stelle darauf hingewiesen werden, daß die sich verändernde Schwerpunktsetzung der HRM-Aufgaben auch mit der Änderung der Anforderungen an das HRM wie auch mit Änderungen im Selbstverständnis der HRM-Funktion einhergeht (vgl. Mulder et al. 2000; Reinhardt 2000).

Projekten. Somit liegen Befunde vor, mit deren Hilfe der Beitrag des HRM zur organisationalen Leistungsfähigkeit nachgewiesen werden kann[96].

In den **achtziger Jahren** wurde zunächst die Hypothese aufgestellt, daß die Höhe der HRM-bezogenen Investitionen mit dem Unternehmenserfolg einhergehen. Die Basisüberlegung hierbei war, daß solche Investitionen zu einer effizienteren und breiteren Umsetzung von HRM-Praktiken führen (zur Übersicht vgl. Devanna/Fombrun/Tichy 1981; Dyer 1984, 1985; Fombrun/Tichy/Devanna 1984). Unter anderem wurden folgende Einzeluntersuchungen zur Prüfung dieser Hypothese realisiert:

- Nkomo (1986, 1987) prüfte den Zusammenhang zwischen HR-bezogenen Planungsausgaben und Unternehmensergebnissen und fand hierbei keine signifikanten Korrelationen. Zum gleichen negativen Ergebnis gelangten die beiden Studien von Delaney/Lewin/Ichniowski (1988, 1989).

- Ulrich/Geller/DeSouza (1984) sowie Cowherd/Kaminski (1986) analysierten auf der Basis der PIMS[97]-Datenbank Effekte von HR-bezogenen Investitionen; hierbei konnten leichte Zusammenhänge von HR-Praktiken, wie z.B. Vergütungssystemen mit unternehmensbezogenen Leistungsdaten nachgewiesen werden.

- Schließlich konnte im Rahmen zweier Studien (Yeung/Ulrich 1990; Ulrich/Brockbank/Yeung/Lake 1993) die Stabilität des Unternehmensumfeldes als Moderatorvariable für HRM-Effekte herausgearbeitet werden: In einem stabilen Unternehmensumfeld konnten nur geringe Effekte, in einem turbulenten Umfeld dagegen deutlichere Effekte nachgewiesen werden.

Faßt man die Ergebnisse der Forschung in den achtziger Jahren zusammen, so wurde die HR-Investitions-Hypothese in einem eher schwachen Maße bestätigt. Dies kann auf die Bedrohung der **internen Validität** zurückgeführt werden, da sich aufgrund des komplexen Wirkungsgeflechts zwischen einer Vielzahl möglicherweise relevanter organisationaler Variablen nur begrenzt eindeutig interpretierbare Kausalaussagen zwischen HRM-Effekten und Unternehmensleistung herstellen lassen.

Diese Schwäche wurde im Rahmen einiger Studien in den **neunziger Jahren** dadurch zu reduzieren versucht, daß spezifischere Operationali-

---

[96] Darüber hinaus wurden diese Ergebnisse auch dazu verwendet, um im Rahmen der Wissenskapitaldiskussion die Dimension „Humankapital" zu elaborieren (ausführlich hierzu vgl. Abschnitt 3.4.2). Einige wichtige Ergebnisse sollen jetzt skizziert werden.

[97] Profit Impact of Marketing Strategy

sierungen in den abhängigen oder in den unabhängigen Variablen vorgenommen wurden:

- Schon früh haben Arnold/Feldman (1982) und Baysinger/Mobley (1983) auf signifikante Korrelationen zwischen der Fluktuationsrate als abhängiger Variablen und den Variablen „Arbeitsplatzsicherheit", „Existenz einer Arbeitnehmervertretung", „Entlohnungsniveau" und „Unternehmenskultur" hingewiesen.

- Die Studien von Cutcher-Gershenfeld (1991), Katz/Kochan/Keefe (1987) und Weitzman/Kruse (1990) zeigten positive Effekte von Variablen wie "Existenz von *quality of work life*"-Programmen, Qualitätszirkel, Training, Qualität der Bewerberauswahlverfahren, Anreizsysteme auf Produktivität.

- Schließlich wurden weitere Effekte von HRM-Praktiken wie Training (Russel/Terborg/Powers 1985), Auswahlverfahren (Terpstra/Rozell 1993) und Gehaltssysteme (Gerhart/Milkovitch 1992) auf die finanzielle Leistungsfähigkeit von Unternehmen nachgewiesen.

Diese Form der Untersuchung spezifischer HRM-bezogener Hypothesen hatte auf der einen Seite den Vorteil, aufgrund der höheren Spezifizität der Aussagen und somit der höheren Validität deutlichere Zusammenhänge zwischen HRM-Praktiken und unternehmensbezogenen Erfolgskriterien nachweisen zu können. Auf der anderen Seite ist hier auf den Nachteil einer eher unbefriedigenden externen Validität der Aussagen zu verweisen, da hier meist nur eine Beschränkung auf einige wenige HRM-Praktiken bzw. spezifische Branchen vorlag (Arthur 1994; MacDuffie 1995). Dieses Problem wurde mit Hilfe von zwei elaborierten Studien zur Erfassung des Beitrags von HRM zum Unternehmenserfolg zu beseitigen versucht – die Studie der „Society for Human Resource Management" und der Studie „HR Practices and Company Financial Performance", die im folgenden kurz skizziert werden sollen.

Die Studie der „Society for Human Resource Management": Unter der Leitung von Cheri Ostroff hat die Firma CCH (CCH 1995) die finanzwirtschaftlichen Effekte von HR-Praktiken untersucht. Für den vorliegenden Zusammenhang sind die in Tabelle 6 dargestellten Ergebnisse von besonderer Bedeutung:

	Quartile des HR-Index			
Erfolgsindikator	1. Quartil	2. Quartil	3. Quartil	4. Quartil
Markt-Buchwert-Verhältnis	0,15	0,23	0,24	0,40
Produktivität (Output/Mitarbeiter)	0,16	0,17	0,20	0,21
Marktwert	878	1250	2031	3667
Umsatz	1017	1598	2090	4420

Tabelle 6: Beziehung zwischen HRM-Qualität und finanzwirtschaftlichem Erfolg (Quelle: CCH 1995, S. 356)

Tabelle 6 verdeutlicht, daß in der CCH-Studie (1995) ein HR-Index – operationalisiert über eine Integration verschiedener Qualitätsindikatoren der HR-Führungskräfte und HR-Mitarbeiter – gebildet wurde, der in Beziehung zu vier Erfolgsindikatoren – Markt-Buchwert-Verhältnis, Produktivität (Output/Mitarbeiter), Marktwert sowie Umsatz – gesetzt wurde. Die quartilsbezogene Analyse verdeutlicht einen Zusammenhang der (wahrgenommenen) Qualität der HR-Aktivitäten mit den betrieblichen Erfolgsindikatoren: Dies wird insbesondere bei den finanzwirtschaftlichen Größen deutlich; die Effekte in bezug auf Produktivität sind insgesamt weniger deutlich ausgeprägt.

Die Studie „HR Practices and Company Financial Performance": Huselid (1995) untersuchte an einer Stichprobe von 968 Unternehmen mit mehr als 100 Beschäftigten die Effekte von HR-Praktiken – operationalisiert über einen arbeitsbezogenen Leistungsindikator – auf die betriebliche Leistungsfähigkeit, die über Fluktuationsrate, Produktivität, Umsatz, Marktwert und Gewinn erfaßt wurde. Hierbei wurden folgende Zusammenhänge erkennbar: Die Zunahme der HR-bezogenen Leistung um eine Standardabweichung *reduziert* (a) die Fluktuationsrate um 7 Prozent; *erhöht* (b) die Produktivität (Umsatz pro Mitarbeiter) um 16 Prozent; (c) den Umsatz um ca. $ 27 Mio, (d) den Marktwert um $ 18,5 Mio. und (e) den Gewinn um $ 3,8 Mio.. Zusammenfassend bedeutet dies, daß Huselid (1995) einen deutlichen Nachweis für die Bestätigung der Hypothese gebracht hat, daß HR-Praktiken in einem positiven Zusammenhang mit organisationalen Leistungsindikatoren stehen.

Welche **Schlußfolgerungen** lassen sich aus der Perspektive „der Beitrag von HRM zum Unternehmenserfolg" ableiten? Meines Erachtens wird hier folgendes deutlich: HRM leistet einen signifikanten Beitrag zur Erreichung von Geschäftszielen. Dabei ist darauf hinzuweisen, daß die Qualität, mit der dieser Nachweis gelingt, stark mit der eingesetzten Methodik variiert. Die Auffassung von HRM als System impliziert zudem, sich nicht nur auf individuelle Kompetenzen und Qualifikationen zu beschränken, sondern ebenso entsprechende Kontextfaktoren, wie sie bereits im Kontext der Argumentation um die Konzepte „Organisationales Kapital" (vgl. Abschnitt 2.2.3.1) und „Soziales Kapital" (vgl. Abschnitt 2.2.3.2) dargestellt wurden, zu berücksichtigen. Solche Überlegungen werden in Systemen des strategischen HRM (SHRM) aufgegriffen: So enthält das SHRM-Modell von Beer et al. (1985) Kontextvariablen wie *stakeholder*-bezogene Interessen", „Situationsfaktoren", „HRM-Politiken", „HRM-Ergebnisse" und „langfristige Konsequenzen", wohingegen Schuler (1992) „HR-Philosophie", „HR-Politiken", „HR-Programme", „HR-Praktiken", und „HR–Prozesse" in einen Gesamtzusammenhang stellt. Zusammenfassend läßt sich festhalten, daß die Effizienz des Einsatzes der Ressource Wissen aus der HRM-Perspektive sowohl von individuellen als auch von organisationalen Einflußgrößen abhängt, da eine kompetenzbezogene Weiterentwicklung der Humanressourcen eine entsprechende Infrastruktur voraussetzt.

2.3.2 Wissensmanagement

Die zunehmende Literatur zu den Themenfeldern Organisationales Lernen und Wissensmanagement (vgl. als Übersicht Dierkes et al. 2000) kann als deutlicher Indikator für die Relevanz dieses Themas aufgefaßt werden, da hier explizite Zusammenhänge zwischen Wissen, Wissensverarbeitung und Wertschöpfung bzw. Wettbewerbsvorteilen postuliert werden (vgl. auch die einführenden Überlegungen hierzu in Abschnitt 1.2.2.4). Ein solcher Nachweis wurde im Rahmen einiger Einzelfallstudien erbracht (vgl. die Übersicht in Cortada/Woods 1999), desweiteren lassen bereits vorhandene Studien, die auf Befragungen von Führungskräften basieren, ähnliche Schlußfolgerungen zu (z.B. ILOI, 1997; Bullinger et al. 1998; Reinmann-Rothmeier/Mandl 1998; North 1998; American Productivity & Quality Center 1998).

Zur Veranschaulichung sollen hier die Ergebnisse der Studie der Teltech Resource Network Corporation skizziert werden, an der 83 US-Unternehmen teilgenommen haben (vgl. Hildebrand 1999, S. 64ff.). Hierbei wurde deutlich, daß 45% der befragten Unternehmen einen Zusammenhang zwischen den Wissensmanagementaktivitäten und der Erhöhung des Umsatzes sehen – darüber hinaus werden folgende Effekte angegeben: Kostenreduktion (35%); Verbesserung der Kundenzufriedenheit (10%); Qualitätsverbesserung (6%) und Prozeßverbesserungen (4%). Die folgenden Praktiken waren hierbei von besonderer Bedeutung: Nutzung von „best practices" – also Nutzung von Wissen, das bereits erfolgreich eingesetzt wurde (45%); verbesserte Zusammenarbeit – also Verbesserung des Wissensaustauschs (25%); Verbesserung der Qualifikationen (15%); Unternehmensweite Integration – also Schaffung der strukturellen Voraussetzungen, um Zugriff zu neuen Wissensbasen zu erlangen (5%); Beschleunigung von Produkt- bzw. Dienstleistungsentwicklungsprozessen – also der Entwicklung von neuem Wissen (5%); Integration externer Informationen – also Identifikation von Wissen, das außerhalb des Unternehmens existiert und einer internen Nutzung zugänglich gemacht wird (5%).

Im vorliegenden Abschnitt sollen die grundlegenden Überlegungen von Wissensmanagement anhand von zwei bedeutsamen Perspektiven herausgearbeitet werden: Der Prozeß der **Entwicklung neuen Wissens** wird auf Basis der Überlegungen von Nonaka/Takeuchi (1995) verdeutlicht, die die Umwandlung von impliziten und expliziten Wissens in den Mittelpunkt ihrer Überlegungen stellen. **Wissensmanagement** kann darüber hinaus als Ansatz zur Gestaltung organisationaler Lernprozesse verstanden werden (Pawlowsky 1994). Die entsprechende Perspektive des Prozesses der Wissenstransformation wird anhand des Modells von Pawlowsky (1994) und Pawlowsky/Reinhardt (1997) exemplifiziert[98], wobei zwischen verschiedenen Phasen der Wissensverarbeitung analytisch differenziert werden kann. Beiden Ansätzen ist gemein, daß sie einen engen Zusammenhang mit den jeweiligen Basisprozessen der Wissenstransformation und dem Unternehmenserfolg, der Wettbewerbsfähigkeit usw. postulieren.

2.3.2.1 Wissensmanagement als Umwandlung von Wissensklassen: Der Ansatz von Nonaka/ Takeuchi (1995)

Der Ansatz von Nonaka/Takeuchi (1995) basiert auf dem zentralen Prozeß der Wissensumwandlung zwischen implizitem und explizitem Wissen. Die beiden Kategorien „implizites" und „explizites" Wissen stellen eine von mehreren unterschiedlichen Klassifikationsmöglichkeiten im Rahmen organisationstheoretischer Überlegungen dar. Bevor der Ansatz von Nonaka/Takeuchi (1995) ausführlicher dargestellt wird, soll zunächst eine Skizze solcher grundlegenden organisationstheoretischen Überlegungen zum Wissensbegriff erfolgen. Dies dient insbesondere dazu, das Problem

---

[98] zu ähnlichen Überlegungen vgl. die Ansätze von Probst et al. (1997) und Wijg (1995).

der **fehlenden Eindeutigkeit** bei der Abgrenzung von unterschiedlichen Wissensklassen untereinander herauszuarbeiten: Dies führt zum einen zu einem Eindeutigkeitsverlust bei der Interpretation der beobachteten Beziehungen zwischen einzelnen Wissensklassen bzw. -indikatoren. Zum anderen wird sich dies als Hindernis bei der Ableitung wissensbezogener Indikatoren herausstellen (vgl. Abschnitt 3.3.1.2).

2.3.2.1.1 Vorüberlegungen: Klassifikation von Wissen

Im Rahmen **organisationstheoretischer** Konzepte wird die Bedeutung von Wissen durch eine Vielzahl unterschiedlicher Beschreibungsebenen berücksichtigt. Wichtig in diesem Zusammenhang ist die weit verbreitete Annahme *eines „dynamischen, beobachter- und kontextgebundenen Charakters von Wissen"* (von Krogh/Venzin 1995, S. 418), der zu **nicht überschneidungsfreien Kategorisierungen** von Wissen und schließlich zu der Heterogenität organisationstheoretischer wissensbezogener Ansätze führt. Aus Platzgründen kann hier keine umfassende Übersicht über die zunehmende Anzahl inhaltlicher bzw. theoretisch-konzeptioneller organisationstheoretischer Systematisierungsversuche erfolgen; vielmehr soll auf die Übersicht solcher Ansätze in Tabelle 7 verwiesen werden (vgl. hierzu auch die ausführlichen Analysen von Pawlowsky (1994) und Wiegand (1997)).

Autoren / Jahr	Wissenskategorie	Kurzbeschreibung
Polanyi (1958); Nonaka (1991, 1994); Nonaka/Takeuchi (1995); Hedlund/Nonaka (1993); Hedlund (1994)	tacit (implicit)	**Verborgenes Wissen:** Der Mensch weiß mehr, als er zu sagen weiß. Beispielsweise kann ein Maler nicht genau erklären, wie er bei der Gestaltung eines Bildes vorgeht. Wissensentwicklung sowie Wissenstransfer werden im Zusammenspiel von artikuliertem und verborgenen Wissen untersucht.
Zuboff (1988); Blackler (1995); Nonaka/Takeuchi (1995); Collins (1993); Prahalad/Bettis (1986)	embodied	**Verinnerlichtes Wissen:** Diese Kategorie wird durch Erfahrung mit körperlicher Präsenz erzeugt (z.B. bei Projektarbeit). Der Prozeß der Wissensgenerierung wird betont (z.B. Prahalad/Bettis: *„unique combination of business experience"*).
Zuboff (1988); Blackler (1995); Collins (1993)	encoded	**Kodiertes Wissen:** Wissen, das vorhanden ist, wenn die Mitarbeiter das Unternehmen verlassen haben: Handbücher, Datenbanken über Kunden und Mitarbeiter, Produktkataloge, Verfahrensregeln, Reiseberichte, Schulungsunterlagen usw.
Blackler (1995); Prahalad/Bettis (1986); Argyris/Schön (1978); Fiol/Lyles (1985); Collins (1993)	embrained	**Konzeptionelles Wissen:** Diese Wissenskategorie ist von den kognitiven Fähigkeiten abhängig, die dazu befähigen, übergeordnete Muster zu erkennen oder Basisannahmen zu überdenken (z.B. Argyris/Schön: *„double loop learning"*).
Berger/Luckmann (1994); Astley/Zammato (1992); Brown/Duguid (1991); Badaracco (1991); Collins (1993)	embedded	**Sozial konstruiertes Wissen:** Der Prozeß der Konstruktion von Wissen wird betont. Wissen ist in verschiedene Kontextfaktoren eingebettet und nicht objektiv vorgegeben. Geteiltes Wissen wird aus verschiedenartigen Sprachsystemen, Organisationskulturen usw. entwickelt.
von Krogh/Roos (1996)	event	**Ereigniswissen:** Diese Kategorie beschreibt Wissen über Ereignisse aber auch Trends innerhalb oder außerhalb der Organisation (z.B. Der Marktanteil von Wettbewerber A hat um 3% zugenommen).
Zander/Kogut (1995); Bohn (1994); Winter (1987); Ryle (1958)	procedural	**Prozeßwissen:** Im Gegensatz zu Ereigniswissen enthält diese Kategorie Wissen über Abläufe und Zusammenhänge, z.B. Wissen über einen Produktionsprozeß usw.

Tabelle 7: Wissenskategorien (Quelle: von Krogh/Venzin 1995, S. 419)

Durch Tabelle 7 wird zunächst deutlich, daß Wissen in Abhängigkeit des Erkenntnisinteresses unterschiedlich kategorisiert wird. Gemeinsam ist diesen Ansätzen, daß diese von Wissen als **hypothetischem Konstrukt** ausgehen, d.h. daß die Existenz der jeweiligen Wissenskategorien nicht direkt beobachtet werden kann, sondern mittels geeigneter Methoden – z.B. inhaltsanalytische Integrationen von Interviews oder Beobachtungen – erschlossen werden kann. Problematisch für eine theoretische Weiterentwicklung ist die durch diese Kategorien verdeutlichte Mehrdimensionalität und Uneindeutigkeit des Wissensbegriffs: So bleibt die Differenz zwischen „*tacit knowledge*" und „*embodied knowledge*" genauso erklärungsbedürftig wie die Frage, ob Prozeßwissen in kodierter oder konzeptioneller Form erschließbar ist. Aufgrund des unterschiedlichen Erkenntnisinteresses der jeweiligen Autoren werden verschiedenartige, nur schwer miteinander vergleichbare Auffassungen des Begriffs „Wissen" gewählt.

Zusammengefaßt führt dies zur vergleichsweise einfachen Feststellung, daß das Definitionsproblem von Wissen bzw. der Präzisierung der Merkmale von Wissen durch eine reine Ansammlung von Wissenskategorien nur **unbefriedigend** gelöst werden kann[99]. Vielmehr läßt sich an dieser Stelle die Vermutung formulieren, das sich Wissen – als nicht beobachtbares hypothetisches Konstrukt – einer eindeutigen bzw. einheitlichen Definierbarkeit entzieht.

2.3.2.1.2 Wissen im Rahmen des Modells der Wissensentwicklung

Im Mittelpunkt des Konzepts von Nonaka (1992) und Nonaka/Takeuchi (1995) steht die Frage nach der Schaffung neuen Wissens und den daraus resultierenden Implikationen für die Organisation des Wissensaufbaus: „*By organizational knowledge creation we mean the capability of a company as a whole to create new knowledge, disseminate it throughout the organization,* **and embody it in products, services, and systems**" (Nonaka/Takeuchi 1995, S. 3; Hervorhebung d.A.). Die Autoren betonen hierbei den Prozeß der Entwicklung von neuem Wissen aus bereits bestehendem Wissen – also der Explikation vorhandenen impliziten Wissens und dessen Weiterleitung und Umsetzung in neue Produkte oder neue Dienstleistungen.

---

[99] Der Vollständigkeit halber soll an dieser Stelle auf die Synopse von Romhardt (1998, S. 28ff.) verwiesen werden, dem es gelingt, die Heterogenität des Wissensbegriffs anhand von 40 (!) – nicht überschneidungsfreien – Dichotomien zu verdeutlichen.

Die theoretische Fundierung des Ansatzes von Nonaka/Takeuchi (1995) erfolgt anhand der Dichotomie von Polanyi (1958), der zwischen implizitem und expliziten Wissen differenziert. Implizites Wissen „hat" eine Person aufgrund ihrer Erfahrungen, ihrer Geschichte, ihrer Praxis – ganz im Sinne von Know-how. **Implizites Wissen** zeichnet sich dadurch aus, es anwenden zu können – ohne zu wissen, woher dieses Wissen stammt, und ohne zu wissen, warum dieses Wissen „funktioniert": *„ (...) we know more than we know how to say"* (Polanyi 1958, S. 12). Demgegenüber kann **explizites Wissen** kommuniziert werden, das heißt, daß der Akteur das Wissen kennt, über das er redet: Es ist ausgesprochenes, formuliertes und dokumentiertes oder zumindest dokumentierbares Wissen. Wissensmanagement aus dieser Perspektive kombiniert die Relationen zwischen implizitem und explizitem Wissen auf der einen Seite, sowie individuellem und organisationalem Wissen auf der anderen Seite, woraus das folgende Vier-Felder-Schema der Wissensumwandlung resultiert (vgl. Abbildung 7):

➜	implizites Wissen	Explizites Wissen
Implizites Wissen	Sozialisation	Externalisierung
Explizites Wissen	Internalisierung	Kombination

Abbildung 7: Vier Formen der Wissensumwandlung (Quelle: Nonaka/Takeuchi 1997, S. 75)

Auf Basis von Abbildung 7 lassen sich die folgenden vier Formen der Wissensumwandlung differenzieren (vgl. Nonaka 1992; Nonaka/Takeuchi 1995):

- **Sozialisation – der Transfer von implizitem Wissen einer Person zu implizitem Wissen einer anderen Person:** Ein Beispiel hierfür ist der Erwerb von handwerklichen Fertigkeiten und Fähigkeiten durch Beobachtung und Imitation von Handlungsvollzügen: Dieses Wissen ist nach Meinung von Nonaka (1992) für organisationales Lernen nur schwer zu verwerten, da keine Systematik des Transfers vorliegt: *"Der Lehrling erlernt zwar die Technik des Meisters, doch weder der eine* noch der andere gewinnt dadurch einen systematischen Einblick in das handwerkliche Können" (Nonaka 1992, S. 97).

- **Externalisierung – der Transfer von implizitem zu explizitem Wissen** findet dann statt, wenn implizites Wissen so artikuliert wird, daß Individuen sich mit anderen austauschen können. Meist sind solche Ausdrucksformen sprachlich nur unzureichend und basieren auf der Nutzung von Metaphern, Analogien, Modellen oder Hypothesen (Nonaka/Takeuchi 1997, S. 77).

- **Kombination – der Transfer von explizitem zu explizitem Wissen** erfolgt, wenn getrennte Bereiche expliziten Wissens zu einem neuen Ganzen verbunden werden. Ein solcher Austausch kann zum einen durch direkte Kommunikation stattfinden, und zum anderen mittels geeigneter Medien wie Dokumente, Telefone oder IT-Systeme unterstützt werden. Nonaka/Takeuchi (1997, S. 81) weisen darauf hin, daß „(...) *eine Neuzusammenstellung vorhandener Informationen durch Sortieren, Hinzufügen, Kombinieren oder Klassifizieren von expliziten Wissen (...) zu neuem Wissen*" führen kann.

- **Internalisierung – der Transfer expliziten Wissens zu implizitem Wissen** stellt letztlich eine Eingliederung (individuellen) expliziten Wissens in (organisationales) implizites Wissen dar. Eine solche Internalisierung von neuem Wissen in die organisationale Wissensbasis führt zur (Neu-)Strukturierung und Automatisierung von Verhaltensweisen und fördert dadurch den Aufbau von Organisationskapital (vgl. Abschnitt 2.2.3.1): Wenn man weiß, wie Kundenbeschwerden zu handhaben sind, dann ist es nicht mehr notwendig, sich jede einzelne Phase der Beschwerdeabarbeitung ins Gedächtnis zu rufen. Aufgrund der Routine – des Know-how – erfolgen solche Prozesse wesentlich schneller als die der Kombination.

Diese vier Formen der Wissensumwandlung stellen die Grundlage eines fünf-phasigen Modells der Wissensschaffung im Unternehmen dar. Ohne umfassend auf dieses Modell einzugehen, soll an dieser Stelle der für die vorliegende Arbeit zentrale Aspekt herausgestellt werden, nämlich der Prozeß des *„sharing tacit knowledge"* aufgrund systematischer Beobachtung: Implizites Wissen – Handlungswissen – wird während seiner Anwendung beobachtet und die Analyse dieser Beobachtungen wird modelliert und schließlich in ein explizites Modell des impliziten Wissens integriert[100/101].

---

[100] An dieser Stelle soll darauf hingewiesen werden, daß diese Methodik bereits in den Siebziger Jahren von Bandler/Grinder (1981) und Grinder/Bandler (1982) eingesetzt

Abschließend soll darauf verwiesen werden, daß mit Hilfe der Formen der Wissensumwandlung zwei zentrale Gesichtspunkte von Wissensmanagement herausgearbeitet werden können: Die **Abhängigkeit von der Explizitheit individuellen impliziten Wissens** stellt ein Problem für das Unternehmen dar: Solange Wissen und Know how nicht explizit gemacht werden, verschiebt sich die Macht- und Einflußperspektive hin zu den Mitarbeitern, die über dieses Wissen verfügen. Ein zentrales Ziel von Wissensmanagement sollte es daher sein, in einem Unternehmen den Anteil des expliziten Wissens im Verhältnis zum impliziten Wissen zu erhöhen. Zudem können die **Grenzen von IT-Management** als Instrument für Wissensmanagement verdeutlicht werden: IT-Systeme lassen sich immer dort zielführend einsetzen, wenn es gelingt, das entsprechende Wissen **leicht** zu explizieren. Ist diese Voraussetzung nicht gegeben, so stellen Sozialisierungsprozesse, wie zum Beispiel über „*communities of practice*" (Senge et al. 1994; Schmidt 2000) den geeigneteren Zugang zu einer Verbreiterung der organisatorischen Wissensbasis dar.

2.3.2.2 Wissensmanagement als Gestaltung organisationaler Lernprozesse: Der Ansatz von Pawlowsky (1994)

Wissensmanagement kann als Gestaltung organisationaler Lernprozesse konzipiert werden (Pawlowsky 1994, 2000). Daher ist es in diesem Zusammenhang sinnvoll, zunächst die theoretischen Grundlagen des jeweiligen Verständnisses von Organisationalem Lernen zu skizzieren. Die hierbei sichtbar werdende Heterogenität der Annahmen zu dem Begriff „Lernen" – und darin impliziert zum Begriff „Wissen" – verdeutlicht das Problem, daß Wissen nicht einheitlich definiert und somit auch nicht einheitlich gemessen werden kann.

2.3.2.2.1 Theoretische Perspektiven organisationalen Lernens

Die Literatur zum Organisationalen Lernen und Wissensmanagement läßt sich anhand ihrer zentralen theoretischen Annahmen voneinander abgrenzen. In der folgenden Übersicht werden die sechs unterschiedlichen

---

wurde, um das implizite Wissen effektiver Psychotherapeuten zu explizieren und zu modellieren. Die Konsequenz daraus bestand in der Entwicklung des Therapieansatzes des Neurolinguistischen Programmierens (NLP).

[101] Nonaka/Takeuchi (1995) erläutern diese Methode – die gleichzeitig als Erfassung impliziten Wissens aufgefaßt werden kann – anhand einer Vielzahl von Praxisbeispielen.

theoretischen Kernannahmen der einzelnen Ansätze zum organisationalen Lernen bzw. Wissensmanagement skizziert (vgl. Pawlowsky 2000).

- **Die entscheidungstheoretische Perspektive:** Ausgehend von ersten entscheidungstheoretischen Überlegungen (Cyert/March 1963) wird ein organisationaler Lernprozeß auf der Basis von "*standard operation procedures*" konzipiert, der die Anpassungsfähigkeit von Unternehmen an ihre Umwelt fördern soll. Später findet eine Ergänzung durch sozial- und kognitionspsychologische Konzepte statt (March/Olson 1976), mit deren Hilfe die mechanistische Rationalität von organisationalen Entscheidungsprozessen relativiert wird, die in einem weiteren Schritt durch eine Präzision der Begriffe „Erfahrungslernen" und „organisationale Routinen" verfeinert wird (Levitt/March 1988).

- **Die systemtheoretische Perspektive:** Aufbauend auf kybernetischen (Ashby, 1963) und grundlegenden managementtheoretischen Annahmen wie Barnards (1956) „system of cooperation" lassen sich hier drei unterschiedliche Ansätze zum Organisationslernen zuordnen: (a) **Traditionelle Managementansätze**, die auf einem soziotechnischen Grundverständnis basieren und bei denen die Beziehung zwischen Organisation und Umwelt besondere Bedeutung zukommt (Katz/Kahn, 1978; Beer et al. 1989; Emery/Trist 1965; Emery 1969); (b) der **System Dynamics-Ansatz**, der sich auf die populationsökologischen Studien von Forrester (1969, 1980, 1987; vgl. auch Morecroft 1988; Morecroft et al. 1994; Richardson 1991) zurückführen und sich sowohl in Senges (1990) Ansatz zur Lernenden Organisation (vgl. auch Senge et al. 1994) wie auch in der „St. Gallen-Schule" zur Organisations- und Unternehmensentwicklung wiederfinden läßt (Vester 1991; Gomez 1981; Ulrich/Probst 1984, 1990; Klimecki/Probst/Eberl 1991); (c) Konzepte, die in den Mittelpunkt die Idee der **Selbstorganisation** stellen und selbstreferentielle Prozesse als zentralen Ausgangspunkt für organisationale Veränderungsprozesse konzipieren (z.B. Beer 1972, 1979; Ulrich 1984; Malik 1987).

- **Die kognitive Perspektive:** Hier lassen sich zwei unterschiedliche Ansätze im Zusammenhang mit dem Gegenstandsbereich identifizieren: (a) **Strukturelle Ansätze** – die auch unter dem Etikett „repräsentationistische Ansätze" (von Krogh/Roos 1996) firmieren – mit deren Hilfe die Informationsverarbeitungsfähigkeit in Abhängigkeit struktureller Merkmale des kognitiven Systems diskutiert werden (Bartlett 1964; Schroder et al. 1969; Axelrod 1976; Scholl et al. 1993; Dörner 1976, 1989; Streufert/Streufert 1978; Streufert/Sweezey 1986; Huber 1991; Rumelhart 1984); (b) **Epistemologische Ansätze**, die annehmen, daß die Qualität der kognitiven bzw. sozialen Konstruktion von Wirklichkeit zentral für organisationale Lernprozesse sind (Daft/Weick 1984; Sims/Goia 1986; Weick/Bougon 1986; Reinhardt 1993; von Krogh/Roos 1996; Smircich 1983).

- **Die Wissensperspektive:** Die Annahme einer Organisation als Wissenssystem wird in zwei unterschiedlichen Traditionen aufgearbeitet: (a) Die Identifikation, Entwicklung und der intraorganisationale Transfer von **wissensbezogenen Kernkompetenzen** hat ihren Ursprung in der Innovationsforschung von Rogers (1969) und wird als Ausgangspunkt für Wettbewerbsvorteile gesehen (z.B. Leonard-Barton 1995; Jelinek 1979; Jelinek et al. 1990; Lullies et al. 1993); (b) **Wissensbasierte Ansätze** lassen sich auf Polanyis (1958) Unterscheidung zwischen implizitem und explizitem Wissen zurückführen und beschäftigen sich maßgeblich mit der Explikation individuellen impliziten Wissens und dessen Verfügbarmachung für die Organisation (z.B. Pautzke 1989; Nonaka 1988, 1991; Nonaka/Takeuchi 1995).

- **Die kulturbezogene Perspektive:** Im Mittelpunkt stehen hier Konzepte, die sich mit der Entwicklung einer Lernkultur oder aber mit der Identifikation und Ablösung defensiver Routinen beschäftigen (Schein 1984, 1991; Sackmann 1991; Mitroff/Kilmann 1976; Hawkins 1991; Frost et al. 1991; Klimecki et al. 1991; Argyris 1990; Cook/Yanow 1993; Sonntag 1996).

- **Die Perspektive des „Aktionslernens":** „Aktionslernen" stellt zwar kein einheitliches theoretisches Konzept dar, doch läßt sich hier als durchgängiger Ausgangspunkt für organisationale Lernprozesse konkretes Verhalten identifizieren (Kolb 1976, 1984; Argyris/Schön 1978; Revans 1982).

Schließlich läßt sich noch eine siebte Perspektive – quasi als „Restklasse" – identifizieren, die man aufgrund einer gewissen „Theoriefreiheit" auch als **eklektische Perspektive** bezeichnen könnte: Hierzu gehören weitestgehend pragmatische Konzepte (z.B. Kline/Saunders 1996: „10 Schritte zur Lernenden Organisation", Wilson 1996: „Managing Knowledge" oder Dixon 1994: *„organisational learning cycle"*) oder aber als – nicht-begründete – Komposition unterschiedlicher theoretischer Ansätze, wie z.B. Senges Konzept der Lernenden Organisation (1990, 1994), das u.a. System Dynamics-Elemente (*„System Thinking"*), Kulturelemente (*„Building shared vision"*, *„Team learning"*), kognitive Elemente (*„Mental Models"*) und Aspekte der Psychotherapie (*„Personal Mastery"*) enthält (vgl. eine ähnliche Argumentation bei z.B. Pedler et al. 1994; Garratt 1987, 1990; Eden et al. 1983; Mumford 1995).

Zusammenfassend macht diese Übersicht folgendes *deutlich*: Zum einen führt die Kategorisierung dieser Vielzahl von theoretischen Schwerpunkten zu den Konzepten Wissensmanagement und organisationales Lernen *nicht* zu überschneidungsfreien Kategorien, sondern stellt vielmehr eine Heuristik zur Präzisierung der *„Landkarte des Wissensmanagements"* (Pawlowsky 1998, S. 42) dar. Zum anderen läßt sich – wie oben in Abschnitt 2.3.2.1.1 bereits angedeutet – daraus folgern, daß eine **einheitliche Definition des Begriffs Wissen *unmöglich* scheint.**

2.3.2.2.2 Wissen im Rahmen des Modells des integrativen Wissensmanagements

Ausgangspunkt des Modells des integrativen Wissensmanagements ist eine umfangreiche Literaturanalyse (vgl. Pawlowsky 1994, 2000; Pawlowsky et al. 2000), die verdeutlicht, daß folgende Perspektiven organisationalen Lernens identifiziert werden können (vgl. Abbildung 8), nämlich unterschiedliche

- *Lerntypen:* single-loop learning, double-loop learning, deutero learning[102]

- *Lernebenen*: Individuum, Team, Organisation, organisationsübergreifendes Lernen

- *Lernformen*: Kognition, Kultur, Verhalten

- *Lernphasen organisationalen Lernens:* Identifikation/Generierung, Diffusion, Integration/Modifikation, Aktion.

---

[102] Argyris & Schön (1978) unterscheiden zwischen zwei unterschiedlichen Perspektiven organisationalen Lernens, (a) dem der Verbesserung *interner Anpassungsprozesse* innerhalb gegebener und nicht zu verändernder Normen und Standards („single-loop learning") und (b) dem der überlebensnotwendigen Re-Orientierung bzw. *Anpassung an eine sich verändernde externe Umwelt,* was im allgemeinen eine Veränderung bestehender Normen und Werte voraussetzt („double-loop learning"). Hinzu kommt eine zweite, *übergeordnete Ebene organisationalen Lernens* ("deutero learning"), mit deren Hilfe die beiden anderen organisationalen Lernprozesse kritisch reflektiert, falls erforderlich verändert und somit selbst zum Gegenstand eines *organisationalen Lernens höherer Ordnung* werden.

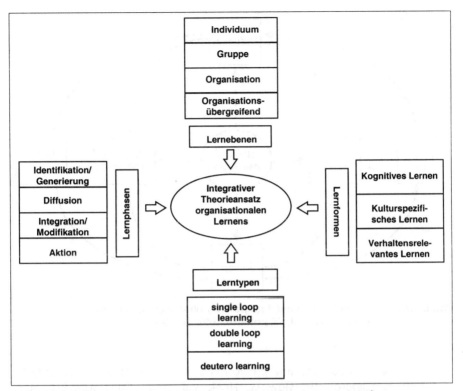

Abbildung 8: Bausteine eines integrativen Theorieansatzes organisationalen Lernens (Quelle: Pawlowsky 1994, S. 313)

Die in Abbildung 8 skizzierten Begriffe sollen hier nicht detailliert behandelt werden; ausführliche Darstellungen finden sich in Pawlowsky (1994, 2000), Pawlowsky/Reinhardt (1997), Pawlowsky et al. (2000) und Reinhardt (1998a).

Die in Abbildung 8 gezeigten Lernphasen lassen sich als Kreislauf organisationalen Lernens darstellen; sie stellen zudem die Basis des Modells des „Integrativen Wissensmanagements" dar, das Abbildung 9 wiedergegeben wird (vgl. Pawlowsky/Reinhardt 1997, S. 148).

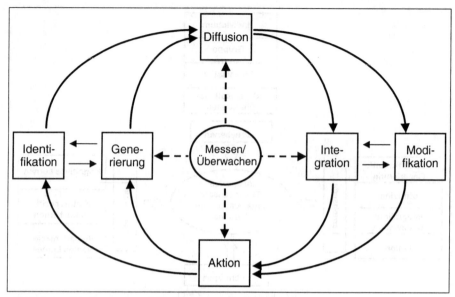

Abbildung 9: Gesamtmodell des Integrativen Wissensmanagements (nach Pawlowsky/Reinhardt 1997, S. 148)

Die einzelnen Phasen des Integrativen Wissensmanagements lassen sich wie folgt präzisieren (Pawlowsky 1994; vgl. auch Pawlowsky/Bäumer 1996; Pawlowsky/Reinhardt 1997).

Phase 1 – Identifikation und Generierung relevanten organisationalen Wissens: Orientiert man sich an den grundsätzlichen Überlegungen des Organisationslernens vor dem Hintergrund der Begriffe „erhöhte Anpassungsfähigkeit" bzw. „Selbsttransformationsfähigkeit" sowie der marktorientierten Perspektive des strategischen Managements, so ist es einleuchtend, die Qualität der Beziehung zwischen Organisation und Umwelt und somit die Sensibilität der Organisation bzw. ihrer Subsysteme für die Wahrnehmung relevanter Umweltausschnitte zum Ausgangspunkt eines Wissensmanagementmodells zu machen. Damit steht die Beantwortung folgender Fragen zur *Identifikation* relevanten Wissens im Mittelpunkt:

- Welche relevanten Informationen existieren im Umfeld der Organisation? Wie systematisch werden diese Informationen gesammelt?

- Welche Instrumente werden – mit welcher Güte – zur Umfeldwahrnehmung eingesetzt? – Wie systematisch werden deren Resultate genutzt?

- Welche Wissenssysteme leiten und beeinflussen die Umfeldwahrnehmung, welches sind die Merkmale und Inhalte dieser Wissenssysteme? – Welche Hypothesen existieren hierbei über die Suchbereiche von Umfeldinformationen?

Diese Fragen verdeutlichen, daß es wichtig ist, zwischen Informationen und Wissen zu unterscheiden: Eine Information stellt zunächst ein „neutrales Faktum" dar, das erst dann Bedeutung erlangt, wenn es an ein Wissenssystem anschlußfähig ist: Als Beispiel für eine fehlende Anschlußfähigkeit kann der Umgang mit der „Ölkrise" 1971/1973 gelten, die bei keinem der US-amerikanischen Automobilhersteller zur Überlegung geführt hat, daß der Markt für sparsame und kompakte Automobile offen ist: Trotz einer Vielzahl entsprechender Marktstudien wurde an der – aufgrund langandauernder positiver Erfahrungen entstandenen – Überzeugung festgehalten, daß sich die Bedürfnisse der Kunden weiterhin an Kriterien wie Limousinencharakter und Luxusausstattung orientieren.

Diese Umfeld- bzw. marktorientierte Perspektive der *Identifikation* relevanten Wissens wird um die ressourcenorientierte Binnenperspektive der *Generierung* von Wissen erweitert:

- Wie kann das implizite Wissen der Organisation expliziert und somit anderen Organisationsmitgliedern zur Verfügung gestellt werden?

- Wie können vorhandene Wissenspotentiale in der Organisation verknüpft werden, um neues Wissen zu generieren?

Diese Generierung neuen Wissens durch Kombination bzw. Explikation (z.B. Nonaka/Takeuchi 1995) kann als eine der zentralen „Kernkompetenzen" einer Organisation zur Erreichung langfristiger Wettbewerbsvorteile aufgefaßt werden.

Phase 2 – Diffusion organisationalen Wissens: Nachdem in der Identifikations- bzw. Generierungsphase die Sensibilität der Organisation bzw. ihrer Subsysteme für relevante Umweltausschnitte, für Informationen und Wissen erhöht wurde und relevantes Wissen innerhalb der Organisation lokalisiert bzw. erzeugt wurde, stellt sich vor dem Hintergrund einer *arbeitsteiligen* Organisation die Frage, wie diese relevanten Wissenselemente den Wissenssystemen zugänglich gemacht werden können, die dieses Wissen schließlich wertschöpfend einsetzen. Die Beantwortung folgender Fragen hilft bei der Gestaltung der Diffusionsphase:

- Wie erfolgt die Diffusion von Informationen und Wissen im Unternehmen[103]?
- Welche Kommunikationskanäle stehen zur Verfügung – wie werden sie genutzt?
- Welche Kommunikationsformen prägen den Austausch im Unternehmen? – Welche Kommunikationsbarrieren lassen sich feststellen, und wie können diese beseitigt werden?
- Wie verlaufen Kommunikationsprozesse aus horizontaler, vertikaler und zeitlicher Perspektive?

Diese Fragen sollen auch verdeutlichen, daß die Kommunikationsqualität der Organisation im Mittelpunkt der Diffusionsphase steht, da individuelles Wissen solange kein Wissen im Sinne organisationalen Lernens darstellt, wie es nicht gelingt, dieses Wissen zu kommunizieren. Damit aber muß nicht nur die Frage nach der Kommunikationskompetenz, sondern auch die nach der Offenheit und der Vertrauensbasis der entsprechenden Organisationskultur beantwortet werden.

Phase 3 – Integration und Modifikation von Wissen: In der Modifikations- bzw. Integrationsphase entscheidet sich, welche Konsequenzen der Umgang mit den neuen Wissenselementen für die einzelnen Wissenssysteme hat (vgl. auch Piaget 1967): Zunächst besteht die Möglichkeit, das „neue" Wissen zu *ignorieren* – diese Option wird in der folgenden Diskussion nicht weiterverfolgt. Desweiteren besteht die Möglichkeit, das neue Wissen in die eigene Wissensstruktur zu *integrieren*. Aus der Perspektive des Lernens „höherer Ordnung" („deutero loop-learning" nach Argyris/Schön (1978) oder „generative learning" nach Senge (1990)) sind die Fälle von besonderer Bedeutung, wenn das bestehende Wissenssystem aufgrund der neuen Informationen *modifiziert* wird.

Im Mittelpunkt der Integrations- bzw. Modifikationsphase steht somit die Frage, wieviel Abweichungen von den eigenen Handlungstheorien bzw. Widerspruch ein Wissenssystem „ertragen" kann, ohne sich verändern zu müssen (vgl. March/Simon, 1958; Hedberg, 1981). Die Beantwortung folgender Fragen kann konkrete Hinweise auf die Integrations- bzw. Modifikationsbereitschaft der organisationalen Wissenssysteme geben:

---

[103] Diese Frage verweist innerhalb eines Wissensmanagements auf die Notwendigkeit, Informationen auch dann weiterzuleiten, die zwar für mich kein relevantes Wissen darstellen, von denen ich aber annehmen kann, daß sie für andere Organisationsmitglieder Relevanz besitzen können.

- Welche Annahmen bzw. mentalen Modelle steuern die zentralen Aktivitäten der einzelnen Wissenssysteme? – Wie differenziert und integriert sind diese mentalen Modelle? – Werden sie hinterfragt und kontinuierlich überprüft?

- Inwieweit werden abweichende Sichtweisen in der Organisation zugelassen? – Sind die dominierenden mentalen Modelle möglicherweise immun gegenüber abweichenden Informationen?

- Mit welchen Instrumenten werden Informationen und Wissen in bestehende Wissenssysteme auf allen Ebenen der Organisation integriert?

Zusätzlich soll darauf hingewiesen werden, daß Feedback für eine Integration bzw. Modifikation von Wissenssystemen unabdingbar ist und auch zielgerichtet – ganz im Sinne eines Gestaltungselements – dazu verwendet werden kann, um den Problemdruck innerhalb einer Organisation zu erhöhen.

Phase 4 – Aktion: In der Aktionsphase entscheidet sich, ob bzw. welche Verhaltenskonsequenzen aus den angereicherten (integrierten) bzw. modifizierten Wissenssystemen folgen:

- Wie wird Wissen in Verhalten umgesetzt, wie können Einsichten und Erkenntnisse handlungswirksam werden?

- Welche Blockaden existieren, die verhindern, daß neue Erkenntnisse und neues Wissen verhaltenswirksam umgesetzt werden kann?

- Fördert oder hemmt das betriebliche Anreizsystem die Umsetzung von neuen Erkenntnissen und veränderten Wissenssystemen in Verhalten?

- Welche Möglichkeiten existieren zum Probehandeln bzw. Experimentieren, um zu neuen Einsichten zu kommen bzw. Annahmen zu überprüfen, die erst dann in bestehende Wissenssysteme integriert werden?

Die Trainingsforschung weiß seit langem, daß das Alltagsgeschäft das Einüben von neuem Verhalten, das jenseits der konkreten Arbeitstätigkeit erworben wurde, erschwert. Aus der Perspektive des integrativen Wissensmanagements bietet sich daher ein Weg an, der in der Tradition des „Aktionslernens" steht (Pedler et al. 1994; Forslin et al. 1993): Im Mittelpunkt steht die Erfahrung, daß neues Wissen dann relativ leicht in stabiles Verhalten umgesetzt werden kann, wenn (1) neue Verhaltensweisen realisiert, (2) diese beobachtet und (3) deren Konsequenzen sofort im Anschluß reflektiert werden.

Oben wurde bereits darauf verweisen, daß die bisherigen Befunde im Rahmen der Wissensmanagementargumentation als uneinheitlich, wenn auch in dieselbe Richtung argumentierend, aufgefaßt werden müssen. Damit existiert zwar eine deutliche Evidenz für den Erklärungsbeitrag von Wissensmanagementmodelle zur organisationalen Leistungsfähigkeit, doch bleibt das Problem der mangelnden Einheitlichkeit zu lösen – insbesondere dann, wenn es gilt, die entsprechenden Wissenstransformationsprozesse zu operationalisieren.

Meines Erachtens können als zentraler Grund für das Fehlen systematischer empirischer Befunde die unterschiedliche Methodik bzw. die Verschiedenartigkeit der Modelle (z.b. Pawlowsky 1994; Probst et al. 1997, Nonaka/Takeuchi 1995; Wijg 1995; Bontis 1999; Pawlowsky 2000; Morey et al. 2001), das hohe Anpassungsniveau der Wissensmanagementaktivitäten an das einzelne Unternehmen (z.B. Tiwana 2000; Bukowitz/Williams 1999) und die bislang nur untergeordnete Bedeutung von Evaluations- und Controllingprozessen im Rahmen von Wissensmanagement identifiziert werden (Clare/Detore 2000; Morey et al. 2001), da dies letztlich eine Standardisierung im Vorgehen und somit dessen Vergleichbarkeit verhindert. Desweiteren ist auch auf die bislang nur unzureichende theoretische Begründung des Einsatzes von Instrumenten des Wissensmanagements im Rahmen von Beratungsprojekten zu verweisen (als positive Ausnahme hierzu: Pawlowsky et al. 2000).

Nichtsdestotrotz lassen sich die Vielzahl positiver Befunde dahingehend interpretieren, daß die gezielte Transformation von Wissen im Rahmen von Wissensmanagementaktivitäten – unterstützt durch entsprechende Instrumente – einen Beitrag zu Unternehmenserfolg bzw. zur Verbesserung der Wettbewerbssituation leistet. Offen bleibt die Frage nach der Messung bzw. Operationalisierung solcher Wissenstransformationsprozesse, da hier ein empfindliches Forschungsdefizit existiert. In Abschnitt 3.3.2 werden erste Überlegungen zur Entwicklung einer Wissensmanagementdiagnostik entwickelt, mit deren Hilfe dieses Problem zumindest ansatzweise gelöst werden kann.

2.3.3 Der Ressourcenorientierte Ansatz

Betonen die Überlegungen zum Wissensmanagement die interne Analyse und somit die konkrete Gestaltung von Wissenstransformationsprozessen, steht im Rahmen der Ressourcenorientierten Argumentation die Beziehung zwischen dem Unternehmen inkl. seiner Ressourcen und seinem Umfeld – vor dem Hintergrund der Begründung von Wettbewerbsvorteilen – im Mittelpunkt der Betrachtung.

Die Entwicklung des Ressourcenorientierten Ansatzes[104] wurde durch die Beantwortung von zwei zentralen Fragen vorangetrieben: Auf der einen Seite untersuchen Penrose (1959) und darauf aufbauend Wernerfelt (1984) die Einflußgrößen, die zur Diversifikation von Unternehmen beitragen, auf der anderen Seite knüpft Barney (1986a, 1991) an diese Überlegungen an und entwickelt einen kohärenten theoretischen Ansatz zur Begründung organisationaler Ressourcen. Diese beiden Argumentationsstränge sollen im folgenden skizziert werden, da mit ihrer Hilfe herausgearbeitet werden kann, welchen Beitrag die Ressource „Wissen" bzw. wissensbezogene Variablen am Zustandekommen von Wettbewerbsvorteilen leisten (als Übersicht vgl. zu Knyphausen 1993, 1995).

2.3.3.1 Ressourcen als Quellen der Einzigartigkeit: Die Überlegungen von Penrose (1959)

Penrose (1959) veröffentlichte eine umfassende Studie zur Fragestellung, warum Unternehmen (überhaupt) diversifizieren – und die neue Produktidee nicht (ganz einfach) an den Höchstbietenden verkaufen. Die Erklärung hierfür liegt für sie in der Unvollkommenheit der Märkte: Zum einen versagen Märkte bei der Bewertung neuartiger Produkte, Technologien und Ideen. Konsequenterweise muß ein Unternehmen dem Markt „beweisen", daß die eigenen Produkte, Ideen usw. besser sind als die der Mitbewerber. Zum anderen sind gerade diese Marktunvollkommenheiten die Voraussetzung dafür, daß Unternehmen aufgrund ihrer Einzigartigkeit Vorteile entwickeln können: Einzigartigkeit in der Hinsicht, daß sich Unternehmen bei der Entwicklung und Positionierung neuer Produkte einzigartige Fähigkeiten oder Ressourcen aneignen:

---

[104] Um Mißverständnissen vorzubeugen, möchte ich an dieser Stelle darauf hinweisen, daß die originären Überlegungen zum Ressourcenorientierten Ansatz einer *ökonomischen* Argumentation entstammen – und zwar der Frage nach der Erzielung überdurchschnittlicher Renten durch Diversifikationsprozesse (Penrose 1959). Die sich aus dieser Arbeit ergebenden späteren Überlegungen zu den Kriterien nachhaltiger Wettbewerbsvorteile (Barney 1989; Hamel/Prahalad 1989, 1991) wurden insbesondere im Rahmen der Literatur zum strategischen Management" – insbesondere bei den Überlegungen zum Konzept der *„organizational capabilities"* (vgl. Ansoff 1976), also Ansätzen mit starkem verhaltenstheoretischen Bezug – rezipiert. Hierbei werden zum einen große Ähnlichkeiten mit den Ansätzen des organisationalen Lernens deutlich – so können beispielsweise Kernkompetenzen (Hamel/Prahalad 1989, 1991) aus organisationalen Lernprozessen rekonstruiert werden (vgl. hierzu die ähnlichen Begriffe wie *„strategic assets"* (Amit/Shomaker 1993); *„dynamic capabilities"* (Teece/Psano/Shuen 1994); *„invisible assets"* (Itami/Roehl 1987); *„absorptive capacity"* (Cohen/Levinthal 1990); *„core capabilities"* (Zander/Kogut 1995) oder *„intangible resources"* (Hall 1992)).

„(...) a firm is more than an administrative unit: it is also a collection of productive resources the disposal of which between different uses and over time is determined by administrative decisions. When we regard the function of the private business firm from this point of view, the size of the firm is best gauged by some measure of the productive resources it employs" (Penrose 1959, S. 25).

Diese grundlegenden Überlegungen zur Begründung des Diversifikationsverhaltens von Unternehmen aufgrund der Einzigartigkeit der eigenen Ressourcen wurden über einen längeren Zeitraum nicht beachtet – und erst später von Wernerfelt (1984, 1995) aufgenommen und weiterentwikkelt. Aufbauend auf den Vorarbeiten von Penrose (1959) und Rubin (1973) präzisiert Wernerfelt (1984) den Begriff „Ressource": *„By a resource is meant anything which could be thought of as a strength or weakness of a given firm"* (Wernerfelt 1984, S. 172).

Im Mittelpunkt der Arbeit von Wernerfelt (1984) steht die Auseinandersetzung mit folgenden, sich auf Diversifikationsprozesse beziehenden, Fragen: (a) Auf welche Ressourcen des Unternehmens sollten sich Diversifikationsprozesse stützen? (b) Welche Ressourcen sollten durch Diversifikation weiterentwickelt werden? (c) In welcher Reihenfolge und in welche Märkte hinein sollte Diversifikation stattfinden? (d) Welche Firmen sollten aufgrund welcher Kriterien von einem spezifischen Unternehmen akquiriert werden? Wernerfelts Analysen dieser Fragen führen zu folgenden zentralen Thesen (vgl. Wernerfelt 1984, S. 172):

1. Beurteilt man ein Unternehmen nach seinen Ressourcen, so gelangt man zu andersartigen Ansichten, als wenn man es wie üblich nach seinen Produkten beurteilt. Insbesondere diversifizierte Unternehmen erscheinen in einem neuen Licht.

2. Man kann Ressourcentypen identifizieren, die einem Unternehmen hohe Gewinne ermöglichen. Analog zu den Eintrittsbarrieren spricht man hier von Ressourcenbarrieren.

3. Bei einem größeren Unternehmen ist es Aufgabe der Strategie, ein Gleichgewicht zwischen der Nutzung vorhandener und der Entwicklung neuer Ressourcen herzustellen.

4. Eine Akquisition kann als Kauf eines Bündels von Ressourcen in einem hochgradig unvollkommenen Markt betrachtet werden. Indem man den Kauf wegen einer seltenen Ressource tätigt, kann man bei gleichbleibenden anderen Faktoren diese Unvollkommenheit nutzen und damit die eigenen Chancen maximieren, kostengünstig einzukaufen und gute Erträge zu erzielen.

Aufbauend auf diesen Überlegungen entwickelt Wernerfelt das Ressourcen-Markt-Portfolio (1984, S. 172ff.) als Analyse-Instrument, mit dessen Hilfe effektivere strategische Entscheidungen getroffen werden können. In diesem Zusammenhang verdeutlicht Wernerfelt (1984), wie die Überlegungen zum „*five competitive forces*"-Modell von Porter (1980) präzisiert werden können: Er zeigt, wie mittels des Ressourcen-Markt-Portfolios diejenigen Fähigkeiten bzw. Kompetenzen eines Unternehmens identifiziert und entwickelt werden können, die konstitutiv für das Zustandekommen der fünf Wettbewerbsfaktoren[105] von Porter (1980) sind.

Die ursprünglichen Überlegungen zur ressourcenorientierten Argumentation geben zumindest allgemeine Anhaltspunkte dafür, daß auch Wissen bzw. wissensbezogene Prozesse als Ressource aufgefaßt werden können, da in diesem Zusammenhang sowohl materielle als auch immaterielle Ressourcen als Quelle von Wettbewerbsvorteilen gesehen werden können. Eine inhaltliche Spezifizierung der Ressourcen, insbesondere auch vor dem Hintergrund der Frage nach wissensbezogenen Effekten gelingt mit den weiterführenden Überlegungen von Barney (1991).

2.3.3.2 Die Einzigartigkeit von Ressourcen als Wettbewerbsvorteil: Der Ansatz von Barney (1986)

Die Kritik[106] an Porters „*resource dependend view*" (1980) war ein weiterer Meilenstein bei der Entwicklung des Ressourcenorientierten Ansatzes, der über die grundlegende Arbeit von Barney (1991) zum Ressourcenbegriff und auch zur Entwicklung des Begriffs „Kernkompetenz" eines Unternehmens führte (Hamel/Prahalad 1991, 1994): Die Überlegungen von Porter (1980) zur Optimierung der Anpassung des Unternehmens an seine Um-

---

[105] Diese fünf Wettbewerbskräfte nach Porter (1980, S. 88ff.) sind: (1) Bedrohung durch „Newcomer"; (2) Verhandlungsmacht der Zulieferer und (3) der Käufer; (4) Bedrohung durch Substitutionsprodukte oder (5) -dienstleistungen.

[106] Porters Ansatz (1980) wird hier wegen seines Renommees innerhalb der Industrial Organizations-Ansätze genannt. Wissenschaftlich präziser müßte man sagen, daß der Ausgangspunkt in einer Kritik an der klassischen Industrial Organizations-Forschung zu sehen ist, die die Differenz zwischen einzelnen Unternehmen als Erklärung für die Existenz von Wettbewerbsvorteilen negiert (z.B. Demsetz 1973; Peltzmann 1977). Diese Kritik wurde anhand entsprechender empirischer Studien entwickelt, die nachweisen, daß die Differenz von Unternehmen eine höhere Varianz bei der Wettbewerbsposition aufklärt als die Branchen- oder Geschäftsfeldzugehörigkeit (z.B. Wernerfelt/Montgomery 1988; Powell 1992).

welt[107] wurde durch die Position abgelöst, daß Anpassungsprozesse zum einen nur dann realisierbar sind, wenn man *heute* weiß, woran man sich *morgen* anpassen soll – und zum anderen daß genau diese Voraussetzung in Zeiten der zunehmenden Beschleunigung des Wandels immer weniger gegeben ist. Die ressourcenorientierte Sichtweise der strategischen Unternehmensführung löst dieses Unsicherheitsproblem wie folgt: Nicht mehr die Ausnutzung der Unvollkommenheiten der Märkte werden als nachhaltiger Schutz vor Mitbewerbern – und somit der Orientierung des eigenen Verhaltens an dem der anderen Marktakteure – betrachtet[108], sondern die Fähigkeit, die eigenen Ressourcen zu identifizieren, zu nutzen und weiterzuentwickeln und somit die eigene Wettbewerbsposition zu sichern bzw. auszubauen. Hierbei kommt den Eigenschaften solcher Ressourcen eine besondere Bedeutung zu.

Welche grundlegenden Überlegungen können bei Barney (1986a, 1991) identifiziert werden? Ganz allgemein kann festgehalten werden, daß er die ressourcenorientierten Überlegungen von Penrose (1959) und Wernerfelt (1984) weiterentwickelt und sie zu einem kohärenten theoretischen Ansatz ausbaut. Ausgangspunkt hierbei ist die folgende – ökonomische – Perspektive: Ressourcen sind prinzipiell auch auf dem Markt handelbar. Unterstellt man einen vollkommenen Markt, würde zum einen der Preis einer Ressource auch ihren erwarteten Erträgen entsprechen – und zum anderen könnten nur „normale" Gewinne erzielt werden. Akzeptiert man eine Ungleichheit zwischen einzelnen Unternehmen, so resultiert hieraus eine unterschiedliche Wahrnehmung von Ressourcen – und damit einhergehend unterschiedliche Erwartungen hinsichtlich ihrer Nutzbarkeit bzw. Verwertbarkeit. Dies wird durch einen entsprechend niedrigeren Marktpreis dieser Ressource wiedergegeben. Die Realisierung solcher Erwartungen führt konsequenterweise zu „supranormalen" Gewinnen. Letztlich resultiert aus solchen asymmetrischen Gewinnerwartungen ein unvollkommener Faktormarkt, wobei diese Unvollkommenheit aufgrund der ei-

---

[107] Aus theoretischer Sicht basieren Porters (1980) Überlegungen auf der Annahme, daß die Ausnutzung von Marktunvollkommenheiten als Quelle nachhaltiger Wettbewerbsvorteile aufgefaßt werden kann: Je besser die Ausnutzung, desto größer der Monopolcharakter der Marktstellung, die letztlich zur Ausschöpfung einer Monopolrente führt. Konsequenterweise ist es Aufgabe der Unternehmensführung, solche Branchen zu identifizieren, bei denen die Marktunvollkommenheiten besonders groß sind.

[108] Aus theoretischer Sicht beinhaltet dies, daß jede monopolartige Stellung prinzipiell angreifbar ist, da alle Mitbewerber Zugang zu den gleichen Ressourcen, wie z.B. Arbeits- und Kapitalmarkt haben. Der Wettbewerbsvorteil liegt demnach nicht mehr auf Monopol-, sondern auf Effizienzrenten.

genen Ressourcen unterschiedlich günstig ausgeschöpft werden kann (Yao 1988).

Damit stellt sich die Frage nach den Voraussetzungen bzw. Eigenschaften, die Ressourcen aufweisen müssen, damit die Ausnutzung solcher Marktunvollkommenheiten dauerhaft realisiert werden und somit Grundlage für nachhaltige Wettbewerbsvorteile darstellen kann. Barney (1986a) identifiziert hierbei die folgenden vier Kriterien bzw. Bedingungen eines nachhaltigen Wettbewerbsvorteils (vgl. auch Grant 1991):

- **Wert:** Eine Ressource muß wertvoll sein, um strategisch genutzt werden zu können. Sie muß also geeignet sein, Effizienz und Effektivität einer Organisation zu erhöhen.

- **Seltenheit (Knappheit):** Eine Ressource darf nicht für jeden verfügbar sein, vielmehr sollte sie selten und sehr gefragt sein – denn sonst würde ihr Besitz nicht zwischen anderen Eigentümern differenzieren können.

- **Unersetzbarkeit (mangelnde Substituierbarkeit):** Eine Ressource ist nur dann von strategischer Bedeutung, wenn die Konkurrenz kein Substitut für sie findet und einsetzen kann, d.h. durch eine andersartige Ressource die gleichen Ziele gleich effizient und effektiv erreicht werden können

- **Unnachahmlichkeit (mangelnde Imitierbarkeit):** Eine Ressource muß nicht nur wertvoll, selten und nicht substituierbar sein, sondern auch schwer imitierbar sein. Eine solche mangelnde Imitierbarkeit kann auf (a) historische Gründe (idiosynkratische Entwicklung der Unternehmenskultur), (b) kausale Ambiguität (es ist unklar, worin genau eigentlich der Vorteil eines Unternehmens besteht), (c) Komplexität (Know-how ist nicht isoliert über Einzelpersonen abrufbar, da es letztlich in einem Netzwerk miteinander verwobener Personen gespeichert ist), und (d) Spezifizität von Vermögenswerten (aufgrund der gemeinsamen Nutzung von Hard- und Software ist die Beziehung zu einem Kunden oder Lieferanten nur in dieser Konstellation ein Wettbewerbsvorteil) beruhen.

Auf welche Ressourcen treffen nun diese Kriterien zu? Barney (1986b) hat in diesem Zusammenhang eindrücklich die Rolle der **Unternehmenskultur** herausgearbeitet: Die Kultur ist das wirkungsvollste und dauerhafteste Hindernis für Nachahmer, da sie zum einen mit kausaler Ambiguität beladen ist, sowie untrennbar mit der Geschichte des Unternehmens verwurzelt ist, und zum anderen zu „einzigartigen" Ergebnissen führt. Die **Organisationsstruktur** konnte aufgrund ihrer Implikationen für die Güte der

Koordinationsprozesse und Kontinuität bzw. Stabilität als weitere Variable identifiziert werden, auf die die vier Kriterien nachhaltiger Wettbewerbsvorteile anwendbar sind (Collins 1991; Teece et al. 1992). **Managementkompetenzen** werden ebenfalls als differenzierender Wettbewerbsvorteil identifiziert (Castanias/Helfat 1991; Jensen/Ruback 1983). Ihnen liegen drei Typen von Fähigkeiten zugrunde: Industrieübergreifende (generische), industriespezifische und unternehmensspezifische Fähigkeiten. Da die Entwicklung neuen Wissens mit Hilfe von **F&E-Aktivitäten** eine wichtige Grundlage für Wettbewerbsvorteile darstellt, ist es wichtig, Mechanismen zu identifizieren, mit deren Hilfe es gelingt, hier entsprechende Barrieren gegen die Gefahr eines Wissensverlustes zu errichten (Winter 1987). Hohe Standardisierung in den F&E-Prozessen sind hier gerade als Negativbeispiel zu erwähnen, wobei demgegenüber der Know-how Transfer durch *„learning by doing"*-Prozessen als Imitationsschutz gilt. Weitere Beispiele hierfür sind Kompetenzen, die zu einer Reduktion des *„time to market"* führen (Liebermann 1984, 1989). Die Güte von **Diversifikationsprozessen** in Abhängigkeit der eigenen Ressourcenausstattung wurde bereits oben skizziert (Wernerfelt 1984); analoge Belege lassen sich für die Fähigkeit, **strategische Allianzen** zu bilden und zu nutzen, identifizieren: Diese Fähigkeit geht über die klassische Ressourcendefinition hinaus, geht es doch darum, Wissen nicht zu schützen, sondern zum einen dem Partner in geeigneter Form zur Verfügung zu stellen – und gleichzeitig dessen Wissen zu nutzen. Hamel (1991) identifiziert hierfür drei zentrale Voraussetzungen[109]: (a) Bei beiden Partnern muß eine Lernorientierung vorhanden sein, d.h. daß eine stetige Reflexion über das eigene Wissen stattfinden sollte; (b) das Wissen des Partner muß möglichst transparent sein – denn nur dann lassen sich entsprechende Synergiepotentiale nutzen; (c) Lernfähigkeit beinhaltet die Bereitschaft, Wissen intern diffundieren zu lassen und offen gegenüber neuartigen Wissensidentifikations- und -generierungsprozessen zu sein.

Faßt man diese Überlegungen vor dem Hintergrund des vorliegenden Begründungszusammenhangs zusammen, so werden folgende Aspekte deutlich: Ganz allgemein läßt sich zunächst festhalten, daß die folgenden, von Barney (1986b) identifizierten, Ressourcen in engem Bezug zur wissensbezogenen Wertschöpfung stehen: (1) **Unternehmenskultur** – als fördernder oder hemmender Faktor bei der Entwicklung, Diffusion und

---

[109] Eine weitergehende Analyse der Argumentation von Hamel (1991) verdeutlicht, daß es hier nicht nur um die Ausnutzung vorhandener, sondern auch um die Schaffung neuer Fähigkeiten eines Unternehmens geht.

Verarbeitung von Wissen[110]; (2) **Managementkompetenzen** als Quelle von Qualifikation, Know-how und Erfahrung (vgl. die Ausführungen zum Humankapital in Abschnitt 2.2.2 und zum Human Resource Management in Abschnitt 2.3.1); (3) **F&E-Aktivitäten** als Prozeß der Entwicklung neuen Wissens (vgl. Abschnitt 2.2.3.1); (4) auf die **Organisationsstruktur** als moderierende Variable zur Förderung von Wissensdiffusionsprozessen wurde ebenfalls bereits im Rahmen der Diskussion zum Konzept des Organisationskapitals (vgl. Abschnitt 2.2.3.1) und des Wissensmanagements (vgl. Abschnitt 2.3.2) verwiesen. Von besonderer Bedeutung scheint die Bereitstellung von eigenem Know-how im Rahmen von strategischen Partnerschaften sein: Zum einen deshalb, da dies eine opportunismusreduzierende Vertrauensbeziehung impliziert, und zum anderen daher, da – aufgrund der Kontextgebundenheit von Wissen (vgl. Abschnitt 2.4.2) – nicht von einem „trivialen" Know-how-Transfer zwischen den Partnern ausgegangen werden kann (vgl. auch die Argumentation bzgl. des wissensbezogenen Merkmals *„stickiness"* in Abschnitt 2.2.7.3).

2.3.3.3 Das Konzept der Kernkompetenzen: Der Ansatz von Hamel/Prahalad (1991)

Konzeptioneller Ausgangspunkt dieser Argumentation sind die Überlegungen von Itami (1987), der die Nutzung unsichtbarer Aktiva zum Gegenstand strategischer Überlegungen macht: *„Ein Unternehmen erreicht eine gute strategische Paßform, indem es seine unsichtbaren Vermögenswerte wie beispielsweise technologisches Know-how oder Kundenloyalität effektiv verwendet und effizient akkumuliert"* (Itami 1987, S. 1). Unsichtbare Aktiva dienen in bezug auf geschäftliche Aktivitäten hierbei sowohl als Input wie auch als Output; sie können daher in die Strategie einfließen und weiter akkumuliert werden.

Hamel/Prahalad (1991, 1994) haben diese Idee aufgegriffen und vertieft. Sie arbeiten aufgrund einer umfangreichen Analyse des internationalen

---

[110] Unternehmenskultur kann allgemein als *erlerntes* System von Wertvorstellungen, Annahmen, Überzeugungen, Verhaltensnormen, Denk- und Handlungsweisen aufgefaßt werden, das von den Mitgliedern eines Unternehmens erworben und akzeptiert worden ist, und als differentieller Faktor im Vergleich von Unternehmen aufgefaßt werden kann (vgl. Bleicher 1986; Sackmann 1989). Hierzu gehören allgemein die "*kognitiv entwickelten Fähigkeiten eines Unternehmens*" sowie die "*affektiv geprägten Einstellungen ihrer Mitarbeiter zur Aufgabe, zum Produkt, zu den Kollegen, zur Führung und zum Unternehmen in ihrer Formung von Perzeptionen (Wahrnehmungen) und Präferenzen (Vorlieben) gegenüber Ereignissen und Entwicklungen*" (Bleicher 1991, S. 148).

Wettbewerbs heraus, daß die Errichtung strategischer Geschäftseinheiten entgegen ihrer ursprünglichen Intention zu einem Kompetenzverlust eines Unternehmens führt. Der Ausgangspunkt ihrer Analysen besteht in einem Vergleich von mehreren internationalen Unternehmen in unterschiedlichen Branchen, die jeweils mit einem sehr ähnlichen Geschäftsportfolio starten (zum Beispiel *GTE* und *NEC* oder *CATERPILLAR* vs. *KOMATSU*). Dabei wird deutlich, daß sich diese Ähnlichkeiten im Laufe einer Dekade zunehmend mehr zugunsten der japanischen Unternehmen aufgelöst haben. Hamel/Prahalad (1991) machen hierfür die Nutzung der **Kernkompetenzen** bei den japanischen Unternehmen verantwortlich. Die Idee der Kernkompetenz wird von den Autoren mit Hilfe der Metapher des Kompetenzbaums beschrieben:

„Das diversifizierte Unternehmen ist ein großer Baum. Der Stamm und die wichtigsten Äste sind die Kernprodukte, die kleineren Zweige die Geschäftseinheiten; die Blätter, Blüten und Früchte sind die Endprodukte. Das Wurzelsystem, das für Nahrung, Halt und Stabilität sorgt, sind die Kernkompetenzen. Man kann die Stärke der Konkurrenten übersehen, indem man nur ihre Endprodukte betrachtet, so wie einem die Stärke eines Baumes entgehen kann, wenn man sich nur seine Blätter ansieht" (Hamel/Prahalad 1991, S. 82).

Die zentralen Aspekte des Konzepts der Kernkompetenzen lassen sich zusammenfassend wie folgt beschreiben (vgl. Hamel/Prahalad 1991):

- Die strategische Analyse eines Unternehmens führt **nicht** zu einem Portfolio von Geschäftseinheiten, wie dies traditionellerweise empfohlen wird (zum Beispiel Porter 1987; Gälweiler 1990), sondern zu einem Portfolio von **Kernkompetenzen**: Diese werden durch einheitliche, strategisch relevante Merkmale charakterisiert, worunter nicht nur Märkte und Produkte, sondern auch funktionale Stärken wie F&E, Vertriebswege und Produktion in Kombination subsumiert werden. Somit steht beim Konzept der Kernkompetenzen der Prozeß der intraorganisationalen Koordination bzw. Kommunikation im Vordergrund. Das bedeutet, daß eine isolierte, das heißt eine auf *strategische Geschäftseinheiten (SGE)* begrenzte Perspektive von einer gesamtkonzernbezogenen Sicht abgelöst wird.

- Die Entwicklung von Kernkompetenzen findet ihren Ausgangspunkt in einer veränderten Interpretation von zentralen Managementaufgaben. Daran anschließend ist ein kollektiver, *SGE*-übergreifender Lernprozeß auf der Basis einer gemeinsam entwickelten Vision notwendig, um ungleiche Produktionsfertigkeiten koordinieren und unterschiedliche Technologieströme integrieren zu können. Diese Integration setzt wiederum eine Reihe interner, bereichsübergreifender Kommunikations- und Kooperationsprozesse voraus.

- Der Aufbau und die Verwertung von Erfahrungen mit solchen komplexen Kommunikations- und Koordinationsprozessen können dann als das "Herz" des strategischen Wettbewerbsvorteils aufgefaßt werden, da solche Muster interner Abstimmung und gemeinsamen Lernens **nicht** kopiert werden können, selbst wenn ein Wettbewerber eine oder mehrere der zu einer Kernkompetenz zugehörigen Technologien beherrschen sollte.

- Das Konzept der Kernkompetenz bezieht sich somit nicht nur auf eine Veränderung im strategischen Denken, sondern führt auch zu einer Reihe weitreichender organisatorischer Änderungen, wie zum Beispiel bei der Neugestaltung von Informationssystemen, Kommunikationsabläufen, Karrierepfaden, Managervergütungen und dem Prozeß der Strategiefindung, die jeweils alle die *SGE*-Grenzen überschreiten müssen. Erst dann sind die Voraussetzungen für die Entwicklung eines geeigneten Führungsstils, einer entsprechenden Unternehmenskultur sowie für die Fähigkeit zum Wandel gegeben.

Damit liegen nach Hamel/Prahalad (1991) die Quellen eines strategischen Wettbewerbsvorteils in der Fähigkeit des Top-Managements bzw. der Konzernleitung, Technologien und Produktionsfertigkeiten konzernweit zu Kompetenzen zu bündeln, da erst dadurch die einzelnen Geschäftseinheiten stark genug werden, um auf sich bietende Chancen schnell reagieren zu können. Demgegenüber stellt die Dezentralisierung eines Unternehmens durch *SGE*s und deren „Autonomisierung" einen bedeutsamen strategischen Fehler dar, der zu einem Verlust bei der Entdeckung und Entwicklung von Kernkompetenzen führt, da einzelne *SGE*s im allgemeinen nicht über genügend Ressourcen verfügen, um in einem zunehmend verschärften internationalen Wettbewerb langfristig bestehen zu können.

Abstrahiert man von der *SGE*-Analyse, so wird deutlich, daß Kernkompetenzen tiefverwurzelte Fähigkeiten darstellen, die der Entwicklung von Produkten oder Dienstleistungen zugrundeliegen. Diese Fähigkeiten sind desweiteren versteckt (wie die Wurzeln des Baumes), und können von daher nicht leicht imitiert werden. Das **„Erfolgsgeheimnis"** eines Unternehmens liegt somit nicht in seinen Produkten oder Dienstleistungen, sondern in der **einzigartigen Kombination von Fähigkeiten**, die es ihm gestattet, hervorragende Produkte bzw. Dienstleistungen zu entwickeln, herzustellen und zu vermarkten.

Die bisherigen Ausführungen können verdeutlichen, daß eine Kernkompetenz zwar eine Ressource – im Sinne des ressourcenorientierten Ansatzes – ist, aber nicht jede Kompetenz (im Sinne der Nutzung einer Ressource) eine Kernkompetenz darstellt. Damit aber stellt sich die Frage nach Kriterien, anhand derer Kernkompetenzen identifiziert werden können. Hamel/Prahalad (1991) bieten hierzu selbst drei Tests an, mit deren Hilfe Kernkompetenzen identifiziert werden können. Zunächst (a) ist zu fragen, ob eine bestehende Kompetenz einen potentiellen Zugang zu einer Vielfalt von Märkten bietet; anschließend (b) soll eine Kernkompetenz einen signifikanten Beitrag zu den vom Kunden wahrgenommenen Vorteilen des Endprodukts leisten; und schließlich (c) sollte sie nur schwer durch die Konkurrenz imitierbar sein.

Tampoe (1994) präzisiert die Überlegungen von Hamel/Prahalad (1991) und erstellt eine Checkliste zur Identifikation von Kernkompetenzen, wobei er sich der Terminologie von Barney (1989) explizit bedient:

„[Eine Kompetenz] muß **unverzichtbar** für das lang- und kurzfristige Überleben des Konzerns, **unsichtbar** für die Konkurrenz, **schwer zu imitieren** und **einzigartig** für das Unternehmen sein, und sie muß eine **Mischung aus Fähigkeiten, Ressourcen und Prozessen** repräsentieren – kurz, es muß sich um eine Fähigkeit handeln, mit der die Organisation über die Zeit hinweg aufrechterhalten werden kann, die größer ist als die Kompetenz eines einzelnen, wesentlich für die Entwicklung der Kernprodukte und schließlich der Endprodukte, wesentlich für die Implementierung der strategischen Vision des Unternehmens, wesentlich für die wichtigen Entscheidungen des Unternehmens (...) marktgängig und kommerziell wertvoll, [und] es darf von ihr nur wenige geben" (Tampoe 1994, S. 68f.).

2.3.3.4 Die Bedeutung von Wissen im Ressourcenorientierten Ansatz

Die obigen Ausführungen haben verdeutlicht, daß kein Zweifel besteht, Wissen innerhalb des Ressourcenorientierten Ansatzes als wertschöpfungsbeeinflussende Ressource aufzufassen – und dies gleich in zweifacher Hinsicht[111]:

---

[111] Penrose (1959) hat schon früh auf die *Erfahrungs- und somit Wissensabhängigkeit* der Ressourcennutzung – und somit auch ihre Identifikation – hingewiesen: *„The fact that most resources can provide a variety of different services is of great importance for the productive opportunity of a firm. It is the heterogeneity, and not the homogeneity, of the product services available or potentially available from its resources that gives each firm its unique character. Not only can the personnel of a firm render a heterogeneous variety of unique services, but also the material resources of the firm can be used in different ways, which means that they can provide different kind of services. This kind of heterogeneity in the services from the material resources with which a firm works, permits the same resources to be used in different ways and for different purposes, if the people who work with them get different ideas about how they can be used"* (Penrose 1959, S. 75f.).

- **Ressourcen/Kernkompetenzen als *Resultat* wissensbezogener Prozesse:** Zum einen haben bereits die Ausführungen zu den Kriterien nachhaltiger Wettbewerbsvorteile gezeigt, daß diese als Resultat kollektiver Lernprozesse modelliert werden können, wobei im nachhinein weder dieser Lernprozeß noch dessen Resultat vollständig rekonstruiert werden kann. Hamel/Prahalad (1991) betrachten die Kernkompetenz als Resultat eines „*kollektiven Lernens der Organisation, insbesondere in bezug auf die Koordinierung diverser Produktionsfähigkeiten und die Integration verschiedener Technologieströme. (...) [Dies erfordert] Kommunikation, Engagement und ein tiefes Bekenntnis zur Arbeit über organisatorische Grenzen hinweg. (...) Die Kompetenzen sind das Bindemittel, das die bestehenden Geschäftsbereiche zusammenhält. Sie sind auch der Motor für die Entwicklung neuer Geschäftsbereiche*" (Hamel/Prahalad 1991, S. 82).

- **Ressourcen/Kernkompetenzen als *Motor* zur Steuerung wissensbezogener Prozesse:** Umgekehrt kann die Nutzung und der Ausbau von Kernkompetenzen als strategiebezogener Wissensmanagementprozeß reformuliert werden, bei dem es darum geht, die – materiellen wie immateriellen – Ressourcen zu identifizieren bzw. zu generieren, um diese durch unterschiedliche Schritte der Wissenstransformation in entsprechende Handlungen so umsetzen zu können, daß daraus nachhaltige Wettbewerbsvorteile resultieren. Letztlich kann diese Perspektive als Ansatz interpretiert werden, den Prozeß des strategischen Managements als organisationalen Lernprozeß zu konzeptualisieren.

Zusammenfassend bedeutet dies, daß die – nicht zwangsläufig vollständig zu explizierende – Fähigkeit zur Gestaltung wissensbezogener Transformationsprozesse zum einen als Wettbewerbsvorteil und zum anderen als Imitationsbarriere aufgefaßt werden kann. Zu ähnlichen Überlegungen gelangt Hall (1992), der die Ressourcen eines Unternehmens in Abhängigkeit ihres Charakters (materiell vs. immateriell) und ihre Veräußerbarkeit (handelbar vs. nicht handelbar) charakterisiert. Die Analyse von Hall (1992) verdeutlicht hierbei, daß immaterielle, nicht handelbare Ressourcen den größten Schutz vor Imitation bieten und somit aus strategischer Sicht besonders berücksichtigt werden sollten. Allerdings ist gleichzeitig zu berücksichtigen, daß es gerade dieser immaterielle und nicht-handelbare Charakter einer Ressource ist, der es für ein Unternehmen schwer macht, diese zu erfassen und zu bewerten.

Untersucht man die neuere Diskussion hinsichtlich der Relation zwischen Ressourcen und Wissen, so wird deutlich, daß hier eine zunehmende Orientierung in Richtung des Wissensbegriffs vorgenommen wird:

- So argumentieren Conner/Prahalad (1996), daß der Ressourcenorientierte Ansatz im Wesentlichen eine vom Wissen ausgehende Betrachtung darstellt, bei dem das Unternehmen nicht mehr als eklektisches Bündel greifbarer Ressourcen, sondern als **Hierarchie nicht greifbaren Wissens** und **nicht greifbarer Prozesse zur Erzeugung neuen Wissens** aufgefaßt werden sollte.

- Kogut/Zander (1996) schlagen hier einen anderen Weg ein und arbeiten heraus, daß die Quelle der Unnachahmlichkeit auf die Organisation als Gesamtheit zurückzuführen ist: So stehen weniger Kommunikationsmuster zwischen den Beschäftigten oder die Qualität der Aufgabenerfüllung im Mittelpunkt der Analyse, sondern das **Bezugssystem**, das von den Individuen genutzt wird, um eine gemeinsame Identität zu bilden. Menschen sind Teil einer „*moralischen Ordnung, die durch das aneinander gebunden sind, was sie wissen und was sie für wertvoll halten*" (Kogut/Zander 1995, S. 515).

Dieser Wandel im Bezugssystem – weg vom Ressourcen- und hin zum Wissensbegriff – wird noch von einer Reihe weiterer Autoren vorgenommen und soll nachfolgend im Rahmen der wissensbasierten Ansätze des Unternehmens ausführlicher dargestellt werden.

2.3.4 Wissensbasierte Theorien des Unternehmens

Wird im Rahmen des Ressourcenorientierten Ansatzes die Existenz von Wettbewerbsvorteilen zu erklären versucht, gehen die wissensbasierten Ansätze der Unternehmensführung über diesen Fokus hinaus und versuchen, die Strukturen und das Verhalten von Wirtschaftsunternehmen zu beschreiben, zu erklären und vorherzusagen. Somit verfolgen sie letztlich den Anspruch, Antworten auf die Frage nach der Existenz von Firmen geben zu können, wobei hier Unternehmen als **wissensverarbeitende Organisationen** aufgefaßt werden.

Wenn Theorien des Unternehmens – „*theories of the firm*" – das Ziel haben, Strukturen und Verhalten von Wirtschaftsunternehmen zu beschreiben, zu erklären und vorherzusagen und somit die Gründe für die Existenz von Firmen aufzudecken, so stellt sich zunächst die Frage nach der Notwendigkeit, eine solch' neue theoretische Perspektive einzuführen. Der Begründungszusammenhang resultiert hier aus zwei miteinander verwobenen Perspektiven: Zum einen wird vorausgesetzt, daß Wissen die wichtigste aller unternehmensbezogenen Ressourcen ist. Zum anderen wird darauf abgestellt, daß die Charakteristika der Ressource Wissen zu neuartigen Erkenntnissen hinsichtlich zentraler Probleme der Unternehmenstheorie – also Fragen hinsichtlich der Existenz, der Koordination, der Struktur und der Grenzen von Unternehmen – führen (Grant 1996, S. 110).

Aktuellerweise liegen drei, im folgenden zu erörternde Arbeiten vor, die den Anspruch erheben, einen *Beitrag* im Rahmen einer entsprechenden Unternehmenstheorie zu leisten: Der „eindimensionale" Ansatz von Grant (1996), der „zweidimensionale" Ansatz von Spender (1996) und der „dreidimensionale" Ansatz von Boisot (1995, 1998) – der Begriff „Dimensionalität" verweist auf die Dimensionen des jeweiligen konstitutiven Wissensbegriffs. Der Begriff „Beitrag" weist darauf hin, daß es nicht – wie noch deutlich werden wird – um umfassende Theorieansätze geht, sondern um erste Klärungsversuche bzgl. des Stellenwerts von Wissen für die Unternehmenstheorie.

2.3.4.1 Der Ansatz von Grant (1996)

Ausgangspunkt der Überlegungen von Grant (1996) ist die Beantwortung der Frage, was Wissen ist – und welche Typen oder Klassen von Wissen für die Existenz von Unternehmen von Bedeutung sind[112]. Grant (1996) argumentiert hier, daß somit nicht die Frage nach Wissen per se zu beantworten ist, sondern diejenigen Wissenstypen, die für die Nutzung von Wissen im Wertschöpfungsprozeß relevant sind, identifiziert werden müssen. Wert kann nach Grant (1996) aufgrund der beiden folgenden Mechanismen erzeugt werden: (a) Wertschöpfung durch Veränderung der Inputs – Wissen als **Produktionsfaktor (Input)** erhöht den Wert der Outputs. (b) Wertschöpfung mittels **Arbitrage** – Wissen über Produkt-Märkte oder Finanz-Märkte: Wertschöpfung wird nicht aufgrund der Veränderung der Produkte/Dienstleistungen, sondern aufgrund der Wertdifferenz zwischen verschiedenen Märkten (zeitlich, räumlich) erzielt.

2.3.4.1.1 Begriffliche Grundlagen

Im Mittelpunkt der weiteren Ausführungen steht die Auffassung von Wissen als Produktionsfaktor. Hier leitet Grant (1996) die folgenden drei Merkmale von Wissen ab:

---

[112] Um die Komplexität dieses Problems nochmals zu verdeutlichen, soll an dieser Stelle an die in Abschnitt 2.2.4.3 skizzierten Wissenstypen von Machlup (1980) oder auf die 39 kognitionspsychologischen Wissenstypen (Strube et al. 1997, S. 799ff.) verwiesen werden.

Übertragbarkeit (*transferability*): Bereits im Ressourcenorientierten Ansatz wurde verdeutlicht (Barney 1986a), daß die Übertragbarkeit von Ressourcen und Kompetenzen von zentraler Bedeutung für die Wettbewerbsfähigkeit eines Unternehmens ist. Grant (1996) schlägt vor, in diesem Zusammenhang auf eine Vielzahl von Wissenstypologien zu verzichten und ausschließlich auf die **eindimensionale Leitdifferenz** zwischen **explizitem** und **implizitem** Wissen abzustellen, da es letztlich diese Eigenschaften sind, die die **Übertragbarkeit von Wissen** konstituieren. Übertragbarkeit von Wissen – insbesondere innerhalb der Firma – ist zentral für ihre Existenz.

Explizites Wissen wird hier mit dem Begriff der Information („know that") gleichgesetzt. Der Kernmechanismus der Übertragung **expliziten Wissens** ist der der Kommunikation – die Effektivität und Effizienz der Kommunikationskanäle ist somit zentrale Voraussetzung für die Übertragbarkeit expliziten Wissens. Somit können solche Kommunikationskanäle als wissensbezogenes Vermögen eines Unternehmens interpretiert werden. Diese Betrachtungsweise ist an die ökonomischen Überlegungen anschlußfähig, in denen Information als *öffentliches Gut* gilt, wodurch keine weiteren Kosten durch die Nutzung zusätzlicher Verbraucher entstehen. In Bezug auf das **implizite Wissen** hebt Grant (1996) dessen Explizierbarkeit bzw. Kodifizierbarkeit hervor: Wenn es nicht gelingt, implizites Wissen zu kodieren und zu explizieren, dann ist der Transfer von implizitem Wissen zwischen Personen langsam, kostenintensiv und unsicher.

Aggregations- und Absorptionsfähigkeit (*capacity for aggregation*): Scheint Grant (1996) mit der Übertragbarkeitsargumentation auf einen zumindest in Teilen objektiven Wissensbegriff abzustellen, wird sein Verständnis von Kontextgebundenheit im Zusammenhang mit dem Begriff *„capacity for aggregation"* deutlich: Hierunter versteht Grant die Fähigkeit von Rezipienten *„to add new knowledge to existing knowledge"* (S. 111). Unabhängig davon, daß dieser Additionsbegriff unglücklich gewählt ist, geht es hier um die Integrations- bzw. Modifikationsfähigkeiten des Rezipienten in bezug auf das eigene kognitive System (vgl. Abschnitt 2.3.2.2)[113]: Somit wird die Anschlußfähigkeit von Wissen an die potentiellen Empfänger zur zentralen Voraussetzung für das Management der Ressource Wissen gemacht. Grant (1996) verweist an dieser Stelle auf die Notwendigkeit, Wissen so zu konfigurieren, daß es optimal zu den

---

[113] Die Absorptionsfähigkeit von Wissen hängt somit von der kognitiven Struktur des Empfängers ab (*absorptive capacity*, vgl. Cohen/Levinthal 1990).

entsprechenden Entscheidungsträgern transferiert werden kann[114]. Zusammengefaßt bedeutet dies, daß die Fähigkeit, Wissen zu transferieren und zu aggregieren nach Grant (1996) als Determinante für die optimale Allokation von Wissen aufgefaßt werden muß.

Verwendungsfähigkeit (*appropriability*): Schließlich impliziert Verwendungs- bzw. Umsetzungsfähigkeit von Wissen, daß der Empfänger in der Lage ist, das Wissen in entsprechende wertbezogene bzw. wertsteigernde Aktivitäten umzusetzen. Dabei gilt zum einen, daß implizites Wissen nicht direkt umsetzbar ist, da es nicht direkt transferierbar ist. In bezug auf explizites Wissen gilt, daß hier zunächst das Problem seiner Eigenschaft als öffentliches Gut zu lösen ist, d.h. daß es verkauft werden kann ohne den Wert für den Besitzer zu schmälern. Hinzukommt, daß Wissen, wenn es einmal auf dem Markt verfügbar ist, nicht vor der Nutzung Dritter geschützt werden kann.

Grant (1996) folgert zum einen daraus, daß der **Markt** – abgesehen von rechtlich geschütztem geistigen Eigentum – **kein ökonomisch brauchbares Medium** für den Austausch von Wissen darstellt. Zum anderen wird herausgearbeitet, daß es die Zustandsgebundenheit von Wissen – die Abhängigkeit des Wissen von ihren Eigentümern – erschwert, spezifische Aussagen über die Erträge des Einsatzes von Wissen und Investitionsanforderungen in Wissen machen zu können.

2.3.4.1.2 Implikationen für die Existenz des Unternehmens

Grant (1996) faßt das Unternehmen als wissensintegrierende Institution auf. Er folgt damit der Argumentation von Demsetz (1991, S. 171ff.), nach der sich die Existenz einer Firma aus der folgenden – grundsätzlichen – wissensbezogenen Asymmetrie ableiten läßt: **Wissenserwerb setzt stets eine höhere Spezialisierung voraus als dessen Nutzung.** Somit ist die Produktion und Transformation von Wissen von der Koordination durch spezialisierte Individuen abhängig, die über verschiedene Typen von Wissen verfügen sollten. Märkte sind – im Gegensatz zu Unternehmen – nicht in der Lage, diese Koordinationsfunktion zu übernehmen, da (a) implizites Wissen in Märkten immobil bzw. nicht transferierbar ist und (b) explizites Wissen durch potentielle Käufer „ausgebeutet" werden kann. Grant (1996) folgert daraus, daß Firmen deshalb als Institutionen zur Herstellung von

---

[114] vgl. auch hier die Überlegungen zu den Begriffen *idiosyncratic knowledge* (Hayek 1945) bzw. *specific knowledge* (Jensen/Meckling 1992), die das Problem herausarbeiten, daß Wissen nicht an einem bestimmten Ort/zu einem bestimmten Zeitpunkt aggregiert werden kann, da Wissen zustandsgebunden ist.

Gütern und Dienstleistungen existieren, da sie hierdurch Bedingungen herstellen können, unter denen verschiedenste Individuen ihr Spezialistenwissen austauschen und integrieren können.

In Abgrenzung zu anderen Autoren wie Huber (1991) oder Nonaka/Takeuchi (1995) arbeitet Grant (1996) die beiden folgenden Merkmale seines Konzeptes heraus: (a) die Erzeugung von Wissen ist *stets* individuumsabhängig, und (b) die Hauptaufgabe von Unternehmen besteht in der Anwendung bereits bestehenden Wissens für die Erzeugung von Gütern bzw. Dienstleistungen. Damit werden alle unternehmensbezogenen Prozesse bzw. Aktivitäten in Abhängigkeit von Organisationsmitgliedern konzipiert.

Analysiert man Grants (1996) Überlegungen aus einer Metaperspektive, so wird zum einen deutlich, daß er organisationales Verhalten bzw. Wissen auf einer tieferliegenden analytischen Ebene interpretiert: Prozesse, Regeln, Konventionen, Systeme usw. werden als Resultat der Erzeugung, Kombination und Anwendung individuellen Wissens aufgefaßt[115].

2.3.4.1.3 Die unternehmensbezogene Koordination von Aktivitäten

Grant (1996) arbeitet in diesem Zusammenhang heraus, daß die Koordinationsmechanismen innerhalb von Firmen aus der Wissensperspektive andersartigen Prinzipien folgen: Faßt man Firmen als Institution der Wissensanwendung auf, so resultiert hieraus, daß die verschiedenen individuumsabhängigen Wissenselemente nicht nur zielgerichtet untereinander transferiert, sondern – gemäß der obigen Ausführungen – entsprechend integriert, d.h. aufeinander abgestimmt werden.

Diese Abstimmung basiert zum einen auf den Mechanismen der Integration und Modifikation, und unterliegt zum anderen Effizienzüberlegungen, d.h., daß es nicht darum gehen kann, daß jeder alles vom anderen lernt, sondern vielmehr darum, daß der Wissenstransfer bzw. die hierfür aufzuwendende Zeit minimiert wird. Damit aber entstehen spezifische Probleme der wissensbezogenen Koordination – da eben nicht vorausgesetzt werden kann, daß Integration und Modifikation in einer planbaren bzw. vor-

---

[115] Die Perspektive „Organisation als Subjekt" führt nach Grant (1996) einerseits zum Problem der Reifikation – andererseits reduzieren die Erklärungsmechanismen auf der Ebene der Existenz von Regeln, Normen, Prozessen den Beitrag des Wissens von Einzelpersonen und ihrer Interaktion in wenig angemessener Weise.

hersehbaren Art und Weise realisiert werden können[116]. Diese Argumentation ist anschlußfähig an das Konzept des Sozialen Kapitals (vgl. Abschnitt 2.2.3.2): Auf der einen Seite sind es Individuen, die mit ihrem Wissen, ihren Kompetenzen und ihrem Verhalten Komponenten des jeweiligen Beziehungsgeflechtes sind, auf der anderen Seite ist es gerade diese Beziehung als unauflösbare Einheit, die die auf Lern- und Sozialisationsprozesse zurückführbare Grundlage für Wertschöpfung darstellt. Damit aber ist die **Existenz gemeinsamen Wissens** eine zentrale Voraussetzung für die Effizienz des Wissensaustauschs – und somit der Integrations- und Modifikationsprozesse.

Gemeinsames Wissen basiert auf der Existenz von Redundanzen und Slack in der Organisation (Staehle 1991; Nonaka/Takeuchi 1995). Folgende Formen des gemeinsamen Wissens fördern nach Grant (1996, S. 116) die Wissensintegration: (a) gemeinsame Sprache; (b) geteilte Anforderungen an symbolische Repräsentation, z.B. Grundkenntnisse in Qualitätsplanung oder TQM, Moderationsregeln usw.; (c) Überlappung individueller Wissensebenen; (d) gemeinsames Verständnis von Sachverhalten aufgrund kollektiver Lernprozesses („shared meaning") und (e) Wissen um das Wissen anderer und dessen Wertschätzung – als Voraussetzung dafür, daß auch von eigenem Wissen abweichendes Wissen aufgesucht und potentiell genutzt wird.

Letztlich ist es die Fähigkeit der Firma zur Koordination dieser einzelnen „Zellen gemeinsamen Wissens" und die Unterstützung der jeweiligen Integrationsprozesse, die ihre Wettbewerbsfähigkeit ausmacht. Solche Integrations- und Koordinationsprozesse finden sich beispielhaft in bereichsübergreifender Produktentwicklung (Clark/Fujimoto 1992) oder entsprechenden Innovationsfähigkeiten (Henderson/Clark 1990) wieder. Damit aber ist die Frage nach der Allokation von Entscheidungen – und somit nach **Hierarchie** und **Organisationsstruktur** zu beantworten.

2.3.4.1.4 Wissensbezogene Organisationsstruktur

Versucht man das Koordinationsproblem zu lösen, so ist bei näherem Hinsehen zwischen den beiden Aspekten „Koordination" und „Kooperation" zu differenzieren: Geht es bei der Koordination „lediglich" um die Einführung geeigneter struktureller Lösungen, mit deren Hilfe eine zielführende Wissensintegration und -umsetzung realisiert werden soll, impliziert

---

[116] Vgl. die Argumentation in Abschnitt 2.3.5.3 hinsichtlich der Annahme eines „nichttrivialen Organisationsparadigmas".

die Lösung des Kooperationsproblems die Entwicklung von Rahmenbedingungen, in denen die divergenten Ziele von Individuen homogenisiert werden, um somit gemeinsames Wissen entstehen zu lassen und in Handlung umsetzen zu können. Innerhalb der Organisationstheorie wird dieses doppelte Problem von Koordination und Kooperation über die Einführung hierarchischer Prinzipien zu lösen versucht (vgl. Kieser/Kubicek 1977; Kieser 1999).

Unterzieht man die Hierarchie vor dem Hintergrund der Ressource Wissen einer näheren Analyse, so wird deutlich, daß Hierarchie ein *ungeeignetes* Medium für die Integration und Koordination von Wissen ist: Wenn Wissen zum einen individuumsabhängig ist und zum anderen maßgeblich implizit ist, dann macht es wenig Sinn zu erwarten, daß Probleme durch Austausch übergeordneter Instanzen gelöst werden können, da dies voraussetzt, daß ihre jeweils Untergebenen in der Lage gewesen sind, ihr eigenes Wissen – aus der untergeordneten Perspektive – an die übergeordnete Instanz zu transferieren[117]:

„The dilemma is this: if production (and decisions about production) require many types of knowledge, if that knowledge is resident in many individuals, and if integration mechanisms can involve only relatively small numbers of individuals – what organizational structures are possible?" (Grant 1996, S. 118).

Mit Bezug auf den Aspekt des „Gemeinsamen Wissens" arbeitet Grant (1996) an dieser Stelle bereichs- und hierarchieübergreifende **teamorientierte Strukturen** – ohne feste Grenzen, also fluide Strukturen – als adäquaten Mechanismus zur Gestaltung der Organisationsstruktur aus einer Wissensperspektive heraus. Hierdurch wird nicht nur sichergestellt, daß benötigtes Wissen nicht nur potentiell verfügbar gemacht werden kann, sondern auch, daß ein adäquater Rahmen für die Entwicklung gemeinsamen Wissens bereitgestellt wird.

Damit aber wird die Frage nach der Allokation von Entscheidungen ebenfalls mitbeantwortet: Ist die Verfügbarkeit von Wissen ein zentraler Aspekt von Entscheidungen, so ist es nur dann sinnvoll, Entscheidungen zu zentralisieren, wenn solches Wissen explizit vorliegt. Dies ist beispielsweise im Rahmen des Finanzmanagements sinnvoll, wenn es um die Einschätzung von Risiken aufgrund objektiver Marktanalysen geht. Wird implizites Wissen, wie beispielsweise bei der Formulierung von Strategien, entscheidungsrelevant, so sind hier dezentralisierte Strukturen zu bevorzugen.

---

[117] Was zudem voraussetzen würde, daß diese übergeordnete Instanz in der Lage ist, die Vielfalt der individuellen Wissensausschnitte zu integrieren und in Pläne oder Handlungen umzusetzen.

2.3.4.2 Der Ansatz von Spender (1996)

2.3.4.2.1 Begriffliche Grundlagen

Als Ausgangspunkt seiner theoretischen Überlegungen greift Spender (1996) zum einen die aktuelle Argumentation hinsichtlich der zunehmenden Bedeutung von Wissen als Produktionsfaktor auf, und verdeutlicht zum anderen, daß bisherige Organisationstheorien – letztlich aufgrund ihres hohen Abstraktionsgrades – nicht in der Lage sind, einen angemessenen Beitrag zur Aufklärung wissensbezogener Mechanismen zu leisten. Nach Spender (1996) gilt dies ebenfalls in bezug auf die ressourcenorientierten Ansätze, deren Fokus letztlich vom Individuum abstrahiert.

Ähnlich wie Grant (1996) versucht Spender (1996), den zentralen Begriff des Wissens zum Ausgangspunkt seiner Analyse zu machen: *„To be the basis of a theory of the firm, knowledge must be defined precisely enough to let us see which firm has the more significant knowledge and explain how that leads to competitive advantage"* (Spender 1996, S. 49). Dabei nimmt er im Rahmen einer zweidimensionalen Analyse – neben der Differenz zwischen explizitem und implizitem Wissen – eine weitere Differenzierung zwischen individuellem und kollektivem bzw. sozialen Wissen vor, woraus das Schema in Tabelle 8 resultiert:

	Individual	Social
Explicit	Conscious	Objectified
Implicit	Automatic	Collective

Tabelle 8: Typen von organisationalem Wissen innerhalb des wissensbasierten Ansatzes des Unternehmens (Quelle: Spender 1996, S. 52)

Spender (1996) entwickelt aufgrund des Schemas in Tabelle 8 die These, daß man – aufgrund dieser vier Typen organisationalen Wissens – vier unterschiedliche Klassen *wissensbasierter Theorien*[118] erwarten kann, die sich wiederum mit jeweils spezifischen Problemen beschäftigen:

---

[118] Diese Klassifikation macht bereits deutlich, daß Spender (1996) einen anderen Anspruch an die Entwicklung wissensbasierter Theorien stellt als Grant (1996) – nämlich ein theoretisches Klassifikationsschema zur Präzisierung der zugrundeliegenden theoretischen Fragestellungen abzuleiten.

- Theorien, in deren Mittelpunkt **bewußtes Wissen** (*conscious knowledge*) steht, beschäftigen sich mit dem Problem der Motivation, eigenes Wissen zu teilen: Hier werden Bezugspunkte zu Theorien interpersoneller Macht, von Charisma oder des Wertes von Erfindungen deutlich. Letztlich geht es in diesem Zusammenhang um die Handhabung des „*agency problems*" (vgl. Ross 1973; Jensen/Meckling 1976) aus wissensbezogener Perspektive: Mit Hilfe welcher institutioneller Arrangements läßt sich die Teilung von Wissen fördern?

- Theorien, in denen **automatisiertes Wissen** (*automatic knowledge*) im Mittelpunkt steht, tragen dazu bei, das Problem des Wissensverlustes, das dann auftritt, wenn Wissensträger das Unternehmen verlassen wollen, zu lösen. Auch hier glaubt Spender (1996), Bezüge zu *agency*-theoretischen Annahmen herstellen zu können.

- Hinsichtlich des **objektivierbaren Wissens** (*objectified knowledge*) ist auf theoretische Ansätze zu verweisen, die sich mit dem Transfer individuellen Wissens in rechtlich geschützte Vermögenswerte beschäftigen.

- Letztlich ist in bezug auf **kollektives Wissen** (*collective knowledge*) festzuhalten, daß hierzu die Gestaltung von teambezogenen Prozessen und somit die führungsbezogenen Probleme im generellen zuzuordnen sind.

Aufbauend auf diese Differenzierung arbeitet Spender (1996) eine Reihe von Hinweisen heraus, die bei der Entwicklung wissensbasierter Unternehmenstheorien zu berücksichtigen sind.

2.3.4.2.2 Implikationen für die Nutzbarkeit von Wissen

Aufbauend auf den Überlegungen zum Konzept der „*bounded rationality*" (Simon 1947; Thompson 1967) relativiert Spender (1996) die Optionen des Individuums zum Wissensaustausch bzw. zur Wissensnutzung. Er argumentiert, daß das Individuum einer ausgeprägten Agentenrolle unterliegt, da die Operationen seines kognitiven Systems maßgeblich von den institutionellen Rahmenbedingungen abhängig sind. Damit aber ist individuelles Wissen nur stark eingeschränkt von seinem sozialen Kontext abstrahierbar. Spender (1996) weist auf die synergetischen Bezüge zwischen individuellem und sozialem Umfeld hin: Weder explizites noch implizites individuelles Wissen existieren losgelöst von seinem sozialen Kontext. Somit ist die Wertschöpfung von Wissen unauflösbar von den strukturellen Kontextfaktoren des Unternehmens abhängig.

2.3.4.2.3 Implikationen für die Auffassung von Unternehmen

Vor dem Hintergrund der oben skizzierten Interdependenz zwischen individuellem Wissen und seinem Umfeld macht es wenig Sinn, Wissen als objektivierbaren Vermögenswert aufzufassen und ihm objektive Eigenschaften zuzuschreiben. Spender (1996) arbeitet auf Basis dieses Verständnisses die Eigenschaften von implizitem Wissen heraus. Er verdeutlicht, daß der Austausch – also die Kommunikation – impliziten Wissens in organisationalen Handlungen besteht; Wissen ist demnach immer in Handlungen eingebettet. Firmen lassen sich daher als **„system of knowing activity"** auffassen, als Wissenssysteme, die zum einen durch verschiedene Bezugsgruppen – in Abhängigkeit ihrer jeweiligen Zielsetzungen – analysierbar und dekonstruierbar sind. Zum anderen ist festzuhalten, daß diese verschiedenen Akteure jeweils unterschiedliche Zugänge zur Realität haben, also zu dem, was sie an jeweiligem Wissen beobachten können. Damit aber ist festzuhalten, daß kein elitärer Zugang zur Realität existiert.

Spender (1996) argumentiert hier ähnlich wie die Autoren des sozialen Konstruktivismus (z.B. Luekcn 1992; Mittelstraß 1989) bzw. der Systemtheorie (z.B. Willke 1998), nutzt hierbei jedoch den Begriff des *„quasi-objects"* von Latour (1993) zur weiteren Analyse der Eigenschaften der organisationalen Wissensbasis:

„Latour's quasi-objects, which embrace physical artifacts, scientific laws, the practices of scientists and technologists, political activity, historically specific social systems and institutions, as well as individual's dispositions in an activity system with some autonomy and self-regulating capabilities, provide us with a rich and dynamic sense of the interaction of the many different types of knowledge being created, circulated, stored, and applied within the firm. It is clearly a knowledge-based theory, in which knowledge is conceived as competent goal-oriented activity rather than as abstract ‚knowledge about' " (Spender 1996, S. 57).

2.3.4.2.4 Implikationen für die Führung wissensbasierter Systeme

Welche Konsequenzen leitet Spender (1996) aus einer Analyse für das Management wissensbezogener System ab? Er arbeitet die folgenden vier zentralen Überlegungen heraus: (a) Notwendige Voraussetzung für das Operieren von *„quasi-objects"* ist Redundanz im System – als Voraussetzung für eine **interpretative Flexibilität** und somit für die Fähigkeit, mit Unsicherheit bzw. mangelnder Vorhersagbarkeit umgehen zu können; (b) die Fähigkeit, zwischen **der Systemebene und der Ebene seiner Komponenten differenzieren** zu können ist Voraussetzung dafür, entscheiden zu können, welches Wissen den Charakter eines öffentlichen Gutes hat und welches privater Natur ist[119]; (c) das **Management der Firmengrenzen** bezieht sich auf die Fähigkeit, externe Veränderungen angemessen in interne wissensbezogene Prozesse übersetzen zu können und (d) die **Identifikation institutioneller Einflüsse** bezieht sich demgegenüber auf die Fähigkeit, auf interne Veränderungen entsprechend – im Sinne der Erhaltung der interpretativen Flexibilität – reagieren zu können.

2.3.4.3 Der Ansatz von Boisot (1995, 1998)

Nachdem Grant (1996) eine eindimensionale und Spender (1996) eine zweidimensionale Differenzierung der zu berücksichtigenden Wissenstypen vornimmt, entwickelt Boisot (1995, 1998) einen Ansatz, dem eine dreidimensionale Klassifikation von Wissen zugrundeliegt.

2.3.4.3.1 Begriffliche Grundlagen

Boisot (1995) entwickelt ein dreidimensionales System zur Beschreibung von Wissen, den Information-Space (I-Space). Dabei legt er die drei Dimensionen Kodifizierbarkeit (*codification*), Abstraktionsniveau (*abstraction*) und Diffusionsgrad (*diffusion*) zugrunde:

(1) Kodifizierbarkeit: Diese Dimension beschreibt das Ausmaß, in dem Wissen digitalisierbar ist. Der Prozeß der Kodifizierung setzt zum einen entsprechende Entscheidungskriterien voraus, die zum anderen vom entsprechenden Vorwissen des Akteurs[120] *nicht* unabhängig sind. Somit ist Kodifizierung ein Prozeß, der – trotz aller Uneindeutigkeit – zur Unsicherheits- bzw. Komplexitätsreduktion beiträgt. Beispiele der Dimension der Kodifizierbarkeit sind: Die Betätigung eines Lichtschalters, die nur auf zwei Zuständen beruht; zum Erwerb von Software-Kenntnissen ist meist nur eine geschriebene Instruktion notwendig; zum Lernen von Fahrradfahren ist es notwendig, daß es einem gezeigt wird – das Lesen entsprechender Anweisungen genügt hier *nicht*. Boisot (1995, 1998) präzisiert mit dieser Dimension die Unterscheidung zwischen implizitem und explizitem Wissen (Nonaka/Takeuchi 1995) und verweist insbesondere auf die Grenzen bzw.

---

[119] Kernkompetenzen werden beispielsweise als nicht mehr weiter dekonstruierbare Systemeigenschaft aufgefaßt; das darüber – *nicht* vollständig – vorhandene Wissen ist in bezug auf seine Anwendung zu schützen.

[120] So ist beispielsweise ein Berater in der Lage, das Führungsverhalten eines Managers differenzierter zu beschreiben als der Betroffene selbst.

Gefahren der Kodifizierung von Wissen: Je stärker ein Prozeß kodifiziert ist, desto geringer sind die Freiheitsgrade der Handlungen, die im Zusammenhang mit seiner Ausführung stehen.

(2) Abstraktionsniveau: Diese Dimension resultiert aus einer weitergehenden Analyse des Kodifizierungsprozesses; hierbei wird deutlich, daß Kodifizierung entweder perzeptuell oder konzeptionell erfolgen kann. Abstrahieren meint hier, die Anzahl der Kategorien, die zur Beschreibung eines Phänomens notwendig sind, zu reduzieren – wobei in dieser mit der Abstraktion einhergehenden Konzeptbildung Ursache-Wirkungs-Beziehungen verarbeitet werden. Das folgende Beispiel soll dies verdeutlichen: Ein Produkt kann anhand von n Kategorien beschrieben werden, d.h. daß diese Produkte in 2^n verschiedene Klassen eingeteilt werden können. Nun scheint es sowohl für den Erzeuger wie für den Verbraucher schwierig, in entscheidungsrelevanter Hinsicht alle 2^n Klassen einzubeziehen. Daher ist zu prüfen, welche Merkmalsklassen miteinander verknüpft sind (z.B. Größe und Gewicht), auf welche Merkmalsklassen der Verbraucher *kein* Gewicht legt und in bezug auf welche er sich selbst eine Entscheidung vorbehält. Diese Kausalbeziehungen helfen somit, die Anzahl der relevanten Klassen zu reduzieren. Von Bedeutung ist auch hier, daß der Abstraktionsprozeß von dem Vorwissen des entsprechenden Akteurs abhängt – und es keine eindeutigen Richtlinien zur Gewinnung abstrakten Wissens gibt. Dies bedeutet wiederum, daß das Teilen von Wissen Raum für die Identifikation von Verbesserungen bedeutet Verbesserungen im Sinne einer Suche nach besseren Kodifizierungs- und Abstraktionsprinzipien, da Abstraktion – wie auch Kodifizierung – keine eindeutigen Prozesse darstellen.

(3) Diffusionsgrad: Die Dimension Diffusionsgrad bezieht sich auf die Anzahl der Personen, für die ein bestimmtes Wissen verfügbar ist. Hierbei ist in Anlehnung an Shannon/Weaver (1949) zwischen drei Problemen zu differenzieren (vgl. Abschnitt 2.2.7.2): (a) das *technische* Problem – ist die empfangene Botschaft mit der gesandten identisch?; (b) das *semantische* Problem – hat der Empfänger die Nachricht so verstanden, wie vom Sender intendiert?; (c) das *pragmatische* Problem – handelt der Empfänger der Nachricht so wie vom Sender intendiert? Die Lösung des semantischen Problems setzt eine Übereinstimmung in den Kodifizierungsprozessen zwischen Sender und Empfänger voraus, wohingegen die Lösung des pragmatischen Problems breitere Gemeinsamkeiten voraussetzt, wie z.B. geteilte Normen, Werte oder Motive. Von Bedeutung ist, daß von einem Sender a priori nicht entschieden werden kann, ob ein semantisches oder pragmatisches Problem entstehen wird – und somit zunächst auch unklar bleibt, ob entsprechende Investitionen zur Beseitigung solcher Probleme notwendig werden.

2.3.4.3.2 Lernprozesse im Information Space (I-Space)

Boisot (1995, 1998) integriert die drei wissensbezogenen Dimensionen in ein gemeinsames Modell – den Information Space (I-Space). Anhand dieses Modells gelingt es ihm, sechs zentrale Prozesse kollektiven Lernens[121] zu beschreiben (vgl. Abbildung 10).

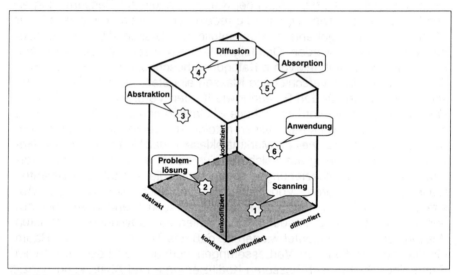

Abbildung 10: Der I-Space (Quelle: Boisot 1998, S. 60)

Boisot (1998, S. 59f.) beschreibt die Elemente des kollektiven Lernzyklus – *„social learning cycle"* – wie folgt:

- Beim **Scanning**-Prozeß geht es um die Identifikation schwacher und unscharfer Signale, die zwar generell verfügbar sind (hoher Diffusionsgrad), aber einen geringen Kodifizierungsgrad und ein geringes Abstraktionsniveau aufweisen.

- Die Interpretation solcher schwachen und unscharfen Signale ist die Basis eines entsprechenden Kodifizierungs- bzw. **Problemlösungs-**

---

[121] An dieser Stelle sei auf das Modell des Integrativen Wissensmanagements hingewiesen, das auf unterschiedlichen Phasen eines organisationalen Lernprozesses aufgebaut ist (vgl. Abschnitt 2.3.2.2). Hier liegt quasi eine „entgegengesetzte" Konzeption vor. Aufbauend auf den drei Wissensklassen wird ein organisationaler Lernprozeß abgeleitet.

prozesses: Die Signale werden in Abhängigkeit des bereits bestehenden Wissens kodifiziert, woraus eine erste Spezifizierung bei der Bedeutungszuweisung resultiert.

- Im Anschluß daran wird anhand der Konzeptualisierung im Rahmen des **Abstraktionsprozesses** geprüft, ob die Gültigkeit gewonnener Daten über die aktuelle Situation hinausreicht. An dieser Stelle ist es wichtig, darauf hinzuweisen, daß sich die Prozesse Problemlösung und Abstraktion gegenseitig ergänzen.

- Aufgrund von Konzeptualisierung und Abstraktion entsteht neues Wissen, das mit der Zielgruppe geteilt werden muß. Entsprechende **Diffusionsprozesse** werden initiiert, wobei die Übertragungsgeschwindigkeit von technologischen Rahmenbedingungen abhängt, die Aufnahme- und Verwertungsgüte jedoch vom Ausmaß an Überlappung hinsichtlich der Kodifizierung und der Normen, Werte und Motive.

- Die sich daran anschließende **Absorption** dieses Wissens erfolgt anhand seiner Aneignung (learning by doing), wobei hier ein Prozeß der zunehmenden De-Kodifizierung zu beobachten ist: So ist ein Experte jemand, der in einem Bereich Leistung zeigt, ohne auf kodifiziertes Wissen zurückgreifen zu müssen.

- Schließlich beinhaltet die **Anwendung** des Wissens die Einbettung bzw. die Inkorporation von Wissen in konkrete Praktiken, wie z.B. in Form von Artefakten, technischen oder organisationalen Regeln oder in Verhaltensmustern.

Diese analytische Beschreibung **impliziert** jedoch **nicht**, daß diese Teilprozesse kollektiven Lernens geplant bzw. vorhersagbar ablaufen. Boisot (1998) verdeutlicht in diesem Zusammenhang, daß die „Beseitigung" von **Wissenstransformationsproblemen** nur in Grenzen möglich ist[122]. Boisot (1998) arbeitet drei „Barrieren" heraus, die entlang einer, zweier oder aller drei Dimensionen den kollektiven Lernprozeß behindern können: (a) **Kodifizierungsprobleme** resultieren beispielsweise aus einer entsprechenden Entscheidung, die Diffusion von Wissen zu reduzieren – oder aber sind das Resultat einer unzureichenden Kommunikationsqualität im Unternehmen, die sich auf Unterschiede in der Kodifizierung oder einen fehlenden gemeinsamen Kontext zurückführen lassen; (b) **Scanning-Probleme** können aus einer fehlenden Akzeptanz abweichender Meinungen

---

[122] An dieser Stelle soll darauf hingewiesen werden, daß die theoretische Begründung des Einsatzes von *Instrumenten* organisationalen Lernens – etwa zur Beseitigung solcher Lernbarrieren – noch am Anfang steht. Pawlowsky et al. (2000) haben ein erstes Konzept zur theoretischen Begründung des Einsatzes solcher Instrumente vorgelegt.

resultieren, die wiederum auf entsprechende Normen zurückführbar sind; (c) **Absorptionsprobleme** entstehen dann, wenn zwar schnell auf entsprechende Signale in Form einer entsprechenden Weiterverarbeitung durch Kodifizierung und Abstraktion reagiert wird, doch aufgrund der hohen Geschwindigkeit keine Zeit bleibt, diese Erfahrungen zu verinnerlichen.

Faßt man die Argumentation von Boisot (1995, 1998) an dieser Stelle zusammen, so lassen sich folgende allgemeinen Hinweise für die Wertschöpfungsrelevanz von Wissen identifizieren: Grundlegend für die Überlegungen von Boisot (1995, 1998) ist die analytische Trennung zwischen den drei Basisdimensionen von Wissen, nämlich dessen Kodifizierbarkeit, Abstraktionsniveau und Diffusionsgrad, die wiederum einen sozialen bzw. organisationalen Lernprozeß konstituieren. Da das Durchlaufen dieses Lernprozesses ressourcenabhängig ist, kann gefolgert werden, daß der „Output", der am Ende der Anwendungsphase erwartet werden kann, einen **höheren Wert** besitzt als die Informationen, die den Lernprozeß ausgelöst haben[123]. Zudem wird herausgearbeitet, daß das Durchlaufen des gesamten Lernprozesses mit dem Lösen spezifischer Probleme bzw. den damit einhergehenden Kosten verbunden ist. Auf dieser Basis lassen sich – zumindest auf konzeptioneller Ebene – generelle Überlegungen zu den Kosten-Nutzen-Relationen in bezug auf die jeweiligen Barrierenbeseitigungsprozesse anstellen.

Eine Konkretisierung solcher Wertaussagen setzt eine geeignete Operationalisierung der drei grundlegenden Wissensdimensionen voraus. In Abschnitt 3.3.3 werden die entsprechenden Überlegungen zur Bewertung bzw. Bewertbarkeit solcher wissensbezogenen Charakteristika weiter vertieft.

---

[123] An dieser Stelle soll noch darauf verwiesen werden, daß Boisot (1998) zwischen zwei unterschiedlichen Typen des sozialen Lernprozesses differenziert: *Neoklassisches Lernen* basiert auf einem kumulativen Lernprozeß, das heißt der Anreicherung bestehenden Wissens durch neues Wissens, mit der gleichzeitigen Maßgabe, dieses Wissen vor Diffusion zu schützen, also dessen Seltenheit im neoklassischen Sinne zu bewahren. Die Entwicklung neuen Wissens – bei gleichzeitiger „Zerstörung" alten Wissens – nennt Boisot (1998, S. 99ff.) *„schumpeterian learning"*. Hier ist nicht der Schutz vor Verbreitung, sondern erfolgt gerade eine umfassende Verbreitung von „Wissensquellen" mit der Maßgabe, darauf aufbauend *neues* Wissens durch eine Vielzahl von Akteuren zu erschließen.

2.3.4.4 Zusammenfassung

Die vorgestellten wissensbasierten Unternehmenstheorien zeichnen sich dadurch aus, daß sie die Handhabung der Ressource Wissen als zentralen Aspekt der Unternehmenstätigkeit auffassen. Konsequenterweise wird versucht, den Begriff des Wissens zu klären und analytisch zu beschreiben. Daraus resultieren eindimensionale (*implizites* vs. *explizites* Wissen: Grant 1996), zweidimensionale (*individual* vs. *social* und *implicit* vs. *explicit*: Spender 1996) sowie dreidimensionale (low. vs. *high-level of codification*, low- vs. *high-level of abstraction*, low vs. *high-level of diffusion*: Boisot 1998) Kategorisierungsvorschläge für Wissen.

Aufbauend auf diesen grundlegenden Beschreibungen der Ressource Wissen wird anschließend versucht, Aussagen bzgl. zentraler Variablen wie z.b. Organisationsstruktur, Unternehmensgrenzen, Koordination usw. oder aber darüber hinausgehend aus einer eher anwendungsorientierten Perspektive, Überlegungen zur Gestaltung bzw. dem Management oder der Bewertung der Ressource Wissen zu machen.

Hierbei wird deutlich, daß sich die Überlegungen von Grant (1996), Spender (1996) und Boisot (1995, 1998) von ihrem Anspruch her unterscheiden: Grant (1996) versucht, einige zentrale Grundlagen für die theoretische Fundierung einer wissensbasierten Firmentheorie zu entwickeln. Spender (1996) versucht aus einer Meta-Perspektive heraus, die Aufgabenschwerpunkte von *möglichen* wissensbasierten Unternehmenstheorien auszuloten, wobei er insbesondere auf den Konflikt zwischen institutionenökonomischen und managementtheoretischen Annahmen eingeht.

Schließlich argumentiert Boisot (1998) vor dem Hintergrund einer *„pluralistisch-epistemologischen"* Blaupause (Spender 1998, S. ii), und zwar insofern, als daß er versucht, neoklassische und managementtheoretisch begründete Lernprozesse in ein *gemeinsames* Modell zu integrieren. Darüber hinaus wird deutlich, daß der empirische Bezug von Boisot (1998) weit stärker ausgeprägt ist als bei den anderen beiden Autoren; insbesondere ist hier noch auf die Verknüpfung mit den Ansätzen des Wissensmanagements hinzuweisen (vgl. Abschnitt 2.3.2.2).

2.3.5 Erkenntnisbeitrag und Erkenntnisgrenzen managementwissenschaftlicher Ansätze

2.3.5.1 Zusammenfassung

Die Zielsetzung von Abschnitt 2.3 besteht darin, relevante managementwissenschaftliche Ansätze zu identifizieren, mit deren Hilfe erklärt bzw.

begründet werden kann, daß der Einsatz von Wissen einen Beitrag zum wirtschaftlichen Wachstum, zur Produktivitätserhöhung oder der Erhöhung der Wettbewerbsfähigkeit leistet und somit als Ressource bzw. Produktionsfaktor aufgefaßt werden kann.

Die vorliegende Analyse hat gezeigt, daß Wissen – in Form von Kompetenzen, Potentialen oder gar im Sinne von HRM-Systemen, also der Integration kompetenzbezogener und struktureller Elemente – einen Wertschöpfungsbeitrag leistet. Unklar bleibt allerdings die Stärke dieses Effekts, da die Isolation HRM-bezogener Effekte aus dem komplexen Wirkungsgeflecht organisationaler Variablen schwierig erscheint. Nichtsdestotrotz gelingt es anhand von Studien, welche HRM als unternehmerische und somit wertschöpfende Funktion auffassen, deutlichere Hinweise abzuleiten als durch Studien, in denen HRM als interner Dienstleister konzipiert wird.

Zentrale Ausgangspunkt der Überlegungen zum Wissensmanagement war die Hypothese, die Mechanismen, die einem möglichen Wertschöpfungsbeitrag von Wissen erklären können, im Rahmen einer Prozeßperspektive zu beschreiben. Diese Hypothese konnte ansatzweise anhand einiger exemplarischer Fallstudien und Ergebnisse von Führungskräftebefragungen bestätigt werden, wenn auch – aufgrund fehlender Systematik, Standardisierung und Operationalisierungsansätze – Querschnitts- und Längsschnittstudien fehlen, um von einem gesicherten empirischen Beleg dieser Hypothese ausgehen zu können.

Anschließend konnten im Rahmen der Überlegungen zum Ressourcenorientierten Ansatz gezeigt werden, daß Wissen – besser: spezifische Merkmale des organisationalen Wissenssystems – in engem Zusammenhang mit der Erreichung von Wettbewerbsvorteilen stehen. Schließlich zeigen die Ansätze zur wissensbasierten Theorie des Unternehmens, wie es mittels der Annahme, Unternehmen als wissensverarbeitendes System aufzufassen, gelingt, organisationale Sachverhalte wie Organisationsstruktur oder Koordination zu erklären. Von Bedeutung ist hier zudem, daß zur Erklärung solcher Phänomene auf eine Differenzierung des konstitutiven Faktors „Wissen" auf verschiedene Wissensklassen rekurriert wird.

Faßt man diese theoretischen Ansätze aus Abschnitt 2.3 hinsichtlich ihres Beitrags zum Begründungszusammenhang zusammen, so lassen sich die folgenden zentralen **Schlußfolgerungen** ziehen und damit einhergehende **Probleme** ableiten:

1. **Die managementwissenschaftliche Analyse zeigt, daß Wissen zur Erhöhung der Produktivität und zur Entwicklung von Wettbewerbsvorteilen beiträgt. Damit wurden weitere Argumente gefun-**

den, die eine zusätzliche Evidenz für die Annahme, Wissen als Ressource zu betrachten, darstellen.

2. **Wissen wird als kontextgebundene Variable aufgefaßt.** Im Rahmen der managementwissenschaftlichen Ansätze konnte – in Abhängigkeit des jeweiligen spezifischen theoretischen Zugangs – eine Vielzahl unterschiedlicher Kontexte identifiziert werden, die sich als fördernde oder hemmende Faktoren in bezug auf die Wertschöpfungsrelevanz von Wissen auffassen lassen.

3. **Es ist eine Heterogenität von Wissens- und Lernbegriffen, die konstitutiv für die Ansätze des Wissensmanagements bzw. der wissensbasierten Unternehmenstheorien sind, zu beobachten. Zusätzlich liegen *keine* Kriterien vor, die die Auswahl einer spezifischen Wissensbegriffs bzw. -klasse im Rahmen einer Modellbildung ex ante begründen können. Konsequenterweise bleibt die Differenz zwischen den Begriffen Daten, Information und Wissen unscharf.**

Um die hierdurch skizzierten Probleme lösen zu können, sollen die beiden folgenden Schritte realisiert werden: Zum einen muß es darum gehen, eine konzeptionelle Klarheit in die wissensbezogene Begriffsvielfalt zu bringen; zum anderen ist zu prüfen, ob bzw. inwiefern es gelingt, die Begriffe Daten, Information und Wissen präziser als bislang abzugrenzen. Im nächsten Abschnitt soll daher eine **epistemologische Analyse** mit dem Ziel der Lösung obiger Probleme vorgenommen werden.

2.3.5.2 Meta-theoretischer Exkurs: Repräsentationistische vs. antirepräsentationistische Ansätze

An unterschiedlichen Stellen der Arbeit wurde bereits auf die Heterogenität der verwendeten Wissenskonzeptionen hingewiesen (vgl. insbesondere Abschnitte 2.3.2.1.1 und 2.3.2.2.1) und darüber hinaus verdeutlicht, daß die fehlende Überschneidungsfreiheit zwischen den einzelnen Wissensklassen ein Problem für die Messung von Wissen darstellt, da sich Wissen einer eindeutigen bzw. einheitlichen Abgrenzbarkeit – und somit Definierbarkeit – zu entziehen scheint.

Um diese Probleme lösen zu können, stellt sich die Frage nach einem „Meta-Standpunkt", mit dessen Hilfe es gelingt, Gemeinsamkeiten und Unterschiede aus dem Objektbereich „Wissen" herauszuarbeiten. Eine solche Position ist dadurch ableitbar, daß man den Objektbereich Wissen verläßt, und sich **Wissen als meta-theoretischem Begriff** zuwendet.

Meines Erachtens können die Überlegungen von von Krogh/Roos (1996) als Ausgangspunkt für eine solche Argumentation herangezogen werden. Im folgenden soll zunächst diese meta-theoretische Analyse skizziert werden, mit deren Hilfe im Anschluß dann eine Präzisierung in bezug auf die Gültigkeit wissensbezogener Aussagen sowie in bezug auf die Abgrenzung der Begriffe Daten, Information und Wissen vorgenommen werden kann.

Faßt man Wissen als meta-theoretischen Begriff auf, so ist dies mit der Frage des „Wissen-Könnens" und dessen Grenzen, also **Erkenntnis**[124], und weniger mit der Frage des empirischen Objekts „Wissen" verbunden. Nichtsdestotrotz hängen beide Begriffsauffassungen unauflösbar miteinander zusammen, da die Annahmen, die ich über den Objektbereich „Wissen" mache, die Erkenntnismöglichkeiten über diesen Objektbereich determinieren.

Von Krogh/Roos (1996) identifizieren aufgrund einer Literaturanalyse zwei unterschiedliche epistemologische Positionen zu dem Begriff "**Wissen**" – Ansätze, die sich hinsichtlich ihrer Annahmen über die Existenz von Wissen unterscheiden. **Repräsentationistische bzw. kognitivistische Ansätze** setzen voraus, daß Wissen subjektunabhängig existiert, und daß man sich demnach diesem existierenden "objektiven Wissen" mittels geeigneter Methoden – entsprechend kritisch-rationaler Überlegungen, im Sinne des Erwerbs eines erkenntnismäßigen Fortschritts – „annähern" kann. Demgegenüber gehen **anti-repräsentationistische** bzw. **konstruktivistische Ansätze** prinzipiell von der Subjektgebundenheit von Wissen aus und stellen daher Prozesse der subjektiven bzw. kollektiven Konstruktion von Wirklichkeit in den Mittelpunkt ihrer Überlegungen.

Im Mittelpunkt **repräsentationistischer bzw. kognitivistischer Ansätze** stehen Prozesse (individueller) Informationsverarbeitung bzw. Kognition. Aufbauend auf kognitionspsychologischen Grundlagen[125] basieren solche

---

[124] Der englische Begriff „knowledge" macht diese Differenzierung schwieriger: Er wird sowohl für Wissen – als empirisches Objekt , als auch im Sinne von „Erkenntnis" – im Sinne von „wahres bzw. gültiges Wissen über einen Objektbereich haben" – verwendet.

[125] Allerdings ist zu bemerken, daß hier auch *nicht* von einer Einheitlichkeit entsprechender kognitionspsychologischer Modelle ausgegangen werden kann. So lassen sich hier vier Hauptargumentationsrichtungen der Modellierung des Kognitionsprozesses identifizieren: (a) *Netzwerkansätze* (z.B. Norman/Rumelhart 1975; Dörner 1976) führen zur Erfassung von Wissensstrukturen mittels Textanalyse-Techniken (z.B. Graesser 1981; Diekhoff/Brown/Dansereau, 1981) oder mittels Interview- und Struktur-Lege-Techniken (z.B. Scheele/Groeben 1984; Scheele 1992); (b) *Schema-Ansätze*

Ansätze auf folgenden Annahmen (vgl. von Krogh/Roos 1996, S. 11f.): Der Begriff Kognition bzw. Informationsverarbeitung, wie er hier gebraucht wird, impliziert eine Repräsentation einer **subjektunabhängigen Welt**. Dies bedeutet, daß Objekte, Ereignisse, Systemzustände o.ä. außerhalb des kognizierenden Subjekts als objektiver Tatbestand existieren. Hierbei existieren prinzipiell vielfältige Möglichkeiten, Abbildungen einer solchen objektiven Realität vorzunehmen. Wissen ist somit das Resultat solcher Repräsentationen, wobei der Abbildungsgüte eine zentrale Bedeutung zukommt: *Wissen ist um so gültiger, je genauer es ein Abbild von der Wirklichkeit liefert.*

Kognition − als Informationsverarbeitungsprozeß − wird hier als regelgesteuerte Transformation von Symbolen aufgefaßt. Die Basisannahme dabei ist, daß menschliche Intelligenz auf der Basis von Berechnungsvorschriften modelliert werden kann, die wiederum nichts anderes als Operationen von symbolbezogenen Transformationen darstellen (Varela 1992, S. 40). Konsequenterweise basiert menschliche Informationsverarbeitung auf einer Transformation externer Informationen in interne Prozesse, was eine Offenheit des kognitiven Systems gegenüber externer Information impliziert. Diese internen Prozesse bilden schließlich das Gedächtnis − eben in Form von Repräsentationen der Umwelt. Zusätzlich wird − aufgrund der Anleihe bei maschinengestützten Datenverarbeitungsprozessen − unterstellt, daß die menschliche Informationsverarbeitung ebenfalls anhand formal-logischer Regeln abgebildet werden kann. Schließlich führt ein solcher offener Informationsverarbeitungsprozeß zur Annahme, daß Wissen zwischen einzelnen Subjekten als prinzipiell übertragbar gelten muß.

Welche ersten **Konsequenzen für die Modellierung von wertschöpfungsrelevantem Wissen** können aus der Annahme einer solchen "verobjektivierbaren" und somit subjektunabhängigen Wirklichkeit abgleitet werden? Ganz allgemein gesagt, impliziert eine solche − kritisch-rationale − Position zum Objektbereich Wissen die Erwartung, Gesetzesaussagen über Ursache-Wirkungs-Zusammenhänge zwischen Wissen und organisationalen Erfolgskriterien abzuleiten und diese empirisch begründen zu können, wobei letzterer Prozeß an die Existenz geeigneter Meßgrößen für Wissen gebunden ist. Methodologische Grundlage hierfür ist somit das

---

(z.B. Minsky 1975; Cohen/Murphy 1984) stehen in engem Zusammenhang zu den methodischen Ansätzen von Armbruster/Anderson (1980, 1982) oder Bower/Black/Turner (1979); (c) Wissensstrukturen können als *Produktionssystem* aufgefaßt werden, wie z.B. bei Newell/Simon (1972) oder bei der prominenten ACT^*-Theorie von Anderson (1983); (d) Wissen wird als *analoge Repräsentation* im "*mental model*"-Konzept von Johnson-Laird (1983) aufgefaßt.

kritisch-rationale Paradigma empirischer Sozialforschung, bei dem zwar der Objektivitätsanspruch durch den schwächeren Anspruch an Intersubjektivität abgelöst wird, aber dennoch auf das Abbildungsrationale von Umwelt in ein kognitives System rekurriert wird.

Anti-repräsentationistische (von Krogh/Roos 1996, S. 4) bzw. **konstruktivistische Ansätze** nehmen an, daß die Qualität der kognitiven bzw. sozialen Konstruktion von Wirklichkeit zentral für Wissenserwerb und organisationale Lernprozesse ist (Daft/Weick 1984; Sims/Goia 1986; Weick/Bougon 1986; Reinhardt 1993; von Krogh/Roos 1996; Smircich 1983; Yip 1996; Vicari et al. 1996; Willke 1998). In diesem Sinne ist Wissen eine **subjektive Wirklichkeitsinterpretation** – besser: Wirklichkeitskonstruktion – die nicht über „neutrale" und „objektivierbare" Qualitäten verfügt.

Ausgangspunkt für solche Überlegungen ist die Theorie autopoietischer Systeme (Maturana 1982; Maturana/Varela 1987; Varela 1979) und ihre Adaptation an Sozialsysteme (Luhmann 1984, 1990; Willke 1994, 1995, 1996). Diese Ansätze können aufgrund ihrer Komplexität hier nicht umfassend dargestellt werden (ausführlich hierzu vgl. Reinhardt 1993), doch genügt es, um ein angemessenes Verständnis des Wissensbegriffs und verwandter Begriffe zu erhalten, sich mit den theoretischen Basisbegriffen wie **Beschreibung** (Maturana 1984) bzw. **Beobachtung** (Luhmann 1984) auseinanderzusetzen. Mit ihrer Hilfe gelingt es, die Subjektabhängigkeit von Wissen zu begründen:

- Maturanas Epistemologie setzt bei der Differenzierung zwischen zwei Beschreibungsebenen an (Maturana 1984): Eine **Beschreibung 1. Ordnung** (BESCHREIBUNG) bedeutet das Verhalten, das ein Organismus zeigt: Ein Organismus BESCHREIBT mit seinem Verhalten die Interaktion mit seiner Umwelt, wobei bei dieser Art von BESCHREIBUNG **keine** Umweltzustände repräsentiert werden. Eine **Beschreibung 2. Ordnung** (*Beschreibung*) beinhaltet das, was das Verhalten nach Auffassung eines Beobachters bedeutet. Dabei werden zum einen Umweltzustände zur *Beschreibung* des Verhaltens herangezogen; zum anderen ist zu berücksichtigen, daß ein Beobachter auch Beobachter seines eigenen Verhaltens sein kann und dieses *beschreiben*, aber niemals BESCHREIBEN kann.

- Ähnlich argumentiert Luhmann (1990a, 1991b), der feststellt, daß alles, was beobachtet und beschrieben wird, von einem Beobachter auf der Basis einer Unterscheidung beobachtet und beschrieben wird **(Beobachtung 1. Ordnung)**. Diese Unterscheidung erlaubt einem Beobachter, die eine oder die andere Seite der Unterscheidung zu bezeichnen, um auf der jeweiligen Seite weitere Operationen anzuschließen. Beobachtung bedeutet demnach Grenzziehung, die es auch erlaubt, von der einen Seite auf die andere Seite zu wechseln. Dabei ist es notwendig, diejenige Seite zu bezeichnen, von der aus unterschieden wird. Durch die Angabe einer **Referenz** wird bezeichnet, was beobachtet wird: Beobachtung ist demnach eine Operation, die eine Unterscheidung verwendet, um die eine – aber nicht die andere – Seite zu bezeichnen. Das bedeutet aber, daß die Unterscheidung selbst nicht in der Unterscheidung vorkommen kann, da sie selbst weder als die eine noch als die andere Seite der Unterscheidung bezeichnet werden kann. Demnach benötigt ein Beobachter für die Beschreibung einer Unterscheidung eine weitere Unterscheidung, mit deren Hilfe er die erste Unterscheidung beobachten kann (**Beobachtung 2. Ordnung**)[126].

Diese **Selbstreferenz** von Beobachter und seiner Operation (Beobachtung) führt bei Maturana und bei Luhmann dazu, daß der Beobachter stets seine eigene Welt erzeugt:

"Die Unterscheidung, die einer Beobachtung zugrundeliegt, wird erst rekursiv durch den Gebrauch konstituiert. Erst indem Bezeichnungen verknüpft und vernetzt werden, klärt sich, wovon sie unterschieden werden. (...) Es sind eben nicht bestehende Ursachen, die den Prozeß der Beobachtung determinieren, sondern Unterscheidungen, die ihm (dem Beobachter; Anm. d. Autors) die Möglichkeit geben, die eine oder die andere Seite zu markieren und damit zu bestimmen, wie es weitergehen kann" (Luhmann 1990, S. 8.)

Da man sich somit **nicht** an eine "wahre" bzw. „gültige" Realität – durch Beobachtung – annähern kann, ist es ebenfalls nicht möglich bzw. sinnvoll, einen Mechanismus für die Repräsentation der Umwelt eines Beobachters zu begründen. Vielmehr ist Wissen *stets* beobachterabhängig und somit subjektabhängig. Somit können Aussagen *nur* dann beurteilt und verglichen werden, wenn ihre Referenz bekannt ist, das heißt von welchem System aus die Welt, Gesellschaft, das Wirtschaftssystem etc. beobachtet wird.

Die Wahl des erkenntnistheoretischen Zugangs zum Objektbereich „wertschöpfungsrelevantes Wissen" zieht zwei Konsequenzen nach sich: Zum einen resultieren hieraus verschiedenartige Zugänge zur Abgrenzung der Begriffe Daten, Information und Wissen, und zum anderen gehen damit unterschiedliche Aussagetypen zum Erkenntnisgegenstand „Wertschöpfungsrelevanz von Wissen" einher.

---

[126] Hinzu kommt, daß mit Hilfe einer *Beobachtung 2. Ordnung* beobachtet werden kann, was die Akteure selbst nicht beobachten können: "Die Beobachtung 2. Ordnung sieht, was der beobachtete Beobachter sieht und wie er sieht, was er sieht. Sie sieht sogar, was der beobachtete Beobachter nicht sieht, und sieht, daß er nicht sieht, was er nicht sieht" (Luhmann 1990, S. 16).

2.3.5.2.1 Implikationen für die Begriffsbestimmung: Daten, Information, Wissen

In Abschnitt 2.2.5 wurde bereits verdeutlicht, daß die traditionelle wirtschaftswissenschaftliche Theoriebildung nur unscharf zwischen den Begriffen Wissen – Information – Daten differenziert. Um hier Abhilfe zu schaffen, wurden die informationstheoretischen Überlegungen in Abschnitt 2.2.7.2 diskutiert. Die obige epistemologische Differenzierung hinsichtlich der Wissens- bzw. Erkenntnisauffassung führt zu weiteren Implikationen in bezug auf die Auffassung bzw. Abgrenzung der Begriffe Daten, Information, Wissen.

Repräsentationistische Ansätze: Greift man auf die Ausführungen bzw. das Beispiel in Abschnitt 2.2.7.2.2 zurück, wird deutlich, daß dort ein repräsentationistisches Vorverständnis zugrundegelegt wird: Die Daten hinsichtlich des Kursanstiegs existieren objektiv – in bezug auf den Informationsgehalt der Nachricht und das Wissen des Empfängers lassen sich zumindest veröffentlichbare Aussagen ableiten: Wissen resultiert aus der Interaktion mit der individuellen kognitiven Struktur und der übermittelten Information; für die Erfassung des Informationsgehalt wurden zumindest ansatzweise entsprechende Methoden vorgestellt (Abschnitt 2.2.7.2.3).

Anti-repräsentationistische Ansätze: Welche Implikationen hat diese epistemologische Position für die **Differenz** zwischen **Daten, Information** und **Wissen**? Gemäß Willke (1998, S. 7ff.) läßt sich hier folgende Differenzierung und Präzisierung vornehmen:

- **Daten:** Die Idee, daß es "Daten an sich" gibt, wird abgelehnt. Vielmehr entstehen Daten durch Beobachtung und/oder Rekonstruktion durch einen Beobachter. Von Bedeutung sind hier Instrumente der Beobachtung, die zum einen einen Zugang zur äußeren Welt ermöglichen, wie z.B. ein Röntgenapparat oder ein Hörrohr, zum anderen auch innerhalb des Beobachters in Form von kognitiven Landkarten, Theorien usw. angesiedelt sind. Hinzu kommt, daß die – beobachterabhängige – Existenz von Daten von einer entsprechenden Codierung abhängig ist: Ein "schlechtes Betriebsklima" bleibt solange unsichtbar, wie niemand darüber kommuniziert – oder eine Mitarbeiterbefragung auf solche Ergebnisse verweist.

- **Information:** Informationen entstehen durch Daten dadurch, daß sie in einen **ersten Kontext** von **Relevanzen** eingebunden werden. Relevanzkriterien sind wiederum stets beobachter- bzw. systemabhängig. Als externer Beobachter ist es daher schwierig zu begründen, warum ein Datum für ein beobachtetes System eine Information darstellt, da dies – vollständige – Kenntnis über die Relevanzkriterien des beobachteten Systems impliziert. Da dies im allgemeinen nicht der Fall ist bzw. sein kann, folgt hieraus zwingenderweise, daß ein **Austausch von Informationen** *unmöglich* ist[127]. Das Urteil, daß ein Datum für ein beobachtetes System eine Information darstellt, ist aus dieser Perspektive auf die Ähnlichkeit der damit einhergehenden Operationen zwischen Beobachter und beobachtetem System zurückführbar und somit erklärbar.

- **Wissen:** Aus Informationen wird **Wissen**, wenn diese in einen weiteren Relevanzkontext eingebettet werden. Die Relevanzkriterien resultieren aus Erfahrungsmustern, die das entsprechende System in einem **Gedächtnis** gespeichert hat. Wissen ist demnach von der Existenz eines Gedächtnisses abhängig: *"Wissen entsteht durch den Einbau von Informationen in Erfahrungskontexte, die sich in Genese und Geschichte des Systems als bedeutsam für sein Überleben und dessen Reproduktion herausgestellt haben.* **Wissen ist notwendiger Bestandteil eines zweckorientierten Produktionsprozesses**" (Willke 1998, S. 11; Heraushebung d.A.).

Diese beiden kurzen Analysen können verdeutlichen, daß die Wahl des erkenntnistheoretischen Zugangs zentrale Konsequenzen für die weitere Begriffsbildung hat: Im Rahmen der aktuellen wissensmanagementtheoretischen Diskussionen (z.B. Pawlowsky 1998; Romhardt 1998) wird *meist* (als Ausnahme Willke 1998) auf das auf **repräsentationistischen** Annahmen beruhende "Anreicherungsverständnis"[128] von Wissen zurückgriffen. Darüber hinaus werden entsprechende **Begriffshierarchien** genutzt, um zwischen den drei Begriffen Daten, Informationen und Wissen zu differenzieren (vgl. Abschnitt 2.2.7.2). Damit wird unterstellt, daß neues Wissen aus Kombination bisherigen – internen – Wissens und – externen – Daten, die einen Bedeutungsgehalt (Information) für einen Akteur besitzen, erzeugt werden kann. Wissensentwicklung hängt demnach von dem Zugriff auf "bessere" – also "gültigere" – Daten ab, wobei solche Daten mittels entsprechender Instrumente erhoben werden können. **Konstruktivistische** Annahmen fassen demgegenüber bereits den Begriff „Datum" als subjektabhängig auf. Konsequenterweise machen Anstrengungen, die

---

[127] Wie weiter oben bereits deutlich wurde, differenziert auch die informationstheoretische Perspektive zwischen dem Codierungsprozeß des Senders und der Transformation der decodierten Nachricht beim Empfänger und verlegt die Antwort auf die Frage, ob eine Information übermittelt wurde, allein in den Empfänger und dessen wissensbezogenen Voraussetzungen.

[128] Ein solches Anreicherungsverständnis kann durchaus als „Kumulierbarkeit" von (gültigem) Wissen aufgefaßt werden.

Gültigkeit von – erhobenen bzw. gemessenen – Daten nachweisen zu wollen, wenig Sinn: Ob kognitive Operationen mit „externen" Daten zu – handlungsrelevantem – Wissen führen, entzieht sich einer prinzipiellen Beobachtbarkeit.

Diese Differenzierung führt nun zur Frage nach dem Stellenwert bzw. der – möglichen – Gültigkeit von Aussagen in Abhängigkeit der jeweiligen erkenntnistheoretischen Zugänge.

2.3.5.2.2 Implikationen für den Gültigkeitsbereich von Aussagen

Aufgrund der zentralen Bedeutung der Differenzierung zwischen repräsentationistischen und konstruktivistischen Erkenntniszugängen möchte ich diese Unterschiede an dieser Stelle anhand eines Beispiels verdeutlichen. Hierzu möchte ich wiederum auf die Studie von Ernst/Young (1997) zurückkommen, mit deren Hilfe gezeigt wurde, daß wissensbezogene Kriterien in den Entscheidungen von Investoren und Analysten berücksichtigt werden (vgl. Abschnitt 2.2.6.2). Ich möchte hierbei den folgenden aus dieser Studie abgeleiteten Befund analysieren: *„Wenn die Managementkompetenz um einen Punkt zunimmt, dann wird ein 3,5-prozentiger Anstieg des Marktwerts in der Pharmabranche erwartet"* (vgl. Tabelle 3).

Betrachtet man das Befragungsdesign von Ernst/Young (1997) genauer, so werden folgende Aspekte deutlich: (1) Die Skala, mit deren Hilfe „Managementkompetenz" erfaßt wurde, ist weder auf Reliabilität und Validität hin überprüft noch standardisiert worden. (2) Desweiteren liegen zum momentanen Zeitpunkt keine gesicherten empirischen Erkenntnisse über den Zusammenhang zwischen Managementkompetenz und Marktwerterhöhung vor. Dieser Sachverhalt läßt sich vor dem Hintergrund der obigen Ausführungen wie folgt interpretieren:

- Aufgrund der **fehlenden Gütekriterien** der Skala „Managementkompetenz" bleibt unklar, wie groß das Ausmaß an Übereinstimmung in bezug auf die Variable „Managementkompetenz" zwischen den befragten Analysten und Investoren ist, also was genau – im kritisch-rationalen Sinne – dort eigentlich erfaßt wurde.

- Da kein empirisch gesichertes Wissen über den Zusammenhang zwischen Managementkompetenz und Marktwerterhöhung vorliegt, heißt dies nichts anderes, als daß die befragten Analysten und Investoren aufgrund ihrer eigenen Erfahrungen – und die einiger Kollegen – solche Ursache-Wirkungs-Beziehungen **konstruieren**.

- Unterstellt man, daß sich die befragten Analysten und Investoren tatsächlich aufgrund ihrer eigenen Einschätzungen bzw. Konstruktionen verhalten, so resultiert ein solches Verhalten auf der Konstruktion obiger Ursache-Wirkungs-Beziehungen, die mit der Erwartung begründet werden, den Erfolg von Entscheidungen mit einer höheren Wahrscheinlichkeit vorhersagen zu können, sich also „erfolgreicher" verhalten zu können.

- Darüber hinaus beeinflußt die Veröffentlichung solcher Erwartungen das Verhalten des Managements von börsennotierten Unternehmen: Es wird eine Zunahme von Bestrebungen zu erwarten sein, wissensbezogene Indikatoren an Investoren und an Analysten zu kommunizieren (vgl. die Überlegungen zu den *Investor Relations* in Abschnitt 2.2.6.2).

Verknüpft man diese Interpretation mit den obigen Ausführungen zur Epistemologie von Wissen, so wird deutlich, daß es *nicht* das empirisch gesicherte Wissen sein muß[129], welches das Verhalten der Akteure beeinflußt, sondern der Konsens in bezug auf die Bedeutung von konstruierten Beziehungen und der hierbei zum Tragen gekommenen Meßgrößen – wobei ein solcher Konsens wiederum das Ergebnis eines sozialen Konstruktionsprozesses darstellt[130].

Mit dieser Interpretation soll nun keineswegs behauptet werden, daß das Paradigma des kritischen Rationalismus für das Gewinnen von Erkenntnis im Rahmen der Wertschöpfungsrelevanz von Wissen obsolet geworden

---

[129] Die vorsichtige Formulierung „nicht ... sein muß" soll als konstruktivistische Argumentation verstanden werden, da es als externer Beobachter – zum Beispiel in der Rolle des Autors – schwierig ist, *gültige* kausale Evidenzen zuzuschreiben. Aus repräsentationistischer bzw. kritisch-rationaler Sicht läßt sich an dieser Stelle argumentieren, daß die Akteure über Hypothesen verfügen, die zwar über den Einzelfall hinaus gehen *können*, aber diesbezüglich noch nicht überprüft wurden. Dieses Argument verdeutlicht somit auch den lokalen Charakter konstruktivistischer Argumentation (vgl. Baitsch 1993, S. 26).

[130] Die folgenden Überlegungen geben einen weiteren kritischen Hinweis in bezug auf die *Grenzen* kritisch-rationaler Argumentation: Ergänzt man obige Interpretation zusätzlich um den Sachverhalt, daß (a) das Gewinnen empirisch gesicherter Erkenntnisse Zeit benötigt, (b) ein solche zeitliche Relation die Gültigkeit der gefundenen Ergebnisse einschränkt, wenn man die vielfach zitierte Dynamik, Komplexität der Umweltveränderungen – und der daraus resultierenden mangelnden Vorhersagbarkeit – in Betracht zieht, so stellt sich die prinzipielle Frage nach dem Nutzen, in diesem Fall über empirisch gesichertes Wissen über die Beziehungen zwischen Managementkompetenz und Marktwertzuwächsen zu verfügen: Muß nicht zusätzlich angenommen werden, daß sich zum Zeitpunkt der Veröffentlichung solcher Ergebnisse die Ursache-Wirkungs-Beziehungen bereits geändert haben (könnten)?

ist. Vielmehr sollte verdeutlicht werden, daß es gelingt, handlungsrelevante Aussagen auf der Basis einer vorannahmeschwächeren[131] erkenntnistheoretischen Position, nämlich der konstruktivistischen Systemtheorie, abzuleiten.

Dies ist insbesondere vor dem Hintergrund der oben skizzierten ungenauen Trennbarkeit der einzelnen Merkmale von Wissen von besonderer Bedeutung: Ist es notwendig anzunehmen, daß die Definition von implizitem und explizitem Wissen oder anderen Kategorien vor dem Hintergrund eines kritisch-rationalen Paradigmas erfolgen muß, oder genügt es, vielmehr die Nützlichkeit einer solchen Unterscheidung – im Sinne des Erzielens von erfolgreicheren Handlungsmöglichkeiten – in den Mittelpunkt der Betrachtung zu stellen?

Aus konstruktivistischer Perspektive steht nicht mehr das Ziel im Mittelpunkt, gültige, sondern vielmehr viable[132], also tragfähige bzw. nützliche Aussagen über die Wertschöpfungsbeziehungen zwischen Wissen und Kriterien organisationaler Leistungsfähigkeit zu entwickeln. „Tragfähig" meint, das es dem Subjekt gelingt, in seinem – raum-zeitlich beschränkten – Wirklichkeitsbereich erfolgreiche Handlungen auf der Basis entsprechender Annahmen und somit Problemlösungen zu realisieren. In bezug auf die hierfür abzuleitenden Meßgrößen muß nun nicht mehr der Anspruch an Gültigkeit – im kritisch-rationalen Sinne – erhoben werden. Vielmehr stehen Konstruktionsprozesse von Meßgrößen im Vordergrund, mit deren Hilfe es dem Subjekt gelingt, sich erfolgreich in seiner Umgebung – also lokal bzw. raum-zeitlich begrenzt – zu orientieren.

---

[131] Das Attribut „vorannahmeschwächer" meint hier, daß im konstruktivistischen Zusammenhang auf die Annahme einer erschließbaren objektiven Realität verzichtet wird, wohingegen im Falsifikationismus des Kritischen Rationalismus eine „indirekte Erschließbarkeit von objektiver Realität" ausgegangen wird.

[132] Viabilität meint dabei, daß ein Subjekt in der Lage ist, seine Existenz im Rahmen der einschränkenden Bedingungen der Welt zu bewältigen: *"Begriffe, Theorien und kognitive Strukturen im allgemeinen sind viabel bzw. überleben, solange sie uns die Zwecke erfüllen, denen sie dienen, solange sie mehr oder weniger zu dem verhelfen, was wir wollen"* (Von Glasersfeld 1987, S. 141). Die Viabilität einer Theorie rechtfertigt somit keinen Rückschluß auf die Struktur einer "objektiven" Welt. Damit wird in diesem Zusammenhang der Begriff der Validität einer wissenschaftlichen Aussage im Sinne seiner Übereinstimmung mit der "Realität" unbrauchbar und kann durch den Begriff der Viabilität ersetzt werden.

2.3.5.2.3 Zusammenfassung

Die Differenzierung von von Krogh/Roos (1996) zwischen repräsentationistischen und anti-repräsentationistischen bzw. konstruktivistischen Ansätzen von Wissen wurden herangezogen, um die Vielfalt vorhandener Wissensklassen zu systematisieren. Hieraus konnten **zwei Implikationen** abgleitet werden: Die erste Implikation bezieht sich auf die Differenzierbarkeit zwischen den Begriffen Daten, Informationen und Wissen: Repräsentationistische Ansätze führen auf der einen Seite zu einem „Anreicherungsverständnis" – im Sinne „eine zunehmende höhere Gültigkeit erfahren" – von Wissen, woraus sich zumindest die implizite Hypothese ableiten läßt, daß „gültigeres" Wissen einen höheren Wert als „weniger gültiges" Wissen zugeschrieben werden müßte. Zweitens wurde deutlich, daß die Vorannahmen, die mit den beiden von von Krogh/Roos (1996) identifizierten Ansätzen einhergehen, zu unterschiedlichen Erkenntniszugängen führen: Im Rahmen repräsentationistischer Ansätze gelingt es, falsifizierbare, also auf Gültigkeit überprüfbare Hypothesen zu formulieren, wohingegen konstruktivistische Ansätze eine Ableitung „gültiger" Sätze ablehnen, und sich auf das Ableiten „lokaler" Aussagen beschränken[133].

2.3.5.3 Vorüberlegungen zu wissensbezogenen Merkmalen (Teil 2)

Um die Eigenschaften bzw. Merkmale von Wissen bestimmen zu können, werden – analog dem Vorgehen in Abschnitt 2.2.7.3 – wiederum die Unterschiede zwischen Wissen und materiellen Faktoren herausgearbeitet. In Tabelle 9 wird zunächst eine Übersicht über die zu diskutierenden Kriterien gegeben, mit deren Hilfe sich später die Merkmale von Wissen herausdestillieren lassen (vgl. Abschnitt 2.4.2.2).

---

[133] An dieser Stelle soll zudem darauf hingewiesen werden, daß diese Differenz zwischen repräsentationistischen und konstruktivistischen, und damit zwischen nomologischen und lokalen Aussagen, im Rahmen um die Diskussion der Methoden und Instrumente zur Erfassung von Wissen wieder aufgegriffen und vertieft wird (vgl. Abschnitte 3.5.3 und 4.2.1.4).

	Ressource	
Kriterium	Wissen	Materieller Produktionsfaktor
Übertragbarkeit Austausch	Mechanismen nicht eindeutig Trennung zwischen implizitem und explizitem Wissen Kontextgebundenheit von Wissen	eindeutig
Nutzbarkeit	abhängig von individuellen und organisationalen Rahmenbedingungen, deren Veränderungen aufgrund von Intransparenz nur schlecht prognostizierbar sind	abhängig von individuellen und organisationalen Rahmenbedingungen, deren Veränderungen prognostizierbar sind
Erwerb	in Abhängigkeit von Spezialisierung sowie Abstraktionsniveau bzw. Kodifizierungsgrad des Wissens	lediglich abhängig vom Zahlungsmittel bzw. unternehmerischer Entscheidung
Medium / Bewertbarkeit	Sowohl individuumsabhängig als auch kontextgebunden Marktmechanismus – bis auf rechtl. geschütztes Eigentum – ungeeignetes Medium nicht-kumulative Ressource	Zahlungsmittel auf Marktmechanismen beruhende Theorien zur Ableitung des ökonomischen Wertes vorhanden kumulative Ressource
Ontologie	Abhängig von Individuum bzw. Wissenssystem Setzt Speichermedium voraus Mangelnde Identitätsrelation	Unabhängige Existenz von Individuum Speicherunabhängig Identität von Faktoren entscheidbar
Abbildungstheoretische Annahmen	Isomorphie bzw. Homomorphie aufgrund der Merkmale von Wissen problematisch ggf. Allgemeine oder konstruktivistische Modelltheorie	Isomorphie, i.a. Homomorphie (traditionelle Modelltheorie)

Tabelle 9: Charakteristika von Wissen vs. Charakteristika materieller Ressourcen (Teil 2)

Kriterium	Ressource	
	Wissen	**Materieller Produktionsfaktor**
Epistemologie	sowohl Repräsentationismus als auch Wirklichkeitskonstruktion (konstruktivistische Ansätze)	Objektive Existenz von materiellen Faktoren wird vorausgesetzt
	Anerkennung des subjektiven, kontextgebundenen Charakters von Wissen	
Managementphilosophie	Indirekte Kontrolle durch Kontextsteuerung, Akzeptanz mangelnder Vorhersagbarkeit	Vorhersagbarkeit und direkte Kontrolle
Organisationsparadigma	„Nicht-Trivialmaschine" und „Trivialmaschine"	„Trivialmaschine"

Tabelle 9: Charakteristika von Wissen vs. Charakteristika materieller Ressourcen (Teil 2; Fortsetzung)

Im folgenden sollen die in Tabelle 9 enthaltenen Kriterien bzw. Anhaltspunkte zur Ableitung wissensbezogener Merkmale ausführlicher dargestellt werden:

Die Wertschöpfungsrelevanz von Wissen hängt von seiner **Nutzbarkeit** – und somit von seiner **Übertragbarkeit** ab. In diesem Zusammenhang ist zunächst auf die Trennung zwischen implizitem und explizitem Wissen (Nonaka/Takeuchi 1995) hinzuweisen: Implizites Wissen gilt – gerade wegen des mangelnden Wissens über die Implizitheit des eigenen Wissens – als generell schwierig zu übertragen. Daher ist es notwendig, implizites Wissen zu explizieren und – vor dem Hintergrund einer gezielten Steuerung – zu kodieren, da sonst ein hoher Unsicherheitsfaktor beim Wissenstransfer eintritt (Grant 1996). Damit aber stellt die Kodifizierbarkeit von Wissen eine wichtige Voraussetzung für dessen Transfer im Rahmen der Wertschöpfungsbetrachtung dar (Boisot 1998). Desweiteren hängt die Güte des Wissenstransfers von der Qualität – der Effektivität und Effizienz – der verwendeten Kommunikationskanäle ab. Hierbei wird allerdings eine „reduktionistische" Auffassung von Kommunikation deutlich, da hier Kommunikation – als Wissensaustausch – mit einem Austausch von Information gleichgesetzt wird. Damit läßt sich ansatzweise erklären, warum im Rahmen von Wissensmanagement der Einsatz von IT-Systemen – also einer Technologie zum Datenaustausch – eine solch' prominente Stellung einnimmt (z.B. Petkoff 1997; Gentsch 1999).

Wenn implizites Wissen expliziert werden muß, bevor es übertragen werden kann, stellt sich die Frage nach den Mechanismen dieser Explikation. In Anlehnung an Nonaka/Takeuchi (1995) kommt hier der Beobachtung der Anwendung impliziten Wissens – also entsprechender Handlungen – ein entscheidender Stellenwert zu, da die sprachliche Abbildung des eigenen impliziten Wissens nur unzureichend vorgenommen werden kann und auf der Anwendung von Metaphern, Analogien, Modellen oder Hypothesen basiert. An dieser Stelle ist hinzuzufügen, daß die grundlagenwissenschaftliche Kognitionsforschung herausgearbeitet hat, daß die Ähnlichkeit zwischen gespeicherter und abgerufener Situation eine zentrale Voraussetzung für die Wahrscheinlichkeit darstellt, gespeichertes implizites Wissen erinnern und abrufen zu können (vgl. Perrig et al. 1993; Grawe 1998, S. 236; grundlegend auch Hebb 1949; Goschke 1996; Menzel/Roth 1996).

Schließlich ist auf die Grenzen des Wissenstransfers hinzuweisen, da Wissen – als sozial konstruiertes Wissen – stets kontextabhängig bzw. kontextgebunden ist (vgl. z.B. Berger/Luckmann 1994; Astley/Zammato 1992; Badaracco 1991; Collins 1993). Spender (1996) greift diesen Gedanken auf und weist darauf hin, die **Nutzbarkeit** – und somit die Wertschöpfungsrelevanz von – implizitem *und* explizitem – Wissen eng an die strukturellen Kontextfaktoren des Unternehmens zu knüpfen. Hierbei sind konsequenterweise nicht nur formale Strukturen, sondern ebenfalls informale Strukturen, die aus verschiedenartigen Sprachsystemen, Organisationskulturen, Arbeitsgruppen usw. entstammen, zu berücksichtigen. Von Bedeutung ist zudem, daß sich aufgrund der Unsichtbarkeit der Ressource Wissen – und der daraus resultierenden Intransparenz der mit dessen Austausch verbundenen Prozesse – nur eingeschränkte Prognosen hinsichtlich der Nutzbarkeit von zu erwerbendem Wissen vornehmen lassen.

Im Zusammenhang mit dem Ressourcenorientierten Ansatz läßt sich somit schlußfolgern, daß nicht nur implizites Wissen, sondern auch explizites Wissen aufgrund der Kontextgebundenheit als Transfer- und somit Imitationsbarriere aufgefaßt werden kann, wobei die Imitierbarkeit mit zunehmenden Implizitheitsgrad abnimmt. Diese Überlegungen sind wiederum an die Aussagen von Spender (1996) anschlußfähig, der verdeutlicht, daß – implizites – Wissen immer in (organisationale) Handlungen eingebettet ist, woraus er schlußfolgert, Unternehmen als *„systems of knowing activity"* zu konzipieren.

In bezug auf die im Zusammenhang mit den HRM-Überlegungen skizzierten Ansätze personengebundenen Wissens ist somit festzuhalten, daß es – wie dies bereits durch die aktuellen strategischen HRM-Ansätze verdeutlicht wird – notwendig ist, HRM nicht als isoliertes Maßnahmenbündel individueller Kompetenzentwicklung, sondern als übergreifendes System der Entwicklung der personengebundenen Ressource Wissen aufzufassen: Dies ist eine zentrale Voraussetzung dafür, daß solches personengebundenes Wissen seine Wertschöpfungsrelevanz entfalten kann.

Die zweite Voraussetzung ist, hierfür die individuellen Voraussetzungen der Rezeption bzw. Aufnahme von Wissen zu schaffen: Wie bereits die obigen Überlegungen zum Konzept des Sozialen Kapitals gezeigt haben (vgl. Abschnitt 2.3.3.2), ist eine gemeinsame Wissensbasis zwischen den am Wissensaustausch beteiligten Akteuren (Kirsch 1988; Pautzke 1989) eine weitere Voraussetzung für eine erfolgreiche Diffusion – und somit auch für den **Wissenserwerb**, also die Weiterverarbeitung von Wissen beim Rezipienten im Sinne eines Integrations- bzw. Modifikationsprozesses (Pawlowsky 1994). Eine Überlegung, einen solchen Wissensaustausch zu fördern, besteht in der Einrichtung entsprechender teamorientierter Strukturen (Grant 1996), wobei hier wiederum von Bedeutung ist, daß die Wahrscheinlichkeit einer Rezeption vom Kodifizierungs- und Abstraktionsgrad des kommunizierten „Wissens" moderiert wird (Boisot 1998): Je kodifizierter und abstrakter Wissen ist, desto geringer ist die Anschlußfähigkeit des kognitiven Systems eines Rezipienten an das „angebotene" Wissen. Daraus läßt sich wiederum zum einen die Notwendigkeit der Anpassung des kommunizierten Wissens an die Struktur des Rezipienten ableiten, und zum anderen herausarbeiten, daß Spezialisierung des Rezipienten die Wahrscheinlichkeit der Anschlußfähigkeit von kommuniziertem Wissen innerhalb einer spezifischen Wissensdomäne erhöht.

Diese Ausführungen in bezug auf die Übertragbarkeit, Nutzbarkeit und die Mechanismen des Wissenserwerbs verdeutlichen, daß es keine eindeutige Antwort auf die Frage nach dem **Wissensträger** bzw. **-medium** gibt: Wissen wird entweder als individuumsabhängig (Grant 1996), als kontextgebunden (Spender 1996), oder in Abhängigkeit von der Phase des Wissenstransformations- bzw. organisationales Lernprozesses (Pawlowsky 1994; Boisot 1998) – also sowohl individuums- als auch kontetxabhängig – modelliert. Darüber hinaus haben bereits die obigen ökonomischen Analysen verdeutlicht, daß der Markt kein geeignetes Medium – mit Ausnahme von rechtlich geschütztem Wissen – für die Beschreibung von Wissensaustausch bzw. Wissenserwerb darstellt, woraus sich entsprechende Probleme hinsichtlich der **Bewertbarkeit** von Wissen ergeben. Hinzukommt, daß die oben erläuterte Zustands- bzw. Kontextabhängigkeit von Wissen dazu führt, von einer nicht-kumulativen – oder nur in

Grenzen kumulierbaren – Ressource auszugehen. Der Nutzen von zwei Einheiten desselben Wissens unterscheidet sich deutlich von dem Nutzen, den der Erwerb eines zweiten PKWs des gleichen Typs bzw. Modells stiftet. Dieser nicht-kumulative Charakter von Wissen trägt wiederum zur mangelnden Prognostizierbarkeit einer Wertsteigerung von Wissen durch entsprechende Maßnahmen bzw. Investitionen bei.

Stellt man diesen wissensbezogenen Ausführungen die analogen Argumente in bezug auf die Gegegebenheiten bei **materiellen Vermögenswerten** gegenüber, so sind hier vergleichsweise einfache Aspekte zu identifizieren: Aufgrund der Gegenständlichkeit materieller Vermögenswerte ist der Austausch bzw. Erwerb eindeutig beschreibbar. Desweiteren existieren Gesetzesaussagen, mit deren Hilfe der Wert materieller Vermögenswerte erklärt werden kann bzw. die einen Beitrag dazu leisten, die Wertsteigerung in Abhängigkeit spezifischer Kontextbedingungen zu erklären, wie z.b. im Rahmen von Überlegungen zur Produktions- und Kostentheorie (vgl. z.B. Heinen 1978; Schweitzer/Küpper 1997). Darüber hinaus ist der Markt für den Transfer materieller Vermögenswerte das geeignete, theoretisch begründete Medium. Zusätzlich gilt, daß monetäre Größen (Geld) – ausgedrückt als Kosten (vgl. hierzu Abschnitt 3.2.1.1.2) – ein angemessener Maßstab für den Wert von solchen Gütern ist. Desweiteren kann hier ein kumulativer Charakter identifiziert werden: Zwei Einheiten eines Gutes sind – nahezu – doppel soviel wert wie eine Einheit, zumindest dann, wenn man sich nicht in der Region des Grenznutzens bewegt.

Hinsichtlich der **Ontologie** läßt sich festhalten, daß Wissen nicht nur als subjekt- bzw. kontextabhängig aufgefaßt, sondern auch explizit in Abhängigkeit eines Speichermediums konzipiert wird, wohingegen die Existenz materieller Produktionsfaktoren subjekt- und speicherunabhängig beschrieben werden kann. Damit einher geht das Problem, daß es schwierig ist, zwei Einheiten „Wissen" als identisch zu bezeichnen, wohingegen diese Identitätsrelation bei materiellen Faktoren eindeutig bestimmbar ist.

Diese Überlegungen führen direkt zur Frage nach den Voraussetzungen zur Modellentwicklung. Im Rahmen **modelltheoretischer Annahmen** lassen sich hier drei Argumentationsstränge identifizieren:

- Zunächst ist in bezug auf materielle Faktoren ein **traditionelles Abbildungsverständnis** hervorzuheben. Grundannahme hierbei ist, daß Modelle Abbilder der Wirklichkeit darstellen. Modellierung heißt also, das empirische Objekt in seinen Strukturen so präzise bzw. objektiv wie möglich nachzuzeichnen: *„Ein Modell bestimmten Abstraktionsgrades ist nur dann ein adäquates Abbild der betrachteten Wirklichkeit und* damit wissenschaftlich fruchtbar, wenn zwischen der formalen, insbesondere der Kalkülstruktur des Modells und der materiellen Struktur des modellierten Problemzusammenhangs sogenannte Isomorphie besteht, d.h. eine Strukturgleichheit der gedanklichen Sphäre" (Kosiol 1961, S. 321). Die Isomorphieforderung ist problematisch: Sie reduziert den Komplexitätsgrad eines Modells nicht; daher wird Isomorphieanforderung häufig durch eine weniger anspruchsvolle Homomorphieanforderung ersetzt. Hieraus resultiert das Problem, daß keine Entscheidungsregeln darüber existieren, wie weit eine solche Komplexitätsreduktion gehen darf (Bretzke 1980, S. 31). Unabhängig davon wird der Expertenstatus des Modellkonstrukteurs betont: Die Modellbildung erfordert ein „geschultes Wahrnehmungsvermögen, ein hohes Maß an Aufmerksamkeit und Unvoreingenommenheit und die Verfügbarkeit einer geeigneten Sprache für die formale Repräsentation der wahrgenommenen Strukturen" (Bretzke 1980, S. 30).

- Es ist relativ einsichtig, daß dieses traditionelle Abbildungsverständnis nicht angemessen auf die Ressource Wissen angewandt werden kann, impliziert dies doch, Wissen als Objekt zu modellieren – und somit von seinen spezifischen Merkmalen abzusehen. Diesen reinen Objektcharakter setzt die Anwendung eines Abbildungsverständnisses, wie ihn die **Allgemeine Modelltheorie** nach Stachowiak (1965, 1973) anbietet, nicht mehr voraus. Stachowiak (1965, 1973) entwickelt in Anlehnung an Annahmen des Kritischen Rationalismus eine Allgemeine Modelltheorie, mit deren Hilfe der objektive Anspruch des traditionellen abbildungstheoretischen Modellverständnisses relativiert wird. Nach Stachowiak (1973, S. 128ff.) verfügen Modelle über drei Hauptmerkmale: (1) das *Abbildungsmerkmal* charakterisiert Modelle als Repräsentationen, also Abbildungen von natürlichen und künstlichen Originalen; (2) das *Verkürzungsmerkmal* hebt darauf ab, daß nur einzelne Eigenschaften des Originals – gemäß der Relevanzkriterien des Modellierers – aber nicht das gesamte Original, abgebildet werden; (3) das *pragmatische Merkmal* verdeutlicht, daß Modelle nur für bestimmte Zwecke und in bestimmten Zeiträumen zur Verfolgung eines bestimmten Zweckes ihre Funktion erfüllen und keinen Selbstzweck haben. Zwar ist der partielle Widerspruch zwischen dem Abbildungsmerkmal, das auf verobjektivierbare Merkmale hinweist, und dem pragmatischen Merkmal, das auf die Subjektivität der Modellierung abhebt, nicht unproblematisch (vgl. hierzu auch Herrmann 1991, S. 113), doch scheinen diese Überlegungen einer angemessenen Abbildung des „Objektes" Wissen eher geeignet zu sein als das traditionelle Modellverständnis.

- Schließlich ist auf das **konstruktivistische Modellverständnis** (Bretzke 1980) hinzuweisen, in dem der Anspruch aufgegeben wird, daß die

Realität Grundlage des Modells sein soll, da Abbildungen außerhalb subjektiver Wahrnehmungen nicht mehr möglich sind. Vielmehr sind Modelle von „*bestimmten Zielen, Wahrnehmungsgewohnheiten, Deutungsmustern, Informationen und kognitiven Fähigkeiten*" (Bretzke 1980, S. 34) abhängig (vgl. ausführlich Abschnitt 2.3.5.2).

Diese abbildungstheoretischen Überlegungen implizieren somit eine Entscheidung hinsichtlich der **epistemologischen** Vorannahmen, die der Modellierung des empirischen Objekts „Wissen" zugrundeliegen: Hier wurde deutlich, daß die Existenz – und somit der Wert – von Wissen im Rahmen *konstruktivistischer* Auffassungen aus Wirklichkeitskonstruktionen resultiert, deren Operationen unauflöslich mit dem zu bewertenden Wissen verknüpft sind, wohingegen der Wert materieller Faktoren durch – isomorphe – *Repräsentationsoperationen* bestimmt werden kann.

Die Differenzierung führt zu weitergehenden Implikationen in bezug auf die zu berücksichtigende bzw. „anzuwendende" **Managementphilosophie:** Aus der fehlenden Objektivierbarkeit von Wissen lassen sich konsequenterweise keine Empfehlungen für eine direkte Steuerung von Wissen ableiten, wohingegen sich Material- oder Zahlungsströme aufgrund ihres objektbezogenen Charakters direkt beeinflussen lassen. Daraus resultieren wiederum unterschiedliche organisationsparadigmatische Zuordnungen:

Organisationsparadigma: Da Wissen nicht – wie ein materieller Faktor – gemäß der eigenen Intentionen auf einen Empfänger übertragbar ist[134], ist eine direkte Einflußnahme sogar stets ausgeschlossen[135]. Konkret: Daten

---

[134] "*(Systemtheoretische Annahmen gehen davon aus; Anm. d. Autors), daß Personen zwar durch ihr Verhalten die Bausteine für soziale Systeme liefern, daß es aber nicht das sich verhaltende, personale System ist, das darüber entscheidet, was im System wie identifiziert wird. Die "Bausteinlieferanten" mögen sich freuen oder aber auch daran verrückt werden, wenn sie beobachten, wie die mit ihren Emotionen befrachteten, mit ihren Gedanken und Ideen angereicherten, mit ihrem Schweiß getränkten, kurz: mit subjektivem Sinn geladenen Handlungen im System ihren intendierten Sinn, ihre von den Personen zugedachte Identität verlieren und ganz anders als gedacht (!) weiterverarbeitet werden*" (Bardmann 1992, S. 14; Hervorhebung im Original).

[135] Zur Ergänzung sei an dieser Stelle auf die konstruktivistische Auffassung von Organisationen und ihrer Steuerung hingewiesen: Eine Organisation ist demnach ein System, das sich selbst herstellt und selbst erhält, indem es sich (a) in seinen Handlungen und Kommunikationen ausschließlich auf sich selbst bezieht und daß (b) ausschließlich durch seine eigene Struktur festgelegt wird, mit welchen Ereignissen seiner Umwelt es interagiert und wie es sich aufgrund dieser Interaktion verhält (vgl. Luhmann 1984, 1988; Willke 1987, 1996). Innerhalb der systemtheoretischen Diktion kann die Steuerung von Organisationen wie folgt charakterisiert werden: *Steuerung* ist eine (a) Differenzminimierung bzw. Konstruktion neuer, zu verringernder Differenzen; wobei (b)

sind – zumindest im Rahmen eines repräsentationistischen Ansatzes – austauschbar, wohingegen Informationen und Wissen nicht austauschbar, nicht übertragbar – und somit auch nicht in direkter Weise zu „managen" sind. Hinzukommt, daß die Abhängigkeit des Wissens von einem Gedächtnis es nicht in sinnvoller Weise erlaubt, von „inkorporiertem" Wissen – also Wissen in Produkten oder Prozessen – zu reden (vgl. Abschnitt 1.1). Inkorporiertes Wissen ist nur begrenzt mit dem expliziten Wissen identisch, das in einem entsprechenden Objekt gespeichert wurde. In Anlehnung an die Diktion von Heinz von Foerster (1985) läßt sich zusammenfassend festhalten, daß materielle Faktoren stets im Rahmen eines **trivialen** Organisationsverständnisses[136] modellierbar sind, wohingegen in bezug auf Wissen die jeweilige Vorannahme expliziert werden muß, um hier eine Zuordnung vornehmen zu können: Anti-Repräsentationistische Ansätze lassen sich eindeutig als Überlegungen im Rahmen eines **nicht-trivialen**[137] Organisationsverständnisses identifizieren – wohingegen „repräsentationistische Ansätze" ein triviales Organisationsverständnis perpetuieren[138].

---

diese Differenzminimierung als rein systeminterne Operation aufgefaßt wird. Für Organisationen (soziale Systeme) und Menschen (personale Systeme) existieren zwei weitere bedeutsame Aspekte, nämlich daß (c) ihre Steuerung durch eine Verringerung von Sinndifferenzen stattfindet, wozu (d) eine Beobachtung des Systems bzw. der Differenzen vorliegen muß. Damit kann soziale Steuerung zusammenfassend als beobachtbare systeminterne Operation definiert werden, bei der es für das steuernde System um die Reduktion sinnhafter Differenzen geht, die für andere Beobachter nicht unbedingt sinnvoll sein müssen (vgl. Bardmann 1992, S. 18).

[136] Eine *triviale* Maschine "ist durch eine eineindeutige Beziehung zwischen ihrem "Input" (Stimulus, Ursache) und ihrem "Output" (Reaktion, Wirkung) charakterisiert. Diese invariante Beziehung ist "die Maschine". Da diese Beziehung ein für allemal festgelegt ist, handelt es sich hier um ein deterministisches System; und da ein einmal beobachtbarer Output für einen bestimmten Input für den gleichen Input zu späterer Zeit ebenfalls gleich sein wird, handelt es sich dabei auch um ein vorhersagbares System" (von Foerster 1985, S. 12).

[137] Nicht-triviale Maschinen lassen sich wie folgt definieren: "Die Input-Output-Beziehung von (...) nicht-trivialen Maschinen ist nicht invariant, sondern wird durch den zuvor erzeugten Output der Maschine festgelegt. Mit anderen Worten, ihre vorausgegangenen Arbeitsgänge legen ihre gegenwärtigen Reaktionen fest. Obwohl diese Maschinen auch deterministische Systeme sind, sind sie schon allein aus praktischen Gründen nicht vorhersagbar: Ein einmal nach einem bestimmten Input beobachteter Output wird höchstwahrscheinlich zu späterer Zeit, auch wenn der Input gleich ist, ein anderer sein" (von Foerster 1985, S. 12).

[138] Diese Einschätzung beruht nicht darauf, daß die Ableitung nomologischer Aussagen nicht das Resultat sozial konstruierter Abstimmungs- und Erkenntnisprozesse sind, sondern nimmt vielmehr darauf bezug, daß die Methodologie bzw. das Erkenntnisprogramm des kritischen Rationalismus dem Erkenntnisobjekt gegenüber invariant

2.4 Interpretation und Schlußfolgerungen für den weiteren Verlauf der Arbeit

Ausgangspunkt des vorliegenden Kapitels war die Frage, ob bzw. in welchem Umfang theoretisch begründet werden kann, daß der Einsatz der Ressource Wissen einen Beitrag zur Wertschöpfung, zum Unternehmenserfolg oder zur Wettbewerbsfähigkeit leistet (vgl. Leitfrage 1 in Abschnitt 1.2.3). Darüber hinaus sollte geprüft werden, anhand welcher Merkmale Wissen beschrieben werden kann, da die Identifikation von Merkmalen eines empirischen Objekts eine wichtige Voraussetzung für die Ableitung von Anforderungen an Meßmethoden bzw. -instrumente darstellt. Im folgenden Abschnitt erfolgt zunächst eine zusammenfassende Übersicht hinsichtlich der Frage, in welchem Umfang die Hypothese zur Wertschöpfungsrelevanz von Wissen bestätigt werden kann, woran sich die weitere Explikation der zentralen wissensbezogenen Merkmale anschließt.

2.4.1 Die Wertschöpfungsrelevanz von Wissen: Zusammenfassung

Die Annahme von Wertschöpfungszusammenhängen zwischen Wissen und organisationalen Erfolgsfaktoren impliziert zunächst eine zweckorientierte Auffassung von Wissen. Die bisherigen Überlegungen haben gezeigt, daß der Einsatz von Wissen entsprechend **zweckorientiert** aufgefaßt wird: Dies gilt beispielsweise für die instrumentelle Definition der Wissensklassen durch Machlup (1980, 1984; vgl. Abschnitt 2.2.4); analog verweisen die Überlegungen von Wittmann (1959), Information als zweckorientiertes Wissen aufzufassen (vgl. Abschnitt 2.2.5.1) oder aber Wissen als notwendigen Bestandteil eines *zweckorientierten* Produktionsprozesses zu modellieren (Willke 1998; vgl. Abschnitt 2.3.5.2), auf ein solches instrumentelles Wissensverständnis.

Analoges gilt für Überlegungen, den Wert von (Weiter-)Bildung zu erfassen (vgl. Abschnitt 2.2.2), Kausalzusammenhänge zwischen Wissenstransformationsprozessen und ökonomischem Erfolg oder dem Einsatz immaterieller Ressourcen zwecks Erzielung von Wettbewerbsvorteilen (vgl. Abschnitt 2.3.3) zu beschreiben und zu erklären.

Die bisherige Argumentation im vorliegenden zweiten Kapitel hat ebenfalls gezeigt, daß es eine Vielzahl theoretischer Anhaltspunkte gibt, mit deren

---

ist. Dies wird ausführlich anhand der sozialwissenschaftlich-empirischen Meßmethodik dargelegt (vgl. Abschnitt 3.3.1).

Hilfe die Wertschöpfungsrelevanz von Wissen begründet werden kann. Hieraus läßt sich ableiten, Wissen als Ressource im wirtschaftswissenschaftlichen Sinne aufzufassen. In Abbildung 11 werden die theoretischen Zugänge gezeigt, mit deren Hilfe die Basishypothese der Wertschöpfungsrelevanz von Wissen bestätigt worden ist (vgl. hierzu Abbildung 2). Durch Abbildung 11 kann die Wertschöpfungsrelevanz von Wissen im Gesamtzusammenhang verdeutlicht werden. Da ich an unterschiedlichen Stellen der vorliegenden Arbeit die einzelnen Beziehungen bereits ausführlich referiert und diskutiert habe (vgl. Abschnitte 2.2.7 und 2.3.5), möchte ich mich an dieser Stelle auf die folgende abschließende Übersicht dieser Theoriebezüge beschränken.

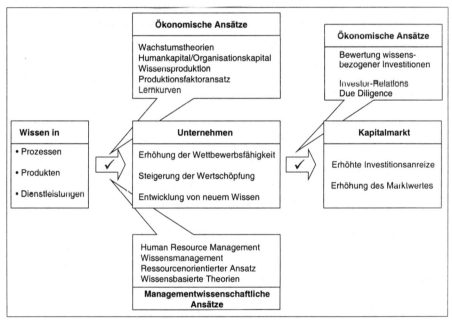

Abbildung 11: Der Begründungszusammenhang in der Gesamtschau: Theoretische Wurzeln zur Begründung der Wertschöpfungsrelevanz von Wissen

Gegenstand der Arbeit ist die theoretische und methodische Begründung wissensbezogener Meßgrößen. Eine Ableitung solcher Größen ist aber nur dann plausibel, wenn gezeigt werden kann, daß Wissen einen wertschöpfungsrelevanten Charakter aufweist. Diese **Wertschöpfungshypo-**

these von Wissen wurde in Kapitel 1 formuliert (vgl. Abschnitt 1.2.3): Ausgehend von vier zentralen Phänomenen – den (a) wissensbezogenen Anforderungen des Kapitalmarkts; der (b) unzureichenden Erfaßbarkeit von Wissen Im traditionellen Rechnungswesen; (c) der mangelnden theoretischen Fundierung von Wissenskapitalsystemen; (d) der Vernachlässigung wissensbezogener Meßgrößen im Rahmen von Wissensmanagement – wurde die Annahme formuliert, daß Wissen einen Beitrag zur volkswirtschaftlichen und betrieblichen Wertschöpfung leistet. Insbesondere wurde für die einzelwirtschaftliche Ebene angenommen, daß die Inkorporation von Wissen in Produkten und Prozessen zu einer erhöhten organisationalen Leistungsfähigkeit wie auch zur Entwicklung neuen Wissens führt. Darüber hinaus wurde erwartet, daß der Kapitalmarkt solche wissensbezogene Effekte wahrnimmt und entsprechend honoriert. Der Suchraum für die Bestätigung dieser Hypothese wurde aus zwei Perspektiven entfaltet – den ökonomischen und den managementwissenschaftlichen Ansätzen.

Im Rahmen der **ökonomischen** Ansätze (Abschnitt 2.2) wurde herausgearbeitet, daß **klassische** und traditionelle **neoklassische Argumentationsmuster** für die Beschreibung der Effekte von Wissen auf Wertschöpfung nur einen geringen Beitrag leisten können. Hierfür konnten zwei Gründe herausgearbeitet werden: Mittels einer meta-theoretischen Analyse wird verdeutlicht, daß Wissen – besser: Information – als öffentliches Gut konzipiert wird; auf theoretischer Ebene wurde gezeigt, daß Wachstumseffekte ausschließlich auf die Produktivität der Faktoren Arbeit und Kapital zurückgeführt werden – Wissen bleibt als exogener Faktor außerhalb der theoretischen Analyse (Abschnitt 2.2.1.2). Letzteres Problem kann im Rahmen der **„Neuen Wachstumstheorie"** (z.B. Romer 1990; Lucas 1986; Grossman/Helpman 1991) behoben werden, da Wissen „endogenisiert" wird: Erklärungsmuster finden sich im Kontext von Einflußfaktoren wie Humankapital, Forschung & Entwicklung und Innovation (Abschnitt 2.2.1.3). Die anschließende Vertiefung **humankapitaltheoretischer Überlegungen** sowie deren Weiterentwicklung mit Konzepten des Organisationskapitals und des Sozialen Kapitals (Abschnitte 2.2.2 und 2.2.3) zeigten zum einen, daß Bildungsinvestitionen einen positiven Effekt auf das individuelle Einkommen, aber auch auf den ökonomischen Ertrag und den Marktwert des Individuums aufweisen. Die Probleme der individuellen humankapitaltheoretischen Perspektive wurden durch die zusätzliche Berücksichtigung struktureller Variablen – im Rahmen der Organisationskapitaldiskussion – und dem Wertschöpfungsaspekt von Beziehungen – im Rahmen der Sozialen Kapitaltheorieansätze – ansatzweise gelöst. Zentraler Befund war hier, daß wertschöpfungsbezogene Effekte bildungs- bzw. wissensbezogener Investitionen ein angemessenes bzw. förderndes Umfeld benötigen, um ihre Wirkung entfalten zu können.

Im Kontext der Überlegungen zur **Wissensproduktion** (Machlup 1962, 1984) wurde zum ersten Mal auf die deutlichen Unterschiede zwischen Wissen und materiellen Faktoren verwiesen, und hierdurch erste deutliche Hinweise hinsichtlich der prinzipiellen Problematik der Messung von Wissen identifiziert.

Im Rahmen der traditionellen **betriebswirtschaftlichen** Argumentation kommt Wissen eine nur untergeordnete Rolle zu (Abschnitt 2.2.5): Das technologische Wissen des dispositiven Faktors im Kontext des Produktionsfaktoransatzes kann lediglich als „Erwähnung" interpretiert werden. Anhand von **Lern- bzw. Erfahrungskurven** können zwar positive Effekte von Wissensakkumulation bzw. Lernen auf das Betriebsergebnis nachgewiesen werden, doch können solche Effekte nicht im Rahmen einer ökonomischen „*black box*"-Argumentation erklärt werden. Abschließend wird im Rahmen der ökonomischen Überlegungen gezeigt, daß **wissensbezogene Investitionen** vom Kapitalmarkt dadurch honoriert werden, daß sie einen Beitrag zum Marktwertanstieg leisten. Überlegungen im Rahmen von *Investor Relations-* wie auch *Due Diligence*-**Prozessen** runden das Bild hinsichtlich der Wertschöpfungsrelevanz von Wissen ab.

Die anschließende **managementwissenschaftliche Argumentation** (Abschnitt 2.3) beginnt mit der Analyse der Bedeutsamkeit von **Human Resources** für den Unternehmenserfolg (Abschnitt 2.3.1), wobei deutlich wird, daß der unternehmerischen und strategischen Orientierung der HRM-Funktion eine zentrale Bedeutung zukommt. Im Rahmen von **Wissensmanagementkonzepten** (Abschnitt 2.3.2) wird zum einen gezeigt, wie Wissenstransformationsprozesse einen Beitrag zur Entwicklung neuen Wissens leisten können (Nonaka/Takeuchi 1995), und zum andern, wie organisationale Lernprozesse als konzeptionell-theoretischer Ausgangspunkt für die Gestaltung von Wissensmanagement aufgefaßt werden können (Pawlowsky 1994). Abschließend wird anhand der Explikation des **Ressourcenorientierten Ansatzes** in Abschnitt 2.3.3 die unternehmensinterne Perspektive verlassen und herausgearbeitet, wie Unternehmen Wettbewerbsvorteile aufgrund einer effizienten Bewirtschaftung des Faktors Wissen entwickeln können. Abschließend wurden aktuelle Ansätze im Rahmen der „**knowledge based theories of the firm**" skizziert, die Unternehmen aus der Perspektive der Wissensverarbeitung konzipieren und somit deren Existenz aufgrund der Prozesse von Wissenserzeugung und Wissensverarbeitung erklären (Abschnitt 2.3.4).

Mittels dieser Zusammenschau kann somit abschließend die in Abschnitt 1.2.3 aufgestellte Hypothese der Wertschöpfungsrelevanz von Wissen bestätigt werden.

Die vorgenommenen theoretischen Ausführungen haben auch gezeigt, daß es gerade die Merkmale dieser Ressource Wissen sind, die eine Vielzahl unterschiedlicher Probleme mit sich bringen – und zwar sowohl Probleme im Sinne einer ökonomischen/monetären als auch einer kritisch-rationalen Modellierung der unterstellten Ursache-Wirkungs-Beziehungen zwischen Wissen und organisationalen Erfolgsfaktoren. Dies gilt insbesondere in bezug auf das Problem der mangelnden Kumulierbarkeit von Wissen sowie hinsichtlich der mangelnden Transparenz in wissensbezogene Mechanismen, woraus sich wiederum eine Vielzahl von Folgeproblemen ableiten läßt, wie zum Beispiel im Kontext des Austauschs, des Erwerbs oder – last not least – der Bewertbarkeit von Wissen.

Allerdings macht diese Übersicht über die einzelnen Theoriestränge zur Wertschöpfungsrelevanz von Wissen auch deutlich, daß die Wahl eines theoretischen Zugangs das Erkenntnisinteresse – und somit die Identifikation der Merkmale von Wissen – prädeterminiert. Damit aber **existiert kein Entscheidungskriterium**, mit dessen Hilfe **ex ante** begründet werden kann, welcher dieser Zugänge dem empirischen Objekt Wissen am ehesten entspricht. Denn vielmehr gilt, daß die oben genannte Zweckorientierung stets von der Perspektive des Akteurs, der dem Einsatz bzw. der Nutzung der Ressource Wissen einen Wert zuschreiben will oder vielleicht auch einen entsprechenden Wert erfassen – im Sinne von „messen" – will, abhängt.

Zusätzlich ist aufgrund der Komplexität der in Abbildung 11 dargestellten theoretischen Zugänge zur Begründung der Wertschöpfungsrelevanz von Wissen ein zentrales Problem für die weitergehende Argumentation zu erwarten: Da diese theoretischen Begründungen unterschiedlichen paradigmatischen Vorstellungen zum System „Wirtschaft" bzw. „Unternehmen" entstammen, ist es aufgrund der Inkommensurabilität dieser Ansätze schwierig, einen gemeinsamen integrativen Bezugspunkt zur Entwicklung wissensbezogener Meßgrößen abzuleiten.

2.4.2 Die Ableitung der Merkmale von Wissen

Im Rahmen von Leitfrage 2 wurde bereits darauf hingewiesen, daß die Explikation der Merkmale von Wissen eine zentrale Voraussetzung für deren Erfassung bzw. Messung darstellt (vgl. Abschnitt 1.2.3). In den beiden Abschnitten 2.2.7.3 und 2.3.5.3 wurden hierfür dadurch wichtige Zwischenschritte geleistet, daß die Ressource Wissen anhand geeigneter Kriterien von materiellen Ressourcen abgegrenzt wurde. Im folgenden Abschnitt 2.4.2.1 soll – aufbauend auf eine zusammenfassende Darstellung – zunächst eine Verknüpfung zwischen zentralen Merkmalen von

Wissen vorgenommen werden, worauf dann die Ableitung der für die vorliegende Arbeit originären Merkmale von Wissen aufbaut (vgl. Abschnitt 2.4.2.2).

2.4.2.1 Die Merkmale von Wissen: Vorüberlegungen

Versucht man, die in den Abschnitten 2.2.7.3 und 2.3.5.3 vorgenommene Abgrenzung der Ressource Wissen von materiellen Ressourcen zusammenzufassen, wird man mit dem Problem konfrontiert, daß zwischen den dort geschilderten einzelnen Aspekten bzw. Phänomenen – aufgrund der unterschiedlichen theoretisch-konzeptionellen Ausgangspositionen – bislang keine ausreichenden Beziehungen hergestellt werden konnten. Die folgende Argumentation dient daher dazu, eine Verbindung zwischen diesen einzelnen Phänomenen zu knüpfen. Damit wird es zum einen möglich, einige bislang nicht gelöste Probleme, wie z.b. die Differenz zwischen den wissensbezogenen Merkmalen „*sticky*" und „*slippery*" zu klären, und zum anderen die Voraussetzungen zu schaffen, die originären Merkmale von Wissen „herausdestillieren" zu können. Den folgenden Ausführungen wird, wie bereits in Abschnitt 2.2.7.2, ein einfaches Sender-Empfänger-Modell[139] der Übertragung von Wissen – besser: Information – unterstellt.

Die **Ausbreitungsmöglichkeiten** von Wissen wurden unterschiedlich beschrieben – und zwar in Abhängigkeit davon, ob diese Ressource eher aus der Perspektive der **Merkmale** „*sticky*" (Schumpeter 1934) oder „*slippery*" (von Hippel 1994) betrachtet wird. Damit aber ist zu klären, von welchen Rahmenbedingungen es abhängt, ob ein Wissenselement eher als „flüchtig" oder eher als „kontextgebunden" bezeichnet wird, da es einsichtig ist, daß ein und dasselbe Wissenselement nicht gleichermaßen „*sticky*" und „*slippery*" sein kann. Dieser – vermeintliche – **Widerspruch** zwischen den Merkmalen „*stickiness*" und „*slippery*" läßt sich wie folgt auflösen:

- Information ist dann „*sticky*", wenn die kognitive Struktur des Empfängers zum Zeitpunkt der Informationsweitergabe eine nur **geringe Anschlußfähigkeit** an die empfangene Nachricht aufweist. Das heißt, daß diese Information nicht weiterverarbeitet, also gespeichert bzw. in

---

[139] Die Argumentation wird hier aus Gründen der Anschaulichkeit auf *individuelle* Wissensaustauschprozesse beschränkt. Allerdings gelten die hier zugrundeliegenden Mechanismen auch für den Wissensaustausch auf *organisationaler* Ebene bzw. organisationale Lernprozesse, deren Berücksichtigung hier allerdings den Rahmen sprengen würde (zur Übersicht relevanter Ansätze organisationalen Lernens vgl. Abschnitt 2.3.2.2).

Handlung umgesetzt werden kann. Konkret: Aus dieser Information resultiert für den Empfänger zu diesem Zeitpunkt *kein* Nutzen.

- Umgekehrt ist eine Nachricht dann *„slippery"*, wenn die kognitive Struktur weiterer Empfänger in bezug auf diese Nachricht eine **hohe Anschlußfähigkeit** aufweist. Diese Information kann dann entsprechend weiterverarbeitet, ggf. in Handlungen umgesetzt und insbesondere – unter Voraussetzung der Existenz adäquater Kommunikationskanäle – weitergeleitet bzw. verbreitet werden.

Diese kurze Argumentation zeigt, daß *„sticky"* und *„slippery"* keine Merkmale darstellen, die einem Wissenselement inhärent sind, sondern in dialektischer Beziehung zur kognitiven Struktur des Empfängers stehen. Damit aber soll nochmals der relevante Begriff der **Anschlußfähigkeit** dargestellt werden.

Die **Aufnahme, Verarbeitung, Nutzung** und **Weitergabe** von Wissen ist eng an die strukturellen Voraussetzungen des kognitiven Systems des Rezipienten, aber auch an die – formalen und informalen – Strukturen der Organisation gebunden. Greift man auf obiges Sender-Empfänger-Modell zurück, so wird hier folgendes deutlich:

- Ob eine Information von einem Empfänger überhaupt rezipiert werden kann, hängt von der **Anschlußfähigkeit** der Information an das kognitive System des Empfängers ab.

- Ist der Empfänger nicht in der Lage, die Nachricht – die kommunizierten Wissensinhalte – zu verstehen und somit zu verarbeiten, dann können geeignete **Lernprozesse** dazu beitragen, dessen kognitive Strukturen so zu verändern, daß die Anschlußfähigkeit an die gesandte Nachricht bzw. Information steigt

- Zusätzlich ist von Bedeutung, daß die Realisierung solcher Lernprozesse nicht nur entsprechende Anforderungen an die kognitive Struktur des Rezipienten, sondern auch von den entsprechenden strukturellen Rahmenbedingungen der Organisation oder des weiteren Kontextes abhängt (**Kontextabhängigkeit**).

Nachdem die gegenseitige Abhängigkeit zwischen den Merkmalen *„slippery"* und *„sticky"* und den Basisprozessen der Wissensverarbeitung skizziert wurde, soll jetzt zusammenfassend dargestellt werden, welche Implikationen in bezug auf den **Wert** einer übertragenen Nachricht, also den potentiellen **Nutzen** für einen Rezipienten, abgeleitet werden können:

- Zunächst ist hier auf die Differenz zwischen **Informationswert** und **ökonomischem Wert** einer Information hinzuweisen: Der Gesamtnutzen einer Nachricht für einen Rezipienten hängt nicht vom Informationsgehalt der kommunizierten Nachricht ab (der ist für jeden Empfänger gleich), sondern vom Nutzen, der an die individuelle Verarbeitung dieser Information geknüpft ist[140]. Da Wissen nicht in einem „Vakuum" existiert, sondern quasi in **unsichtbarer** Form stets an entsprechende Strukturen bzw. Speicher/**Träger** gebunden ist, ist es in diesem Zusammenhang ebenfalls wichtig, zwischen dem Wert des Wissens bzw. der Information und dem Wert des Trägers zu unterscheiden.

- Die Frage nach dem Wert von Wissen impliziert die Analyse der **Besitzrelation** von Wissen: Wissen verbleibt als *multiple Ressource* trotz Weitergabe beim ursprünglichen Besitzer, da dieses Wissen in den entsprechenden kognitiven Strukturen gespeichert bleibt. Umgekehrt gilt, daß der Nutzen für einen Besitzer von Wissen aufgrund dessen *nicht-kumulativen Charakters* nicht steigt, wenn er das gleiche Wissen erneut rezipiert. Diese „Information" stellt *keine* Information für ihn dar, da er bereits über die entsprechenden kognitiven Strukturen bzw. das Wissen verfügt: Diese „Information" reduziert keine Unsicherheit mehr.

- In diesem Zusammenhang läßt sich auch der **Wertverfall** bisherigen Wissens verdeutlichen: Falls eine neue Information die Gültigkeit der kognitiven Struktur des Empfängers in einer Wissensdomäne in Frage stellt, so sinkt die Wahrscheinlichkeit, daß eine sich auf diese Wissensdomäne beziehende Kommunikation mit nun mehr geringerer Wahrscheinlichkeit geäußert wird. Werteverfall bezieht sich also sowohl auf die Ebene der Informationsverarbeitung wie auf die Ebene der Wissensverteilung[141].

- Parallel dazu läßt sich für die Weitergabe bzw. der Verbreitung von Wissen festhalten, daß die Merkmale von Wissen zu unterschiedlichen Effekten führen können: Es läßt sich sowohl eine **Wertminderung** aufgrund einer geringeren Seltenheit (z.B. bei technologischem Wissen,

---

[140] Oben wurde bereits darauf hingewiesen, daß ein Vortrag aus informationstheoretischer Sicht nicht mehr wert ist, wenn hierfür eine Vortragsgebühr zu entrichten ist. Allerdings kann der Zusatznutzen aus einem höheren Prestige usw. bestehen, wenn ein Vortrag von einem hochdotierten „Managementguru" gehört wird. Somit stehen Nutzen einer Information und die kognitive Struktur eines Rezipienten ebenfalls in einem dialektischen Verhältnis zueinander.

[141] Dies möchte ich anhand eines kleinen Beispiels erläutern: Wenn ich als KFZ-Hersteller bis heute recht erfolgreich Geländewagen produziert habe, dann ist dieses Know-how ungültig geworden, wenn die Kunden nur mehr Cabrios kaufen wollen. Der Vollständigkeit halber möchte ich hinzufügen, daß hier nicht „alles" Wissen entwertet wird, da sich prozeßbezogenes und technologisches Wissen zumindest in Teilen auf die Entwicklung neuer Modelle bzw. Fertigungsstraßen übertragen läßt.

das nicht patentrechtlich geschützt wurde), als auch eine **Werterhöhung** aufgrund der Nutzbarkeit durch eine höhere Anzahl von Nutzern (z.B. beim Vertrieb von Software), erwarten. Grundlegend bei letzterem Effekt ist, daß die Vervielfältigung von Information nicht zu neuer Information führt, sondern dazu, daß eine größere Anzahl von Rezipienten diese Information nutzen kann.

Abschließend möchte ich auf die Konsequenzen hinweisen, die aus den obigen Erläuterungen resultieren und in einer mangelnden Vorhersagbarkeit wissensbezogener Effekte münden:

- Zum einen entziehen sich die bislang beschriebenen Phänomene wie Wissen, Information, Lernprozesse, kognitive und organisationale Strukturen usw. – sowie ihre Beziehungen untereinander – einer *direkten* Beobachtung. Zum anderen hängt die Erfassung der jeweiligen Elemente zusätzlich von der eigenen epistemologischen Position ab (vgl. Abschnitt 2.3.5.2). Zudem führt die Erfassung von organisationalen bzw. sozialen Tatbeständen zu deren Veränderung (z.B. Sievers 1977; Comelli 1985). Darüber hinaus muß angenommen werden, daß die Beziehungen zwischen diesen Elementen nicht stabil ist, sondern als positive und negative Rückmeldeschleifen und daher als selbstreferentielle Prozesse modelliert werden müssen. Schließlich ist aufgrund dieser Phänomene zu erwarten, daß wissensbezogene Effekte nur **schwer zu prognostizieren** sind.

- Diese Intransparenz führt zwangsläufig zur Konsequenz, daß nur sehr bedingte Einschätzungen darüber abgegeben werden können, wie anschlußfähig eine bestimmte Information an die kognitive Struktur eines Empfängers im Rahmen vorhandener organisationaler Strukturen ist. Diese **mangelnde Einsicht** in die Anschlußfähigkeit stellt letztlich ein unlösbares Dilemma dar, da der Informationsgehalt einer Nachricht wiederum nicht von den strukturellen Rahmenbedingungen getrennt werden kann. Wenn diese anschlußbezogene Intransparenz somit nicht auflösbar ist, kann kaum erwartet werden, daß präzise Abschätzungen hinsichtlich der **Nutzenstiftung** von Informationen möglich sind – woraus wiederum nur unzureichende Überlegungen zum ökonomischen Wert einer Information – bzw. einer Informations-Wissens-Kombination – abgeleitet werden können.

Diese Überlegungen werden im folgenden anhand eines konkreten Beispiels – einer Weiterbildungsveranstaltung zum Thema „Wissensmanagement" – erläutert.

Erfolgreiche Weiterbildung in Sachen Wissensmanagement setzt voraus, daß man in der Lage ist, die Inhalte für den Kundenkreis – meist Führungskräfte – so aufzubereiten, daß diese Inhalte an deren kognitive Struktur **anschlußfähig** sind, das heißt zunächst, daß diese neuen Inhalte verstanden und nachvollzogen, also **gelernt** werden können. Hinzukommt, daß die Rahmenbedingungen auf eine solche Wissensaufnahme abgestellt sind – die Gestaltung des **Kontextes** bezieht sich hier zum einen auf den Seminarablauf und das Ambiente, aber auch auf die Erwartungen, die an die weitergebildeten Führungskräfte am Arbeitsplatz gestellt werden. Erfolgt ein solches Seminar aus rein akademischer Sicht, so sind die zugrundeliegenden Informationen sicherlich als *„sticky"* zu bezeichnen – sie verbleiben letztlich beim Weiterbildner und können durch die Teilnehmer – aufgrund mangelnder Nachvollziehbarkeit – nicht weiterverarbeitet werden. Umgekehrt wären solche Informationen *„slippery"*, wenn die Teilnehmer die Inhalte so gut vermittelt bekommen, daß sie in der Lage sind, ihrerseits als erfolgreicher Weiterbildner – beispielsweise als *„management facilitator"* zu fungieren.

Der Nutzen eines solchen Weiterbildungsseminars für die Teilnehmer hängt somit davon ab, inwiefern es gelingt, konkrete Handlungen aus den Inhalten abzuleiten. Dieser ist wiederum von deren Vorwissen abhängig: Werden Inhalte vermittelt, die bereits bekannt sind, so steigt der Nutzen durch eine erneute Aufnahme nicht (**nichtkumulativer Charakter**). Umgekehrt ist der Weiterbildner in der Lage, aufgrund des Charakteristikums von Wissen als **multipler Ressource** dieses Seminar mehrfach zu halten. Schließlich ist es nicht der – für alle Teilnehmer gleiche – Informationsgehalt des Seminarhandbuchs der konstitutiv für den subjektiven Nutzen der Teilnehmer ist. Erfahre ich als Teilnehmer später in meinem Arbeitsumfeld, daß Wissensmanagement als Problemlösungsansatz im Unternehmen keine Bedeutung mehr zugemessen wird, da der Vorstand von einer neuen „Managementmode" überzeugt ist, wird das zuvor erworbene Wissen entwertet und zunehmend weniger angewandt (**Wertverfall**).

Zusätzlich ist festzuhalten, daß die Weitergabe der gemachten Erfahrungen – beispielsweise in der Rolle des oben genannten *„management facilitators"* – zu einer **Werterhöhung** des erworbenen Wissens – qua Multiplikation der Informationen – beiträgt (größere Anzahl von Nutzern *innerhalb* der eigenen Organisation). Schließlich kann eine solche Weiterbildung zur Einführung eines entsprechenden Wissensmanagementsystems dienen. Wechseln die für dieses System verantwortlichen Personen jedoch zu einem Mitbewerber, so **reduziert** sich der **Wert** des in diesem Wissensmanagementsystem kumulierten Wissens (größere Anzahl von Nutzern *außerhalb* der eigenen Organisation).

Schließlich ist festzuhalten, daß zum Zeitpunkt des Seminars **nicht vorhergesagt** werden kann, welche Konsequenzen die Teilnehmer aus den vermittelten Inhalten ziehen werden: Dies gilt sowohl für die Qualität und die Quantität des erworbenen Wissens als auch für die Umsetzbarkeit der abgeleiteten Aktionspläne, da kognitive und organisationale Strukturen für den Weiterbildner in etwas geringerem Umfang auch für die Teilnehmer, **intransparent** sind.

Kasten 4: Fallbeispiel zur Erläuterung der Merkmale von Wissen

Aufbauend auf dieser zusammenfassenden Übersicht sollen jetzt abschließend die originären Merkmale von Wissen abgeleitet werden.

2.4.2.2 Die originären Merkmale von Wissen

Welches sind nun die Merkmale der Ressource Wissen, die aufgrund der vorgenommenen Analysen identifiziert werden konnten? Meines Erachtens läßt sich eine klare Trennung zwischen **originären** und **abgeleiteten** Merkmalen von Wissen vornehmen. Als **originäre** Merkmale von Wissen lassen sich identifizieren:

- **Unsichtbarkeit:** Wissen – und Information – sind unsichtbar bzw. verfügen über einen immateriellen Charakter.

- **Trägerabhängigkeit**: Die empirische Existenz von Wissen – und Information – ist stets an einen Träger gebunden.

- **Anschlußfähigkeit und Kontextabhängigkeit:** Die Verarbeitung von Wissen – und Information – ist von einer Vielzahl individuumsunabhängiger sowie externer Kontextfaktoren abhängig.

Viele weitere Merkmale, die der Ressource Wissen in der Literatur zugeschrieben werden, lassen sich meines Erachtens aus diesen originären Merkmalen **ableiten**. Im vorherigen Abschnitt 2.4.2.1 habe ich dies für solche Merkmale wie *„slippery"*, *„stickiness"*, „nicht-kumulative (Ressource)", und „multiple (Ressource)" gezeigt.

Somit kann festgehalten werden, daß die Messung von Wissen damit einhergeht, inwiefern es gelingt, mittels geeigneter Methoden diese drei originären Merkmale abzubilden und darauf aufbauend Instrumente zur konkreten Erfassung zu identifizieren bzw. zu entwickeln.

Im Anschluß an die Explikation dieser drei **originären Merkmale** können die folgenden, für den Fortgang der Arbeit relevanten, Fragen abgeleitet werden :

- Welche Methoden sind zur Erfassung von Wissen – also zur Erfassung dieser drei Merkmale von Wissen – geeignet?

- Welche Instrumente lassen sich konkret zur Erfassung von Wissen – zur Bewertung und Messung – einsetzen?

- Wo liegen hierbei die jeweiligen Stärken und Schwächen?

Mit der Ableitung dieser Fragen ist die theoretische Analyse abgeschlossen und der Zugang zur methodischen Analyse hergestellt.

3 METHODEN UND INSTRUMENTE DER ERFASSUNG VON WISSEN

3.1 Übersicht

Im Rahmen des vorliegenden dritten Kapitels soll die Fragestellung der Messung von Wissen aus **methodischer** Perspektive beleuchtet werden: Zum einen geht es darum herauszuarbeiten, welche **Anforderungen einzelne Meßmethoden an die Erfassung empirischer Objekte** – und somit deren Merkmale – stellen. Dadurch wird es möglich, die jeweiligen Meßmethoden hinsichtlich ihrer *generellen* Eignung zu beurteilen, welche Stärken und welche Schwächen sie in bezug auf die Messung von Wissen als Ressource aufweisen. Damit wird aus einer methodeninhärenten Perspektive die Erfaßbarkeit der drei Wissensmerkmale „Unsichtbarkeit", „Trägerabhängigkeit" und „Anschlußfähigkeit bzw. Kontextabhängigkeit" (vgl. Abschnitt 2.4.2.2) zu beurteilen versucht. Zum anderen werden nach der generellen Analyse der einzelnen Meßmethoden jeweils ausgewählte, in der Literatur diskutierte, *spezifische* **Instrumente** hinsichtlich ihres Anspruches und ihrer Eignung, Wissen zu erfassen, analysiert.

Nach dieser einführenden Vorbemerkung wird jetzt der Argumentationsaufbau des dritten Kapitels der vorliegenden Arbeit verdeutlicht: In Hauptabschnitt 3.2 wird die Erfassung der Ressource Wissen in den Mittelpunkt des Bewertungsbegriffs, also der „Messung" in monetären Einheiten, gestellt. Im Kontext der **betriebswirtschaftlichen Bewertungslehre** wird daher zunächst der für den Bewertungsprozeß zentrale Begriff der **Kosten** herausgearbeitet (3.2.1). Diese Analyse verdeutlicht, daß der betriebswirtschaftliche Kostenbegriff und der damit verbundene Bewertungsprozeß eng an materielle Güter geknüpft ist. Schließt man diese Anforderung des Bewertens an eine entsprechende „Dinglichkeit" bzw. materiellen Charakter des zu bewertenden Gutes an, so werden hier schnell die prinzipiellen Grenzen der Erfaßbarkeit von Wissen deutlich, wenn man sich hierbei die obigen drei Merkmale der Ressource Wissen vergegenwärtigt.

In den folgenden beiden Unterabschnitten werden einzelne finanzwirtschaftliche Instrumente diskutiert, an die der Anspruch gestellt wird, Wissen zu bewerten oder aber zumindest eine Hilfestellung bei der Präzisierung solcher Bewertungsprozesse zu liefern. In Unterabschnitt 3.2.2 werden zunächst solche Instrumente diskutiert, die in engem Zusammenhang mit dem **traditionellen Rechnungswesen** stehen. Im einzelnen werden hier folgende Instrumente analysiert: (a) die *Bewertung immaterieller Aktiva* mittels verschiedener Verfahren (Abschnitt 3.2.2.1); (b) die Handhabung wissensbezogener Investitionen in der GuV anhand des *knowledge* *statement* von Rennie (1998; vgl. Abschnitt 3.2.2.2); (c) der Indikator *calculated intangible value* (Stewart 1997; vgl. Abschnitt 3.2.2.3), der die Gesamtkapitalrentabilität des eigenen Unternehmens mit der der zugehörigen Branche vergleicht. Neben diesen drei auf „externe" Aspekte bezogenen Meßinstrumenten soll abschließend das „interne" Instrument der Humanvermögensrechnung diskutiert werden, mit dessen Hilfe die Überlegungen der Humankapitaltheorie in den Kontext des internen Rechnungswesens übertragen wurden (Abschnitt 3.2.2.4).

Im folgenden Unterabschnitt werden Instrumente diskutiert, die in engem Zusammenhang mit der **wertorientierten bzw. kapitalmarktorientierten Unternehmensführung** stehen. Hierzu werden zunächst in Abschnitt 3.2.3 die begrifflichen Grundlagen der wertorientierten Unternehmensführung skizziert, woran sich die Explikation der folgenden Instrumente anschließt: Aus „externer" Sicht erfolgt eine Skizze von Instrumenten, die einen Erklärungsbeitrag dazu leisten können, die Höhe des Anteils von Wissen am ökonomischen Wert zu bestimmen. Im einzelnen geht es hier um die Indikatoren (a) *information productivity* sowie *knowledge capital* (Strassmann 1996, 1998; vgl. Abschnitt 3.2.3.2) und (b) *value added intellectual potential* (Pulic 1996, Bornemann 1998; vgl. Abschnitt 3.2.3.3). Die „interne" Perspektive wird kurz im Anschluß an die Diskussion um den Indikator *economic value-added* in Abschnitt 3.2.3.1 skizziert – dort wird gezeigt, wie sich der ökonomische Wert von Wissensmanagementprojekten abschätzen läßt.

Im anschließenden Abschnitt 3.2.4 wird zusammenfassend geprüft, welche Ansprüche durch die traditionellen und innovativen finanzwirtschaftlichen Instrumente der Messung von Wissen eingelöst werden können. Hierbei ist es notwendig, zum einen den Anspruch, den finanzwirtschaftliche Methoden und Instrumente aufgrund ihrer „*black box*"-bezogenen Fundierung an Bewertung bzw. Messung von Wissen haben *können*, zu berücksichtigen. Zum anderen wird gezeigt, wie es durch die Trennung von monetärem und bonitärem Bewertungsanspruch gelingt, konzeptionelle Grundlagen für eine *marktunabhängige* Bewertung wissensbezogener Güter bzw. Prozesse zu legen.

In Hauptabschnitt 3.3 wird die Erfassung der Ressource Wissen in den Mittelpunkt des **sozialwissenschaftlich-empirischen Meßbegriffs** gestellt. Im ersten Unterabschnitt 3.3.1 werden zunächst die methodischen Grundlagen dieses Meßbegriffs anhand von acht, im Verlauf des Meßprozesses zu treffenden Entscheidungen herausgearbeitet – und zwar in bezug auf die Abgrenzung, die Strukturierung, die Selektion, die Meßform, die Indikatoren, die Meßskala, die Meßmethode und die Integration der Merkmale des zu messenden empirischen Objekts (vgl. Fischer 1989, S.

234ff.). Verknüpft man diese Anforderungen sozialwissenschaftlich-empirischer Messung mit den Merkmalen von Wissen (vgl. Abschnitt 2.4.2.2), so werden Grenzen der Meßbarkeit von Wissen deutlich, wobei insbesondere die mangelnde Abgrenzbarkeit zu ähnlichen Begriffen wie Daten oder Information (vgl. Abschnitt 2.3.5.3), sowie die wegen der Kontextabhängigkeit von Wissen nur unzureichende Strukturierbarkeit ins Gewicht fallen. In dem folgenden Unterabschnitt 3.3.2 werden wiederum Instrumente diskutiert, an die der Anspruch geknüpft wird, Wissen zu messen. Im Mittelpunkt steht hierbei die Diagnostik von Wissensmanagement: Hier wird zum einen die Operationalisierung der grundlegenden Dimensionen skizziert und diskutiert (vgl. Reinhardt 1998c), woran sich die Skizze einer breiteren empirischen Studie zur Diagnose von Wissensmanagement (Bontis 1999) anschließt. Dieser Abschnitt endet mit einer Analyse zur konstruktivistischen Erfassung wissensbezogener Prozesse und Güter (vgl. Abschnitt 3.3.3).

Im abschließenden Abschnitt 3.3.4 wird zusammenfassend geprüft, welche Ansprüche durch die beiden sozialwissenschaftlich-empirischen Meßinstrumente hinsichtlich der Messung von Wissen eingelöst werden konnten – und welche generellen Grenzen in diesem Zusammenhang dadurch identifiziert werden können, daß sich die drei konstitutiven Merkmale von Wissen teilweise einer sozialwissenschaftlich-empirischen Messung entziehen.

In Hauptabschnitt 3.4 wird die Erfassung der Ressource Wissen in den Mittelpunkt einer **integrativen Perspektive** gestellt. „Integrativ" meint hier, daß eine **Integration** von **Meßgrößen**, die einem *unterschiedlichen* Meßverständnis entstammen, in ein *gemeinsames* Indikatoren- bzw. Kennzahlensystemen erfolgt. Zunächst werden in Abschnitt 3.4.1 die **methodischen Grundlagen** von Indikatorensystemen herausgearbeitet. Hierbei wird deutlich, daß sich logische, empirische und hierarchische Indikatorensysteme identifizieren lassen, deren Güte sich dadurch beurteilen läßt, in welchem Umfang sie den Anforderungen an Klarheit bzw. Einfachheit, Akzeptanz und hierarchische Strukturiertheit genügen (Küpper 1997, S. 325f.). Verknüpft man diese Gütekriterien mit den Merkmalen von Wissen, so läßt sich herausarbeiten, daß Indikatorensysteme den Vorteil haben, aufgrund ihrer Multidimensionalität dem Anspruch an Erfaßbarkeit von Wissen dadurch gerecht werden zu können, daß Indikatoren sowohl aus *ökonomischer* als auch aus *managementwissenschaftlicher* Sicht zum Einsatz kommen können. Problematisch ist der Nachteil einer gewissen „Beliebigkeit" bei der Festlegung der einzelnen Indikatoren.

In den folgenden beiden Abschnitten werden zwei Indikatorensysteme bzw. -instrumente diskutiert, die den Anspruch haben, Wissen erfassen zu können: In Unterabschnitt 3.4.2 wird das Konzept des **Wissenskapitals** (Sveiby 1997; Stewart 1997; Edvinsson/Malone 1997) herausgearbeitet, das sich eher als eklektische Meßmethodik denn als theoretisch begründeter Ansatz zur Operationalisierung von Wissen bzw. wissensbezogenen Effekten auffassen läßt. Desweiteren wird in diesem Zusammenhang das Konzept der *Balanced Scorecard* (3.4.2.5.3) mit der Zielsetzung skizziert, den Anspruch an empirisch überprüfbare Zusammenhänge in einem Indikatorensystem abzubilden.

Der abschließende Hauptabschnitt 3.5 dient der Synthese der vorgelegten methodischen Argumentation, wobei hier zwei Blickwinkel im Vordergrund stehen: Auf der einen Seite wird geprüft, ob bzw. in welchem Umfang sich die durch die Vielzahl unterschiedlicher Meßinstrumente abgeleiteten wissensbezogenen Indikatoren *systematisieren* lassen. Auf der anderen Seite wird ein integratives Meßmodell entwickelt, mit dessen Hilfe es gelingt, die zuvor abgeleiteten vier Ebenen der Erfassung von Wissen – die *marktbezogene*, die *rechnungslegungsbezogene* und die *bestandsbezogene* sowie die *prozeßbezogene Perspektive* – zu synthetisieren. In Abbildung 12 wird der Argumentationsablauf des dritten Kapitels zusammenfassend graphisch dargestellt:

Zusammengefaßt dient das vorliegende dritte Kapitel der Beantwortung der dritten und vierten Leitfrage[142]. Im Vorfeld zur Beantwortung dieser Leitfragen möchte ich darauf hinweisen, daß es im Rahmen der Beantwortung von Leitfrage 3 *nicht* um eine grundlegende und umfassende methodologisch-methodische Erörterung der jeweiligen Methoden geht. Vielmehr orientiert sich der Explizitheitsgrad der Darstellung der jeweiligen Methoden an dem Ziel, die **Voraussetzungen** herauszuarbeiten, die zu erfassende empirische Objekte erfüllen sollten, um im Rahmen der jeweiligen Methodik angemessen abgebildet werden zu können.

---

[142] Zur Erinnerung (vgl. Abschnitt 1.2.3) – *Leitfrage 3* lautet: „Welche generellen Meßmethoden zur Erfassung von Wissen lassen sich identifizieren? In welchem Umfang sind die einzelnen Methoden zur Erfassung von Wissen geeignet? Wo liegen ihre Stärken und ihre Schwächen?" – und *Leitfrage 4:* „Welche Instrumente bzw. konkreten Meßverfahren zur Messung von Wissen lassen sich in Theorie und Praxis identifizieren? In welchem Umfang sind sie geeignet, die Ressource Wissen zu erfassen? Wo liegen ihre Stärken und ihre Schwächen?"

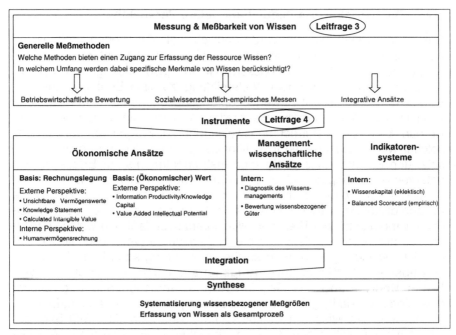

Abbildung 12: Argumentationsverlauf des dritten Kapitels

Bevor die einzelnen Methoden und Instrumente vertieft diskutiert werden, möchte ich zum Abschluß der Einleitung den zentralen **Begriff des Messens** definieren: Unter einer **Messung** versteht man in Anlehnung an Stevens (1958, S. 18) die *"Zuordnung von Zahlen zu Objekten oder Ereignissen nach bestimmten Regeln"*. Hierbei sollen die Beziehungen der Zahlen zueinander (numerisches Relativ) den Beziehungen der gemessenen Objekte zueinander (empirisches Relativ) entsprechen (vgl. auch Schneider 1981, S. 18f.). Von zentraler Bedeutung ist in diesem Zusammenhang die Vorschrift von Homomorphie: Aussagen im numerischen Relativ sollen nur dann wahr sein, wenn sie im empirischen Relativ wahr sind (Gutjahr 1974; Orth 1974; Schnell/Hill/Esser 1989; Fischer 1989). Insgesamt liegt also dem Messen eine Zuordnung bzw. Abbildung zugrunde: *„Messen bedeutet eine Zuordnung von Zahlen zu bestimmten und ordnungsfähigen Sachverhalten in der Weise, daß die Resultate des Zuordnungsprozesses, die Maßausdrücke, eindeutige, partiell strukturgleiche Abbildungen der Meßobjekte darstellen"* (Seil 1967, S. 21).

215

3.2 Die betriebswirtschaftlich-monetäre Perspektive

Bereits im zweiten Kapitel wurde deutlich, daß die Wertschöpfungsrelevanz von Wissen im Rahmen ökonomischer Ansätze dadurch begründet wurde, daß Investitionen in Wissen bzw. in wissensbezogene Prozesse, wie zum Beispiel in F&E oder Weiterbildung, zu einer Erhöhung des Wissensbestands und somit zu wertschöpfungsbezogenen Effekten – höherer Produktivität usw. – führen, die wiederum in monetären Größen erfaßt werden. Eine solche Betrachtungsweise führt zur Frage nach der Effizienz solcher wissensbezogenen Investitionen. Die Beantwortung dieser Frage setzt den Einsatz eines geeigneten Instrumentariums zur Erfassung von entsprechenden Input- und Outputgrößen voraus. Bevor solche Methoden dargestellt und hinsichtlich ihrer Eignung zur Erfassung der Ressource Wissen diskutiert werden können, ist im Vorfeld zu prüfen, ob bzw. in welchem Umfang sich der **Wert** von Wissen erfassen läßt und welche Grenzen sich aufgrund der Merkmale dieser Ressource (vgl. Abschnitt 2.4.2.2) möglicherweise ergeben. Eine solche Überprüfung kann im Rahmen **der betriebswirtschaftliche Bewertungslehre** erfolgen, da hier eine **theoretische Begründung** des Begriffs „Kosten" vorgenommen wird. Dieser stellt eine zentrale begriffliche Voraussetzung für das Instrumentarium dar, mit dessen Hilfe Wissen als empirisches Objekt monetär erfaßt bzw. bewertet werden soll. Nach dieser methodologisch-methodischen Analyse werden einzelne finanzwirtschaftliche Instrumente hinsichtlich ihres Beitrags zur Erfassung der Ressource Wissen geprüft, wobei hier der Differenz zwischen Rechnungslegungs- und Kapitalmarktorientierung gefolgt wird.

3.2.1 Methodische Grundlagen: Betriebswirtschaftliche Bewertung

3.2.1.1 Grundbegriffe

Widmet man sich dem Begriff der „monetären Bewertung", so ist zunächst zwischen zwei unterschiedlichen Konnotationen dieses Begriffs zu unterscheiden. Nach Szyperski (1962, S. 90ff.) geht es bei der **„monetären Interpretation"** des Wertes eines Gegenstandes um die Zuordnung einer Menge Geld zu diesem Gegenstand, also einer Messung durch Zuordnung einer Zahlungsmittelmenge. Die **„bonitäre Interpretation"** hingegen bezieht sich auf den **ökonomischen Wert** des betrachteten Gegenstandes: Die monetäre Interpretation bezieht sich somit auf die Frage nach der Meßbarkeit eines Objektes in Geldgrößen, wohingegen die bonitäre Interpretation auf eine Verankerung in ein wertmäßiges Begriffsgerüst – meist über Kosten operationalisiert – rekurriert. Bietet die Betriebswirtschaftslehre für die monetäre Erfassung – im Sinne einer bonitären Interpretation – von materiellen bzw. finanziellen Vermögensgegenständen eine Vielzahl unterschiedlicher Instrumente des internen und externen Rechnungswesens an, versagen solche Methoden, wenn „*mit einem ökonomischen Vorgang weder eine Güter- noch eine Zahlungsmittelbewegung kausal unmittelbar verbunden ist*" (Fischer 1989, S. 270).

Dieser Zusammenhang gilt zweifelsohne für wissensbezogene Wertschöpfungsprozesse: Wissen entzieht sich zum einen – trotz seiner Bindung an einen Träger (vgl. Abschnitte 2.2.7.2 und 2.2.7.3) – einer direkten Beobachtung, d.h. Wissenstransformation kann nicht auf eine gegebenenfalls damit einhergehende Bewegung der materiellen Träger reduziert werden – insbesondere dann nicht, wenn man den Aspekt der Kontextgebundenheit (vgl. Abschnitt 2.4.2) berücksichtigt. Zum anderen lassen sich ebenfalls nur begrenzt direkte Zahlungsmittelbewegungen zuordnen: Auf der einen Seite erfolgen bei Investitionen in Weiterbildung oder F&E-Aktivitäten zwar Auszahlungen – im Sinne der *cash flow*-Terminologie, aber in einem nur sehr begrenzten Maße Einzahlungen aufgrund entsprechender Erlöse. Als weiteres Beispiel läßt sich der Prozeß der Wissensgenerierung (Abschnitt 2.3.2.1) anführen, bei dem sich weder eine Güter- noch eine Zahlungsmittelzuordnung vornehmen läßt.

Für solche Probleme stellt die Betriebswirtschaftslehre das Konzept der **Bewertung** bereit. Kloidt (1964, S. 300) verdeutlicht, daß das Hauptanliegen der Bewertung darin besteht „*für die verschiedenartigen Kalküle auch dort rechenhafte Unterlagen zu schaffen, wo für Zustände und Vorgänge in der Betriebswirtschaft keine Zahlengrößen durch Messungen anfallen sowie die mit Hilfe von unterschiedlichen Meßsystemen gewonnenen Meßergebnisse auf einen einheitlichen Nenner zu bringen*". Daneben ist die **„*Zuweisung von Geldeinheiten zu einem Träger*"** (Kloidt 1964, S. 301, Heraushebung d.A.) als zentraler Aspekt des betriebswirtschaftlichen Bewertungsprozesses zu verstehen. Damit aber wird Wert „*kardinal und in Geld gemessen*" (Engels 1962, S. 41). Neben dieser Abbildung in monetäre Einheiten ist das Kriterium der **Subjektabhängigkeit** von Bewertung herauszustellen, die auf die jeweilige persönliche oder sozialgebundene Präferenzordnung zurückgeführt werden kann (vgl. Mattesich 1970, Sp. 1106).

Heinen (1978, S. 51) differenziert zwischen den beiden folgenden zentrale Extensionen des Bewertungsbegriffs: (1) Die **Mengenextension** bezieht sich auf die Frage nach Art und Menge der berücksichtigten Einsatz- und Ausbringungsgüter. (2) Die **Wertextension** legt die Preise pro Mengeneinheit der zu bewertenden Einsatz- und Ausbringungsgüter fest. Nach Heinen (1978, S. 133) spielt die Mengenkomponente eine eher untergeordnete Rolle bei der Bewertung – sie dient quasi als Hilfsgröße des ökonomisch relevanten Geldausdrucks und wird mittels natur- bzw. ingenieurwissenschaftlicher Meßtechniken erfaßt.

Im folgenden sollen zunächst die beiden zentralen kostenmäßigen Begriffe herausgearbeitet werden, mit deren Hilfe der Wert eines empirischen Objekts bestimmt werden kann – und zwar der **wertmäßige** und der **pagatorische** Kostenbegriff.

3.2.1.1.1 Der wertmäßige Kostenbegriff

Im Rahmen seiner **Kostenwerttheorie** entwickelt Schmalenbach (1963) einen **wertmäßigen Kostenbegriff**: *„Kosten sind jeder bewertete, leistungsbedingte Verzehr von Gütern und Diensten"* (Schmalenbach 1963, S. 5). Kosten können somit auf einen Mengenverzehr zurückgeführt werden, der aufgrund eines (rechnerischen) Vergleiches bewertet werden soll.

Die Mengenkomponente kann anhand des **leistungsbezogenen Güterverzehrs** beschrieben werden: Betrachtet man den Aspekt des **Verzehrs**, so liegt hier die Überlegung zugrunde, daß ein zu erstellendes Produkt unter Einsatz, also Verzehr weiterer Faktoren, entsteht. Somit ist ein solcher Verzehr erfolgswirksam (Kosiol 1953, S. 198f.). Neben den materiellen Verzehrsarten bei Gebrauchs- und Investitionsgütern (Lex 1976, S. 12) läßt sich hier auch ein Verzehr der dispositiven Unternehmertätigkeit identifizieren (Mellerowitz 1963, S. 4), der mit den damit einhergehenden Opportunitätskosten erklärt werden kann, da ein Unternehmer seine Arbeitskraft auch anders als zur Leitung des Unternehmens einsetzen könnte.

Der in einem Betrieb anfallende Güterverzehr ist nun ein notwendiges, aber kein hinreichendes Kriterium für die Bestimmung der Mengenkomponente, da hier die Güterarten berücksichtigt werden, deren Verzehr zu Kosten führen *kann*. Der kostenwirksame Verzehr wird durch das Kriterium der **Leistungsbezogenheit** präzisiert und herausgearbeitet: *„Leistung ist alles, was als Beitrag zur Befriedigung menschlicher Bedürfnisse durch die Kombination von Produktionsverfahren im Betrieb hervorgebracht wird"* (Heinen 1978, S. 67f.). Die in diesem Zusammenhang heterogenen Vorstellungen zum ökonomischen Leistungsbegriff (ausführlich hierzu Heinen 1978, S. 66ff.) brauchen hier nicht weiter diskutiert werden; es genügt der Hinweis, daß ein allgemeiner Konsens dahingehend besteht, zwischen einem **leistungsbezogenen** und damit einhergehenden kostenwirksamen Gutsverzehr und einem **leistungsunabhängigen**, und somit nicht kostenwirksamen Gutsverzehr zu differenzieren.

Welche Implikationen hat die Präzisierung der Mengenkomponente für die Wertkomponente? Hierzu lassen sich in der Literatur zunächst zwei generelle Antworten identifizieren: Nach der **objektiven Werttheorie** läßt sich der Wert einer Sache mittels einer objektiv feststellbaren Größe im Sinne einer objektiv überprüfbaren Eigenschaft dieses Gutes erfassen, wobei diese Eigenschaften materieller oder immaterieller Natur sein können (vgl. Marx 1958a, S. 9). Die Höhe des Wertes resultiert aus der objektiv bestimmbaren Nützlichkeit des Gutes – dem sog. „Gebrauchswert". Produktionskosten und Gebrauchswert bestimmen nach den Auffassungen der objektiven Werttheorie den Preis einer Ware (Marx 1958b, S. 67). Im Gegensatz dazu setzt die **subjektive Werttheorie** eine Subjekt-Objekt-Beziehung voraus (Engels 1962). Hier stellt der Wert eines Gutes eine Meßgröße für die individuelle, also subjektive Nützlichkeit dar – somit ist der Wert eines Gutes untrennbar mit dem subjektiven Nutzen verbunden und konsequenterweise nicht mit allgemeingültigen Maßstäben erfaßbar. Von Bedeutung ist hier, daß sich der wertmäßige Kostenbegriff aus Gründen einer flexiblen Begriffshandhabung an den Überlegungen der subjektiven Werttheorie orientiert.

Nach Heinen (1978, S. 73) wird der Wert als individuelle Rangordnung von Handlungsweisen oder Gegenständen aufgefaßt. Dies impliziert, daß Wirtschaftssubjekte die Fähigkeit haben, den Nutzen, die Güter stiften, in einem – subjektiven – Bewertungssystem abzubilden. Somit hat der Preis eines Gutes – resultierend aus dem Austauschverhältnis von Gütern am Markt – keine unmittelbare bzw. eindeutige Beziehung zu seinem subjektiven Wert – ausgedrückt als individuelle Rangordnung. Somit entstammen *„die Begriffe Preis und Wert unterschiedlichen Beziehungsebenen. Dies schließt nicht aus, daß sie im Einzelfall in ihrer Höhe einander entsprechen. Werte können also Preise, aber Preise brauchen nicht immer Werte zu sein"* (Heinen 1978, S. 74). Konsequenterweise tauchen *„in der betriebswirtschaftlichen Bewertung (...) Werte auf, die nicht Preise sind und sich auch nicht aus Preisen herleiten"* (Engels 1962, S. 39). Zusammengefaßt bedeutet das, daß im Rahmen der Kostenwerttheorie – anders als beim pagatorischen Kostenbegriff (vgl. Abschnitt 3.2.1.1.2) – eine analytische Trennung zwischen dem Mitteleinsatz und den Zahlungsmittelbewegungen vorgenommen wird.

Der Wert eines Gutes wird daher in monetären Einheiten ausgedrückt, da es auf diese Weise gelingt, verschiedenartige Güter vergleichbar zu machen. Heinen (1978, S. 75) spricht in diesem Zusammenhang von der **Verrechnungsfunktion**, die er der **Lenkungsfunktion** des Wertes gegenüberstellt: *"Durch die Bewertung kann eine der vorgegebenen Zielsetzung entsprechende Steuerung der betrieblichen Leistungserstellung und Leistungsverwertung erreicht werden. Der Wert erfüllt insofern im Hinblick auf die zugrundegelegte Zielsetzung eine* **Lenkungsfunktion**" (Heinen 1978, S. 75).

Die oben skizzierte Trennung zwischen Bewertung und Zahlungsmittelbewegung wird im Rahmen der Kostenwerttheorie erst in einem zweiten Schritt dadurch aufgehoben, daß dann eine Beziehung zu Marktpreisen hergestellt wird. In diesem Zusammenhang werden folgende Überlegungen genannt: Orientierung an (a) Marktpreisen in Form von Anschaffungs-, Tages- oder Festpreisen als originäre Kostenwerte (Heinen 1978, S. 76ff.), (b) Kostenwerte vor dem Hintergrund einer gezielten Ressourcenverwendung, zum Beispiel in Form interner Verrechnungspreise (Heinen 1978, S. 76ff.), oder (c) fiktive Kostenwerte, zum Beispiel durch Antizipation konkreter Maßnahmen oder zu erwartender externer Bewertungsprozesse bzw. durch das Aufsuchen ähnlicher Problemstellungen (Engels 1962, S. 213ff.; Fischer 1989, S. 276f.).

3.2.1.1.2 Der pagatorische Kostenbegriff

Die Vertreter des **pagatorischen Kostenbegriffs** (z.B. Koch 1966; Riebel 1978) betrachten als zentrales Ziel der unternehmerischen Tätigkeit die **Vermehrung der eingesetzten Geldmenge**, weswegen sich ein sinnvoller Kostenbegriff nicht an den Realgüterbewegungen im Innenbereich der Unternehmung orientieren sollte (Heinen 1978, S. 81). Hinzu kommt, daß der wertbezogene Kostenbegriff uneindeutig und – gerade wegen seiner hohen Flexibilität – *"für die Analyse der Unternehmung unbrauchbar ist"* (Koch 1966, S. 363). Der pagatorische Kostenbegriff orientiert sich an empirisch beobachtbaren Zahlungsmittelbewegungen im Außenbereich des Unternehmens: *"Was marktorientierte Kosten in reellen Zahlen abbilden ist offensichtlich: Die beobachteten Sachverhalte ‚Zahlungen' und ‚Gütermengenbewegungen' "* (Schneider 1981, S. 393). Somit faßt der pagatorische Kostenbegriff „Kosten" als konkretes betriebswirtschaftliches Meßmodell auf. Koch (1966, S. 361) hierzu: *"Kosten sind die mit der Herstellung und Absatz einer Erzeugniseinheit verbundenen nichtkompensierbaren Ausgaben"*.

Mit diesen Überlegungen wird die **Mengenkomponente** im vorliegenden Zusammenhang auf die Perspektive der Finanzausgaben eingeengt. Koch (1966, S. 367) nennt hier folgende Ausgaben für (a) die im Produktionsprozeß eingesetzten Produktionsfaktoren, (b) die Kapitalnutzung, (c) Fremdleistungen, und (d) unvermeidbare Ausgaben, wie zum Beispiel leistungsbezogene Steuern, Versicherungsprämien usw. Hinsichtlich der **Wertkomponente** ist festzuhalten, daß Kosten aus Geldausgaben abgeleitet werden – der Kostenwert ist *stets* als **historischer** Anschaffungswert zu betrachten. Der pagatorische Kostenbegriff weist somit den Vorteil einer engen Anknüpfung an tatsächlichen Zahlungsmittelbewegungen und gleichzeitig den Nachteil auf, daß es aufgrund dieser Begrenzung nur schwer möglich ist, empirische Phänomene wie geschenkte Produktionsgüter, Preisänderungen bei Produktionsgütern oder die Festlegung von Soll-Kosten, angemessen zu berücksichtigen. Koch (1966, S. 384) erweitert seinen Kostenbegriff somit um **Hypothesen,** mit deren Hilfe sich der pagatorische Kostenbegriff auf solche weiteren Situationen übertragen läßt.

3.2.1.2 Gütekriterien der Bewertung

Wenn sich eine Bewertung *nicht* direkt an Marktpreisen orientiert – wie im Beispiel der Kostenwerttheorie[143] – so stellt sich die Frage nach der Güte solcher Bewertungsprozesse. Ijiri (1967, S. 133ff.) definiert die drei folgenden Maßstäbe für die Beurteilung der Güte eines Bewertungsprozesses (vgl. auch Fischer 189, S. 282ff.): (1) Die **Objektivität** einer Bewertung hängt ab von (a) der Eindeutigkeit der Bewertungsregeln, (b) von den Eigenschaften des zu bewertenden Sachverhalts und (c) von der Ausbildung und den sonstigen Eigenschaften der bewertenden Akteure. Gütemaßstab für eine solche bewertungsbezogene Objektivität ist die Varianz der Abweichungsdifferenzen, die aus den unterschiedlichen Bewertungen durch die einzelnen Akteure resultiert. (2) Der **Nutzen** einer Bewertung impliziert, daß ein entsprechender Zweck vorhanden ist – die Möglichkeit einer zweckfreien Bewertung wird von Ijiri (1967, S. 137) abgelehnt. (3) Die **Zuverlässigkeit** bzw. Reliabilität einer Bewertung ist hier ebenfalls in engem Zusammenhang mit dem Zweck der Bewertung zu sehen: Ijiri (1967, S. 140f.) unterstellt jedem bewertenden Akteur – vor dem Hintergrund eines jeweils spezifischen Zweckes – die Abbildung einer Ursache-Wirkungsbeziehung zwischen Bewertung und zu erreichendem Ziel. Somit liegt einer Bewertung die Erwartung zugrunde, die unterstellte Funktionalität zwischen dem Bewertungsergebnis und den Entscheidungsvariablen bestätigt zu bekommen. Eine Bewertung ist – für einen spezifischen Zweck – demnach um so weniger verläßlich, je größer die Differenz zwischen erwartetem und tatsächlich realisiertem Bewertungsergebnis ist.

---

[143] Im Rahmen des pagatorischen Bewertungsbegriffs kann auf die Ableitung solcher Gütekriterien aufgrund der Marktabhängigkeit der Kosten verzichtet werden.

Der Vollständigkeit halber soll in diesem Zusammenhang noch auf das Problem verwiesen werden, daß die Verwendung der von Ijiri (1967) entwickelten Gütemaßstäbe wiederum kostenwirksam ist, da hier zeitliche und informationsverarbeitende Aufwendungen entstehen: Dies gilt nicht nur für die Durchführung des Bewertungsprozesses im engeren Sinne und seinen Anforderungen an Zuverlässigkeit, sondern auch in bezug auf die Schaffung der Voraussetzungen, nämlich der Entwicklung der Bewertungsregeln und der Vermittlung von Kompetenzen an die bewertenden Akteure.

Zusammenfassend läßt sich festhalten, daß eine Bewertung immer zwekkorientiert erfolgt – und von daher in engem Zusammenhang mit der jeweiligen betrieblichen Zielsetzung zu sehen ist (Engels 1962, S. 25ff.; Szyperski 1962, Sp. 1211). Somit basiert eine Bewertung somit (2) *„nicht auf strengen naturwissenschaftlichen, sondern auf pragmatisch zweckgebundenen Hypothesen"* (Mattesich 1970; Sp. 1106).

3.2.1.3 Fazit: Die Erfaßbarkeit von Wissen im Rahmen betriebswirtschaftlichen Bewertens

Betrachtet man diese beiden Skizzen zum wertmäßigen und pagatorischen Kostenbegriff, so liegt es nahe, daß sich auch im Rahmen der vorliegenden Problemstellung unterschiedliche Implikationen für die Bewertung von Wissen bzw. wissensbezogener Wertschöpfung in Abhängigkeit des jeweiligen Kostenbegriffs ergeben. Im Zusammenhang mit dem sich an Marktpreisen orientierenden **pagatorischen Kostenbegriff** ergibt sich die unmittelbare Frage der Erfassung der entsprechenden wissensbezogenen Inputgrößen – operationalisiert über entsprechende Investitionen (Aufwendungen) – und den resultierenden Erträgen. Dies stellt auf der einen Seite den Bezugsrahmen zu den unten erörterten finanzwirtschaftlichen Instrumenten dar. Auf der anderen Seite bleibt aufgrund der *„black box"*-bezogenen Argumentation das Problem der Wirksamkeit solcher Investitionen ungelöst: Die Erträge von weiterbildungs- oder F&E-bezogenen Investitionen können weit geringer als die entsprechenden Aufwendungen, aber auch weit höher liegen (vgl. Beispiel unten). Letztlich muß man konzedieren, daß die Frage nach der Investitionswirksamkeit auch nicht im Mittelpunkt dieser Betrachtung liegt, da es gemäß der bonitären Wertauffassung eben um die Erfassung von wertschöpfungsrelevanten Prozessen zu Marktpreisen geht.

Spart man die enge Verknüpfung zwischen Wertbegriff und Marktpreis aus, so gelangt man aus Perspektive des **wertorientierten Kostenbegriffes** zu folgenden Überlegungen: Betrachtet man Bewertung aus der monetären – und nicht der bonitären – Perspektive, so wird hierdurch der Zugang zu einer **subjektiven Bewertung** wissensbezogener Wertschöpfungsprozesse bzw. deren Resultate geschaffen. Ausgangspunkt dieser Überlegung ist es, letztlich nicht das empirische Objekt „Wissen", sondern die damit verknüpften Handlungskonsequenzen – also die subjektiven Wertbezüge – zu bewerten.

Dieser Aspekt soll wegen seiner Bedeutung etwas ausführlicher dargestellt und anhand des bereits oben erörterten Beispiels der Studie von Ernst/Young (1997) vertieft werden: In Abschnitt 2.2.6.2 wurde schon verdeutlicht, daß eine Erhöhung der Managementkompetenz um einen Punkt bei den Investoren zur Erwartung einer 3,5-prozentigen Erhöhung des Marktwertes führt.

Für Führungskräfte, die aufgrund dieser Investoren-Erwartungen den Marktwert ihres Unternehmens erhöhen wollen, besitzt das Wissen, das dazu beiträgt, die eigene Managementkompetenz um einen Punkt zu erhöhen, gemäß obiger Überlegungen den monetären Wert in Höhe von $ 3,9 Milliarden, wobei die Erwartung besteht, in Zukunft aus diesem monetären Wert einen entsprechenden bonitären Wert ableiten bzw. realisieren zu können. Umgekehrt läßt sich im Rahmen der internen Kostenrechnung der bonitäre Wert der Aufwendungen, die durch die Realisierung der entsprechenden kompetenzerhöhenden Maßnahmen realisiert werden müssen, für dieses Wissen eine ganz andere Größe berechnen. Hinzu kommt, daß weitere Aufwendungen für die glaubwürdige Vermittlung solcher Maßnahmen – und der daraus resultierenden Kompetenzerhöhung – an die Investoren notwendig werden.

Nach der Würdigung dieser beiden Kostenbegriffe soll zum Abschluß dieses Fazits skizziert werden, welche **Grenzen** in bezug auf die Erfassung von Wissen mit Hilfe kostenbezogener Begriffe existieren:

- Das wissensbezogene Merkmal „**Unsichtbarkeit**" kann mittels wert- bzw. kostenmäßiger Begriffe nur schlecht berücksichtigt werden, da die beiden Extensionen (Menge, Wert) des Kostenbegriffs sich qua definitionem nur auf objektiv erfaßbare, also materielle Güter beziehen lassen. Desweiteren ist auf das Problem hinzuweisen, das aus der Annahme resultiert, daß Kosten auf einen **Mengenverzehr** zurückgeführt werden können, der aufgrund eines (rechnerischen) Vergleiches bewertet wird: Wissen – besser: Information (vgl. Abschnitt 2.2.7.2) – wird nicht in diesem Sinne „verzehrt". Es lassen sich in diesem Zusammenhang lediglich – entfernt vergleichbare – Phänomene identifizieren, die sich zum einen auf die Vernichtung des Informationsträgers oder aber zum anderen auf die Entwertung bisherigen Wissens durch neues Wissen beziehen.

- Die **„Trägerabhängigkeit"** von Wissen kann wert- bzw. kostenmäßig differenziert betrachtet werden: Zum einen läßt sich eine Trennung zwischen den Aufwendungen für die Fertigung des Trägers und zum anderen für die Entwicklung der Information vornehmen, z.B. bei der Entwicklung einer neuen Software. Da die Vervielfältigung der „Träger-Informations"-Kombination keine Schaffung neuer Information darstellt (vgl. Abschnitt 2.2.7.2.4), lassen sich auch die entsprechenden Aufwendungen kalkulieren. Unklar bleibt die Abschätzung der Verkaufserlöse wissensintensiver Produkte und Dienstleistungen, da wissensbezogene Investitionen überdurchschnittliche Erträge erwirtschaften können (vgl. Arthur 1990, 1996)[144].

- In bezug auf das wissensbezogene Merkmal **„Anschlußfähigkeit bzw. Kontextabhängigkeit"** läßt sich festhalten, daß dieses nicht im Fokus einer *„black box"*-bezogenen Wertargumentation steht, und von daher auch keine direkte Anwendung finden kann[145]. Erweitert man hier die wissensbezogene Merkmalsanalyse, so ist festzuhalten, daß die wertmäßige – im Sinne von bonitäre – Erfaßbarkeit von Wissen ein triviales bzw. kontrollierendes **Managementverständnis** impliziert, das – wie die obigen Ausführungen in Abschnitt 2.3.5.3 bereits gezeigt haben – aufgrund der Merkmale von Wissen nur bedingt tauglich ist. Vielmehr ist darauf hinzuweisen, daß aufgrund der Nichttrivialität von Wissen **keine** eindeutige Zuordnung von Kostenträgern zu wissenserzeugenden bzw. „wissensverzehrenden" Prozessen möglich ist.

Schließlich wurde oben in Abschnitt 2.2.7.3 gezeigt, daß in bezug auf Wissen nicht nur ein – begrenzt nutzbares – monetäres Preissystem existiert, sondern insbesondere ein Preissystem identifiziert werden konnte, das sich austauschtheoretisch begründen läßt. Es stellt sich somit die

---

[144] Nach Arthur (1990, 1996) werden solche *increasing returns* wie folgt erklärt: Aus der wiederholten Anwendbarkeit desselben Wissens folgt unmittelbar (s.o.), daß der wissensbezogene Kostenanteil nicht von der Ausbringungsmenge abhängig ist. Unterstellt man beispielsweise F&E-Kosten in der Höhe von X DM, so sinkt der entsprechende Kostenanteil relativ zur zunehmenden Häufigkeit seiner Anwendung, also bei der Erstellung des entsprechenden Gutes – wohingegen die Faktoren Kapital und Arbeit relativ an Kosten zunehmen. Die zunehmende Produktivität eines Faktors in Abhängigkeit seines Einsatzes stellt ein Problem für die neo-klassische Analyse dar, da dies den Anforderungen an das Gleichgewicht bei perfektem Wettbewerb widerspricht.

[145] Eine Ausnahme zu dieser Einschätzung bietet die Überlegung, das gesamte Unternehmen als wissensverarbeitende Institution (Abschnitt 2.3.4) aufzufassen und unterschiedliche Unternehmens-Umwelt-Beziehungen als „Kontext" zu deklarieren.

Frage, ob bzw. in welchem Umfang sich solche sozialpsychologisch begründeten **Preis-Wert-Relationen** von Wissen im Kontext eines monetären Wertbegriffs erfassen lassen.

Welche Konsequenzen lassen sich aus diesen Einschränkungen der Erfassung von Wissen in Wert- bzw. Kostengrößen ableiten? Meines Erachtens läßt sich bereits an dieser Stelle die folgende **Schlußfolgerung** ziehen: Die vertiefende Diskussion des ökonomischen Grundbegriffs „Kosten" und der damit einhergehenden Frage der Anwendbarkeit des Kostenbegriffs auf die Ressource Wissen führt zunächst zu einer stärkeren konzeptionellen Klarheit: Vergleicht man den pagatorischen mit dem wertmäßigen Kostenbegriff, so zeigt sich, daß die Entkoppelung zwischen interner Güterbewegung und externem Marktprozeß im Kontext der Kostenwerttheorie für das Problem der monetären Bewertung von Wissen gewisse konzeptionelle Vorteile bringt. Auf dieser Basis kann es zunächst – analog der Überlegungen zu den Güterbewegungen – darum gehen, **Prozesse der Wissenstransformation** zu beschreiben, um ggf. erst in einem späteren Schritt eine bonitäre Interpretation des Werts solcher Wissenstransformationsprozesse vorzunehmen (vgl. das obige Beispiel der monetären und bonitären Bewertung von Maßnahmen zur Erhöhung der Managementkompetenz). Der hierzu erforderliche Bezug zu Marktpreisen läßt sich zumindest im Rahmen rechtlich geschützten Wissens eindeutig vornehmen[146] (vgl. Abschnitt 2.2.7.3; zu den entsprechenden Instrumenten vgl. hierzu ausführlich Abschnitt 3.2.2.1). Für Wissen, das sich demgegenüber durch einen nicht-kumulativen Charakter beschreiben läßt, ist eine solche bonitäre Zuordnung nicht möglich: Bereits in Abschnitt 2.2.7.3 wurde darauf verwiesen, daß der Markt kein geeignetes Medium für die Beschreibung wissensbezogener Effekte darstellt.

Nachdem durch die vorgenommene Analyse die prinzipielle Begrenztheit einer bonitären wie auch monetären Erfassung der Ressource Wissen aufgezeigt wurde, sollen jetzt im folgenden Abschnitt ausgewählte Verfahren zur Bewertung von Wissen bzw. wissensbezogener Effekte erörtert werden.

---

[146] Diese Argumentation gilt auch im Kontext des pagatorischen Kostenbegriffs, da sich dieser nach Koch (1966, S. 363) direkt auf neo-klassische Annahmen stützt.

3.2.2 Traditionelle Perspektive: Orientierung der Bewertung an der Rechnungslegung

Im vorliegenden Abschnitt sollen Verfahren bzw. Instrumente skizziert werden, mit deren Hilfe der Anspruch verbunden ist, Wissen in wertschöpfungsrelevanten Bezügen zu erfassen bzw. zu bewerten: Zunächst geht es aus (1) externer Perspektive um die Herausarbeitung der (a) Bilanzierung unsichtbarer Vermögenswerte; (b) anhand des *knowledge statements* (Rennie 1998) sollen Überlegungen herausgearbeitet werden, wie im Rahmen der GuV Investitionen in Wissen nicht vorschnell als Aufwendung charakterisiert werden brauchen und somit dem Umstand Rechnung getragen werden kann, Wissen als Potentialfaktor (Abschnitt 2.2.5.1) aufzufassen; (c) schließlich sollen Überlegungen zum Indikator *calculated intangible value* (Stewart 1997) skizziert werden. Abschließend soll (2) aus interner Perspektive der Ansatz der Humanvermögensrechnung erörtert werden, mit dessen Hilfe der Wert der Qualifikationen von Mitarbeitern erfaßt und im internen Berichtswesen verwendet werden kann.

3.2.2.1 Die Bilanzierung unsichtbarer Vermögenswerte

Bilanzen erfüllen unterschiedliche Zwecke, wie die Bereitstellung von Informationen für Aktionäre und Gläubiger, Arbeitnehmer oder staatliche Kontrollinstanzen (Wöhe 1992). Die Bilanz konzentriert sich auf das Ausweisen materieller und finanzieller Vermögenswerte und ihrer Herkunft (selbst- oder fremdfinanziert); **immaterielle Vermögenswerte** werden *nur* dann berücksichtigt, wenn sie sich im Eigentum des Unternehmens befinden.

Die Aktivseite einer handelsrechtlichen Bilanz nach § 266.2-3 HGB enthält unter der Position „Anlagevermögen" den Punkt „Immaterielle Vermögensgegenstände". Darunter fallen (1) Konzessionen, gewerbliche Schutzrechte und ähnliche Rechte und Werte sowie Lizenzen an solchen Rechten und Werten; (2) Geschäfts- oder Firmenwert und (3) geleistete Anzahlungen.

Prinzipiell gilt hier, daß immaterielle Wirtschaftsgüter, die von Dritten entgeltlich erworben werden, in der Bilanz ausweispflichtig sind. Hierzu zählen hauptsächlich Lizenzen, Konzessionen und erworbene Patente (Punkt 1). Hinzu kommen geleistete Anzahlungen auf immaterielle Wirtschaftsgüter (Punkt 3). Nicht aktiviert werden dürfen demgegenüber (Punkt 2): (a) Gründungskosten sowie Kosten für die Eigenkapitalbeschaffung (§ 248.1 HGB), (b) immaterielle Vermögensgegenstände des Anlagevermögens, die nicht entgeltlich erworben wurden[147] (§ 248.2 HGB), (c) ein selbstgeschaffener Firmenwert (*goodwill*) oder ähnliche selbstgeschaffene immaterielle Werte.

Ausnahmen hierzu entstehen bei der Akquisition eines Unternehmens, welcher im allgemeinen eine Unternehmensanalyse (*Due Diligence*-Prüfung; vgl. Abschnitt 2.2.6.3) vorausgeht. Hier wird detailliert nach „intangible assets" gefragt. In der Bilanz wird dieser Posten dann als Geschäfts- bzw. Firmenwert ausgewiesen – als Differenz zum Vermögenswert abzüglich Schulden, den jemand bei Übernahme des Unternehmens zu zahlen bereit ist. Dieser Firmenwert ist aus allgemeiner Sicht der Preis für die vorhandene Organisationsstruktur, für den Bekanntheitsgrad, den Kundenstamm, das Vertriebssystem, die Marktgängigkeit der Produkte sowie für die Kompetenzen und Potentiale der vorhandenen Mitarbeiter. Der Aufbau dieser Aktivwerte hat unter Umständen viel Geld gekostet, was sich in der Bilanz nicht niederschlägt: Der Firmenwert ist im eigenen Unternehmen **nicht aktivierungsfähig**. Er darf nur dann in die Bilanz aufgenommen werden, wenn das Unternehmen den Eigentümer wechselt. Zahlt der neue Eigentümer einen solchen Aufpreis auf den sichtbaren Vermögenswert, dann kann er diesen Mehrpreis als Firmenwert in seiner neuen Bilanz als Aktivposten einsetzen (derivativer Firmenwert, § 255.4 HGB). Dabei ist zu berücksichtigen, daß dieser Firmenwert im Laufe der nächsten Jahre abgeschrieben werden muß (im allgemeinen 4 Jahre).

3.2.2.1.1 Die Klassifikation immaterieller Aktiva

Wie oben bereits skizziert, enthält die Aktivseite einer handelsrechtlichen Bilanz den Punkt „Immaterielle Vermögensgegenstände", worunter unter Punkt (1) Konzessionen, gewerbliche Schutzrechte und ähnliche Rechte und Werte sowie Lizenzen an solchen Rechten und Werten fallen. Diese handelsrechtliche Aufzählung ist aufgrund der fehlenden Definition der einzelnen Elemente (Wöhe 1991, S. 241) für die vorliegende Fragestellung der Bewertung unbefriedigend. Einen präziseren Zugang entwickeln Reilly/Schweihs (1999) in ihrem Standardwerk zur **Bewertung** von unsichtbaren Vermögenswerten: Sie gehen über die Aktivierung unsichtbarer Vermögenswerte in der Bilanz hinaus – und definieren diese als Ressourcen, die von Unternehmen oder Einzelpersonen kontrolliert werden und von denen in Zukunft wirtschaftliche Erträge zu erwarten sind. In diesem Zusammenhang nehmen die Autoren die folgende analytische Differenzie-

---

[147] Daher dürfen beispielsweise eigene F&E-Kosten, die zur Patentreife geführt haben, nicht aktiviert werden.

rung zwischen den einzelnen Klassen unsichtbarer Vermögenswerte vor (vgl. Tabelle 10):

Bezug zu	Beispiele
Marketing	Warenzeichen, Handelsnamen, Markennamen, Logos
Technologie	Prozeßpatente, technische Dokumentationen
Kunst	Copyrights, Schriften, Karten
EDV	Software, Software Copyrights, Datenbanken
Ingenieurwesen	Design, Produktpatente, Handelsgeheimnisse, Zeichnungen, Dokumentationen
Kunden	Kundenlisten, Kundenverträge, Kundenbeziehungen, ausstehende Eingänge
Wettbewerb/Verträge	Verträge mit Lieferanten, Lizenzvereinbarungen, Franchisevereinbarungen, Nicht-Wettbewerbsklauseln
Humankapital	Ausbildungs- und Weiterbildungsgrad, Verträge mit Arbeitnehmern, Vereinbarungen mit Betriebsräten
Standort	Wasser- und Luftnutzungsrechte, Schürfrechte
Goodwill	institutionell, professionell

Tabelle 10: **Klassen unsichtbarer Vermögenswerte (Quelle: Reilly/Schweihs 1999, S. 19f.)**

Die Aufzählung in Tabelle 10 besitzt analytischen Charakter und erhebt *nicht* den Anspruch auf Vollständigkeit[148]. Desweiteren ist die Zuordnung nicht überschneidungsfrei; schließlich gibt auch eine solche Zuordnung keine Hinweise über die Angemessenheit der jeweils angewandten Bewertungsmethoden.

Die mögliche Kapitalisierung von unsichtbaren Vermögenswerten hängt von zwei Aspekten ab – nämlich dem Eigentumsaspekt und der Bewertung bzw. Messung der künftig zu erwartenden Rückflüsse. Reil-

---

[148] Zusätzlich soll noch auf eine Unterklasse unsichtbarer Vermögensgegenstände hingewiesen werden, den Intellectual Properties bzw. dem geistigen Eigentum. Hier läßt sich folgende Differenzierung vornehmen: *„Creative Intellectual Properties"* sind Handelsmarken, Copyrights, Software; *„Innovative Intellectual Properties"* sind demgegenüber Patente, Design, Handelsgeheimnisse (Reilly/Schweihs 1999, S. 35).

ly/Schweihs (1999) leiten Kriterien ab, die erfüllt sein müssen, damit unsichtbare Vermögenswerte aus einer ökonomischen Perspektive bewertet werden können.

3.2.2.1.2 Die Operationalisierung unsichtbarer Vermögenswerte

Die Aufzählung aus Tabelle 10 ist wenig befriedigend, wenn man sich die fehlende handelsrechtliche Definition eines unsichtbaren Vermögensgutes vor Augen hält. Um Klarheit über die konstitutionellen Rahmenbedingungen der Existenz eines unsichtbaren Vermögensgegenstandes zu schaffen, entwickeln Reilly/Schweihs (1999) eine mehrstufige Argumentation, bei der es zunächst um die Definition eines unsichtbaren Vermögenswertes geht, woran sich Hinweise in bezug auf dessen Bewertbarkeit anschließen. Die Autoren entwickeln somit die beiden folgenden, miteinander verzahnten **Leitfragen** zur Bestimmung unsichtbarer Aktiva:

- Welche ökonomischen Phänomene oder Eigentumsrechte sind für einen unsichtbaren Vermögenswert grundlegend?

- Welche ökonomischen Phänomene oder Eigentumsrechte sind für den **Wert** eines unsichtbaren Vermögenswerts grundlegend?

Die folgende Übersicht enthält die **konstituierenden Merkmale** eines immateriellen Vermögenswertes (Reilly/Schweihs 1999, S. 5ff.):

- Identifizierbar, spezifisch beschreibbar

- Rechtsgegenstand

- Existenz von Eigentumsrechten, Übertragbarkeit der Rechte

- Sichtbare Indikatoren des unsichtbaren Vermögenswerts, materielle Manifestation des unsichtbaren Vermögenswerts (Vertrag, Lizenz, Diskette, Listen usw.)

- Spezifischer Entstehungszeitpunkt

- Spezifisches Ende der Existenz

Nach Reilly/Schweihs (1999) handelt es sich bei diesen Merkmalen um **notwendige Merkmale**. Das heißt, daß das Fehlen eines einzigen Merkmals ein ökonomisches Phänomen für einen unsichtbaren Vermögensgegenstand disqualifiziert, was allerdings nicht heißt, daß er nicht in ökonomischer Hinsicht existiert, sondern nur, daß er keinen unsichtbaren Vermögensgegenstand darstellt. Es existiert eine Vielzahl von Faktoren, die auf die Existenz eines unsichtbaren Vermögensgegenstands hinweisen, denen selbst aber nicht die Eigenschaft eines unsichtbaren Vermögensgegenstands zukommt:

„This is an important analytical and legal distinction. Unfortunately many analysts have historically confused intangible assets with intangible „factors", „elements", „influences" or „conditions". (...) Indeed, intangible influences or factors do influence intangible assets value. They are just not, in and of themselves, intangible assets" (Reilly/Schweihs 1999, S.7f.).

Keine unsichtbaren Vermögensgegenstände sind zum Beispiel Marktanteile, hoher Gewinn, Deregulation, Eintrittsbarrieren, Monopolstellung, Marktpotentiale, Wettbewerbsvorteile, Lebenszyklus, Liquiditäts- oder Verschuldungsgrad, oder Einfluß der Eigentümer. Diesen Faktoren kommt **keine Eigentumsqualität** zu – der Wert dieser Faktoren basiert auf ihrer **Beziehung** zu Vermögenswerten, also anderen unsichtbaren oder aber auch sichtbaren Aktiva.

Die Existenz obiger Merkmale beinhaltet nicht notwendigerweise die Möglichkeit, diese Vermögensgegenstände auch **bewerten** zu können. So verfügen Patente oder eingetragene Warenzeichen, die nicht genutzt werden, sehr wohl über eine Existenz als unsichtbarer Vermögenswert (im rechtlichen Sinn), weisen aber keinen ökonomischen Wert auf. Andererseits kann eine entsprechende Eintragung als Markteintrittsbarriere für Konkurrenten dienen – und dann kommt der fehlenden Nutzung eines solchen Patents sogar eine ökonomische Bewertbarkeit zu. Ökonomische Bewertbarkeit wird von Reilly/Schweihs (1999) von den beiden folgenden Kriterien abhängig gemacht (vgl. Tabelle 11):

Kriterien zur Bewertbarkeit eines unsichtbaren Vermögensgegenstands	Beispiele
1. Besitz des unsichtbaren Vermögensgegenstandes beinhaltet ökonomische Vorteile für seinen Besitzer	Gewinnerhöhung, Kostenreduktion mit Besitz des unsichtbaren Vermögens-gegenstandes im Vergleich zu fehlendem Besitz
2. Unsichtbarer Vermögensgegenstand hat das Potential, den Wert anderer Vermögensgegenstände zu erhöhen, mit denen er in Verbindung gebracht wird	Die Kombination eines Entwicklungsprototyps mit einem Patent

Tabelle 11: Notwendige Kriterien zur Bewertung eines unsichtbaren Vermögensgegenstandes (Quelle: Reilly/Schweihs 1999, S. 9)

Die beiden Kriterien aus Tabelle 11 lassen sich zunächst hinsichtlich einer zeitlichen Dimension zuordnen: Kriterium 1 bezieht sich auf die Vergangenheit bzw. Gegenwart, wohingegen sich Kriterium 2 auf zukünftige Wertbeiträge des unsichtbaren Vermögensgegenstandes bezieht. Zudem wird deutlich, daß Bewertung hier explizit bonitäre Bewertung meint. Abschließend soll darauf hingewiesen werden, daß die konkrete Bewertung immaterieller Vermögenswerte von der jeweiligen Zielstellung abhängt, wie zum Beispiel Kauf eines Unternehmens und Ermittlung des Preises für Bilanzierung und Besteuerung, Bewertung eines Unternehmens, Erwerb von bestimmten unsichtbaren Vermögenswerten oder der Bewertung *cash flow* generierender unsichtbarer Vermögenswerte im Rahmen der Kreditfinanzierung.

3.2.2.1.3 Die Bewertung unsichtbarer Vermögenswerte: Grundlagen und Probleme

Die drei bedeutsamsten Ansätze der Bewertung von unsichtbaren Vermögenswerten sind der Kosten-, Markt- und Einkommensansatz, die im Idealfall zu gleichen Ergebnissen führen (Reilly/Schweihs 1999): Im Rahmen des **Marktansatzes** werden die zu bewertenden unsichtbaren Vermögenswerte mit ähnlichen unsichtbaren Vermögenswerten verglichen, für die bereits Markttransaktionen realisiert wurden, wobei der hierbei angesetzte Preis als Bewertungsmaßstab herangezogen werden kann. Der **Kostenansatz** bewertet unsichtbare Vermögenswerte mit Hilfe von Reproduktionskosten, also Kosten, die zur Wiederherstellung des Vermögensgegenstandes anfallen würden. Beim **Einkommensansatz** werden die zu erwartenden Einkommensströme mittels der *discounted cash flow*-Methode (vgl. Abschnitt 3.2.3.1.1) kalkuliert[149].

Für die Bewertung von unsichtbaren Vermögenswerten sind die drei Verfahren **nicht unproblematisch**. So spiegeln Marktpreise nur in bestimmten Fällen den Wert der unsichtbaren Vermögenswerte wieder (Backhuijs et al. 1999, S. 18). Hinzu kommt, daß Marktpreise von anderen Faktoren, wie beispielsweise der Zinshöhe oder politischen Entscheidungen abhängen. Entsprechende Preisänderungen bedeuten somit nicht notwendiger-

---

[149] Streng genommen müßte der Einkommensansatz im Rahmen der kapitalmarktorientierten Instrumente diskutiert werden (vgl. Abschnitt 3.2.3). Da der Begriff „immaterieller Vermögenswert" aber ein maßgeblich bilanztechnischer Begriff ist, wird diese Argumentation in dem vorliegenden Kontext entsprechend mitberücksichtigt.

weise, daß sich der Wert der unsichtbaren Vermögenswerte reduziert hat[150].

Folgende Überlegungen verweisen auf die Grenzen des Kostenansatzes: Die im Rechnungswesen erhobenen Daten[151] sind, wie in Abschnitt 1.2.2.2 bereits ausgeführt, nur bedingt dazu geeignet, den ökonomischen Wert von unsichtbaren Vermögenswerten zu bestimmen: Auf der einen Seite existiert das Problem der eindeutigen Identifizierbarkeit von Kostenträgern, auf der anderen Seite können nur unscharfe Beziehungen zum Einkommenspotential, hinsichtlich der Effektivität von F&E-Aufwendungen oder der Entwicklung eines Markennamens hergestellt werden. Hinzu kommt, daß unsichtbare im Vergleich zu materiellen Vermögenswerten keinem physischen Verschleiß ausgesetzt sind.

Letztlich sind auch nur begrenzte Aussagen hinsichtlich zu erzielender Einkommensströme abzuleiten: Kennt man die erwartete ökonomische Nutzenstiftung für den Eigentümer – beispielsweise in Form einer Kostenreduktion oder einer Einkommensgenerierung – so ist der zu erwartende Einkommensstrom zu präzisieren: Hier gilt, daß die hohe Subjektivität der *cash flow*-Prognosen bei der Investition in unsichtbare Vermögenswerte nicht mit dem Objektivitätsziel der Bilanzerstellung vereinbar ist.

Hinzukommt, daß einzelne unsichtbare Vermögenswerte nicht unabhängig von anderen bewertet werden können: So ist beispielsweise der Wert von Humankapital abhängig von der Infrastruktur, Netzwerken, Kommunikationsstrukturen und Technologie. Somit ist eine individualisierte Bewertung von unsichtbaren Vermögenswerten meist nur schwer möglich:

„What sets business apart is the clever way in which we combine our sales organisation with our product innovations. This is always providing us with a leading edge. The one is worth nothing without the other! You could perhaps value them separately by allocating the *cash flows* to the various intangible assets, but that would be a meaningless exercise" (Backhuijs et al. 1999, S. 19).

Analoges gilt für die wertbezogene Verzahnung von unsichtbaren und materiellen Vermögenswerten: So bezeichnen Reilly/Schweihs (1999, S. 12) den zusätzlichen Wert, der von unsichtbaren an materiellen Vermö-

---

[150] An dieser Stelle sei auf die marktbezogene Wahrnehmung von Humankapital verwiesen: Hier zeigt sich, daß die Höhe der Marktpreise (Löhne) nicht immer die Kompetenzen der Mitarbeiter und deren Wertschöpfungspotential widerspiegeln (OECD 1996).

[151] Das Rechnungswesen befaßt sich vorrangig mit der Erfassung von diskreten, transaktionsbasierten Ereignissen, wie Verkäufen, Investitionen, Rechnungen etc. (Leadbeater 1999). Daten für die Bewertung von unsichtbaren Vermögenswerten werden damit aber nur unzureichend aufbereitet.

genswerten geschaffen wird, als *going-concern value* des entsprechenden materiellen Vermögenswertes.

3.2.2.2 Das Knowledge Statement

Oben wurde bereits verdeutlicht (vgl. Abschnitt 1.2.2.2), daß die Erstellung einer GuV mit dem Problem konfrontiert ist, Investitionen in wissensbezogene Leistungen lediglich als Aufwendungen verbuchen zu können, woraus sich eine Unterschätzung der Leistungsfähigkeit für die aktuelle und ggf. eine Überschätzung dieser Leistungsfähigkeit für die Folgeperiode ergibt. Dieses Problem soll mit Hilfe des Ansatzes von Rennie (1998) gelöst werden, die vorschlägt, den Charakter entsprechender Investitionen noch offen zu lassen und die entsprechenden Ausgaben „zwischenzuparken".

Rennie (1998) greift die bisherigen Kritikpunkte am Rechnungswesen auf und schlägt vor, im Geschäftsbericht ein *knowledge statement* zu veröffentlichen, mit dessen Hilfe die Transparenz in das wissensbezogene Investitionsverhalten eines Unternehmens erhöht werden kann[152]. Die Grundlage der Argumentation von Rennie (1998) besteht zunächst darin, eine risikoorientierte Einschätzung wissensbezogener Investitionen vorzunehmen. Sie unterscheidet zwischen **knowledge assets**, die mit einer *relativ hohen* Wahrscheinlichkeit in Zukunft Gewinne generieren – wie zum Beispiel F&E-Investitionen – und **potentiellen knowledge assets**, die mit hoher Unsicherheit behaftet sind und zum aktuellen Zeitpunkt nicht eindeutig als gewinnbringende Investitionen eingeschätzt werden können. Hier ist insbesondere an Kategorien von Wissenskapital wie „*innovation capital*" oder „*renewal and development focus*" zu denken (vgl. Abschnitt 3.4.2).

Das *knowledge statement* – als Ergänzung zum Geschäftsbericht – greift jetzt diese Klassifikation in folgender Form auf: Da zum Zeitpunkt einer Investition in Wissen *nicht* entschieden werden kann, ob es sich hierbei um die Schaffung eines Vermögenswerts oder um eine Ausgabe handelt, werden diese Investitionen in der Wissensbilanz für einen bestimmten Zeitraum „zwischengeparkt":

„In a sense this statement represents a place where expenditures can sit in a „holding pattern" until their status as a potential asset or a potential expense is resolved. (...) Once the uncertainty surrounding the expenditure is reduced to a reasonable level, the

---

[152] Ein ähnliches Vorgehen wird bei der SEMA Group unter der Überschrift „Knowledge Bank" bereits realisiert (vgl. Stewart 1997, S. 232ff.)

item can be transferred either to the balance sheet as an asset or to the income statement as an expense" (Rennie 1998, S. 15f.).

Damit löst Rennie (1998) das Problem der Über- bzw. Unterbewertung betrieblicher Leistungsfähigkeit, das aufgrund der periodenabhängigen Effekte wissensbezogener Investitionen entsteht – *ohne* dabei das Prinzip der Bilanzkontinuität zu verletzen. Investoren erhalten eine bessere Einsicht in das Investitionsverhalten von Firmen, und können auch auf die Qualität des Managements der Ressource Wissen Rückschlüsse ziehen: Nach Ablauf der „Parkzeit" sollte sich eine effiziente Nutzung von Wissen dadurch zeigen, daß sich entsprechende Investitionen eher als Vermögenswerte denn als Aufwendungen wiederfinden lassen. Umgekehrt muß konzediert werden, daß Rennies (1998) Vorschläge noch einige entscheidende Mängel aufweisen: Zum einen erscheint es willkürlich, wie die Dauer des „Parkzeitraums" festgelegt wird – und zum anderen ist bislang nicht geklärt, welche Typen wissensbezogener Investitionen "geparkt" werden dürfen bzw. sollten.

3.2.2.3 Calculated Intangible Value

Wie schon an mehreren Stellen der Arbeit erwähnt, sind Banken und Investoren häufig zurückhaltend, wenn es darum geht, in Unternehmen mit geringem Anlagevermögen zu investieren. Stewart (1997) entwickelt den Gedanken, daß es letztlich die immateriellen Vermögenswerte sind, die es einem Unternehmen ermöglichen, die Leistungen eines Konkurrenten bei sonst gleicher Kapitalausstattung zu übertreffen[153]. Konkret bedeutet dies, daß eine positive Differenz hinsichtlich der Gesamtkapitalrentabilität (ROA, *return on assets*), den ein Unternehmen im Vergleich zum Branchendurchschnitt erzielt, auf die Güte des Managements wissensbezogener Wertschöpfung zurückgeführt werden kann. Dies stellt für potentielle Investoren ein überzeugendes, entscheidungsunterstützendes Argument dar. Calculated Intangible Value (CIV) gibt somit Auskunft über die Fähigkeit eines Unternehmens, immaterielle Aktiva zu nutzen, um andere Unternehmen übertrumpfen zu können (vgl. Stewart 1997, S. 228).

Der CIV stellt somit eine einfach zu ermittelnde Größe zur Schätzung der unsichtbaren Vermögenswerte dar: Ein steigender CIV wird dahingehend interpretiert, daß ein Unternehmen in der Lage ist, auch zukünftige *cash*

---

[153] Hier wird den Überlegungen gefolgt, die der Bewertung von Marken zugrundeliegen: Es wird davon ausgegangen, daß ansonsten identische Produkte nur aufgrund des Markenwertes einen höheren Preis erzielen können (North/Probst/Romhardt 1998, S. 161).

flows zu produzieren, wohingegen ein sinkender CIV darauf verweist, zuwenig in F&E und zuviel in materielle Anlagen zu investieren: „*Knowing a company's CIV could help you judge whether a low price-to-book ratio reflects a fading business, or one that's rich with hidden value that isn't yet reflected in the stock*" (Stewart 1997, S. 229)[154].

Mit dem CIV verfügt ein Unternehmen über einen Indikator, der sich – neben branchenbezogenen Daten – aus Bilanz und G&V ermitteln läßt, und daher weitaus einfacher zu berechnen ist als Meßgrößen, die den Wert des Eigenkapitals mitberücksichtigen. Unabhängig davon, daß es nicht zwingend erforderlich ist, die Größe CIV als Wert wissensbezogener Investitionen zu interpretieren, erlaubt CIV einen brancheninternen Vergleich und liefert somit zumindest plausible Anhaltspunkte für mögliche – wissensbezogene – Investitionsentscheidungen. Gegen eine rein monetäre Interpretation des CIV als ökonomischer Wert der wissensbezogenen Wertschöpfung spricht, daß bei der ROA-Kalkulation die Kosten des Eigenkapitals – entgegen neueren Ansätzen des Wertmanagements – nicht angemessen berücksichtigt werden (vgl. Abschnitt 3.2.3).

3.2.2.4 Humanvermögensrechnung

Frühe Ansätze der Humanvermögensrechnung hatten zum Ziel, Produktivität und Leistung der Belegschaft zu steigern (Hermanson, 1964; Flamholtz, 1974), wobei hier nicht nur auf die Gedanken der Humankapitaltheorie (vgl. Abschnitt 2.2.2), sondern auch auf frühe managementtheoretische Erkenntnisse zurückgegriffen wurde (Likert 1961, 1967, 1973; Lawler 1971; vgl. Abschnitt 2.3.1). Aus allgemeiner Sicht verfolgt die Implementierung von Systemen der Humanvermögensrechnung vier Ziele (vgl. Flamholtz, 1974, 1985, 1987; Sackmann et al. 1989) – nämlich (a) quantitative und qualitative Informationen über den Wert und die Kosten der Belegschaft als Unternehmensressource bereitzustellen, (b) die internen Entscheidungsprozesse zu verbessern, (c) das Unternehmen auf eine HRM-Perspektive hin auszurichten, und (d) entsprechende Informationen für Investoren anzubieten.

Die Humanvermögensrechnung – im angelsächsischen Sprachraum als *Human Resource Accounting* bekannt – kann im allgemeinen als Übertragung des Humankapitalgedankens auf betriebliche Belange und konkret

---

[154] vgl. hierzu Abschnitt 2.2.6.1: Lev (1999) verdeutlicht eine enge Beziehung zwischen F&E-Investitionen und Marktwert, d.h. daß Unternehmen, die hohe Investitionen in F&E tätigen, vom Kapitalmarkt höher als andere Unternehmen derselben Branche bewertet werden.

als Ansatz verstanden werden, mit dessen Hilfe der Wert, den Mitarbeiter für Unternehmen darstellen, systematisch und rechnungswesensbezogen erfaßt werden soll (vgl. Flamholtz 1974, 1982; Spencer 1979; Schmidt 1982; Fitz-enz 1990). Wurde bereits in Abschnitt 1.2.2.2 gezeigt, daß personal- bzw. wissensbezogene Aufwendungen im Rahmen des Rechnungswesens – im Gegensatz zu Investitionen in Sachanlagen – nicht als Investitionen erfaßt werden können, und somit der entstehende Nutzen auch nicht verursachergemäß zugerechnet werden kann, wird im Rahmen der Humanvermögensrechnung gerade der Investitionscharakter von Personalaufwendungen betont. Um entsprechende personalbezogene Fehlentscheidungen zu vermeiden, geht es bei der Humanvermögensrechnung letztlich darum, den *„way of thinking about the management of people in formal organizations"* auf der Basis eines *„way of accounting for the management of people in formal organizations"* (Flamholtz 1974, S. 45) zu beeinflussen.

Damit aber verfolgt die Humanvermögensrechnung den Anspruch, vollständige Informationen zum rentablen Einsatz von Arbeitskräften zu bieten. Reuter (1982, S. 243) arbeitet heraus, daß die Humanvermögensrechnung die folgenden Rechnungstypen enthält: (a) eine Dokumentationsrechnung hinsichtlich des Ist-Zustandes des Humankapitals; (b) eine Planungs- und Entscheidungsrechnung bzgl. der Probleme von Personalbedarf, -bereitstellung und -einsatz; (c) eine Kontrollrechnung bzgl. der Zweckmäßigkeit von Personalentscheidungen. Eine Präzisierung dieser Rechnungstypen findet hinsichtlich der **Input-Perspektive** im Rahmen des *human cost accounting*, und in bezug auf die **Output-Perspektive** im Kontext des *human value accounting* statt (Bartscher/Steinmann 1990; Wunderer/Schlagenhaufer 1994).

3.2.2.4.1 Human Cost Accounting

Das *human cost accounting* mißt das Humankapital anhand der Kosten, die bei dessen Beschaffung und Bereitstellung entstehen (Schmidt 1982). Hierbei lassen sich drei Schritte identifizieren (Kropp/Wächter 1982, S. 261ff.): (1) Herauslösung der Personaufwendungen aus den Gesamtaufwendungen; (2) Unterteilung der herausgelösten Positionen in investive und periodische Anteile; (3) Zuordnung der investiven Anteile zu einem spezifischen Mitarbeiter und/oder einem „Zurechnungsobjekt" (z.B. Arbeitsplatz oder Funktion). Die hieraus resultierenden Aufwandspositionen können dann kapitalisiert und über den Nutzungszeitraum abgeschrieben werden; der Restwert kann als Aktivposten und Fluktuationen als Abschreibungspositionen aufgefaßt werden.

Mit Hilfe des *human cost accounting* kann somit das Humankapital bewertet werden, wobei hier vorausgesetzt wird, daß die – teilweise nur mangelhaft zuzuordnenden[155] – Kosten ein valider Indikator für den entstehenden Wert darstellen. Diese Annahme ist aus folgenden Gründen problematisch (vgl. Kropp/Wächter 1982, S. 277; Kiehn 1996, S. 23, Lawler 1982, S. 202):

- Individuelle Leistungsbeiträge sind nicht konstant, sondern hängen von der Bereitschaft des jeweiligen Mitarbeiters ab. Motivation und Humankapital- bzw. wissensbezogener Input sind daher unauflösbar miteinander verknüpft und kalkulatorisch nicht zu trennen.

- Ebenfalls sind anforderungsbezogene Qualifikationen und Motivation der Mitarbeiter nicht konstant: Lernprozesse führen zur Erhöhung des Wertes des Humankapitals, wohingegen die Einführung technologischer Änderungen meist mit einer Minderung des Humankapitals einhergeht.

- Letztlich ignoriert eine solche individualistische Perspektive gruppenbezogene Effekte, die gerade zur Wertsteigerung, aber auch Wertreduktion menschlicher Arbeit und des menschlichen Wissens führen.

Damit aber wird deutlich, daß das *human cost accounting* als Ansatz betrachtet werden muß, mit dessen Hilfe nur aufgrund einer Vielzahl zusätzlicher Annahmen auf den Wert des Humankapitals – und des damit eingebrachten Wissens – geschlossen werden kann.

3.2.2.4.2 Human Value Accounting

Das *human value accounting* versucht die Defizite des *human cost accounting* zu überwinden, indem der zukünftige ökonomische Wert eines Mitarbeiters – oder einer Gruppe – für das Unternehmen zu ermitteln versucht wird (Schmidt 1982). Dieser Wert resultiert aus der Differenz zwischen zukünftigen Leistungsbeiträgen der Mitarbeiter und den ihnen dafür zu zahlenden Löhnen bzw. Gehältern. Grundlage für eine solche Kalkulation ist ein stochastisches Modell, mit dessen Hilfe dieser zukünftige Wert

---

[155] So verdeutlichen Kropp/Wächter (1982) die Notwendigkeit, zwischen vornherein und evtl. investiven Aufwendungen in Abhängigkeit der Periode ihres Anfallens zu unterscheiden sowie zwischen Verwaltungs- und Einarbeitungsinvestitionen differenzieren zu können. Solche Größen lassen sich aber selten kalkulieren, sondern nur willkürlich festlegen.

anhand von vier Schritten berechnet werden kann (Flamholtz 1982, S. 92 bzw. 1986, S. 80):

1. Festlegung der leistungsgenerierenden Positionen – sog. *"service states"* – im Unternehmen

2. Messung des Wertbeitrags, den ein spezifischer *"service state"* pro Periode für das Unternehmen erbringt

3. Schätzung der Wahrscheinlichkeit, mit der Mitarbeiter zukünftig bestimmte *"service states"* erreichen

4. Diskontierung der zu erwartenden Wertbeiträge der Mitarbeiter bzw. Mitarbeitergruppen

Die Vorteile des *human value accounting* liegen darin, die Mitarbeiter nicht als Eigentum des Unternehmens „konzipieren" zu müssen, woraus sich die Möglichkeit ergibt, zukünftige Entwicklungsmöglichkeiten der Mitarbeiter wie auch mögliche Fluktuationsraten berücksichtigen zu können[156]. Anwendungen sind daher im Bereich der Personalplanung, der Bewertung von Personalentwicklungsmaßnahmen und der individuellen Laufbahnplanung (Flamholtz 1982) zu finden.

Eine bedeutsame Schwäche des *human value accounting* liegt in der problematischen Erfassung des Wertbeitrags der *"service states"*: Eine solche Attribution von (zukünftigen) Erträgen ist lediglich für spezialisierte Dienstleistungsunternehmen möglich, da hier die Preise für die Beanspruchung von Personal direkt weiterverrechnet werden können (wie z.B. bei Beratungsunternehmen). Ist dies nicht der Fall, impliziert dies die Notwendigkeit, sozialwissenschaftliche Größen in monetäre Größen umzurechnen (vgl. Marr 1982, S. 51). Letztlich ist auch bei dem *human value accounting* dasselbe Problem wie bei dem *human cost accounting* zu identifizieren: Ordnet man spezifische bzw. standardisierte Wertbeiträge einzelnen *"service states"* zu, so impliziert dies, daß hier lediglich die Erbringung einer bestimmte Leistung erfaßt wird, aber nicht, mit welchem Aufwand oder mit welcher Qualität dies geschieht: Dieselbe Leistung kann durch die Investition von mehr Zeit bei geringerer Qualifikation oder weniger Zeit bei hoher Motivation erbracht werden. Im Rahmen des *human value accounting* gilt jedoch, daß unterschiedliche Qualifikationen stets zu unterschiedlichen *"service states"* führen. Aufgrund dieser Probleme sind voll-

---

[156] Formal wird hier zwischen einem von der potentiellen Leistungsfähigkeit abhängigen „conditional expected value" und einem von der Fluktuationswahrscheinlichkeit abhängigen „expected realizable value" differenziert (Flamholtz 1982).

ständige *human value accounting*-Systeme nicht weit verbreitet (Sackmann et al. 1989).

3.2.2.4.3 Effekte der Humanvermögensrechnung

Wie bereits skizziert, werden Humanvermögensrechnungssysteme – insbesondere in ihrer *human value accounting*-Ausprägung – dazu genutzt, Managemententscheidungen zu verbessern. Hierbei lassen sich insbesondere Entscheidungsfelder wie Personalauswahl (Spiceland/Zaunbrecher 1977), Personalentwicklung (Harrell/Klick, 1980), Regelung von Arbeitsunterbrechungen (Tomassini 1977; Oliver/Flamholtz 1978), Kündigungen (Gul 1984) und Kosten-Nutzen-Analysen von Personalentwicklungsprogrammen (Swanson/Gradous, 1988) identifizieren.

Die Studien von Elias (1972), Hendricks (1976), Schwan (1976) und Acland (1976) zeigen, daß Daten, die auf Humanvermögensrechnungsanalysen zurückzuführen sind, von Investoren wahrgenommen werden; diese Ergebnisse lassen sich als Kapitalmarktwahrnehmung solcher Daten auffassen und können als Evidenz für die in Abschnitt 2.2.6.1 skizzierte Bedeutung wissensbezogener Daten für den Kapitalmarkt interpretiert werden.

3.2.2.4.4 Schlußfolgerung

Ausgangspunkt der Humanvermögensrechnung ist die Erfassung des Wertes von Humankapital für betriebliche Zielsetzungen – damit liegt der Fokus auf einer monetären Ermittlung der Kosten und des Wertes der Mitarbeiter durch das Unternehmen (Flamholtz 1982). Damit aber werden nicht-rechnerische Zielgrößen, die einen systematischen bzw. intern validen Einfluß auf Humankapital bzw. Wissen haben können, von der weiteren Analyse ausgeschlossen: „*Die gemessene Wertänderung des Humanvermögens einer Organisation*" (Flamholtz 1982, S. 77) kann demnach kaum als ausschließliches Kriterium für die Erfassung des Beitrags der Ressource Wissen in Wertschöpfungsbezügen aufgefaßt werden.

Eine vergleichbare kritische Haltung in bezug auf den Nutzen der Humanvermögensrechnung zeigt Lawler (1982), der zur Schlußfolgerung gelangt: „*Es hat sich gezeigt, daß es (die Humanvermögensrechnung, d.A.) durchführbar ist, es hat sich jedoch nicht gezeigt, daß es sich lohnt, es durchzuführen*" (Lawler 1982, S. 211). Diese Kritik ist zum einen vor dem Hintergrund der vergleichsweise geringen Rezeption dieses Instrumentariums zu betrachten, läßt sich zum anderen auch auf die hier vorliegende

Problemstellung übertragen: Die mit der monetären Erfassung einhergehende Beschränkung auf eine Input-Output-Perspektive bleibt für Anwendungszwecke letztlich unbefriedigend, da *keine* Aussagen über die Wissenstransformationsprozesse und deren Wert bzw. Wertveränderungen abgeleitet werden können.

3.2.3 Aktuelle Perspektive: Orientierung der Bewertung am ökonomischen Wert

Klassische Gewinn- und Renditeziele stellen periodisierte, auf Rechnungslegungsprinzipien basierende Meßgrößen dar. Prinzipiell gehen mit der Nutzung solcher traditioneller Größen zwei Problemfelder einher: Zum einen orientieren sie sich an der Vergangenheit, zum anderen geben sie nur ungenau Auskunft über das Wertsteigerungspotential eines Unternehmens aus der Perspektive der Anteilseigner. Demgegenüber ist das *shareholder value*-Konzept als oberstes finanzielles Wertziel eines Unternehmens an zukünftig erwarteten *free cash flows* orientiert (Rappaport 1986).

Berücksichtigt man den weithin geteilten Konsens darüber, daß Wertsteigerung – der **shareholder value** – das oberste Finanzziel eines Unternehmens darstellt (z.B. Fruhan 1979; Rappaport 1979, 1981, 1986; Reimann 1987; Gomez/Weber 1989; Bühner 1989; Copeland/Koller/Murrin 1990), stellt sich die Frage, ob bzw. in welchem Umfang solche wertorientierten Ansätze einen Beitrag dazu leisten können, das Wertschöpfungspotential von Wissen zu präzisieren und somit Auskunft darüber zu geben, wie erfaßt werden kann, in welchem Umfang Wissen dazu beiträgt, den **Nutzen** für die Anteilseigner zu erhöhen.

Im vorliegenden Abschnitt soll geprüft werden, wie es anhand der beiden Konzepte *shareholder value* (Rappaport 1986) und das Konzept des *economic value added* (Stern 1993) gelingt, die kalkulatorische Basis für Daten abzuleiten, die eine wissens- und wertbezogene Wertschöpfung von Unternehmensaktivitäten widerspiegeln können.

3.2.3.1 Marktwertorientierte Grundbegriffe

3.2.3.1.1 Shareholder Value

Die Berechnung des *shareholder value* orientiert sich am *free cash flow* (z.B. Rappaport 1986). Der Begriff *cash flow*[157] wird allgemein als „*liquiditätswirksamer Jahresüberschuß, Zahlungsüberschuß aus dem laufenden Betriebsprozeß, Teil des Umsatzüberschusses, der nicht in der gleichen Periode zu Ausgaben oder Einnahmen geführt hat oder Finanzmittelzufluß*" (vgl. Siener 1991, S. 35) definiert und als Saldo aus Ertragseinzahlungen und Aufwandsauszahlungen konkretisiert. Der *discounted cash flow* (DCF) stellt den *shareholder value* einer ökonomischen Einheit dar (vgl. Rappaport 1981, 1986; Copeland/Koller/Murrin 1994; Volkart/Nadig 1995) und kann als **Gegenwartswert aller zukünftigen Nettoeinnahmen des Investors** definiert werden, der auf einem effizienten Kapitalmarkt dem **Marktwert des Eigenkapitals** entspricht. Folgende Entscheidungsfelder können zur systematischen Beeinflussung des *shareholder value* genutzt werden (vgl. Rappaport 1986; Haerri 1991; Drill 1994; Schlösser/Samsinger 1995; Philipp 1995):

- Alle Entscheidungen, die die Aktivseite der Bilanz beeinflussen, sich also auf **Investitionen** in das Anlagevermögen oder ins Umlaufvermögen beziehen und den Kapitalbedarf reduzieren.

- **Finanzierungsentscheidungen** beeinflussen das Verhältnis zwischen Eigen- und Fremdkapital, also der Kapitalstruktur und wirken sich im allgemeinen unmittelbar auf den aktuellen Aktienkurs aus.

- Entscheidungen, die sowohl direkt die **betriebliche Leistungserstellung** als auch die Preisbildung, den Umfang des Kundenservices, die Produktionskosten usw. beeinflussen.

- Schließlich beeinflußt die Art und Weise, wie ein **Unternehmen mit den Analysten und Investoren kommuniziert** wiederum deren Entscheidungen auf dem Kapitalmarkt.

Die ersten beiden Aspekte einer *shareholder value*-bezogenen Unternehmenspolitik berühren eher auf indirekte Weise das Management der Res-

---

[157] Es existieren unterschiedlichste *cash flow*-Definitionen (z.B. Grünig 1989; Siegwart 1989; Boemle 1991; King 1994): In Abhängigkeit jeweiliger unterschiedlicher Komponenten bei der Berechnung lassen sich Indikatoren wie der „*free cash flow*" (zur Ermittlung des Liquiditätszuwachses im Unternehmen), der „*operating cash flow*" (gibt das aus der Geschäftstätigkeit erzielte Ergebnis wieder) und der „*netto cash flow*" (wird als zur Wachstumsfinanzierung verwendbare Liquidität interpretiert) definieren (vgl. Bühner 1991, S. 38ff.).

source Wissen, wohingegen sich beim dritten Aspekt die **Nutzung von Kundenwissen** zur Verbesserung des Services zuordnen läßt. Beim vierten Aspekt – den **Investor-Relations** (z.B. Drill 1995) – läßt sich eine direkte Beziehung zum Einsatz der Ressource Wissen herstellen, wenn es darum geht, gegenüber den Investoren in geeigneter Weise entscheidungsrelevante Informationen zu kommunizieren. Von Bedeutung ist hier zudem, daß sich Hinweise darüber mehren, daß nicht nur die Übermittlung leistungs-, finanzierungs- und investitionsbezogenen Informationen das Entscheidungsverhalten von Investoren beeinflußt, sondern auch nonmonetäre Kennziffern (vgl. Abschnitt 2.2.6.1).

3.2.3.1.2 Economic Value Added

Der *economic value added*-Ansatz operiert im Gegensatz zum *shareholder value*-Ansatz nicht[158] auf der Geldstrom-, sondern auf der **Erfolgsebene**, arbeitet aber dennoch mit sorgfältig **adjustierten**, differenzierten **Jahresgewinnwerten** – dem sogenannten „NOPAT" (*net operating profit after taxes*).

Die Größe *economic value added* (EVA) geht auf die Arbeit von Stewart (1991) und den Erfahrungen mit dem Einsatz dieses Indikators durch die Rating-Firma Stern, Stewart & Co. (1993, 1994) zurück: *Economic value added* bedeutet „*residual income left over from operating profits after the cost of capital has been subtracted*" (Stern, 1994). Somit stellt *economic value added* – wie der Gewinn oder der *cash flow* – eine absolute, auf Jahresbasis bezogene finanzielle Größe dar. *Economic value added* kann

---

[158] Dieser Verzicht an einer Orientierung an *cash flow*-Größen vermeidet die folgenden Nachteile: *„Der FCF bildet einen in der praktischen Anwendung sehr unscharfen Begriff. Jeder Anwender versteht das darunter, was ihm situativ zweckmäßig erscheint. Eine zwischenbetriebliche Vergleichbarkeit ist daher zumeist nicht gegeben. Eine solche wäre auch insofern problematisch, als isoliert dastehende FCF-Zahlen nur wenig Aussagekraft besitzen. In der Vergangenheitsbetrachtung sind sie als Finanzcontrolling-Daten nur im Zusammenhang mit dem betrieblichen Mittelfluß insgesamt sinnvoll zu deuten. So gesehen bringt der Ausweis einzelner, nicht in bezug zu anderen Finanzflußdaten gebrachter FCF-Größen wenig. Was die Gewinnung schlüssiger Wertinformationen betrifft, stellen zukunftsgerichtete FCF-Reihen eine wichtige Voraussetzung dar. Dabei bieten die einzelnen FCF-Zahlen punktuell betrachtet aber noch keine eigentliche Wertinformation. Im Gegenteil: Als Periodenwerte sind Gewinngrößen vorzuziehen, da sie als Einzelwerte wesentlich mehr Aussagekraft besitzen. Dieser Überlegung folgen neuere Ansätze wie das sogenannte economic value added-Konzept"* (Volkart/Bühlmann 1997, S. 13f.).

somit einen positiven oder negativen Wert aufweisen[159]: Ist er positiv, dann konnte die betriebliche Tätigkeit die gesamten Finanzierungskosten des betrieblichen Vermögens, sowohl des Eigen- als auch des Fremdkapitals, decken. *Economic value added* stellt dann ein Maß für die finanzielle Rendite eines Investors dar. Ist *economic value added* negativ, wurden Finanzierungskosten aus den bereinigten betrieblichen Gewinnen nicht gedeckt. Aus Sicht der Kapitalgeber wurden Werte insofern vernichtet, als daß das gebundene Kapital in einem anderen Unternehmen mit einem ähnlichen Risikoprofil angemessener hätte verzinst werden können (vgl. Hax/Majluf 1990, S. 161; Hostettler 1997, S. 19f.). Die Zunahme von *economic value added* dient somit als Frühindikator für einen steigenden Marktwert (Stern/Stewart/Chew 1995).

Zusammengefaßt kann *economic value added* als Instrument des Finanzmanagements aufgefaßt werden, dessen Einsatz auf die Erhöhung der Gesamtrendite der Kapitalgeber ausgerichtet ist, der Bewertung von Unternehmen bzw. von Unternehmensteilen und Projekten dient, als Anreizinstrument für das Topmanagement eingesetzt und leicht kommuniziert werden kann (vgl. Hostettler 1997, S. 23). Dabei kann dieser Ansatz für **alle Arten von Ausgabenkomponenten** angewendet werden, die man als zu aktivierende Investitionen deuten will. Hierzu ist es notwendig, entsprechende, im folgenden skizzierte, kalkulatorische Adjustierungen vorzunehmen.

Damit scheinen obigen Ansätze – shareholder value- und EVA-Analyse – prinzipiell dazu geeignet zu sein, Aussagen über die Wertsteigerung wissensbezogener Investitionen vornehmen zu können, da „*die Anwendung der economic value added-Methode bei gleicher Datengrundlage zu denselben Ergebnissen wie die Anwendung des der shareholder value-Methode zugrundeliegenden DCF-Ansatzes führt* (Hostettler 1997, S. 26; vgl. auch Mills/Print 1995, S. 35ff.).

---

[159] Die genaue Kalkulation von *economic value added* und dessen Interpretation orientiert sich an folgenden Überlegungen: Zur Ermittlung der jährlichen Kapitalzinskosten ist die Bestimmung des periodenweise gebundenen Betriebskapitals (Invested Capital) erforderlich. Dies erlaubt zusätzlich Ermittlung und Ausweis sogenannter ROIC-WACC-Spreads. Dabei wird über die Berechnung des Periodenerfolges vor und nach Kapitalzinskosten hinaus die Bruttorendite des Investitionskapitals (ROIC als Return on Invested Capital) ermittelt. Wird vom ROIC der durchschnittliche Kapitalkostensatz (WACC als Weighted Average Cost of Capital) subtrahiert, so erhält man die Nettorendite des Investitionskapitals, d.h. den sogenannten ROIC-WACC-Spread. Ein positiver Spread signalisiert *Wertschaffung*, ein negativer *Wertvernichtung* (vgl. Stewart 1990, S. 110ff.; vgl. auch Hostettler 1997, S. 48ff.).

3.2.3.1.3 Von der rechnungslegungsbezogenen zur wertbezogenen Perspektive betrieblicher Leistungserstellung

Die Daten des Jahresabschlusses stellen die zentrale Informationsquelle für alle Bezugsgruppen eines Unternehmens dar. Wie mehrfach erwähnt, liegen den Veröffentlichungsrichtlinien buchhalterische und keine kapitalmarktbezogenen Kriterien zugrunde. Hostettler (1997, S. 97ff.) begründet diese Differenz zwischen rechnungslegungs- und leistungsbezogener Perspektive von Wertschöpfung durch die Gläubigerorientierung im *accounting model* bzw. die Eigentümerorientierung im *economic model*. Er entwickelt in Anlehnung an Stern/Stewart/Co. (1994) ein vierstufiges Konversionsmodell, mit dessen Hilfe das *accounting model* in das *economic model* überführt werden kann (ausführlich hierzu Hostettler 1997, S. 97-105; vgl. Tabelle 12).

Accounting model	Operationen
Stufe 1: Operating Conversion	Kritische Prüfung der Erfolgsrechnung und der Bilanz nach dem Kriterium der betrieblichen Zugehörigkeit.
Stufe 2: Funding Conversion	Vollständige Erfassung aller Finanzierungsmittel.
Stufe 3: Tax Conversion	Anpassung der Steuerbelastung an die betrieblichen Erträge bzw. Aufwendungen.
Stufe 4: Shareholder Conversion	Aktivierung von Vermögensgegenständen, die aufgrund des Vorsichtsprinzips in der Bilanz unberücksichtigt bleiben.
Economic model	

Tabelle 12: Konversion des *accounting model* in das *economic model* (Quelle: Hostettler 1997, S. 97-105)

Für die Berücksichtigung von **wissensbezogenen Vermögensgegenständen** scheint gerade diese vierte Stufe des Konversionsmodells von Bedeutung zu sein, geht es doch hier um die Aktivierung – besser: die Ermittlung – von Equity Equivalents (Stewart 1991, S. 91) einzelner Vermögensgegenstände *außerhalb* der üblichen Bilanzierungsrichtlinien.

Somit aber gelingt es, den Wert wissensbezogener Vermögensgegenstände, die keine immateriellen Vermögensgegenstände im Sinne des HGB darstellen (vgl. Abschnitt 3.2.2.1), zu ermitteln und diesen an die entsprechenden Bezugsgruppen zu kommunizieren. Beispiele für eine solche Konversion ist die „wertmäßige Aktivierung" – und Amortisation – von **selbstgeschaffenen immateriellen Vermögensgegenständen, durch F&E-Aktivitäten geschaffenes Know-how** oder **durch Weiterbildung geschaffene Qualifikation von Mitarbeitern**. Dies kann ebenfalls auf die ökonomische Bewertung von **Wissensmanagementprojekten** bzw. **Wissensmanagementstrategien** (ausführlich hierzu: Clare/Detore 2000) bezogen werden. Zusätzlich können auch Abschreibungen auf immaterielle Vermögenswerte oder auch *Goodwill* zum Gewinn zurückaddiert oder aber auch noch nicht aktivierte Investitionen in Bauten und Anlagen für den operativen Geschäftsbereich (vgl. Bühner 1990, S. 14; Rütte/Hoenes 1995, S. 67) berücksichtigt werden.

Im folgenden soll geprüft werden, ob bzw. in welchem Umfang diese wertbezogenen Überlegungen einen Beitrag dazu leisten können, wissensbezogene Wertschöpfung im Sinne der Nutzenerhöhung der Anteilseigner abzubilden. Hierzu werden zwei Überlegungen skizziert: Es werden sowohl die Indikatoren *information productivity* und *knowledge capital* (Strassmann 1996) sowie der Indikator *value added intellectual capital"* (Pulic 1996; Bornemann 1998) im Hinblick auf ihren Beitrag zur Erfassung wissensbezogener Wertschöpfung erläutert.

3.2.3.2 Information Productivity & Knowledge Capital: Der Ansatz von Strassmann (1996)

Die Überlegungen von Strassmann (1996) zur Entwicklung eines Indikators zur Messung und Bewertung von Wissen lassen sich ebenfalls an der Kritik am traditionellen Berichtswesen[160] festmachen. Strassmann (1996) argumentiert, daß Information und Wissen die bedeutendsten Faktoren der Wertschöpfung sind, woraus er die Notwendigkeit ableitet, für das Management dieser Ressource entsprechende Daten bereitzuhalten[161].

---

[160] *"Insofar as the contribution of people, information and knowledge are concerned, the financial statistics remain silent, because none of these contributions to creating greater economic value are recognized in generally accepted accounting principles (...). The fact is that the annual costs of information have long ago surpassed the costs of equity capital. Except of some firms, such as in steel, mining, transportation and real estate, the scarce commodity is information. It is through effective information practices that the user of information (...) creates business value"* (Strassmann 1996, S. ??)

[161] Um Mißverständnisse zu vermeiden, möchte ich noch darauf hinweisen, daß Strassmann (1996) die Begriffe *Information* und *Wissen* synonym verwendet. *"Strassmann defines information management very broadly, to cover all activities that allocate, simplify or reduce the costs of information processes or that increase their effec-*

3.2.3.2.1 Begriffe und Definitionen

Strassmann (1996) entwickelt ein System von Kennzahlen, das sich von rechnungslegungsgestützten Leistungsindikatoren wie Eigenkapitalrendite usw. löst: Die **Informationsproduktivität** (*information productivity*) wird von Strassmann (1996) als Quotient aus den finanziellen Nettoerträgen (als Outputs) und aus Informations-Inputs aufgefaßt. **Management Value-Added** wird als Differenz aus dem bereits versteuerten Gewinn und den Kosten des Eigenkapitals definiert und kann somit als „realer Reinerlös" aufgefaßt werden: *„Management Value-Added is what is left over after absolutely all costs are fully accounted for"* (Strassmann 1996, S. 10). *Management Value-Added* stellt somit den finanziellen Betrag dar, der aufgrund der Leistung der Unternehmensleitung entsteht[162]. Diese stellt laut Strassmann (1996) ein informationsverarbeitendes System dar, woraus resultiert, daß die Güte der Tätigkeit der Unternehmensleitung als Qualität der Informationsverarbeitung im Gesamtsystem aufgefaßt werden kann.

Strassmann (1996) interpretiert *„management value added"* als Größe, nach der alle, die etwas zum Output beigetragen haben, vergütet wurden. Strassmann (1996, S. 3) schreibt diesen „Rest" deshalb der Tätigkeit des Managements zu, da dieses unter anderem Investitions- und Preisentscheidungen trifft, Mitarbeiter motiviert oder demotiviert, Produkte, Lieferanten und Märkte auswählt sowie die vielfältigen Beziehungen zum Kunden gestaltet. Demnach kann „fähiges" Management mehr aus dem eingesetzten Kapital erwirtschaften als „weniger fähiges". Diese Fähigkeit hängt nicht vom eingesetzten Kapital, sondern vom Management der Information ab.

Die **Informations-Inputs** enthalten nach Strassmann (1996) all die Kosten *(cost of management)*, die nicht unmittelbar mit der Leistungserstellung für Kunden entstehen, aber für die Steuerung des Unternehmens notwendig sind, wie z.B. Koordinations- und Steuerungsaktivitäten, Ab-

---

tiveness and quality, whether or not those processes involve information technology. This involves coordinating suppliers, employees and customers in tasks that include managing, training, counseling, coordinating, recording and reporting - all activities, in fact, that are not directly involved in the production or delivery of products and services to the customer. (It is for this reason that the cost of information management is often regarded as ‚overhead'.)" (Strassmann 1996, S. 1f). Aufgrund dieser breiten Definition bestehen meines Erachtens keine Bedenken, Strassmanns (1996) Informationsbegriff mit Wissensbegriffen im Rahmen des Wissensmanagements gleichzusetzen (vgl. Abschnitt 2.3.2).

[162] Damit schreibt Strassmann (1996) – im Gegensatz zu Pulic (1996; vgl. Abschnitt 3.2.3.3) – den Unternehmenserfolg maßgeblich der Unternehmensleitung zu und vernachlässigt den Wertschöpfungsbeitrag der Mitarbeiter.

stimmungsgespräche, Sekretariatsarbeiten usw. auf der einen Seite, und Investitionen in Forschung & Entwicklung auf der anderen Seite. Nach Strassmann (1996) sind dies Tätigkeiten, die ein hohes Maß an Information voraussetzen – also als wissensbezogene Aktivitäten im allgemeinen Sinne betrachtet werden können.

„In a typical company an average employee spends at least one third of their time acquiring intra-company information that is unrelated to the delivery of goods or services. Employees in managerial and staff position expend all of their time on tasks not directly related to the delivery of goods or services. More than 25% of payroll dollars in an information-intensive enterprise, and well over 50% of the payroll dollars in most government agencies, are expended on information activities that should be recorded as managerial overhead. All of this learning, talking and listening costs money" (Strassmann 1996, S. 17).

Problematisch ist allerdings, daß diese *costs of management* nicht direkt kalkulierbar sind. Strassmann (1996) schlägt daher vor, *cost of sales, general/administrative* (Anschaffungs-/Herstellungskosten und allgemeine Verwaltungskosten) plus *cost of research & development* als guten Näherungswert für *costs of management*, also als Inputfaktor für die Kalkulation des Quotienten „Informationsproduktivität" aufzufassen.

Die Produktivität der Managementleistungen – **Return on Management (ROM)** – wird nach Strassmann (1996) als Quotient aus *„management value added"* und *„costs of management"* definiert. Dieser Quotient wird wiederum über den Quotienten **information productivity** geschätzt, bei dem *management value added* und *cost of sales, general/administrative* ins Verhältnis gesetzt werden. Diese Überlegung verdeutlicht einmal mehr, daß Strassmann (1996) ein Unternehmen als informationsverarbeitendes System auffaßt, dessen Effizienz hauptsächlich vom Management beeinflußt wird.

Mit Hilfe des Indikators **information productivity** gelingt es beispielsweise, Firmen danach zu klassifizieren, ob sie die Ressource Wissen wertsteigernd oder wertverzehrend einsetzen – analog zu den EVA-Werten lassen sich hier positive oder negative Werte erwarten. Positive Werte indizieren, daß der Beitrag des Managements zum Unternehmenserfolg positiv war, wohingegen negative Werte entsprechende Defizite nahelegen, die auf einen mangelhaften Umgang mit der Ressource Wissen zurückzuführen sind.

Strassmann (1996) bleibt nicht bei der Berechnung der Produktivität des Ressourceneinsatzes „Information" stehen, sondern geht noch einen Schritt weiter und versucht die Frage nach der **bonitären Bewertung** des unternehmensbezogenen Wissens zu beantworten. Strassmann (1996) entwickelt hierzu den Indikator **knowledge capital**[163], der Auskunft über diesen wissensbezogenen Output liefern soll.

„The calculation of the Management Value-Added makes it possible to count the worth of the people who possess the accumulated knowledge about a company. These are the carriers of *knowledge capital*. They are the people who leave the workplace every night and may never return, while storing in their heads knowledge, acquired while receiving full pay. They possess something for which they have spent untold hours listening and talking while delivering nothing of tangible value to paying customers. Their brains have become repositories of an accumulation of insights how "things work here" – something that is often labeled by the vague expression "company culture". Their heads carry a share of the company's *knowledge capital*, which makes them a shareholder of the most important asset a firm owns even though it never shows up on any financial reports. Every such shareholder of Knowledge Assets in fact becomes a manager, because information acquisition and information utilization are the essence of all managerial acts" (Strassmann 1996, S. 16).

Grundlage für die Definition des Indikators **knowledge capital** ist eine kapitalmarktbezogene Perspektive: Annahme hierbei ist, daß Anleger bereit sind, nicht nur in finanzkapitalbezogene, sondern auch in wissensbezogene Wertschöpfung zu investieren. Problematischerweise kann von außen *nicht* zwischen der Ertragsleistung von finanz- und wissensbezogener Leistungen differenziert werden. Strassmann (1996) schlägt daher vor, die Ertragsleistung wissensbezogener Aktivitäten in einer ersten Näherung mit der des Finanzkapitals gleichzusetzen. *Knowledge capital* kann dann als Quotient aus der Wertschöpfungsleistung des Managements (Management Value Added) – operationalisiert über EVA (*economic value added*; vgl. Abschnitt 3.2.3.1.1) und Eigenkapitalzinssatz berechnet werden.

3.2.3.2.2 Anwendungsbeispiel

Die Verwendung des Indikators *knowledge capital* hat folgende unmittelbaren Vorteile: Zum einen kann er als Ergänzung zur Bilanz verwendet werden, indem *knowledge capital* als Vermögenswert ausgewiesen wird und der Wert des Eigenkapitals entsprechend erhöht oder vermindert wird. Zum anderen ermöglicht er eine getrennte Analyse der Entwicklung des Eigenkapitals und des *knowledge capitals* und schließlich wird es möglich, die Frage nach den Ursachen der Markt-Buchwert-Relation (vgl. Abschnitt 2.2.6.1) näher zu analysieren (s. Abbildung 13):

---

[163] Um begriffliche Verwechslungen zu vermeiden, soll hier der Originalbegriff *knowledge capital* beibehalten werden, der gemäß Definition einen Indikator zur bonitären Bewertung wissensbezogener Wertschöpfung darstellt.

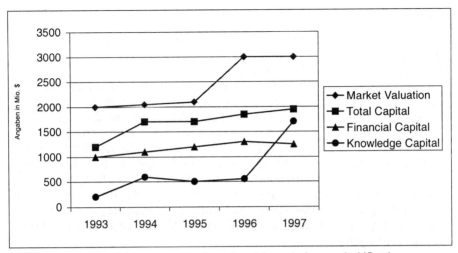

Abbildung 13: Entwicklung von Buchwert und *knowledge capital* (Quelle: Strassmann 1999, S. 12)

In Abbildung 13 wird – am Beispiel aus der Finanzdienstleistungsbranche – die Entwicklung des Finanzvermögens (Buchwert; *financial capital*) mit der des *knowledge capital* und der Entwicklung des Marktwerts (*market valuation*) kontrastiert. Hierbei wird deutlich, daß sich der Marktwert eines Unternehmens stärker am Wert des Gesamtvermögens (*total capital = financial capital + knowledge capital*) orientiert als nur allein am Buchwert (*financial capital*).

Mit dem Indikator *knowledge capital* wird somit eine spezifischere Analyse der Markt-Buchwert-Relation als mit Tobins q (vgl. Abschnitt 2.2.6.1) möglich. Desweiteren sind Hinweise auf eine mögliche Überbewertung von Aktien entnehmbar, und zwar dann, wenn man den Quotienten aus Marktwert und Summe aus *knowledge capital* und Finanzkapital gegenüberstellt: Ist dieser Quotient kleiner als 1, entspricht dies einer Unterbewertung; ist er größer als 1, einer entsprechenden Überbewertung in dem Sinne, als daß weitere, über wissensbezogene Aspekte hinausgehende Faktoren, mit in die Bewertung einfließen: „*I have analyzed a number of corporations using this method and find that adding knowledge capital to book value Equity Capital shows a good correlation with the prices investors are willing to pay for shares of information-intensive enterprises*" (Strassmann 1996, S. 19).

3.2.3.2.3 Diskussion

Strassmanns Indikatoren (1996) verdeutlichen die besondere Stellung des Managements als zentrale Quelle der Wertschöpfung: *„Cost of information management"* repräsentiert die Kosten, die direkt dem Management zugeschrieben werden müssen. Und *„value added by information"* zielt auf die Wertschöpfung des operativen Bereichs während einer Periode ab. In Analogie zu dem Indikator EVA (Stern et al. 1993, 1994) wird ebenfalls der „reduzierte" Stellenwert des Finanzvermögens im Rahmen einer wissensökonomischen Argumentation deutlich: Kapital stellt eine Ware dar, die für Zinsen zur Verfügung gestellt wird. Nach Bornemann (1998, S. 36) ermöglicht der Indikator *information productivity* (a) das Erkennen und Bewerten von Trends, (b) die Identifikation von Problembereichen im Vergleich zum Wettbewerb sowie (c) das Erkennen von Mißverhältnissen zwischen der Produktivität von Information und des Anlagevermögens.

Strassmann (1998) stellt sich auch der gängigen mikro-ökonomischen Begründung von Humankapital entgegen, indem er verdeutlicht, daß Löhne und Gehälter der Mitarbeiter im Rahmen der Wissensökonomie keine angemessene Größe für die Kalkulation ihrer Beiträge zur Wertschöpfung darstellen:

„If knowledge happens to be necessary for labor to make better uses of capital, that becomes the justification for a higher wage rate for labor. By this reasoning, those performing the actual labor are not entitled to collect rent from the knowledge they have accumulated. Labor can receive only fair compensation for the time worked. The most they are allowed to claim is to be awarded premium wages and a bonus here or there. *The above reasoning is not only misleading, but also results in judging the value of employees on the basis of their wages, rather than how fast they accumulate useful knowledge. The productivity of labor is not only a matter of wages. Productivity comes from knowledge capital aggregated in the employee's head in the form of useful training and company-relevant experience"* (Strassmann 1998, S. 1; Hervorhebung d.A.).

Kritisch bleibt anzumerken, daß diese Indikatoren zum einen nur beschränkte Kausalaussagen zulassen. Zum anderen ist auf den konzeptionellen Mangel zu verweisen, daß nicht die Kompetenzen – also das individuell gebundene Wissen – *aller* Organisationsmitglieder, sondern nur die des Managements, berücksichtigt werden.

3.2.3.3 Value Added Intellectual Capital: Der Ansatz von Pulic (1996)

Pulic (1993, 1996, 1999) orientiert sich an der weit verbreiteten Argumentation, daß der Faktor Wissen die bisherigen Produktionsfaktoren an Bedeutung ablöst. Er geht dabei sogar so weit, daß er den mit den Kapitalkosten verbundenen Indikator EVA als *ungeeignet* für die Kontrolle des Wertschöpfungsprozesses in einer nicht mehr durch Kapital dominierten Wirtschaft ansieht. Zudem fordert er, daß die einzusetzende Meßmethodik **einfach** zu verstehen sein sollte, um den betroffenen Führungskräften die neuartigen Bewertungskriterien schnell erklären und somit Verständnis- bzw. Wissensverluste vermeiden zu können.

Eine bedeutende Annahme von Pulic (1993) ist die Existenz eines *vollkommenen Arbeitsmarktes*, der gewährleistet, daß die Arbeitnehmer für ihre Leistung eine marktkonforme Entlohnung erzielen und nicht durch Restriktionen behindert werden. Unter dieser Voraussetzung gilt, daß die Lohn- und Arbeitskosten einen angemessenen Indikator für die wissensbezogenen Inputs der Arbeitnehmer darstellen. Eine zweite wichtige Annahme besteht darin, daß Pulic (1996) – im Gegensatz zu Strassmann (1996, s. Abschnitt 3.2.3.2.) – davon ausgeht, daß *alle* Mitarbeiter eines Unternehmens zur Wertschöpfung beitragen, weshalb auch die Leistung aller Organisationsmitglieder zur Berechnung der Effizienz im Unternehmen mit einbezogen werden.

3.2.3.3.1 Begriffe und Definitionen

Pulics (1996) Basisgröße ist die Wertschöpfung eines Unternehmens (value added; VA), wobei VA die Wertschöpfungsleistung eines Unternehmens in einer Periode ausdrückt: $VA =_{def.} OUT - IN$[164]. Pulic (1996) stellt dann den Beitrag des Anlagevermögens an der Wertschöpfung dem Beitrag der immateriellen Vermögenswerte gegenüber. Aufbauend auf der Überlegung, den Wert des gesamten zur Erzielung der betrieblichen Leistung notwendigen Kapitals – Capital Employed (CA) – als EVA (vgl. Abschnitt 3.2.3.1.2; Bornemann 1998, S. 177) aufzufassen, werden zwei

---

[164] OUT (Output) = *alle* im Unternehmen erbrachten Leistungen (gemessen über den Umsatz); IN (Input) = *alle* zur Erzielung der Wertschöpfung notwendigen Inputs abzüglich *aller* Aufwendungen für Mitarbeiter.

Quotienten entwickelt: (a) Value Added Capital: VACA $=_{\text{def.}}$ VA/CA; (b) Value added intellectual potential[165]: VAIP $=_{\text{def.}}$ VA/IP[166].

VACA wird somit als Produktivitätskennzahl des „physischen Kapitals" aufgefaßt. VAIP stellt dementsprechend eine Wissensproduktivitätskennziffer und somit eine Meßgröße für den Wert dieser Ressource dar. Beide Indikatoren werden – in Anlehnung an die SWOT-Analyse der Boston Consulting Group – zu einem neuen Indikator VAIC (value added intellectual capital) *addiert*.

3.2.3.3.2 Anwendungsbeispiel

Pulic (1998) sowie Pulic/Bornemann (1998) und Bornemann (1998) weisen durch umfangreiche Studien nach, daß VAIP ein besserer Prädiktor für VA ist als VACA – und bestätigen somit eine der zentralen Hypothesen der Wissensökonomie (vgl. Abbildung 14, Abbildung 15).

Abbildung 14 und Abbildung 15 enthalten das Ergebnis einer Analyse der Volkswirtschaft Österreichs, in der die Jahresberichte von 100 österreichischen Unternehmen im Zeitraum zwischen 1993 und 1996 entsprechend der oben beschriebenen Methode analysiert wurden. Dabei konnte eine Regression von „Intellectual Potential" auf „Value Added" festgestellt werden, wohingegen sich die enge Beziehung[167] zwischen wissensbezogener Wertschöpfung und Wert des physischem Kapital weit weniger deutlich nachweisen läßt.

---

[165] Pulic (1998) und Schneider (1998) bevorzugen den Begriff „intellectual potential" im Vergleich zu „intellectual capital", um auf die dynamische Perspektive von Wissenskapital – im Gegensatz zur dessen statischen bzw. Bestandsperspektive – hinzuweisen, die mit dem Begriff „Kapital" einhergeht.

[166] IP = Intellectual Potential = Personalaufwendungen im Sinne der Humanvermögensrechnung, also Bruttolöhne und -gehälter

[167] Leider muß ich mich an dieser Stelle auf den graphischen Eindruck beschränken – Bornemann (1998) beläßt es ebenfalls bei dem deutlichen graphischen „Eindruck" seiner Abbildungen und veröffentlicht keine Regressionskoeffizienten.

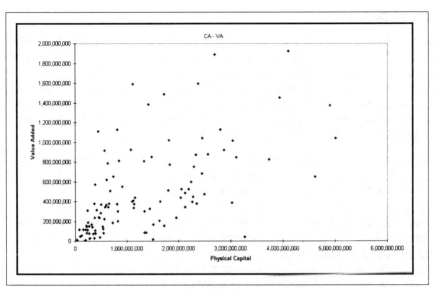

Abbildung 14: VACA-Analyse für Österreich (Quelle: Bornemann 1998, S. 108)

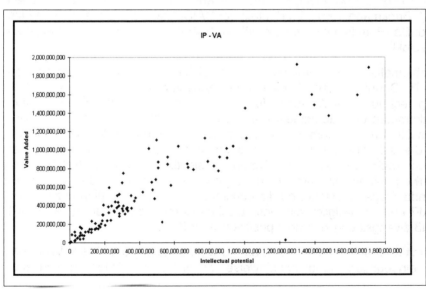

Abbildung 15: VAIP-Analyse für Österreich (Quelle: Bornemann 1998, S. 108)

3.2.3.3.3 Diskussion

Der Koeffizient VAIC ist für folgende Analyseebenen einsetzbar: Nationalvergleich, Branchenvergleich, Unternehmensvergleich und auch auf der Prozeßebene (ausführlich hierzu Bornemann 1998). Positiv ist, daß die Daten zur Berechnung aus gesetzlich geregelten Jahresberichten und nicht aus subjektiven Einschätzungen stammen. Die Existenz der Jahresberichte erleichtert die VAIC-Analyse. Die Methode ist intuitiv sehr leicht verständlich und daher im Unternehmen leicht umsetzbar[168].

Positiv ist zunächst festzuhalten, daß es mittels der Argumentation von Pulic (1996) gelingt, ein Problem der Wertschöpfungsrechnung zu lösen: Faßt man VAIP wie Pulic (1996) als Quotient aus Wertschöpfung (VA) und den hierzu benötigten Personalaufwendungen (IP) auf, so werden hier Personalaufwendungen – entgegen der Konvention – als Vorleistung der Wertschöpfung aufgefaßt (Wunderer/Schlagenhaufer 1994). Damit aber sind ähnliche Überlegungen der Wertschöpfungsrechnung (z.B. Weber 1982) nicht an die VAIC-Analyse anschlußfähig. Dies ist insofern von Vorteil, als daß die Wertschöpfungsrechnung von dem Problem tangiert ist, daß eine Erhöhung der Wertschöpfungsleistung (VA) paradoxerweise auch durch eine Erhöhung der Personalaufwendungen zu erzielen ist, da die Personalaufwendungen – als Element von VA – hier im Zähler stehen (vgl. Brinkmann 1991). Im Kontext der VAIC-Analyse ergibt sich ein neues Bild: Da IP im Nenner steht, erhöht sich VAIP nur, wenn IP in Relation zu VA sinkt.

Problematisch ist allerdings die unzureichende Operationalisierung von VAIP: Orientiert man sich wiederum zunächst an der gängigen Verteilungsrechnung der Wertschöpfungsleistung in Arbeitsaufkommen, Kapitaleinkommen und Gemeineinkommen (Weber 1980), so bleibt unklar, warum Steuern hier dem Faktor Kapital zugeschlagen werden. Desweiteren ist die Definition von VAIC als Summe wenig nachvollziehbar, da es hier eben **nicht** möglich ist, Firmen hinsichtlich ihres Wertschöpfungsschwerpunktes miteinander zu vergleichen. Letztlich ist die schwerwiegende Frage zu stellen, ob die berichteten hohen Korrelationen zwischen VAIP und VA lediglich ein methodisches Artefakt darstellen: r(VA, VA/IP) muß zwangsläufig zu einem positiven Wert führen.

Damit aber scheint VAIP bzw. der zusammengesetzte Indikator VAIC *keine* eindeutigen Handlungshinweise im Sinne der Ableitung von wis-

---

[168] Pulic (1999) berichtet über den Einsatz einer Software zur Kalkulation und zum Monitoring von VAIC-Werten.

sensbezogenen Investitionsempfehlungen – entgegen Pulics Intention (1996) – liefern zu können.

3.2.4 Die Erfassung von Wissen mittels finanzwirtschaftlicher Instrumente

3.2.4.1 Zusammenfassung

Nachdem in Abschnitt 3.2.1.3 die prinzipiellen Stärken und Schwächen der betriebswirtschaftlichen Bewertungsmethodik in bezug auf die Erfaßbarkeit der Wertschöpfungsrelevanz von Wissen herausgearbeitet wurden, wurden in den beiden folgenden Abschnitten entsprechende – auf einem pagatorischen Kostenbegriff aufbauenden – finanzwirtschaftliche Instrumente zur Erfassung von Wissen erörtert. Hierbei konnten die folgenden drei Bezugspunkte herausgearbeitet werden:

- Im Kontext der Analyse **traditioneller finanzwirtschaftlicher Instrumente** wurde zunächst skizziert, wie es mittels des *knowledge statements* gelingen kann, das Problem der unklaren Prognostizierbarkeit von Erträgen aufgrund von wissensbezogenen Investitionen zumindest im Rahmen des internen Berichtswesens – oder auch als Anlage zum Geschäftsbericht – ansatzweise zu lösen (Rennie 1998). Zusätzlich wurde skizziert, wie es mittels einer Analyse der Gesamtkapitalrendite gelingt, Schlußfolgerungen auf den relativen Vorteil wissensbezogener Wertschöpfung eines Unternehmens im Vergleich zu seiner Branche zu ziehen (Stewart 1997). Von zukünftigem Forschungsinteresse könnte es sein, den Indikator *calculated intangible value* anhand der obigen wertorientierten Wissensindikatoren wie *information productivity* oder *knowledge capital* zu validieren. Im Rahmen der Bewertung unsichtbarer Vermögenswerte wurde zum einen auf die prinzipielle Schwierigkeit der Abgrenzung zwischen den einzelnen Vermögenswerten hingewiesen, und zum anderen wurden über die Berücksichtigung in der Bilanz hinausgehende Methoden zur Bewertung solcher immaterieller Aktiva diskutiert und deren Grenzen ausgelotet.

- Aus Perspektive der **Humanvermögensrechnung** wurde herausgearbeitet, wie sich der Wert und die Kosten von Humankapital im Rahmen der internen Rechnungslegung erfassen lassen. Trotz der hierbei deutlich gewordenen Probleme lassen sich solche Indikatoren begrenzt als Wert des internen personenbezogenen Wissensbestandes auffassen.

- Schließlich wurde im Rahmen einer **kapitalmarktwertorientierten Argumentation** – aufbauend auf Skizzen der Grundbegriffe *shareholder* *value* und *economic value added* – anhand der beiden Indikatoren *information productivity* (Strassmann 1996) und *value added intellectual capital* (Pulic 1996) gezeigt, wie der Anteil der wissensbezogenen Wertschöpfung an der unternehmerischen – kapitalmarktbewerteten – Gesamtleistung kalkuliert werden kann. Solche Größen können – entsprechend der Ausführungen im Rahmen der *Investor Relations*-Politik (Abschnitt 2.2.6.2) – einen Beitrag zur externen Kommunikation des Wertes wissensbezogener Wertschöpfung leisten. In Abschnitt 2.2.6.1 wurde ebenfalls gezeigt, daß der Kapitalmarkt die Investitionen in F&E und Weiterbildung honoriert; daher läßt sich die Vermutung anstellen, daß die Verwendung dieser beiden Indikatoren ebenfalls einen Beitrag zur Beeinflussung dieses Prozesses leisten kann.

In Abbildung 16 werden diese drei Argumentationsebenen in einer Grafik zusammengefaßt.

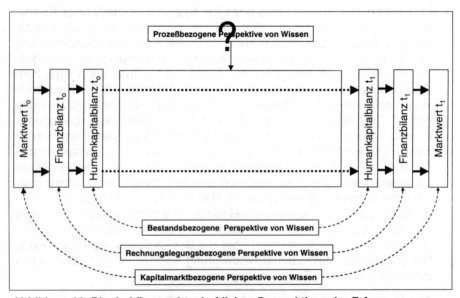

Abbildung 16: Die drei finanzwirtschaftlichen Perspektiven der Erfassung von Wissen

Durch Abbildung 16 wird zum einen deutlich, daß es gelingt, mittels der finanzwirtschaftlichen Instrumente drei Perspektiven der Messung von Wissen – die marktbezogene, die rechnungslegungsbezogene und die bestandsbezogene Perspektive – zu berücksichtigen. Zum anderen können aufgrund der „*black box*"-bezogenen Analyseperspektive finanzwirtschaftlicher Wertschöpfung **keine** Aussagen über Wissensflüsse bzw. die Veränderung von Wissen und dessen Wert während des Wissenstransformationsprozesses abgeleitet werden.

3.2.4.2 Erfassung wissensbezogener Wertschöpfung mittels finanzwirtschaftlicher Instrumente: Eignung

Zunächst ist darauf hinzuweisen, daß die Frage nach der Eignung finanzwirtschaftlicher Instrumente, wissensbezogene Leistungen erfassen zu können, zum einen mit generellen methodischen Problemen behaftet ist, wie sie bereits in Abschnitt 3.2.1.3 diskutiert wurden. Zum anderen ist zusätzlich darauf zu verweisen, daß die oben vorgenommene Trennung zwischen berichtswesen- und kapitalmarktbezogenen Instrumenten hauptsächlich finanzwirtschaftliche – und somit kalkulatorische[169] – Implikationen hat, aber letztlich keine Unterschiede hinsichtlich der Frage nach der *Erfaßbarkeit* von Wissen bedingt – daher können beide Instrumentenklassen im folgenden gemeinsam diskutiert werden.

Greift man auf die wissensbezogene Wertschöpfungshypothese aus Abschnitt 1.2.3 zurück, so liegt eine zentrale Legitimation, sich mit der Erfassung bzw. Bewertung von Wissen zu beschäftigen, darin, daß hier kapitalmarktbezogene Effekte – im Sinne einer höheren Investitionsbereitschaft bzw. einer höheren Attraktivität der Aktien für (potentielle) Besitzer – zu erwarten sind. In diesem Zusammenhang wurde bereits aus volkswirtschaftlicher Sicht gezeigt, daß wissensbezogene Investitionen – in Form von F&E oder Weiterbildung – entsprechende Wachstumseffekte nach sich ziehen. Somit konnte auch im Rahmen einer betriebswirtschaftlichen Diskussion gezeigt werden, daß wissensintensive Investitionen vom Kapitalmarkt honoriert werden, was an einem Anstieg des Indikators „Tobins q" nachgewiesen werden kann (vgl. Abschnitt 2.2.6.1). In diesem Zusammenhang wurden auch Einschätzungen präsentiert, den Indikator q als Schätzgröße zur Kalkulation des monetären Wertes wissensbezogener Wertschöpfung aufzufassen (Ruikrok/Wagner/Edvinsson 1998). Damit

---

[169] Konkret: Ob der Wert einer wissensbezogenen Investition über die Personalaufwendungen oder über EVA-Projektionen berechnet wird, führt zwar numerisch zu unterschiedlichen Ergebnissen – und wird ggf. auch unterschiedliche Entscheidungen nach sich ziehen. Doch davon bleibt die Frage der finanziellen Erfaßbarkeit von Wissen unberührt, da es letztlich um die Zuordnung eines Wertes – operationalisiert über eine bonitäre – ggf. diskontierbare Wert- bzw. Kostenauffassung – zu wissensbezogenen Aktivitäten geht.

aber stellt sich die Frage, warum es notwendig ist, zusätzlich Indikatoren wie *information productivity* (Strassmann 1996) oder *value added intellectual capital* (Pulic 1996) einzuführen.

Einer der zentralen Gründe hierfür besteht darin, daß der Indikator q aufgrund einer Vielzahl immer deutlicher werdenden Marktanomalien[170] von *nicht*-wissensbezogenen Faktoren beeinflußt wird: Die finanzmarkttheoretische Analyse solcher zunehmenden Anzahl von Marktanomalien steht erst am Anfang: So diskutieren u.a. Gruber (1988) und Bruns (1994) den Tatbestand, daß beobachtbare Aktienkurse von den inneren Werten der Aktien stark abweichen, unter dem Begriff *Bubbles*: Unter *Bubbles* versteht man fundamental[171] nicht begründbare Kursabweichungen, die mittels psychodynamisch motivierter, selbst erfüllender Prophezeiungen erklärt werden. Die empirische Analyse des Zustandekommens von *Bubbles* steht erst am Anfang (Bruns 1994). Für den vorliegenden Zusammenhang ist es daher wichtig festzuhalten, daß Rückschlüsse von Markt-Buchwert-Relationen auf den Wert wissensbezogener Wertschöpfung unter diesem Gesichtspunkt noch unschärfer werden.

Problematisch bei der Nutzung finanzwirtschaftlicher Indikatoren bleibt ihr hoher Aggregationsgrad, woraus sich nur unspezifische Hinweise für das Management bzw. die Steuerung von Unternehmen entnehmen lassen. Selbst wenn berücksichtigt wird, daß Indikatoren wie *value added intellectual capital* oder *information productivity* auch untergeordneten Unternehmenseinheiten zuzuordnen sind, sind aufgrund der in diesen Indikatoren fehlenden „Kausalinformation" nur sehr bedingt zielführende Entscheidungen möglich. Hinzu kommt, daß die „wahren Quellen" der Wertschöpfung und ihrer zukünftigen Entwicklung aufgrund der *„black box"*-Orientierung letztlich unsichtbar bleiben müssen. Dies heißt für die Diskussion fi-

---

[170] Der Vollständigkeit halber seien die folgenden Anomalien exemplarisch aufgeführt (zit. nach Höhener 1993, S. 13): „January Effect" (Gultekin/Gultekin 1983); „small companies effect" (Banz 1981); „weekend effect" (Keim/Stambaugh 1984; Lakonishok/Levi 1982; „Low P/E vs. high P/E" (Basu 1977); „holiday effect" (Lakonishok/Smidt 1987); „October effect" (Cadsby 1988).

[171] Untersucht man die Entwicklungen an den Aktienmärkten im Verlauf der letzten Jahre, so wird deutlich, daß diese unruhiger und nervöser geworden sind: Die Veränderung der Kurse in den neunziger Jahren schienen weniger vorhersehbar als in früheren Zeiten. Daraus aber resultiert ein zunehmender Mangel an Gültigkeit der Theorien, die zur Erklärung von Aktienwertentwicklungen dienen. Dies gilt sowohl für das als Weiterentwicklung der Portefeuille-Theorie (Markowitz 1959) geltende *"capital asset market pricing model"* (CAPM; vgl. Sharpe 1964) mit seinen Voraussetzungen sowie den Annahmen der "efficient market hypothesis" (Cootner 1964; Fama/Fischer/Jensen /Roll 1969; Firth 1976; Ball 1988).

nanzwirtschaftlicher Instrumente, daß die bonitäre Bewertung wissensbezogener Investitionen letztlich mit Attributionsproblemen einhergeht: Auf der einen Seite entbehrt es nicht einer gewissen Plausibilität, Aufwendungen für Anschaffung, Herstellung, F&E und Verwaltung (Strassmann 1996) oder Personal (Pulic 1996) als wissensbezogenes Leistungsäquivalent zu betrachten. Auf der anderen Seite ist es naheliegend, daß eine solche Interpretation – besser: Zuschreibung – wissensbezogener Leistungen zu solchen Aufwendungen eine grobe Schätzung bleiben muß; zumindest solange, wie es nicht gelingt, diesen Aufwendungspositionen entsprechende Leistungen innerhalb des Wissenstransformationsprozesses zuzuordnen. Analoge Zuschreibungsprobleme existieren hinsichtlich der Überlegungen im Rahmen der Humanvermögensrechnung oder der Bewertung unsichtbarer Vermögenswerte.

Interessant bleiben solche monetären Indikatoren trotz ihrer methodischen Mängel zum einen in bezug auf die Überlegung, an *shareholder* und/oder externe *stakeholder* entsprechende Informationen weiterzuleiten – sei es in einer „Roadshow" oder als Supplement zum Geschäftsbericht – ähnlich wie bei dem Unternehmen Skandia (vgl. Abschnitt 3.4.2.1.2. Zum anderen können sie als theoretisch begründete Größen in einem Indikatorensystem (vgl. Abschnitt 3.4) zur Erfassung von Wissen berücksichtigt werden, und in diesem Zusammenhang als „abhängige Variable" bzw. Zielgröße mit weiteren wissensbezogenen – non-monetären – Werttreibern kausal in Beziehung gesetzt werden (vgl. Abschnitt 3.4.1.5). Ob sich solche Indikatoren schließlich durchsetzen werden, hängt letztlich von ihrer Akzeptanz durch den Kapitalmarkt bzw. seiner Akteure ab: So läßt sich beispielsweise auch die Nutzung von innovativen Übergewinnindikatoren, wie *Delta-Unterschieds-Brutto-Cash Flow* (Bayer AG) oder *Cash Flow-Return-On-Invest* (Hoffman-La Roche), mit deren Informationsgehalt für Investoren und Analysten begründen. Von Vorteil wäre auch in diesem Zusammenhang eine entsprechende Validierung der jeweiligen Indikatoren anhand weiterer Kennziffern, insbesondere in bezug auf marktbezogene Erfolgsgrößen.

Abschließend bleibt festzuhalten, daß finanzwirtschaftliche Instrumente (a) bonitäre Indikatoren liefern, die eine Annäherung an die Erklärung wissensbezogener Wertschöpfung zu leisten vermögen, hierbei (b) allerdings mit einer Vielzahl nicht erklärbarer Zuschreibungsprobleme konfrontiert sind. Konsequenterweise ist es notwendig, sich dem sozialwissenschaftlich-empirischen Begriff des Messens zuzuwenden, da es mit seiner Hilfe gelingt, „Licht in das Dunkel" der wissensbezogenen Wertschöpfung zu bringen.

3.3 Die managementwissenschaftliche Perspektive

Oben wurde unter Messen die *"Zuordnung von Zahlen zu Objekten oder Ereignissen nach bestimmten Regeln"* (Stevens 1959) verstanden (vgl. Abschnitt 3.1). „Messen" bedeutet in diesem Zusammenhang, nicht das empirische Objekt in seiner „Gesamtheit", sondern seine Merkmale und deren Ausprägungen auf dem empirischen Relativ zu erfassen (vgl. Suppes/Zinnes 1963, S. 1ff.). Der Begriff „Regeln" meint hier, daß es möglich ist, dem Meßvorgang anhand expliziter – objektiver – Regeln zu beschreiben, deren Einhaltung intersubjektiv überprüfbar ist (vgl. Fischer 1989, S. 234). Zusätzlich wird – vergleichbar mit dem naturwissenschaftlichen Verständnis des Messens – unterstellt, daß die Merkmale eines empirischen Objekts objektiv existieren, und sich diese mittels einer geeigneten Methodik erschließen lassen. Dies heißt zudem, daß das sozialwissenschaftlich-empirische Meßverständnis auf dem kritisch-rationalen Paradigma beruht.

3.3.1 Methodische Grundlagen: Der sozialwissenschaftlich-empirische Meßprozeß

3.3.1.1 Der Prozeß des Messens

Ein solcher, weitestgehend objektivierbarer Meßprozeß kann anhand einer Abfolge von acht Entscheidungen präzisiert werden (Fischer 1989, S. 234; vgl. hierzu auch Chmielewicz 1968, S. 39ff.; Schneider 1981, S. 18ff.; Koolwijk/Wieken-Mayser 1976, Bd. 5). Hierbei wird zum einen unterstellt, daß die jeweils zu treffenden Entscheidungen sich sachlogisch aus den **Eigenschaften bzw. Merkmalen des zu messenden Objektes** und den **Anforderungen an den Meßvorgang** ergeben. Zum anderen hat das mit dem Messen verbundene Erkenntnisinteresse Auswirkungen auf die jeweilige Ausgestaltung der Meßentscheidung, aber *nicht* auf den Ablauf des sozialwissenschaftlich-empirischen Meßprozesses als Ganzes.

Wie sieht diese achtstufige Entscheidungsabfolge beim Meßprozeß aus? In Abbildung 17 wird der gesamte Meßprozeß graphisch dargestellt und im Anschluß ausführlich anhand der acht zu treffenden Entscheidungen erörtert (Abschnitt 3.3.1.1.1); die Gütekriterien werden im anschließenden Abschnitt 3.3.1.1.2 erläutert.

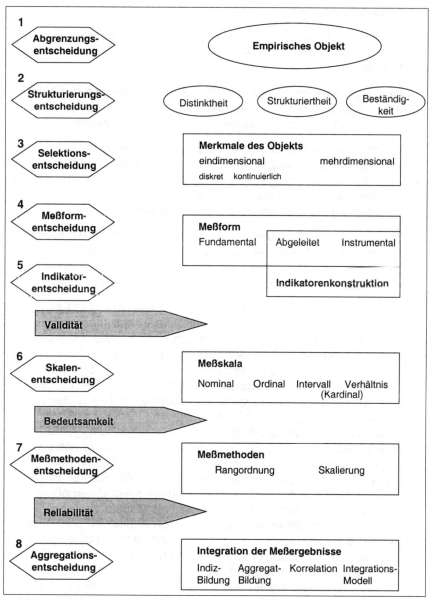

Abbildung 17: Entscheidungsstufen des empirischen Meßprozesses
(Quelle: Fischer 1989, S. 235)

3.3.1.1.1 Meßbezogene Entscheidungen

Die folgenden Erörterungen folgen inhaltlich den Ausführungen des in Abbildung 17 dargestellten Meßprozesses (ausführlich hierzu Fischer 1989, S. 233ff.):

1. Zunächst geht es im ersten Schritt der **Abgrenzungsentscheidung** darum, aufgrund eines wissenschaftlichen Interesses ein empirisches Objekt von anderen Erscheinungen der Realität abzugrenzen.

2. Aufbauend auf einer solchen prinzipiellen Abgrenzung folgt die **Strukturierungsentscheidung**, wobei hier folgende Kriterien berücksichtigt werden: (a) die eindeutige Abgrenzbarkeit (Distinktheit), (b) die Beständigkeit und (c) die Struktur des Meßobjekts, das heißt der Merkmale, anhand derer sich ein Objekt beschreiben läßt.

3. Mittels der **Selektionsentscheidung** werden die relevanten Merkmale des empirischen Objekts ausgewählt, die gemessen werden sollen. Solche Merkmale lassen sich desweiteren anhand der Differenz zwischen ein- oder mehr-dimensionalen Ausprägungen beschreiben.

4. Wurden geeignete Merkmale ausgewählt, ist eine Entscheidung in bezug auf die **Meßform** zu fällen: Die Meßform *„kann man als Versuch einer Kennzeichnung der unterschiedlichen Nähe des Meßvorgangs zum empirischen Objekt ansehen"* (Kreppner 1975, S. 104). Hierbei lassen sich drei Formen der Messung unterscheiden (Torgerson 1967, S. 21ff.): Beim (a) **fundamentalen Messen** lassen sich die zu messenden Merkmale und die dazugehörige Meßskala direkt aus der empirischen Struktur ableiten, wie z.B. Arbeitslosenquote, Beschäftigtenzahlen usw. Beim (b) **abgeleiteten Messen** werden die gemessenen Merkmale zwar aus einem anderen numerischen System entnommen, sind aber – quasi als „Ersatzgrößen" – gesetzesmäßig mit den empirischen Größen verknüpft. Beispiele hierfür sind Produktivität, Rentabilität usw. als Maßstab für die Leistungsfähigkeit eines Unternehmens oder aber Investitionen in das Humankapital als Maßstab für erworbenes Wissen bzw. Kompetenzen. Bei dem (c) arbiträren oder **instrumentalen Messen** werden *keine* Kausalzusammenhänge zwischen Sachverhalt und Indikator unterstellt, vielmehr werden solche Relationen aufgrund von Plausibilitätsüberlegungen bzw. Vereinbarungen vorgenommen. Beispiele hierfür sind Indikatoren, die Auskunft über die Leistungsfähigkeit eines Mitarbeiters oder über die Güte des Informationsaustauschs in einer Abteilung geben sollen.

5. In bezug auf das abgeleitete und instrumentale Messen ergibt sich die Frage nach der Entscheidung bzgl. der Konstruktion geeigneter Indi-

katoren. Da Indikatoren beobachtbare empirische Äquivalente der zuvor definierten Merkmalsdimensionen darstellen (Friedrichs 1973, S. 70ff.), geht es im Rahmen der **Indikatorenentscheidung** um die **Operationalisierung** der zu messenden Merkmale des betrachteten empirischen Objektes. Da beim instrumentalen Messen nicht von einer Kausalbeziehung zwischen Indikator und Merkmal ausgegangen werden kann, ist es notwendig, die Wahl der Indikatoren theoretisch zu begründen (Schneider 1981, S. 33). Darüber hinaus müssen solche Indikatoren **valide** sein, d.h., sie müssen auch tatsächlich das messen, was sie zu messen vorgeben (vgl. Abschnitt 3.3.1.2).

6. Die **Meßskalenentscheidung** enthält eine strukturtreue Abbildung des empirischen Relativs in das numerische Relativ. Die Bildung solcher strukturtreuen Relationen zwischen numerischem und empirischem Relativ hängt insbesondere von der Eindeutigkeit und der Bedeutsamkeit der Messung ab (Gutjahr 1974; Orth 1974): Die Eindeutigkeit einer Messung resultiert aus der Definition der zulässigen Transformation – und zwar so, daß eine Transformation der Skala die Struktur der Daten *nicht* verändert. Hierbei gilt: Je weniger Arten von Transformationen zulässig sind, desto größer ist die Eindeutigkeit der Skala. Die **Bedeutsamkeit** einer Messung (vgl. Abschnitt 3.3.1.2) resultiert aus der vorgenommenen numerischen Verarbeitung von Daten: Sie ist nur dann bedeutsam, wenn der Wahrheitswert der Aussage auch *nach* der Anwendung aller zulässiger Transformationen gleichbleibt. Dieser enge Zusammenhang zwischen der Bedeutsamkeit und der Eindeutigkeit einer Messung wird in der Literatur anhand entsprechender Skalen präzisiert; in Abhängigkeit der einzelnen Skalen läßt sich den Meßgrößen eine unterschiedliche Bedeutung zuschreiben: Bei der **Nominalskala** geht es um eine Klassifikation; bei der **Ordinalskala** erfolgt ein Vergleichsurteil, wobei keine Maßeinheit dazu erforderlich ist, das heißt, daß die Differenzen zwischen verschiedenen Objekten nicht quantifiziert werden können. Dies ändert sich bei der **Intervallskala**: Hier haben die Zahlen die Funktion, sinnvoll interpretierbare Aussagen in bezug auf Differenzen zwischen Objekten bzw. Merkmalen machen zu können. Schließlich impliziert die Festlegung eines Nullpunktes bei der **Verhältnisskala**, daß auch Proportionen zwischen einzelnen Objekten sinnvoll interpretiert werden können.

7. Die nächste Entscheidung bezieht sich auf die **Wahl der Meßmethode**, womit die Frage der Datengewinnung beantwortet wird. Für das fundamentale Messen ist die Meßmethode bzw. das Meßinstrument vorgegeben; in bezug auf die beiden Formen der abgeleiteten und der instrumentellen Messung kann an dieser Stelle auf die entsprechende Literatur verwiesen werden (vgl. Bortz 1984, 1985). Von zentraler Be-

deutung ist in diesem Zusammenhang die Zuverlässigkeit bzw. **Reliabilität** der Messung.

8. Schließlich geht es im Fall der **Integrationsentscheidung** darum, aus den Ausprägungen der einzelnen Merkmalsdimensionen zu einem Gesamturteil durch Verdichtung zu gelangen. Auch hier werden in der Literatur eine Vielzahl unterschiedlicher Integrationstechniken, wie z.B. Faktorenanalyse, Clusteranalyse, mehrdimensionale Skalierung usw., genannt (vgl. Bortz 1984, 1985).

Nachdem nun die einzelnen Meßentscheidungen skizziert wurden, soll jetzt eine Übersicht über die Gütekriterien des sozialwissenschaftlich-empirischen Meßprozesses erfolgen.

3.3.1.1.2 Gütekriterien der Messung: Validität, Reliabilität und Objektivität

Wie im vorherigen Abschnitt bereits angedeutet wurde, sind im Rahmen des empirischen Meßprozesses drei Probleme zu lösen, die sich auf die Güte der Messung beziehen:

- In bezug auf die Gültigkeit, also **Validität** einer Messung läßt sich folgende Präzisierung vornehmen (vgl. Lienert 1967; Cook/Campbell 1978; Cronbach 1990): Mit der **Augenscheinvalidität** wird beurteilt, ob ein Indikator auch das Merkmal bzw. die Eigenschaft eines empirischen Objekts mißt, das es messen soll. Es geht hier also um den Zusammenhang zwischen den Merkmalsausprägungen und dem Indikator. Die **inhaltliche Validität** bezieht sich darauf, ob mit dem gewählten Indikator auch das Merkmal mit all seinen Ausprägungen erfaßt werden kann, d.h. hier geht es um die Frage, wie präzise eine durch einen Indikator erfolgte Messung ist. Bei der **kriteriumsorientierten Validität** wird untersucht, in welchem Zusammenhang ein Meßergebnis mit einem „Außenkriterium" steht. Die **externe Validität** gibt an, in welchem Umfang das, in bezug auf eine Stichprobe gefundene Ergebnis auf die Grundgesamtheit generalisiert werden kann. Mit dem Aspekt der **internen Validität** wird zu klären versucht, in welchem Umfang ein beobachteter Effekt tatsächlich bzw. ausschließlich auf die beobachtete unabhängige Variable zurückzuführen ist. Der Aspekt der **Validität des statistischen Schlusses** widmet sich der Frage nach der Angemessenheit des eingesetzten statistischen Verfahrens, und tangiert somit insbesondere das Probleme der Bedeutsamkeit einer Messung bzw. der damit verbundenen statistischen Operation. Schließlich wird mit Hilfe des Konzepts der **Konstruktvalidität** zu beantworten versucht, in welchem Umfang ein empirisches Objekt als eigenständiges hypothetisches, also nicht direkt beobachtbares, Konstrukt zu bezeichnen ist, oder ob es nicht vielmehr andere, bereits untersuchte Variablen bzw. Einflußgrößen gibt, die vorhandene Beobachtungen genauso gut erklären können. Dies bedeutet, daß es in diesem Zusammenhang um die Sparsamkeit bei der Verwendung bzw. der Entwicklung neuer Begriffe geht.

- In bezug auf das Kriterium der **Bedeutsamkeit** läßt sich festhalten, daß nur solche Skalen zu verwenden sind, deren Operationen nicht zu einer Verletzung der Isomorphieannahme führen: Beim abgeleiteten und instrumentellen Messen (vgl. Entscheidung #4) geht es um eine bewußte Entscheidung hinsichtlich der Meßskala, die wiederum von den mathematischen Transformationsmöglichkeiten mitbestimmt wird[172]. Da sich beim fundamentalen Messen die Meßskala aus den Eigenschaften des empirischen Objekts ergibt, sind hier solche Probleme nicht zu erwarten.

- Schließlich geht es bei dem Kriterium der **Reliabilität** darum, daß von einer Messung eine intra- und interpersonale, intertemporale und –instrumentale Einheitlichkeit – im Sinne von „zu demselben Ergebnis führend" – erwartet wird. Das heißt, daß die wiederholte Anwendung einer Meßmethode zu den gleichen genauen Ergebnissen führen soll. Reliabilität sagt also etwas über die Exaktheit und Zuverlässigkeit der Zuordnung von Zahlen zu einem empirischen Objekt aus.

Im folgenden Abschnitt soll geprüft werden, welche Implikationen sich aus dem Prozeß sozialwissenschaftlich-empirischen Messens und den damit einhergehenden Gütekriterien für die Erfassung von Wissen ableiten lassen.

---

[172] Betrachtet man beispielsweise die gängige Praxis, auf Ordinalskalenniveau gemessene Daten als intervallskalierte Daten aufzufassen (Buschges/Lütke-Bornefeld 1977, S. 213), so resultiert hieraus eine Verletzung der Isomorphieannahme: Aus den Operationen auf Indikatorenebene kann nicht mehr auf analoge Sachverhalte auf empirischer Ebene geschlußfolgert werden. Damit aber stellt sich hier die Frage nach der Bedeutsamkeit *solcher* Messungen.

3.3.1.2 Fazit: Die Meßbarkeit von Wissen im Rahmen sozialwissenschaftlich-empirischen Messens

Die Methodik[173] sozialwissenschaftlich-empirischen Messens scheint geradezu prädestiniert zu sein, das wissensbezogene Merkmal „**Unsichtbarkeit**" auf der Basis entsprechend abgeleiteter Indikatoren zu erfassen. Wertschöpfungsrelevantes Wissen könnte aus dieser Perspektive als **hypothetisches Konstrukt** aufgefaßt werden, dessen Effekt sich entsprechend auf verschiedene organisationale Erfolgsvariablen nachweisen läßt.

Analysiert man die Idee solcher Ursache-Wirkungs-Beziehungen weiter, so werden hier folgende Grenzen sichtbar: Aufgrund des wissensbezogenen Merkmals „**Anschlußfähigkeit/Kontextabhängigkeit**" läßt sich festhalten, daß sich Wissen nicht „isoliert", sondern nur in Abhängigkeit des jeweiligen strukturellen und individuellen Kontextes beschreiben und somit erfassen läßt. Die Konsequenz hieraus besteht darin, solche wissensbezogenen Effekte auf zwei Ebenen zu analysieren: Einmal auf der Ebene des Subjekts mit seiner kognitiven Struktur – und das andere Mal auf der Ebene des organisationalen Kontextes – im Sinne der Wirkung von Einflußfaktoren. Eine solche subjektbezogene Messung stellt letztlich eine Erfassung wahrgenommener bzw. erlebter wissensbezogener Prozesse dar, die dann als unabhängige Variablen betrachtet werden können. Die Effekte solcher Prozesse lassen sich hinsichtlich ihrer Effizienz und Effektivität dadurch beurteilen, daß externe Größen als abhängige Variablen berücksichtigt werden. Dabei ist wiederum zwischen wahrgenommenen und objektiven Variablen, z.B. organisationalen Leistungsgrößen, zu differenzieren, wobei den letzteren der Status von Validitätskriterien zukommen kann.

Aufgrund der Anschlußfähigkeit bzw. Kontextabhängigkeit von Wissen ist keine eindeutige **Abgrenzungsentscheidung** treffbar – weder in Hinsicht der Abgrenzung zwischen Wissen und seinem strukturellen Kontext – noch im Sinne einer Abgrenzung im Vergleich zu Begriffen wie Daten oder Information. Diese Unschärfe hinsichtlich des Meßobjekts „Wissen" setzt sich im nächsten Schritt der **Strukturierungsentscheidung** fort: Auf das Problem der (a) **mangelnden Abgrenzbarkeit** wurde bereits verwiesen; (b) die **Beständigkeit** des Meßobjekts ist schwierig zu beurteilen, da Wissen eben nicht als Objekt, sondern nur in Interaktion mit dem eigenen kognitiven System erfaßt und verarbeitet werden kann, woraus sich eine Abhängigkeit von subjektiven Deutungs- bzw. Interpretationsmustern ergibt.

---

[173] Aufgrund des theoretischen Charakters der Arbeit möchte ich darauf hinweisen, daß die folgende Argumentation sich lediglich auf die ersten sechs Entscheidungen beziehen kann.

Analoge Überlegungen gelten auch (c) für die **Strukturierbarkeit** von Wissen als Meßobjekt.

In bezug auf die **Selektionsentscheidung** sollen relevante Merkmale des empirischen Objekts ausgewählt werden. Hierzu liegen in der Literatur zur wissensbezogenen Wertschöpfung unterschiedliche Vorschläge vor: So wird beispielsweise die Dichotomie zwischen implizitem und explizitem Wissen herausgearbeitet (vgl. Nonaka/Takeuchi 1995, vgl. Abschnitt 2.3.2.1; Grant 1996; Abschnitt 2.3.4.1), oder ein zweidimensionales Modell von Wissen – basierend auf den Dichotomien „indivuelles vs. soziales Wissen" und „implizites vs. explizites Wissen" (vgl. Spender; vgl. Abschnitt 2.3.4.2) bis hin zu einem dreidimensionalen Modell, das eher von einer kontinuierlichen Auffassung der Meßbarkeit des Abstraktionsniveaus, der Kodifizierbarkeit und des Diffusionsgrads ausgeht (Boisot 1998; vgl. Abschnitt 2.3.4.3)[174].

Versucht man, für die Ressource Wissen die geeignete **Meßform** zu identifizieren, so wird deutlich, daß nicht erwartet werden kann, aufgrund der Kontextgebundenheit von Wissen, **fundamentale Meßgrößen** identifizieren zu können. Die managementwissenschaftlichen Meßgrößen fallen in die Rubrik des **instrumentalen Messens**: Mittels Fragebögen erhaltene Hinweise über die Güte des vorhandenen HRM-Systems (vgl. Abschnitt 2.3.1.) oder der wahrgenommenen Wissenstransformationsprozesse (vgl. Abschnitt 2.3.2) werden als ursächlich für den Unternehmenserfolg interpretiert[175].

Die **Indikatorenentscheidung** im Rahmen der *Operationalisierung* der zu messenden Merkmale von Wissen ist bislang nicht befriedigend gelöst: Zwar sind die einzelnen Phasen des Wissensmanagementprozesses von Pawlowsky (1994) hinreichend theoretisch begründet worden (vgl. Abschnitt 2.3.2.2), doch steht dessen Operationalisierung noch am Anfang. Daraus läßt sich ebenfalls schlußfolgern, daß über die Validität der bislang vorliegenden Entwürfe einer Wissensmanagementdiagnostik nur unzureichende Aussagen gemacht werden können[176].

---

[174] An dieser Stelle sei ebenfalls auch auf das Problem der nicht-überschneidungsfreien „Kategorisierungsversuche" von Wissen in Abschnitt 2.3.2.1.1 hingewiesen.

[175] Im Rahmen der ökonomischen Theorie wurden eine Reihe von *abgeleiteten Meßgrößen* – und zwar in Form von Investitionen in F&E, Weiterbildung usw. als Ausdruck für den Wissensbestand eines Subjekts oder einer Abteilung – gebildet (vgl. Abschnitt 2.2.1.3)

[176] Zur Diskussion des Validitätsaspektes im Kontext der Messung von Wissen vgl. Abschnitt 3.3.1.1.2; zur Operationalisierung von Wissen im Rahmen von Wissensmanagement vgl. Abschnitt 3.3.2.2.

Der Output der **Meßskalenentscheidung** fällt in bezug auf die Ressource Wissen relativ eindeutig aus: Wie oben bereits skizziert, wird Wissen meist anhand von distinkten Kategorien beschrieben, also auf **Nominalskalenniveau** abgebildet. Die Überlegungen von Boisot (1998) legen nahe, eine ordinale Meßbarkeit von Wissen im I-Space anzunehmen (vgl. hierzu Abschnitt 2.3.4.3). Berücksichtigt man die ökonomischen Ansätze, so läßt sich hier sogar eine Absolutskala – im Sinne der Zuschreibung von monetären Größen *außerhalb* eines bonitären Meßverständnisses – für die Messung von Wissen identifizieren. Allerdings taucht hier die Frage nach der **Bedeutsamkeit** der Messung von Wissen auf Absolutskalenniveau auf, da hier beispielsweise unterstellt werden müßte, daß eine Verdopplung der Investitionen in Weiterbildungsprogramme zu einem doppelt so hohen Wissenszuwachs führen müßte. Hier lehrt uns die Vielzahl von weiterbildungsbezogenen Transferproblemen die Unangemessenheit dieser Annahme (vgl. Pawlowsky/Bäumer 1996, S. 146ff.).

Über die **Trägerabhängigkeit** von Wissen lassen sich auch in diesem Kontext nur unzureichende Aussagen ableiten, da die Trennung zwischen Träger und Wissen – besser: Information – nicht aufgelöst werden kann. Eine gewisse Explikation dieses Merkmals läßt sich dadurch erreichen, indem man die in Abschnitt 2.2.7.2.3 skizzierten quantitativen Semantikmaße[177] entsprechend skaliert und anwendet.

Faßt man diese ersten Überlegungen zur Anwendbarkeit sozialwissenschaftlich-empirischer Meßprinzipien auf die Ressource Wissen und ihre Effekte zusammen, so wird deutlich, daß das Kernproblem bei den Eingangsentscheidungen liegt: Aufgrund seiner Merkmale läßt sich Wissen auf der einen Seite kaum von weiteren empirischen „Objekten" wie Information und Daten abgrenzen. Zudem existiert auf der anderen Seite eine vergleichbare Problematik in bezug auf die weitere Strukturierung und darauf aufbauend in bezug auf die Operationalisierung der einzelnen Merkmale von Wissen. Dies führt wiederum zu Problemen in Richtung Validität, Reliabilität und Bedeutsamkeit der Messung. Eine ausführlichere Diskussion dieser Gütekriterien erfolgt im Zusammenhang mit der Erörterung der entsprechenden wissensbezogenen Instrumente (Abschnitte 3.3.2.2.4 und 3.3.2.3.5), da dort damit einhergehende Indikatoren präzisiert werden und somit weitergehende Überlegungen ableitbar sind.

An dieser Stelle soll darauf hingewiesen werden, daß die Diskussion solcher Gütekriterien den Rahmen des kritisch-rationalen Paradigmas vor-

---

[177] Zur Erinnerung: Gitt (1994) hat folgende **quantitative** Semantikmaße vorgeschlagen: (1) *Semantische Qualität,* (2) *Relevanz,* (3) *Aktualität,* (4) *Zugriff,* (5) *Existenz* und (6) *Verständlichkeit* (vgl. Abschnitt 2.2.7.2.4).

aussetzt. Wie oben gezeigt, ist die Messung von Wissen aufgrund seiner Anschlußfähigkeit bzw. Kontextabhängigkeit unauflösbar mit dem Problem der Meßbarkeit von **Deutungsmustern** und zum anderen mit dem Problem der Erfassung von **Entwicklungserwartungen** verbunden (z.b. Dörner 1976, 1989; Bretzke 1980). Selbst wenn es gelingt, diese Variablen mittels entsprechender kognitionspsychologischer Methoden zu erfassen, würde eine solche „umfassende" Messung den Rahmen der Praktikabilität – im Sinne der Konzentration auf wertschöpfungsrelevantes Wissen – sprengen.

Damit aber stellt sich die Frage, wie die Messung von Wissen und seiner Effekte lokal begrenzt vorzunehmen, das heißt im Rahmen des konstruktivistischen Paradigmas zu rekonstruieren ist. Die Frage nach der Sinnhaftigkeit generalisierbarer Aussagen zur Wertschöpfungsrelevanz von Wissen braucht *dann* nicht mehr beantwortet zu werden (vgl. die Überlegungen zum Begriff der Viabilität in Abschnitt 2.3.5.2). Ein solches lokales Meßverständnis würde auch dem Umstand gerecht werden, daß jede – wie auch immer geartete – Messung des Produktionsfaktors Wissen von der Abgrenzung und Entscheidung eines Entscheiders bzw. Beobachters abhängt.

3.3.2 Diagnostik des Wissensmanagements

Im vorliegenden Abschnitt sollen zwei Ansätze der Diagnostik des Wissensmanagement- bzw. Wissenstransformationsprozesses skizziert werden, mit deren Hilfe der Anspruch verbunden ist, Wissen in wertschöpfungsrelevanten Bezügen zu erfassen: In der Pilotstudie von Reinhardt (1998c) werden Grundzüge der Dimensionen und eine Skalenkonstruktion erörtert, wohingegen in der Querschnittsstudie von Bontis (1999) der Versuch unternommen wird, den Validitätsaspekt von Wissensmanagementprozessen näher zu beleuchten. Vorab werden einige relevante Grundlagen zum Begriff „Diagnostik" vorgestellt.

3.3.2.1 Grundlagen: Diagnose als Entscheidungssystem

Ausgangspunkt der folgenden Überlegungen ist die Annahme, daß Diagnostik einen Prozeß darstellt, der dazu beiträgt, Entscheidungen zu verbessern (vgl. Cronbach/Gleser 1965). Aufbauend auf diesen instrumentellen Charakter von Diagnostik, stellt sich die Frage nach ihrem Zielsystem. In der Literatur wird zwischen den Aspekten *„Diagnostik als Mess-*

ung" und *„Diagnostik als Information für oder über eine Intervention"* differenziert (vgl. Pawlik 1983, S. 10)[178], womit zwischen einer Diagnose aus **Forschungszwecken** bzw. der Durchführung einer Diagnose, **um Unternehmensziele besser erreichen zu können**, unterschieden werden kann.

Diese Differenzierung ist insofern von besonderer Bedeutung, als daß hiermit weitere Fragen nach Reliabilität und Validität der eingesetzten Instrumente, aber auch nach der Praktikabilität und den Kosten verbunden sind. Letztlich kann diese Differenz anhand der folgenden Überlegung herauskristallisiert werden: Zum einen unterstützt Diagnostik dabei, „gültiges" Wissen über Wissen als Ressource zu erwerben, also darum, nomologische Aussagen im Kontext „organisationales Lernen" und „Wissensmanagement" prüfen zu können. Zum anderen wird es möglich, „nützliches Wissen" zu erwerben, also Wissen, das dem Anwender (als Manager, Berater usw.) dabei hilft, seine Ziele effizienter und effektiver zu erreichen. Ein **gemeinsamer Bezugspunkt** zwischen forschungsbezogenen und verwertungsbezogenen Diagnoseperspektiven kann anhand von Abbildung 18 verdeutlicht werden.

Ausgangspunkt der in Abbildung 18 skizzierten Überlegungen ist die allgemeine Annahme darüber, daß der Ressource „Wissen" ein wertschöpfungsrelevanter Charakter zukommt, und erste **Informationen** über vermutete bzw. schon begründete Ursache-Wirkungs-Bezüge vorliegen. Aufgrund dieser Informationen läßt sich eine **Problemstellung** und eine damit einhergehende **Zielsetzung** ableiten. Diese Zielsetzung stellt den Bezugsrahmen für alle weiteren Entscheidungen im Rahmen des diagnostischen Prozesses dar. Im Mittelpunkt von Abbildung 18 steht der Begriff der **Strategie**. Darunter sollen Regeln verstanden werden, die in Abhängigkeit der vorliegenden Informationen und der Zielsetzung zum Einsatz kommen.

---

[178] Pawlik (1983, S. 22ff.) differenziert zwischen den folgenden vier Alternativdimensionen von Diagnostik: (1) Status- vs. Prozeßdiagnostik; (2) normorientierte vs. kriterienorientierte Diagnostik; (3) Testen vs. Inventarisieren; (4) Diagnostik als Messung vs. Diagnostik als Information für und über Behandlung. Wegen fehlender Standards bzw. Normen dienen die Dimensionen (2) und (3) im Rahmen einer Organisationsdiagnostik weniger als konkrete Handlungsempfehlungen, sondern eher als Heuristik, um Strategien diagnostischen Handelns präzisieren zu können.

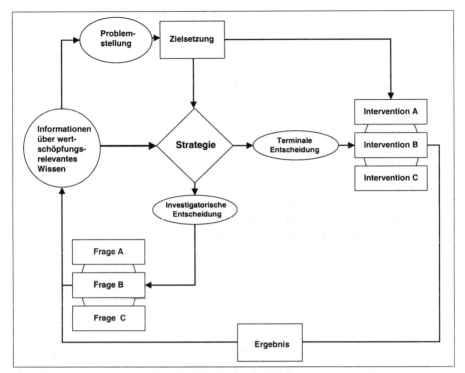

Abbildung 18: Schematische Darstellung eines diagnostischen Entscheidungsprozesses (modifiziert nach Tack 1982, S. 105)

Desweiteren wird deutlich, daß der Einsatz solcher Regeln zu zwei verschiedenen Alternativen – Interventionen und Fragen – führt:

- Der Begriff **Intervention** stellt einen Oberbegriff für alle möglichen, im Rahmen einer spezifischen Zielstellung realisierbaren, Maßnahmen dar, mit deren Hilfe das gewünschte Ziel erreicht werden kann. Konkret: Interventionen führen zu **Ergebnissen**, die die Ausprägung der Ressource Wissen verändern – und gleichzeitig zu neuen Informationen über dieses Objekt führen. Von Bedeutung ist hier, daß zwischen verschiedenen Formen von Interventionen – in Abhängigkeit des Diagnoseergebnisses – unterschieden werden kann.

- Die zweite Klasse von Entscheidungen beinhaltet **Fragen**. Unter Fragen sollen alle Maßnahmen verstanden werden, die ein Diagnostiker unternimmt, um Informationen über die Wertschöpfungsrelevanz von Wissen zu erhalten. Damit sind also alle Methoden zur Erhebung, Erfassung und Messung von wertschöpfungsrelevanten Wissen zu subsumieren.

Die beiden Entscheidungsklassen, die zu Interventionen oder Fragen führen, können als investigatorische und als terminale Entscheidungen klassifiziert werden (Cronbach/Gleser 1965; Tack 1983): Das Ergebnis einer **terminalen Entscheidung** ist eine Intervention; das Ergebnis einer **investigatorischen Entscheidung** ist eine Frage oder ein Satz von Fragen. Von Bedeutung sind hierbei die Unterschiede zwischen beiden Entscheidungsklassen:

- Bei terminalen Entscheidungen ist zu berücksichtigen, mit welcher Wahrscheinlichkeit eine Intervention ein Ergebnis erwarten läßt, das im Rahmen der gegeben Zielsetzung positiv oder negativ – zielfördernd oder zielhemmend – zu bewerten ist. Damit einhergehend ist die Frage nach den Validitäten der entsprechenden Interventionen zu stellen, wobei gleichzeitig deutlich wird, daß die Güte einer spezifischen Intervention von jeweils spezifischen Rahmenbedingungen abhängt. Terminale Entscheidungen basieren somit auf bedingten Validitäten. Konkret: **Terminale Entscheidungen** vergleichen mögliche Interventionen bei gegebenen Informationen.

- Investigatorische Entscheidungen beinhalten Fragen hinsichtlich der Relevanz des Einsatzes von Diagnoseinstrumenten bei gegebenen Rahmenbedingungen. Konkret: **Investigatorische Entscheidungen** vergleichen mögliche Diagnoseverfahren bei gegeben Informationen.

Überträgt man diese Überlegungen auf den vorliegenden Sachverhalt der Diagnose der Ressource Wissen und stellt eine Verknüpfung zu den in Kapitel 1 skizzierten Zielsetzungen einer internen und externen Dokumentation von Wissen her, so läßt sich folgendes festhalten: Die **interne Dokumentation** von Wissen – auf Basis **terminaler Entscheidungen** – führt zu entsprechenden Gestaltungshinweisen, wohingegen die **externe Dokumentation** dazu gereicht, investigatorische Entscheidungen bei Investoren und Analysten zu unterstützen, da hier eine Entscheidung im Sinne einer positiven Bewertung – eine **Selektion** von Unternehmen, in die investiert werden soll – intendiert ist (vgl. Abschnitt 2.2.6.2).

Nach dieser methodischen Einführung zum Begriff „Diagnostik" soll jetzt anhand der Erörterung von zwei Fallstudien herausgearbeitet werden, welche Formen der Diagnose von Wissensmanagement sich bislang[179] in

---

[179] Da die empirische Forschung hierzu erst am Anfang steht, werden die beiden folgenden Studien aufgrund ihres exemplarischen Charakters etwas ausführlicher dargestellt.

der Literatur identifizieren lassen– und welche Implikationen sich für die Messung von Wissen daraus ableiten lassen.

3.3.2.2 Die Pilotstudie von Reinhardt (1998)

Nachdem in Abschnitt 2.3.2.2 bereits die theoretischen Grundlagen des Modells des integrativen Wissensmanagements erläutert wurden, sollen hier die Ergebnisse einer Pilotstudie des Einsatzes einer entsprechenden Wissensmanagementdiagnostik vorgestellt werden, die der Autor im Rahmen einer Evaluation von Wissensmanagementprojekten im Jahre 1998/1999 im F&E-Bereich eines KFZ-Herstellers durchgeführt hat. Im Kontext der obigen Terminologie von Tack (1983) bestand die Zielsetzung dieser Diagnose in dem Treffen einer *terminalen* Entscheidung: Es sollte geprüft werden, welche Interventionen aufgrund der dann vorliegenden Daten umgesetzt werden sollen.

3.3.2.2.1 Zielsetzung des Projekts bzw. der Teilprojekte

Im F&E-Bereich war geplant, den Nutzen von Wissensmanagement zunächst anhand von Pilotprojekten zu überprüfen, bevor im gesamten Bereich (n = 3000 Mitarbeiter) Wissensmanagement eingeführt werden sollte. Dazu wurden folgende sechs kleinere Pilotprojekte identifiziert (n ≈ 50 Personen pro Teilprojekt):

1. Beschleunigung der Einarbeitungszeit von Berufsanfängern (Ingenieure nach Studienabschluß) durch gezielte Bereitstellung von Erfahrungen „alter Hasen".

2. Einrichtung von „gelben Seiten": Identifikation von Know-how-Trägern, Bereitstellung entsprechender Informationen qua Intranet o.ä., Sicherstellung der Nutzung dieser „gelben Seiten".

3. Verbesserung des F&E-Prozesses durch systematisches Einbeziehen vorausgegangener Erfahrungen: Wie lassen sich Fehler so dokumentieren und systematisieren, daß in späteren vergleichbaren Entwicklungsprozessen daraus gelernt werden kann?

4. Sicherstellung des Know-hows von ausscheidenden Mitarbeitern: Wie kann man sicherstellen, daß relevantes Wissen von ausscheidenden Mitarbeitern im System verbleibt? Wie motiviert man solche Mitarbeiter zur „Wissensweitergabe"?

5. Nutzung von Intranet-Systemen: Wie motiviert man zeitlich hochbelastete Experten zur Nutzung von neuartigen Intranet-Modulen?

6. Innovation: Wie integriert man das Wissen, die Erfahrungen – aber auch die Visionen – von *„key stakeholders"*, um neue Produkte zu entwickeln?

Die Güte der Umsetzung von Wissensmanagement sollte mit Hilfe einer geeigneten Diagnostik überprüft werden. Es wurde erwartet, daß die Diagnose dazu geeignet ist, wissenschaftlich begründete Hinweise zur Gestaltung von Interventionen geben zu können.

3.3.2.2.2 Methode

Für diese Evaluationsstudie wurde ein entsprechendes Pre-Post-Test-Design entwickelt. Die zugrundeliegende Überlegung war hierbei, daß es durch die jeweiligen Interventionen gelingt, den Wissenstransformationsprozeß zu verbessern. Damit hatte diese Diagnostik den Stellenwert einer Information über konkrete Interventionen. Neben diesem praxogenen Ziel sollte gleichzeitig aus wissenschaftlicher Perspektive geprüft werden, ob bzw. in welchem Umfang die Güte des Wissenstransformationsprozesses mit den wahrgenommenen Wettbewerbsvorteilen – als abhängige Variable – einhergeht.

Als theoretischer Rahmen für dieses Meßinstrument wurde das Phasenmodell des Integrativen Wissensmanagements gewählt (Pawlowsky 1994; vgl. Abschnitt 2.3.2.2), das um vier managementbezogene Dimensionen – nämlich „wissensbezogene Ziele", „wissensbezogene Meßgrößen" und „Speicherung/Abruf von Wissen" sowie „Einsatz von IT-Instrumenten" ergänzt wurde (vgl. Probst et al. 1997; Petkoff 1997; vgl. Abbildung 19).

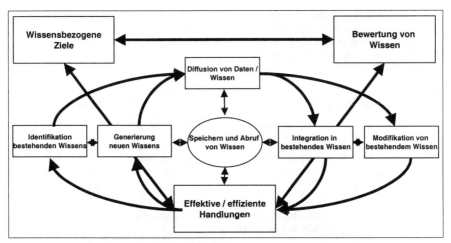

Abbildung 19: **Praxisbezogenes Modell des integrativen Wissensmanagements (Quelle: Reinhardt 1998c, 2000)**

Auf Basis dieses erweiterten Wissensmanagementmodells wurde ein Fragebogen dadurch entwickelt, daß jede der einzelnen Dimensionen dieses Modells anhand entsprechend Likert-skalierter Items operationalisiert wurde. Hinzuzufügen ist, daß nicht nur um die aktuelle Einschätzung der Ausprägung der einzelnen Phasen gebeten (Ist-Zustand), sondern gleichzeitig nach der gewünschten bzw. für die Tätigkeit notwendigen Ausprägung der jeweiligen Phase (Soll-Zustand) gefragt wurde. Die hierbei erwartete Soll-Ist-Differenz sollte ebenfalls Hinweise für weitere Interventionen liefern.

Somit standen für jede Phase eine Reihe von fünffach-gestuften Items zur Verfügung, die hinsichtlich ihrer aktuellen Bedeutung und ihrer Wichtigkeit beurteilt werden sollten. Dies soll exemplarisch anhand der Phase „*Setzen wissensbezogener Ziele*" veranschaulicht werden (vgl. Abbildung 20).

Das Setzen und die Verfolgung von Zielen ist auch im Rahmen des Wissensmanagements zentraler Motor für Aktivitäten. Daher ist es notwendig, die Zielformulierung bei entsprechenden Projekten auch aus einer Wissensperspektive heraus vorzunehmen.

Zeitlicher Einsatz						Formulierung von wissensbezogenen Zielen in Form von ...	Wichtigkeit					
sehr häufig	oft	mittel	selten	nie	keine Angabe	Mit Hilfe der *linken Skala* sollen Sie beurteilen, **wie oft** Sie sich momentan mit dem Formulieren wissensbezogener Ziele beschäftigen. / Mit Hilfe der *rechten Skala* sollen Sie beurteilen, wie **wichtig** die Formulierung wissensbezogener Ziele für Ihre Tätigkeit ist.	sehr wichtig	wichtig	mittel	weniger wichtig	unwichtig	keine Angabe
1	2	3	4	5	☐	• Benchmarks	1	2	3	4	5	☐
1	2	3	4	5	☐	• finanziellen Größen	1	2	3	4	5	☐
1	2	3	4	5	☐	• strategischen Rahmenbedingungen	1	2	3	4	5	☐
1	2	3	4	5	☐	• operativen Tätigkeiten	1	2	3	4	5	☐
1	2	3	4	5	☐	• Zeitersparnis	1	2	3	4	5	☐
1	2	3	4	5	☐	• Fehlerreduktion	1	2	3	4	5	☐
1	2	3	4	5	☐	• Qualitätserhöhung	1	2	3	4	5	☐
1	2	3	4	5	☐	• erforderlichen Kompetenzen	1	2	3	4	5	☐
1	2	3	4	5	☐	• zu erreichenden Patenten	1	2	3	4	5	☐

Abbildung 20: Fragebogenausschnitt – Phase: „Formulieren wissensbezogener Ziele" (Quelle: Reinhardt 1998c)

Stellen die einzelnen Dimensionen des Wissenstransformationsprozesses die *unabhängigen Variablen* dar, so wurden die Variablen „Wahrnehmung der aktuellen Wettbewerbsvorteile" sowie die „Erwartung zukünftiger strategischer Herausforderungen" als *abhängige Variablen* hinzugefügt. Hierbei wurde unterstellt, daß die Regression der Wissensmanagementphasen auf die Wettbewerbsvorteile dazu beiträgt, entsprechende Einflußfaktoren zu identifizieren (vgl. Abbildung 21).

Wettbewerbsvorteile	Bewertung					
Welches sind die wichtigsten **strategischen Vorteile** gegenüber Ihren Hauptkonkurrenten?	sehr wichtig	wichtig	mittel	weniger wichtig	unwichtig	keine Angabe
• Preis	1	2	3	4	5	☐
• Produktionskosten (Arbeitskosten, Rohstoffe)	1	2	3	4	5	☐
• Qualität, Zuverlässigkeit und Haltbarkeit der Produkte	1	2	3	4	5	☐
• Technische Reife der Produkte	1	2	3	4	5	☐

.....

Zukünftige Herausforderungen	Bewertung					
Welche Bedeutung haben folgende **Herausforderungen** für die Zukunft Ihres Unternehmens?	sehr wichtig	wichtig	mittel	weniger wichtig	unwichtig	keine Angabe
• Hartnäckiger Preiswettbewerb	1	2	3	4	5	☐
• Qualitätswettbewerb	1	2	3	4	5	☐
• Innovationswettbewerb	1	2	3	4	5	☐

.....

Abbildung 21: Wettbewerbsvorteile und zukünftige Herausforderungen (Ausschnitte; Quelle: Reinhardt 1998c)

3.3.2.2.3 Ergebnisse

Zunächst konnte festgestellt werden, daß die Skalen, die die Wissensmanagementphasen erfassen sollen, über eine akzeptable Reliabilität verfügen (Cronbachs Alpha liegt zwischen 0,78 und 0,89).

Hinsichtlich der Phasen des Wissensmanagements wurde deutlich, daß eine – zunächst zu erwartende – Differenz zwischen Ist- und Soll-Perspektive beobachtet werden konnte. Desweiteren zeigten die Ergebnisse, daß die Absolutausprägung der Soll-Einschätzung lediglich auf einem mittleren Niveau verläuft (Mittelwerte zwischen 3,0 und 3,5) – und daß die Soll- und Ist-Bewertungen weitestgehend parallel verlaufen (vgl. Abbildung 22).

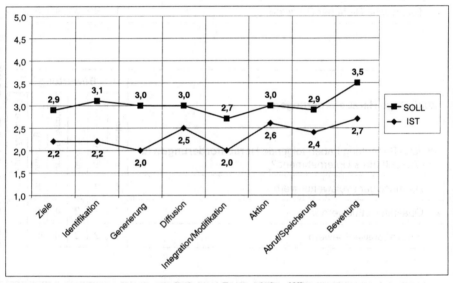

Abbildung 22: Befragungsergebnisse – Perspektive Wissensmanagementphasen (Quelle: Reinhardt 1998c)

Was läßt sich aus diesen Daten an Informationen über die Güte des Wissenstransformationsprozesses ableiten? Der Ist-Verlauf macht deutlich, daß auf die beiden Dimensionen „Generierung" und „Integration/Modifikation" vergleichsweise wenig Zeit verbracht wird, wobei diese geringe Ausprägung in einem F&E-Bereich als Problem aufgefaßt werden sollte, da die Identifikation bestehenden und die Entwicklung neuen Wissens sicherlich als Kerngeschäft von F&E zu bezeichnen ist. Durch die

Soll-Ausprägung wird klar, daß der Dimension „Bewertung von Wissen" eine vergleichsweise hohe Bedeutung zukommt. Stellt man Ist- und Soll-Phasen gegenüber, so stellt sich aufgrund der vergleichsweise hohen Differenzen ein Handlungsbedarf hinsichtlich der Phasen bzw. Dimensionen „Generierung" und „Bewertung" heraus.

In bezug auf die Zusammenhänge zwischen Wissensmanagementphasen und Wettbewerbsvorteilen wurden die folgenden Ergebnisse erzielt (vgl. Tabelle 13):

	aktuelle Wettbewerbsvorteile				zukünftige Herausforderungen		
	Preis	Kundenspezifische Lösungen	Produktmarketing	Standort	Innovationswettbewerb	Mitarbeiterqualifikation	Umweltpolitik
Identifikation (Ist)	$R^2=0,74$	$R^2=0,52$					
Bewertung (Ist)			$R^2=0,56$	$R^2=0,56$			
Ziele (Soll)					$R^2=0,47$	$R^2=0,51$	
Identifikation (Soll)							$R^2=0,55$

Tabelle 13: Zusammenhang zwischen Wissensmanagementphasen und aktuellen Wettbewerbsvorteilen bzw. zukünftigen Herausforderungen

Die Ergebnisse in Tabelle 13 verdeutlichen, daß insgesamt vier statistisch signifikante Regressionsmodelle ($p < 0,05$) identifiziert werden konnten: Bezugnehmend auf die Ist-Perspektive ist festzustellen, daß die aktuelle Ausprägung der Phase "Identifikation" in engem Zusammenhang mit der Fähigkeit steht, sich Vorteile gegenüber den Mitbewerbern sowohl durch eine entsprechende Preispolitik ($R^2=0,74$) verschaffen, als auch durch die Realisierung kundenspezifischer Lösungen Vorteile ($R^2=0,52$) generieren zu können. Analoge Überlegungen lassen sich für die Zusammenhänge zwischen der Fähigkeit, die Erreichung wissensbezogener Ziele bewerten zu können und dem Produktmarketing ($R^2=0,56$) wie der Wahrnehmung eines Standortvorteils ($R^2=0,56$) ableiten.

Hinsichtlich der Soll-Perspektive konnten folgende Zusammenhänge beobachtet werden: Die Wichtigkeit, wissensbezogene Ziele setzen zu können, geht mit der Erwartung einher, im Innovationswettbewerb bestehen ($R^2=0,47$) und dabei über entsprechende Mitarbeiterqualifikationen ($R^2=0,51$) verfügen zu können. Zusätzlich geht die Wichtigkeit der Identifikation von Wissen mit der Erwartung einher, ökologische Ziele erreichen ($R^2=0,55$) zu können.

3.3.2.2.4 Diskussion

Aus **inhaltlicher** Sicht fallen bei diesen Ergebnissen die beiden folgenden Aspekte auf: Zunächst wird deutlich, daß die F&E-Mitarbeiter zwar eine relativ hohe Sensibilität in bezug auf die Bewertung und Generierung von Wissen haben, dieser Einschätzung während ihrer täglichen Arbeit aber nur in geringem Maß nachkommen. Konsequenterweise sollten die Interventionen einen Beitrag zur Verbesserung dieser Phasen leisten. Zusätzlich wird deutlich, daß die F&E-Mitarbeiter – trotz der technologiegetriebenen Strategie des Unternehmens – die Bedeutung des externen Kunden wahrnehmen und dies in engem Zusammenhang mit der Identifikation von Wissen sehen. Zusätzlich wird in bezug auf den Umgang mit den zukünftigen Herausforderungen gesehen, daß das Verfügen über angemessene Mitarbeiterqualifikationen für die Wettbewerbssituation des Unternehmens vorteilhaft ist. Schließlich soll darauf hingewiesen werden, daß die eingangs formulierte Zielsetzung *nicht* erreicht werden konnte, da der Auftraggeber seine Prioritäten hinsichtlich eines datengesteuerten Beratungsansatzes geändert hatte: Im Kontext der Befragung tauchte eine solche Vielzahl von weiteren Problemen auf, deren Bearbeitung als vermeidenswert aufgefaßt wurde. Obwohl somit keine Aussagen über den Evaluationsaspekt der Interventionen gemacht werden konnte, konnten die gewonnenen Daten hinsichtlich wichtiger methodischer Überlegungen weitergehend analysiert werden.

Aus **methodischer** Sicht lassen sich hier zunächst folgende Anhaltspunkte zum Einsatz einer wissensmangementbezogenen Diagnostik identifizieren: Der vorgenommenen Operationalisierung liegt ein repräsentationistisches Wissensverständnis (von Krogh/Roos 1996; vgl. Abschnitt 2.3.5.2) zugrunde, auf dessen Basis eine anwendungs- sowie eine grundlagenorientierte Frage beantwortet werden sollte. Das Meßobjekt „Wissen" wurde anhand seiner Transformationsstufen im Rahmen des Wissensmanagementprozesses strukturiert, wobei hier zum einen die Annahme einer überschneidungsfreien und umfassenden Erfassung, sowie die Annahme einer Übereinstimmung der Grundbegriffe zwischen Fragebogenkonstrukteur und Probanden zugrundelag. Aufbauend auf einem instrumentalen Meßverständnis wurde jede Phase anhand geeigneter Items auf Intervallskalenniveau operationalisiert.

In diesem Zusammenhang lassen sich folgende Anhaltspunkte herausarbeiten: In bezug auf die **Reliabilität** ist festzustellen, daß die interne Konsistenz der einzelnen Skalen – gerade für eine Pilotstudie – als befriedigend bezeichnet werden kann: Da der Indikator Cronbachs Alpha zwischen 0,78 und 0,89 liegt, kann davon ausgegangen werden, daß die Items pro Dimension eine homogene Abbildung der zugrundeliegenden wissensbezogenen Dimension darstellen. Unklar bleibt, ob sich diese Homogenität auch zu einem späteren Zeitpunkt wieder einstellt und beobachten läßt. Hinsichtlich des Kriteriums der **Bedeutsamkeit** ist festzuhalten, daß die vorgenommenen statistischen Analyseverfahren einer Intervallskala entsprechen (Lienert 1967), doch bleibt unklar, ob solche wissensbezogenen Prozesse tatsächlich auf einer Intervallskala abgebildet werden sollten. Konkret: Ist es sinnvoll, den Probanden zu unterstellen, ihre wissensbezogenen Erfahrungen so beurteilen zu können, daß sich daraus sinnvolle Differenzen ergeben – oder ist nicht vielmehr anzunehmen, daß sie „nur" ein Vergleichsurteil ohne Maßeinheit vornehmen können? Die Plausibilität dieser Frage läßt sich vor dem Hintergrund der „unscharfen" Merkmale von Wissen begründen: Wenn – wie an unterschiedlichen Stellen ausgeführt – sich Wissen aufgrund seiner Kontextabhängigkeit nur vergleichsweise unscharf abgrenzen läßt, legt dies die Hypothese nahe, daß die Wahrnehmung wissensbezogener Prozesse und Effekte nicht nur ebenso unscharf, sondern zudem nur im Sinne eines „mehr" oder „weniger" und darüber hinaus auch noch interindividuell unterschiedlich betrachtet werden muß.

Betrachtet man das Gütekriterium der Validität, so lassen sich folgende Problemfelder identifizieren: Die **Augenscheinvalidität** kann als gesichert gelten, da die Items anhand einer umfassenden theoretischen Analyse und Literaturdurchsicht zu diesem Thema erstellt wurden. Die **inhaltliche Validität** kann ebenso positiv betrachtet werden, da der Theoriebezug eine vollständige Abbildung der relevanten Merkmale sicherstellt. Die **kriteriumsorientierte Validität** kann aufgrund fehlender „Außenkriterien" nicht beurteilt werden – die Regressionen auf die wahrgenommenen Wettbewerbsvorteile genügen hier nicht, da diese ebenfalls „nur" Wahrnehmungsdaten liefern; eine Beziehung zu „harten" externen Kriterien wurde nicht hergestellt.

Die **externe Validität** kann aufgrund des Pilotcharakters der Studie nicht beurteilt werden; der Aspekt der **internen Validität** läßt sich ebenfalls nur schwer einschätzen. Die **Validität des statistischen Schlusses** wurde bereits als akzeptabel bewertet; der Aspekt der **Konstruktvalidität** läßt sich ebenfalls nur schwer beleuchten: Diese Bewertungsschwierigkeiten lassen sich zum einen auf die fehlenden Explorationsmöglichkeiten im Rahmen eines Praxisprojekts zurückführen, zum anderen ist auf ein grundsätzlicheres Problem hinzuweisen: An unterschiedlichen Stellen der Arbeit (z.B. Abschnitt 2.2.7 und 2.3.5) wurde schon gezeigt, daß es nur schwer gelingt, präzise zwischen den Begriffen Daten, Informationen und Wissen zu differenzieren, wenn es darum geht, interessierende Wertschöpfungseffekte zu erklären. Im Rahmen der Diagnostik wurde aufgrund der Formulierung unterstellt, daß der Begriff „Wissen" im Mittelpunkt der Argumentation steht – dies wurde von den Probanden in einer recht einheitlichen Weise wahrgenommen (vgl. die relativ hohe Reliabilität der einzelnen Skalen). Damit aber ist es nicht mehr möglich, die erste Entscheidung im Rahmen des sozialwissenschaftlich-empirischen Meßprozesses – die Frage nach der Abgrenzung – angemessen zu beantworten. Daraus resultiert das Folgeproblem, die Überlegungen nach interner Validität oder Konstruktvalidität ebenfalls nur unzureichend beantworten zu können.

Verläßt man nun dieses repräsentationistische Wissensverständnis und den damit einhergehenden Anspruch, einen Beitrag zur Begründung nomologischer Aussagen zu leisten und wendet den Blick auf den konstruktivistischen bzw. pragmatisch-handlungsbezogenen Aspekt, so ist festzustellen, daß die Entwicklung der Items und damit die Operationalisierung dadurch an – systemimmanenter – Bedeutung gewinnen könnten, wenn die Indikatoren bzw. Items **gemeinsam** mit den Probanden entwickelt werden würden. Dies impliziert aber auch, auf eine mögliche Vergleichbarkeit zwischen einzelnen Settings und somit auf die Einlösung des Anspruchs kritisch-rationalen Erkenntnisinteresses zu verzichten. Ein weiteres Praxisproblem scheint meines Erachtens der Projektabbruch zu sein, der sich wie folgt interpretieren läßt: Die Durchführung der Befragung hat zu einer solch' hohen Sensibilität hinsichtlich des Umgangs mit der Ressource Wissen geführt, daß eine Vielzahl von Folgeproblemen identifiziert wurden, die im Rahmen des Projekts nicht bearbeitet werden konnten bzw. aus Bereichsleitungssicht nicht bearbeitet werden sollten.

Meines Erachtens lassen sich diese Erfahrungen insgesamt dahingehend interpretieren, daß mit der eingesetzten Wissensmanagementdiagnostik zwar ein Weg in die richtige Richtung eingeschlagen wurde, wobei es noch gilt, eine Vielzahl von Hindernissen aus dem Weg zu räumen. Unabhängig von dem Problem der Stichprobengröße und der damit einhergehenden geringen **Repräsentativität** scheint es insbesondere notwendig zu sein, angemessene Außenkriterien mit in die Diagnose einzubeziehen. Konkret heißt dies, das verhaltenswissenschaftlich orientierte Modell mit ökonomischen Zielgrößen – als **Validitätskriterien** – zu erweitern. Beiden

Überlegungen wurde in der Querschnittsstudie von Bontis (1999) gefolgt, die jetzt vorgestellt werden soll.

3.3.2.3 Die Studie von Bontis (1999)

3.3.2.3.1 Zielsetzung der Studie

Die Studie von Bontis (1999) verfolgt das allgemeine Ziel, einen Beitrag zur Überwindung der empirischen "Schwäche" der bisherigen Forschung zu den Gebieten Organisationales Lernen und Wissensmanagement zu leisten. Daher orientiert er sich nicht an einem fallstudienorientierten Vorgehen, sondern entwickelt ein Design, mit dessen Hilfe er prüfen will, in welchem Zusammenhang die Qualität organisationaler Wissens- und Lernprozesse – in Abhängigkeit von verschiedenen Lernebenen – und unternehmensbezogenen Leistungsindikatoren steht. Von besonderer Bedeutung ist für Bontis (1999) die Differenzierung zwischen wissensbezogenen Bestands- und Flußgrößen. Im Mittelpunkt der Studie steht somit ein hypothesentestendes Vorgehen.

3.3.2.3.2 Theoretischer Hintergrund

Der theoretische Hintergrund der Studie besteht im *„4-i framework of organizational learning"* nach Crossan/Lane/White (1999), das einen vergleichbaren integrativen Anspruch erhebt wie der Ansatz des integrativen Wissensmanagements von Pawlowsky (1994; vgl. Abschnitt 2.3.2.2). Die theoretischen Grundlagen brauchen aufgrund der Ähnlichkeit mit den konzeptionellen Grundlagen des integrativen Wissensmanagements nicht im Detail expliziert werden. Neuartig ist hier allerdings die vorgenommene analytische Trennung, die sich nicht nur auf einzelne Lernebenen und Lernprozesse („4 i"), sondern ebenfalls auf die damit korrespondierenden spezifischen Inputs und Outputs bezieht (vgl. Tabelle 14).

Aus diesen theoretischen Überlegungen wurde das *„Strategic Learning Assessment Map"* (SLAM) entwickelt, mit dessen Hilfe die einzelnen Lernprozesse und –ebenen veranschaulicht werden kann (vgl. Crossan/Hulland 1997; s. Abbildung 23).

Lernebene	Lernprozeß	Inputs	Outcomes
individual	intuiting	individual experiences images	personal insights
	interpreting	language metaphor	shared dialogue
group	integrating	negotiated action interactive systems	cognitive maps
organizational	institutionalizing	routinized actions rules and prozeduren	knowledge systems

Tabelle 14: Das „*4-i Framework of Organizational Learning*" (Quelle: Crossan/Lane/White 1999)

Durch Abbildung 23 wird deutlich, daß zunächst zwischen der Input- und Output-Dimension organisationalen Lernens differenziert werden kann, die sich jeweils anhand von drei Lernebenen, nämlich der individuellen, gruppenbezogenen und organisationalen Ebene spezifizieren lassen. Das daraus resultierende Neun-Felder-Schema zeigt desweiteren drei Typen wissensbezogener Bestandsgrößen (individuelle, gruppenbezogene und organisationale), sowie zwei Typen von Wissensflüssen bzw. Lernprozessen (Feedforward- und Feedback-Flüsse), die sich zwischen den jeweiligen Lernebenen verorten lassen. In Tabelle 15 werden diese fünf Typen anhand entsprechender Beispiele präzisiert.

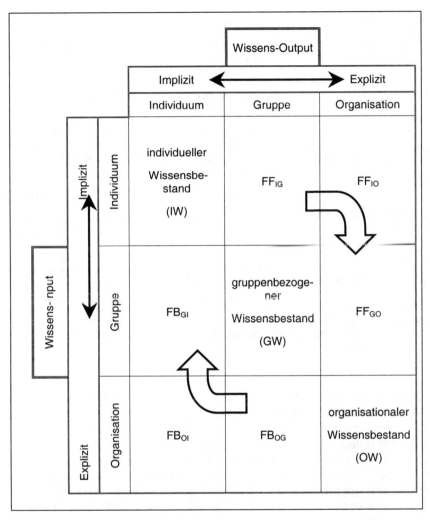

Legende:

Wissensbestand: $= \Sigma\ (IW + GW + OW)$

Feed-forward bezogene Lernprozesse: $= \Sigma\ (FF_{IG} + FF_{IO} + FF_{GO})$

Feed-back bezogene Lernprozesse: $= \Sigma\ (FB_{GI} + FB_{OI} + FB_{OG})$

Abbildung 23: Das „*Strategic Learning Assessment Map*" (Quelle: Bontis 1999, S. 39)

Abk.	Element	Definition
IW	individual-level knowledge stocks	Individual capability and motivation to do the job, human capital
GW	group-level knowledge stocks	Group dynamics and shared understanding, team learning through dialogue, knowledge embedded in social interactions
OW	organizational-level knowledge stocks	Alignment of non human storehouses of learning including systems, structure, strategy, procedures and culture; knowledge embedded in structural capital, organizational routines
FF	feed-forward learning flows	Whether or how individual learning feeds forward into group learning and learning at the organizational level in terms of changes to structure, systems, products, strategy, procedures and culture, etc.
FB	feed-back learning flows	Whether or how the learning that is embedded in the organizational systems, structure, strategy, etc. impacts group and individual learning

Tabelle 15: Definition der Elemente des SLAM-Modells (Quelle: Crossan/Hulland 1997; Crossan/Bontis 1999; Bontis 1999, S. 41)

Aufbauend auf diesen theoretischen Vorüberlegungen will Bontis (1999) prüfen, welche Beziehungen zwischen den beiden Wissensklassen und der Unternehmensleistung existieren. Konkret führt dies zu den folgenden vier **Hypothesen**: Die *ersten drei* unterstellen einen positiven Zusammenhang zwischen den drei Klassen von Wissensbeständen – jeweils als unabhängiger Variable – und organisationaler Leistung (als abhängiger Variablen), wohingegen die *vierte* eine Kontingenzhypothese darstellt, mit der geprüft werden soll, inwiefern eine mangelnde Gleichförmigkeit (*misalignment*) in der Ausrichtung der Wissensbestände und –flüsse die Unternehmensleistung beeinflußt. Bontis (1999) nimmt hierbei an, daß ein Ungleichgewicht zwischen Wissensbeständen und Zu- und Abflüssen zu diesen Wissensbeständen die Unternehmensleistung negativ beeinflußt.

3.3.2.3.3 Methode

Die im SLAM-Konzept enthaltenen Variablen wurden mit Hilfe eines Fragebogens erfaßt, der Likert-skalierte Items enthält. Die inhaltliche Präzisierung der unabhängigen Variablen erfolgte aufgrund des in Tabelle 15 skizzierten SLAM-Konzepts. Die abhängigen Leistungsindikatoren wurden ebenfalls auf Ratingskalen erfaßt, da mikro-ökonomische Meßgrößen wegen des zu hohen Abstraktionsniveaus wenig geeignet schienen, individuelle oder gruppenbezogene Wissenstransferprozesse prüfen zu können. Die für die Prüfung der vierten Hypothese relevante Variable „misalignment" wurde dadurch operationalisiert, daß die Differenz zwischen den Mittelwerten der zu den Skalen zugehörigen Faktorwerte berechnet wurde. Um die Generalisierbarkeit der Ergebnisse besser einschätzen zu können, wurden folgende Kontrollvariablen verwendet: Versicherungssumme, Anzahl der Verträge, Anzahl der Mitarbeiter und Berufserfahrung der Mitarbeiter. Um die Güte der eingesetzten Instrumente zu prüfen, wurde ebenfalls eine Vorstudie anhand von 1543 Mitarbeitern eines größeren Unternehmens vorgenommen; diese Vorstudie führte zu befriedigenden Ergebnissen, so daß die Instrumente nicht modifiziert zu werden brauchten.

Die Hauptuntersuchung wurde in 32 Versicherungsunternehmen durchgeführt; in jedem Unternehmen wurden 15 Personen unterschiedlicher Hierarchieebenen befragt, so daß insgesamt 480 Antworten vorlagen. Die Daten aus Sicht des organisationalen Wissensbestandes wurden – in Anlehnung an die gängige Praxis (Rousseau 1985; Døving 1996; Hambrick/Mason 1984) durch die Geschäftsführer oder obersten Personalverantwortlichen der untersuchten Unternehmen erfragt[180]. Diese teilten nach der Befragung die Fragebögen für die individuellen und gruppenbezogenen Perspektiven im Unternehmen aus[181].

3.3.2.3.4 Ergebnisse

Aus deskriptiver Sicht kann zunächst berichtet werden, daß die sechs Skalen eine hohe interne Konsistenz aufwiesen (Cronbachs Alpha

---

[180] Die Erklärung für die Angemessenheit eines solchen Vorgehens besteht darin, anzunehmen, daß die kognitive Landkarte der oberen Führungskräfte das Unternehmen in angemessenere Weise repräsentiert (Lyles/Schwenk 1992; Pawlowsky 1994).

[181] Eine Split-half-Analyse der Befragungsergebnisse ergab, daß durch dieses Vorgehen keine zusätzlichen Varianzen erzeugt wurden. Damit kann angenommen werden, daß durch dieses Vorgehen kein Bias erzeugt wurde.

schwankt zwischen 0,77 und 0,91; vgl. Bontis 1999, S. 20ff.). Desweiteren wurde deutlich, daß alle vier Hypothesen bestätigt werden konnten: Individuelle, gruppenbezogene und organisationale Wissensbestände beeinflussen die wahrgenommene organisationale Leistung im positiven Sinne, wohingegen das Ungleichgewicht zwischen Wissensaufnahmen und -abgabe (*misalignment*) die wahrgenommene Leistung negativ beeinflußt. Wichtig ist zudem, daß die Skala, die die organisationale Leistung aus der Wahrnehmungsperspektive erfassen sollte, zusätzlich anhand des Indikators „Gewinn nach Steuern bzw. Umsatz nach Steuern" **validiert** wurde; hierbei betrug die Korrelation $r = 0.37$ ($p < 0.01$).

3.3.2.3.5 Diskussion

Da eine Vielzahl relevanter, auch für diese Studie zutreffende Aspekte zum Thema „Diagnose des Wissensmanagements" bereits im Rahmen der Überlegungen zur Pilotstudie von Reinhardt (1998c) diskutiert wurden (vgl. Abschnitt 3.3.2.2), möchte ich mich hier auf eine Skizze derjenigen Aspekte beschränken, die das „Besondere" an der Studie von Bontis (1999) ausmachen: Aus **inhaltlicher** Sicht läßt sich zunächst auf die gelungene Hypothesenprüfung verweisen, die sich als Bestätigung der grundlegenden Annahme auffassen läßt, daß wissensbezogene Transformationsprozesse organisationale Leistungsfähigkeit beeinflussen. Diese Aussage gewinnt vor dem Hintergrund der vorgelegten Studie insbesondere noch deshalb an Bedeutung, weil die abhängige Variable nicht nur auf der Ebene der subjektiven Einschätzung erhoben, sondern darüber hinaus zu einem „echten" bzw. „harten" Validitätskriterium – nämlich „Umsatz bzw. Gewinn nach Steuern" – in Beziehung gesetzt wurde.

Hinsichtlich der **Theorieentwicklung** zum Organisationalen Lernen bzw. Wissensmanagement läßt sich zunächst festhalten, daß die Querschnittstudie von Bontis (1999) einen Beitrag zur Bestätigung des im SLAM-Modell implizierten Hypothesengeflechts darstellt. Dies hat insbesondere in bezug auf die **methodische Analyse** den Vorteil, von brauchbaren externen Validitäten ausgehen zu können. Schließlich ist auch für die vorliegende Studie darauf hinzuweisen, daß die Einschätzung organisationaler Lernprozesse durch entsprechende Likert-skalierte Items auch hier zu einem befriedigenden Ergebnis führt, wenn man sich die akzeptable interne Konsistenz der Skalen vor Augen führt.

Wenn oben bereits festgehalten wurde, daß das Instrument der Wissensmanagementdiagnostik als Weg in die richtige Richtung zur Erfassung wissensbezogener Wertschöpfungsprozesse weist, dann ist aufgrund der Befunde von Bontis (1999) hinzuzufügen, daß auf diesem Weg bereits weitere Fortschritte gemacht wurden – und zwar hinsichtlich kriteriumsvalidierter Aussagen, denen zusätzlich eine aufgrund der Komplexität des Untersuchungsgegenstandes akzeptable externe Validität zugesprochen werden kann. Momentan fehlen allerdings Studien, mit deren Hilfe die **Stabilität** der Beziehungen zwischen wissensbezogener Wertschöpfung – operationalisiert über die Wissensmanagementdimensionen – und organisationalen Leistungsvariablen – nachgewiesen werden kann.

Zudem kann an dieser Stelle die Frage nach der Einlösbarkeit des Anspruchs, Wissensmanagementdiagnostik zur Ableitung nomologischer Aussagen einsetzen zu können, *nicht* beantwortet werden: Dies würde implizieren, daß gewisse – zu identifizierende und identifizierbare – Ursache-Wirkungs-Beziehungen zwischen Elementen des Wissenstransformationsprozesses und organisationalen Erfolgsvariablen eine **unternehmensübergreifende-invariante** Struktur aufweisen. Da diese Frage aufgrund fehlenden empirischen Materials momentan nicht entscheidbar ist, soll zumindest ansatzweise geprüft werden, welche methodischen Implikationen ein konstruktivistisches, also ein lokal begrenztes „Meßverständnis" nach sich zieht.

3.3.3 Exkurs: Erfassung von Wissen aus konstruktivistischer Perspektive

In Abschnitt 2.3.5.2 wurde bereits auf die beiden epistemologischen Perspektiven im Rahmen der managementwissenschaftlichen Diskussion verwiesen: Bei den repräsentationistischen Ansätzen – denen beispielsweise die oben geschilderten Diagnoseinstrumente des Wissensmanagements angehören – stehen generalisierbare Aussagen im Vordergrund, wohingegen im Kontext konstruktivistischer Argumentation lediglich der Anspruch besteht, lokal begrenzte Aussagen abzuleiten. Eine für den vorliegenden Zusammenhang zentrale Implikation konstruktivistischer Argumentation ist es, daß auf eine explizite Methodologie zur Begründung von Meßgrößen verzichtet werden kann[182]. Dies bedeutet aber nicht, daß nicht

---

[182] So weisen beispielsweise die Standardwerke zum systemischen Management bzw. systemischen Wissensmanagement (z.B. Willke 1998; König 1999; Königswieser/Exner 1999; Malik 2000) keinerlei Eintragungen zu den Begriffen „Meßgröße" oder „Indikator" auf. Dies liegt nicht etwa daran, daß Meßgrößen – geschweige denn monetären Erfolgsgrößen – ein entsprechender Stellenwert abgesprochen wird. Vielmehr läßt sich dies meines Erachtens dadurch begründen, daß das Fehlen des ontologischen Anspruchs an eine objektive und erschließbare Realität ausschlaggebend für dieses vermeintliche „Defizit" ist: Wenn aufgrund der eigenen epistemologischen Position keine erschließbare Realität angenommen zu werden braucht, dann ist es konse-

sinnvolle Aussagen über die Ableitung wissensbezogener Meßgrößen – in Form eines entsprechenden Konstruktionsprozesses – abgeleitet werden können.

Ich möchte im folgenden auf das Modell des I-Space von Boisot (1998) zurückkommen und zeigen, wie es mit dessen Hilfe gelingt, einen nachvollziehbaren Prozeß zur Konstruktion wissensbezogener Meßgrößen zu explizieren, deren Gültigkeit lokal begrenzt ist (vgl. Abschnitt 2.3.4.3).

Boisot (1998) entwickelt eine Reihe von Leitfragen, mit deren Hilfe die Beobachterabhängigkeit von Bewertungsprozessen (vgl. Abschnitt 3.2.1.1) explizit genutzt werden kann, um Aussagen über wissensbezogene Transformationsprozesse und deren monetäre Bewertung abzuleiten (vgl. Tabelle 16; vgl. Boisot 1998, S. 65).

Die Analyse der Fragen aus Tabelle 16 verdeutlicht zunächst, daß Boisot (1988) die Einschätzungen auf den Skalen der drei Dimensionen[183] "Kodifizierbarkeit", "Abstraktionsniveau" und "Diffusionsgrad" einer Ordinalskala zuordnet.

---

quenterweise auch nicht notwendig, sich systematische Überlegungen über isomorphe oder homomorphe Abbildungsprinzipien oder ähnliche methodologische Fragestellungen zu machen (vgl. Abschnitt 2.3.5.3).

[183] Zur Erinnerung: Die *Kodifizierbarkeit* beschreibt das Ausmaß, in dem Wissen digitalisierbar ist; das *Abstraktionsniveau* meint, die Anzahl der Kategorien, die zur Beschreibung eines Phänomens notwendig sind, reduzieren zu können; der *Diffusionsgrad* bezieht sich auf die Anzahl der Personen, für die ein bestimmtes Wissen verfügbar ist (vgl. Abschnitt 2.3.4.3).

	Codification *Is the knowledge:*	Abstraction *Is the knowledge:*	Diffusion *Is the knowledge:*
High	Easily captured in figures and formulae? Does it lend itself to standardization and automatization?	Generally applicable to all agents whatever the sector is, they operate in? Is it heavily science-based?	Readily available to all agents who wish to make use of it?
Medium	Describable in words and diagrams? Can it be readily understood by others from documents and written instructions alone?	Applicable to agents within few sectors only? Does it need to be adapted to the context in which it is applied?	Available to only a few agents or to only a few sectors?
Low	Hard to articulate? Is it easier to show someone than to tell them about it?	Limited to a single sector and application within that sector? Does it need extensive adaptation to the context in which it is applied?	Available to only one or two agents within a single sector?

Tabelle 16: **Abstufung der Wissensdimensionen im I-Space (Quelle: Boisot 1998, S. 65)**

Wie sieht nun der entsprechende Bewertungsprozeß aus? Der Meßvorgang beginnt (1) mit der individuellen Einschätzung hinsichtlich der Ausprägungen eines wissensbezogenen Gutes oder Prozesses entlang der obigen drei Dimensionen, woran sich eine individuelle monetäre Bewertung anschließt. Geht man (2) von einem unterschiedlichen Informationsgehalt der einzuschätzenden wissensbezogenen Prozesse bzw. Vermögensgüter für unterschiedliche Akteure aus (vgl. Abschnitt 2.2.7.2), so legt dies nahe, mittels eines weiteren gruppenbezogenen Bewertungsprozesses eine Einigung bzgl. dieser drei Dimensionen zu erzielen, um somit eine präzisere Verortung der Beschreibung und des monetären Wertes eines spezifischen wissensbezogenen Vermögenswertes im I-Space zu erreichen. Unterstellt man einen solchen gruppenbezogenen Klassifikationsprozeß, so wird neben der Bewertungs- bzw. Erfassungsfunktion deutlich, daß es hiermit gelingt, ein (3) gemeinsames Verständnis über relevante wissensbezogene Prozesse bzw. Vermögensgegenstände zu erzielen. Eine hohe Übereinstimmung in bezug auf spezifische und bedeutsame Vermögensgegenstände kann wiederum als Hinweis zur Identifikation von Kernkompetenzen interpretiert werden[184].

Ich möchte diesen Prozeß mit Rückgriff auf die obige Analyse der Instrumente zur Diagnose von Wissensmanagement erläutern: Beide Instrumente (Reinhardt 1998c, Bontis 1999) basieren zum einen darauf, daß die entsprechenden Fragebögen individuell ausgefüllt und ausgewertet werden. Darüber hinaus findet innerhalb dieser Diagnostik keine Einschätzung der mit der Realisierung von Wissensmanagementprozessen einhergehenden Kosten statt – eine Zurechnung solcher Kosten ist im Rahmen der internen Rechnungslegung auch weitestgehend nicht möglich (vgl. Abschnitt 3.2.2.4.1). Allerdings scheint es meines Erachtens hilfreich zu sein, die subjektive – monetäre – Bewertung der entsprechenden wissensbezogenen Teilprozesse mitzuberücksichtigen, da eine solche Einschätzung auch dazu beitragen kann, Schwerpunkte bei nachfolgenden Investitionen setzen zu können.

Welche Überlegungen lassen sich hier ableiten? **Erstens** ist es notwendig, entsprechende Kostenarten herauszuarbeiten; Beispiele hierfür – im Kontext der Terminologie von Boisots sozialem Lernprozeß (Boisot 1998; vgl. Abschnitt 2.3.4.3) – sind: *Scanning-Kosten* entstehen durch Aufwendungen, die bei der Identifikation schwacher Signale innerhalb und außerhalb des Unternehmens entstehen; *Kosten für die Entwicklung von Problemlösungen* – und somit Kodifizierung – resultieren aus Entscheidungsprozessen und somit aus der Reduktion von Unsicherheit. *Abstraktionskosten* entstehen dann, wenn eine bereits gefundene Lösung auf neue Sachverhalte hin transferiert und somit generalisiert wird. *Diffusionskosten* entstehen durch die Einbeziehung einer Vielzahl von Akteuren in den wissensbezogenen Wertschöpfungsprozeß. *Absorptionskosten* resultieren aus den zeitlichen Aufwendungen, die durch den Umgang mit dem neuen Wissen notwendig werden, und *Anwendungskosten* entstehen schließlich durch die konkrete Anwendung und Prüfung des Wissens in Form von Technologien usw. **Zweitens** geht es darum, diese Kosten zu bewerten: Aufbauend auf einem individuellen Bewertungsprozeß, der dann in einer Gruppe weiter diskutiert und verfeinert wird, können entsprechende Investitionsentscheidungen gefällt werden. Ein solcher Bewertungsprozeß liefert monetäre, vom Markt unabhängige Größen, mit deren Hilfe die Bewertung wissensbezogener Vermögensgegenstände anhand derselben

---

[184] Einschränkend ist darauf hinzuweisen, daß das Kriterium der Homogenität hierzu nicht ausreichend zu sein scheint, da eine hohe Übereinstimmung auch auf das Phänomen des „*groupthink*" (Janis 1972) zurückführbar ist. Meines Erachtens sollten solche kollektiven Urteile daher nicht nur homogen, sondern auch hochdifferenziert sein (vgl. Schroder et al. 1975; Streufert/Streufert 1978).

Meßgröße – einer Geldeinheit – vorgenommen werden kann (vgl. Abschnitt 3.2.1.1.1).

Zusammengefaßt wird somit deutlich, daß die Anwendung von Boisots Klassifikationsschema (1998) zu einer sozialen Konstruktion eines wissensbezogenen Prozesses oder Gutes und seiner Bewertung genutzt werden kann.

3.3.4 Die Meßbarkeit von Wissen aus managementwissenschaftlicher Perspektive

Die obigen Ausführungen haben verdeutlicht, daß die Operationalisierung organisationaler Lernprozesse mittels geeigneter, theoretisch begründeter Skalen, einen prinzipiell sinnvollen Weg darstellt, den Wertschöpfungsbeitrag von Wissen auf der Basis eines sozialwissenschaftlich-empirischen Meßprozesses zu erfassen. Als ebenfalls gangbar kann der Weg bezeichnet werden, der die Entwicklung von Meßgrößen mittels des Konstruktionsprozesses wissensbezogener Meßgrößen nach Boisot (1998) enthält[185].

3.3.4.1 Zusammenfassung

Zunächst wurden in Abschnitt 3.3.1 die prinzipiellen Stärken und Schwächen der sozialwissenschaftlich-empirischen Meßmethodik in bezug auf die Erfaßbarkeit der Wertschöpfungsrelevanz von Wissen herausgearbeitet. Anschließend wurde das managementwissenschaftliche Instrument der Diagnostik von Wissensmanagement aus zwei Perspektiven, sowie ein konstruktivistischer Diagnostik- bzw. Bewertungsprozeß diskutiert. Hierbei konnten die folgenden drei Bezugspunkte herausgearbeitet werden:

- Die vorliegenden empirischen Studien indizieren, daß es mittels einer geeigneten theoriegeleiteten Wissensmanagementdiagnostik gelingt, wertschöpfungsrelevantes Wissen abzubilden.

- Eine solche Abbildung hat insbesondere den Vorteil, die Wissenstransformationsprozesse bzw. Wissensflüsse explizit berücksichtigen zu

---

[185] Der Vollständigkeit halber möchte ich – in Anlehnung an die Argumentation in Abschnitt 2.3.5.2.2 – nochmals darauf hinweisen, daß eine konstruktivistische Messung auch auf der Nutzung sozialwissenschaftlich-empirisch begründeter Meßgrößen beruhen *kann*, wenn hier eine lokale Interpretation des Ergebnisses vorgenommen wird.

können. Dies stellt eine wichtige Ergänzung der bislang vorgetragenen Statusperspektive der Erfassung von Wissen dar.

- Die Konstruktion von Meßgrößen durch die Anwendung des Kategoriensystems von Boisot (1998) hilft, monetäre Meßgrößen zu entwickeln, die zum einen die Komplexität des Untersuchungsgegenstandes einzuschränken helfen und daher entscheidungsunterstützend wirken können.

In Abbildung 24 werden diese Argumentationsebenen in einer Grafik zusammengefaßt.

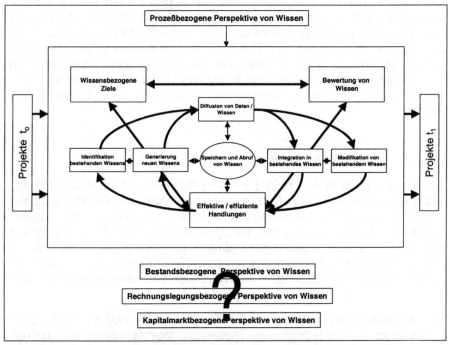

Abbildung 24: Die prozeßbezogene Perspektive der Erfassung von Wissen

Durch Abbildung 24 wird zum einen deutlich, daß es gelingt, mittels der Diagnostik von Wissensmanagement prozeßbezogene Aussagen zum Wertschöpfungsbeitrag von Wissen abzuleiten. Abbildung 24 soll ebenfalls verdeutlichen, daß solche Erhebungen in engem Zusammenhang mit konkreten Wissensmanagementprojekten – also im Sinne einer „vorher–nachher-Messung" – realisiert werden können. Dies ist aus Praktikabilitätsgesichtspunkten auch zu empfehlen, da zum momentanen Zeitpunkt eine *kontinuierliche* Diagnose solcher Indikatoren des Wissensmanagements auf vergleichsweise geringe Akzeptanz treffen dürfte[186].

Schließlich können aufgrund des Designs solcher Studien nur *unzureichende* Aussagen über die anderen drei Perspektiven der Messung von Wissen – nämlich die marktbezogene, die rechnungslegungsbezogene und die bestandsbezogene Perspektive – abgeleitet werden[187].

3.3.4.2 Erfassung wissensbezogener Wertschöpfung mittels managementwissenschaftlicher Instrumente: Eignung

Meines Erachtens enthalten die beiden vorgestellten Ansätze zur Messung wertschöpfungsrelevanten Wissens breite Annwendungsmöglichkeiten: Im Kontext des empirischen Meßverständnisses, also der Wissensmanagementdiagnostik, gelingt es, den wissensbezogenen Wertschöpfungsprozeß in seinem Gesamtzusammenhang abzubilden. Damit können Aussagen über folgende Meßdimensionen abgeleitet werden:

- Die beiden Studien von Reinhardt (1998c) und Bontis (1999) haben verdeutlicht, daß es gelingt, den **Prozeß der Wissenstransformation** zu diagnostizieren. Damit werden Aussagen über Phasen wie Identifikation von Wissen, Entwicklung neuen Wissens, Diffusion und Verarbeitung – im Sinne von Integration, Modifikation und Speicherung – von Wissen sowie Umsetzung von Wissen in Handlung, sowie über die Nutzung wissensbezogener Ziele und deren Erreichungsgrad anhand von Meßgrößen prinzipiell möglich.

- Darüber hinaus können solche individuellen Meßgrößen zu Meßgrößen auf **übergeordneten Meßebenen** aggregiert werden. Damit ist es möglich, gruppen- bzw. organisationsbezogene Profile der Wissenstransformation zu erstellen.

---

[186] In der Fallstudie von Reinhardt (1998c) wurde beispielsweise deutlich, daß das mangelnde Commitment der Bereichsleitung die Fortführung des Projekts behindert hat.

[187] Diese Einschätzung bezieht sich darauf, daß zwar entsprechende Fragen mit in eine Diagnostik – sei es in Form eines Fragebogens oder eines Interviews – mit aufgenommen werden können, doch bleibt es hier bei einer subjektiven Einschätzung der jeweiligen Positionen.

- Es gelingt ebenfalls, subjektive Einschätzungen hinsichtlich einzelner **Lernformen**, also kognitivem, kulturellem bzw. verhaltensrelevantem Lernen zu erfragen. Hierbei ist allerdings von unterschiedlichen Validitäten der entsprechenden Befragungsergebnisse auszugehen: Kognitive Lernformen lassen sich in einer nachvollziehbaren Weise erfassen. Demgegenüber ist anzunehmen, daß Aussagen hinsichtlich der Kultur bzw. der Umsetzung erworbenen Wissens eher vorsichtig zu interpretieren sind. Kulturbezogenes Lernen entzieht sich aufgrund der zugrundeliegenden Komplexität einer angemessenen Erfaßbarkeit[188]; zudem sind insbesondere Selbstauskünfte hinsichtlich des Umsetzungsgrades von Lernprozessen von dem Problem der sozialen Erwünschtheit und somit mangelnder Validität bedroht.

- In bezug auf die drei **Lerntypen** – „*single-loop learning*", „*double-loop learning*" und „*deutero learning*" (Argyris/Schön 1978) sind meines Erachtens tendenziell weniger brauchbare Aussagen zu erwarten: Auf der einen Seite lassen sich solche Lernprozesse zwar beschreiben und somit anhand geeigneter Items operationalisieren, doch scheint mir der Rückschluß von solchen Daten auf die zugrundeliegenden Lerntypen, ohne dezidierte, das heißt valide Kenntnis der jeweiligen Umwelt der befragten Personen nur schwer möglich.

Zusammenfassend betrachtet ist eine solche Wissensmanagementdiagnostik prinzipiell dazu geeignet, die vier von Pawlowsky (1994) entwikkelten theoretischen Dimensionen des organisationalen Lernens bzw. Wissensmanagements (vgl. Abschnitt 2.3.2.2) abzubilden. Allerdings ist zu prüfen, ob die Befragungsmethode das ausschließliche Instrument einer solchen Diagnostik darstellen sollte: Oben wurde bereits auf die Notwendigkeit hingewiesen, die individuellen Arbeits- und Lernumwelten der einzelnen Akteure explorieren zu müssen – was den Einsatz entsprechender Interviewmethoden nahelegt. Desweiteren wurde in Abschnitt 2.3.2.1 auf die unterschiedlichen Wissenstypen bzw. -klassen – allen voran auf die Differenz zwischen implizitem und explizitem Wissen (Nonaka/Takeuchi 1995) – hingewiesen; die Erfassung solcher Differenzen macht den Einsatz der Beobachtung notwendig.

Hinzukommt, daß es im Rahmen einer solchen Diagnostik gelingt, entsprechende Validitätskriterien zu berücksichtigen: Auf der einen Seite lassen sich **subjektive** Einschätzungen relevanter Größen – wie zum Beispiel Wettbewerbsvorteile (Reinhardt 1998c) – mit in die Befragung einfü-

---

[188] vgl. hierzu Sackmann (1989, 1991) und Schreyögg (1996) zur Problematik einer Unternehmenskulturdiagnose.

gen, auf der anderen Seite können entsprechende Ergänzungen mit organisationalen Leistungskriterien – als objektive Validitätskriterien – vorgenommen werden.

Abschließend ist auf den heuristischen Nutzen des Ansatzes von Boisot (1998) hinzuweisen, der es aus methodischer Sicht erlaubt, monetäre Meßgrößen zur Beschreibung von Wissenstransformationsprozessen sowie deren Inputs und Outputs abzuleiten.

Die obigen Ausführungen machen zudem deutlich, daß diese Methode auch als Intervention aufgefaßt werden kann, die mit dem Ziel eingesetzt wird, eine gruppenbezogene Bewertung von wissensmanagementbezogenen Dimensionen auf Basis der Meßgröße „Geldeinheit" zu erreichen. Somit liefert die Anwendung dieses Instruments auch Informationen über die Güte des entsprechenden gruppenbezogenen Lernprozesses: Die Reduktion der Varianz zwischen den einzelnen personenbezogenen Urteilen kann als Maßstab für einen solchen Lernprozeß aufgefaßt werden (vgl. Ijiri 1967, S. 133ff.).

3.4 Die integrative Perspektive

Die bisherige Diskussion im vorliegenden dritten Kapitel hat verdeutlicht, daß sich die vorgestellten Instrumente auf unterschiedliche Aspekte der Erfassung wertschöpfungsrelevanten Wissens beziehen: Auf der einen Seite beziehen sich die finanzwirtschaftlichen Instrumente auf die bonitäre Erfassung wissensbezogener Wertschöpfungsleistung, und zwar aus marktbezogener, rechnungslegungsbezogener und bestandsbezogener Perspektive, wohingegen auf der anderen Seite managementwissenschaftliche Instrumente auf die Erfassung des wissensbezogenen Wertschöpfungsprozesses abgestellt sind. Da sich die beiden Instrumentenklassen auf jeweils unterschiedliche Erkenntnisbereiche beziehen, stellt sich die Frage, ob bzw. inwiefern sich hier Integrationsmöglichkeiten – im Sinne eines „sowohl als auch" – identifizieren lassen. Im nächsten Abschnitt wird versucht, mittels der Methodik der **Indikatoren-** bzw. **Kennzahlensysteme** Antwort auf die Integrationsmöglichkeit finanzwirtschaftlicher und managementwissenschaftlicher Meßauffassungen zu geben.

3.4.1 Methodische Grundlagen: Indikatoren- und Kennzahlensysteme

Nach Randolph (1979, S. 29ff.) können Indikatoren zum einen als Instrumente des indirekten Messen in den Sozialwissenschaften, zum anderen aber auch als eine spezielle Form des Bewertens betrachtet werden. **Kennzahlen** bzw. **Indikatoren** stellen somit eine dritte Möglichkeit der Erfassung empirischer Tatbestände dar (vgl. auch Fischer 1989).

Bevor geprüft werden kann, ob bzw. in welchem Umfang sich Wissen im Rahmen von Indikatorensystemen erfassen läßt, sollen zunächst die methodischen Grundlagen dieses Ansatzes skizziert werden. Darauf aufbauend wird diese Frage vertieft im Kontext von eines zunehmend wichtiger werdenden Typs von Indikatoren- bzw. Kennzahlensystem diskutiert: Die **Wissenskapitaldiskussion** (3.4.2) kann zwar als eklektischer Ansatz zur Erfassung von Wissen gelten, hat aber den Vorteil einer recht breiten – und damit umfassenden – Basis für die Messung von wissensbezogener Wertschöpfung[189].

3.4.1.1 Begriffliche Grundlagen

3.4.1.1.1 Indikatoren und Kennzahlen

Kennzahlen haben schon seit längerer Zeit (z.B. Daniel 1963[190]; Staehle 1969; Heinen 1966) die Aufgabe, über betriebswirtschaftliche Tatbestände zu informieren. Unter **Kennzahlen** werden *"Zahlen und Zahlenverhältnisse verstanden, die für ein betriebswirtschaftliches Erkenntnisziel Aussagewert besitzen"* (Bouffier 1956, S. 28). Kennzahlen sind Zahlen mit besonderem Informationsgehalt für das Unternehmen (Reichmann 1993, S. 16; Küpper 1997, S. 317): Sie stellen Größen dar, die als Zahlen einen quantitativ meßbaren Sachverhalt wiedergeben und relevante Tatbestände sowie Zusammenhänge in einfacher und verdichteter Form kennzeichnen sollen; eine vergleichbare Auffassung existiert in bezug auf den Begriff **Indikator**[191] – daher werden beide Begriffe im folgenden *synonym* gebraucht.

---

[189] Hinzukommt, daß der dem strategischen Controlling entstammende Ansatz der *Balanced Scorecard* (Kaplan/Norton 1997) in Abschnitt 3.4.2.5.3 als *Ergänzung* zu den Ausführungen zum Wissenskapital skizziert wird, um zu zeigen, wie der explizite Anspruch einer empirischen Überprüfbarkeit eines Kennzahlen- bzw. Indikatorensystems eingelöst werden kann.

[190] Früh hierzu z.B. Daniel (1963, S. 166), der in bezug auf betriebswirtschaftliche Tatbestände zwischen drei Klassen von Daten differenziert: *Quantitative financial data* (Umsatz, Kosten), *Quantitative physical data* (Belegschaft, Produktivität) und *nonquantitative data* (Güte der Arbeitgeber-Arbeitnehmerbeziehungen).

[191] Ein Indikator kann allgemein als Maßstab für eine Größe aufgefaßt werden, die nicht oder nur mit unverhältnismäßig hohem Aufwand direkt gemessen werden kann, oder als Maßstab für Effekte, deren Beziehungen untereinander so komplex sind, daß

Häufig werden zur Beurteilung wirtschaftlicher Sachverhalte nicht nur eine, sondern mehrere Kennzahlen herangezogen; hierbei besteht die Möglichkeit einer sinnhaften Verdichtung von Kennzahlen zu **Kennzahlensystemen**. Hinzukommt, daß sich Kennzahlen anhand ihrer Merkmale[192] präzisieren lassen. Der Einsatz von Kennzahlensystemen erfolgt meist vor dem Hintergrund von zwei Zielsetzungen: Als **Informationsinstrument** dienen sie dann, wenn es darum geht, dem Nutzer adäquate Informationen zur Analyse von Sachverhalten bereitzustellen. Als **Steuerungsinstrument** werden Kennzahlensysteme eingesetzt, wenn es darum geht, Alternativen zu bewerten, Verhalten zu beeinflussen oder Kontrollen durchzuführen. Eine zentrale Voraussetzung für die Verwendung von Kennzahlen im Steuerungskontext besteht somit darin, daß das Unternehmen die Kennzahlen **beeinflussen** kann (Küpper 1997, S. 325f.).

Die wichtigsten Elemente einer Kennzahl können somit wie folgt zusammengefaßt werden: (a) Informationscharakter – sie liefert Informationen für eine Bezugsgruppe; (b) Quantifizierbarkeit – sie ist auf einem höheren Skalenniveau als Ordinalskala erfaßbar, und (c) spezifische Form der Information – die Interpretation der Kennzahl ist intuitiv eingängig.

Problematisch ist bei einer solchen Verdichtung, daß Einzelheiten über die zu erfassende Situation in einer unangemessenen Art und Weise verloren gehen und somit die Frage nach den Gründen einer Veränderung einer Kennzahl nicht mehr beantwortet werden kann. Ein zweites Problem entsteht durch die Notwendigkeit, die Frage nach der Wirtschaftlichkeit der Kosten für die Informationsgewinnung beantworten zu müssen: *„Der durch die Informationsgewinnung zusätzlich erzielte Ertrag des Unternehmens*

---

sie sich einer direkten Beobachtung entziehen; ein landläufiges Beispiel hierfür ist Lackmuspapier: Die Verfärbung zeigt für jeden sichtbar die Anwesenheit von Säure an – ohne daß die zugrundeliegende chemische Reaktion verstanden worden sein muß. Eine entsprechende Übereinkunft genügt, um diesen Indikator nutzen zu können. Im Rahmen des sozialwissenschaftlich-empirischen Meßverständnisses gilt demgegenüber ein eingeschränkteres bzw. präziseres Verständnis dieses Begriffs: Es geht in diesem Zusammenhang um einen empirisch beobachtbaren Sachverhalt, mit welchem ein nicht beobachtbares (latentes) Konstrukt bzw. eine Dimension eines solchen Konstruktes gemessen werden kann (vgl. hierzu Abschnitt 3.3.1.1).

[192] In bezug auf Kennzahlen lassen sich unterschiedliche Merkmale identifizieren (vgl. Küpper 1997, S. 317f.): (1) *Absolute Zahlen*, wie z.B. Bestandsgrößen (Lager, Kasse), Summen (Bilanzsumme), Differenzen (Gewinn); (2) *Verhältniszahlen* dienen einem Vergleich: (a) Bei *Beziehungszahlen* werden zwei verschiedenartige Größen in Beziehung gesetzt (Rentabilität als Verhältnis aus Gewinn und Kapital); (b) die *Gliederungszahlen* geben den Anteil einer Größe (z.B. Materialkosten) an einer Gesamtmenge (z.B. Periodenkosten) an; (c) *Indexzahlen* setzen inhaltlich gleichartige, aber zeitlich oder örtlich verschiedene Größen zueinander in Beziehung (z.B. Lohnkostenindex).

muß die Kosten der Informationsgewinnung übersteigen" (Albach 1961, S. 364)[193].

3.4.1.1.2 Kennzahlen- und Indikatorensysteme

In der Literatur lassen sich die drei folgenden Typen von Kennzahlensystemen voneinander abgrenzen: logische, empirische und hierarchische Kennzahlensysteme (Küpper 1997, S. 319ff.). Diese unterscheiden sich nicht nur durch die Beziehung der einzelnen Indikatoren untereinander, sondern auch in bezug auf ihre Entwicklung:

- **Logische Kennzahlensysteme:** Die Beziehung der Kennzahlen in logischen Kennzahlensystemen können **definitorischer** Art sein, wie beispielsweise bei dem Indikator „Gewinn", der aufgrund seiner Definition, aber nicht aufgrund empirischer Tatbestände, durch Leistungen und Kosten beeinflußt wird. **Mathematische Relationen** ergeben sich durch die Anwendung mathematischer Umformungen: So läßt sich zum Beispiel die Gesamtkapitalrentabilität (G/K) aus dem Produkt aus Umsatzrentabilität (G/U) und Kapitalumschlag (U/K) durch die Erweiterung des Zählers und Nenners mit dem Umsatz U berechnen. Ein bekanntes, auf mathematischen Umformungen beruhendes Kennzahlensystem ist das **Du-Pont-System** zur Bestimmung der Kapitalverzinsung (ROI, *return on investment*). Der Vorteil logischer Kennzahlensysteme

---

[193] Um diese Probleme zumindest in Teilen besser handhabbar zu machen, wurden für die Praxis eine Reihe von Kriterien definiert, die bei der Erstellung von Kennzahlen bzw. Kennzahlensystemen berücksichtigt werden sollten (vgl. Horváth & Partner 1998, S. 190f.): (a) Kennzahlen müssen quantifizierte Größen sein, d.h. sie müssen (eindeutig) in Geld- oder Mengeneinheiten meßbar sein; (b) zwischen einzelnen Kennzahlen in einem Kennzahlensystem dürfen keine konfliktären Beziehungen bestehen, d.h. Kennzahlensysteme müssen eine nach sachlogischen Kriterien geordnete, konfliktfreie Gesamtheit von einzelnen Kennzahlen darstellen; (c) Kennzahlen können sich sowohl auf Vergangenheits- als auch auf Zukunftsdaten beziehen. Bei Vergleichsrechnungen ist auf den gleichen Zeitbezug der Kennzahlen zu achten; (d) der Aufbau eines Kennzahlensystems darf nicht willkürlich geändert werden, um die Vergleichbarkeit der Ergebnisse über einen längeren Zeitraum hinweg gewährleisten zu können; (e) die Ermittlung jeder Einzelkennzahl unterliegt der Forderung nach Wirtschaftlichkeit. Das bedeutet, daß zwischen den Kosten der Informationsbeschaffung und -aufbereitung und dem Nutzen der Information ein angemessenes Verhältnis bestehen muß; (f) Kennzahlensysteme sollen das Wesentliche in konzentrierter Form abbilden und dennoch vollständig sein; (g) mit Kennzahlensystemen muß ein rationelles Arbeiten möglich sein, d.h. der Kernteil des Zahlenwerks darf nur Zahlen enthalten, die der Empfänger regelmäßig braucht, während Sonderteile des Kennzahlensystems nur bei Bedarf bereitgestellt werden sollten.

besteht in ihrer Geschlossenheit; der Nachteil demgegenüber darin, daß durch mathematische Operationen gewonnene Kennzahlen keinen empirischen Aussagegehalt besitzen und somit nicht unmittelbar entscheidungs- und somit steuerungsrelevant sind (Küpper 1997, S. 329). Daher ist es notwendig, eine enge Beziehung mit empirischen Tatbeständen herzustellen.

- **Empirische Kennzahlensysteme:** In empirischen Kennzahlensystemen wird die Beziehung zwischen Kennzahlen theoretisch begründet und empirisch auf Gültigkeit geprüft. Somit lassen sich Kennzahlensysteme aus der Kosten- und Preistheorie sowie aus der Organisationstheorie ableiten. Ein bekanntes Beispiel hierfür ist das aus der betriebswirtschaftlichen Kosten- und Preistheorie hervorgegangene **Kosteneinflußgrößensystem** nach Gutenberg (1983, S. 344ff.), in dem versucht wird, die Ausprägung der Kennzahl „Kosten" aus der Beschäftigung, den Preisen und der Qualität der Einsatzgüter, der Betriebsgröße und dem Fertigungsprogramm abzuleiten.

- **Hierarchische Kennzahlensysteme:** Hierarchischen Kennzahlensystemen können unterschiedliche Strukturierungsprinzipien zugrundeliegen: Zum einen in bezug auf die zeitlich-logische Dimension, die aus Entscheidungen hinsichtlich vor- und nachgelagerter Aktivitäten resultiert, und zum anderen hinsichtlich der Differenzierung zwischen Haupt- und Nebenkennzahlen. In diesem Zusammenhang läßt sich meist ein organisationshierarchischer Bezug identifizieren: Hauptkennzahlen sind hochverdichtet und unterstützen meist strategische Entscheidungen, wohingegen untergeordnete Kennzahlen im allgemeinen Relevanz für die unteren Ebenen, und somit für das operative Geschäft aufweisen.

Faßt man diese Argumentation zusammen, so wird deutlich, daß Indikatoren bzw. Kennzahlen eine hochverdichtete Information bzgl. empirischer Sachverhalte darstellen, die zudem möglichst quantitativ dargestellt werden sollte, und die einem oder mehreren Entscheidungsträger als Informations- und/oder Entscheidungsinstrument für einen bestimmten Zweck dient.

3.4.1.2 Messung mit Indikatoren

Da – wie oben bereits angedeutet – der Einsatz von Indikatoren einem subjektiven Nutzen bzw. Zweck des Erfassens von unmittelbar weder beobachtbaren noch meßbaren empirischen Sachverhalten folgt, bezieht sich der Einsatz von Indikatoren auch nicht auf die Ableitung nomologischer Aussagen, sondern dient eben dieser Zweckerfüllung. Damit aber stellt sich die Frage nach dem Abbildungsverständnis von Indikatoren.

In diesem Zusammenhang scheinen die Überlegungen von Randolph (1979), die er im Kontext seiner **pragmatischen Theorie der Indikatoren** entwickelt hat, tragfähig zu sein, da er hierbei den naturwissenschaftlichen durch einen pragmatischen und somit voraussetzungsärmeren Abbildungsbegriff (vgl. Abschnitt 2.3.5.3) ersetzt. Von besonderer Bedeutung sind hier folgende definitorischen Bestimmungsstücke von Indikatoren (vgl. Randolph 1979, S. 61ff.): (a) Indikatoren sind spezifische Zeichenträger für einen konkreten Interpreten – und somit zweckgebunden; (b) sie sind keine Abbilder der Realität, sondern erklärende Hypothesen und somit Mittel im Rahmen eines Problemlösungsprozesses. Damit einher geht die Anforderung, daß Indikatoren (c) in Relation zu einer bestimmten Zielsetzung sachlich relevant sein müssen; (d) Bestandteil des Zielsystems von Entscheidungsträgern sein müssen, sodaß sich daraus Handlungskonsequenzen ergeben können[194]; (e) von Entscheidungsträgern als Hilfsmittel im Problemlösungsprozeß akzeptiert werden; (f) den qualitativen und quantitativen Informationskapazitäten der Nutzer angepaßt werden und (g) kommunizierbar sein müssen.

Diese Kriterien verdeutlichen, daß hinter dem Indikatorenverständnis von Randolph (1979) nicht die Absicht steckt, mit Hilfe von Indikatoren Gesetzesaussagen entdecken zu wollen, sondern vielmehr bedarfsorientierte Kriterien – nämlich die Problemsicht und das Verwertungsinteresse des Nutzers bzw. Entscheidungsträgers. Somit ist der Meßvorgang im pragmatischen Ansatz *„Gegenstand eines Entscheidungsprozesses, in dem die verschiedenen Parameter nicht vor dem Hintergrund der verfügbaren Methoden, sondern auf der Basis von Nutzen-Kosten-Überlegungen abzuwägen sind"* (Fischer 1989, S. 316). Somit muß zwischen *„teuren, vielseitig verwendbaren Meßergebnissen und billigen, aber nur beschränkt nutzbaren entschieden werden"* (Randolph 1979, S. 69f.)

3.4.1.3 Entwicklung von Indikatorensystemen

Es lassen sich prinzipiell zwei Möglichkeiten der Entwicklung von Indikatoren- bzw. Kennzahlensystemen identifizieren: Das **deduktive** Vorgehen setzt Indikatoren voraus, deren Verknüpfung theoretisch begründet wurde (Keeney/Raiffa 1976, S. 35). Wie oben bereits verdeutlicht (vgl. Abschnitt

---

[194] vgl. oben zur Informations- und Steuerungsrelevanz von Indikatoren und Kennzahlen.

1.2.2.3), existieren solche begründeten Indikatorensysteme zur Erfassung von Wissen bislang nicht; daher genügt es, sich den **induktiven** Konstruktionsprozessen von Indikatorensystemen zuzuwenden.

Ausgangspunkt eines solchen **empirisch-induktiven** Vorgehens ist eine erste Datensammlung über Delphi- und Expertenbefragungen sowie weiterer Quellen und eine anschließende Verdichtung nach Plausibilitätsgesichtspunkten, woraus sich erste Hypothesen ergeben, die dann anhand des vorliegenden Materials geprüft – und gegebenenfalls modifiziert werden (vgl. Küpper 1997, S. 329ff.). Ein solches induktives Vorgehen liegt beispielsweise der Erstellung der PIMS-Datenbank zugrunde (Wakerly 1984, S. 92ff.): Ausgehend von Befragungen aus den fünfziger Jahren hat die Harvard Business School im Jahre 1972 damit begonnen, systematische Daten über die Einflußgrößen der Gesamt- und Umsatzrentabilität strategischer Geschäftseinheiten zu sammeln und zu analysieren[195]. Haupteinflußdimensionen dieser Erfolgsgrößen sind: Marktattraktivität, Wettbewerbsposition, Investitionsattraktivität, Kostenattraktivität, allgemeine Unternehmensmerkmale wie Größe oder Diversifikationsgrad und die Veränderungsrate dieser jeweiligen Größen (Homburg 1991, S. 55). Weitere induktive Ansätze werden unten im Kontext der Instrumente der Wissenskapitalsysteme und der *Balanced Scorecard* erörtert.

3.4.1.4 Gütekriterien und Anforderungen an Indikatoren und Kennzahlen

Die Gütekriterien, die an die Konstruktion von Indikatoren gestellt werden, lassen sich direkt obiger Definition entnehmen; Randolph (1979, S. 102ff.) differenziert dabei zwischen den folgenden drei Indikatorenbedingungen, die er als Gütekriterien interpretiert: (a) Die **syntaktische** Indikatorenbedingung soll sicherstellen, daß die Eigenschaften des Indikators die Informationsverarbeitungskapazitäten des Anwenders weder in quantitativer noch in qualitativer Hinsicht überschreiten; (b) die **semantische** Indikatorenbedingung fordert, daß die Eigenschaften des Indikators empirisch gehaltvolle Aussagen über das Original machen können; (c) die **pragmatische** Indikatorenbedingung fordert eine sachlich relevante und den Motiven und Zielsetzungen der Handlungsträger entsprechende Aussage für den jeweiligen Problemlösungsprozeß. Küpper (1997, S. 325) argumentiert ähnlich und schlägt die folgenden drei Gütekriterien für die Beurteilung von Indikatorensystemen vor: *„Kennzahlen- und Zielsystem sollten*

---

[195] Im Jahr 1986 lagen Daten von über 2600 strategische Geschäftseinheiten mit jeweils über 200 Datenpunkten vor.

mehreren Anforderungen genügen: Sie sollten eine klare und hierarchische Struktur besitzen, um durchsichtig und verständlich zu werden. Insbesondere als Steuerungsinstrument müssen sie von den Mitarbeitern akzeptiert werden. Dazu ist es erforderlich, daß diese ihren Aufbau nachvollziehen können".

Die Anforderung der **Klarheit** bzw. **Einfachheit** resultiert für Küpper (1997) zum einen aus der Reduktion der verwendeten Indikatoren auf ein Minimum, wobei eine entsprechende Strukturierung besonders hilfreich ist, und zum anderen daraus, daß die zugrundeliegende Ursache-Wirkungs-Beziehung, die mittels des Systems oder eines Indikators abgebildet werden soll, plausibel bzw. nachvollziehbar ist. Eine solche Nachvollziehbarkeit ist dann gewährleistet, wenn ein Kennzahlensystem *gemeinsam* mit Führungskräften und Mitarbeitern entwickelt wird. Zudem fördert eine solche partizipative Vorgehensweise die **Akzeptanz** des Systems und damit die Wahrscheinlichkeit seiner Nutzung. Eine das Verständnis und die Einsatzbereitschaft fördernde Struktur solcher Kennzahlensysteme wird durch die **hierarchischen Beziehungen** zwischen den einzelnen Indikatoren erreicht. Der Vorteil hierbei ist, daß es zunächst genügt, sich an Kennzahlen der oberen Ebene zu orientieren, und man sich erst bei weitergehenden Analysenotwendigkeiten auch tieferliegenden Kennzahlen zuwenden kann.

3.4.1.5 Fazit: Die Erfaßbarkeit von Wissen im Rahmen von Indikatorensystemen

Zunächst fällt auf, daß es mit Indikatorensystemen gelingt, eine relativ große **Breite** an wissensbezogenen Aspekten abzubilden: Diese resultiert aus einer Berücksichtigung finanzwirtschaftlicher Meßgrößen – als abhängige Variablen – für bonitäre Meßaspekte, zum anderen aber auch aus der Option, verhaltens- bzw. managementwissenschaftlich begründete Variablen – als unabhängige Variablen – mit in ein Indikatorensystem einzufügen. Konkret heißt dies, daß mit der Nutzung von Indikatorensystemen die Erwartung an eine gewisse **Vollständigkeit** verbunden ist: Zum einen im Sinne der „methodologischen" Herkunft einzelner Indikatoren, zum anderen in bezug auf die Abbildbarkeit relevanter Ursache-Wirkungs-Beziehungen – und somit subjektiver Nutzenbezüge – in einem solchen Indikatorensystem, und schließlich im Sinne einer Adaptivität: Aufgrund vorliegender empirischer Daten können zugrundeliegende Annahmen geprüft und ggf. modifiziert werden.

Damit einhergehend stellt sich die Frage nach dem Geltungsbereich solcher Indikatorensysteme: Betrachtet man rein bonitäre Indikatorensysteme – also Kennzahlensysteme *im engeren Sinne* – so ist von einer breiten Anwendbarkeit auszugehen. Nimmt man jedoch vermehrt nicht bonitär begründete Indikatoren mit in ein solches System auf, ist zunehmend mehr auf eine lokale Interpretation der jeweiligen Erhebungsergebnisse abzustellen – letztlich aus dem Grund, daß (a) die individuellen Nutzenerwartungen zunehmend weniger vergleichbar sind, und (b) die Kontextabhängigkeit der Indikatoren zunehmend mehr bei der Interpretation der Ergebnisse berücksichtigt werden muß.

Diskutiert man diese Überlegungen vor dem Hintergrund des oben erläuterten epistemologischen Vorverständnisses wissensbezogener Aussagen (Abschnitt 2.3.5.2; vgl. von Krogh/Roos 1996), so wird deutlich, daß Randolph (1979) auf ein konstruktivistisches Abbildungsverständnis rekurriert: Im Mittelpunkt seiner Ausführungen steht die Orientierung an lokalen Zielsetzungen – was sich insbesondere an der pragmatischen Indikatorenbedingung verdeutlichen läßt.

In welchem Umfang lassen sich nun die drei konstitutiven Merkmale von Wissen – Unsichtbarkeit, Trägerabhängigkeit und Kontextabhängigkeit bzw. Anschlußfähigkeit – durch Indikatorensysteme abbilden? Die Antwort auf diese Frage ist vergleichsweise einfach, können hierzu doch die bereits vorliegenden Analysen zur Brauchbarkeit der Bewertung (Abschnitt 3.2.1) und des sozialwissenschaftlich-empirischen Messens (Abschnitt 3.3.1) herangezogen werden: Die Erfassung des Merkmals **Unsichtbarkeit** konnte im Rahmen des Bewertungskonzeptes nicht berücksichtigt werden, da sich die wert- bzw. kostenmäßigen Begriffe aufgrund der beiden Extensionen (Menge, Wert) qua definitionem nur auf objektiv erfaßbare, also materielle Güter beziehen lassen (vgl. Abschnitt 3.2.1.3). Dieses Defizit kann allerdings durch eine entsprechende Berücksichtigung sozialwissenschaftlich-empirisch begründeter Meßgrößen kompensiert werden, wobei hier auf die Defizite bei den Eingangsentscheidungen – Abgrenzung, Strukturierung und Selektion der Merkmale – zu verweisen ist (vgl. Abschnitt 3.3.1.2).

Die **„Trägerabhängigkeit"** von Wissen konnte aus der Bewertungsperspektive wert- bzw. kostenmäßig differenziert betrachtet werden (vgl. Abschnitt 3.2.4.2), wohingegen im Rahmen sozialwissenschaftlich-empirischer Messung nur begrenzte Aussagen ableitbar waren (vgl. Abschnitt 3.3.4.2).

Die **Kontextabhängigkeit bzw. Anschlußfähigkeit** von Wissen stellt im Rahmen der sozialwissenschaftlich-empirischen Messung aufgrund der vorhandenen Deutungsmuster und Entwicklungserwartungen ein zwar theoretisch, aber nicht praktisch lösbares Problem dar (vgl. Abschnitt

2.2.7.2). Die betriebswirtschaftliche Bewertungsargumentation erlaubt aufgrund ihrer „*black box*"-Argumentation keine Berücksichtigung solcher Merkmale.

Nachdem jetzt das integrative Potential von Indikatoren bzw. Kennzahlensystemen erörtert wurde, soll im nächsten Abschnitt anhand der Instrumente zur **Messung von Wissenskapital** die konkrete Ausgestaltung eines solchen indikatorengestützten Vorgehens zur Erfassung wertschöpfungsrelevanten Wissens dargestellt werden.

Oben wurde bereits gezeigt, daß die Bewertung unsichtbarer Vermögensgegenstände, die über die bilanzielle Erfaßbarkeit hinausgeht, von subjektiven Einflüssen geprägt ist (vgl. Abschnitt 3.2.2.1). Wissenskapitalsysteme sind zwar nicht in der Lage, hier eine vollständige Objektivierung anzubieten, doch ermöglichen sie es aufgrund ihrer Systematik, umfassende Anhaltspunkte für die Erfassung und Bewertung wissensbezogener Vermögensgegenstände anzubieten. Eine solche Systematik kann dann zu einem stärkeren Vertrauen bei den *stakeholder* bzw. der Öffentlichkeit in bezug auf eine entsprechende Berichterstattung führen.

3.4.2 Wissenskapitalsysteme

3.4.2.1 Konzeptionelle Grundlagen

Wie in Kapitel 1 bereits skizziert wurde, ist mit dem Begriff Wissenskapital der Anspruch verbunden, Wissen in betrieblichen Zusammenhängen messen, erfassen und bewerten zu können. Die Entwicklung von Konzepten zur Erfassung von Wissenskapital geht auf zwei verschiedene, später miteinander verzahnte Wurzeln zurück: Die Erfassung und Dokumentation von Wissenskapital basierte zunächst auf der Überlegung, daß Unternehmen mit geringem Anlagevermögen – und (unterstelltem) hohem Anteil an wissensbezogenem Vermögen – Probleme haben, Investoren von der Güte des eigenen Geschäfts zu überzeugen, da hier das traditionelle Rechnungswesen keine entsprechenden Daten zur Verfügung stellt (vgl. Abschnitt 1.2.2.2). Die Konsequenz bestand somit darin, Ergänzungen zum Geschäftsbericht zu entwickeln, die Auskunft über den Wert des eigenen Wissenskapitals geben können. Hintergrund dieser Überlegungen war die Interpretation, daß die zunehmend größer werdende Differenz zwischen Buch- und Marktwert auf eine positive Würdigung des Wissenskapitals durch den Kapitalmarkt zurückzuführen ist (vgl. Abschnitt 2.2.6.1; Sveiby 1997; Edvinsson/Malone 1997). Damit stand im Rahmen der Wissenskapitaldiskussion zunächst eine **externe** Perspektive im Mittelpunkt der Überlegungen, ging es doch um die Bereitstellung von Informationen für externe Bezugsgruppen. Im Zuge dieser Erfahrungen wurde deutlich, daß Wissen nur in einem untergeordneten Maß mit Hilfe finanzieller Kennzahlen erfaßbar ist. Konsequenterweise wurden **mehr-dimensionale Meßsysteme** zur Erfassung von Wissenskapital entwickelt, die *neben* Finanzindikatoren auch mikro-ökonomische und managementbezogene Indikatoren enthalten[196]. Somit folgten **interne** Bezüge zur Wissenskapitalmessung den extern definierten Zielen. Diese interne Perspektive war gleichzeitig mit der Frage nach der *gezielten* Entwicklung von Wissenskapital bzw. der Gestaltung wissenskapitalbezogener Prozesse verbunden.

Nähert man sich dem Thema Wissenskapital von der *inhaltlichen* Seite, so läßt sich zunächst eine Vielzahl verschiedener Komponenten von Wissenskapital identifizieren, auf die aus Gründen der Redundanz wie auch aus Platzgründen nicht im Detail eingegangen werden kann (vgl. Abschnitt 1.2.2.3). Einige Autoren sind dazu übergegangen, die Vielzahl einzelner Wissenskapitalaspekte zu **klassifizieren**. Dabei wird ein hohes Maß an begrifflicher und inhaltlicher Übereinstimmung zwischen den einzelnen Klassifikationsschemata deutlich (vgl. Tabelle 17).

---

[196] Der Begriff „mehr-dimensional" soll explizit von der Vorstellung abgrenzen, Wissenskapital anhand eindimensionaler – finanzwirtschaftlicher – Größen zu erfassen.

Wissenskapital =	Humankapital +	Strukturkapital	
Roos et al. (1997)	Human Capital • Competence • Attitude • Intellectual agility	Structural Capital • Relationships • Organisation • renewal and development	
Wissenskapital =	**Humankapital +**	**Organisationskapital +**	**Kundenkapital**
Edvinsson/Malone (1997)	• Human Capital	• Organizational capital • Innovation capital • Process capital	• Customer Capital
Sveiby (1997)	• Competence	• Internal structure	• External structure
Stewart (1997)	• Human Capital	• Structural capital	• Customer Capital
Brooking (1997b)	• Human centered assets	• Infrastructure assets • Intellectual property assets	• Market-centered assets

Tabelle 17: Übersicht über Dimensionen und Kategorien von Wissenskapital (Originalbegriffe)

Tabelle 17 ist zu entnehmen, daß *alle* Autoren eine prinzipielle Trennung zwischen **Strukturkapital** und **Humankapital** vornehmen. Diese Differenzierung basiert auf dem Kapitalbegriff, wie er in der Rechnungslegung verwendet wird: Das Unternehmen – besser: die Eigner – verfügen über keinerlei Eigentumsrechte am Humankapital, wohingegen das Strukturkapital sich in größerem Umfang in den Händen des Unternehmens befindet: *„Strukturkapital ist das, was übrigbleibt, wenn alle Organisationsmitglieder das Unternehmen verlassen haben"* (Edvinsson/Malone 1997, S. 12). Eine ähnlich plakative Differenzierung folgt der Unterscheidung zwischen *„denkendem"* und *„nicht-denkendem"* Wissenskapital (Roos et al. 1997, S. 31). Basierend auf diesen Dimensionen und Kategorien werden Gestaltungsempfehlungen sowie Indikatoren abgeleitet, mit deren Hilfe der Zuwachs an der entsprechenden Wissenskapitalkomponente festgestellt werden kann.

Im folgenden sollen zunächst die konzeptionellen Überlegungen von Sveiby (1997), Edvinsson/Malone (1997) und Roos et al. (1997) zur konzeptionellen Begründung der jeweiligen **Wissenskapitalsysteme** skizziert werden, woran sich eine vergleichende Übersicht der entsprechenden Indikatorensysteme anschließt.

3.4.2.1.1 Der Ansatz von Sveiby (1997)

Im Mittelpunkt von Sveibys Arbeiten (1989, 1997) steht die Annahme, daß eine Orientierung am „alten Paradigma", Wertschöpfung ausschließlich aus finanzwirtschaftlicher Perspektive zu betrachten und zu messen, nicht zielführend sein kann: *„If we measure the new, like knowledge, with the tools of the old, we won't "see" the new"* (Sveiby 1997, S. 1). Damit wird die Möglichkeit, Wissenskapital objektiv messen zu können, abgelehnt, da Wissensbestands- und –flußgrößen prinzipiell nur unzureichend in monetären Größen erfaßbar sind. Daher geht es für Sveiby (1989, 1997) in seinen Arbeiten darum, ein neues Bezugssystem zu entwickeln, das der Natur des Untersuchungsgegenstandes besser gerecht wird.

Eine weitere Kernannahme von Sveiby (1997) ist, daß es *letztlich* Menschen sind, die in einer Organisation wertschöpfend tätig sind. Von Menschen erzielte Gewinne sind lediglich ein Maßstab dafür, wie erfolgreich Menschen zusammenarbeiten; finanzieller Erfolg sollte daher *nicht* als Produktivität des Anlagevermögens interpretiert werden:

„Human knowledge has very little to do with money, and very few people handle money. If the notion of people as revenue creators is reasonably correct, we therefore have to come closer to „the source" of their knowledge if we wish to measure it more accurately. This is why I argue that non-financial indicators probably are superior to financial ones" (Sveiby 1997, S. 1).

Diese Perspektive führt für Sveiby (1997) zur Konsequenz, menschliche Handlungen – basierend auf dem Know-how ihrer jeweiligen Akteure (*competence*) – in den Mittelpunkt seiner Betrachtung zu stellen; von menschlichen Kompetenzen sind wiederum Strukturen abhängig, die sich hinsichtlich einer internen (*internal structures*) oder einer externen Perspektive (*external structures*) unterteilen lassen. Zusätzlich zu dieser inhaltlichen Differenzierung in die drei Dimensionen von Wissenskapital orientiert Sveiby (1997) die Messung von Wissenskapital auf drei unternehmensbezogene Perspektiven – und zwar hinsichtlich ihres Beitrags zu (a) *Wachstum und Erneuerung*, (b) *Effizienz* und (c) *Stabilität* des Unternehmens. Diese weitere Differenzierung wird von Sveiby (1997) nicht weiter theoretisch begründet; aus meiner Sicht handelt es sich bei dieser Kategorisierung um eine Maßnahme zur Reduktion der Komplexität des Meßsystems für die Anwender, also die Führungskräfte.

Die konzeptionellen Grundlagen von Sveiby (1997) finden in einem Meßinstrument – dem *Intangible Assets Monitor* – Anwendung und werden zur Erfassung bzw. Überwachung von Wissenskapital in einigen Unternehmen eingesetzt (z.B. WM data oder Celemi). Aufgrund der erst kurzen Anwendungsdauer dieses Instruments können zwar noch keine systematischen Ergebnisse berichtet werden, aber dennoch zur Illustration dieser Überlegungen herangezogen werden. Der Aufbau des Intangible Assets Monitors soll anhand des Fallbeispiels Celemi, einem schwedischen Trainingsunternehmen, ausschnittsweise dargestellt werden (vgl. Tabelle 18).

Die Übersicht in Tabelle 18 verdeutlicht zum einen folgende, nicht nur bei Sveiby (1997) identifizierbare, sondern generell vorhandene Aspekte der Erfassung von Wissenskapital aus qualitativer Perspektive: Die Meßgrößen sind einfach dimensioniert – prinzipiell werden Absolutgrößen, Verhältnismaße und finanzielle Indikatoren zur Messung von Wissenskapital eingesetzt (vgl. Edvinsson/Malone 1997). Zum anderen verweisen die unterschiedlichen Dimensionen dieser Meßgrößen auf eine nur geringe Integrationsfähigkeit und somit auf eine hohe Komplexität des entsprechenden Meßsystems.

Um Mißverständnissen vorzubeugen, soll an dieser Stelle zusätzlich darauf hingewiesen werden, daß Sveiby (1989, 1997) **nicht** den Anspruch erhebt, daß die von ihm entwickelten und vorgeschlagenen Indikatoren Wissenskapital **vollständig** erfassen können. Vielmehr plädiert er für eine Anpassung der Indikatoren an die Ziele des jeweiligen Unternehmens.

	Externe Struktur		Interne Struktur		Kompetenz der Mitarbeiter	
Wachstum/	Umsatzwachstum	44%	IT-Investitionen (% der Wertschöpfung)	11%	durchschnittliche Berufserfahrung	7,8
	Imagefördernde Kunden	40%	organisationsfördernde Kunden	44%	kompetenzfördernde Kunden	43%
Effizienz	Veränderung: Umsatz/ Kundenanzahl	4%	Veränderung: administrative MA / Gesamtzahl der MA	4%	Wertschöpfung pro Kundenexperte	867 (-13%)
			Veränderung: Umsatz/administrative MA	-20%	Wertschöpfung pro MA	665 (-13%)
Stabilität	Wiederholungsaufträge	66%	Fluktuation der administrativen MA	0%	Fluktuation Kundenexperten	10%
	Umsatzanteil der 5 größten Kunden	41%	durchschnittl. Unternehmenszugehörigkeit pro administrativem MA	3	durchschnittl. Unternehmenszugehörigkeit pro Kundenexperten	2,3

Tabelle 18: **Intangible Assets Monitor (Ausschnitte) für das schwedische Unternehmen Celemi für das Geschäftsjahr 1994/95 (Quelle: Sveiby 1997, S. 195)**

3.4.2.1.2 Der Ansatz von Edvinsson/Malone (1997)

Leif Edvinsson war von 1991 bis 1999 *Chief Knowledge Officer* (vgl. Abschnitt 1.2.2.3) bei dem schwedischen Versicherungskonzern Skandia AFS und gilt als *der* Vorreiter unter den Managern in Sachen Erfassung und Management von Wissenskapital. Seine Ausgangsargumentation besteht in der Kritik an der klassischen Rechnungslegung, die nicht in der Lage ist, Auskunft über die wissensbezogenen Wertschöpfungskomponenten zu liefern:

„In an age when not only companies but entire product categories can disappear overnight, and where competitors may change their relationships and their relative market shares daily, earning statements and balance sheets offer little more than snapshots of where the company *has been*. Even worse, most of those snapshots are skewed or aimed at the wrong subject. After all, who cares how much land the company owns if its technology is not going to be accepted by the market? And how valuable is inventory, except as landfill, if the market has adopted a different standard?" (Edvinsson/Malone 1997, S. 9).

In einer Reihe von Veröffentlichungen (Edvinsson 1997; Edvinsson/Malone 1997; Roos et al. 1997) verdeutlicht er die Vorteile des Skandia-Navigators, dem Instrument zur Erfassung von Wissenskapital – das zudem inhaltlich starke Berührungspunkte mit der Argumentation von Sveiby (1997) aufweist. Die beiden Ansätze unterscheiden sich erstens hinsichtlich ihres theoretischen Gehalts – Edvinsson (1997) verzichtet weitestgehend auf die Begründung seiner Indikatoren, zweitens hinsichtlich ihres Umfangs – Edvinsson/Malone (1997) schlagen über 160 Indikatoren zur Erfassung von Wissenskapital vor – und drittens schließlich hinsichtlich ihres Verbreitungsgrades: Der Skandia-Navigator ist mittlerweile zum Führungsinstrument des Skandia-Konzerns avanciert: Jeder Regionalleiter von Skandia AFS ist verpflichtet, vier relevante Kennzahlen des Meßsystems zu benennen und zu verdeutlichen, welche Zuwächse im Laufe der nächsten Periode zu erwarten sind.

Ausgangspunkt des Skandia Navigators ist die Idee, den Wert des Wissenskapitals aus der Differenz zwischen Markt- und Buchwert herzuleiten (vgl. Abschnitt 1.2.2.3). Wissenskapital wird dann – ähnlich wie bei Sveiby (1997) – in weitere Dimensionen, Kategorien und Unterkategorien ausdifferenziert: Wissenskapital besteht nach Edvinsson/Malone (1997) aus Humankapital und Strukturkapital, wobei Strukturkapital wieder in Kundenkapital und Organisationskapital ausdifferenziert wird.

Die strukturelle Identität des Modells von Edvinsson/Malone (1997) mit den Überlegungen von Sveiby (1997) ist unverkennbar, wobei hier allerdings noch ein Schritt weiter gegangen wird, indem Organisationskapital weiter in Prozeßkapital (der Wert der im Unternehmen entwickelten und umgesetzten Abläufe zur Leistungserstellung) und Innovationskapital (dem Wert der in Entwicklung befindlichen neuen Produkte und Prozesse) aufgegliedert wird.

Die Komponenten dieses grundlegenden Wissenskapitalmodells von Edvinsson/Malone (1997) finden sich im Skandia-Navigator wieder. Der Navigator wurde erstmals 1996 als Anhang zum Jahresbericht des Unternehmens Skandia präsentiert und enthielt damals etwa 30 Schlüsselelemente, mit denen fünf Schwerpunktbereiche des Unternehmens beschrieben wurden. Diese Schwerpunktbereiche sind: *Financial Focus, Customer Focus, Process Focus, Human Focus* und *Development & Renewal Focus*.

3.4.2.1.3 Der Ansatz von Roos et al. (1997)

Schließlich soll an dieser Stelle noch kurz auf den Ansatz von Roos et al. (1997) hingewiesen werden: Zum einen deshalb, weil Roos et al. (1997) die Dimension Kundenkapital durch die Dimension „Beziehungen" ersetzen und hiermit auf die Notwendigkeit verweisen, die Güte bzw. den Wert der Beziehungen des Unternehmens zu seinen *stakeholders* in seiner Gesamtheit zu berücksichtigen und nicht nur auf die Kundenperspektive zu reduzieren. Zum anderen sind Roos et al. (1997) die ersten Autoren, die versuchen, über die Bestandsperspektive des Wissenskapitals hinauszugehen und ein Konzept zur Prozeßperspektive – der Veränderung der Wissenskapitalperspektive – zu entwickeln (ausführlich hierzu vgl. Abschnitt 3.4.2.2.4).

3.4.2.2 Die Erfassung von Wissenskapital

Wie die Übersicht in Tabelle 17 bereits verdeutlicht hat, schlagen die verschiedenen Autoren eine Dreiteilung – Individuum, Interne Struktur, Externe Struktur – zur Erfassung des Bestands von Wissenskapital vor. Im folgenden werden zunächst diese Bestandsgrößen in Abhängigkeit der jeweiligen Zuordnung zu diesen drei Perspektiven dargestellt und anschließend durch ein Modell ergänzt, mit dessen Hilfe die Flüsse zwischen den Wissenskapitalbeständen begrifflich gefaßt werden sollen.

3.4.2.2.1 Der individuelle Wissenskapitalbestand

In Abschnitt 1.2.1 wurde bereits skizziert, daß die Entwicklung zur Wissensarbeit als sektoraler Wandel auf volkswirtschaftlicher Ebene beschrieben werden kann. Aus betriebswirtschaftlicher bzw. Managementperspektive impliziert diese Veränderung einen Wandel hinsichtlich des Verständnisses in bezug auf das Eigentum von Produktionsmitteln. Hierbei steht die Hypothese im Mittelpunkt, daß die Wissenseigner die maßgeblichen Besitzer der Produktionsmittel in einem wissensintensiven Unternehmen darstellen[197]. **Kompetente Menschen – Menschen mit Know-how – gelten somit als der wichtigste Produktionsfaktor eines (Wissens-)unternehmens**: War der maßgebliche Produktionsfaktor ursprünglich die Maschine, so findet sich jetzt eine zunehmende Dominanz des Menschen und seiner Kompetenzen als produktive Ressource (vgl. Sattelberger 1999). Im Rahmen der Wissenskapitaldiskussion spiegelt sich diese besondere Position auch durch die Vielzahl und Vielfalt entsprechender Indikatoren wieder (vgl. Tabellen 19 bis 21).

Individuelle Perspektive der Erfassung von Wissenskapital (Teil 1)					
Sveiby (1997)		Roos et al. (1997)		Edvinsson/Malone (1997)	
Competence		Human Capital		Human Focus	
Kategorie	Indikatoren (Beispiele)	Kategorie	Indikatoren (Beispiele)	Kategorie	Indikatoren (Beispiele)
Effizienz	Anzahl von Experten in Relation zur Gesamtzahl der Mitarbeiter Produktivität der Experten Umsatz/Experte, Gewinn/Experte, ROI/Experte			Finanzieller Fokus	Bilanzsumme / Mitarbeiter Umsatz / Mitarbeiter Gewinn / Mitarbeiter Value added / Mitarbeiter Value added / IT Mitarbeiter Marktwert / Mitarbeiter
Stabilität	Durchschnittsalter der Belegschaft Dauer der Betriebszugehörigkeit Gehaltsniveau Fluktuationsrate der Experten			Stabilität	Kündigungsrate Kündigungsrate der Vollzeitbeschäftigten Mittlere Anstellungsdauer Mittlere Anstellungsdauer der Vollzeitbeschäftigten

Tabelle 19: Die individuelle Perspektive der Erfassung von Wissenskapital (Quellen: Sveiby 1997; Roos et al. 1997; Edvinsson/Malone 1997)

---

[197] Dem „Human Focus" kommt somit eine zentrale Bedeutung für die Wissenskapitalerfassung zu: *"Without a successful human dimension to a company, none of the rest of the value creation activities will work, no matter how sophisticated the technology is. An unhappy company is a worthless company; an enterprise without values has no value"* (Edvinsson/Malone 1997, S. 123).

Individuelle Perspektive der Erfassung von Wissenskapital (Teil 2)

	Sveiby (1997)		Roos et al. (1997)		Edvinsson/Malone (1997)
	Competence		**Human Capital**		**Human Focus**
Kategorie	Indikatoren (Beispiele)	Kategorie	Indikatoren (Beispiele)	Kategorie	Indikatoren (Beispiele)
Wachstum/Erneuerung	Anzahl der Jahre, in der ein Experte in seinem Zuständigkeitsbereich arbeitet Anzahl der Jahre, in der alle Experten eines Unternehmens in ihrem Zuständigkeitsbereich arbeiten Anzahl der Jahre, in der alle Experten eines Unternehmens in ihrem Zuständigkeitsbereich arbeiten/Gesamtzahl der Experten Ausbildungsstand Weiterbildungshäufigkeit/-intensität pro Experte Gesamtkosten der Weiterbildung Gesamtkosten der Weiterbildung /Umsatz Gesamtkosten der Weiterbildung/Profit Fluktuationsrate	Lernfähigkeit/Flexibilität	Kosteneinsparungen, die sich aus Verbesserungsvorschlägen ergeben Vorschläge, die zu neuen Produkten, Dienstleistungen, Prozessen geführt haben Heterogenitätsgrad bzgl. der Ausbildung bei der Gruppenzusammensetzung	Erneuerungsfähigkeit	Weiterbildungsrate (Tage / Jahr) IT Kenntnisse der Mitarbeiter Weiterbildungskosten • Vollzeitbeschäftigte • Teilzeitbeschäftigte Weiterbildungskosten / Mitarbeiter Anzahl der Weiterbildungsstunden / Jahr Anzahl der Mitarbeiter unter 40 Jahren Weiterbildungskosten / Kunde
		Bereitschaft	Anzahl der Stunden, die für Weitergabe projektspezifischer Informationen aufgewendet werden Anzahl der Stunden, die Vorstandsmitglieder damit verbringen, den Mitarbeitern die Strategie zu konkretisieren Indikatoren, die sich aus Mitarbeiterbefragungen ergeben • Leadership Index • Motivation Index	Verhaltensorientierte Variablen	Indikatoren, die sich aus Mitarbeiterbefragungen ergeben • Führungs-Index • Motivations-Index • Empowerment-Index • Zufriedenheits-Index

Tabelle 20: Die individuelle Perspektive der Erfassung von Wissenskapital (Quellen: Sveiby 1997; Roos et al. 1997; Edvinsson/Malone 1997)

Individuelle Perspektive der Erfassung von Wissenskapital (Teil 3)					
Sveiby (1997)		Roos et al. (1997)		Edvinsson/Malone (1997)	
Competence		Human Capital		Human Focus	
Kategorie	Indikatoren (Beispiele)	Kategorie	Indikatoren (Beispiele)	Kategorie	Indikatoren (Beispiele)
Kompetenzbereiche	Kompetenzbereiche: „generators": Fähigkeit, Neukunden zu gewinnen; „leader": Fähigkeit, Großprojekte zu leiten; „teacher": Fähigkeit, eigene Erfahrungen an andere weiterzugeben (Anzahl) Größe des kundenspezifischen Verantwortungsbereichs: Teilprojekt; Gesamtprojekt (Projektmanager), Kunden (Account Manager)	Kompetenz	Anzahl der Mitarbeiter mit akademischem Abschluß Anzahl der Mitarbeiter, die mit EDV umgehen können Anzahl der Weiterbildungsstunden pro Mitarbeiter Durchschnittliche Beschäftigungsdauer pro Mitarbeiter Berufserfahrung des Topmanagements	deskriptive Variablen	Anzahl der Mitarbeiter Anzahl der Manager Anzahl der weiblichen Manager Durchschnittsalter der Mitarbeiter Anzahl der Vollzeitbeschäftigten Durchschnittsalter der Vollzeitbeschäftigten Anzahl der Teilzeitbeschäftigten Durchschnittsalter der Teilzeitbeschäftigten Prozentsatz der Manager, die einer fremden Nationalität angehören

Tabelle 21: Die individuelle Perspektive der Erfassung von Wissenskapital (Quellen: Sveiby 1997; Roos et al. 1997; Edvinsson/Malone 1997)

Die Analyse der Tabellen 19 bis 21 enthüllt sowohl Gemeinsamkeiten als auch Unterschiede zwischen den betrachteten drei Autoren hinsichtlich der Operationalisierung von Wissenskapital. Mit den Gemeinsamkeiten beginnend, fällt auf, daß insbesondere **Übereinstimmungen** hinsichtlich der Kategorie „**Wachstum & Erneuerung**" bzw. „**Lernfähigkeit/Flexibilität**" bzw. „**Erneuerungsfähigkeit**" zu identifizieren sind: Diese Kategorien stellen die Voraussetzung dar, nach Chancen zu suchen, das gegenwärtige Geschäft zu verbessern, sich an die Bedürfnisse der Kunden anzupassen, innovative Produkte oder Dienstleistungen zu entwickeln, oder von Mitbewerbern oder Kollegen zu lernen – ihre Leistungen zu imitieren, und schließlich die neuen Ideen tatsächlich in konkrete Produkte oder Dienstleistungen umzusetzen. Versucht man diese Übereinstimmung zu erklären, so liegt es nahe, hier zunächst eine besondere Wichtigkeit gerade dieser Kategorie zur Erfassung des individuellen Beitrags zum Wissenskapital zu vermuten. Diese Annahme kann insbesondere dadurch bestätigt werden, daß gerade hier nicht nur der individuelle Beitrag von Wissenskapital, sondern auch insbesondere der zukünftige Beitrag zur Generierung von Wissenskapital berücksichtigt wird. Darüber hinaus wird deutlich, daß etliche Indikatoren vergleichsweise einfach zu erfassen sind: Im Vordergrund stehen absolute Größen, Prozentgrößen und Quotienten; es werden nur einige wenige Indikatoren genannt, die über aufwendige Verfahren, wie zum Beispiel eine Mitarbeiterbefragung, erhoben werden.

Bei Sveiby (1997) läßt sich zum einen die Betonung des Beitrags der Experten bzw. Spezialisten zum Wissenskapital und zum anderen die Differenzierung in die drei Kategorien „Wachstum & Erneuerung", „Effizienz" und „Stabilität" erkennen: Sveiby/Lloyd (1989) sowie Sveiby (1989, 1997) machen den Stellenwert einzelner Organisationsmitglieder für den Markt bzw. für das Unternehmen anhand folgender Überlegung deutlich: *Organisationsmitglieder sind um so wertvoller für ein Unternehmen, je höher ihr Humankapital ist – und je höher ihre Kompetenz[198] ist, den Wert des Strukturkapitals zu erhöhen.* Die einfachste und für den vorliegenden Zusammenhang bedeutsamste Differenzierung basiert nach Sveiby (1997) auf der Annahme, daß der Wert des Humankapitals für das Unternehmen davon abhängt, ob ein Organisationsmitglied (a) direkten Kontakt zu externen Kunden hat, (b) die Fähigkeit hat, Neukunden zu gewinnen, (c) über die Fähigkeit verfügt, Großprojekte zu leiten, und (d) die Kompetenz besitzt, eigene Erfahrungen an andere weiterzugeben. Diese Anforderungen machen deutlich, daß der Fähigkeit, einen direkten Beitrag zur Erhöhung des Kundennutzens leisten zu können, eine besondere Bedeutung für das Unternehmen zukommt, die durch Koordinations- und Führungskompetenzen noch gesteigert werden kann. Konsequenterweise wird die

---

[198] Sveiby identifizierte die folgenden fünf Elemente individueller *Kompetenz* (vgl. Sveiby 1997, S. 35f.): *Explizites Wissen* – das Wissen von Fakten - meist über Aus- und Weiterbildung erworben; *Fertigkeiten* – das „Know-how" bzw. praktische Kompetenzen – meist über Training und Praxis erworben, nur. z.T. explizit verfügbar; *Erfahrung* – das Lernen aus vergangenen Erfolgen und Fehlern; *Werturteile* – der kognitive Filter, der den Zugang zur individuellen „Wahrheit" selektiv steuert; *Soziale Kompetenz* – die Fähigkeit, Beziehungen aufzubauen, die einem Organisationsmitglied als Ressourcenentwicklungsrahmen – allerdings auch als Beschränkung – dienen.

Identifikation solcher professionellen Wissensarbeiter bzw. Experten[199] anhand entsprechender Meßgrößen vorgenommen[200].

Hinsichtlich der weiteren Zuordnung des Beitrags von Kompetenz zu den Dimensionen Wachstum/Erneuerung, Effizienz und Stabilität argumentiert Sveiby (1997) wie folgt: **Wachstum und Erneuerung** wird über die Anzahl der Praxisjahre der Mitarbeiter, durch den Ausbildungsgrad, die Aus- und Weiterbildungskosten oder qualitativen Kriterien aus der Karriereplanung erfaßt. Desweiteren ist es von Bedeutung herauszufinden, von welchen Kunden oder welchen Projekten am meisten gelernt wurde. Zusätzlich ist auf die Relation Neuzugänge (inkl. Ausbildung usw.) im Vergleich zu Abgängen hinzuweisen. **Effizienz** hängt hier zunächst vom Anteil der "*professionals*" im Unternehmen ab, der über den „*value added per professional*" ergänzt wird – und mit dem "*value added per staff*" kontrastiert werden kann. Analog lassen sich weitere Finanzgrößen wie "*profit per professional*" oder "*profit per staff*" zuordnen. Schließlich können Auskünfte über die **Stabilität** anhand des Durchschnittsalters der Beschäftigten, dem

---

[199] „*The term „professional" refers to people who plan, produce or present the products or solutions clients ask for. The term includes all those directly involved in client work, whether or not they are **professionals** in the field of competence that constitutes the company's business idea.*" (Sveiby 1989, S. 38; Heraushebung d.A.).

[200] Der Vollständigkeit halber soll ebenfalls auf die anderen drei Personengruppen, die von Sveiby (1997) bzw. Sveiby/Lloyd (1989) identifiziert wurden, hingewiesen werden: Der Beitrag zum Wissenskapital eines Unternehmens hängt von der jeweiligen *unternehmerischen* und der *fachlichen Kompetenz* des entsprechenden Organisationsmitgliedes ab: (1) *Experten* (hohe Fachkompetenz, eher niedrige unternehmerische Kompetenz) lieben (a) komplexe Probleme, Fortschritte in ihrem Beruf, die Freiheit, Lösungen zu suchen, gut ausgestattete, finanziell abgesicherte Labore und öffentliche Anerkennung ihrer Leistungen; (b) haben eine Abneigung gegenüber Vorschriften, die ihre individuelle Freiheit einschränken, Routinearbeit und Bürokratie; (c) kümmern sich wenig um Dinge wie Bezahlung, Freizeit, das Unternehmen, bei dem sie beschäftigt sind, und Personen, die nicht aus ihrem Fachgebiet kommen; (d) können selten Mitarbeiter oder ein Unternehmen führen; (e) bewundern andere Experten; (f) verachten machtbewußte Menschen. (2) *Manager* (eher niedrige Fachkompetenz, hohe unternehmerische Kompetenz) überwachen (a) die Arbeit anderer; (b) leiten Tätigkeiten mit Hilfe anderer; (c) haben einen vergleichsweise geringen Status im Wissensunternehmen, da ihr Beitrag zum Unternehmenserfolg nicht gesehen wird. (3) *Führungspersönlichkeiten* (sowohl hohe Fach- als auch unternehmerische Kompetenz) verfügen (a) über Visionsfähigkeit; (b) nehmen eine tragende Rolle für die Veränderungsfähigkeit und – bereitschaft des Unternehmens ein; (c) müssen über Fachkompetenzen verfügen. (4) *Zuarbeiter* (weder hohe Fach- noch unternehmerische Kompetenz) unterstützen (a) andere Personenkreise, (b) sind wichtige Nahtstellen für Kundenkontakte, (c) sind häufig schlecht informiert.

relativen Entlohnungsniveau oder der „Umschlagsrate" der "professionals" erhalten werden.

Während Sveiby (1997) einen engen konzeptionellen Zusammenhang zwischen Kundennutzen und Wissenskapitalentwicklung – und somit gleichsam die Verknüpfung zur *Externen Struktur* – herstellt, gehen Roos et al. (1997) von der Überlegung aus, daß die folgenden drei Aspekte gleichzeitig vorhanden sein müssen, um von einer nachhaltig leistungsfähigen Belegschaft ausgehen zu können: (a) Das Wissen, was zu tun ist, muß durch die Fähigkeit, die Dinge tun zu können, ergänzt werden („Wissen und Können"). Desweiteren müssen sowohl (b) die Bereitschaft als auch die Freiräume für Leistung und Innovation vorhanden sein („Wollen und Dürfen"), die schließlich (c) um die Aspekte Lernfähigkeit und Flexibilität ergänzt werden müssen.

Kompetenz stellt die „inhaltliche Seite" des Humankapitals dar, und legt somit fest, über welche aktuellen Handlungsmöglichkeiten ein Unternehmen verfügt: **Wissen** wird hier als *explizites* Wissen verstanden, das gelernt werden muß und kann – aber nicht über „learning by doing" o.ä. Methoden erworben werden kann. **Fertigkeiten** beinhalten die Fähigkeit, Wissen in Handlungen umzusetzen. Im Gegensatz zu explizitem Wissen können Fertigkeiten – Know-how – neben der expliziten Vermittlung auch durch Erfahrungen erworben werden. Kompetenzen stellen eine notwendige, aber keine hinreichende Voraussetzung dafür dar, daß sich im Unternehmen überhaupt etwas bewegen kann: Neben Wissen und Know-how muß die Bereitschaft etwas bewegen zu wollen, vorausgesetzt werden können.

Bereitschaft stellt den „energetisierenden" Aspekt dar, die eigenen Kompetenzen für die Ziele des Unternehmens einzusetzen und zu engagieren. Die **intrinsische Motivation**, Ziele zu erreichen, die Vision realisieren oder die strategische Intention des Unternehmens unterstützen zu wollen, zeichnen Unternehmen wie Swatch oder Sony aus, die sich trotz offensichtlicher Widerstände nicht davon abhalten ließen, ihre Produktinnovationen auf dem Markt zu plazieren. Allerdings geht es nicht nur um die Bereitschaft, Dinge unbedingt vorantreiben zu wollen, sondern auch um den Rahmen, dies zu *dürfen*. Klarheit über Ziele und Freiräume sowie die Vorbildfunktion von Führungskräften (*„leadership"*) spielen hier eine zentrale Rolle. Die Kategorie **„Verhalten"** verweist darauf, daß sich Motivation an entsprechendem Verhalten beobachten läßt, was sich wiederum auf andere Organisationsmitglieder motivierend auswirken kann[201].

Innovationsfähigkeit basiert darauf, vorhandenes Wissen zur Schaffung neuen Wissens einzusetzen, **Imitationsfähigkeit** demgegenüber auf der Fähigkeit, von anderen zu lernen – was aufgrund des weit verbreiteten „not invented here"-Syndroms keineswegs eine triviale Voraussetzung ist. **Anpassungsfähigkeit** beinhaltet die Fähigkeit, vorhandenes oder neues Wissen an neue Situationen anzupassen (Kundenwünsche, Produktionserfordernisse usw.), und **Umsetzungsfähigkeit** basiert letztlich auf der unternehmerischen Fähigkeit (*entrepreneurship*), Humankapital in Organisationskapital und Finanzkapital zu transformieren.

Sind bei Sveiby (1997) und Roos et al. (1997) konzeptionelle bzw. modellorientierte Überlegungen zur inhaltlichen Gestaltung und somit Begründung der Dimension Kompetenz bzw. Humankapital zu erkennen, so fällt bei Edvinsson/Malone (1997) ein rein deskriptiver bzw. eklektischer Ansatz auf: Zunächst sind eine Vielzahl von Indikatoren zu erkennen, die meines Erachtens lediglich versuchen, die Organisationsmitglieder auf demographischer Ebene zu beschreiben. „Versuchen" meint, daß es schwer fällt, aufgrund dieser Indikatoren einen inhaltlichen Bezug dieser Größen zur Entwicklung von Wissenskapital abzuleiten (vgl. die Indikatoren in der Kategorie „deskriptive Größen"). Zusätzlich wird deutlich, daß sich die von diesen beiden Autoren vorgeschlagenen Indikatoren ebenfalls den Kategorien „Wachstum & Erneuerung", „Stabilität" und „Effizienz" (Finanzieller Fokus) zuordnen lassen.

Die Analyse von Tabelle 19 und 20 führt zusammenfassend zu folgenden Erkenntnissen: (1) In bezug auf die **inhaltliche Perspektive** läßt sich festhalten, daß die Erfassung von Kompetenz bzw. Humankapital in Abhängigkeit vom Autor eher allgemein bis sehr spezifisch vorgenommen wird: Edvinsson/Malone (1997) beschreiben den Humankapitalbestand mittels allgemeiner Indikatoren, wohingegen Roos et al. (1997) über eine konzeptionelle Weiterdifferenzierung schon versuchen, Humankapital wesentlich präziser zu beschreiben, und Sveiby (1997) letztlich die spezi-

---

[201] Skandia spricht in diesem Zusammenhang von *„contactivity"*, einem Begriff, der verdeutlichen soll, daß das Schaffen von Kontakten eine zielführende Aktivität darstellt. So wurden beispielsweise „Future Centers" als Forum zur Förderung von *„contactivity"* – und somit von Flexibilität und Innovation eingerichtet. Schließlich verweisen **Werte** darauf, inwiefern die Organisationsmitglieder die Politik des Unternehmens unterstützen: So führte beispielsweise die unprofessionelle Handhabung von Umweltskandalen durch europäische Pharmaunternehmen zu einem Wertekonflikt für die Mitarbeiter, der ihre Leistungsbereitschaft beeinflußt hat.

fischste Analyse dadurch vorschlägt, daß er sich ausschließlich an der Leistung der werttreibenden Experten orientiert. (2) Hinsichtlich der **methodischen Perspektive** ist festzuhalten, daß monetäre bzw. mikro-ökonomisch begründete Größen dominieren, wohingegen verhaltenswissenschaftlich operationalisierte Indikatoren den weit geringeren Teil ausmachen.

3.4.2.2.2 Der interne Wissenskapitalbestand

Die Dimension „*Interne Struktur*" bzw. **Organisationskapital** stellt bislang die am leichtesten sichtbar zu machende Komponente des Wissenskapitals dar: Strukturen, Abläufe, Prozeduren und Hilfsmittel sowie die Normen und Werte des Unternehmens sind zentrale Aspekte der internen Effizienz von Unternehmen. Strukturkapital – und somit Organisationskapital – unterscheidet sich von Humankapital dadurch, daß es sich *nicht* von selbst verändert bzw. erneuert: Kompetenzen, Wissen usw. verändern oder erhöhen sich durch eine Vielzahl – aus Unternehmenssicht – nicht-intentionaler Einflußfaktoren, z.B. durch Privatinteressen, Eigeninitiativen usw., d.h. Veränderung/Verbesserung findet nicht ausschließlich durch Investitionen in das Humankapital statt. Demgegenüber basiert die Gestaltung/Verbesserung von Strukturkapital auf zweckbezogenen und somit expliziten Investitionen. In den Tabellen 22 bis 24 wird eine Übersicht über die Komponenten der *Internen Struktur* gegeben:

Interne Perspektive der Erfassung von Wissenskapital (Teil 1)					
Sveiby (1997)		Roos et al. (1997)		Edvinsson/Malone (1997)	
Internal Structure		Structural Capital		Process Focus	
Kategorie	Indikatoren (Beispiele)	Kategorie	Indikatoren (Beispiele)	Kategorie	Indikatoren (Beispiele)
		Kultur	Symbolisches Kapital: • Anerkennung • Visionsfähigkeit • Verwendung von Symbolen • Soziales Kapital: Wert des Beziehungsnetzwerkes	Prozesse	Durchlaufzeit Anzahl von fehlerfreien Verträgen Anzahl der Überprüfungen von Verträgen / Monat Erfüllungsgrad bei der Erreichung der Qualitätsziele

Tabelle 22: Die interne Perspektive der Erfassung von Wissenskapital (Quellen: Sveiby 1997; Roos et al. 1997; Edvinsson/Malone 1997)

Interne Perspektive der Erfassung von Wissenskapital (Teil 2)					
Sveiby (1997)				Roos et al. (1997)		Edvinsson/Malone (1997)	
Internal Structure				Structural Capital		Process Focus	
Kategorie	Indikatoren (Beispiele) || Kategorie	Indikatoren (Beispiele)	Kategorie	Indikatoren (Beispiele)
Effizienz	Anzahl der nicht direkt wertschöpfenden Mitarbeiter (Verwaltung, Finanz, Personal, EDV usw.) im Verhältnis zur Anzahl der Experten Umsatz/Nichtexperte, Gewinn/Nichtexperte, ROI/Nichtexperte Werte & Einstellungen				Finanzieller Fokus/ Effizienz	Verwaltungsaufwendungen / Umsatz Kosten für Verwaltungsfehler / Umsatz des Managements Verwaltungsaufwendungen / Mitarbeiter Verwaltungsaufwendungen / Bilanzsumme
Stabilität	Alter des Unternehmens Fluktuationsrate Anteil neuer Mitarbeiter || Infrastruktur	Investitionen in • IT • Prozesse *Wert des Intellectual Property:* • Patente • Trademarks • Brands Verwaltungsausgaben/Umsatz Umsatzerlöse durch Patente Anzahl fehlerfreier Prozesse Prozeßdurchlaufzeit	Informationstechnologie	Anzahl von PCs / Mitarbeiter Netzzugang / Mitarbeiter IT Aufwendungen / Mitarbeiter IT Aufwendungen / Verwaltungsaufwendungen Wechsel der IT-Systeme IT Aufwendungen der letzten 2 Jahre / Umsatzanstieg IT Aufwendungen der letzten 2 Jahre / Gewinnanstieg Reparaturkosten IT Systeme Speicherplatz / Mitarbeiter
Wachstum/Erneuerung	*Investitionen in die Interne Struktur* • Tochtergesellschaften • Methoden/Systeme • Prozeßverbesserungen • IT Systeme || Erneuerung/Innovation	Investitionen in • Maschinen • F&E Prozentsatz des Geschäfts durch neue Produkte Anzahl/Wert neuer Patente	Erneuerungsfähigkeit: Systeme	Wert der Entwicklungssysteme / Umsatz Wert der Kundeninformationssysteme / Umsatz Wert der Prozeßkontrollsysteme / Umsatz Wert der Kommunikationsnetzwerke / Umsatz

Tabelle 23: Die interne Perspektive der Erfassung von Wissenskapital (Quellen: Sveiby 1997; Roos et al. 1997; Edvinsson/Malone 1997)

Interne Perspektive der Erfassung von Wissenskapital (Teil 2)					
Sveiby (1997)		Roos et al. (1997)		Edvinsson/Malone (1997)	
Internal Structure		Structural Capital		Process Focus	
Kategorie	Indikatoren (Beispiele)	Kategorie	Indikatoren (Beispiele)	Kategorie	Indikatoren (Beispiele)
				Erneuerungsfähigkeit: F&E	F & E Aufwendungen / Verwaltungsaufwendungen
					F & E Aufwendungen / Gesamtaufwendungen
					F & E Aufwendungen für Produktneuentwicklung
					F & E Aufwendungen für Produktdesign
					F & E Aufwendungen für Anwendungen
				Erneuerungsfähigkeit:	Anzahl der sich in Entwicklung befindenden Neuprodukte
					Quote der Neuentwicklungen, die Marktreife erlangen
					Lebensdauer von Neuentwicklungen
					Anzahl der Patente
					Anzahl der Neuentwicklungen (jünger als 2 Jahre) / Gesamtproduktpalette
					Aufwendungen für Produktentwicklung

Tabelle 24: Die interne Perspektive der Erfassung von Wissenskapital (Quellen: Sveiby 1997; Roos et al. 1997; Edvinsson/Malone 1997)

Wie bereits in bezug auf die individuelle Perspektive der Erfassung von Wissenskapital deutlich wurde, lassen sich auch hier eine Reihe von Gemeinsamkeiten zwischen den drei Autoren identifizieren. Insbesondere fällt auf, daß wiederum der Kategorie „Wachstum & Erneuerung" eine zentrale Bedeutung zukommt: Hierunter werden zunächst Investitionen in so unterschiedliche Bereiche wie Tochtergesellschaften, IT-Systeme, Prozesse usw. verstanden, die durch wesentlich spezifischere Angaben von

Edvinsson/Malone (1997) in bezug auf Systeme, Forschung & Entwicklung ergänzt werden.

Neben den o.g. Aufwendungen fällt in bezug auf die Kategorie „Wachstum & Erneuerung" der Indikator „Kundenbeitrag zur *Internen Struktur*" auf: Darunter versteht Sveiby (1997) den Umsatzanteil von Kunden, die aufgrund ihrer Anforderungen an das Unternehmen einen Beitrag zur Entwicklung der *Internen Struktur* leisten. Beispiele hierfür sind die Einführung neuer Prozesse bzw. Verbesserung bestehender Prozesse (time to market) oder aber die Entwicklung neuer Software.

Die *Interne Struktur* wird mit den Dimensionen Wachstum/Erneuerung, Effizienz und Stabilität wie folgt verknüpft (vgl. Sveiby 1997): **Wachstum und Erneuerung** eines Unternehmens werden hier beispielsweise über Investitionen in neue Abteilungen bzw. Außenstellen oder in moderne Informationsverarbeitungssysteme gemessen. Desweiteren fallen hierunter auch Kunden, die innovative Lösungen von dem Unternehmen erwarten. Die **Effizienz** der inneren Struktur hängt von der Relation von Mitarbeitern mit Kundenkontakt (*professionals*) im Vergleich zu denen ohne Kundenkontakt (*staff*) ab. Weitere spezifische Hinweise können durch entsprechende Mitarbeiterbefragungen gewonnen werden. Die **Stabilität** wird vom Alter der Organisation, der Fluktuationsrate des Personals, sowie der Altersstruktur beeinflußt. Hierbei wird besonderes Gewicht auf den Anteil der Mitarbeiter mit weniger als 2 Jahren Praxis im Unternehmen in Relation der Gesamtmitarbeiterzahl gelegt.

Die zentrale Differenzierung innerhalb des Strukturkapitals setzt bei Roos et al (1997) an bei (a) der Anpassung nach außen (Beziehungen), (b) der Anpassung nach innen (Organisation) sowie (c) der Notwendigkeit, sich aufgrund von Markterfordernissen weiterentwickeln zu müssen: Die **Infrastruktur** enthält alle formalen aufbauorganisatorischen Strukturaspekte wie Datenbanken und Dokumentationen, aber auch Patente und Warenzeichen – also die Vermögensanteile, die in der Bilanz bislang als immaterielle Vermögensgegenstände aufgenommen wurden. Neben diesem „hardware"-Aspekt des Organisationskapitals ist es notwendig, über eine entsprechende „software", nämlich die **Prozesse** und Abläufe, zu verfügen, die den Transmissionsriemen für die Transformation von Humankapital in Organisationskapital darstellt[202]. Schließlich beinhaltet die **Kultur**

---

[202] Dies kann anhand des Beispiels der Nutzung von Patenten verdeutlicht werden: Dow Chemical begann 1993 mit einem Programm zur Identifikation und expliziten Nutzung der vorhandenen Patente, mit dem Ziel, ihren Nutzungsgrad zu erhöhen. Bis zu diesem Zeitpunkt war dies aufgrund fehlender Standards und Prozesse nicht systematisch möglich.

eines Unternehmens die Summe der – nicht mehr hinterfragten – Selbstverständlichkeiten im Denken und Handeln und kann somit die Entwicklung von Wissenskapital entsprechend fördern oder hemmen, wie die Erfahrungen mit der Existenz einer Vertrauenskultur oder der expliziten Nutzung von Symbolen im Führungsprozeß verdeutlichen.

Die Zukunft des Unternehmens hängt maßgeblich von der systematischen Entwicklung von **Erneuerungs- und Innovationskapital** ab und beinhaltet Aspekte, die den zukünftigen Geschäftserfolg sicherstellen sollen: Die Entwicklung neuer Produkte und Dienstleistungen, Reorganisations- und Reengineeringprojekte, Weiterbildung und Projektarbeit gehören beispielsweise in diese Kategorie. Diese Bespiele weisen ein gemeinsames Merkmal auf: Sie basieren auf einer finanziellen Investition, deren Rendite erst in Zukunft sichtbar wird. Von Bedeutung ist hierbei die Fähigkeit, sich nicht nur Klarheit über die Rendite kurz- und langfristiger Investitionen, sondern auch über die Interdependenzen der (Des-) Investitionen in einzelne Kapitalklassen zu verschaffen.

Edvinsson/Malone (1997) gehen über die Prozeßperspektive des *business process reengineering* und *total quality management* hinaus und fokussieren ihre Argumentation entlang des Einsatzes von IT mit dem Ziel der Effizienzsteigerung. Edvinsson (1997, S. 370) formuliert eine Reihe von Gesichtspunkten, die bei dem Einsatz von IT zu berücksichtigen sind: (1) Die Technologie sollte zur Wertsteigerung eingesetzt werden; (2) Service und Qualitätssicherung sollte bei den Lieferanten durchgesetzt werden; (3) nicht nur die lokale Prozeßleistung, sondern die Auswirkung auf die gesamtunternehmerische Produktivität sind berücksichtigen; (4) die durch die neue Technologie "verbesserten" Prozesse sollten mit der allgemeinen Unternehmensleistung verglichen werden. Edvinsson (1997) verdeutlicht, daß es aufgrund der individuellen Unternehmensspezifika keine allgemeingültigen prozeßbezogenen Wissenskapitalindikatoren geben könne.

Die Durchsicht von Tabelle 23 und Tabelle 24 verdeutlicht, daß Edvinsson/Malone (1997) einen großen Wert auf die Erfassung des Beitrags von IT-Systemen zur Erfassung von Wissenskapital legen. Dies läßt sich meines Erachtens dadurch begründen, daß solche Indikatoren zum einen leicht verfügbar sind, und zum anderen daß das Versicherungsgeschäft von Skandia maßgeblich von einer optimalen Ausstattung von IT-Systemen abhängt: Die Geschwindigkeit der Angebotserstellung und der Regelungen im Versicherungsfall stellen einen erheblichen Wettbewerbsvorteil gegenüber der Konkurrenz dar. Die gleiche Begründung kann für die Betonung der Produktentwicklung – und der durch die unterschiedlichen Typen von Systemen erfolgte Unterstützung – herangezogen werden: Auch hier gilt, daß die Vermarktung neuer und innovativer Versicherungsprodukte – die zunehmend mehr in Kombination mit weiteren Finanzdienstleistungen angeboten werden – die Wettbewerbsfähigkeit von Skandia steigert.

Faßt man die Vorschläge zu den Indikatoren der Erfassung der internen Perspektive von Wissenskapital zusammen, so fällt auf, daß hier geringere Unterschiede wie bei der individuellen Perspektive auftreten. Dies ist meines Erachtens dadurch zu erklären, daß im Gegensatz zur individuellen Perspektive konzeptionelle bzw. modellorientierte Ansätze eine weit geringere Rolle spielen. Vielmehr stehen hier Plausibilitätsüberlegungen im Vordergrund, als daß geprüft wird, welche organisationalen Aspekte einen prinzipiellen Beitrag zur Entwicklung der *Internen Struktur* von Wissenskapital leisten können, woraus eine Fokussierung auf „harte" Faktoren" wie Strukturen, Abläufe, Prozeduren und Hilfsmittel sowie auf „weiche Faktoren" wie Normen und Werte eines Unternehmens resultieren.

Desweiteren wird im Vergleich zur individuellen Perspektive deutlich, daß hier ein wesentlich stärkerer Bezug zu monetären Indikatoren hergestellt wird: Entsprechende Investitionen werden als Beitrag zur Wissenskapitalentwicklung aufgefaßt.

3.4.2.2.3 Der externe Wissenskapitalbestand

Unter der Dimension *„Externe Struktur"* werden die externen Beziehungen eines Unternehmens und die daraus resultierenden Vermögenswerte subsumiert. Hierunter fallen zunächst alle in der Bilanz ausweisbaren immateriellen Vermögenswerte, wie z.B. Lizenzen, Coyprights, Patente, sowie Aktiva, die nicht rechtlich geschützt werden können: Image, Vertriebswege, Marketingaufwendungen, verbrachte Zeit mit Neukunden, Altersstruktur der Kundenbeziehungen, Gewinn pro Kunde, Häufigkeit gleicher Bestellungen und Anzahl Rechnungen pro Stammkunde (vgl. Tabelle 25 und 26).

Externe Perspektive der Erfassung von Wissenskapital (Teil 1)					
Sveiby (1997)		Roos et al. (1997)		Edvinsson/Malone (1997)	
External Structure		Structural Capital: External Relationships		Customer Capital	
Kategorie	Indikatoren (Beispiele)	Kategorie	Indikatoren (Beispiele)	Kategorie	Indikatoren (Beispiele)
Kundenklassen	Kunden, die Gewinn bringen Kunden, die Kompetenz erhöhen Kunden, die das Image des Unternehmens verbessern Kunden, die Zugang zu anderen Kunden verschaffen	Kunden	Prozentsatz an bedeutsamen Kunden/Lieferanten Dauer der Beziehung Zufriedenheitsindizes Wiederverkaufsrate Qualität der Beziehungen zu Kunden	Beschreibung der Kundenbasis	Anzahl der Kunden Höhe des Kundenverlust Durchschnittliche Kundenbindungsdauer Marktanteil Kundenzufriedenheits-Index Anzahl der Kundenbesuche in der Zentrale Anzahl der Tage, die mit besuchenden Kunden verbracht wurden Anzahl Kunden / Anzahl Mitarbeiter Anzahl Verkaufsgespräche / Anzahl abgeschlossener Verträge
Stabilität	Umsatzanteil der Großkunden Anzahl der Kunden, mit denen 50% des Umsatzes generiert wird Altersstruktur der Kunden Kaufhäufigkeit	Lieferanten	Qualität der Beziehungen zu Lieferanten	IT-Perspektive	Anzahl der internen IT Kunden Vertragsanzahl / IT Mitarbeiter IT Investitionen / Außendienstmitarbeiter IT Investitionen / Verwaltungsmitarbeiter IT Kenntnisse der Kunden
Effizienz	Customer Satisfaction Index Erfolgsquote bei Ausschreibungen Umsatz/Neukunde	Eigner	Qualität der Beziehungen zu Eignern/Aktionären (Investor Relations)	Effizienz/ monetäre Größen	Marktanteil Umsatz/Kunde Unterstützungsausgaben/Kunde Serviceausgaben/Kunde(Jahr) Serviceausgaben/Kundenkontakt

Tabelle 25: Die externe Perspektive der Erfassung von Wissenskapital (Quellen: Sveiby 1997; Roos et al. 1997; Edvinsson/Malone 1997)

Externe Perspektive der Erfassung von Wissenskapital (Teil 2)					
Sveiby (1997)		Roos et al. (1997)		Edvinsson/Malone (1997)	
External Structure		Structural Capital: External Relationships		Customer Capital	
Kategorie	Indikatoren (Beispiele)	Kategorie	Indikatoren (Beispiele)	Kategorie	Indikatoren (Beispiele)
Wachstum/Erneuerung	Marketingaufwand Verbrachte Zeit mit Neukunden Altersstruktur der Kundenbeziehungen Gewinn pro Kunde (wichtiger als Gewinn pro Produkt bzw. pro Marktsegment) *Häufigkeit gleicher Bestellungen: Anzahl Rechnungen pro Altkunde*	Netzwerkpartner	Qualität der Beziehungen zu Partnern	Erneuerungsfähigkeit	Kundenausgaben / Kunde Nutzungsquote des Kundendatenbestandes Durchschnittl. Alter, Ausbildung, Einkommen der Kunden Kundenbindung (Monate) Marketingausgaben/Produkt Anzahl Kundenneuzugänge/Jahr Trainingskosten für Service-Programme Anzahl der Kundenkontakte / Jahr *Kosten für "competitive intelligence"-Programme* Investitionen in Entwicklung strategischer Partnerschaften Anzahl von Produkten, die von Partnern entwickelt wurden Anteil der Weiterbildungsaktivitäten, die von Partnern durchgeführt wurden Anteil gemeinsamer Weiterbildungsaktivitäten Direkte Kundenkontakte/Jahr Nicht-produktbezogene Kosten/Kunde (Jahr) Investitionen zur Erschließung neuer Märkte

Tabelle 26: **Die externe Perspektive der Erfassung von Wissenskapital (Quellen: Sveiby 1997; Roos et al. 1997; Edvinsson/Malone 1997)**

Innerhalb der externen Perspektive läßt sich wohl das größte Ausmaß an Übereinstimmung zwischen den einzelnen Autoren identifizieren. Dies gilt zum einen hinsichtlich der Beschreibung bzw. Klassifikation von Kunden und zum anderen der Kategorie "Wachstum & Erneuerung". Hierbei steht bei Sveiby (1997) eine Klassifikation der Kunden in bezug auf den Beitrag zur Wissenskapitalentwicklung im Vordergrund, wohingegen Edvinsson/Malone (1997) die Kunden möglichst umfassend – ähnlich ausführlich wie bei der internen Perspektive – beschreiben wollen. Die Kategorie "Wachstum & Erneuerung" wird ebenfalls heterogen beschrieben – hierunter fallen Indikatoren wie Marketingaufwand, Anzahl der Kundenkontakte pro Jahr oder auch Investitionen in die Entwicklung neuer Produkte.

Die vier Kundenklassen von Sveiby (1997) heben darauf ab, Kunden hinsichtlich ihres Beitrags zur Entwicklung des Geschäfts und des Wissenskapitals einzuteilen: Zunächst ist es wichtig, die Kunden, die Gewinn bringen, zu identifizieren. Hinzu kommen Kunden, die die Kompetenz der Mitarbeiter dadurch erhöhen, daß sie anspruchsvolle Aufträge, wie z.B. bei Beratungsgesellschaften, erteilen. Kunden, die das Image des Unternehmens verbessern, sind solche, die Meinungsführer in ihrer Branche sind und die sich daher als Referenzen für die eigene Geschäftstätigkeit eignen. Ein positives Image ist die Voraussetzung dafür, von den eigenen Kunden weitere Kunden empfohlen zu bekommen.

Hinsichtlich der weiteren Zuordnung des Beitrags der *Externen Struktur* zu den Dimensionen Wachstum/Erneuerung, Effizienz und Stabilität argumentiert Sveiby (1997) wie folgt: Der Aspekt von **Wachstum und Erneuerung** beinhaltet beispielsweise den Indikator "Profitabilität pro Kunde", woraus sich weitere kundenspezifische Marketingaktivitäten ableiten lassen. Umsatzwachstum ist Ausdruck für die Entwicklung des Unternehmens, imagefördernde Kunden erhöhen die Attraktivität des Unternehmens bei der Akquisition von Neukunden. **Effizienz** kann beispielsweise über einen Kundenzufriedenheitsindex erhoben und durch Aussagen über Umsatz pro Kunde und die Veränderung des Umsatzes pro Kunde ergänzt werden. Hier spielt die Überlegung eine Rolle, daß es kostspieliger ist, einen Neukunden zu gewinnen als einen Stammkunden weiter zu binden. **Stabilität** meint hier vor allem Dauer und Stärke der Geschäftsbeziehung zu den Kunden: "Umsatz der fünf größten Kunden im Vergleich zum Gesamtumsatz", "Anzahl der Kunden, mit denen 50% des Umsatzes" generiert werden, "Dauer der Geschäftsbeziehungen" und "Stammkundenanteil" geben Informationen über die Qualität der Beziehungen, aber auch über die Abhängigkeit des Unternehmens von Großkunden.

Roos et al. (1997) gehen über die Erfassung von Kundenkapital hinaus und orientieren sich an einer Reihe unterschiedlicher externer *stakeholder* bei der Ableitung der Meßgrößen zur Erfassung der externen Perspektive von Wissenskapital. Die Bedeutung der externen *Beziehungen* für den Unternehmenswert wird dann sichtbar, wenn es darum geht, den Anteilseignern oder Investoren zu verdeutlichen, in welchem quantitativem und qualitativem Umfang man über einen loyalen Kundenstamm, zuverlässige Lieferanten und Partner sowie über Unterstützung von Verbänden und weiterer externer Bezugsgruppen verfügt. Die Erfahrungen mit Konzepten wie „*customer satisfaction management*" oder „*total quality management*" zeigen, daß die Neugewinnung von Kunden um ein Vielfaches kostspieliger ist als die Aufrechterhaltung und Pflege bereits bestehender Beziehungen. Somit ist die Entwicklung langfristiger **Kundenbeziehungen** – also die Erhöhung der Kundenbindung – ein zentraler Bestandteil des Wissenskapitals eines Unternehmens. Das wohl eindrucksvollste Ergebnis in diesem Zusammenhang stammt aus einer dreijährigen Studie der Universität von Michigan, die einen engen Zusammenhang zwischen Kundenzufriedenheit und Dow Jones Index verdeutlicht (Manager Magazin, 4, 1998, S. 193).

Analoges gilt für die Beziehung zu den **Lieferanten**: Der Übergang zu Systempartnerschaften und das Ausdünnen der eigenen Lieferantendecke führt zum einen zu einer höheren gegenseitigen Abhängigkeit zwischen Hersteller und Lieferant und setzt zum anderen eine qualitativ hochwertige und entwicklungsfähige Beziehung voraus. Die Fähigkeit zur Entwicklung **strategischer Partnerschaften** und von **Netzwerken** – auch gemeinsam mit Wettbewerbern – muß als weiterer Erfolgsfaktor aufgefaßt werden, was anhand der verschiedenen Allianzen unterschiedlicher Fluggesellschaften (British Airways & American Airlines; Lufthansa & SAS usw.) beispielhaft verdeutlicht werden kann. Der Einfluß der **Aktionäre/Anteilseigner** auf die Unternehmenspolitik existiert nicht nur indirekt über die Börse und direkt über den Aufsichtsrat, sondern entwickelt zunehmend auch dezentral-aktive Züge[203].

---

[203] Das Beispiel des Protestes der Anleger, die die Auszahlung von 100 Millionen Dollar an Trennungsentschädigung an Michael Ovitz, der nur für wenige Monate CEO von *Walt Disney* war, verhindern wollten, kann hier herangezogen werden. Von Bedeutung ist hier weniger der Mißerfolg dieser Anstrengung als die Tatsache, daß renommierte Wirtschaftsblätter wie die *Financial Times* auf der Titelseite über dieses Problem berichteten. Schließlich verdeutlicht das Beispiel des Umgangs von Shell mit dem „Brent Spa"-Problem die Bedeutung von *externen Bezugsgruppen* für den Unternehmenserfolg.

In Anlehnung an die aktuellen Diskussionen um Kundenzufriedenheit und -loyalität hat Edvinsson (1997) die Kategorien „neue Produkte", „neue Kunden" und „Qualität der Geschäftsbeziehung" in den Mittelpunkt der Entwicklung von *customer focus*-bezogenen Wissenskapitalkategorien gestellt. Hierbei wurde der Begriff „Kunde" wie im *business process reengineering* oder *total quality management* aufgefaßt – nämlich in seinen Ausprägungen interner *und* externer Kunde.

Versucht man, die Überlegungen zu den Indikatoren der Erfassung der externen Perspektive von Wissenskapital zusammenzufassen, so fällt zunächst auf, daß hier – wie bereits bei der internen Perspektive – ebenfalls geringere Unterschiede als bei der individuellen Perspektive auftreten. Dies ist dadurch erklärbar, daß hier wiederum modellorientierte Überlegungen eine weit geringere Rolle spielen. Vielmehr stehen Plausibilitätsüberlegungen im Mittelpunkt der Argumentation – und zwar hinsichtlich des Beitrages der Kunden zur Entwicklung von Wissenskapital; bei Roos et al. (1997) werden in diesem Zusammenhang noch weitere externe *stakeholder* berücksichtigt. Im Mittelpunkt stehen hier wiederum monetäre Aspekte wie Umsatz pro Kunde usw., aber auch „harte" Indikatoren wie Anzahl der Kundenkontakte, die zu einem Vertragsabschluß führen sowie die „weichen" Faktoren der Kundenorientierung und Kundenbindung. Desweiteren wird im Vergleich zur individuellen Perspektive deutlich, daß ein wesentlich stärkerer Bezug zu monetären Indikatoren hergestellt wird: Investitionen werden auch hier als Beitrag zur Wissenskapitalentwicklung aufgefaßt.

3.4.2.2.4 Die prozeßbezogene Erfassung von Wissenskapital

Die Darstellung in den vorherigen Abschnitten verdeutlicht, daß eine Vielzahl von Vorschlägen zur Erfassung des Wissenskapitalbestandes – in Abhängigkeit der drei Basisdimensionen Human-, Organisations- und Kundenkapital – gemacht wurden. Demgegenüber existieren nur wenige systematische Hinweise dazu, wie sich die Veränderung des Wissenskapitalbestandes zwischen zwei Perioden beschreiben bzw. erklären läßt. Sveiby (1997) entwickelt aufgrund seiner praxisorientierten Perspektive eine Vielzahl von Vorschlägen, wie es mittels gezielter Interventionen gelingen kann, den Wissenskapitalbestand zu verändern[204]. Orientieren sich

---

[204] Als Beispiele seien hier angeführt: (1) Die Einstellung von Mitarbeitern, die einem selbst unähnlich sind, führt zu einer Varietätserhöhung der Ansichten und somit einer Erhöhung der Innovationsrate; der entsprechende Indikator wäre hier „Heterogenität der Ausbildungs-/Studiengänge". (2) Teambezogene Entlohnungssysteme reduzieren

die gestaltungsbezogenen Hinweise von Sveiby (1997) an „einfachen" Kausalüberlegungen, deren Wirkungen wiederum mittels „einfacher" Bestandsindikatoren erfaßt werden sollen, so gehen Roos/Roos (1997, S. 419) sowie Roos et al. (1997, S. 53) über diese reduktionistische Perspektive hinaus: Sie verdeutlichen zwar zunächst auch die Notwendigkeit, die Transformation von einer Wissenskapitalkategorie in eine andere zu erfassen, um die entsprechenden Veränderungsprozesse auch gestaltbar machen zu können; doch versuchen sie darüber hinaus, das Wirkungsgefüge zwischen den jeweiligen Wissenskapitalklassen explizit zu machen.

Roos/Roos (1997) schlagen ein analytisches Modell vor, mit dessen Hilfe die Transformationsprozesse zwischen einzelnen Wissenskapitalkategorien transparent gemacht werden können: Die Autoren legen eine Interdependenzmatrix vor, mit der gezeigt werden soll, mit Hilfe welcher Interventionsmethoden die Transformation einer Wissenskapitalkategorie in eine andere unterstützt werden kann (vgl. Tabelle 27).

Tabelle 27 verdeutlicht zunächst, daß Roos et al. (1997) eine Reihe von Interventionen aus verschiedensten *change management*-Ansätzen benennen, mit deren Hilfe die Transformation einer Wissenskapitalklasse in eine andere unterstützt werden soll: So wird beispielsweise die Einführung neuer Strukturen und Prozesse als Transformation von Erneuerungskapital in Organisationskapital interpretiert (s. Feld 1; vgl. die Argumentation im Rahmen des Business Process Reengineerings, z.B. Hammer/Champy 1996) – ein Aspekt, der sich durch die Transformation von Organisationskapital in Finanzkapital weiter auswirken kann (Feld 2). Die kognitive Umstrukturierung eigenen Verhaltens (Feld 3) ist ein Prinzip, das vor allem im Rahmen des Konzeptes der Lernenden Organisation (z.B. Senge et al., 1994) eine besondere Rolle spielt, und hier dazu dient, mit Hilfe von Lernfähigkeit die Kompetenzen zu verbessern.

---

den internen Wettbewerb und verbessern den Wissensaustausch; ein wichtiger Indikator wäre hier „Anzahl der Mitarbeiter mit teambezogener Entlohnung". (3) Das Management von Informationen über Kunden – nicht über Märkte oder Produkte, führt zu einem Wissensaustausch, der Beziehungen, und nicht Marktkenntnisse fördert; ein relevanter Indikator wäre hier „Anzahl von imagefördernden Kunden".

	Humankapital			Organisationskapital			Finanzkapital
	Kompetenz (I)	Bereitschaft (II)	Lernfähigkeit (III)	Beziehung (IV)	Organisation (V)	Erneuerung (VI)	(VII)
(I)	Reflexion über Erfahrungen	Gestaltung von Lernumgebungen	F&E-Aktivitäten	Austausch von Ideen, Reflexion von Annahmen	Ermutigung zum Lernen	F&E, Training	Training, Einstellung neuer Personen
(II)	Schlechte Nachrichten, Vertrauensvorschuß	Verstärkung	**Kognitive Umstrukturierung eigenen Verhaltens** *(Feld 3)*	Externe Modelle für Beziehungen	Vorbilder, Erzählungen	Nachfrage nach neuem Verhalten	(kein direkter Zusammenhang)
(III)	Erhöhung der Situationsvielfalt	Innovationsfreude	Reflexion von Gewohnheiten	Erhöhung der Situationsvielfalt	Teamgeist	Neue Wege der Innovation	Zugang zu Möglichkeiten, um unterschiedliche Lösungen sehen zu können
(IV)	Assessment der Beziehungsqualität	Gemeinsame Ziele für die Partnerschaft	Neue Partner, Umstrukturierung der Beziehungen	Halo-Effekte	Außenorientierung	Neue Beziehungen	Anzahl der Beziehungen, die das Unternehmen gestalten kann
(V)	Einführung neuer Strukturen	Legenden/Mythen, Symbole	Innovation der Struktur, Kultur, Systeme	Neue Organisationsformen	(nur durch Menschen vermittelt)	**Neue Strukturen und Prozesse** *(Feld 1)*	Schaffung von „kulturellen Ereignissen"
(VI)	F&E-Politik, erhöhte Attraktivität für Geschäftspartner	Erneuerungsbereitschaft	Kreativität und Innovation	Vorschläge neuer Formen	Zukunftsorientierung, freier Informationsfluß	Neue Qualität von Erneuerungsprozessen	Investitionen in die Zukunft des Unternehmens
(VII)	Wertschöpfung durch Produkte, Dienstleistungen, Beratung	Indirekte Beeinflussung über andere Kapitalformen	Patententwicklungen, Kosteneinsparungen durch Neuentwicklungen	Kundenzufriedenheit, Verbesserung der Umsatzbeeinflussung	**Reengineering, Kosteneinsparungen** *(Feld 2)*	Neue Produkte	Nachweis über traditionelle Buchführungsmethoden

Tabelle 27: Die prozeßbezogene Perspektive der Erfassung von Wissenskapital und seiner Komponenten (Quelle: Roos et al., 1997, S. 55ff.)

Beim näheren Hinsehen fällt auf, daß hier eine Veränderung der Perspektive von Wissenskapital vorgenommen wird. Können die Bestands-Indikatoren ohne Problem einer investiven Begründung von Wissen (vgl. Abschnitt 2.2.1.3) oder in weiten Teilen den Ansätzen der Humanvermögensrechnung (vgl. Abschnitt 3.2.2.4) zugeordnet werden, so tauchen hier Begriffe bzw. Interventionskonzepte einer verhaltenswissenschaftlich fundierten Managementtheorie auf.

Zusätzlich ist festzuhalten, daß die Autoren den Leser darüber im Unklaren lassen, anhand welcher Meßgrößen die Güte dieser Transformationsprozesse gemessen werden soll. Zusammenfassend entsteht hier der Eindruck, daß einige Vorschriften bzw. Regeln entwickelt wurden, die zwar nicht weiter begründet werden, die aber den Zweck verfolgen, dem Anwender dieser Regeln bei der Lösung des Problems der Transformation von einer Wissenskapitalkategorie in eine andere zu unterstützen.

Der Vollständigkeit halber möchte ich an dieser Stelle darauf hinweisen, daß Autoren wie Edvinsson/Malone (1997) oder Roos et al. (1997) *versuchen*, die unterschiedlichen Wissenskapitalindikatoren zu einem gemeinsamen **Wissenskapitalindex** zu integrieren. Aufgrund der hierbei nur unangemessen gelösten meßtheoretischen Probleme (vgl. Abschnitt 1.2.2.3) und ihrer mangelnden empirischen Relevanz, wie aktuelle wissenskapitalbezogen Studien verdeutlichen (vgl. Abschnitt 3.4.2.3), wird auf eine weiterführende Darstellung solcher Wissenskapitalindizes *verzichtet*.

3.4.2.3 Die Nutzung von Wissenskapitalsystemen: Empirische Befunde

Die bisherigen Ausführungen zur Entwicklung und Nutzung von wissenskapitalbezogenen Meßgrößen basieren zum einen auf einer Vielzahl wenig theoriegeleiteter, und somit eklektischer Überlegungen, denen zum anderen häufig ein normativer Charakter zukommt. Ungeachtet methodischer und inhaltlicher Mängel lassen sich zunehmend mehr Unternehmen identifizieren, die sich im Einsatz von Meßinstrumenten zur Erfassung und Dokumentation von Wissenskapital erproben.

Da die empirische Forschung über die Anwendung und den Nutzen von Wissenskapitalsystemen erst am Anfang steht, dominiert in der Literatur die Diskussion von Einzelfallstudien wie die von Skandia, WM data, Celemi u.ä., deren Grundlagen und Ergebnisse in den vorangegangen Abschnitten behandelt wurden (vgl. u.a. Probst/Knaese 1998; Stewart 1997;

Sveiby 1997). Eine Ausnahme[205] stellt die Studie des *Danish Trade and Industry Development Council* (1997) dar, das Ziele und Strategien bei der bisherigen Wissenskapitalberichterstattung in Skandinavien anhand von zehn Unternehmen[206] untersucht hat. Im Mittelpunkt dieser skandinavischen Studie steht die Auseinandersetzung mit den folgenden fünf Fragebereichen: (1) Aus welchen Gründen wird Wissenskapital im jeweiligen Unternehmen erfaßt? (2) Wie wird Wissenskapital erfaßt? (3) Welche positiven Konsequenzen bringt die Erfassung von Wissenskapital mit sich? (4) Welche Probleme entstehen bei der Erfassung von Wissenskapital? (5) Welche Ergebnisse werden welchen Bezugsgruppen zugänglich gemacht? Die Ergebnisse dieser Studie sollen nun kurz skizziert werden.

Bei den untersuchten Unternehmen konnten die folgenden **Hauptbeweggründe** des Einsatzes von Wissenskapitalsystemen identifiziert werden (vgl. *Danish Trade and Industry Development Council* 1997, S. 25): (1) Engere Verzahnung zwischen Unternehmens- und Personalentwicklung; (2) Umsetzung der Personalstrategie und Förderung der Motivation bzw. des Commitments der Mitarbeiter; (3) Entwicklung kompetenter und flexibler Mitarbeiter; (4) Fokussierung auf Kernkompetenzen und Förderung dezentraler Aktivitäten; (5) Förderung der Kundenorientierung und der Entwicklung neuer Produkte; (6) Unterstützung der Strategieimplementier-

---

[205] Der Vollständigkeit halber soll noch auf das Symposium der OECD (1999) zu dem Thema „*Measuring and Reporting Intellectual Capital: Expierence, Issues, and Prospects*" hingewiesen werden, an dem die folgenden Länder teilnehmen: Australien, Deutschland, Kanada, Niederlande, Norwegen, Österreich, Schweden und Spanien. Die hierbei diskutierten länderspezifischen Studien erheben keinen Anspruch auf Repräsentativität und unterscheiden sich darüber hinaus hinsichtlich ihrer Methodik (Fragebögen, Interviews, Inhaltsanalysen) und ihres Erkenntnisinteresses, das von der Wahrnehmung des Nutzens von Wissenskapitalindikatoren durch das Management bis zur Entwicklung eines Konzepts zur monetären Erfassung von Wissenskapital reicht. Aufgrund dieser Heterogenität lassen sich auch nur die folgenden Tendenzen verdeutlichen: (1) Die wichtigste Dimension ist Humankapital – mit den Kategorien „Führungsfähigkeiten", „Fähigkeit zur Mitarbeitermotivation", „Mitarbeiterzufriedenheit" und „Berufserfahrung". (2) Die Dimension „Interne Struktur" hat eine geringere Bedeutung als Humankapital; von Bedeutung sind hier folgende Aspekte: (a) Unterstützung der Strukturen bei der Identifikation und Nutzung impliziten Wissens, (b) Unternehmenskultur wird als "Motor" für Innovations- und Kreativitätsförderung aufgefaßt; (c) die dialektische Beziehung zwischen Struktur- und Humankapital wird weitestgehend von den Führungskräften wahrgenommen. (3) Die Dimension „Externe Struktur" ist in Abhängigkeit der Kundenorientierung des Unternehmens von Bedeutung.

[206] PLS Consult, Rambøll, Skandia, Consultus, Telia, ABB, Sparekassen Nordjylland (SparNord), The Swedish Civil Aviation Administration (SCAA), Sparbanken Sverige, WM data.

ung; (7) Schaffen von Klarheit bzgl. der Kernkompetenzen und der Werte des Unternehmens.

Damit einhergehend ließen sich folgende **Zielsetzungen** herausarbeiten (vgl. *Danish Trade and Industry Development Council* 1997, S. 26): (1) Erhöhung der Zufriedenheit von Mitarbeitern und Kunden, Unterstützung von Dezentralisierungsaktivitäten; (2) Entwicklung der Kompetenz der Mitarbeiter; (3) Verbesserung der Prozeßleistungen; (4) Reduktion der Durchlaufzeiten und Kommunikation der Werte des Unternehmens. Der Fokus auf die Mitarbeiter und die Kunden sowie auf Technologie spielt hierbei eine besondere Rolle.

Abstrahiert man von Motiven und Zielen, so wird deutlich, daß die eingesetzten Wissenskapitalsysteme sich anhand von vier Dimensionen beschreiben lassen (vgl. *Danish Trade and Industry Development Council* 1997, S. 27f.): **Human Resources, Customers, Technology, Processes.** Vor dem Hintergrund der in Abschnitt 3.4.2.1 geschilderten Durchgängigkeit der drei Dimensionen von Wissenskapital (Humankapital/Kompetenz, Organisationskapital/Interne Struktur und Kundenkapital/Externe Struktur) bedeutet dies, daß IT-Systeme von den untersuchten Unternehmen als analytisch getrennt von *Interner Struktur* bzw. Organisationskapital gehandhabt werden.

Der Einsatz von Wissenskapitalsystemen führt zu Veränderungen unterschiedlicher organisationaler Variablen (vgl. *Danish Trade and Industry Development Council* 1997, S. 29): So verändern Wissenskapitalsysteme beispielsweise die Unternehmenskultur, wobei deutlich wird, daß der Unternehmenserfolg nicht nur von Führungskräften, sondern auch von Mitarbeitern abhängt. Systematische Kompetenzentwicklung wurde – neben der Verbesserung der Beziehung zu den Kunden – als strategisches Ziel erkannt. Die Marktorientierung der Unternehmen hat sich verändert: Mitarbeiter haben gelernt, ihre Arbeitskraft zu vermarkten, wobei sich der Markt nicht nur auf das eigene Unternehmen beschränkt. Es wurden positive Effekte auf Produktivität und Leistungsfähigkeit beobachtet, und Analysten und Investoren haben begonnen, veröffentlichte Wissenskapitaldaten zur Kenntnis zu nehmen. Damit aber steht eher eine Orientierung auf interne Effekte – neben den häufig propagierten externen Effekten – im Mittelpunkt der Aktivitäten der beobachteten Unternehmen. Zudem gehörte die Überwachung des Wissenskapitalsystems in vier Fällen zum Aufgabenbereich der Unternehmensleitung, in vier Fällen zum Personalbereich, einmal zum Finanzbereich und einmal zu einer Abteilung „Innovation".

Oben wurde argumentiert, daß die Dokumentation von Wissenskapital der Information von internen und externen *stakeholders* dient. Dies bedeutet allerdings nicht, daß die Vertraulichkeit von relevanten Informationen prinzipiell aufgegeben wird. Einigkeit herrschte darüber, daß (a) vertrauliche wettbewerbsrelevante Informationen nicht veröffentlicht werden sollten, daß (b) Daten, die sich auf Mitarbeiter als Gesamtheit beziehen, auf jeden Fall publiziert werden sollten, daß (c) externe Bezugsgruppen informiert werden sollten, daß (d) nur solche Informationen veröffentlicht werden sollten, die unmittelbar von operativer Bedeutung sind und daß (e) die Daten eine Relevanz für den Kapitalmarkt aufweisen sollten werden (vgl. *Danish Trade and Industry Development Council* 1997, S. 80ff.).

Schließlich verweisen die Autoren noch auf die Notwendigkeit eines an das Unternehmen angepaßten Vorgehens bei der Implementierung von Wissenskapitalsystemen, und bestätigen somit die Argumentation von Roos et al. (1997) in bezug auf die fehlende Allgemeingültigkeit von Wissenskapitalindikatoren (vgl. *Danish Trade and Industry Development Council* 1997, 80ff.).

Faßt man diese Studie zusammen, so wird folgendes wichtiges Ergebnis deutlich: Die bisherigen Wissenskapitalsysteme scheinen eher auf die interne Dokumentation von Wissenskapital gerichtet zu sein als auf die Verbesserung der Beziehungen zum Kapitalmarkt. Somit existieren erste Hinweise über die Effizienz und Effektivität der eingesetzten Methoden, das heißt, daß aus dem Einsatz von Wissenskapitalsystemen verhaltensformende Konsequenzen resultieren – und dies trotz der nur unbefriedigend gelösten konzeptionellen bzw. theoretischen Probleme.

3.4.2.4 Die Erfassung von Wissen mittels Wissenskapitalmessung

3.4.2.4.1 Zusammenfassung

Nachdem in Abschnitt 3.4.1.5. die prinzipiellen Stärken und Schwächen von Indikatorensystemen in bezug auf die Erfaßbarkeit der Wertschöpfungsrelevanz von Wissen herausgearbeitet wurden, wurden in den nachfolgenden Abschnitten die Wissenskapitalsysteme, als Instrument zur Erfassung von Wissen, erörtert. Hierbei konnten die folgenden drei Bezugspunkte hinsichtlich der Operationalisierung von Wissenskapital herausgearbeitet werden:

- Zunächst fällt auf, daß sich die dargestellten Wissenskapitalsysteme durch eine Vielzahl von Indikatoren auszeichnen, die vergleichsweise einfach zu erheben sind: Die **Bestands-Indikatoren** (vgl. Tabellen 19 bis 24) der einzelnen Wissenskapitaldimensionen lassen sich weitestgehend einer **mikro-ökonomischen** Begründung wissensbezogener Investitionen (vgl. Abschnitt 2.2.1.3) oder den Ansätzen der Humanvermögensrechnung (vgl. Abschnitt 3.2.2.4) zuordnen.

- Die im Rahmen der **Veränderung der Wissenskapitalbestände** skizzierten Interventionen können demgegenüber aus einem **verhaltenswissenschaftlich** fundierten Verständnis der Managementtheorie abgeleitet werden; analoge Aussagen gelten für Indizes zur Führungskompetenz oder Motivation, die aus einer entsprechenden Mitarbeiterbefragung abgeleitet werden.

- Schließlich findet sich eine Vielzahl von **monetären Indikatoren**, die dem externen oder dem internen Berichtswesen entnehmbar sind, und daher die Effekte wissensbezogener Wertschöpfung aus **bonitärer Sicht** abbilden können.

Diese kurze Skizze kann das integrative Potential der Wissenskapitalsysteme verdeutlichen; die drei Argumentationsebenen werden in Abbildung 25 in einer Grafik zusammengefaßt.

Durch Abbildung 25 wird zum einen deutlich, daß es gelingt, mittels des wissenskapitalbezogenen Instrumentariums drei Perspektiven der Messung von Wissen – die rechnungslegungsbezogene, bestandsbezogene und ansatzweise die prozeßbezogene Perspektive – zu berücksichtigen. Zum anderen werden **keine** Aussagen über den Marktwert der Wissenskapitalbestände abgeleitet bzw. verwendet.

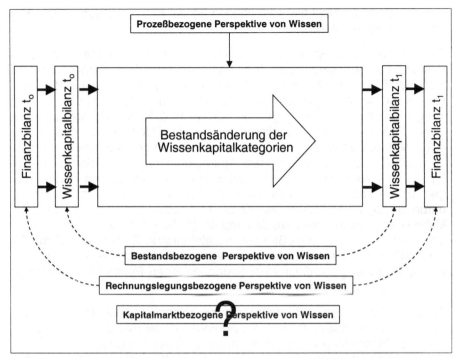

Abbildung 25: Die wissenskapitalbezogene Perspektive der Erfassung von Wissen

3.4.2.4.2 Die Erfassung wissensbezogener Wertschöpfung mittels Wissenskapitalmessung: Eignung

Die Diskussion bzgl. der Eignung von Wissenskapitalsystemen bzw. -indikatoren zur Erfassung wissensbezogener Wertschöpfungsleistungen hängt von zwei miteinander verzahnten Sachverhalten ab: Zum einen ist die Frage nach der konzeptionell-theoretischen Begründung der jeweiligen Dimensionen bzw. Indikatoren zu beantworten, und zum anderen ist die Frage nach der Angemessenheit der Operationalisierung der jeweiligen Indikatoren bzw. – auf höherer Aggregationsstufe – der Indizes zu prüfen.

Theoretische Probleme: Die Darstellung der mehr-dimensionalen Ansätze zur Erfassung von Wissenskapital verdeutlicht zusammenfassend, daß eine hohe Übereinstimmung hinsichtlich zentraler Dimensionen und Kategorien festgestellt werden kann. Dies kann meiner Einschätzung nach auf die Pionierleistungen von Sveiby (1989, 1997) zurückgeführt werden, dessen Überlegungen sich beispielsweise auch in den prominenten Praxisbeispielen von Skandia wiederfinden lassen (vgl. Edvinsson 1997; Edvinsson/Malone 1997).

Diese hohe Übereinstimmung kann nun aber *nicht* als generelles Qualitätsmerkmal der vorgelegten Argumentation aufgefaßt werden: Es entsteht der Eindruck, daß eine Vielzahl von Erfolgsfaktoren, die in den letzten Jahren der Managementforschung und -praxis identifiziert wurden, in ein gemeinsames Gerüst gegossen worden sind. Es scheint somit, daß in vielen Fällen eher das Naheliegende und Handhabbare, aber nicht das Begründbare gemessen wird. Kennzahlen mit unterschiedlichem Bedeutungsgehalt und unterschiedlichem Aggregationsniveau werden gleichzeitig zur Operationalisierung einer Wissenskapitalkomponente herangezogen: Es werden Kriterien verwendet, die keinen unmittelbar nachvollziehbaren Bezug zum Wissen und Know-how haben (Alter und Anzahl der Mitarbeiter), desweiteren werden Inputs (Aufwendungen für Weiterbildung) und Veränderungsgrößen sowie „telefonische Erreichbarkeit" mit Finanzindikatoren (Prämienvolumen) integriert. Zusätzlich fällt auf, daß Individualparameter gegenüber einer teamorientierten Perspektive bevorzugt werden (vgl. North 1998).

Zusätzlich ist festzustellen, daß die mehr-dimensionalen Ansätze den Bestand von Wissenskapital betonen, wohingegen der Prozeß der Veränderung des Wissenskapitalbestandes innerhalb einer Periode weitestgehend unberücksichtigt bleibt. Die Entwicklung der Wissensveränderung wird somit nicht ausreichend begründet – und konsequenterweise auch nur unzureichend erfaßt (als Ausnahme hierzu: Roos/Roos 1997).

Methodische Probleme: Die vorgestellten Konzepte versuchen, zahlreiche *„soft facts"* im Unternehmen durch eine große Anzahl von Indikatoren zu erfassen. Edvinsson (1997, S. 371) verdeutlicht dieses Problem wie folgt:

„Now if we compile all of the new indices and indicators created, including those translated from the Skandia originals, we come up with 164 measures, not counting subcategories. In the future, when companies are completely wired and are monitoring all of their activities in real time, then tracking two hundred variables may be feasible, even desirable. But right now, it is hard to imagine why any contemporary company would be willing to make such a commitment in time and money to do so."

Konkret heißt dies, daß die Wissenskapitalberichterstattung auf Indikatorenebene an folgenden Problemen leidet: Die große Anzahl an Indikatoren bedeutet einen hohen Aufwand an Zeit und Geld zur Erfassung und Dokumentation. Ein Teil dieser Indikatoren wird über subjektive Einschätzungen erfaßt, was den Anspruch einer reliablen und validen Erhebung reduziert und z.T. als Methodenartefakt aufgefaßt werden muß: Beispielsweise führt eine Erfassung von IT-Kompetenzen über Interviews zu anderen Ergebnissen, als die Erfassung der entsprechenden Weiterbildungszeit oder -aufwendungen. Desweiteren ist die Abgrenzung der einzelnen Kategorien *nicht* eindeutig: So lassen sich beispielsweise *organisationsfördernde Kunden* auch in bezug auf eine *Effizienzerhöhung* zuordnen – wenn man an die Erwartungen an eine *just-in-time*-Lieferung oder an *zero-defects*-Anforderungen denkt. Betrachtet man die eklektische Zusammenstellung der Wissenskapitalindikatoren, so ist auf das zusätzliche Problem der mangelnden internen Validität hinzuweisen: In welchem Umfang lassen sich Änderungen in den jeweiligen Indikatoren tatsächlich – und somit eindeutig – auf den Einfluß des Faktors Wissen zurückführen?

Die in den letzten Ausführungen verdeutlichte kritische Haltung zur Anwendbarkeit von Wissenskapitalsystemen kann insofern relativiert werden, wenn man an den Ausgangspunkt der Argumentation, nämlich Indikatorensysteme für die Erreichung **subjektiver Ziele** zu nutzen, zurückkehrt. Vergleicht man die vorgetragenen Überlegungen zur Erfassung von Wissenskapital mit den Gütekriterien von Indikatorensystemen, so wird deutlich, daß (a) die **syntaktische** Indikatorenbedingung erfüllt ist, da die Eigenschaften der Indikatoren die Informationsverarbeitungskapazitäten der Führungskräfte aufgrund ihrer Einfachheit wohl kaum überschreiten dürften; (b) die **semantische** Indikatorenbedingung kann ebenfalls als erfüllt gelten, da Eigenschaften der jeweiligen Indikatoren sicherlich Auskunft über die zu erschließenden Sachverhalte liefern. In bezug auf (c) die **pragmatische** Indikatorenbedingung sind Fortschritte zu beobachten: Oben wurde gezeigt, daß Wissenskapitalsysteme zunehmend mehr genutzt werden, wie wohl einige – anwendungsbezogene bzw. pragmatische Fragen – zum momentanen Zeitpunkt noch als ungelöst betrachtet werden müssen.

Im Rahmen des OECD-Symposiums (1999) zur aktuellen Verwendung von Wissenskapitalberichtssystemen wurden eine Reihe von Empfehlungen[207] für zukünftige Forschungsschwerpunkte zum Thema Wissenskapital

---

[207] Solche Empfehlungen betrafen folgende Aspekte: (a) Ausweitung der empirischen Forschung, um validere Aussagen machen zu können; Bezug zur Branche, Strategie usw. ist notwendig; (b) Klärung des Prozesses, wie Wissenskapitalindikatoren erfaßt werden; (c) Abstimmung der Wissenskapitalinformationen auf die Informationsbedürfnisse von Entscheidungsträgern; evtl. Entwicklung von neuen Indikatoren; (d) Entwicklung von neuen Instrumenten, da zuwenig geeignete Instrumente für Führungskräfte existieren, um Wissenskapital im operativen Geschäft berücksichtigen zu können; (e) Förderung prozeßbezogener Forschung, um die Interaktionen zwischen Gestaltungsvariablen und deren Effekte auf Wissenskapitalindikatoren präziser beschreiben zu können; (f) schließlich existiert eine Notwendigkeit, eine Blaupause zur Einführung von Wissenskapitalsystemen zu entwickeln, um deren Implementierung zu erleichtern.

abgeleitet. Aufgrund der bislang nicht gelösten Probleme im Rahmen der Wissenskapitalberichtserstattung hat die OECD (1999) jedoch beschlossen, **keine** Empfehlungen zur Entwicklung und zum Einsatz von Wissenskapitalsystemen bzw. Indikatoren auszusprechen.

Akzeptiert man – trotz aller berechtigter Kritik – das Potential von Wissenskapitalsystemen, zumindest lokale Aussagen[208] über die Wertschöpfungsrelevanz von Wissen leisten zu können, stellt sich die Frage, wie es gelingen kann, die aus der Anwendung von – eklektischen – Wissenskapitalsystemen resultierenden empirischen Daten zu gehaltvollen theoretischen Aussagen zu verdichten.

Eine mögliche methodologische, hier aus Platzgründen nicht weiter zu explizierende Antwort auf diese Frage findet sich im Rahmen der *„grounded theory"* (Glaser/Strauss 1967): Ausgehend von einer Kritik an der deduktiven Theoriebegründung des kritisch-rationalen Paradigmas entwickeln die Autoren eine Methodologie, mit der begründet werden kann, wie sich Theorien mittels empirischer bzw. auf induktivem Weg gewonnener Aussagen begründen lassen (vgl. auch Kelle 1997).

Für den vorliegenden Zusammenhang genügt es, an dieser Stelle den Ansatz der *Balanced Scorecard* (Kaplan/Norton 1997) zu skizzieren, das als mehrdimensionales Meß- und Managementsystem aufgefaßt werden kann: Es zeichnet sich zum einen dadurch aus, *auch* Aussagen über wissensbezogene Wertschöpfungszusammenhänge zu ermöglichen; zum anderen ist mit der *Balanced Scorecard* der Anspruch verknüpft, dieses Managementsystem aufgrund empirischer Daten kontinuierlich prüfen und weiterentwickeln zu können.

3.4.2.4.3 Exkurs: Balanced Scorecard

Das Konzept der *Balanced Scorecard* (vgl. Kaplan/Norton 1992, 1997; Horváth/Kaufmann 1998) wurde im Rahmen von Überlegungen zum prozeßorientierten und strategischen Controlling entwickelt (Fischer 1996), und folgt somit dem Anspruch, eine ganzheitliche Ausrichtung auf Geschäftsprozesse vorzunehmen und bei ihrer Gestaltung die Kenntnisse und Fähigkeiten der Mitarbeiter systematisch einzubeziehen. Die Grundidee der *Balanced Scorecard* beruht auf der Annahme, daß eine eindimensionale Beschreibung und Steuerung eines Unternehmens – unab-

---

[208] Die Einschränkung auf lokale Aussagen läßt sich mit der Strategieabhängigkeit der Indikatorenentwicklung begründen: Sinnvolle unternehmensübergreifende Aussagen lassen sich nur bei vergleichbarem strategischem Programm ableiten.

hängig davon, welche Dimension Verwendung findet – der zu gestaltenden Unternehmensrealität nicht gerecht werden kann. Ausgehend von den Überlegungen von Eccles (1991) stellt die *Balanced Scorecard* ein Managementsystem[209] dar, mit dessen Hilfe Mission und Strategie eines Unternehmens in konkrete Ziele übersetzt werden kann, wobei hier Kennzahlen aus vier verschiedenen Perspektiven eingesetzt werden.

Die hierbei als relevant erachteten vier Dimensionen eines Unternehmens sind: (1) **Finanzen:** Die finanzielle Dimension eines Unternehmens wird traditionell in Jahres- oder Quartalsabschlüssen dargestellt. Sie enthält Informationen über die Vermögens-, Finanz- und Ertragslage eines Unternehmens. (2) **Kunden:** Eine kundenorientierte Sichtweise liefert Informationen über die Positionierung des Unternehmens in bestimmten Marktsegmenten, über die Kundenzufriedenheit oder die Kundenbindung. (3) **Geschäftsprozesse:** Auf Ebene der Geschäftsprozesse erfolgt die Beschreibung des Unternehmens anhand der einzelnen im Unternehmen implementierten Arbeitsabläufe. (4) **Lernen/Wachstum:** Die vierte Dimension beinhaltet sogenannte weiche Erfolgsfaktoren. Dies sind u.a. die Motivation und der Ausbildungstand der Mitarbeiter, der Zugang zu relevanten externen Informationsquellen und die Organisation des Unternehmens.

Die *Balanced Scorecard* enthält somit eine integrative Sichtweise auf das Gesamtunternehmen. Die zu entwickelnden Kennzahlen sollen eine **Balance** halten zwischen (a) extern orientierten Meßgrößen für Anteilseigner/Teilhaber sowie Kunden und internen Meßgrößen für kritische Geschäftsprozesse, Innovation, Lernen und Wachstum, und (b) zwischen Meßgrößen der Ergebnisse vergangener Tätigkeiten und den Kennzahlen, welche zukünftige Leistungen antreiben sollen. Die *Balanced Scorecard* ist somit ein Instrument, mit dessen Hilfe nicht nur quantitative, sondern auch qualitative Aspekte organisationaler Leistung meßbar, sichtbar, kommunizierbar und deshalb besser planbar und steuerbar gemacht werden können.

Betrachtet man die drei nicht-finanziellen Dimensionen der *Balanced Scorecard*, so wird folgender **enger Bezug** mit den oben geschilderten **Wissenskapitaldimensionen** deutlich: Die Dimension „Kunden" findet sich in der Dimension „Externe Struktur" wieder; die Dimension „Geschäftspro-

---

[209] Der Begriff „Managementsystem" wird von den Autoren Kaplan/Norton (1997) explizit verwendet und soll darauf verweisen, daß der *Balanced Scorecard*-Ansatz mehr ist als ein neues Kennzahlensystem: Es werden nicht nur Aussagen über Meßgrößen, sondern auch über die Entwicklung dieser Meßgrößen, ihrer Verknüpfung mit der Unternehmensstrategie wie auch bezüglich ihrer Umsetzung gemacht.

zesse" in der Dimension „Interne Struktur" und „Lernen/Wachstum" weist eine hohe Ähnlichkeit mit der Dimension „Erneuerung/Entwicklung" auf. Eine weitere Ähnlichkeit zwischen beiden Ansätzen wird durch die Strategieabhängigkeit deutlich, wenn es um die konkrete Operationalisierung der vier Dimensionen der *Balanced Scorecard* geht (vgl. Kaplan/Norton 1997; Horváth/Kaufmann 1998; Horváth & Partner 2000): Für jede der vier Dimensionen, unter denen das Unternehmen betrachtet wird, sind entsprechende **strategische** Ziele abzuleiten. Diese Aufgabe ist durch die Unternehmensführung zu erfüllen und stellt nach Kaplan/Norton (1997) nichts anderes dar, als eine Hypothese über Ursache-Wirkungszusammenhänge zu entwickeln und entsprechend zu operationalisieren. Für den Finanzbereich sind an dieser Stelle die Anforderungen der Investoren (Eigen- und Fremdkapitalgeber) sowie der Kapitalmärkte zu berücksichtigen. Darüber hinaus wird generell der langfristige ökonomische Erfolg, der das Überleben des Unternehmens sichert, als Zielsetzung betrachtet. Analog sind auch die strategischen Ziele im Hinblick auf die Kunden des Unternehmens (Kundenzufriedenheit, Kundenbindung), die Geschäftsprozesse (Festlegung der Bereiche für die Verbesserung von Geschäftsprozessen) sowie die weichen Faktoren des Unternehmens (Ausbildungsstand und Motivation der Mitarbeiter, Zugang zu wichtigen Informationen) abzuleiten. Dies impliziert, entsprechende wissensbezogene Zielgrößen mit in die *Balanced Scorecard* aufzunehmen. Nachdem die Formulierung der strategischen Ziele abgeschlossen ist, sind in jedem Bereich geeignete **Meßgrößen**, die eine Messung des Zielerreichungsgrades zulassen, abzuleiten. Zu den im Einzelnen verwendeten Meßgrößen sind im Rahmen der Operationalisierung der strategischen Ziele konkrete operative **Zielgrößen** vorzugeben und auf der *Balanced Scorecard* auszuweisen. Schließlich folgt eine verbale Umschreibung der zur Erreichung der einzelnen strategischen Ziele ergriffenen **Aktivitäten**.

Betrachtet man die Erfahrungen mit dem Einsatz der *Balanced Scorecard*, so lassen sich folgende – auch auf die Handhabung von Wissenskapitalsystemen übertragbare – Erkenntnisse ableiten: Die vierdimensionale Struktur der *Balanced Scorecard* ist nicht zwingend vorgeschrieben, es lassen sich auch konkrete Ansätze mit drei oder fünf Dimensionen identifizieren (Fink/Grundler 1998) – analoge Erkenntnisse gelten auch im Kontext der Wissenskapitalsysteme: Aus Tabelle 17 wurde deutlich, daß Roos et al. (1997) zwischen zwei Dimensionen differenzieren, wohingegen die anderen Autoren wie Sveiby (1997), Stewart (1997) und Edvinsson/Malone (1997) zwischen drei Grunddimensionen des Wissenskapitalkonzepts differenzieren. Betrachtet man die oben skizzierte Studie des *Danish Trade and Industry Development Council* (1997) so werden hier sogar vier Basisdimensionen sichtbar.

Das Arbeiten mit der *Balanced Scorecard* kann als organisationaler Lernprozeß aufgefaßt werden, bei dem die gewählten Indikatoren einem ständigen **Reflexions- und Verbesserungsprozeß** unterliegen und somit auch einer Veränderung unterzogen werden können (Kaplan/Norton 1997). Dieselben Überlegungen gelten auch für die Wissenskapitalsysteme und ihrer Strategieabhängigkeit. Eng mit diesem Lernprozeß verknüpft ist der Anspruch von Kaplan/Norton (1997), mit der *Balanced Scorecard* ein **empirisch überprüfbares** System entwickelt zu haben, wobei die drei nicht-finanziellen Dimensionen quasi als unabhängige Variablen zur Erklärung der finanziellen Dimension – der abhängigen Variablen – eingesetzt werden:

„Anstatt einfach nur die Informationen für jede Kennzahl der BSC auf unabhängiger, isolierter Basis zu erfassen, können Manager die Bestätigung der hypothetischen Ursache-Wirkungszusammenhänge unterstützen, indem sie die Korrelationen zwischen zwei oder mehr Kennzahlen messen. Korrelationen zwischen diesen Variablen ergeben eine wirkungsvolle Bestätigung der Strategie der Geschäftseinheit. Wenn sich im Lauf der Zeit keine hypothetischen Korrelationen zeigen, hat das Unternehmen einen Beweis dafür, daß die der Strategie zugrundeliegende Theorie nicht stimmt" (Kaplan/Norton 1997, S. 246).

Die Konsequenz aus dem Fehlen von Korrelationsbeziehungen ist, die Strategie, die Auswahl oder die Operationalisierung der verwendeten Indikatoren zu verändern. Diese Überlegung findet sich im Kontext der Wissenskapitaldiskussion bislang nicht: Meines Erachtens sollte dieser Aspekt der empirischen Überprüfung von Ursache-Wirkungszusammenhängen explizit in die Handhabung von Wissenskapitalsystemen aufgenommen werden. Letztlich kann auch die Maxime der *Balanced Scorecard*-Anwender, vergleichsweise wenige Indikatoren zu verwenden (Horváth & Partner 2000, S. 32), auf die Wissenskapitalmessung übetragen werden: So läßt es sich vielleicht dann doch vermeiden, das „Überangebot" der über 160 Skandia-Indikatoren zu reduzieren.

3.4.2.4.4 Abschließende Beurteilung der Eignung von Wissenskapitalsystemen

Faßt man die vorgetragene Argumentation hinsichtlich der Eignung von Wissenskapitalsystemen zur Erfassung wertschöpfungsrelevanten Wissens zusammen, so lassen sich – auch im Hinblick auf die Ergänzungen, die im Kontext der *Balanced Scorecard* vorgenommen wurden – folgende Schlußfolgerungen ziehen: Wissenskapitalsysteme sind – auch unter Berücksichtigung der theoretischen und methodischen Mängel – für die Erfassung von Wissen und seiner Effekte auf organisationale Leistungsgrößen geeignet. Die inhaltliche Interpretation der Indikatoren ist dabei lokal –

und zwar in Abhängigkeit der jeweiligen Strategie – begrenzt. Damit einher geht, daß Absolutwerte von Indikatoren nur wenig aussagekräftig sind: Zwar gilt die „einfache" je-desto-Logik bei den finanziellen Indikatoren – im Sinne eines "je höher der Gewinn, desto besser" – doch können nicht-finanzielle Indikatoren nicht unbedingt einheitlich interpretiert werden: Operationalisiert man beispielsweise die Variable Kompetenzverlust über den Indikator Fluktuationsrate, so kann auch eine steigende Personalfluktuation positiv beurteilt werden, nämlich dann, wenn in dem entsprechenden Bereich Personalabbau geplant war. Strategien haben somit die Aufgabe, einen sinnvollen Zusammenhang zwischen den einzelnen Kategorien darzustellen.

Aus der Anwendungsperspektive läßt sich hinzufügen, daß eine zusätzliche wissenskapitalbezogene Berichterstattung Vor- und Nachteile mit sich bringt: Ein explizites Management von Wissenskapital schafft neue Werte und führt zu einer stärkeren, strategisch einheitlichen Ausrichtung des Gesamtunternehmens. Entsprechende Indikatoren können zur Kommunikation nach innen und außen eingesetzt werden. Allerdings ist auch die Gefahr nicht zu verkennen, daß solche veröffentlichten Informationen dem Wettbewerber nutzen können.

3.5 Konsequenzen für die Erfassung von Wissen

Das dritte Kapitel dient der Beantwortung von zwei Leitfragen: Im Kontext der **dritten Leitfrage** sollten generelle Meßmethoden zur Erfassung von Wissen identifiziert, analysiert und kritisch diskutiert werden. In diesem Zusammenhang wurde festgestellt, daß die drei grundlegenden, erörterten Erfassungsmethoden – betriebswirtschaftliche Bewertung (Abschnitt 3.2.1), sozialwissenschaftlich-empirisches Messen (Abschnitt 3.3.1) und Erfassung mittels Indikatorensystemen (Abschnitt 3.4.1) – zum einen prinzipiell für die Erfassung von Wissen geeignet sind. Zum anderen wurden jeweils unterschiedliche Probleme bei der Erfassung der drei Merkmale von Wissen – Unsichtbarkeit, Trägerabhängigkeit und Kontextabhängigkeit – identifiziert (vgl. Abschnitte 3.2.4.2, 3.3.4.2 und 3.4.2.5.2). Analog galt es, in bezug auf die **vierte Leitfrage** Instrumente bzw. konkrete Meßverfahren zur Erfassung von Wissen kritisch zu reflektieren. Auch hier zeigten sich – in Abhängigkeit des jeweiligen Instruments bzw. der Instrumentklasse – jeweils verschiedene Stärken und Schwächen. Bei der Beantwortung der beiden Leitfragen wurde eine **hohes Maß an Heterogenität** der diskutierten Konzepte deutlich – zum einen hinsichtlich der Vorannahmen in bezug auf die einzelnen Methoden und zum anderen hinsichtlich der Auffassungen von Wissen, die durch das jeweilige Instrument vorausgesetzt werden.

Die **Zielsetzung** des letzten Abschnitts des vorliegenden dritten Kapitels ist es, zu prüfen, ob bzw. inwiefern sich zu den in den vorherigen Abschnitten erörterten heterogenen Ansätzen zur Messung von Wissen eine **gemeinsame** – ggf. auch **kohärente** – **Perspektive** identifizieren bzw. entwickeln läßt – und zwar in bezug auf (a) das zugrundeliegende Verständnis von Wissen, (b) der damit einhergehenden Frage nach einer möglichen Systematisierung der unterschiedlichen Perspektiven von Wissen und ihrer Meßbarkeit, sowie (c) in bezug auf die Frage nach der Ableitung eines Gesamtmodells des Erfassens von Wissen.

In Abschnitt 3.5.1 wird zunächst eine **inhaltliche Zusammenschau** der bisherigen Argumentation vorgenommen. In dieser Übersicht wird die Heterogenität des dabei jeweils vorliegenden Wissensverständnisses deutlich. Anschließend werden in Abschnitt 3.5.2 drei **Dimensionen** der Erfassung von Wissen vorgeschlagen, mit deren Hilfe eine **Systematisierung** der Vielzahl wissensbezogener Meßgrößen möglich wird. Der letzte Abschnitt 3.5.3 widmet sich der Frage der **Integration** der oben – in Abhängigkeit der einzelnen Meßinstrumente – jeweils abgeleiteten Meßverständnisse bzw. Meßperspektiven von Wissen in ein **gemeinsames Meßmodell**.

3.5.1 Überblick: Die Auffassung von Wissen

Zu Beginn des vorliegenden Abschnitts soll zunächst eine Standortbestimmung des Begriffs „Wissen als Ressource" auf Basis der vorherigen Erörterungen herausgearbeitet werden. Aufgrund der Komplexität der verschiedenartigen Wissensbegriffe, -kategorien und -klassifikationen und ihrer jeweiligen theoretischen und paradigmatischen Wurzeln ist *nicht* zu erwarten, daß eine einfache und über jeden Zweifel erhabene – operationale – Begriffspräzisierung von Wissen in Wertschöpfungszuammenhängen möglich ist.

Wie die vorherigen Abschnitte gezeigt haben, kann Wissen wertschöpfungswirksam erfaßt – also bewertet und gemessen – werden. Konsequenterweise liegt den einzelnen Instrumenten ein entsprechendes **instrumentelles Wissensverständnis** zugrunde. Dieses läßt sich wie folgt umschreiben: *Es ist nicht alles Wissen, was gewußt wird, von Bedeutung, sondern nur das, was genutzt oder einer Nutzung zugänglich gemacht werden kann.* Die Heterogenität der bislang diskutierten Instrumente und der daraus resultierenden Auffassungen von Wissen wird in den beiden folgenden Tabellen dargestellt und anschließend erläutert (vgl. Tabelle 28, Tabelle 29).

Tabelle 28 und Tabelle 29 verdeutlichen zunächst eine **Zweiteilung** des Konzepts „Wissen als Ressource" – und zwar in Abhängigkeit davon, ob es sich um **personengebundenes** oder **strukturelles** Wissen handelt. In der zweiten Zeile von Tabelle 28 wird die unterschiedliche Verortung von Wissen aufgegriffen: **Innerhalb** der Organisation befindet sich Wissen, das in Produkte und Prozesse inkorporiert ist – also kodifiziertes Wissen, Informations- und Datenbestände (Blickwinkel 2), sowie explizites (Blickwinkel 3) und implizites Wissen (Blickwinkel 4), das heißt Wissen, über das das Unternehmen (potentiell) verfügt, ohne die Wissensträger selbst zu besitzen. **Außerhalb** der Organisation befindet sich konsequenterweise *kein* Wissen der Organisation über die Umwelt, aber Wissen in der Umwelt, das aus der Interaktion des Unternehmens mit seiner Umwelt resultiert; die entsprechende Form ist immaterielles Vermögen, das *nicht* Teil der organisationalen Wissensbasis (Pautzke 1989) ist (Blickwinkel 1).

Eine weitere Spezifikation kann dadurch erfolgen, daß man nach der **Verfügbarkeit** und dem **Eigentumscharakter des** entsprechenden Wissens fragt: Wissen aus Blickwinkel 1 ist kein Eigentum des Unternehmens und ist nur zu einem geringen Maße verfügbar – es muß hinsichtlich seiner Effekte aus der Unternehmensumwelt erst erschlossen werden. Wissen aus Blickwinkel 2 befindet sich sowohl im Eigentum des Unternehmens und ist darüber hinaus verfügbar – wobei an dieser Stelle darauf hinzuweisen ist, daß hier die Verfügbarkeit der „Kombination aus Träger und Wissen" – besser: Information – gemeint ist. Blickwinkel 3 und 4 haben gemeinsam, daß beide Wissensformen kein Eigentum des Unternehmens darstellen, wobei der Unterschied darin liegt, daß sich implizites Wissen (Blickwinkel 4) im Vergleich zu explizitem Wissen (Blickwinkel 3) über eine geringeres Maß an Verfügbarkeit auszeichnet.

Wissen als Ressource			
Strukturelles Wissen		Personengebundenes Wissen	
Blickwinkel 1	Blickwinkel 2	Blickwinkel 3	Blickwinkel 4
Außerhalb der Organisation: Implikationen des Wissens der Umwelt über die Organisation	Innerhalb der Organisation: • Prozesse • Produkte • Immaterielle Aktiva	Innerhalb der Organisation: Explizites Wissen	Innerhalb der Organisation: Implizites Wissen
Immaterielles Vermögen, das nicht Teil der organisationalen Wissensbasis ist	Kodifiziertes Wissen, Informations- und Datenbestände	Wissen, über das Unternehmen (potentiell) verfügen, ohne die Wissensträger zu besitzen	
Niedrige Verfügbarkeit	Hohe Verfügbarkeit	Hohe Verfügbarkeit	Niedrige Verfügbarkeit
Kein Eigentum	Eigentum	Kein Eigentum	Kein Eigentum
Bewertbare wissensbezogene Vermögenswerte: • Image • Marktanteile • Eintrittsbarrieren • Marktpotentiale • Wettbewerbsvorteile • Lebenszyklus • Kundenkapital i.S. des Wissenskapitals • ...	Aktivierbare immaterielle Aktiva; Wissen in Prozessen & Produkten: • Geschütztes geistiges Eigentum • Konzessionen • Lizenzen • Datenbanken • Software • Dokumentierte Prozesse/ Technologien • Investitionen (Aufwendungen) in F&E, Prozesse • Organisationskapital i.s. des Wissenskapitals • ...	Explizites Wissen: • Humankapital: Aufwendungen • Humankapital: Projektion und Diskontierung von *Service states* • Verfügbares Wissen der Mitarbeiter • Verfügbares Wissen von Kunden, Lieferanten, externen Wissensträgern • Humankapital i.S. des Wissenskapitals • ...	Implizites Wissen: • kumuliertes Wissen (ROA-Vergleich) • Wissensproduktivität des Managements • Wissensproduktivität aller Organisationsmitglieder • zu erschließendes Wissen von Führungskräften und Mitarbeitern • zu erschließendes Wissen von Kunden, Lieferanten, externen Wissensträgern • ...

Tabelle 28: Inhaltlicher Überblick des Konzepts „Wissen als Ressource"

Wissen als Ressource			
Strukturelles Wissen		Personengebundenes Wissen	
Blickwinkel 1	Blickwinkel 2	Blickwinkel 3	Blickwinkel 4
Bewertbare wissensbezogene Vermögenswerte	Aktivierbare immaterielle Aktiva Wissen in Prozessen & Produkten	Explizites Wissen	Implizites Wissen
Meßinstrumente: • Marktvergleich • Reproduktionskosten • DCF- bzw. EVA-Projektionen	Meßinstrumente: • Bilanz • GuV • Marktvergleich • Reproduktionskosten • DCF- bzw. EVA-Projektionen	Meßinstrumente: • Humanvermögensrechnung • DCF- bzw. EVA-Projektionen (Weiterbildung, F&E, Projekte) • Diagnostik des Wissensmanagements (Fragebogen)	Meßinstrumente: • information productivity/knowledge capital • value added intellectual potential • Calculated intangible value • Diagnose aufgrund von Beobachtung des Handlungswissens
Meßgröße: • Geldeinheit • quantitative / qualitative Indikatoren	Meßgröße: • Geldeinheit • quantitative / qualitative Indikatoren	Meßgröße: • Geldeinheit • Skalenmittelwerte • quantitative / qualitative Indikatoren	Meßgröße: • Geldeinheit • ggf. Häufigkeiten von Kategorien

Tabelle 29: Inhaltlicher Überblick des Konzepts „Wissen als Ressource" (Fortsetzung von Tabelle 28)

Die nächste Zeile von Tabelle 28 enthält eine Spezifikation der jeweiligen Wissensformen: **Bewertbare wissensbezogene Vermögenswerte** (Blickwinkel 1) sind beispielsweise Image, Marktanteile, Eintrittsbarrieren, Marktpotentiale, Wettbewerbsvorteile, Lebenszyklus, oder Kundenkapital im Sinne des Wissenskapitals – also alles Aspekte, die aus einer Interaktion des Unternehmens mit seiner Umwelt resultieren und die letztlich auf das Wissen der Umwelt über die Leistungsfähigkeit des Unternehmens – im Vergleich zu den Wettbewerbern – zurückgeführt werden können: Image resultiert beispielsweise aus der Erfahrung (= Wissen) von Kunden mit den Erzeugnissen oder Dienstleistungen eines Unternehmens. Bei den **aktivierbaren immateriellen Aktiva** und **Wissen in Prozessen & Produkten** (Blickwinkel 2) geht es um wissensbezogene Aspekte, die primär handelsrechtliche Bedeutung haben, wie z.B. Wissen in Form von geschütztem geistigen Eigentum, Konzessionen, Lizenzen, Datenbanken, inkorporiertem Wissen in Software, dokumentierten Prozessen bzw.

Technologien sowie Investitionen in F&E oder in Prozesse. Letztlich ist hier noch auf die Wissenskapitaldimension „Organisationskapital" zu verweisen. **Explizites Wissen** (Blickwinkel 3) findet sich wieder in humankapitalbezogenen Aufwendungen; der Projektion und Diskontierung von *service states*, im verfügbaren Wissen der Mitarbeiter, Kunden, Lieferanten und anderen externen Wissensträgern, sowie in der wissenskapitalbezogenen Form des Humankapitals. Schließlich lassen sich in bezug auf das **implizite Wissen**[210] zwei unterschiedliche Formen identifizieren: Auf der einen Seite in der Form kumulierten Wissens der Gesamtorganisation, wie es im ROA-Vergleich (Abschnitt 3.2.2.3) verwendet wird, oder aber in Form der Produktivität des kumulierten Wissens des Managements oder aller Organisationsmitglieder. Auf der anderen Seite kann hier das zu erschließende Wissen von Führungskräften, Mitarbeitern, Kunden, Lieferanten und anderen externen Wissensträgern subsumiert werden.

Die Fortsetzung der Analyse in Tabelle 29 führt zu folgendem Bild: Hinsichtlich der **Meßmethoden** zeigt sich, daß sich allen vier Perspektiven eine **bonitäre Bewertung** zuordnen läßt; mit Indikatorensystemen lassen sich inkorporiertes Wissen sowie immaterielle Vermögenswerte (Blickwinkel 2) und explizites Wissen (Blickwinkel 3) erfassen, wohingegen sozialwissenschaftlich-empirisches Messen die geeignete Methode für die Erfassung expliziten und impliziten Wissens darstellt. Hinsichtlich des Einsatzes der einzelnen Meßinstrumente können folgende Zuordnungen vorgenommen werden: Bewertbare wissensbezogene, aber bilanziell nicht aktivierbare Vermögenswerte (Blickwinkel 1) lassen sich mit den Instrumenten des Marktvergleichs, der Reproduktionskosten oder DCF- bzw. EVA-Projektionen erfassen. Für aktivierbare immaterielle Aktiva und Wissen in Prozessen/Produkten (Blickwinkel 2) lassen sich im Vergleich zu Blickwinkel 1 noch zusätzlich Bilanz und GuV heranziehen. In bezug auf explizites Wissen (Blickwinkel 3) kann die Humanvermögensrechnung, DCF- bzw. EVA-Projektionen von Weiterbildungs-, F&E- oder wissensmanagementprojektbezogenen Investitionen sowie die Diagnostik des Wissensmanagements – zum Beispiel in Form eines Fragebogens – eingesetzt werden. Schließlich kann die Erfassung von implizitem Wissen (Blickwinkel 4) anhand der Meßinstrumente *information productivity/knowledge capital*, *value added intellectual potential* und *calculated*

---

[210] Um Mißverständnisse zu vermeiden, möchte ich an dieser Stelle darauf hinweisen, daß der hier verwendete Begriff des impliziten Wissens sich von dem durch Nonaka/Takeuchi (1995) benutzten Begriff dadurch unterscheidet, daß er sich auf die Ebene der Organisation – und nicht auf die Ebene des Individuums bezieht. Implizit ist dieses Wissen insofern, als daß es in den wenigsten Fällen kommunizierbar, also explizierbar ist.

intangible value für kumuliertes Wissen, sowie eine wissensbezogene Diagnostik aufgrund von Beobachtung des Handlungswissens eingesetzt werden.

Zusammengefaßt wird durch Tabelle 28 und Tabelle 29 die **Heterogenität** der bislang diskutierten Perspektiven zum Thema „Messung der Ressource Wissen" deutlich. Damit aber stellt sich die Frage, ob bzw. in welchem Umfang sich in bezug auf diese vier einzelnen Perspektiven Hinweise für eine **Systematisierung** der Erfassung von Wissen ableiten lassen.

3.5.2 Systematisierung wissensbezogener Meßgrößen

Untersucht man die Argumentationsstränge in den bisherigen Abschnitten der vorliegenden Arbeit, so lassen sich die drei folgenden, immer wiederkehrenden Bezugspunkte zur Konzeptualisierung von Wissen und der daraus abgeleiteten Meßgrößen für Wissen identifizieren – nämlich (1) die *epistemologische* und (2) die *organisationale* Dimension sowie (3) die Dimension der *Meßperspektive*.

3.5.2.1 Leitdimensionen zur Klassifikation wissensbezogener Meßgrößen

Die epistemologische Dimension: Bereits in Abschnitt 2.3.5.2. wurde herausgearbeitet, daß zwei bedeutsame Positionen in bezug auf die Auffassung der Erfaßbarkeit von Wissen identifiziert werden können: Auf der einen Seite behaupten **kognitive** bzw. **repräsentationistische Ansätze**, daß Wissen unabhängig von einem Akteur existiert und dementsprechend mittels geeigneter objektiver Methoden erfaßt werden kann. Auf der anderen Seite legen **konstruktivistische Ansätze** nahe, daß Wissen ausschließlich als Interaktion zwischen der Wissensstruktur eines Akteurs und einer externen Datenquelle abgebildet werden kann, woraus sich entsprechende lokale Ansätze der Erfassung von Wissen ergeben.

Die organisationale Dimension: Eine weitere, häufig anzutreffende Unterscheidung bezieht sich auf die Perspektiven der Messung organisationaler Variablen: Zum einen wird zwischen **personenabhängigen** und – **unabhängigen**, also **strukturellen** Bezugspunkten der Erfassung von Wissen unterschieden. Zum anderen läßt sich häufig eine weitere Differenzierung der strukturellen Perspektive beobachten – und zwar in Richtung einer **internen** und einer **externen** Gliederung dieser strukturel-

ner **internen** und einer **externen** Gliederung dieser strukturellen Seite von Wissen[211].

Die Dimension der Meßperspektive: Die vorherigen Analysen zeigen zusätzlich, daß sich die Meßgrößen zur Erfassung von Wissen dahingehend unterscheiden lassen, ob sie eine Erfassung in monetäre oder in nicht-monetäre Größen vorsehen[212]. Daher scheint es sinnvoll zu sein, diese beiden Perspektiven als weiteres Analysemerkmal von wissensbezogenen Meßgrößen zu verwenden.

In Abbildung 26 werden diese drei **Leitdimensionen** der Analyse wissensbezogener Meßgrößen zusammenfassend dargestellt, woraus letztlich 12 Teilperspektiven der Messung von Wissen resultieren.

---

[211] vgl. hierzu die Perspektiven der Wissenskapitaldiskussion in Abschnitt 3.4.2 oder aber auch die organisationstheoretischen Analyseschemata von Pfeffer (1982) oder Astley/van de Ven (1983).

[212] Im Rahmen der ökonomischen Ansätze (Abschnitt 2.2) und der Bewertungsmethodik (Abschnitt 3.2) standen monetäre Meßgrößen im Vordergrund, wohingegen im Kontext der managementwissenschaftlichen Ansätze (Abschnitt 2.3) sozialwissenschaftlich-empirische Meßgrößen (Abschnitt 3.3.) hauptausschlaggebend waren.

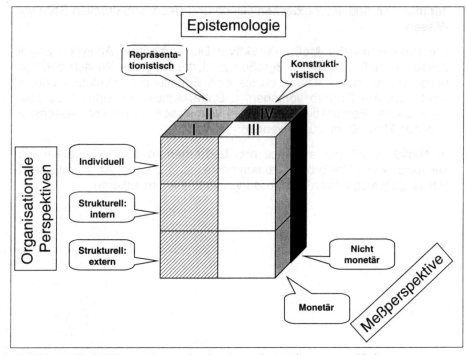

Abbildung 26: Leitdimensionen der Analyse wissensbezogener Meßgrößen

Bevor ich die Klassifikation wissensbezogener Meßgrößen aus Abbildung 26 anhand ausgewählter Meßgrößen exemplifiziere, möchte ich zuvor noch auf eine wichtige Implikation der Wahl des jeweiligen epistemologischen Bezugsrahmens eingehen: Da die **repräsentationistische** Perspektive[213] die Erschließbarkeit einer objektiv existierenden Realität voraussetzt, können die aufgrund der Anwendung entsprechender Meßgrößen gefundenen Ergebnisse über den Einzelfall hinaus generalisiert werden. Letztliche Zielsetzung ist es hier, wie in Abschnitt 2.3.5.2 bereits ausgeführt, nomologische Aussagen zu entwickeln. Im Gegensatz dazu gelingt dies mittels des **konstruktivistischen** Paradigmas nicht – hier sind die Aussagen stets lokal begrenzt: Dies heißt zum einen, daß Meßgrößen, die im Kontext des kritisch-rationalen Paradigmas entwickelt wurden, hier auch Anwendung finden können – wenn die lokale Begrenztheit der Aus-

---

[213] Damit ist sowohl das kritisch-rationale sowie das neoklassische Paradigma gemeint.

sagen berücksichtigt wird. Zum anderen lassen sich hier auch monetäre Meßgrößen auf Basis eines monetären – im Gegensatz zu einem bonitären – Bewertungsprozeß zuordnen, woraus eine lokal begrenzte Aussage über den monetären Wert des jeweiligen wissensbezogenen Vermögensgegenstandes möglich wird – ohne daß ein Bezug der Bewertung zum Markt vorgenommen werden zu braucht (vgl. Abschnitt 3.2.1.1.1).

Ich möchte jetzt anhand einiger ausgewählter Beispiele zeigen, wie sich die bislang in dieser Arbeit identifizierten Meßgrößen in den Leitdimensionen aus Abbildung 26 **verorten** lassen. Hierbei werde ich der besseren Übersichtlichkeit wegen eine Trennung zwischen den vier Säulen aus Abbildung 26 (I, II, III und IV) vornehmen. Da die einzelnen Indikatoren bereits an anderen Stellen jeweils ausführlich diskutiert wurden, möchte ich mich in den folgenden Abschnitten auf eine entsprechende **Beschreibung** der jeweiligen Meßperspektiven beschränken.

3.5.2.2 Wissensbezogene Meßgrößen: Perspektive I

In Abbildung 27 wird die erste Perspektive der Messung von Wissen dargestellt und anhand einiger exemplarischer Indikatoren skizziert.

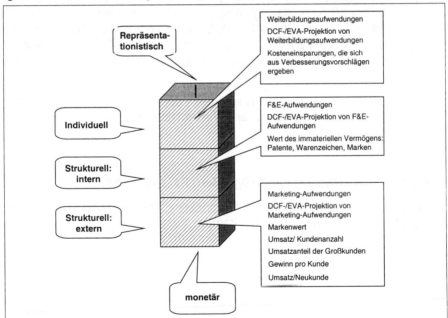

Abbildung 27: Perspektive I wissensbezogener Meßgrößen

Aus Abbildung 27 lassen sich Indikatoren entnehmen, die zum einen den finanzwirtschaftlichen Instrumenten (FW) zuzuordnen sind, und zum anderen ebenfalls Bestandteile der Erfassung im Rahmen des Wissenskapitalkonzeptes (WK) sind:

- Auf **individueller Ebene** lassen sich beispielhaft Weiterbildungsaufwendungen (FW; vgl. Abschnitt 2.2.2), die marktwertbezogene Kalkulation des Wertes solcher Weiterbildungsaufwendungen (anhand entsprechender DCF-/EVA-Projektionen; FW; vgl. Abschnitt 3.2.3.1) oder Kosteneinsparungen, die sich aus Verbesserungsvorschlägen ergeben (WK; vgl. Abschnitt 3.4.2.2.1), zuordnen.

- Auf der Ebene der *Internen Struktur* lassen sich exemplarisch F&E-Aufwendungen (FW; vgl. Abschnitt 2.2.1.3), die marktwertbezogene Kalkulation des Wertes solcher F&E-Aufwendungen (anhand entsprechender DCF-/EVA-Projektionen; FW; vgl. Abschnitt 3.2.3.1) oder der Wert immaterieller Vermögenswerte, wie Patente, Warenzeichen oder Marken (FW; vgl. Abschnitt 3.2.2.1) zuordnen.

- Schließlich lassen sich auf der Ebene der *Externen Struktur* unter anderem Marketing-Aufwendungen (WK; vgl. Abschnitt 3.4.2.2.3), DCF-/EVA-Projektionen von Marketing-Aufwendungen (FW; vgl. Abschnitt 3.2.3.1), Markenwert (WK; vgl. Abschnitt 3.4.2.2.3), Umsatz/ Kundenanzahl (WK; vgl. Abschnitt 3.4.2.2.3), Umsatzanteil der Großkunden (WK; vgl. Abschnitt 3.4.2.2.3), Gewinn pro Kunde (WK; vgl. Abschnitt 3.4.2.2.3) und Umsatz/Neukunde (WK; vgl. Abschnitt 3.4.2.2.3) identifizieren.

Schließlich kann in bezug auf Perspektive I noch ergänzt werden, daß alle diese Indikatoren einer **bonitären Wertauffassung** von Wissen folgen (vgl. Abschnitt 3.2.1).

3.5.2.3 Wissensbezogene Meßgrößen: Perspektive II

In Abbildung 28 wird die zweite Perspektive der Messung von Wissen dargestellt und anhand einiger Indikatoren illustriert.

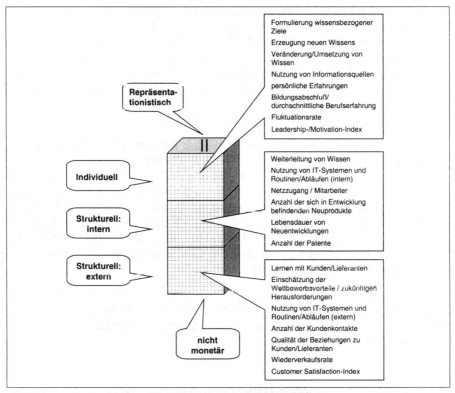

Abbildung 28: Perspektive II wissensbezogener Meßgrößen

In Abbildung 28 werden exemplarisch einige nicht-monetäre Indikatoren auf der Grundlage einer repräsentationistischen Erfassung von Wissen in Abhängigkeit der drei organisationalen Perspektiven aufgeführt. Diese können den Überlegungen zur Wissensmanagementdiagnostik (WM) oder aus den Wissenskapitalsystemen (WK) entnommen werden:

- Auf **individueller Ebene** lassen sich beispielhaft Indikatoren wie Formulierung wissensbezogener Ziele (WM, vgl. Abschnitt 3.3.2.2), Erzeugung neuen Wissens (WM, vgl. Abschnitt 3.3.2.2), Veränderung/Umsetzung von Wissen (WM, vgl. Abschnitt 3.3.2.2), Nutzung von Informationsquellen (WM, vgl. Abschnitt 3.3.2.2), persönliche Erfahrungen (WM, vgl. Abschnitt 3.3.2.2), Bildungsabschluß/durchschnittliche Berufserfahrung (WK, vgl. Abschnitt 3.4.2.2.1), Fluktuationsrate (WK, vgl. Abschnitt 3.4.2.2.1) oder der Leadership-/Motivation Index (WK, vgl. Abschnitt 3.4.2.2.1) zuordnen.

- Auf der Ebene der *Internen Struktur* lassen sich exemplarisch die Weiterleitung von Wissen (WM, vgl. Abschnitt 3.3.2.2), die Nutzung von IT-Systemen (WM, vgl. Abschnitt 3.3.2.2), Routinen/Abläufe (intern) (WM, vgl. Abschnitt 3.3.2.2), der Netzzugang von Mitarbeitern (WK, vgl. Abschnitt 3.4.2.2.2), die Anzahl der sich in Entwicklung befindenden Neuprodukte (WK, vgl. Abschnitt 3.4.2.2.2), die Lebensdauer von Neuentwicklungen (WK, vgl. Abschnitt 3.4.2.2.2) sowie die Anzahl der Patente (WK, vgl. Abschnitt 3.4.2.2.2) zuordnen.

- Schließlich lassen sich auf der Ebene der *Externen Struktur* unter anderem Indikatoren wie das Lernen mit Kunden/Lieferanten (WM, vgl. Abschnitt 3.3.2.2), die Einschätzung der Wettbewerbsvorteile bzw. zukünftigen Herausforderungen (WM, vgl. Abschnitt 3.3.2.2), Routinen/Abläufe (extern) (WM, vgl. Abschnitt 3.3.2.2), Anzahl der Kundenkontakte (WK, vgl. Abschnitt 3.4.2.2.3), Qualität der Beziehungen zu Kunden/Lieferanten (WK, vgl. Abschnitt 3.4.2.2.3), Wiederverkaufsrate (WK, vgl. Abschnitt 3.4.2.2.3) oder der Customer Satisfaction Index (WK, vgl. Abschnitt 3.4.2.2.3) identifizieren.

Zu ergänzen ist, daß die hier aufgeführten wissensmanagementbezogenen Indikatoren auf dem Intervallskalenniveau und die wissenskapitalbezogenen Größen auf einer Absolutskala abgebildet werden können (vgl. Abschnitt 3.3.1.1).

3.5.2.4 Wissensbezogene Meßgrößen: Perspektive III

In Abbildung 29 wird die dritte Perspektive der Messung von Wissen skizziert und anhand einiger Beispiele verdeutlicht.

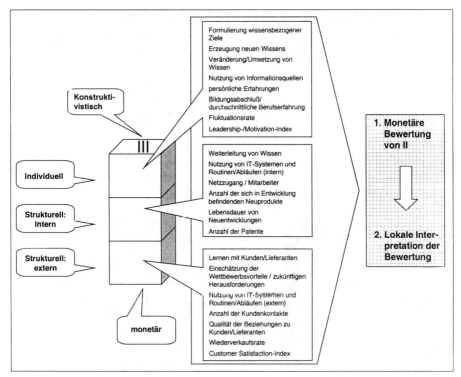

Abbildung 29: Perspektive III wissensbezogener Meßgrößen

Anhand von Abbildung 29 wird deutlich, daß die hier berücksichtigten Indikatoren denen von Perspektive II zunächst inhaltlich entsprechen – weswegen sie nicht weiter erläutert werden sollen. Der zentrale **Unterschied** zu Perspektive II besteht darin, daß hier diese Indikatoren „weiterverarbeitet" werden: Zunächst geht es im **ersten Schritt** darum, ihnen einen monetären Wert zuzuordnen, was sich aufgrund des Modells der Bewertung wissensbezogener Vermögenswerte nach Boisot (1998; vgl. Abschnitt 2.3.4.3) bewerkstelligen läßt. Wie bereits erwähnt, findet eine monetäre – vom Markt unabhängige – Bewertung (vgl. Abschnitt 3.2.1.1.1) dieser einzelnen zugrundeliegenden wissensbezogenen Wertschöpfungsaspekte statt. Der **zweite Schritt** enthält die Begrenzung der gewonnenen monetären Größen auf den lokalen Kontext des Unternehmens, d.h. auf weitergehende Schlußfolgerungen – über den Einzelfall hinaus – wird verzichtet.

3.5.2.5 Wissensbezogene Meßgrößen: Perspektive IV

Abschließend wird in Abbildung 30 der „vierte Zugang" zur Messung von Wissen dargestellt und anhand einiger Indikatoren veranschaulicht.

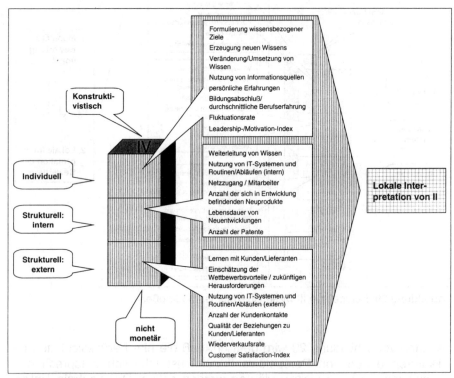

Abbildung 30: Perspektive IV wissensbezogener Meßgrößen

Anhand von Abbildung 30 wird zunächst wieder die Entsprechung mit Perspektive II deutlich. Der zentrale **Unterschied** zu Perspektive II besteht darin, daß die Interpretation dieser Indikatoren auf den lokalen Kontext des Unternehmens beschränkt bleiben, das heißt, daß auf weitergehende Schlußfolgerungen, über den Einzelfall hinaus, verzichtet wird. Perspektive III und IV unterscheiden sich darin, daß in Perspektive III eine monetäre Bewertung der jeweiligen erfaßten wissensbezogenen Aspekte vorgenommen wird, in Perspektive IV jedoch auf eine solche monetäre Bewertung verzichtet wird.

3.5.2.6 Schlußfolgerung

Das integrative Potential des oben vorgeschlagenen Systems zur Klassifizierung wissensbezogener Meßgrößen läßt sich abschließend anhand der drei Kriterien „Auffassung des Bewertungsbegriffs", „Berücksichtigung des zugrundeliegenden Skalenniveaus" und „Reichweite der Aussagen" beschreiben.

Es können zunächst *beide* zentralen Grundverständnisse von **Bewertung** zugeordnet werden (vgl. Abschnitt 3.2.1.1): Der *bonitäre* Aspekt findet sich in Perspektive I – finanzwirtschaftliche Instrumente – wieder, wohingegen der *monetäre* Bewertungsaspekt in Perspektive III widergespiegelt wird, beispielsweise in Form der subjektiven Einschätzungen des aktuellen Wertes der letztjährigen Weiterbildungsinvestitionen durch ein Managementteam. In dieses Kategoriensystem lassen sich desweiteren Indikatoren einordnen, die auf allen **Skalenniveaus** der Stevenschen Skalenterminologie entwickelbar sind; zum Beispiel Indikatoren wie „Fluktuationsrate" (Absolutskala), „Übereinstimmung hinsichtlich wissensbezogener Ziele" (Intervall- und/oder Ordinalskala) oder „Bildungsabschluß" (Nominalskala). Schließlich ist in bezug auf die **Reichweite der ableitbaren Aussagen** festzuhalten, daß sich Aussagen zuordnen lassen, die sowohl einen nomologischen als auch einen lokalen Erkenntnisanspruch haben.

Damit läßt sich die These aufstellen, daß sich *alle* – in *dieser* Arbeit diskutierten – wissensbezogenen Meßgrößen in dieses Kategoriensystem einordnen lassen. Diese Überlegung zur Vollständigkeit wird im nächsten Schritt weiterverfolgt und in bezug auf die Entwicklung eines **vollständigen Meßsystems** zur Erfassung wissensbezogener Meßgrößen ausgebaut, das zudem anhand eines konkreten Beispiels verdeutlicht werden soll.

3.5.3 Synthese: Erfassung von Wissen als Gesamtprozeß

Faßt man die in den vorherigen Abschnitten dargestellten Perspektiven zur Erfassung von Wissen zusammen (vgl. Abschnitt 3.2, 3.3 und 3.4), so lassen sich in Abhängigkeit des jeweiligen wissensbezogenen Vorverständnisses – repräsentationistisch vs. konstruktivistisch – *zwei* integrative Perspektiven ableiten, die im folgenden skizziert werden sollen.

3.5.3.1 Repräsentationistische Integration

In Abbildung 31 wird die Integration der bislang vorgestellten Erfassungsperspektiven von Wissen aus repräsentationistischer Sicht gezeigt:

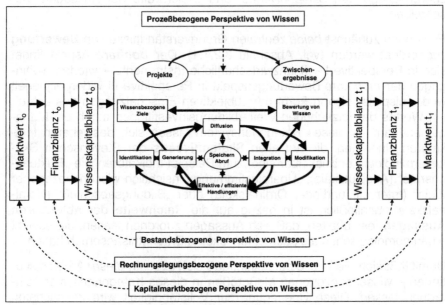

Abbildung 31: Gesamtperspektive der Erfassung wissensbezogener Indikatoren (repräsentationistische Auffassung)

In Abbildung 31 wird verdeutlicht, daß sich folgende Meßperspektiven unterscheiden lassen: Die **kapitalmarktbezogene Perspektive** enthält Einschätzungen über den Marktwert bestimmter wissensbezogener Aspekte auf der Inputseite sowie Schätzungen in bezug auf die Veräußerung transformierter Produkte oder Dienstleistungen auf der Outputseite. Die **rechnungslegungsbezogene Perspektive** basiert auf Größen, die im Rahmen des betrieblichen Rechnungswesens erfaßbar sind, wohingegen sich die **bestandsbezogene Perspektive** auf Wissensbestände im Sinne der Humankapital- und Wissenskapitaldiskussion bezieht. Im Inneren von Abbildung 31 wird die **prozeßbezogene Perspektive** anhand entsprechender Wissenstransformationsprozesse dargestellt, die mit Hilfe einer geeigneten Wissensmanagementdiagnostik abgebildet werden können.

Hinsichtlich der **Gesamtperspektive** der Erfassung wissensbezogener Indikatoren lassen sich folgende Präzisierungen vornehmen bzw. Überlegungen ableiten:

- In Abbildung 31 werden die vier Perspektiven der Erfassung von Wissen miteinander verknüpft. Das Resultat kann als Meta-Modell[214] zu Ableitung wissensbezogener Meßgrößen aufgefaßt werden. Es erhebt insofern den Anspruch auf **Vollständigkeit**, als daß sich hier alle in der vorliegenden Arbeit diskutierten Meßgrößen von Wissen einordnen lassen. Die vier in Abbildung 31 enthaltenen Perspektiven zur Erfassung von Wissen enthalten somit jeweils eine Vielzahl von Indikatoren, mit denen der wissensbezogene Wertschöpfungsprozeß operational beschrieben werden kann.

- Aus Abbildung 31 wird ebenfalls deutlich, daß hier eine Vielzahl unterschiedlicher Ursache-Wirkungs-Beziehungen ableitbar ist: Betrachtet man die prozeßbezogene Perspektive von Wissen – aufgrund ihres Gestaltungsbezugs – als **unabhängige Variable** (vgl. hierzu die Überlegungen zum Wissensmanagement in Abschnitt 3.3.4), so enthalten die anderen drei Perspektiven die entsprechenden **abhängigen Variablen**. Konsequenterweise lassen sich hier entsprechende Regressions- oder gar kausalanalytische Erhebungsdesigns realisieren, um entsprechende Ursache-Wirkungs-Hypothesen prüfen zu können.

- Betrachtet man darüber hinaus den Aspekt des Controllings bzw. der Evaluation, so bietet es sich an, eine Erfassung wertschöpfungsrelevanten Wissens zwischen zwei **Zeitpunkten** t_0 und t_1 vorzunehmen. Eine solche Erfassung ermöglicht es, in Berichten zur internen oder zur externen Dokumentation entsprechende Ergebnisse darzustellen.

In bezug auf den in Abbildung 31 dargestellten Prozeß bleiben zwei zentrale Fragen offen: Zunächst wird deutlich, daß nicht ex ante festgelegt werden kann, welcher Indikator in einem konkreten Anwendungsbezug zu wählen ist: Zum einen liegen keine empirisch gesicherten Ergebnisse über den Gesamtzusammenhang der in Abbildung 31 dargestellten Beziehungen der wissensbezogenen Meßperspektiven zwischen zwei Zeitpunkten vor. Zum anderen ist eine solche Entscheidung vom unmittelbaren Problembezug und somit von der Zielsetzung des Anwenders abhängig.

---

[214] Dieser in Abbildung 31 dargestellte Prozeß ist mit der Ableitung von facettentheoretisch begründeten Mapping Sentences (vgl. Borg 1992) vergleichbar, an die der Anspruch geknüpft ist, ein Universum aller relevanten Items für eine spezifische Fragestellung – und somit deren operationaler Definition – abbilden zu können.

Auch ohne konkretes Beispiel ist es einsichtig, daß mit der Festlegung eines Zieles häufig mehrere, ggf. auch miteinander konkurrierende Indikatoren abgeleitet werden können. Damit aber stellt sich die Frage, *wie* mit einem solchen, auf einen Theorien- und Methodenpluralismus zurückführbaren Entscheidungsproblem rational umgegangen werden kann bzw. sollte: Unterstellt man das Ziel, lokal begrenzte Aussagen ableiten zu wollen, so unterliegt diese Entscheidung den Nützlichkeitsvorstellungen der Entscheider. Verfolgt man demgegenüber die Zielsetzung, verallgemeinerungsfähige Aussagen über Ursache-Wirkungs-Zusammenhänge bei der Nutzung wertschöpfungsrelevanten Wissens abzuleiten, ist man mit folgendem theoretischen Problem konfrontiert: Die einzelnen Indikatoren können *nicht* direkt miteinander verglichen werden (vielleicht auf Basis ihrer jeweiligen Gütekriterien), da die Vorannahmen, die den einzelnen Indikatoren zugrunde liegen, nicht nur unterschiedlich, sondern teilweise sogar miteinander unvereinbar sind. Damit aber muß die Lösung dieses Problems auf einer meta-theoretischen Ebene behandelt werden, will man nicht Gefahr laufen, a prioiri eklektische Empfehlungen hinsichtlich der Auswahl wissensbezogener Indikatoren abzuleiten.

Bevor gezeigt werden kann, wie sich dieses Inkommensurabilitätsproblem lösen läßt, soll zunächst noch eine Skizze über das **lokale Verständnis** des obigen Systems zur Erfassung von Wissen vorgenommen werden.

3.5.3.2 Konstruktivistische Integration

In Abbildung 32 wird die Integration der bislang vorgestellten Erfassungsperspektiven von Wissen aus **konstruktivistischer Sicht** gezeigt:

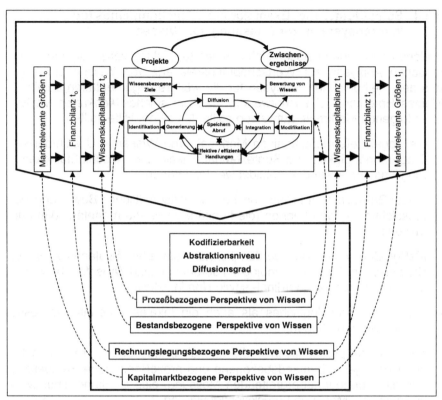

Abbildung 32: Gesamtperspektive der Erfassung wissensbezogener Indikatoren (konstruktivistische Auffassung)

Betrachtet man Abbildung 32 genauer, so wird deutlich, daß sich die Gesamtstruktur der vier Erfassungsperspektiven zunächst *nicht* von der repräsentationistischen Auffassung unterscheidet. Der entsprechende **Unterschied** wird dadurch sichtbar, daß hier die beiden Ansätze konstruktivistischer Messung Anwendung finden können: Zum einen gelingt dies durch eine lokale Interpretation von Ergebnissen, die aus einer Anwendung von finanzwirtschaftlichen oder sozialwissenschaftlichen Meßinstrumenten stammen (vgl. hierzu Abschnitt 2.3.5.2.2). Zum anderen kann das in Abschnitt 3.3.3 erörterte Rationale zur **Konstruktion** wissensbezogener Meßgrößen aufgegriffen werden. Das heißt, daß die Dimensionen des I-Space „Kodifizierbarkeit", „Abstraktionsniveau" und „Diffusionsgrad" (vgl. Abschnitt 2.3.4.3) zur Konstruktion von Indikatoren genutzt werden.

3.5.4 Schlußfolgerung: Exemplarische Ableitung eines Indikatorensystems zur Erfassung von Wissen

Welche Implikationen lassen sich aus den (a) bislang vorgetragenen theoretischen Analysen zur Wertschöpfungsrelevanz von Wissen sowie (b) aus den methodischen Analysen für die weitere Argumentation ableiten? Meines Erachtens ist es notwendig, daß ein solches *konkretes* Meßsystem folgende Merkmale aufweisen sollte. Mit seiner Hilfe sollten

- die abgeleiteten konstitutiven Merkmale von Wissen – Unsichtbarkeit, Trägerabhängigkeit und Kontextabhängigkeit bzw. Anschlußfähigkeit – möglichst umfassend abgebildet werden können;

- beide Grundverständnisse von betriebswirtschaftlicher Bewertung berücksichtigt werden können (die bonitäre sowie die monetäre Wertauffassung);

- Meßgrößen verwendet werden können, die allen Skalenniveaus der Stevensschen Skalenterminologie zuordenbar sind (Absolut- bzw. Rationalskala, Intervall-, Ordinal- sowie Nominalskala);

- sowohl ein nomologisches als auch ein lokales Erkenntnisinteresse verfolgt werden können;

- alle vier Meßperspektiven – die kapitalmarktbezogene, rechnungslegungsbezogene, bestandsbezogene und prozeßbezogene Perspektive – in einer periodenübergreifenden Messung, also im Sinne einer „vorher-nachher"-Messung berücksichtigt werden.

Zusammengefaßt bedeutet dies, daß ein solches Meßsystem möglichst **umfassend** bzw. **vollständig** sein sollte.

Konsequenterweise ist ein solches Meßsystem als **Indikatorensystem** zu konzipieren, da ein Indikatorensystem die breiteste bzw. umfassendste Methode darstellt, wertschöpfungsrelevantes Wissen zu erfassen (vgl. Abschnitt 3.4.1.5). Ein solches Indikatorensystem kann bzw. darf „nur" ein **Metamodell** zur Erzeugung solcher umfassender wissensbezogener Indikatorensysteme darstellen, da (a) für eine Vielzahl von „Teilinstrumenten" zu wenig empirische Erfahrungen vorliegen (vgl. Abschnitt 3.3.4.2), (b) die einzelnen Meßperspektiven bzw. die damit einhergehenden theoretischen Positionen zumindest teilweise miteinander unvereinbar sind, und (c) eine spezifische Empfehlung die Freiheitsgrade bei einer lokalen Anwendung – vor dem Hintergrund eines konstruktivistischen Meßverständnisses – schmälern würde.

Zur besseren Nachvollziehbarkeit dieser Argumentation möchte ich abschließend ein Beispiel eines Indikatorensystems graphisch darstellen und anschließend erörtern (vgl. Abbildung 33):

Welche Merkmale kennzeichnen das von mir in Abbildung 33 dargestellte Indikatorensystem? Zunächst möchte ich vorausschicken, daß ich mich hier ausschließlich auf die Perspektive der **wissensbezogenen Wertschöpfung** beziehe – daher habe ich auf die Berücksichtigung finanzieller Werttreiber, wie sie im Kontext der *shareholder value-* oder *economic value added*-Diskussion expliziert werden (vgl. Abschnitt 3.2.3.1), verzichtet. Dieses Indikatorensystem dient *hier* Erfassung und Steuerung wertschöpfungsrelevanten Wissens im Problembereich „Entwicklung von Patenten". Um diesen Entwicklungsprozeß zu fördern, wurden Investitionen in F&E und Weiterbildung sowie in Prozesse getätigt:

- Aufgrund der Argumentation in Abschnitt 3.2.3.1 zur **kapitalmarktbezogenen Perspektive** der Erfassung von Wissen scheint es mir notwendig, einen entsprechenden bonitären Indikator – quasi als abhängige Variable – im Indikatorensystem aus Abbildung 33 zu verwenden. Ich habe mich hierbei für den Indikator *knowledge capital* (Strassmann 1996, vgl. Abschnitt 3.2.3.2) entschieden, da mir dessen Begründung weniger problematisch erscheint als der Indikator *value added intellectual capital* von Pulic (1996; vgl. Abschnitt 3.2.3.3).

- Der nächste Schritt besteht darin, die **rechnungslegungsbezogene Perspektive** zu realisieren: Vor dem Hintergrund meines Beispiels sind hier zum einen die Aufwendungen zu betrachten, die aufgrund der Investitionen in Weiterbildung, F&E und Prozesse erfolgen. Zum anderen lassen sich – nach einer oder mehreren Perioden – entsprechende Erträge aufgrund der Lizenzierung des Patentes berücksichtigen.

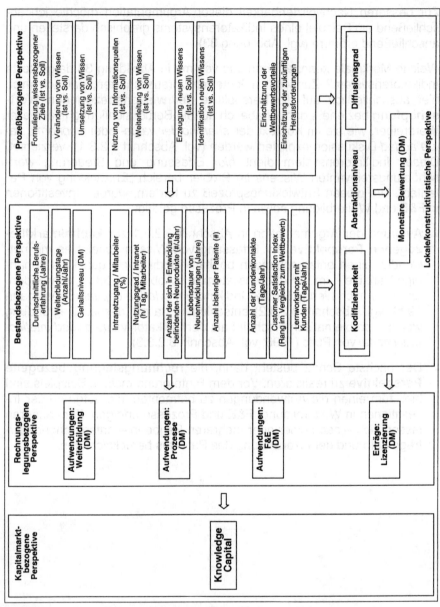

Abbildung 33: Exemplarisches Indikatorensystem zur Erfassung wertschöpfungsrelevanten Wissens

- Im Rahmen der **bestandsbezogenen Perspektive** werden Indikatoren eingeführt, die sich auf die Erhebung des Wissenskapitalbestands beziehen. Hierbei geht es um Meßgrößen, mit deren Hilfe die drei gewählten Bezugspunkte – Investitionen in Weiterbildung, Prozesse und F&E – auf der Bestandsebene konkretisiert werden können: Weiterbildungsbezogene Indikatoren sind hier (a) Durchschnittliche Berufserfahrung (Jahre), (b) Weiterbildungstage, (c) Gehaltsniveau (DM). Die prozeßbezogenen Indikatoren beziehen sich hier auf IT-bezogene Größen, wie z.B. Intranetzugang/Mitarbeiter oder der Nutzungsgrad/Intranet (h/Tag, Mitarbeiter). Die F&E-bezogene Perspektive bezieht sich aus interner Sicht zum einen auf Größen wie Anzahl der sich in Entwicklung befindenden Neuprodukte (#/Jahr), Lebensdauer von Neuentwicklungen (Jahre) und Anzahl bisheriger Patente (#). Setzt man die Entwicklung eines marktgängigen Patentes voraus, so impliziert dies eine enge Abstimmung mit potentiellen Kunden – relevante Meßgrößen hierfür können sein: Anzahl der Kundenkontakte (Tage/Jahr), Customer Satisfaction Index und Lernworkshops mit Kunden (Tage/Jahr).

- Auf der **prozeßbezogenen Ebene** finden sich Indikatoren, mit deren Hilfe der Entwicklungsprozeß als Ganzes überwacht werden kann; entsprechende Indikatoren lassen sich der Wissensmanagementdiagnostik (vgl. Abschnitt 3.3.2) entnehmen. Für die Entwicklung von Patenten ist es meines Erachtens sinnvoll, folgende Phasen des Wissensmanagementprozesses näher zu beleuchten: Formulierung wissensbezogener Ziele (Ist vs. Soll); Veränderung (Integration/Modifikation) und Umsetzung von Wissen (Ist vs. Soll); Nutzung von Informationsquellen und Weiterleitung von Wissen (Ist vs. Soll); Identifikation und Erzeugung neuen Wissens (Ist- vs. Soll): Schließlich sollte – vor dem Hintergrund der Marktorientierung – noch geprüft werden, welche Sicht die F&E-Mitarbeiter über aktuelle Wettbewerbsvorteile und zukünftige Herausforderungen innehaben, um hier gegebenenfalls korrigierend eingreifen zu können.

- Schließlich scheint es mir notwendig, die folgende **lokale** bzw. **„konstruktivistische" Perspektive** mit in das Indikatorensystem aufzunehmen: Aufgrund der Überlegungen zur monetären Bewertung nach Boisot (1998; vgl. Abschnitte 2.3.4.3 und 3.3.3) ist es hilfreich, die in der bestands- und prozeßbezogenen Perspektive genutzten Indikatoren bzw. die zugrundeliegenden Sachverhalte einer subjektiven – monetären – Bewertung zu unterziehen und diese Ergebnisse zusätzlich zur Prozeßevaluation der Aktivitäten in weiteren Investitionsentscheidungen einzubeziehen.

Zusammengefaßt enthält dieses exemplarische Indikatorensystem eine Vielzahl von Hypothesen hinsichtlich unterschiedlicher Ursache-Wirkungsbeziehungen. Konsequenterweise sollte die Gültigkeit – besser: Sinnhaftigkeit[215] – dieser Beziehung im Laufe verschiedener Perioden geprüft und ggf. Modifikationen vorgenommen werden.

---

[215] Der Begriff "Sinnhaftigkeit" stellt auf eine lokale Interpretation der Ergebnisse ab. Ist es notwendig, nomothetische Aussagen zu machen, um somit nomologische Aussagen ableiten zu können, müßten eine Vielzahl von organisationalen Kontextvariablen einbezogen werden, um die jeweiligen Unternehmen miteinander vergleichen und Effekte möglicher konfundierender Variablen, z.B. Branche, Marktanteil usw. ausschließen zu können.

4 THEORETISCHE UND FORSCHUNGSBEZOGENE IMPLIKATIONEN

4.1 Übersicht

Im Mittelpunkt der vorliegenden Arbeit stand die Diskussion von zwei zentralen Fragestellungen: Zum einen ging es darum herauszuarbeiten, ob bzw. in welchem Umfang Wissen als Ressource im wirtschaftswissenschaftlichen Sinne aufgefaßt werden kann. Zum anderen sollten – falls diese Annahme bestätigt werden kann – darauf aufbauend Methoden und Instrumente zur Erfassung von Wissen, mit deren Hilfe solches wertschöpfungsrelevantes Wissen erfaßt werden kann, analysiert und diskutiert werden.

Diese beiden Hauptaufgaben wurden anhand von vier Leitfragen (vgl. Abschnitt 1.2.3) aufgearbeitet. Die entsprechenden Meilensteine der bisherigen Argumentation lassen sich wie folgt zusammenfassen:

- In bezug auf **Leitfrage 1** – der theoretischen Begründung des Ressourcencharakters von Wissen – konnte prinzipiell gezeigt werden, daß Wissen – wie erwartet – als Ressource aufgefaßt werden kann: Anhand einer ökonomischen (Abschnitt 2.2) und managementwissenschaftlichen (Abschnitt 2.3) Diskussion wurde der Ressourcencharakter bzw. die Wertschöpfungsrelevanz von Wissen nachgewiesen bzw. begründet.

- Die Beantwortung von **Leitfrage 2** – hinsichtlich der Merkmale von Wissen – machte es zudem erforderlich, anhand zweier Exkurse eine weitergehende Perspektive zur Ressource Wissen zu entwickeln: Der informationstheoretische Exkurs (2.2.7.2) hat dazu beigetragen, die Differenzierung zwischen den Begriffen Wissen, Information und Daten sowie die Trägerabhängigkeit von Wissen zu elaborieren. Anhand des epistemologischen Exkurses (Abschnitt 2.3.5.2) wurde zwischen dem repräsentationistischen und dem konstruktivistischen Zugang zu Wissen differenziert; mit dessen Hilfe konnte zum einen eine Unterscheidung hinsichtlich der Reichweite der abgeleiteten Aussagen, und zum andern die Anschlußfähigkeit und Kontextabhängigkeit von Wissen herausgearbeitet werden.

- **Leitfrage 3** – die Frage nach den Methoden zur Erfassung und Erfaßbarkeit von Wissen – wurde anhand der Analyse von drei methodischen Zugängen beantwortet: Die betriebswirtschaftliche Perspektive der Bewertung (Abschnitt 3.2) führte zur Differenzierung zwischen einer bonitären und einer monetären Wertauffassung, wobei die bonitäre Wertauffassung die theoretische Grundlage für die Entwicklung finanzwirtschaftlicher Instrumente darstellt (Abschnitte 3.2.2 und 3.2.3). Demgegenüber kann die monetäre Wertauffassung als konzeptionelle Grundlage für eine konstruktivistisch begründete Abbildung empirischer Sachverhalte auf einer monetären Skala fruchtbar gemacht werden (Abschnitt 3.3.3). Im Kontext des sozialwissenschaftlich-empirischen Meßbegriffs (Abschnitt 3.3.1) wurde gezeigt, daß sich Wissen anhand entsprechender Skalen beschreiben läßt, wobei die individuellen Deutungsmuster sowie die Entwicklungserwartungen die Erfaßbarkeit von Wissen begrenzen. Schließlich wurde in Abschnitt 3.4.1 herausgearbeitet, daß Indikatorensysteme zum einen aufgrund ihrer konzeptionellen Breite die Stärken und Schwächen der beiden anderen Methoden kompensieren können; zum anderen wurde gezeigt, daß die subjektive Nutzenperspektive eine Grenze zur Ableitung von nomothetischen Aussagen darstellt. Alle drei methodischen Zugänge sind – innerhalb ihrer jeweiligen Grenzen – für die Erfassung von Wissen geeignet; hierbei kann den Indikatorensystemen aufgrund ihres integrativen Potentials die größte „Anwendungsbreite" zugesprochen werden.

- Schließlich wurden im Rahmen der Beantwortung von **Leitfrage 4** – jeweils im Kontext der drei methodischen Zugänge – exemplarische Instrumente zur Erfassung von Wissen dargestellt und kritisch diskutiert (Abschnitte 3.2.2, 3.2.3, 3.3.2 und 3.4.2).

Die im Zuge der Abarbeitung der einzelnen Leitfragen sichtbar gewordene Komplexität an theoretischen, methodischen und epistemologischen Zugängen zur Beschreibung von Wissen in Wertschöpfungszusammenhängen wurde in Abschnitt 3.5.2 aufgegriffen und zu systematisieren versucht. Hierbei wurde zunächst deutlich, daß die Meßgrößen von Wissen anhand von drei Leitdimensionen klassifiziert werden können – und zwar mittels der *epistemologischen, organisationalen* und *meßperspektivenbezogenen* Dimension (vgl. Abschnitt 3.5.2.1). In einem weiteren Schritt wurden die Indikatoren zur Erfassung von Wissen in ein gemeinsames Meßmodell integriert (Abschnitt 3.5.3), wobei hier zwischen der *kapitalmarktbezogenen, rechnungslegungsbezogenen, bestandsbezogenen* und *prozeßbezogenen* Perspektive wissensbezogener Meßgrößen differenziert werden konnte.

Welche Implikationen haben die bislang herausgearbeiteten Antworten auf die einzelnen Leitfragen für theoretisch begründbaren Empfehlungen zur Messung von Wissen und den entsprechenden Implikationen für die Praxis, also der fünften Leitfrage? Wie zum Ende von Abschnitt 3.5.3 bereits deutlich wurde, ist die Heterogenität, die aus dem integrativen Meßmodell für die Ressource Wissen deutlich wird, theoretisch unbefriedigend – zumindest dann, wenn man eine repräsentationistische Auffassung[216] von Wissen zugrundelegt, da die einzelnen Indikatoren einer unterschiedlichen, teilweise nicht miteinander vereinbaren theoretischen bzw. methodologischen Begründung unterliegen.

Konsequenterweise soll hier im letzten Kapitel geprüft werden, ob bzw. wie sich dieses hier sichtbar gewordene Inkommensurabilitätsproblem lösen läßt und somit die **fünfte** und letzte **Leitfrage** – nach der Empfehlung eines theoretisch begründeten Meßsystems zur Erfassung von Wissen in der Praxis – beantwortet werden kann.

Darauf aufbauend wird in Abschnitt 4.3 ein abschließendes Fazit gezogen, das sich mit der Frage beschäftigt, welche Art von Forschungsverständnis notwendig ist, um die vorherigen theoretischen Implikationen in der Forschungspraxis umsetzen zu können. In Abbildung 34 wird der Argumentationsablauf des vierten und letzten Kapitels graphisch dargestellt:

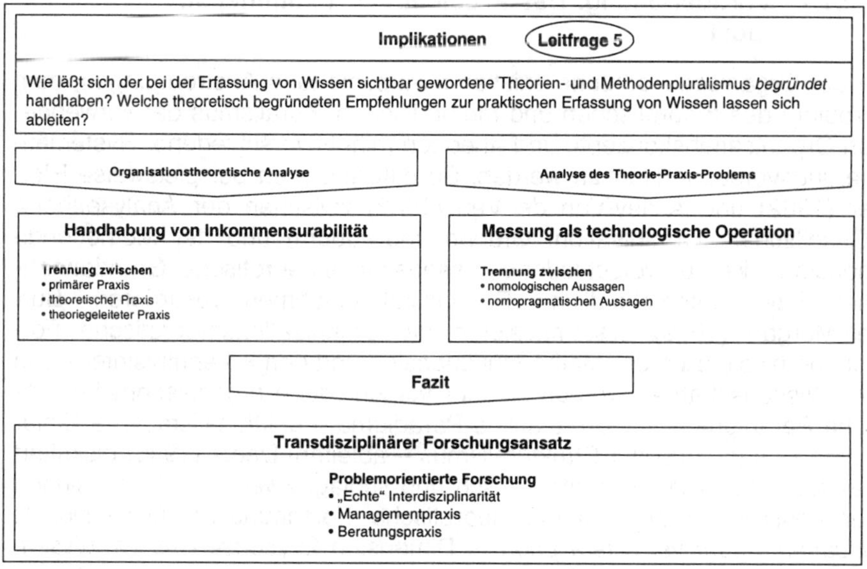

Implikationen	Leitfrage 5
Wie läßt sich der bei der Erfassung von Wissen sichtbar gewordene Theorien- und Methodenpluralismus *begründet* handhaben? Welche theoretisch begründeten Empfehlungen zur praktischen Erfassung von Wissen lassen sich ableiten?	
Organisationstheoretische Analyse	**Analyse des Theorie-Praxis-Problems**
Handhabung von Inkommensurabilität	**Messung als technologische Operation**
Trennung zwischen • primärer Praxis • theoretischer Praxis • theoriegeleiteter Praxis	Trennung zwischen • nomologischen Aussagen • nomopragmatischen Aussagen
Fazit	
Transdisziplinärer Forschungsansatz	
Problemorientierte Forschung • „Echte" Interdisziplinarität • Managementpraxis • Beratungspraxis	

Abbildung 34: Argumentationsverlauf des vierten Kapitels

---

[216] Unterstellt man ein konstruktivistisches Wissensverständnis oder einen rein pragmatisch-praktischen Zugang zu dieser Frage, so stellt sich dieses Problem aufgrund des lokalen Charakters dieser Argumentation *nicht*.

4.2 Theoretische Implikationen

Die wissenschaftlichen Aussagen zur Erklärung wertschöpfungsrelevanten Wissens und seiner Erfassung müssen aus theoretischer und methodischer Perspektive als komplex, aber auch uneinheitlich und hinsichtlich ihrer Vorannahmen als in Teilen widersprüchlich, aufgefaßt werden. Zur Lösung des Problems einer solchen Widersprüchlichkeit oder gar Inkommensurabilität werden im folgenden zwei Argumentationsstränge aufgezeigt: Zum einen wird dargestellt, wie es mittels einer veränderten Auffassung des **Inkommensurabilitätsbegriffs** gelingt, dieses Problem zu lösen (vgl. Abschnitt 4.2.1); zum anderen wird geprüft, inwiefern eine **technologische Auffassung** des Messens von Wissen einen Beitrag zur Handhabung dieser Widersprüchlichkeit leisten kann (vgl. Abschnitt 4.2.2).

4.2.1 Auffassung und Handhabung von Inkommensurabilität

4.2.1.1 Vorüberlegung: Das Problem der Inkommensurabilität

In der Organisationstheorie existieren verschiedene Anstrengungen, dem Problem des theoretischen und methodischen Pluralismus der verwendeten Organisationskonzepte und -theorien mittels verschiedener Systematisierungsversuche Herr zu werden: So differenzieren beispielsweise Pfeffer (1982) und Astley/Van de Ven (1983) zwischen der Analyseebene (Gesellschaft, Organisation, Gruppe, Individuum) und der Methodendimension, die auf verschiedene wissenschaftstheoretische Grundannahmen bzw. unterschiedliche Rationalitätsannahmen rekurrieren. Burrell/Morgan (1979) systematisieren die organisationstheoretische Forschung hinsichtlich der Methodendimension und den Erkenntnisinteressen der Wissenschaftler, woraus sie vier verschiedene organisationstheoretische Paradigmen – interpretatives Paradigma, Funktionalismus, radikaler Humanismus, radikaler Strukturalismus – ableiten. Deetz (1996) diskutiert das Burrell-Morgan-Schema kritisch und schlägt zwei neue Dimensionen zur Klassifikation organisationstheoretischer Forschung vor: Dimension 1: „*local/emergent vs. elite/a priori*" – Dimension 2: „*consensus vs. dissensus*" (Deetz 1996, S. 195ff.); dabei weist er allerdings darauf hin, daß sein Schema nicht der Klassifikation von Paradigmen, sondern von „*prototypical discourses*" dient (Deetz 1996, S. 199).

Letztlich verdeutlichen solche Klassifikationsschemata zum einen die **Differenz** zwischen den einzelnen organisationstheoretischen Dimensionen und somit Paradigmen bzw. der *prototypical discourses.* Zum anderen wird deutlich, daß sich *kein* übergeordnetes Entscheidungskriterium ableiten läßt, mit dessen Hilfe sich der Beitrag einer Theorie zum Erkenntnisfortschritt mit einer anderen Theorie vergleichen läßt, wenn beide Theorien unterschiedlichen Paradigmen angehören. Konsequenterweise muß geprüft werden, ob bzw. wie dieses Problem auf der meta-theoretischen Ebene gelöst werden kann. Hierzu ist es notwendig, sich mit dem Begriff der Inkommensurabilität auseinanderzusetzen.

Der Begriff der **Inkommensurabilität** entstammt den Arbeiten von Thomas Kuhn (1962) und seiner Kritik am Kritischen Rationalismus sensu Popper. Aufbauend auf seiner Differenzierung zwischen Perioden „normaler Wissenschaft" und „wissenschaftlichen Revolutionen" widerspricht er dem Falsifikationskonzept des Popperschen Kritischen Rationalismus im Rahmen einer historischen Analyse der Veränderung naturwissenschaftlicher Theorien. Kuhn (1962, in dt. 1969) hat gezeigt, daß wissenschaftlicher Fortschritt nicht aus der Anwendung einer einheitlichen Methode bzw. eines einheitlichen Rationalitätskriteriums rekonstruiert werden kann: *„Kein bisher durch das historische Studium wissenschaftlicher Entwicklung aufgedeckter Prozeß hat irgendeine Ähnlichkeit mit der methodologischen Falsifikation durch unmittelbaren Vergleich mit der Natur"* (Kuhn 1969, S. 110). Somit vertritt Kuhn (1969) die These, daß es nicht gelingt, anhand objektiver Kriterien zwischen konkurrierenden Theorien zu entscheiden, wenn diese in unterschiedlichen Paradigmen entwickelt werden. Subsumiert man unter dem Begriff „Paradigma" die Standards und Methoden, die innerhalb einer spezifischen *scientific community* Gültigkeit besitzen, und außerhalb davon in Frage gestellt werden (vgl. Kuhn 1962), so resultiert hieraus, daß wissenschaftliche Erkenntnis nur im Rahmen des dazugehörigen Paradigmas, aber nicht in einem transparadigmatischen Sinne beurteilt werden kann: Theorien, die verschiedenen Paradigmen entstammen, sind demnach untereinander unvereinbar, also inkommensurabel. Lueken (1992) schlägt eine Präzisierung des Begriffs „Inkommensurabilität" auf Basis des folgenden dreistelligen Prädiktors vor: *„Ein Orientierungssystem ist inkommensurabel mit einem anderen Orientierungssystem im Hinblick auf bestimmte Vergleichsmaßstäbe"* (Lueken 1992, S. 16).

4.2.1.2 Lösungsansätze für das Inkommensurabilitätsproblem

Im folgenden soll daher geprüft werden, welche Lösungsangebote im Rahmen des organisationstheoretischen Paradigmenpluralismus entwickelt wurden und in welchem Umfang dies schließlich zu einer Problemlösung beigetragen hat. Die Verfolgung dieser Argumentation ist insofern von

Bedeutung, als daß ggf. erwartet werden kann, positive Lösungen auf den hier vorliegenden Untersuchungsgegenstand übertragen zu können. In diesem Zusammenhang identifiziert Scherer (1997) vier Ansätze, mit deren Hilfe das Inkommensurabilitätsproblem der Organisationstheorie zu lösen versucht wird.

- Die **isolationistische** Position (Burrell/Morgan 1979; Jackson/Carter 1991) behauptet, daß der Paradigmenpluralismus nicht beseitigt werden dürfe, weil dies eine ungerechtfertigte Einschränkung wissenschaftlicher Freiheit implizieren würde. Konsequenterweise existiert keine Option hinsichtlich der Möglichkeit einer rationalen Einigung zwischen einzelnen Paradigmen.

- Donaldson (1985) empfiehlt, organisationstheoretische Überlegungen generell wieder auf kontingenztheoretische Annahmen zurückzuführen. Diese, von Reed (1992, S. 255) als **„back to basics"** bezeichnete Position, basiert somit darauf, den kontingenztheoretischen Ansatz zum *Dogma* organisationstheoretischer Theoriebildung zu erheben. Nach Donaldson (1985, 1988) gelänge es auf dieser Basis, zumindest den Beitrag einzelner Theorien zum Erkenntnisfortschritt anhand empirischer Tests zu überprüfen (zur kritischen Diskussion dieser Position vgl. Reed 1992).

- Die von Feyerabend (1975, 1980) begründete Perspektive des **„anything goes"** negiert prinzipiell die Möglichkeit einer rationalen Begründbarkeit von Regeln innerhalb und somit auch zwischen verschiedenen Paradigmen.

- Schließlich basiert die **Multiparadigmenperspektive** (Gioia/Pitre 1990; Schultz/Hatch 1996) auf der Annahme, daß ein transparadigmatischer Dialog für den wissenschaftlichen Fortschritt existentiell ist. Die Inkommensurabilität von Aussagen wird explizit akzeptiert, und somit als Resultat der Vielfalt möglicher Realitäten bzw. Wahrheiten aufgefaßt. Die methodologischen Implikationen bestehen darin, sich demselben Forschungsgegenstand aus dem Blickwinkel verschiedener Paradigmen zu nähern. Problematisch hierbei ist zum einen, daß es keinem Wissenschaftler gelingt, außerhalb des eigenen Paradigmas zu operieren, was letztlich zu einem impliziten Ungleichgewicht bei der Interpretation der beobachteten Resultate führt. Zum anderen bleibt offen, wie sich eine solche Multiparadigmenperspektive begründen läßt.

Über diese vier Optionen hinaus wird deutlich, daß sich das Inkommensurabilitätsproblem letztlich *nicht* durch die Einnahme von „Meta-Standpunkten" lösen läßt, da eine Rückverlagerung der Argumentation auf die jeweils nächsthöhere Abstraktionsebene zu einem nicht auflösbaren argumentativen Regreß führt: Wenn es *keine gemeinsame* meta-theoretische Position zur Beurteilung von Theorien gibt, könnte die Suche nach einer *gemeinsamen* „meta-meta-theoretischen" Position zur Beurteilung von Meta-Theorien eine Lösung bringen – die wiederum *nicht* begründbar ist. Scherer (1997) faßt dieses Problem in Anlehnung an Jackson/Carter (1993) wie folgt zusammen:

„Ein Inkommensurabilitätsproblem nimmt offenbar auf der Ebene des praktischen Handelns seinen Ausgangspunkt, wenn konkurrierende Handlungsalternativen, sei es nun in der Wissenschaft oder der Praxis, aufeinanderstoßen und ein Konflikt entsteht, der entschieden werden muß. Zur Lösung eines solchen Problems lassen sich Theorien mobilisieren, die aber in vielen Fällen nicht alternativenlos sind. Auf der Meta-Ebene, wo aus wissenschaftstheoretischer Perspektive über konkurrierende Theorien befunden werden soll, stehen sich wiederum Paradigmen gegenüber und streiten um Geltung. Schließlich zeigt die Inkommensurabilitätsdiskussion in der Organisationstheorie die Schwierigkeiten, über die Geltung von Paradigmen vernünftig zu befinden. Nicht ohne Grund charakterisieren Jackson und Carter diese Diskussion als „paradigm war". Eine rationale Begründung vermag offensichtlich nicht zu gelingen, solange die Kontrahenten zur Verteidigung ihrer Positionen ausschließlich Theorien mobilisieren. Auf diese Weise wird nämlich das Begründungsproblem auf jeder theoretischen Ebene von neuem aufgeworfen, ohne daß eine Lösung gelingt" (Scherer 1997, S. 72f.).

Scherer (1997) entwickelt, aufbauend auf den Arbeiten von Lueken (1992), einen Lösungsvorschlag für dieses Inkommensurabilitätsproblem. Dieses soll im folgenden skizziert und für den Problembereich des Messens von Wissen fruchtbar gemacht werden.

4.2.1.3 Die Lösung des Inkommensurabilitätsproblems

Luekens (1992) Ausgangsposition besteht darin, zunächst zu verdeutlichen, daß die deduktive Begründung von Praxis durch Theorie letztlich zu einem unlösbaren Begründungsproblem führt. Ein solcher deduktiver Ansatz führt zu einem infiniten Regreß der Begründungsnotwendigkeit: Über Theorien muß dann mit Hilfe von Meta-Theorien entschieden werden, für die sich wiederum Entscheidungskriterien ableiten lassen müßten. Albert (1980, S. 11f.) folgert in diesem Zusammenhang, daß der Versuch, Theorien vollständig logisch zu begründen, notwendigerweise scheitern muß.

Lueken (1992) argumentiert nun auf Basis eines konstruktivistischen wissenschaftstheoretischen Verständnisses, daß das Theorie-Praxis-Verhältnis nicht im Sinne einer deduktiven Relation angegangen werden sollte, sondern daß vielmehr die Perspektive umzukehren ist: Theoretische Behauptungen erlangen dann Gültigkeit, wenn sie sich auf Handlungen stützen. Damit wird dem Umstand konzediert, daß Handeln dem Wissen stets vorausgeht: Wissen resultiert aus dem Kodieren und Systematisieren erfolgreicher Handlungsversuche (vgl. Landry 1995; Spender 1995)[217]. Lueken (1992) führt die Begriffe *„primäre Praxis"*, *„theoretische Praxis"* und *„theoriegeleitete Praxis"* ein, um diese Position zu verdeutlichen.

Primäre Praxis besteht aus dem *„Bereich des selbstverständlichen, ohne besondere theoretische Anstrengungen zugänglichen Könnens"* (Lueken 1992, S. 176). Menschen können – aufgrund entsprechender, meist impliziter Lernprozesse – handeln, ohne ihr Handeln theoretisch begründen zu müssen oder gar begründen zu können. So wenden beispielsweise Führungskräfte Mitarbeitergespräche als Motivationsinstrument an, ohne die theoretischen Grundlagen von Feedback zu kennen. Ein solches Anwenden-Können unterscheidet diese primäre Praxis von der **theoretischen Praxis**: Diese wird dann aktualisiert, wenn primär praktische Handlungen *nicht* mehr zum Erfolg führen oder neue Probleme entstanden sind, die mit dem Wissensvorrat der primären Praxis nicht lösbar sind. Im Falle unserer Führungskraft könnte dies die Erfahrung beinhalten, daß die bisherige Form des Feedbacks nicht ausreicht, um Ziele systematisch zu erreichen. Daher ist es notwendig, Wissen über die Methodik der Zielvereinbarung zu erwerben, das dann im Rahmen von Mitarbeitergesprächen eingesetzt werden kann. Eine solche **theoriegeleitete Praxis** stellt somit eine theoretisch begründete Anreicherung des praktischen Handelns an der Stelle dar, wo es eingeübt werden kann und schließlich automatisiert zur Anwendung kommt, d.h. dann zum Gegenstand primärpraktischen Könnens wird. Zusammengefaßt bedeutet dies, daß theoretische Praxis lebenspraktisches Handeln durch die Bereitstellung theoretisch abgesicherten Wissens verbessern will.

In Anlehnung an Steinmann/Scherer (1994) und Scherer (1997) ist zum einen darauf hinzuweisen, daß der Begriff „theoretische Praxis" **nicht** mit dem Begriff der Wissenschaft gleichzusetzen ist: Vielmehr stellt Wissenschaft eine institutionalisierte Form von theoretischer Praxis dar, da hier über Probleme reflektiert werden kann, ohne daß diese unmittelbar handlungsrelevant sein müssen. Theoretische Praxis entsteht überall dort, wo eine Distanz zum alltäglichen Können aufgebaut wird, wo Probleme mit dem bisherigen Wissensvorrat als nicht lösbar erscheinen. Zudem ist auf das Ausgangsproblem der deduktiven Begründung von Praxis zurückzukommen und die Trennung von Praxis und Theorie herauszuarbeiten:

„Entscheidend ist, daß es bei der situativen Aktualisierung des Könnens nicht der vorherigen Aktualisierung des Wissens bedarf. Es ist nicht erforderlich, daß der Handelnde

---

[217] Hiermit existiert ein impliziter Bezug zu dem Ansatz der Wissensgenerierung von Nonaka/Takeuchi (1995), die gerade die Beobachtung erfolgreicher Handlung zum Gegenstand von Wissensgenerierung gemacht haben (vgl. Abschnitt 2.3.2.1).

delnde sein Können als Befolgen einer Regel oder Anwenden einer Theorie versteht und diese Regel oder Theorie (situationsinvariant) formulieren kann. Entscheidend ist weiterhin, daß das Wissen hier zunächst einmal überhaupt nicht als Wissen mit dem dazugehörigen Anspruch auf Geltung in die Situation eingeht. Solange wir uns im Bereich primärer Praxis befinden, werden Geltungsansprüche nicht thematisiert. Weder wird das Gelingen einer primärpraktischen Situation als Bestätigung, noch wird ihr Mißlingen als Widerlegung eines Wissens gelten können. Gelingen und Mißlingen sowie das Durchsetztsein mit Wissen sind hier einfach konkrete Situationsmerkmale" (Lueken 1992, S. 177).

Faßt man diese Argumentation zusammen, wird deutlich, daß die Anwendung von Wissen dazu führen soll, die Ausführung von Handlungen zu verbessern; Wissen – auf der Objektebene – folgt also einem instrumentellen Verständnis (vgl. Abschnitt 1.2.3). Eine solche Verbesserung wird von Scherer (1997) aus zwei Perspektiven betrachtet: Zum einen hinsichtlich seiner **technischen Dimension**, also der Bereitstellung besserer Mittel zur Erreichung eines Zieles, und hinsichtlich seiner **ethisch-politischen Dimension**, also zur Vermeidung bzw. der Lösung von Konflikten. Damit aber wird die Entscheidung, welche Handlung eine Verbesserung darstellt, stets in den Akteur zurückverlagert: Ohne das Wissen um den Zweck bzw. das Ziel der Handlung läßt sich als Außenstehender *nicht* beurteilen, ob eine Handlung technisch wirksam oder ethisch rechtfertigbar ist. Konsequenterweise ist es notwendig, als Beobachter mit dem Akteur in einen Diskurs zu treten, um dessen Intentionen explizieren zu können. Daraus resultiert nicht zwingend eine Zustimmung zu den Erläuterungen des Akteurs – von zentraler Bedeutung ist hier vielmehr die Notwendigkeit der Kommunikation über Gründe und Gegengründe.

Wie läßt sich jetzt zeigen, ob eine Handlung begründet war? Welche Rationalitätsmaßstäbe liegen einer solchen Begründung zugrunde? In der Literatur herrscht Übereinstimmung, daß es keine universellen Kriterien geben kann, mit deren Hilfe sich die Güte von Handlungen – in technischer bzw. ethischer Hinsicht – zweifelsfrei begründen ließe (z.B. Kambartel 1989, 1992; Lueken 1992; Wohlrapp 1995). Vielmehr stellt der Konsens zwischen den Beteiligten die Basis für die Rationalität einer Handlung dar, wobei eine solche Übereinstimmung situationsspezifisch ist, d.h. ohne ein allgemeingültiges Rationalitätskriterium auskommen kann.

Überträgt man diese Argumentation auf obiges Inkommensurabilitätsproblem, so wird deutlich, daß dieses Problem letztlich daraus resultiert, daß hier ein regelgeleitetes Rationalitätsverständnis unterstellt wird, d.h. daß Begründungen ausschließlich aus der Operation einer logischen Deduktion resultieren dürfen. Begründung bedeutet in diesem Zusammenhang nichts anderes als das Befolgen einer Regel. Die Lösung des Inkommensurabilitätsproblems liegt nun darin, daß einem anderen, auf dem obigen

Konsensualitätsverständnis aufbauenden Argumentations- bzw. Begründungsbegriff gefolgt wird: *„Argumentieren ist symbolisches Handeln, das auf eine Kontroverse zum Zwecke ihrer Überwindung in einem Konsens bezogen ist"* (Lueken 1992, S. 218). Faßt man Argumentation als symbolische Handlung zum Zwecke der Konsenserzielung auf, so resultiert hieraus, daß das Inkommensurabilitätsproblem *möglicherweise* durch **Konsens** der beteiligten Akteure gelöst werden kann, ohne a priori angeben zu können, ob dies der Fall sein wird.

Welches sind hierzu die notwendigen Voraussetzungen? Zunächst ist es einsichtig anzunehmen, daß Akteure, die aus unvereinbaren Positionen heraus argumentieren, dies früher oder später dadurch bemerken, daß stets neue Begründungsbemühungen notwendig werden, ohne daß dieser neue Argumentevorrat zu einer Überwindung der Positionen beitragen kann. Wie können die Akteure mit einer solchen Situation umgehen? Sie können (a) den Status Quo aufrechterhalten und argumentieren, daß Inkommensurabilität ein nicht auflösbares Problem darstellt; (b) mittels Machtmittel versuchen, das Problem jeweils ganz in ihrem Sinne zu entscheiden, oder aber (c) mit der bisherigen Form begründeter, d.h. intraparadigmatischer Argumentation einhalten, und beginnen, zunächst eine **gemeinsame Begründungsbasis** herzustellen (Lueken 1992, S. 213ff.). Dies stellt aber eine Abkehr von einem regelgeleiteten und eine Zuwendung zu einem konsensuellen Begründungsbegriff dar: Dieses Vorgehen läßt sich als

„ (..) Verzicht auf das Erheben von Geltungsansprüchen, und das heißt: als die Rückkehr aus der theoretischen in die primäre Praxis [auffassen]. Dort, in der primären Praxis, dient das Argumentieren nicht (mehr) der Aufstellung und Einlösung von Geltungsansprüchen, sondern dem Versuch, entlastet vom geltungsbezogenen Reden, die jeweils anderen Positionen einmal einfach zu verstehen und das heißt, ein gemeinsames Verständnis erst herzustellen" (Scherer 1997, S. 83).

Überwindung von Inkommensurabilität heißt in Anlehnung an Lueken (1992), eine gemeinsame sprachliche Basis herzustellen und neue Begriffe zu entwickeln. Dies setzt wiederum voraus, die wissenschaftliche Beobachterposition aufzugeben und in eine **Teilnehmerperspektive**[218] zu wechseln. Dies ist wiederum Voraussetzung dafür, um die jeweiligen Intentionen – unabhängig der Existenz eines deduktiven Regelapparats – explizieren zu können. Schließlich führt Argumentation zu beobachtbaren (Sprach-)Handlungen, anhand derer beurteilt werden kann, in welchem Umfang der Konsensualitätsanspruch eingelöst wurde.

---

[218] vgl. hierzu die Überlegungen zum Begriff der transdisziplinären Forschung in Abschnitt 4.3.

Faßt man diese Argumentation zusammen, so resultiert daraus, daß gute
– im Sinne von „begründbare" – Argumente nicht zwangsläufig solche
sind, die sich deduktiv aus der Nutzung von Regeln ableiten lassen, sondern solche, die sich aus dem Einverständnis eines oder mehrerer Akteure ergeben. Inkommensurabilität wird demnach nur noch als zweistellige Relation verstanden: *„Meine Position ist inkommensurabel mit deiner Position"* (Scherer 1997, S. 86).

4.2.1.4 Implikationen für die Erfassung von Wissen

Was implizieren diese Ausführungen für das Problem der Begründung, welche Meßgrößen zur Messung von Wissen herangezogen werden können bzw. sollten? Offenbar ist es einsichtig, daß der den unterschiedlichen Meßgrößen zugrundeliegende Theorien- und Methodenpluralismus *nicht* mittels der Anwendung allgemeingültiger Regeln bearbeitet werden kann, da sich eine solche Position letztlich nicht vollständig rational begründen läßt (vgl. Abschnitt 4.2.1.2).

Vielmehr ist es notwendig, einen Dialog zwischen den beteiligten Akteuren – Führungskräften, Beratern, Wissenschaftlern – zu initiieren, durch den entsprechende Meßgrößen – ganz im Sinne einer Reflexion im Rahmen der theoretischen Praxis – abgeleitet bzw. identifiziert werden können. Konkret bedeutet dies, daß Wissenschaft bei der Lösung des Problems der Begründung wissensbezogener Indikatoren genausowenig allgemeingültige Lösungen anbieten kann, wie dies beispielsweise bereits in der Organisationstheorie oder in der Theorie zum Strategischen Management der Fall ist. Dies bedeutet allerdings nicht, keine wissenschaftlichen Erkenntnisse zu nutzen, sondern ihnen den Stellenwert einzuräumen, der ihnen zukommt – nämlich als *mögliches* Problemlösungsreservoir im Rahmen der theoretischen Praxis zu dienen.

4.2.2 Die Erfassung von Wissen als technologisches Problem

In Abschnitt 4.2.1 wurde bereits gezeigt, daß der Versuch, Praxis durch Theorie deduktiv begründen zu wollen, letztlich zu einem unlösbaren Begründungsproblem führt und somit zum Scheitern verurteilt ist. Mario Bunge (1967, 1983) setzt an diesem Theorie-Praxis Problem an und entwickelt einen Ansatz, indem er eine logische Trennung zwischen den Ebenen theoretischer und praxeologischer Aussagen vornimmt. Diese Überlegungen sollen im folgenden skizziert und in bezug auf die Implikationen des obigen Begründbarkeitsproblems geprüft werden.

4.2.2.1 Wissenschaftliche und technologische Aussagen

Nach Bunge (1967, S. 132ff.) stellt eine Technologie ein **System von Verhaltens- bzw. Handlungsvorschriften** oder **Regeln** dar. Technologische Aussagen unterscheiden sich von theoretischen bzw. Gesetzesaussagen durch deren Charakterisierung als nomopragmatisch und nomologisch: **Nomologische** Aussagen haben die allgemeine Form „**Wenn A, dann B**", können also im Sinne einer logisch korrekten Schlußfolgerung deduktiv begründet werden. **Nomopragmatische** Aussagen haben hingegen folgende allgemeine Form: „**Um B zu erhalten, tue A**". Die Differenz zwischen nomologischen und nomopragmatischen Aussagen kann am besten anhand eines geeigneten Beispiels[219] exemplifiziert werden:

„An engineer trained in physics and chemistry may be able to explain failures. He might observe strains under which the machine will break down, or corrosive effects which whittle its substance away. But it would be false to conclude that the physicist or chemist can replace the conception of the machine – as defined by its operational principles – by a more comprehensive understanding which accounts both for the correct functioning and the failures of a machine. A physical and chemical investigation cannot convey the understanding of a machine as expressed by its operational principles. In fact, it can say nothing at all about the way the machine works or ought to work" (Polanyi 1962, S. 329).

Analysiert man dieses Beispiel, so wird zunächst deutlich, daß nomologische Aussagen *nicht* genügen, um Technologien begründen zu können[220]. Desweiteren wird offenbar, daß sich der Output nomologischer und nomopragmatischer Aussagesysteme unterscheidet: Das Resultat wissenschaftlicher Forschung ist neues Wissen, wohingegen das Resultat der Anwendung von Technologien Artefakte sind. Diese Differenz in den Outputs läßt sich auf die unterschiedlichen Basisoperationen zurückführen:

---

[219] Bunge selbst (1983, S. 239) macht den Unterschied zwischen Technologie und Wissenschaft anhand des folgenden Beispiels klar: „*To study learning processes in general is to do **basic science**; to study the learning of a specific subject in school environment is to do **applied science**; and to design a method for teaching the subject is to do **cognitive technology**"* (Hervorhebungen durch d. A.).

[220] Hinzukommt, daß sich zwar aus nomologischen Sätzen nomopragmatische Aussagen ableiten lassen bzw. Regeln/Technologien durch nomologische Sätze begründet werden können – aber *nicht* umgekehrt: Aus effizienten Regeln lassen sich keine wahren Sätze ableiten.

Wissenschaftliches Handeln – gemäß des kritischen Rationalismus – basiert auf dem Zyklus „*Formulieren eines theoretischen Problems – Ableitung von Hypothesen – Überprüfen der Hypothesen – ggf. Reformulierung der Hypothesen*", wohingegen **technologisches Handeln** aus dem Zyklus „*Praktisches Problem – Entwicklung eines Designs – Entwicklung eines Prototypen – Test des Prototypen – ggf. Korrektur des Designs oder Reformulierung des Problems*" besteht (vgl. Bunge 1983, S. 232). Um die Trennung zwischen Theorie und Technologie noch deutlicher herauszuarbeiten, sollen beide Aussagesysteme anhand ihrer jeweiligen Charakteristika präzisiert werden (vgl. Tabelle 30).

Merkmal	Wissenschaft	Technologie
Kernproblem	kognitiv-theoretisch	praktisch
Zentrales Ziel	Verstehen/Erkennen/Wissen	Handeln
Basiswissenschaft	Mathematik/Logik	Mathematik/Logik/Grundlagenwissenschaften
Rolle von Theorie	Wegweiser zum Verstehen	Wegweiser zum Handeln
Rolle des Experiments	Datenquelle und Überprüfen von Ideen	Datenquelle und Überprüfen von Implementierungsschrit-ten (Design) und Program-men
Kosten-/Nutzenanalyse	meist nicht anwendbar	notwendig
Konzeptionelle Analyse	notwendig	zweitrangig
Stellenwert von Vorhersagen	Bewertung des Wahrheitsgehalts von Aussagen	im Planungsprozeß
Wahrheitsgehalt	Maximum erwünscht	im Rahmen der praktischen Zielsetzung
Theoretische Tiefe der Aussagen	Maximum erwünscht	im Rahmen der praktischen Zielsetzung
Definition von Zielen	Wissenschaftler	Manager
Soziale Auswirkungen	scientific community	Gesellschaft
Eigentümer	Menschheit	Organisation

Tabelle 30: **Gemeinsamkeiten und Unterschiede zwischen wissenschaftlichen und technologischen Aussagesystemen (nach Bunge 1985, S. 238; Übersetzung d.A.).**

Merkmal	Wissenschaft	Technologie
Geheimhaltung	auf gar keinen Fall	unter Umständen
Ökologische Bezugspunkte	keine	meistens
Ökonomische Bezugspunkte	bzgl. der Mittel	bzgl. der Ziele und Mittel
Stellenwert von Entdeckung	zentral	zentral
Stellenwert von Erfindung	zentral	zentral
Feedback/Kritik	notwendig	notwendig

Tabelle 30: Gemeinsamkeiten und Unterschiede zwischen wissenschaftlichen und technologischen Aussagesystemen (Fortsetzung; nach Bunge 1985, S. 238; Übersetzung d.A.).

Analysiert man die Überlegungen aus Tabelle 30, so wird deutlich, daß sich nomopragmatische und nomologische Aussagen hinsichtlich einer Vielzahl von Kriterien unterscheiden lassen. Für die vorliegende Fragestellung ist von besonderer Bedeutung, daß sich hinter diesen Differenzen verschiedene Bewertungskriterien verbergen: **Nomopragmatische** Aussagen werden über ihre **Effizienz**, also der Relation zwischen Handlungsaufwand und Ergebnis bewertet, wohingegen **nomologische** Aussagen hinsichtlich ihres **Wahrheitscharakters** bzw. ihrer **Richtigkeit** beurteilt werden.

Diese Skizze verdeutlicht zudem die Relation des Stellenwerts theoretischer Aussagen für praktisches Handeln: Nach Bunge (1967, S. 128) prüft der Praktiker – im Gegensatz zu einem Wissenschaftler – nicht eine Theorie, sondern er benutzt sie für eine nicht-erkenntnisbezogene Zielsetzung. Damit aber ist es unzulässig, ein Aussagesystem, das sich auf Handlungen bezieht, mit Hilfe von Kriterien, die sich auf den Wahrheitsgehalt von Aussagen beziehen, zu bewerten: Wie bereits oben im Rahmen der Argumentation um primäre Praxis (vgl. Abschnitt 4.2.1.3) gezeigt wurde, impliziert ein „Machen können" nicht zwangsläufig auch die Fähigkeit, das zugrundeliegende „Wissen warum" explizieren zu können. Das folgende Beispiel soll zum einen die unterschiedlichen Perspektiven des Herangehens beim Lösen theoretischer und praxogener Fragen verdeutlichen; zum anderen wird auch hier deutlich, daß zur Beurteilung der Güte der jeweiligen Ansätze zwangsläufig unterschiedliche Maßstäbe angelegt werden sollten (vgl. Kasten 5):

Ein *chief knowledge officer* (CKO; vgl. Abschnitt 1.2.2.3) möchte das Wissenskapital seines Unternehmens mit einer modifizierten Variante des Skandia-Navigators (vgl. Abschnitt 3.4.2.1.2) messen bzw. erfassen. Er folgt somit dem Prinzip: Wenn du Wissenskapital erfassen willst, dann miß' die drei zentralen Dimensionen Humankapital, Organisationskapital und Kundenkapital anhand der von Edvinsson/Malone empfohlenen Meßgrößen.

Diesen CKO interessiert es an dieser Stelle kaum, ob der mikro-ökonomische Indikator „Weiterbildungsaufwand pro Jahr und Mitarbeiter" mit dem managementtheoretisch abgeleiteten Indikator, der auf einer Evaluation der eigenen Weiterbildungsprogramme mittels einer Mitarbeiterbefragung (auf der Basis von 100 Items), korreliert – was der Fall sein müßte, da beide vorgeben, Humankapital messen zu können. Vielmehr orientiert er sich u.a. aus einer pragmatischen Perspektive an Erhebungskosten und an Benchmarking-Daten („wenn Firmen wie Skandia oder Hofmann LaRoche dieses System verwenden, dann muß es richtig – im Sinne von zielführend – sein").

Die damit einhergehenden theoretischen Fragen, die sich auf die Relation der diese Indikatoren begründenden Theorien beziehen, sind genauso von untergeordnetem Interesse wie die Frage nach der Reliabilität und Validität des jeweiligen Indikators sowie ihrer logisch einwandfreien Ableitung und empirischen Überprüfung.

Vielmehr interessiert diesen CKO, welche Kosten bei der Erhebung der jeweiligen Daten entstehen, welches die günstigste Alternative ist und welche Indikatoren am besten dazu geeignet sind, nachfolgende Veränderungsprozesse (als Konsequenz einer internen Meßperspektive) und/oder externe Dokumentationsvorgänge (als Konsequenz einer externen Meßperspektive) zu fördern.

Kasten 5: **Beispiel zur Verdeutlichung der Differenz zwischen theoretischen und praxeologischen Gütekriterien**

4.2.2.2 Implikationen für die Messung von Wissen

An dieser Stelle ist die Frage zu beantworten, welches Grundverständnis der Messung von Wissen sich hinter dem oben formulierten praxogenen Entscheidungsproblem verbirgt: Geht es darum, nomologisch begründen zu können, welche Indikatoren zur Lösung welcher Problemstellung am geeignetsten sind, oder geht es vielmehr darum herauszuarbeiten, welche konkreten Handlungen aufgrund eines vorhandenen Wissens über bestimmte Indikatoren möglich sind?

In Bezug auf das obige Beispiel wird letzterer Auffassung gefolgt, d.h. es wird angenommen, daß die Praxis des Messens von Wissen maßgeblich aus den beiden folgenden Gründen erfolgt: Zum einen ist die interne Dokumentation des Wertes von Wissen an das Ziel geknüpft, dessen Wert mittels geeigneter Maßnahmen zu erhöhen. Zum anderen dient eine externe Dokumentation dem Ziel, externen Bezugsgruppen den Wert des eigenen wissensbezogenen Wertschöpfung zu dokumentieren, um deren

Entscheidungen im eigenen Sinne beeinflussen zu können. Die Erreichung beider Ziele läßt sich zudem nicht losgelöst von dem Design beurteilen, mit Hilfe dessen diese Indikatoren erfaßt bzw. erzeugt werden können.

Zusammengefaßt bedeutet dies, daß die Argumentation von Bunge (1983) dazu führt, das Entscheidungsproblem hinsichtlich der Wahl geeigneter Indikatoren nicht unabhängig von der Erzeugung und Anwendung dieser Indikatoren und der damit einhergehenden Gütekriterien lösen zu können.

4.2.3 Konsequenzen

Welche Konsequenzen lassen sich aus den beiden obigen Analysen zum Umgang mit theoretischer und methodischer Pluralität ableiten? Welcher Geltungsanspruch läßt sich nun für die Nutzung von Meßgrößen in einem Meßsystem ableiten, wenn diese Meßgrößen aus unterschiedlichen theoretischen und methodischen Bezügen stammen – wie z.b. das von mir vorgestellte Indikatorensystem zur Erfassung von Wissen in Abschnitt 3.5.4?

Auf der einen Seite wird deutlich, daß ein solches Indikatorensystem **nicht** einem **theoretisch kohärenten** Ansatz entstammt. Auf der anderen Seite ist sicherlich auch unverkennbar, daß dieses Indikatorensystem **nicht** als **eklektisch** zu charakterisiert werden braucht. Es stellt sich somit die Frage, welchen Stellenwert dieses – oder ein anderes vergleichbar abgeleitetes bzw. konstruiertes Kategoriensystem für den wissenschaftlichen Fortschritt haben *kann*.

Betrachtet man die obige Argumentation von Lueken (1992), dann besteht die zentrale Voraussetzung für die Entwicklung eines Indikatorensystems zur Erfassung von Wissen darin, daß die Forschung die Beobachterperspektive aufgibt und mit den betroffenen Akteuren – meist Führungskräften und Beratern – gemeinsam in den Dialog tritt und darauf aufbauend eine konsensuelle Position hinsichtlich des abzuleitenden „bestmöglichen" Meßsystems entwickelt wird. Die bisherigen theoretischen Erkenntnisse können hierbei – wie oben bereits erwähnt – als Problemlösungsreservoir im Rahmen der theoretischen Praxis aufgefaßt werden, dem allerdings keine höhere Gültigkeit zukommt als das – ggf. implizit vorliegende – Erfahrungswissen der anderen beteiligten Akteure.

Die Überlegungen von Bunge (1982) können vergleichbare Handlungen begründen: So läßt sich beispielsweise das Problem, für Investoren Informationen über die Produktivität des Wissens des eigenen Unternehmens bereitzustellen, als technologisches Problem auffassen. Hierbei kann sicherlich theoretisch begründetes Wissen mit einfließen, doch ist es für diesen Zweck letztlich *nicht* ausreichend: Wie die Studie des *Danish Trade and Industry Development Council* (1997) sowie des Symposiums der OECD (1999) gezeigt haben, existieren keine Standards und allgemeinen Empfehlungen zur Messung von Wissenskapital (vgl. Abschnitt 3.4.2.4). Das heißt, daß beispielsweise der Prozeß der entsprechenden Datenerhebung, das hierzu im Vorfeld nötige Interventionsdesign und die Verankerung der Daten in der Unternehmenspolitik theoretisch *nur stark begrenzt* begründbar sind, und somit – im Sinne von Bunge (1983) – technologisches Handeln darstellen. Gleichsam ist es technologisches Handeln, den Investoren nur diejenigen Informationen über die eigene wissensbezogene Wertschöpfungsleistung weiterzuleiten, die das Unternehmen in einem guten Licht – sprich: die Investitionsbereitschaft erhöhend – dastehen läßt. Ob es konfligierende Daten gibt, ob die Reliabilität und Validität der Daten im wissenschaftlichen Sinne akzeptabel ist, ist auch hier sekundär.

Faßt man diese beiden Überlegungen zusammen, so wird deutlich, daß es in beiden Fällen gelingt, **lokale** – und damit einhergehend praxisrelevante – Aussagen zur Messung von Wissen abzuleiten. Damit wiederum ist die Frage zu stellen, ob bzw. wie es für das vorliegende Problem der Handhabung einer Theorien- und Methodenpluralität gelingen kann, eine Methodologie zu begründen, die es erlaubt, Aussagen über die Erfassung von Wissen abzuleiten, die über den Einzelfall hinausreichen.

Im nächsten und letzten Abschnitt der vorliegenden Arbeit wird – als Fazit – gezeigt, daß ein transdisziplinäres Forschungsverständnis diesem Anspruch genügt.

4.3   Fazit: Implikationen für die Forschungspraxis

In Abschnitt 1.3 wurde bereits angedeutet, daß die Bearbeitung der vorliegenden Fragestellung im Spannungsfeld von vier Perspektiven – von Theorie, Methodik, Epistemologie und Praxis – erfolgt. Die bislang vorgelegte Argumentation hat zudem gezeigt, daß die Unterschiedlichkeit der diskutierten theoretischen, methodischen und epistemologischen Positionen, die einen Erkenntnis- und Erfassungsbeitrag zur Ressource Wissen und ihrem Wertschöpfungsbezug leisten, *nicht* zu einem kohärenten theoretischen Modell der Begründung der Wertschöpfungsrelevanz von Wissen sowie der Begründung eines entsprechenden Meßmodells führt. Darüber hinaus wurde verdeutlicht, wie es mit Hilfe der Handhabung des Inkommensurabilitätsproblems bzw. der Auffassung, die Messung von Wissen als technologisches Problem zu betrachten, gelingt, lokale – und darauf aufbauend praxisbezogene – Aussagen zur Ableitung wissensbezogener Meßsysteme zu begründen.

Abschließend soll jetzt als Fazit herausgearbeitet werden, mittels welchem Forschungsverständnis es gelingt, die verschiedenen Ziele – nämlich die Ableitung lokaler Aussagen, anwendungsbezogener Aussagen sowie nomothetischer bzw. nomologischer Aussagen – in ein gemeinsames Vorgehen zu verzahnen. Somit soll im folgenden gezeigt werden, wie forschungspraktisch mit der skizzierten Theorien- und Methodenpluralität umgegangen werden kann, **ohne** an einem zu erwartenden Inkommensurabilitätsproblem zu scheitern und darüber hinaus in der Lage zu sein, Unterstützung bei der Lösung relevanter Praxisprobleme leisten zu können.

Konsequenterweise muß ein solches Vorhaben zunächst **interdisziplinär** organisiert sein, da, wie die theoretischen Beiträge zur Begründung der einzelnen Indikatoren gezeigt haben, diese aus unterschiedlichen Disziplinen bzw. aus unterschiedlichen Paradigmen stammen. Unter **Interdisziplinarität** versteht man in Anlehnung an Balsiger (1991) eine Form wissenschaftlicher Kooperation in bezug auf gemeinsam zu erarbeitende Inhalte und Methoden, welche darauf ausgerichtet sind, durch Zusammenwirken geeigneter Wissenschaftler unterschiedlicher fachlicher Herkunft das jeweils angemessenste Problemlösungspotential für gemeinsam bestimmte Zielsetzungen bereitzustellen (vgl. auch Klein, 1990; Mittelstrass 1989, 1995). Darüber hinaus muß ein solches Vorhaben in enger Abstimmung mit den **Anwendern** dieses Wissens durchgeführt werden. Damit aber werden die Grenzen des Wissenschaftssystems überschritten.

Eine solche Forschung wird in der Literatur zur Wissenschaftsforschung als **transdisziplinäre** oder als **problemorientierte Forschung** bezeichnet und kann durch folgende Merkmale charakterisiert werden (vgl. Gibbons/Limoges/Nowotny/Schwartzman/Scott/ Trow 1994)[221]: (a) neuer Modus der Wissensproduktion, (b) Inter- bzw. Transdisziplinarität, (c) Heterogenität, (d) Infragestellen der traditionellen Orte der Wissensproduktion, (e) Zusammenarbeit zwischen außer- und inneruniversitären Forschungsinstitutionen und (f) Problemorientierung. Gibbons et al. (1994)

---

[221] Mittelstrass (1995) unterscheidet zwischen (a) einer Interdiszplinarität, die nicht problemorientiert ist, weil sie an disziplinären Grenzen und Optiken – bzw. Paradigmen – verhaftet ist, und von daher als faktische Multidisziplinarität bezeichnet wird, und (b) einer „wirklichen Interdisziplinarität", die problem- und integrationsorientiert ist und von ihm als Transdisziplinarität bezeichnet wird.

verdeutlichen transdisziplinäre Forschung – also die Erzeugung transdisziplinären Wissens – wie folgt:

„Transdisciplinary knowledge is generated and sustained in the context of application and not developed first and then applied to that context later by a different group of practitioners; develops its own theoretical structures, research methods and modes of practice, though they may not be located on the prevailing disciplinary map; is communicated to those who have participated in the course of that participation and so, in a sense, the diffusion of results is initially accomplished in the process of their production, and is dynamic. It is problem solving capability on the move" (Gibbons et al. 1994, S. 4).

Ausgangspunkt dieser Argumentation sind Studien, die sich mit den Modi der Wissensproduktion beschäftigt haben. Gibbons et al. (1994) stellen aufgrund solcher wissenschaftssoziologischen Untersuchungen eine Veränderung bei der Erzeugung von Wissen fest: Der traditionelle Modus – Modus 1 – wird dabei zunehmend mehr durch einen neuen Modus – Modus 2 – der Wissenserzeugung, ergänzt (vgl. Tabelle 31).

	Modi der Wissensproduktion	
	Modus 1 (traditionell)	**Modus 2 (neu)**
Probleme, Fragestellungen definiert durch ...	vorwiegend akademische Gemeinschaften	Kontexte der Anwendung (z.B. Produkte)
Charakteristika	disziplinär	transdisziplinär
	homogen	heterogen
Organisation	hierarchisch	heterarchisch
	stabile Formen	fluide Formen

Tabelle 31: Modi der Wissensproduktion (Quelle: Gibbons et al. 1994)

Durch Tabelle 31 wird verdeutlicht, daß der traditionelle Modus 1 der Wissensproduktion durch eine Orientierung an „kognitiver Erkenntnis" – auf Basis des newtonschen/cartesianischen Paradigmas – beschrieben werden kann, wobei kognitive bzw. soziale Normen einer *scientific community* determinieren, was als wissenschaftliches Problem gelten darf. Modus 1 enthält somit den disziplinenabhängigen, homogenen und hierarchischen Modus der Wissensproduktion. Damit aber ist die Analyse der Wissensproduktionsformen wiederum paradigmenabhängig und basiert auf der Annahme, daß gültiges Wissen mit „auf wissenschaftlichem Wege erhaltenes Wissen" gleichgesetzt werden muß. Demgegenüber enthält Modus 2 eine Orientierung an zu lösenden Problemen von externen Bezugsgruppen und Interessenten, also beispielsweise gesellschaftlichen oder wirtschaftlichen Problemen. Modus 2 kann mit Begriffen wie transdisziplinär, sozio-ökonomisch, heterogen, heterarchisch, transient, reflexiv und sozialen Normen verpflichtet charakterisiert werden.

Konkret bedeutet dies, daß Modus 2 der Wissensproduktion nicht nur einen Beitrag zur Problemlösung und zur Umsetzung wissenschaftlicher Erkenntnisse leistet, sondern auch zu neuem bzw. neuartigem Wissen führt. Dazu ist es notwendig, disziplinenübergreifende Teamarbeit einzurichten, deren Bezugsrahmen erst während der Arbeit entsteht – und nicht a priori definiert werden kann. Konsequenterweise ist eine solche Arbeit nicht an institutionelle Grenzen gebunden (Veröffentlichungen, Kongresse), sondern netzwerkorientiert und somit kontextübergreifend. Ebenso ist hierbei impliziert, daß die Produktion von Modus 2-Wissen zum einen nicht zentral organisiert und zum anderen nicht vorhersagbar ist, wo genau neues Wissen entsteht bzw. zur Anwendung kommt. Schließlich führt dies zur Konsequenz, daß die Qualität transdisziplinärer Forschung nicht nur von *peers* – im Rahmen des üblichen Gutachterverfahrens – sondern ebenfalls von externen Bezugsgruppen definiert wird.

Was bedeutet dies für die Entwicklung wissensbezogener Meßgrößen? Meines Erachtens liefern folgende, auf obigen Überlegungen aufbauende Schritte eine Antwort auf diese Frage:

1. **Schritt:** Einbeziehung aller Bezugsgruppen (Wissenschaftler, Führungskräfte, Berater) in die Ableitung eines relevanten Indikatorensystems; Nutzung der Gesamtperspektive der Erfassung wissensbezogener Indikatoren (vgl. Abschnitt 3.5.3) als Metamodell bzw. Generator zur Ableitung wissensbezogener Meßgrößen

2. **Schritt:** Einsatz des abgeleiteten Indikatorensystems und Überprüfung der Nützlichkeit (Viabilität) auf lokaler Ebene.

3. **Schritt:** Verbreitete Anwendung eines solchen oder ähnlichen Indikatorensystems bei vergleichbaren Unternehmen führt zu entsprechenden lokalen Ergebnissen und deren Interpretationen.

4. **Schritt:** Nutzung der empirischen Befunde aus Schritt 3 zur Konstruktion eines theoretischen Bezugsrahmens[222]

---

[222] Versucht man, aus empirischen Ergebnissen weitergehende theoretische Schlußfolgerungen zu ziehen, so ist dies beispielsweise auf Basis der *grounded theory* (Glaser/Strauss 1967) möglich.

Parallel zu den Schritten 3 bis 4 werden kontinuierliche Feedbackschleifen realisiert, um entsprechende Lernprozesse in und zwischen den Bezugsgruppen hinsichtlich der Nützlichkeit *und* der Gültigkeit der eingesetzten Indikatoren zu initiieren.

Welche **Voraussetzungen** müssen gegeben sein, damit ein transdisziplinärer Forschungsansatz zur Lösung der untersuchten Probleme beitragen kann? In Anlehnung an Gibbons et al. (1994) lassen sich hier drei zentrale Kriterien identifizieren:

- **Konsens**: Transdisziplinäre Forschung bedeutet, daß sich die beteiligten Akteure über eine gemeinsame Fragestellung und ihre Bearbeitung einigen. Dies gilt nicht nur für die Verständigung zwischen den Vertretern der beteiligten Disziplinen, sondern ebenfalls in bezug auf die Vertreter wissenschaftsexterner Instanzen. Damit aber ist es notwendig, einen aufgrund der Heterogenität der zugrundegelegten Perspektiven bzw. Paradigmen vergleichsweise schwierigen bzw. komplexen Konsensbildungsprozeß zu realisieren. Dies impliziert nicht nur die Bereitschaft der individuellen Akteure, sich auf einen solchen Prozeß einzulassen, sondern bezieht sich ebenfalls auf die Schaffung entsprechender organisatorischer Rahmenbedingungen, z.B. die Nutzung neutraler und professionell ausgebildeter Moderatoren (vgl. auch Fujimura 1988; Malsch et al. 1994).

- **Integration**: Die Problemorientierung transdisziplinären Vorgehens setzt voraus, daß die Beiträge der einzelnen Disziplinen nicht additiv aneinandergereiht werden, sondern mittels eines – meist erst noch zu erstellenden – Begriffsapparates integriert werden. Dies setzt zum einen eine Einsicht der beteiligten Akteure in die Begrenztheit der einzelnen Perspektiven voraus, und zum anderen ebenfalls die Schaffung entsprechender organisatorischer Voraussetzungen, wie zum Beispiel die Realisierung problemorientierter Kommunikationsnetzwerke (van den Daele 1979).

- **Diffusion**: Schließlich ist festzuhalten, daß problemorientierte Forschung stets handlungsorientiert ist. Damit aber geht es auch um die Beantwortung der Frage, wie das erarbeitete Wissen den direkt Betroffenen, aber auch weiteren Bezugsgruppen so verfügbar gemacht werden kann, daß sie es in Handlungen umsetzen können. Diese Formulierung von Wissen in handlungsbezogenen Kategorien setzt zum einen eine entsprechende *Kommunikationskompetenz* voraus, und zum anderen ebenfalls die Kompetenz zum Design des Anwendungsfeldes, wie z.B. der Überlegung, wie wissensbezogene Indikatoren im

Rahmen eines organisationsweiten Veränderungsprozesses entwickelt und eingesetzt werden können.

Welche Konsequenzen lassen sich hieraus für die entsprechende wissenschaftliche Praxis ableiten? Diese Frage ist insofern schwierig zu beantworten, da nur eine eher geringe Anzahl transdisziplinärer Projekte *in engerem Sinne* vorliegt (Defila/Di Giulio 1998; Häberli/Scholz/Bill/Welti 2000). Faßt man Schwerpunktprogramme oder Sonderforschungsbereiche der DFG als Rahmen für die Entstehung transdisziplinären Wissens – *im weiteren Sinne* – auf, so wird hier deutlich, daß es **keine** Begleitstudien gibt, die Auskunft über die Berücksichtigung der drei oben genannten Kriterien – Konsensbildung, Integration und Diffusion – geben könnten.

In welchem Umfang sich die beteiligten Bezugsgruppen auf ein solches, vergleichsweise innovatives, Forschungsverständnis einlassen, hängt insbesondere von deren Bereitschaft ab, auf einen Alleinvertretungsanspruch in bezug auf das *„eigene wahre Wissen"* zu verzichten. Meines Erachtens ist eine solche Überlegung von der Hoffnung getragen, daß entsprechende Drittmittelgeber solche Forschungsansätze unterstützen. Allerdings sollten sich Wissenschaftler nicht der Hoffnung hingeben, daß die Praxis auf „wissenschaftlich gesichertes" Wissen wartet, um zu handeln – wie dies beispielsweise die Entwicklung des Wissenskapitalkonzeptes gezeigt hat. Vielmehr ist in diesem Zusammenhang die Schlußfolgerung von Spender (1998) als „Warnung" – hinsichtlich des vielleicht doch niedrigeren Stellenwertes nomologischer managementwissenschaftlicher Aussagen zur Lösung praktischer Managementprobleme – zu verstehen:

„While the academics' contributions to economic analysis, accounting, and financial practice increase, as exemplified in Porter's Competitive Advantage and Scholes' and Merton's recent Nobel, the very opposite is true of managerial and organizational theory. Here the new ideas have emerged from firms themselves, such as downsizing, outsourcing, and globalization, and from the consultancies, such as in Peters and Waterman's In Search of Excellence and Wheatley's Leadership and the New Science" (Spender 1998, S. x).

Meines Erachtens kann ein transdisziplinäres Forschungsprogramm solche Defizite vermeiden helfen (Häberli et al. 2000): Gerade die Entwicklung und Nutzung wissensbezogener Meßgrößen könnte ein tragfähiges Beispiel dafür darstellen, wie die Grenzen zwischen Wissenschaft und Wirtschaft durchlässiger gemacht werden und sich somit beide Systeme gegenseitig – besser als bislang – befruchten können.

5 LITERATUR

Abramovitz, M. (1956): Resource and Output Trends in the United States since 1870. *American Economic Review. Papers and Proceedings, Vol. 46*, S. 5–23.

Ackermann, K.F. (1987): A Contingency Model of HRM Strategy: Empirical Research Findings Reconsidered. Lattmann, C. (Hrsg.): *Personalmanagement und strategische Unternehmensführung*, Heidelberg 1987, S. 65-83.

Acland, D. (1976): The Effects of Behavioural Indicators on Investor Decisions: An Exploratory Study. *Accounting, Organizations, and Society, Vol.1, August*, S. 133-142.

Adams, J.S. (1965): Inequity in Social Exchange. Berkowitz, L. (Hrsg.): *Advances in Experimental Social Psychology*, Vol. 2, New York.

Adler, P.S. (1990): Shared Learning. *Management Science, 36/8*, S. 938-957.

Adler, S.A./Clark, K.B. (1991): Behind the Learning Curve: A Sketch of the Learning Process. *Management Science*, 37/3, S. 267-281.

Akhigbe, A./Madura, J. (1996): Market-Controlled Stock Options: A New Approach to Executive Compensation. *Journal of Applied Corporate Finance, Vol. 9, Nr. 1, Spring*, S. 93-97.

Albach, H. (1961): Entscheidungsprozeß und Informationsfluß in der Unternehmensorganisation. Schnaufer, W./Aghte, K. (Hrsg.): *Organisation.* Berlin-Baden, S. 355–402.

Albach, H. (1989): Editorial. *ZfB, 51(7)*, S. 705.

Albert, K.J. (Hrsg.) (1980): *Handbook of Business Problem Solving.* New York.

Aldering, C. (1998): Teil-dynamisches Einzel-Assessment. Jochmann, W. (Hrsg.): *Innovationen im Assessment-Center.* Stuttgart.

Alewell, D. (1997): *Die Finanzierung betrieblicher Weiterbildungsinvestitionen – ökonomische und juristische Aspekte.* Wiesbaden.

Alewell, D. (1998): *Warum finanzieren Arbeitgeber transferierbare Weiterbildung?* Wiesbaden.

Allan, G.B./Hammond, J.S. (1975): Note on the Use of Experience Curves. *Competitive Decision Making. 4*, S. 175-182.

Allen, T.J. (1977): *Managing the Flow of Technology.* Cambridge.

American Institute of Certified Public Accountants (AICPA) (1994): AICPA Special Committee on Financial Reporting. *Improving Business Reporting – A customer Focus: Meeting the Information Needs of Investors and Creditors.* New York.

American Productivity & Quality Center (1998): Benchmarking Study in Knowledge Management. *http://www.knowledge-business.com/itinfrastructure.htm*.

Amidon, D. M. (1997): *Innovation Strategy for the Knowledge Economy. The Ken Awakening.* Boston.

Amit, R./Shoemaker, P. (1993): Strategic Assets and Organizational Rent. *Strategic Management Journal. 14*, S. 33-46.

Anderson, C.A./Bowman, M.J. (1976): Education and Economic Modernization in Historical Perspective. Stone, L. (Hrsg.): *Schooling and Society: Studies in the History of Education.* Baltimore.

Anderson, J. (1983): *The Architecture of Cognition.* Cambridge.

Anderson, J./Gerbing, D. (1982): Some Methods for Respecifying Measurement Models to Obtain Unidimensional Construct Measurement. *Journal of Marketing Research. 19*, S. 453-460.

Ansoff, H.I. (1965): *Corporate Strategy.* New York.

Ansoff, H.I. (1976): *From Strategic Planning to Strategic Management.* London.

Ansoff, H.I. (1984): *Implanting Strategic Management.* Englewood Cliffs.

Argote, L./Beckman, S.L./Epple, D. (1990): The Persistence and Transfer of Learning in Industrial Settings. *Management Science. 36/2*, S. 140-154.

Argyris, C. (1990): *Overcoming Organizational Defenses.* Boston.

Argyris, C./Schön, D. (1978): *Organizational Learning.* Reading.

Argyris, C./Schön, D. (1996): *Organizational Learning II.* Reading.

Armbruster, B.B./Anderson, T.H. (1980): *The Effect of Mapping the Free Recall of Expository Text.* Center for the Study of Reading. Technical Report No. 160, University of Illinois.

Armbruster, B.B./Anderson, T.H. (1982): *Idea-Mapping: The Technique and its Use in Classroom or Simulating the "Ups" and "Downs" of Reading Comprehension.* Center for the Study of Reading. Reading Education Report No. 36, Illinois.

Arnold, H.J./Feldman, D.C. (1982): A Multivariate Analysis of the Determinants of Turnover. Journal of Applied Psychology. *Academy of Management Journal. 37*, S. 670-687.

Arrow, K. (1962): The Economic Implications of Learning by Doing. *Review of Economic Studies. 29*, S. 155-173.

Arthur, J. B. (1994): Effects of Human Resource Systems on Manufacturing Performance and Turnover. *Academy of Management Journal. 37*, S. 670-687.

Arthur, W.B. (1990): Positive Feedbacks in Economy. *Scientific American. February*, S. 80-85.

Arthur, W.B. (1996): Increasing Returns and the New World of Business. *Harvard Business Review. July-August*, S. 100-109.

Ashby, W.R. (1956): Self-Regulation and Requisite Variety. Emery, F.E. (Hrsg.)(1981): *Systems Thinking. Vol. 1*, Middlesex, S. 100-120.

Ashby, W.R. (1963): *An Introduction to Cybernetics*. London.

Astley, W.G./Van de Ven, A.H. (1983): Central Perspectives and Debates in Organization Theory. *ASQ. 28/2*, S. 245-273.

Astley, W.G./Zammato, R.F. (1992): Organization Science, Managers, and Language Games. *Organization Science. 3(4)*, S. 443-460.

Axelrod, R. (1976): *Structure of Decision: The Cognitive Maps of Political Elites*. Princeton.

Bacharach, S.B./Lawler, E.J.(1982): *Power and Politics in Organizations*. San Francisco.

Backhuijs, J.B. et al. (1999): *Reporting on Intangible Assets*. International Symposium: Measuring and Reporting Intellectual Capital: Experiences, Issues, and Prospects, OECD, 9-10 June, Amsterdam.

Badaracco, J.L. (1991): *Knowledge Link: How Firms Compete through Strategic Alliances*. Boston.

Ball, R. (1988): What Do We Know About Stock Market Efficiency? *NATO Advanced Research Workshop. April 1988*.

Ballwieser, W. (1990, 3. Auflage): *Unternehmensbewertung und Komplexitätsreduktion*. Wiesbaden.

Balsiger, P. (1991): *Begriffsbestimmung Ökologie und Interdisziplinarität*. Bericht zuhanden der Kommission Ökologie/Umweltwissenschaften der Schweizerischen Hochschulkonferenz. Bern.

Bardeleben, R. v./Böll, G./Dreiling, C./Gnahs, D./Seusing, B./Walden, G. (1990): Strukturen beruflicher Weiterbildung. *Bundesinstitut für Berufsbildung: Berichte zur beruflichen Bildung Nr. 114*, Berlin.

Bardmann, T.M./Kersting, H.J./Vogel, H.C./Woltmann, B. (Hrsg.) (1992): *Irritation als Plan: Konstruktivistische Einredungen*. Aachen.

Barnard, C. J. (1956): *The Functions of the Executive*. Cambridge.

Barney, J.B. (1986a): Strategic Factor Markets. Expectations, Luck and Business Strategy. *Management Science. 32 (10)*, S. 1231–1241.

Barney, J.B. (1986b): Organizational culture. Can It Be a Source of Sustained Competitive Advantage? *Academy of Management Review. 11,3*, S. 656–665.

Barney, J.B. (1989): Asset Stocks and Sustained Competitive Advantage. A Comment. *Management Science. 35*, S. 1511-1513.

Barney, J.B. (1991): Firm Resources and Sustained Competitive Advantage. *Journal of Management, Vol. 17*, S. 771–792.

Bartel, A.P. (1991): Productivity Gains From the Implementation of Employee Training Programs. *NBER Working Paper No. 3893*.

Bartlett, F. C. (1964): *Remembering: A Study in Experimental and Social Psychology.* Cambridge.

Bartscher, T./Steinmann, O. (1990): Der Human-Resource-Accounting-Ansatz innerhalb der Personal-Controlling-Diskussion. *Zeitschrift für Personalforschung.* 4/1990, S. 387-401.

Bassi, L.J./Van Buren, M.E. (1999): Valuing investments in intellectual capital. *International Journal of Technology Management.* 18, 5/6/7/8, S. 414-432.

Baumgartner, P. (1993): *Der Hintergrund des Wissens.* Klagenfurt.

Baysinger, B.D./Mobley, W.H. (1983): Employee Turnover: Individual and Organizational Analysis. Rowland, K.W./Ferris, G.R. (Hrsg*.): Research in Personnel and Human Resource Management.* Greenwich, S. 269-319.

Bea, F.X./Haas, J. (1995): *Strategisches Management.* Stuttgart.

Beaumont, P.B. (1993): *Human Resource Management: Key Concepts and* Skills. London.

Becker, A. (1994): *Strategie und Rationalität. Ein strukturationstheoretisches Konzept der Rationalität strategischer Planung.* Berlin, FU-Dissertation.

Becker, F. (1994): Finanzmarketing von Unternehmungen: Konzeptionell Überlegungen jenseits von Investor Relations. *DBW.* 54, S. 295-313.

Becker, G.S. (1964): *Human Capital.* Chicago.

Becker, G.S. (1983, 2.Auflage): *Human Capital.* Chicago.

Becker, G.S. (1993, 3.Auflage): *Human Capital.* Chicago.

Beer, M. et al. (1985): *Human Resource Management.* New York.

Beer, M./Eisenstat, R.A./Spector, B. (1989): *The Critical Path to Corporate Renewal.* New York.

Beer, S. (1972): *Brain of the Firm.* London.

Beer, S. (1979): *The Heart of Enterprise.* London.

Begin, J.P. (1992): Comparative Human Resource Management: A Systems Perspective. *The International Journal of Human Resource Management. 3(3),* S. 379-408.

Bellinger, B./Vahl, G. (1992): *Unternehmensbewertung in Theorie und Praxis.* Wiesbaden.

Ben-Zion, U. (1984): The R&D Investment Decision and its Relationship to the Firm's Market Value: Some Preliminary Results. In: Z. Griliches (Hrsg.): *R&D, Patents and Productivity,* Chicago.

Berens, W./Mertens, M./Strauch, J.(1999): Unternehmensakquisition. Berens, W./Brauer, H.U. (Hrsg.): *Due Diligence bei Unternehmensakquisitionen*. Stuttgart, S. 21–68.

Berens, W./Strauch, J. (1999): Herkunft und Inhalt des Begriffes Due Diligence. Berens, W./Brauner, H.U. (Hrsg.): *Due Diligence bei Unternehmensakquisitionen*. Stuttgart, S. 3-20.

Berger, P.L./Luckmann, T. (1994): *Die soziale Konstruktion der Wirklichkeit: Eine Theorie der Wissenssoziologie*. Frankfurt.

Bernstein, J. (1989): The Structure of Canadian Interindustry R&D Spillovers, Rates of Return to R&D. *Journal of Industrial Economics. 37(3)*, May 1989, S. 315-328.

Bernstein, J. (1994): International R&D Spillovers Between Industries in Canada and the United States. *Industry Canada Working Paper No 3*. Ottawa.

Berry, D./Broadbent, D.E. (1984): On the Relationship Between Task Performance and Associated Verbalizable Knowledge. *The Quarterly Journal of Experimental Psychology. 36A*, S. 209-231.

Binder, P./Lanz, R. (1993): Due Diligence: Voraussetzungen für eine erfolgreiche Firmenakquisition. *Praxis 3, ATAG Ernst & Young, S. 4-21*.

Bischoff, J. (1994): *Das Shareholder Value Konzept: Darstellung, Probleme, Handhabungsmöglichkeiten*. Wiesbaden.

Blackler, F. (1995): Knowledge, Knowledge Work and Organizations. An Overview and Interpretation. *Organization Studies*. S. 1021–1047.

Blake, R.R./Mouton, J.S. (1969): *Building a Dynamic Corporation Through Grid Organisation Development*. Reading.

Blake, R.R./Mouton, J.S. (1985): *The Managerial Grid III*. Houston.

Blaug, M. (1985): Where Are We Now in the Economics of Education? *Economics of Education Review., 4(1)*.

Bleicher, K. (1991): *Das Konzept Integriertes Management*. Frankfurt.

Bleicher, K. (1992, 2.Auflage): *Das Konzept Integriertes Management*. Frankfurt.

Bleicher, K. (1994): *Normatives Management: Politik, Verfassung und Philosophie des Unternehmens*. Frankfurt.

Bleicher, K. (1995): *Unternehmerisches Personalmanagement*. Vortrag am Institut für Führung und Personalmanagement, Zürich, den 31. März 1995.

BMBF (1998): *Delphi 1998: Studie zur globalen Entwicklung von Wissenschaft und Technik. Methoden und Datenband*. Karlsruhe.

BMFT (1998): *Zur technologischen Leistungsfähigkeit Deutschlands*. Zusammenfassender Endbericht an das Bundesministerium für Bildung, Wissenschaft, Forschung und Technologie. Niedersächsisches Institut für Wirtschaftsförderung. Hannover.

Boemle, M. (1991): *Unternehmensfinanzierung.* Zürich.

Bohn, R.E. (1994): Measuring and Managing Technological Knowledge. *Sloan Management Review. 36(1),* S. 61-73.

Bohn, R.E. (1998): Measuring and Managing Technological Knowledge. Neef, D./Siesfeld, A./Cefola, J. (Hrsg.): *The Economic Impact of Knowledge.* Boston, S. 295-314.

Bohn, R.E./Jaikumar, R. (1986): The Development of Intelligent Systems for Industrial Use: An Empirical Investigation. Rosenblum, R.S. (Hrsg.): *Research on technological Innovation, Management and Policy.* London, S. 213-262.

Bohn, R.E./Jaikumar, R. (1992): *The Structure of Technological Knowledge in Manufacturing. Working Paper 93-035.* Boston.

Boisot, M.H. (1995): *Information Space: A Framework for Learning in Organizations, Institutions and Culture.* London.

Boisot, M.H. (1998): *Knowledge Assets.* New York.

Bontis, N. (1996): There is a Price on Your Head. Managing Intellectual Capital Strategically. *Business Quarterly. 60(4),* S. 40-47.

Bontis, N. (1999): Managing Organizational Knowledge by Diagnosing Intellectual Capital: Framing and Advancing the State of the Field. *International Journal of Technology Management.* (im Druck).

Borg, I. (1992): *Grundlagen und Ergebnisse der Facettentheorie.* Bern.

Borg, I. (2000): *Führungsinstrument Mitarbeiterbefragung.* Göttingen.

Born, K. (1995): *Unternehmensanalyse und Unternehmensbewertung.* Stuttgart.

Bornemann, M. (1998): *Empirical Analysis of Intellectual Potential in Austria According to the VAIP Method.* Hamilton.

Bornemann, M./Knapp, A./Schneider, U./Sixl, K. (1999*): Holistic Measurement of Intellectual Capital.* Working paper for „Measuring and Reporting Intellectual Capital: Experience, Issues and Prospects. An International Symposium". Amsterdam.

Bortz, J. (1984): *Lehrbuch der empirischen Forschung für Sozialwissenschaftler.* Berlin.

Bortz, J. (1985): *Lehrbuch der Statistik für Sozialwissenschaftler.* Berlin.

Bortz, J./Döring, N. (1995): *Forschungsmethoden und Evaluation.* Berlin.

Boudreau, J.W. (1991): Utility Analysis for Decisions in Human Resource Management. Dunnette, M.D./Hough, L.M. (Hrsg.): *Handbook of Industrial and Organizational Psychology, Vol. 3.* Palo Alto, S. 621-745.

Bouffier, W. (1956): Grundprinzipien der Bewertung. *HWB 1,* S. 1068 – 1072.

Boulding, K. E. (1956): *The Image: Knowledge in Life and Society.* Michigan.

Boulding, K.E. (1969, 7.Auflage): *The Image: Knowledge in Life and Society.* Michigan.

Bourdieu, P. (1974): *Zur Soziologie der symbolischen Formen.* Frankfurt.

Bourdieu, P. (1979): *Entwurf einer Theorie der Praxis.* Frankfurt.

Bourdieu, P. (1982): *Die feinen Unterschiede. Zur Kritik der gesellschaftlichen Urteilskraft.* Frankfurt.

Bourdieu, P. (1986): The Forms of Capital. Richardson, J. (Hrsg.): *Handbook of Theory and Research for the Sociology of Education.* New York, S. 241-258.

Bourdieu, P. (1987): *Sozialer Sinn: Kritik der theoretischen Vernunft.* Frankfurt.

Bourdieu, P. (Hrsg.) (1992): *Die verborgenen Mechanismen der Macht.* Hamburg.

Bower, G.H./Black, J.B./Turner, T.J. (1979): Scripts in Memory for Text. *Cognitive Psychology, 11,* S. 177-220.

Braczyk, H.-J. (1996): *Technische und soziale Innovationen – ein wichtiger Zusammenhang. Jahrbuch 1994/95.* Akademie für Technikfolgenabschätzung. Stuttgart, S. 66-85.

Bradloy, K. (1996): *Intellectual Capital and the New Wealth of Nations.* Lecture given at the Royal Society of Arts, October 21st, London.

Brandstetter, H. (1993): *Wertschöpfung und Wertverzehr als Maßstab zur Produktionsbewertung.* Dissertation Hallstadt.

Brealey, R. A./Myers, S.C. (1996): *Principles of Corporate Finance.* New York.

Brede, H. (1996): Prozeßorientiertes Controlling wandelbarer Organisationsstrukturen. Ansätze zu einem neuen Controllingverständnis. *Zeitschrift für Führung und Organisation. Mai/Juni,* S.154-158.

Breid, V. (1994): *Erfolgspotentialrechnung: Konzeptionen im System einer finanzierungstheoretisch fundierten strategischen Erfolgsrechnung.* Stuttgart.

Brennan, B. A. (1992): Mind Over Matter. *CA Magazine. Vol. 12, 5(6),* S. 20-25.

Brennan, M. J. (1996): Executive Compensation in the U.K. *Journal of Applied Corporate Finance. Vol. 9, Nr. 1, Spring,* S. 88-92.

Bretzke, W.R. (1980): *Der Problembezug von Entscheidungsmodellen.* Tübingen.

Bretzke, W.R. (1992): Risiken in der Unternehmensbewertung. von Colbe, W.B./Coenenberg, A.G. (Hrsg.): *Unternehmensakquisition und Unternehmensbewertung.* Stuttgart, S. 137-149.

Brinkmann, H. (1991): *Personalcontrolling als Wertschöpfung.* Bergisch Gladbach.

Broadbent, D.E./Fitzgerald, P./Broadbent, M.H.P. (1986): Implicit and Explicit Knowledge in the Control of Complex Systems. *British Journal of Psychology. 77,* S. 33-50.

Bronner, R./Schröder, W. (1983): *Weiterbildungserfolg: Modelle und Beispiele systematischer Erfolgssteuerung.* Wien.

Brooking, A. (1997a): The Management of Intellectual Capital. *Long Range Planning. 30(3),* S. 364-365.

Brooking, A. (1997b): *Intellectual Capital: Core Asset for the Third Millenium Enterprise.* London.

Brooking, A./Motta, E. (1996): *A Taxonomy of Intellectual Capital and a Methodology for Auditing It.* 17th Annual National Business Conference, McMaster University, Hamilton, Canada, January 24-26 1996.

Brown, J.S./Duguid, P. (1991): Organizational Learning and Communities of Practice. *Organization Science. 2(1),* S. 40-57.

Bruns, C. (1994): *‚Bubbles' und ‚Excess Volatility' auf dem deutschen Aktienmarkt.* Wiesbaden.

Bruns, H.G. (1993): Meinungen zum Thema: Investor Relations. *BfuP. 45,* S. 184-206.

Bughin, J./Copeland T. E. (1997): The Virtuous Cycle of Shareholder Value Creation. *The McKinsey Quarterly. Nr. 2,* S. 156-167.

Bühner, R. (1989): *Economies of Speed – Beschleunigung der Abläufe im Unternehmen zur Erhöhung der Wettbewerbsfähigkeit.* Passau.

Bühner, R. (1990): *Das Management-Wert-Konzept: Strategie zur Schaffung von mehr Wert im Unternehmen.* Stuttgart.

Bühner, R. (1994): *Personalmanagement.* Landsberg/Lech.

Bukowitz, W./Williams, R. (2000): *The Knowledge Management Fieldbook.* Prentice-Hall.

Bullinger, H.J./Wörner, K./Prieto, J. (1997): *Wissensmanagement heute: Daten, Fakten, Trends.* Forschungsbericht des Fraunhofer-Institut für Arbeitswirtschaft und Organisation. Stuttgart, 1997.

Bungard, W./Jöns, I. (1997): *Mitarbeiterbefragung.* Weinheim.

Bunge, M. (1967): *Scientific Research I+II. Vol. 3.* Berlin.

Bunge, M. (1983): *Treatise on Basic Philosophy.* Boston.

Bunge, M. (1985): *Treatise on Basic Philosophy.* Boston.

Burns, T./Stalker, G.M. (1961): *Management of Innovation.* London.

Burrell, G./Morgan, G. (1979): *Sociological Paradigms and Organisational Analysis.* London.

Burt, R.S. (1992): *Structural Holes: The Social Structure of Competition.* Cambridge.

Büschges, G./Lütke-Bornefeld, P. (1977): *Praktische Organisationsforschung.* Reinbek.

Carleton, J.R. (1997): Cultural Due Diligence. *Training. 11*, S. 67-75.

Carter, A. (1989): Know-How Trading as Economic Exchange. *Research Policy. 18(3)*, S. 155-163.

Carter, A. (1998): Measuring the Performance of a Knowledge-Based Economy. Neef, D./Siesfeld, G.A./Cefola, J. (Hrsg.): *The Economic Impact of Knowledge.* Boston, S. 203–212.

Carter, A.P. (1994): *Measuring the Performance of a Knowledge Based Economy.* OECD, Paris.

Castanias, R./Helfat, C. (1991): Managerial Resources and Rents. *Journal of Management, 17,* S. 155-171.

CCH Incorporated (1995): *Human Resource Management. Ideas and Trends in Personnel,* Issue 359.

Champy, J. (1996): *Business Reengineering. Die Radikalkur für das Unternehmen. So erneuern Sie Ihre Firma.* Wiesbaden.

Chatman, J.A. (1991): Matching People and Organizations: Selection and Socialization in Public Accounting Firms. *Administrative Science Quarterly. 36,* S. 459-484.

Chauvin, K. W./Hirschey, M. (1993): Advertising, R&D Expenditures and the Market Value of the Firm. *Financial Management, 4,* S. 128-140.

Chmielewicz, K. (1968): *Grundlagen der industriellen Produktgestaltung.* Berlin.

Chmielewicz, K. (1983): Wertschöpfung. *DBW. 1,* S. 152-154.

Chufh, L.C./Meador, J.W. (1984): Break the Barrier Between You and Your Analyst. *Financial Executive. 52(9),* S. 16-21.

Churchill, G.A.Jr. (1979): A Paradigm for Developing Better Measures of Marketing Constructs. *Journal of Marketing Research. 16,* S. 64-73.

Clar, G./Mohr, H. (Hrsg.) (1997): *Humankapital und Wissen. Grundlagen einer nachhaltigen Entwicklung.* Berlin.

Clare, M./Detore, A.W. (2000*): Knowledge Assets. Professional's Guide to valuation and Financial Management.* San Diego.

Clark, K.B./Fujimoto, T. (1992): *Product Development Performance.* Boston.

Coase, R. (1937): The Nature of the firm. *Economica. Nr. 4,* S. 386-405.

Coase, R. (1988): *The Firm, the Market and the Law.* Chicago.

Coase, R. (1994): *Essays on Economics and Economists.* Chicago.

Coenenberg, A. (1992): *Kostenrechnung und Kostenanalyse.* Landsberg/Lech.

Coenenberg, A.G./Sautter, M.T. (1988): Strategische und finanzielle Bewertung von Unternehmensakquisitionen. *DBW. 6,* S. 691–710.

Cohen, B./Murphy, G.L. (1984): Models of Concepts. *Cognitive Science, 8,* S. 27-58.

Cohen, W./Levinthal, D. (1990): Absorptive Capacity: A New Perspective on Learning and Innovation. *Administrative Science Quarterly. 35,* S. 128-152.

Coleman, J.S. (1988): Social Capital in the Creation of Human Capital. *American Journal of Sociology. 94,* S. 95-120.

Coleman, J.S. (1990): *Foundations of Social Theory.* Cambridge.

Coleman, J.S. (1991): *Grundlagen der Sozialtheorie. Handlung und Handlungssysteme. Bd. 1,* München.

Coleman, J.S. (1993): Properties of Rational Organizations. Lindenberg, S.M./Schreuder, H. (Hrsg.): *Interdisciplinary Perspectives on Organization Studies.* Oxford, S. 79-90.

Collins, D. (1991): A Resource-Based Analysis of global Competition: The Case of the Bearings Industry. *Strategic Management Journal. Vol. 12,* Special Issue (Summer), S. 49–68.

Collins, H.M. (1993): The Structure of Knowledge. *Social Research. 60(1),* S. 95-116.

Comelli, G. (1985): *Training als Beitrag zur Organisationsentwicklung.* München.

Conner, K.R./Prahalad, C.K. (1996): A Resource-Based Theory of the Firm: Knowledge vs. Opportunism. *Organization Science. 7(5),* S. 477-501.

Connolly, R. A./Hirschey, M. (1990): Firm Size and R&D Effectiveness: A Value-Based Test. *Economic Letters, March,* S. 277-281.

Conrad, P./Keller, M. (1997): *Human Resources Management - Bibliographie deutsch- und englischsprachiger Arbeiten (1990 – 1996).* Discussion Papers des Instituts für Personalmanagement der Universität der Bundeswehr Hamburg. Hamburg.

Conti, T. (1993): *Building Total Quality.* London.

Cook, S.D.N./Yanow, D. (1993): Culture and Organizational Learning. *The Journal of Management Inquiry. Vol 2, No.3.*

Cook, T.D./Campbell, D.T (1978): *Quasi Experimentation: Design & Analysis Issues for Field Settings.* Chicago.

Coombs, C.H./Dawes, R.M./Tversky, A. (1975): *Mathematische Psychologie.* Weinheim.

Cootner, P.H. (1964): *The Random Character of Stock Market Prices.* Cambridge.

Copeland, T./Koller, T./Murrin, J. (1990): *Valuation – Measuring and Managing the Value of Companies.* New York.

Copeland, T./Weston, W.J.F. (1992): *Financial Theory and Corporate Policy.* Reading.

Cortada, J./Woods J.A. (Hrsg.) (1999): *Knowledge management yearbook 1999-2000.* Boston.

Cowherd, D./Kaminski, M. (1986): *The Relationship between Organization, Strategy, and Performance: Some Early Research Results from OASIS.* Paper presented at the Academy of Management, Chicago.

Cronbach, L.J. (1990): *Essentials of Psychological Testing.* Harper Collins College.

Cronbach, L.J./Gleser, G. (1965): *Psychological Tests and Personnel Decisions.* Urbana.

Crossan, M./Bontis, N. (1998): *The Strategic Management of Organization Learning.* Academy of Management, San Diego.

Crossan, M./Hulland, J. (1997): *Measuring Organizational Learning.* Academy of Management 1997, Boston.

Crossan, M./Lane, H.W./White, R.E. (1999): An Organizational Learning Framework: From intuition to institution. *Academy of Management Review.* (im Druck).

Cutcher-Gershensfeld, J. (1991): The Impact on Economic Performance of a Transformation in Labor Relations. *Industrial and Labor Relations Review.* 44, S. 241-260.

Cyert, R. M./March, J. G. (1963): *A Behavioral Theory of the Firm.* Cambridge.

Daft, R. L./Weick, K.E. (1984): Toward a Model of Organizations as Interpretation Systems. *Academy of Management Review.* 9(2), S. 284-295.

Daniel, D.R (1963): Management Information Crisis. Richards, M.D./Nielander, W.A. (Hrsg.): *Readings in Management.* Ohio, S. 157-174.

Davenport, T./Eccles, R./Prusak, L. (1992): Information Politics. *Sloan Management Review. Fall,* S. 53-65.

Davenport, T./Prusak, L. (1998): *Working Knowledge. How Organizations Manage What They Know.* Havard.

Davis, E./Flanders, S./Star, J. (1991): Who Are the Worlds Most Successful Companies? *Business Strategy Review. Summer,* S. 1-33.

Davis, E./Kay, J. (1990): Assessing Corporate Performance. *Business Strategy Review. Summer,* S. 1-16.

Davis, S./Davidson, B. (1992): *2020 Vision.* Fireside.

Day, G.S./Fahey, L. (1990): Putting Value into Shareholder Analysis. *Harvard Business Review. March-April,* S. 156-162.

Day, G.S./Montgomery, D.B. (1983): Diagnosing the Experience Curve. *Journal of Marketing. 47/2,* S. 44-58.

De Long, J.B./Summers, L.H. (1991): Equipment Investment and Economic Growth: Reply. *Quarterly Journal of Economics. 106(2), May,* S. 445-502.

Dean, J./Snell, S. (1991): Integrated Manufacturing and Job Design: The Moderating Effect of Organizational Inertia. *Academy of Management Journal. 33*, S. 776-804.

Debreu, G. (1954): Existence of an Equilibrium for a Competitive Economy. *Econometrica. 22*, S. 265-290.

Deetz, S. (1996): Describing Differences in Approaches to Organization Sciences: Rethinking Burrell and Morgan and their Legacy. *Organization Science 7(2)*, S. 191-207.

Delaney, J.T. (1996): Unions, Human Resource Innovations, and Organizational Outcomes. *Advances in Industrial and Labor Relations.*

Delaney, J.T./Lewin, D./Ichniowski, C. (1988): *Human Resource Management Policies and Practices in American Firms.* New York.

Delaney, J.T./Lewin, D./Ichniowski, C. (1989): *HR Policies and Practices in American Firms.* U.S. Department of Labour, Bureau of Labour-Management-Relations and Cooperative Programs, BLMR 173. Washington, DC.

Delphi Group 1998: Then Delphi Group KM User Survey. http://www.knowledgebusiness.com/delphiuser.htm

Deming W.E. (1986): *Out of Crisis.* Cambridge.

Demsetz, H. (1967): Towards a Theory of Property Rights. *American Economic Review, 57,* S. 347-359.

Demsetz, H. (1973): Industry Structure. Market Rivalry and Public Policy. *Journal of Law and Economics. Vol. 16,* S. 1-10.

Demsetz, H. (1991): The Theory of the Firm Revisited. Williamson, O.E./Winter, S.G. (Hrsg.): *The Nature of the Firm.* New York, S.159–178.

Dercksen, W.J. (1996): *The White Paper Thematic Conference on Objective 5,* KPMG Netherlands, September 26-27.

Devanna, M. A./Fombrun, C. J./Tichy, N. M. (1981): Human Resource Management: A Strategic Perspective. *Organizational Dynamics.* Winter, S. 51-64.

Diekhoff, G.M./Brown, P.J./ Dansereau, D.F. (1981): A Prose Learning Strategy Training Program Based on Network and Depth-of-Processing Models. *Journal of Experimental Education, 50,* S. 180-184.

Dielmann, K. (1997): Unternehmenskauf und Human Resources: Due Diligence Prüfung. *Personal. 9,* S. 470-473.

Dierkes, M. (1974): *Die Sozialbilanz. Ein gesellschaftsbezogenes Informations- und Rechensystem.* Frankfurt.

Dierkes, M. (1980): Sozialbilanz. Einige Gedanken zur konzeptionellen und politischen Entwicklung der letzten Jahre. Trebisch, K. (Hrsg.): *Organisationsentwicklung in Europa. Bd. 1,* Stuttgart, S. 105–126.

Dierkes, M. (1988): Unternehmenskultur und Unternehmensführung – Konzeptionelle Ansätze und gesicherte Erkenntnisse. *Zeitschrift für Betriebswirtschaft. Nr. 58/5*, S. 554-575.

Dierkes, M. (1992): Leitbild, Lernen und Unternehmensentwicklung. Wie können Unternehmen sich vorausschauend veränderten Umfeldbedingungen stellen? Krebsbach-Gnath, C. (Hrsg.): *Den Wandel in Unternehmen steuern.* Frankfurt, S. 19-36.

Dierkes, M./Bauer, R.A. (Hrsg.) (1973): *Corporate Social Accounting.* New York.

Dierkes, M./Coppock, R. (1975): Human Resources Accounting. A Tool for Measuring and Monitoring Manpower Utilization in a Business Environment. Singleton, W.T./Spurgeon, E. (Hrsg.): *Measurement of Human Resources.* London, S. 307–322.

Dierkes, M./Freund, K.P. (1975): Personalaufwandsplanung als Bestandteil der Personalplanung – US-amerikanische Erfahrungen, Ansätze und Methoden. Schmidt, H./Hagenbruck, H./Sämann, W. (Hrsg.): *Handbuch der Personalplanung.* Frankfurt, S. 315–335.

Dierkes, M./Hoff, A. (1982): Das Humanvermögen in der Sozialbilanz des Unternehmens. Schmidt, H. (Hrsg.): *Humanvermögensrechnung. Instrumentarium zur Ergänzung der unternehmerischen Rechnungslegung – Konzepte und Erfahrungen.* Berlin, S. 677–720.

Dierkes, H./Child, J./Nonaka, I./Antal, A. (Hg.)(2001): *Handbook of Organizational Learning and Knowledge.* Oxford (im Druck).

Dixon, N. (1994): *The Organizational Learning Cycle - How We Can Learn Collectively.* London.

Donaldson, L. (1985): *In Defense of Organization Theory. A Reply to the Critics.* Cambridge.

Donaldson, L. (1988): In Successful Defense of Organization Theory. A Routing of the Critics. *Organization studies. 9,* S. 28 – 32.

Donaldson, T./Preston, L. (1995): The Stakeholder Theory of the Corporation: Concepts, Evidence, and Implications. *Academy of Management Review. 20(1),* S. 65-91.

Doré, J./Clar, G. (1996): Bedeutung von Humankapital. Clar, G./Doré, J. (Hrsg.): *Humankapital und Wissen.* Berlin, S. 159-174.

Dörner, D. (1976): *Problemlösen als Informationsverarbeitung.* Stuttgart.

Dörner, D./Kreuzig, H.W./Reither, F./Stäudel, T. (Hrsg.) (1983): *Lohhausen: Vom Umgang mit Unbestimmtheit und Komplexität.* Bern.

Dörner, D. (1989): *Die Logik des Mißlingens. Strategisches Denken in Komplexen Situationen.* Reinbek.

Dosi, G. (1988): Sources, Procedures, and Microeconomic Effects of Innovation. *Journal of Economic Literature. 26. September*, S. 1120-1171.

Døving, E. (1996): In the Image of Man: Organizational Action, Competence and Learning. Grant, D./Oswick, C. (Hrsg.): *Metaphors and Organizations*. London.

Dresbach, S. (1996): *Modeling by Construction. Entwurf einer Allgemeinen Modellierungsmethodologie für betriebswirtschaftliche Entscheidungen.* Aachen.

Drill, M. (1994): Transparenz auf dem Prüfstand – die Vorteile überwiegen. *Investor Relations. August*, S. 14-15.

Drill, M. (1995): *Investor Relations.* Bern.

Drucker, P. (1993): *Post-Capitalist Society.* Oxford.

Drucker, P. (1998): From Capitalism to Knowledge Society. Neef, D. (Hrsg.): *The Knowledge Economy.* Woburn, S. 15-34.

Dürr, M. (1994): *Investor Relations: Handbuch für Finanzmarketing und Unternehmenskommunikation.* München.

Dutton, J.M./Thomas, A. (1984): Treating progress functions as a managerial opportunity. *Academy of Management Review 9/2*, S. 235-247.

Dyer, L. (1984): Studying Human Resource Strategy: An Approach and an Agenda. *Industrial Relations, 23*, S. 159-169.

Dyer, L. (1985): Strategic Human Resource Management and Planning. Rowland, K./Ferris, G.R. (Hrsg.): *Research in Personnel and Human Resource Management.* Oxford.

Dyllik, T. (1984): Das Anspruchsgruppenkonzept: Eine Methode zum Erfassen der Umweltbeziehungen der Unternehmung. *io Management. 2*, S. 74-78.

Eccles, R. (1991): The Performance Measurement Manifesto. *Harvard Business Review. January-February*, S. 131-137.

Eccles, R./Mavrinac, S. (1995): Improving the Corporate Disclosure Process, Sloan Management Review, Vol. 36, No. 4, 11-25.

Eden, C./Jones, S./Sims, A. (1983): *Messing about in problems. An informal structured approach to their identification and management.* Oxford.

Edvinsson, L. (1997): Developing Intellectual Capital at Skandia. *Long Range Planning. 30(3)*, S. 366-373.

Edvinsson, L./Malone, M.S. (1997): *Intellectual Capital.* New York.

Edwards, S. (1997): Brain Game. *Camagazine. 04*, S. 21-25.

Eiley, B. (1996): Bean Counting for Brains. *Canadian Business. 69(7)*, S. 71-72.

Elias, N. (1972). The Effects of Human Assets Statements on the Investment Decisions: An Experiment. *Empirical Research in Accounting: Selected Studies.* S. 215-233.

Eliasson, G./Ryan, P. (1987): The Human Factor in Economic and Technological Change. Eliasson, G./Ryan, P. (Hrsg.): *OECD Educational Monographs.* No. 3, Paris.

Elschen, R. (1991): Shareholder Value und Agency-Theorie: Anreiz- und Kontrollsysteme für Zielsetzungen der Anteilseigner. *BfuP. 43,* S. 209-220.

Emery, F.E. (1969): *Systems Thinking.* Penguin.

Emery, F.E./Trist, E.L. (1965): The Causal Texture of Organizational Environments. *Human Relations. Vol. 18, No. 1, Feb.,* S. 21-32.

Engel, S./Grothe, M. (1999): Einführung der Balanced Scorecard bei O.tel.O – Strategie-Verankerung. *is-report. 4,* S. 12-17.

Engels, W. (1962): *Betriebswirtschaftliche Bewertungslehre im Licht der Entscheidungstheorie.* Köln.

Epple, D./Argote, L./Devadas, R. (1991): Organizational Learning Curves: a Method for Investigating Intra-plant Transfer of Knowledge Acquired Through Learning by Doing. *Organizational Science. 2/1,* S. 58-70.

Ernst/Young (1997): *Enterprise Value in the Knowledge Economy – Measuring Performance in the Age of Intangibles.* Cambridge.

Esenwein-Rothe, I. (1968): *Allgemeine Wirtschaftsstatistik: Kategorienlehre.* Wiesbaden.

European European Knowledge Management Survey (1997): European KM Survey, http://www.knowledgebusiness.com/european.htm

Fama, E.F. (1970): Efficient Capital Markets: A Review of Theory and Empirical Work. *Journal of Finance, 25,* S. 383-417.

Fama, E.F./Fischer, L./Jensen, M.C./Roll, R. (1969): The Adjustment of Stock Prices to New Informations. *International Economic Review. Febr.,* S. 1–21.

Feuer, M.J./Glick, H.A./Desai, A. (1991): Firm Financed Education and Specific Human Capital. Stern, D./Ritzen, J.M. (Hrsg.): *Market Failure in Training? New Economic Analysis and Evidence on Training of Adult Employees.* S. 41-60.

Feyerabend, P. (1975): *Against Method.* Thetford.

Feyerabend, P. (1980): *Erkenntnis für freie Menschen.* Frankfurt.

Fickert, R. (1985): Ökonomischer Wert und Unternehmensrechnung. *Die Unternehmung. 2,* S. 132-161.

Fink, C.A./Grundler, C. (1998): Strategieimplementierung im turbulenten Umfeld: Steuerung der Firma Fischerwerke mit der Balanced Scorecard. *Controlling, 4,* S. 226-235.

Fiol, C.M./Lyles, M.A. (1985): Organizational Learning. *Academy of Management Review. 10 (4)*, S. 803-813.

Firth, M.A. (1976): The Impact of Earnings Announcements on the Share Price Behaviour of Similar Type Firms. *The Economic Journal. Juni*, S. 296 – 306.

Fischer, H. (1999): Zur Erfassbarkeit von Personalinvestitionen im internen Rechnungswesen. *ZfP. 1*, S. 29–81.

Fischer, J. (1989): *Qualitative Ziele in der Unternehmensplannung, Konzepte zur Verbesserung betriebswirtschaftlicher Problemlösungstechniken.* Berlin.

Fischer, J. (1996): Prozeßorientiertes Controlling: Ein notwendiger Paradigmawechsel. *Controlling. 4*, S. 193-197.

Fischer, K. (1989): Die kognitive Konstitution sozialer Strukturen. *ZfS. 18/1*, S. 16-34.

Fitz-enz, J. (1984): *How to Measure Human Resources Management.* New York.

Fitz-enz, J. (1990): *Human Value Management: The Value-Adding Human Resource Strategy for the 1990s.* San Francisco.

Flamholtz, E. (1974): *Human Resource Accounting.* Dickenson.

Flamholtz, E. (1979): Towards a Psycho-Technical Systems Paradigm of Organizational Measurement. *Decision Sciences. January*, S. 71-84.

Flamholtz, E. (1980): The Process of Measurement in Managerial Accounting: A Psycho-technical Systems Perspective. *Accounting, Organizations and Society. 5*, S. 31-42.

Flamholtz, E. (1982): *Human Resource Productivity in the 1980s.* Los Angeles.

Flamholtz, E. (1985): *Human Resource Accounting.* San Francisco.

Flamholtz, E. (1987): Valuation of Human Assets in a Securities Brokerage Firm. An Empirical Study. *Accounting Organizations and Society. 12*, S. 309-318.

Flanagan, J. (1992): GM Saga a Lesson for America. *Los Angeles Times. 27 October*, S. A1.

Flechtner, H.J. (1970): *Grundbegriffe der Kybernetik.* München.

Folbert, O.G./Hackl, C. 1986 (Hrsg.): *Der Informationsbegriff in Wissenschaft und Technik.* München.

Fombrun, C./Tichy, N. M./Devanna, M. A. (1984): *Strategic Human Resource Management.* New York.

Fornell, C./Larcker, D. (1981): Evaluating Structural Equation Models with Unobservable Variable and Measurement Error. *Journal of Marketing Research. 18*, S. 39-50.

Forrester, J.W. (1969): *Industrial Dynamics.* Cambridge.

Forrester, J.W. (1980): System Dynamics - Future Opportunities. Legasto, A.A./Forrester, J.W./Leyneis, J.M. (Hrsg.): *System Dynamics.* Amsterdam, S. 7-21.

Forrester, J.W. (1987): Lessons from System Dynamics Modeling. *System Dynamics Review. 3(2),* S. 136-149.

Forslin, J./Thulestedt, B-M. (1993): *Lärande Organisation.* Att utveckla kompetens tillsammans. Stockholm.

Fox, B.A. (1991): Let the Buyer Beware. *Small Business Reports. 09,* S. 12 – 16.

Frank, Gert-M. (1993): Probleme und Erfolgsfaktoren bei der Übernahme von Unternehmen. Frank, G.-M./Stein, I. (Hrsg.): *Management von Unternehmensakquisitionen.* Stuttgart.

Freeman, R. (1984): *Strategic Management – A Stakeholder Approach.* London.

French, W.L./Bell, C.H. (1973): *Organization Development – Behavioural Science Interventions for Organization.* Engelwood.

Friedag, H.R./Schmidt, W. (1999): Controllers Part bei der Einführung der Balanced Scorecard – Controlling als (weg-) rationalisierbarer Kostenfaktor? *is-report. 4,* S. 25-26.

Friedrichs, J. (1973): *Methoden empirischer Sozialforschung.* Opladen.

Frost, P.J./Moore, L.F./Louis, M.R./Lundberg, C.C./Martin, J. (Hrsg.) (1991): *Reframing Organizational Culture.* Sage.

Fruhan, W. (1979): *Financial Strategy: Studies in the Creation, Transfer and Destruction of Shareholder Value.* Homewood.

Fucks, W. (1956): Die mathematischen Gesetze der Bildung von Sprachelementen aus ihren Bestandteilen. Nachrichtentechnische Fachberichte. *NTF. Band 3, Informationstheorie,* S. 7–21.

Fujimura, J. (1988): The Molecular Biological Bandwagon in Cancer Research: Where Social Worlds Meet. *Social Problems. Bd. 35, Nr. 3,* S. 261–283.

Funke, J. (1992): *Wissen über dynamische Systeme: Erwerb, Repräsentation und Anwendung.* Heidelberg.

Funke, J./Fahnenbruck, G./Müller, H. (1986): *DYNAMIS: Ein Computerprogramm zur Simulation dynamischer Systeme.* Bericht Nr. 12(3), Institut für Psychologie, Bonn.

Gabler Wirtschaftslexikon (1994). Wiesbaden, S. 2843 – 2846.

Ganzert, S./Kramer, L. (1995): Due Diligence Review – eine Inhaltsbestimmung. *Die Wirtschaftsprüfung. 17,* S. 576-581.

Garratt, B. (1990): *Creating a Learning Organization.* Cambridge.

Garvin, D.A. (1993): Building a Learning Organization. *Harvard Business Review. July-August*, S. 78-91.

Gedenk, K./Albers, S. (1994): Empirische Ergebnisse zur strategieorientierten Steuerung von Geschäftsführern. *Die Betriebswirtschaft. 54*, S. 327-345.

Gehrke, N. (1994): *Tobins q: Die Beziehung zwischen Buch- und Marktwerten deutscher Aktiengesellschaften.* Wiesbaden.

Gemünden, H.G. (1995): Zielbildung. Corsten, H./Reiß, M. (Hrsg.): *Handbuch Unternehmungsführung; Konzepte, Instrumente, Schnittstellen.* Wiesbaden, S. 251-266.

Gentsch, P. (1999): *Wissen managen mit innovativer Informationstechnologie. Strategien – Werkzeuge – Praxisbeispiele.* Wiesbaden.

Gerhart, B./Milkovitch, G.T. (1992): Employee Compensation: Research and Practice. Dunnette, M.D./Hough, L.M. (Hrsg.): *Handbook of Industrial and Organizational Psychology, Vol. 3.* Palo Alto, S. 481-569.

Geschka, H./Hammer, R. (1986): Die Szenario-Technik in der strategischen Unternehmensplanung. Hahn D./Taylor B. (Hrsg.): *Strategische Unternehmensplanung.* Heidelberg.

Gibbons M./ Limoges, C./ Nowotny, H./Schwartzman, S./Scott, P./Trow, M. (1994): *The New Production of Knowledge. The Dynamics of Science and Research in Contemporary Societies.* London.

Gioia, D.A./Pitre, E. (1990): Multiparadigm Perspectives on Theory Building. *Academy of Management Review. 15*, S. 584 – 602.

Gitt, W. (1981): Information und Entropie als Bindeglied diverser Wissenschaftszweige. *PTB-Mitt. 91*, S. 1–17.

Gitt, W. (1982): Ordnung und Information in Technik und Natur. Ders. (Hrsg.): *Am Anfang war die Information.* Stuttgart, S. 211ff.

Gitt, W. (1985): Ein neuer Ansatz zur Bewertung von Information – Beitrag zur semantischen Informations- theorie. Kreikebaum, H. et al. (Hrsg.): *Festschrift Ellinger.* Berlin, S. 210–250.

Gitt, W. (1989): Information – die dritte Grundgröße neben Materie und Energie. *Siemens-Zeitschrift. H. 4*, S. 2–8.

Gitt, W. (1989): *Künstliche Intelligenz – Möglichkeiten und Grenzen – PTB-Bericht TWD-34*, S. 43ff.

Gitt, W. (1994): *Am Anfang war die Information.* Stuttgart.

Glaser, B./Strauss, A. (1967): *The Discovery of Grounded Theory.* Mill Valley.

Glick, H. A./Feuer, M. J. (1984): Employer Sponsored Trainings and the Governance of Specific Human Capital Investments. *Quarterly Review of Economics and Business. 24*, S. 91-103.

Gnyawali, D./Stewart, A. (1998): *Proceedings of the Academy of Management Mid-Year Conference on Organizational Learning.* Washington D.C.

Gnyawali, D./Stewart, A./Grant, J. (1997): *Creation and Utilization of Organizational Knowledge: An Empirical Study of the Roles of Organizational Learning on Strategic Decision Making.* Conference Proceedings of the Academy of Management 1997, Boston.

Gomez, P. (1981) *Modelle und Methoden des systemorientierten Managements.* Bern/Stuttgart.

Gomez, P. (1989): Wertsteigerung durch Akquisition. *Die Unternehmung. 6*, S. 441-452.

Gomez, P. (1994): Strategisches Denken neu ausrichten. *Gablers Magazin. 8(2)*, S. 12-16.

Gomez, P. (1995): Shareholder Value. Gerke, W./Steiner, M. (Hrsg.): *Handwörterbuch des Bank- und Finanzwesens.* Stuttgart, S. 1720-1728.

Gomez, P. G./Probst, G. J. B. (1985): Organisationelle Geschlossenheit im Management sozialer Institutionen - ein komplementäres Konzept zu den Kontingenz-Ansätzen. *DELFIN. V,* S. 22-29.

Gomez, P./Weber, B. (1989): Akquisitionsstrategien zur Steigerung des Unternehmenswertes. Siegwart, H. (Hrsg.): *Meilensteine im Management. Band I: Mergers & Acquisitions.* Stuttgart, S. 181-203.

Goschke, T. (1996): Lernen und Gedächtnis: Mentale Prozesse und Gehirnstrukturen. G. Roth/Prinz, W. (Hrsg.): *Kopf-Arbeit.* Heidelberg.

Goss, D. (1994): *Principles of Human Resource Management.* London.

Gow, J.F. (1985): Human Resource Managers Must Remember the Bottom Line. *Personnel Journal.* April, S. 30-32.

Graesser, A.C. (1981): *Prose Comprehension Beyond the World.* Berlin.

Granovetter, M. S. (1992): Problems of Explanation in Economic Sociology. Nohria, N./Eccles, R. (Hrsg.): *Networks and Organizations: Structure.* Boston, S. 25-56.

Grant, R.M. (1991): *Contemporary Strategy Analysis: Concepts, Techniques, Applications.* Cambridge.

Grant, R.M. (1996): Knowledge, Strategy and the Theory of the Firm. *Strategic Management Journal. 17(12),* S. 109-122.

Grawe, K. (1998): *Psychologische Therapie.* Göttingen.

Gray, B./Bougon, M.G./Donnellon, A. (1985): Organizations as Constructions and Destructions of Meaning. *Journal of Management. Vol. 11, No.2,* S. 83-98.

Greeno, J. (1980): Some Examples of Cognitive Task Analysis with Instructional Implications. Snow, R.E./Federico, P.A./Montague, W.E. (Hrsg.): *Aptitude, Learning and Instruction*. Vol. II, Hillsdale, S. 1-21.

Greenspan, A. (1996): Interview with the 'Die Zeit'. *Die Zeit. September 17th 1997.*'

Greiner, L.E. (1972). Evolution and Revolution as Organizations Grow. *Harvard Business Review. 7/8*, S. 37-46.

Griliches, Z. (1981): Market Value, R&D, and Patents. *Economic Letters, 7(2)*, S. 183-187.

Griliches, Z. (1994): Productivity, R&D, and the Data Constraint. *American Economic Review. 84(1), March*, S. 1-23.

Griliches, Z. (1998): *R&D and Productivity: The Econometric Evidence*. Chicago.

Grossbard-Shechtman, A. (1988): Virtue, Work and Marriage. Maital, S. (Hrsg.): *Applied Behavioral Economics. Vol. 1*, Brighton, S. 199-211.

Grossman, G./Helpman, E. (1991): *Innovation and Growth in the Global Economy*. Cambridge.

Gruber, A. (1988): *Signale, Bubbles und rationale Anlagestrategien auf Kapitalmärkten*. Wiesbaden.

Grundstein, M. (1998): *Companies and Executives In Knowledge Management*. Internet: http://www.brint.com/km/cko.htm. International Survey on Knowledge Management Drivers 1997.

Grundy, T. (1994): *Strategic Learning in Action – How to Accelerate and Sustain Business Change*. London.

Grünig, U. (1989): *Die Kapitalflußrechnung als Bestandteil der finanziellen Planung und Kontrolle im internationalen Industriekonzern*. Diss. Universität Freiburg.

Grupp, H. (1991): *Innovation Dynamics in the OECD Countries: Towards a Correlated Network of R&D Intensity, Trade, Patent, and Technometric Indicators*. Technology and Productivity. OECD, S. 275-295.

Gul, F. A. (1984): An Empirical Study of the Usefulness of Human Resources Turnover in Australian Accounting Firms. *Accounting, Organizations, and Society. June*, S. 233-239.

Gutenberg, E. (1958): *Einführung in die Betriebswirtschaftslehre*. Wiesbaden.

Gutenberg, E. (1983): *Grundlagen der Betriebswirtschaft. Die Produktion*. Berlin.

Gutjahr, W. (1974): *Die Messung psychischer Eigenschaften*. Berlin.

Häberli, R./Scholz, R. W./Bill, A./Welti, M. (2000): *Transdisciplinarity: Joint Problem-Solving among Science, Technology and Society*. Zürich.

Haerri, H.J.M. (1991): Generating Economic Value Through Corporate Restructuring. McKinsey & Co. (Hrsg.): *Economic Value and Market Capitalization in Switzerland.* Zürich, S. 10-17.

Hafner, R. (1988): Unternehmensbewertung bei mehrfacher Zielsetzung. *BfuP. 6,* S. 485-504.

Hahn, D. (1992): Entwicklungstendenzen der strategischen Führung. *Technologie und Management. 41,* S. 10-21.

Hahn, D. (1994): Unternehmensziele im Wandel. Gomez, P./Hahn, D./Müller-Stewens, G./Wunderer, R. (Hrsg.): *Unternehmerischer Wandel: Konzepte zur organisatorischen Erneuerung.* Wiesbaden, S. 59-83.

Hahn, D. (1996): *PuK, Controllingkonzepte: Planung und Kontrolle, Planungs- und Konrollsystem, Planungs- und Kontrollrechnung.* Wiesbaden.

Hall, R. (1992): The Strategic Analysis of Intangible Resources. *Strategic Management Journal. 13,* S. 135-144.

Hambrick, D./Mason, P. (1984): Upper Echelons: The Organization as a Reflection of Its Top Executives. *Academy of Management Review. 9,* S. 2.

Hamel, G. (1991): Competition for Competence and Interpartner Learning within International Strategic Alliances. *SMJ. 12, special issue summer,* S. 83-103.

Hamel, G./Prahalad, C. K. (1994): *Competing for the Future.* Boston.

Hamel, G./Prahalad, C.K. (1989): Strategic Intent - aber jetzt gegen die Japaner. *Harvard Manager. 4,* S. 12-25.

Hamel, G./Prahalad, C.K. (1991): Nur Kernkompetenzen sichern das Überleben. *Havard Manager. 2,* S. 66–78.

Hannan, M.T./Freeman, J. (1977): The Population Ecology of Organizations. *American Journal of Sociology. 82/5,* S. 929-964.

Hansen, G./Wernerfelt, B. (1989): Determinants of Firm Performance in Relative Importance of Economic and Organizational Factors. *Strategic Management Journal. 10,* S. 5.

Harrell, A. M./Klick, H. D. (1980): Comparing the Impact of Monetary and Nonmonetary Human Asset Measures on Executive Decision-Making. *Accounting, Organizations, and Society. December,* S. 393-400.

Hartmann, B. (1985): *Angewandte Betriebsanalyse.* Freiburg.

Hartmann, W./Näf, M./Schäuble; P. (2000): *Informationsbeschaffung im Internet.* München.

Harvey, M.G./Lush, R.F. (1995): Expanding the Nature and Scope of Due Diligence. *Journal of Business Venturing. 1, S.* 5-21.

Hawkins, P. (1991): The Spiritual Dimension of the Learning Organization. *Management, Education and Development. Vol. 22, Part 3,* S. 172-187.

Hax, A./Majluf, N. (1990): *Strategy Concept and Process: A Pragmatic Approach.* Englewood Cliffs.

Hebb, D. (1949): *The Organisation of Behavior.* New York.

Hedberg, B. (1981): How Organizations Learn and Unlearn. Nystrom, P./Starbuck, W. (Hrsg.): *Handbook of Organizational Design.* Vol. 1, New York, S. 3-37.

Hedlund, G. (1994): A Model of Knowledge Management and the N-Form Corporation. *Strategic Management Journal. 15, Summer,* S. 73-90.

Hedlund, G./Nonaka, I. (1993): Models of Knowledge Management in the West and in Japan. Lorange, P. (Hrsg.): *Implementing Strategic Processes.* Oxford, S. 117-144.

Heidenreich, M. (1999): Gibt es einen europäischen Weg in die Wissensgesellschaft? *Soziale Welt. Sonderband 13,* S. 293-323.

Heinen, E. (1966): *Das Zielsystem der Unternehmung. Grundlagen betriebswirtschaftlicher Entscheidungen.* Wiesbaden.

Heinen, E. (1974, 4. Auflage): *Betriebswirtschaftliche Kostenlehre. Kostentheorie und Kostenentscheidungen.* Wiesbaden.

Heinen, E. (1976, 3. Auflage): *Grundlagen betriebswirtschaftlicher Entscheidungen. Das Zielsystem der Unternehmung.* Wiesbaden.

Heinen, E. (1978, 5. Auflage): *Betriebswirtschaftliche Kostenlehre. Kostentheorie und Kostenentscheidungen.* Wiesbaden.

Heinsohn, G./Steiger, O. (1997): *Eigentum, Zins und Geld. Ungelöste Rätsel der Wirtschaftswissenschaft.* Reinbek.

Helbling, C. (1995): *Unternehmensbewertung und Steuern.* Düsseldorf.

Henderson, B.D. (1984, 2. Auflage (erste engl. Ausgabe 1968)): *Die Erfahrungskurve in der Unternehmensstrategie.* Frankfurt/New York.

Henderson, R./Clark, K. (1990): Architectural Innovation. The Reconfiguration of Existing Product Technologies and the Failure of Established Firms. *Administrative Science Quarterly. 35,* S. 9–31.

Hendricks, J. (1976): The Impact of Human Resource Accounting Information on Stock Investment Decisions: An Empirical Study. *The Accounting Review. April,* S. 292-305.

Hentze, J./Kammel, A. (1993): *Personalcontrolling.* Bern.

Hermanson, R. H. (1964): *Accounting for Human Assets.* Bureau of Business and Economic Research. 1965, Michigan.

Herrmann, H.-J. (1991): *Modellgestützte Planung in Unternehmen – Entwicklung eines Rahmenkonzepts.* Wiesbaden.

Higgins, R.B./Diffenbach, J. (1985): The Impact of Strategic Planning on Stock Process. *Journal of Business Strategy. 6(2)*, S. 64-72.

Hildebrand, C. (1999): Making KM Pay Off. *CIO Enterprise. February 15th*, S. 64 – 66.

Hinkin, T.R. (1995): A Review of Scale Development Practices in the Study of Organizations. *Journal of Management. 21*, S. 5.

Hitschler, W. (1990): Verwaltungsgemeinkostenplanung mit Zero-Based-Budgeting. *Kostenrechnungspraxis. 5*, S. 287-293.

Hogarth, R.M. (1987): *Judgement and Behavior.* New York.

Höhener, R. (1993): *Der Einsatz der Psychologie im Anlageentscheidungsprozess.* Bern.

Homans, G.C. (1961): *Social behavior. Its elementary forms.* New York.

Homburg, C. (1991): *Modellgestützte Unternehmensplanung.* Wiesbaden.

Horstmann, W. (1999): Der Balanced Scorecard-Ansatz als Instrument der Umsetzung von Unternehmensstrategien. *Controlling. Heft 4/5*, S.193-199.

Horváth, P. (1998): *Das neue Steuerungssystem des Controllers: Von Balanced Scorecard bis US-GAAP.* Stuttgart.

Horváth, P./Mayer, R. (1989): Prozeßkostenrechnung. *Controlling. 4*, S. 214-219.

Horváth, P./Kaufmann, L. (1998): Balanced Scorecard – ein Werkzeug zur Umsetzung von Strategien. *Harvard Business Manager. 5*, S. 39-48

Horváth & Partner (2000): *Balanced Scorecard umsetzen.* Stuttgart.

Hostettler, S. (1997): *Economic Value Added (EVA).* Stuttgart/Wien.

Howitt, P. (1996): On Some Problems in Measuring Knowledge-Based Growth. Howitt, P. (Hrsg.): *The Implications of Knowledge-Based Growth for Micro-Economic Policies.* Calgary. S. 9-30.

Howitt, P. (Hrsg.) (1996): *The Implications of Knowledge-Based Growth for Micro-Economic Policies.* Calgary.

Hübbe, E. (1998): Management-Audit und Reallokation als strategische Erfolgsfaktoren. Jochmann, W. (Hrsg.): *Innovationen im Assessment-Center.* Stuttgart.

Huber, G.P. (1991): Organizational Learning: The Contributing Processes and Literatures. *Organization Science. Vol. 2, No. 1, 2*, S. 88-115.

Huber, H./Schmerkotte, H. (1976): Meßtheoretische Probleme der Sozialforschung. von Koolwijk, J./Wieken-Mayser, M. (Hrsg.): *Technik der empirischen Sozialforschung. Bd. 5: Test und Messen.* München.

Huber, H. (1986): *Gemeinkosten-Wertanalyse: Methoden der GWA als Element einer Führungsstrategie für die Unternehmensverwaltung.* Zürich.

Huemer, F. (1991): *Mergers & Acquisitions: Strategische und finanzielle Analyse von Unternehmensübernahmen.* Frankfurt.

Hüffer, L./Schum, R. (1998): Wie messen wir die Qualität des Managements? *Der Schweizer Treuhänder. 1-2*, S. 101-104.

Hüfner, K. (1970): Die Entwicklung des Humankapitalkonzepts. Hüfner, K. (Hrsg.): *Bildungsinvestitionen und Wirtschaftswachstum.* Stuttgart, S. 11-64.

Hult, G. (1995): *An International Organizational Learning Study of the Internal Marketing System*, Ph.D. Dissertation, Memphis.

Hunt, E. (1991): Some Comments on the Study of Complexity. Sternberg, R.J./Frensch, P.A. (Hrsg.): *Complex Problem Solving: Principles and Mechanisms.* Hillsdale, S. 383-395.

Huselid, M. A. (1995): The Impact of Human Resource Management Practices on Turnover, Productivity, and Corporate Financial Performance. *Academy of Management Journal. 38*, S. 635-672.

Hussy, W./Brockhaus, C./Figura, E. (1990): *Vorwissen und Kontext als Leistungsdeterminanten beim Umgang mit einem komplexen Kleinsystem.* Vortrag auf der 32. Tagung experimentell arbeitender Psychologen in Regensburg.

IAB: Systemprojektion 2010 zu den Auswirkungen von Änderungen im Arbeitszeitgefüge. http://www.iab.de.

Ijiri, Y. (1967): *The foundations of accounting measurement.* Engelewood Cliffs.

ILOI (1997): Knowledge Management. Ein empirisch gestützter Leitfaden zum Management des Produktionsfaktors Wissen. http://www.iloi.com.

Inglis, S. (1994): *Making the Most of Action Learning.* Aldershot.

International Survey on Knowledge Management Drivers (1997): http://www.knowledgebusiness.com/ international.htm.

Isenberg, D.J. (1984): How Senior Managers Think. *Harvard Business Review. 62*, S. 81-90.

Isenberg, D.J. (1986): Thinking and Managing: A Verbal Protocol Analysis of Managerial Problem Solving. *Academy of Management Journal. 4*, S. 775-788.

Itami, H. (1987): *Mobilizing Invisible Assets.* Boston.

Jackson, N./Carter, P. (1991): In Defense of Paradigm Incommensurability. *Organization Studies. 12*, S. 109–127.

Jackson, N./Carter, P. (1993): Paradigm Wars. A Response to Hugh Willmott. *Organization Studies. 14*, S. 721–725.

Jacobs, J. (1965): *The Death and Life of Great American Cities.* London.

Janis, I.L. (1972): *Victims of Groupthink.* Boston.

Janisch, M. (1992): *Das strategische Anspruchsgruppenmanagement: Vom Shareholder Value zum Stakeholder Value.* Dissertation, Bamberg.

Jelinek, M. (1979): *Institutionalizing Innovation. A Study of Organizational Learning Systems.* New York.

Jelinek, M./Schoonhoven, C. B. (1990): *The Innovation Marathon: Lessons from High Technology Firms.* Oxford.

Jensen, M./Meckling, W.H. (1976): Theory of the firm: Managerial Behavior, Agency Costs, and Ownership Structure. *Journal of Financial Economics. 3,* S. 305-360.

Jensen, M./Ruback, R (1983): The Market for Corporate Control: The Scientific Evidence. *Journal of Financial Ecomics,11,* S. 5-50.

Jensen, M.C. (1983): Organization Theory and Methodology. *The Accounting Review. 58,* S. 319-339.

Jochmann, W. (1995): Einbindung von Management-Diagnostik in Ziele und Strategien von Unternehmungen. Sarges, W. (Hrsg.): *Management-Diagnostik.* Göttingen.

Jochmann, W. (Hrsg.) (1998): *Innovationen im Assessment-Center.* Stuttgart.

Johanson, U. (1996): Increasing the Transparency of Investments in Intangibles. http://www.sveiby.com.au/intangass/OECDartUlfJoh.htm.

Johansson, J.K. (1987): Das neue Produktentwicklungsspiel. *Harvard business review. Bd. 65, 3,* S.6-22 .

Johnson-Laird, P.N. (1983): *Mental Models: Toward a Cognitive Science of Language, Inference, and Consciousness.* Cambridge.

Kaestner, R./Solnick, L. (1992): Employee Wage Growth Within the Firm: A Deferred Payment or Human Capital Investment. *Applied Economics. 24.*

Kahle, E. (Hrsg.) (1997): *Betriebswirtschaftslehre und Managementlehre.* Wiesbaden.

Kampartel, F. (1989): Vernunft: Kriterium oder Kultur? – Zur Definierbarkeit des Vernünftigen. Ders. (Hrsg.): *Philosophie der humanen Welt.* Frankfurt, S. 27 – 43.

Kaplan, R./Norton, D. (1992): The Balanced Scorecard: Measures that Drive Performance. *Harvard Business Review.* January-February, S. 71-79.

Kaplan, R./Norton, D. (1996): *Balanced Scorecard.* Harvard.

Kaplan, R./Norton, D. (1997): *Balanced Scorecard: Strategien erfolgreich umsetzen.* Stuttgart.

Karmiloff-Smith, A. (1979): Micro- and Macrodevelopmental Changes in Language Acquisition and Other Representational Systems. *Cognitive Science. 3,* S. 91-118.

Karner, H (1997): Zwei Seiten des intellektuellen Kapitals. Schneider, U. (Hrsg.): *Wissensmanagement: Die Aktivierung des Intellektuellen Kapitals.* Frankfurt.

Kast, F.E./Rosenzweig, J.E. (1970): *Organization and Management, a Systems and Contingency Approach.* New York.

Katz, D./Kahn, R.L. (1978): *The Social Psychology of Organizations.* New York/Santa Barbara.

Katz, E./Ziderman, A. (1990): Investment in General Training. The Role of Information and Labour Mobility. *The Economic Journal. 100,* S. 1147-1158.

Katz, H. C./Kochan, T. A./Keefe, J. (1987): *Industrial Relations and Productivity in the US Automotive Industrie.* Washington.

Katz, R./Tushman, M. (1981): An Investigation into the Managerial Roles and Career Paths of Gatekeepers and Project Supervisors in a Major R&D Facility. *R&D Management. Vol. 11, No. 3,* S. 103-110.

Keeney, R.L./Raiffa, H: (1976): *Decisions wit Multiple Objectives: Preferences and Value Tradeoff.* New York.

Kelle, U. (1997): *Empirisch begründete Theoriebildung.* Weinheim.

Kelley, R, E. (1985) The Gold-Collar Worker. Reading, Mass.

Kepner, C.H./Tregoe, B.B. (1965): *The Rational Manager: A Systematic Approach to Problem Solving and Decision Making.* New York.

Kiehn, A. (1996): *Möglichkeiten und Grenzen der ökonomischen Analyse der Wertschöpfung des Personalmanagements.* Bamberg.

Kieser, A. (Hrsg.) (1999): *Organisationstheorien.* Stuttgart.

Kieser, A./Kubicek, H. (1977): *Organisation.* Berlin.

Kim, C. W./Chung, J. Y. (1997): Brand Popularity, Country Image and Market Share: An Empirical Study, *Journal of International Business Studies, 28(2),* S. 361-386.

King, A. (1994): *Total Cash Management: A Company-Wide System for Forecasting, Managing, and Improving Cash-flow.* New York.

Kirsch, W. (1988): *Die Handhabung von Entscheidungsprozessen.* München.

Klahr, D./Fay, A.L./Dunbar, K. (1993): Heuristics for Scientific Experimentation: A Developmental Study. *Cognitive Psychology. 25,* S. 111-146.

Klein, T.J. (1990): *Interdisciplinarity. History, Theory & Practice.* Detroit.

Kleinhans, A. (1989): *Wissensverarbeitung im Management.* Frankfurt.

Klimecki, R./Probst, G.J.H./Eberl, P. (1991): Systementwicklung als Managementproblem. Staehle, W.H./Sydow, J. (Hrsg.): *Managementforschung. Bd. 1.* Berlin, S. 103-162.

Kline, P./Saunders, B. (1996): *Zehn Schritte zur Lernenden Organisation: Das Praxisbuch.* Paderborn.

Klingebiel, Norbert (1999): *Performance Measurement. Grundlagen – Ansätze – Fallstudien.* Wiesbaden.

Kloidt, H. (1964): Grundsätzliches zum Messen und Bewerten in der Betriebswirtschaftslehre. Grochla, E.: *Organisation und Rechnungswesen – Festschrift für Erich Kosiol zu dessen 65. Geburtstag,* Berlin, S. 283 – 303.

Kluwe, R. (1979): *Wissen und Denken.* Stuttgart.

Koch, H. (1966): *Grundprobleme der Kostenrechnung.* Köln.

Kogut, B./Zander, U. (1992): Knowledge of the Firm, Combinative Capabilities, and the Replication of Technology. *Organizational Science.* 3(3), S. 383-397.

Kogut, B./Zander, U. (1996): What Do Firms Do? Coordination, Identity and Learning. *Organization Science.* 7, S. 502-518.

Kolb, D.A. (1976): Management and the Learning Process. *California Management Review.* S. 21-31.

Kolb, D.A. (1984): *Experiential Learning.* Englewood Cliffs.

König, E. (Hrsg.)(1999): *Systemische Organisationsberatung in der Praxis.* Weinheim.

Königsiweser, R./Exner, A. (1999): *Systemische Intervention.* Weinheim.

Kosiol, E. (1961): Modellanalyse als Grundlage unternehmerischer Entscheidungen. *Zeitschrift für Handelswissenschaftliche Forschung. 13,* S. 318 – 334.

Kotler, P./Bliemel, F. (1997): *Marketing-Management.* Stuttgart.

Krcmar, H. (1991): Annäherungen an Informationsmanagement – Managementdisziplin und/oder Technologiedisziplin. Staehle, W.H./Sydow, J. (Hrsg.): *Managementforschung I.* Berlin. S. 75-101.

Kreikebaum, H. (1989): *Strategische Unternehmensplanung.* Stuttgart.

Kreppner, K. (1975): *Zur Problematik des Messens in den Sozialwissenschaften.* Stuttgart.

Kropp, W./Wächter, H. (1982): Humankapitalrechnungen: Kritische Bemerkungen aufgrund von Erfahrungen in einem Unternehmen der Eisen- und Stahlindustrie. In: H. Schmidt (Hrsg.): *Humanvermögensrechnung. Instrumentarium zur Ergänzung der unternehmerischen Rechnungslegung – Konzepte und Erfahrungen.* Berlin, S. 257-282.

Krystek, U./Müller, M. (1993): Investor Relations. *DB. 46, S.* 1785-1789.

Kuhn, T.S. (1962): *The Structure of Scientific Revolutions.* Chicago.

Kuhn, T.S. (1969): *Die Struktur wissenschaftlicher Revolutionen.* Frankfurt.

Küpper, H.-U. (1997): *Controlling: Konzeption, Aufgaben und Instrumente.* Stuttgart.

Küppers, B.-O. (1986): *Der Ursprung biologischer Information – Zur Naturphilosophie der Lebensentstehung.* München, S. 319ff.

Kurtzke, C./Popp, P. (1999): *Das wissensbasierte Unternehmen.* München.

Küting, K. (1978): Die Wertschöpfungsgröße – ein Indikator des einzelwirtschaftlichen Wachstumsphänomens. *Die Unternehmung. 32(2),* S. 137-164.

Küting, K./Hütten, C./Lorson, P. (1995): Shareholder-Value: Grundüberlegungen zu Benchmarks der Kommunikationsstrategie in der externen Berichterstattung (Teil I und II). *DStR. 33.Jg.,* S. 1805 – 1809 und S. 1846 – 1851.

Kuznets, S. (1966): *Modern Economic Growth.* New Haven.

Landry, M. (1995): A Note on the Concept of Problem. *Organizational Studies. 16,* S. 315 – 343.

Landsman, W.R./Shapiro, A.C. (1995): Tobin's q and the Relation Between Accounting ROI and Economic Return. *Journal of Accounting, Auditing and Finance.* S. 103 – 118.

Latour, B. (1993): *We Have Never Been Modern.* Cambridge.

Lawler, E. (1971): *Pay and Organizational Effectiveness: A Psychological View.* New York.

Lawler, E. (1982): Entwicklung und Anwendung von Bewertungsmaßstäben für das Humankapital in Organisationen. In: H. Schmidt (Hrsg.): *Humanvermögensrechnung. Instrumentarium zur Ergänzung der unternehmerischen Rechnungslegung – Konzepte und Erfahrungen.* Berlin, S. 191-226.

Lawler, E. (1988): Human Resources Management: Meeting the New Challenge. *Personnel. January,* S. 22-27.

Lawrence, G.M. (1995): *Due Diligence in Business Transactions.* New York.

Lawrence, P.R./Lorsch, J.W. (1967): *Organization and Environment. Managing Differentiation and Integration.* Boston.

Leadbeater, C. (1999): *New measures for the New Economy.* International Symposium: Measuring and Reporting Intellectual Capital: Experiences, Issues, and Prospects, 9-10 June, Amsterdam.

Lee, F.C./Has, H. (1996): A Quantitative Assessment of High-Knowledge Industries vs. Low-Knowledge Industries. Howitt, P. (Hrsg.): *The Implications of Knowledge-Based Growth for Micro-Economic Policies.* Calgary. S. 39-77.

Leffson, U. (1988): *Wirtschaftsprüfung.* Wiesbaden.

Lehmann, M.R. (1954): *Leistungsmessung durch Wertschöpfungsrechnung.* Essen.

Leibenstein, H. (1966): Allocative Efficiency vs. X-Efficiency. *American Economic Review.* 56, S. 392-415.

Leibenstein, H. (1976): *Beyond Economic Man: A New Foundation for Microeconomics.* Cambridge.

Leitner, K.-H./Schibany, A. (2000): *Konzepte und Bewertung von Intangible Assets.* Austrian Research Center, Seibersdorf.

Leonard-Barton, D. (1995): *Well-Springs of Knowledge.* Boston.

Lev, B. (1999): The Inadequate Public Information on Intellectual Capital and Its Consequences. *International Symposium: Measuring and Reporting Intellectual Capital: Experiences, Issues and Prospects,* June 9-10, Amsterdam.

Lev, B./Zarowin, P. (1998): *The Boundaries of Financial Reporting and How to Extend Them.* Working Paper, New York University.

Levin, R.C./Klevorick, A.K./Nelson, R.R./Winter, S.G. (1989): *Propriating the Returns from Industrial Research and Development.* Cowles Foundation for Research in Economics at Yale University, Paper No 714.

Levitt, B./March, J.G. (1988): Organizational Learning. *Annual Review of Sociology.* Vol. 14, S. 319-339.

Lewin, K. (1947): Frontiers in Group Dynamics: II. Channel of Group Life: Social Planning and Action Research, *Human Relations.* 1, S. 143-153.

Lewis, T. (1994): *Steigerung des Unternehmenswertes: Total Value Management.* Landsberg/Lech.

Lieberman, M. (1984): The Learning Curve and Pricing in the Chemical Processing Industries. *Rand Journal of Economics.* Vol. 15, S. 213 – 228.

Lieberman, M. (1989): The Learning Curve, Technological Barriers to Entry and Competitive Survival in the Chemical Processing Industries. *Rand Journal of Economics.* Vol. 10, S. 431 – 447.

Lienert, G.A. (1967): *Testaufbau und Testanalyse.* Weinheim.

Lievegoed, B.C. (1974): *Organisationen im Wandel.* Bern/Stuttgart.

Likert, R. (1961): *New Patterns of Management.* New York.

Likert, R. (1967): *The Human Organization: Its Management and Value.* New York.

Likert, R. (1969): Introduction. Brummet, L./Flamholtz, E.G./Pyle, W.C. (Hrsg.): *Human Resource Accounting – Development and Implementation.* S.7 – 8.

Likert, R. (1973): Human Resource Accounting: Building and Assessing Productive Organizations. *Personnel.* 4, S. 8-19.

Link, R. (1991): *Aktienmarketing in deutschen Publikumsgesellschaften.* Schriftenreihe des Instituts für Kredit- und Finanzwirtschaft. Band 15, Wiesbaden.

Lucas, R.E. (1988): On the Mechanics of Economic Development. *Journal of Monetary Economics.* 22, 2, S. 3-42.

Lück, H.E. (1975): *Prosoziales Verhalten. Empirische Untersuchungen zur Hilfeleistung.* Köln.

Lück, H.E. (Hrsg.)(1977): *Mitleid, Vertrauen, Verantwortung.* Stuttgart.

Lueken, G.-L. (1992): *Inkommensurabilität als Problem rationalen Argumentierens.* Stuttgart-Bad Cannstatt.

Luhmann, N. (1984): *Soziale Systeme. Grundriß einer allgemeinen Theorie.* Frankfurt.

Luhmann, N. (1988a): *Die Wirtschaft der Gesellschaft.* Frankfurt.

Luhmann, N. (1988b): Organisation. Küpper, W./Ortmann, G. (Hrsg.): *Mikropolitik.* Opladen. S. 165-188.

Luhmann, N. (1989): *Legitimation durch Verfahren.* Frankfurt.

Luhmann, N. (1990): *Soziologische Aufklärung. Band 5,* Opladen.

Luhmann, N. (1991a): *Die Wissenschaft der Gesellschaft.* Frankfurt.

Luhmann, N. (1991b): Wie lassen sich latente Strukturen beobachten? Watzlawick, P./Krieg, P. (Hrsg.): *Das Auge des Betrachters.* München. S. 61-74.

Lullies, V./Bollinger, H./Weltz, F. (1993): *Wissenslogistik (über den betrieblichen Umgang mit Wissen bei Entwicklungsvorhaben).* Frankfurt.

Lusch, R./Harvey, M. (1994): The Case for an Off-Balance-Sheet Controller. *Sloan Management Review.* Winter.

Lutter, S. (1995): Mitarbeiterbeteiligung. Gerke, W./Steiner, M. (Hrsg.): *Handwörterbuch des Bank- und Finanzwesens.* Wiesbaden.

Lyles, M./Salk, J. (1997): Knowledge Acquisition from Foreign Partners in International Joint Ventures: An Empirical Examination in the Hungarian Context. Beamish, P./Killing, J. (Hrsg.): *Cooperative Strategies: European Perspectives.* San Francisco.

Lyles, M./Schwenk, C. (1992): Top Management, Strategy, and Organizational Knowledge Structures. *Journal of Management Studies. 29,* S. 2.

Lyons, J. (1979): *Semantics. Vol. 1.* Cambridge.

MacDuffie, J.P. (1995): Human Resource Bundles and Manufacturing Performance: Organizational Logic and Flexible Production Systems in the World Auto Industry. *Industrial and Labor Relations Review. 48,* S. 197-221.

Macharzina, K. (1993): *Unternehmensführung: Das internationale Managementwissen.* Wiesbaden.

Machlup, F. (1962): *The Production and Distribution of Knowledge in the United States.* Princeton.

Machlup, F. (1984): *Knowledge: Its Creation, Distribution, and Economic Significance. Vol. 3. The Economics of Information and Human Capital.* Princeton.

Mahoney, J./Pandian, F. (1992): The Resource-based View within the Conversation of Strategic Management. *Strategic Management Journal. 13,* S. 363-380.

Maidique, M./Zirger, B. (1985): The New Product Learning Cycle. *Research Policy.* *14/6,* S. 299-313.

Malch, T./Schulz-Schaeffer, I./Jonas, M. (1994): *Wachsames Vertrauen und informelle Reziprozität. Zur Bedeutung intermediärer Kooperation zwischen akademischer Forschung und Industrie bei wissensbasierten Informationsprozessen.* (Unveröffentlichtes Manuskript).

Malik, F. (1992): *Strategie des Managements komplexer Systeme.* St. Gallen.

Malik, F. (2000): *Systemisches Management, Evolution, Selbstorganisation.* Bern.

Mandel, G./Rabel, K. (1997): Kaufpreisfindung durch Unternehmensbewertung. Bertl, R./Mandl, D./Mandl, G./Ruppe, H.G. (Hrsg.): *Kauf und Verkauf von Unternehmungen.* Wien.

Mankiw, N./Romer, D./Weil, D. (1992): A Contribution to the Empirics of Economic Growth. *Quarterly Journal of Economics. 107,* S. 407-437.

Mann, F.C. (1961): Studying and Creating Change. Bennis, W.G./Benne, K.D./Chin, R. (Hrsg.): *Planning of Change.* New York, S. 605-615.

March, J.G./Olsen, J.P. (1975): The Uncertainty of the Past: Organizational Learning under Ambiguity. *European Journal of Political Research. 3,* S. 147-171.

March, J.G./Olson, J.P. (1976): *Ambiguity and Choices in Organizations.* Bergen.

March, J.G./Simon, H.A. (1958): *Organizations.* New York.

March, J.P./Simon, H.A. (1993, 4. Auflage): *Organizations.* Cambridge.

Markowitz, H. (1959): *Portfolio Selection: Efficient Diversification of Investments.* New Haven.

Markus, J.H. (1990): Der Faktor Mensch beim Unternehmenskauf. Siegwart, H./Mahari, J.I./Caytas, I.G./Rumpf, B.-M. (Hrsg.): *Meilensteine im Management. Bd. 1,* Frankfurt, S. 393 – 407.

Marquardt, M. (1996): *Building the Learning Organization.* New York.

Marr, R. (1982): Humanvermögensrechnung – Entwicklung von Konzepten für eine erweiterte Rechenschaftslegung der Unternehmen. In: H. Schmidt (Hrsg.): *Humanvermögensrechnung. Instrumentarium zur Ergänzung der unternehmerischen Rechnungslegung – Konzepte und Erfahrungen.* Berlin, S. 45-60.

Marr, R. (1987) (Hrsg.): *Arbeitszeitmanagement.* Berlin.

Marr, R. (1989): Personalcontrolling – Argumente zur konzeptionellen Entwicklung eines neuen Ansatzes personalwirtschaftlicher Steuerung und Kontrolle. *Personalführung. 8,* S. 634-702.

Marr, R./Schmidt, H. (1992): Humanvermögensrechnung. Gaugler, E./Weber, W. (Hrsg.): *Handwörterbuch des Personalwesens.* Stuttgart, S. 1030 – 1042.

Marx, H. (1958a): Der Wert in der Betriebswirtschaft. *Veröffentlichungen der Wirtschaftshochschule Mannheim, Reihe 2: Reden.* Stuttgart, S. 7ff.

Marx, H. (1958b): Der Wert in der Betriebswirtschaft. *Zeitschrift für Betriebswirtschaftslehre, 28,* S. 65ff.

Mason, R./Mitroff, J. (1981): *Challenging Strategic Planning Assumptions.* New York.

Masuda, Y. (1980): *The Information Society as Post-Industrial Society.* Tokyo.

Mattesich, R. (1970): Messung und Bewertung. *HWR.* S. 1106ff.

Maturana, H. (1970): Neurophysiology of Cognition. Garvin, P.L. (Hrsg.): *Cognition: A Multiple View.* New York, S. 3-23.

Maturana, H. (1982): *Erkennen: Die Organisation und Verkörperung von Wirklichkeit.* Braunschweig.

Maturana, H. (1991): Wissenschaft und Alltag. Die Ontologie wissenschaftlicher Erklärungen. Watzlawick, R./Krieg, P. (Hrsg.): *Das Auge des Beobachters.* München. S. 167-208.

Maturana, H.R. (1987): Kognition. Schmidt, S.J. (Hrsg.): *Der Diskurs des Radikalen Konstruktivismus.* Frankfurt. S. 89-118.

Maturana, U. (1990): Interview mit V. Riegas & C. Vetter. Riegas, V./Vetter, C. (Hrsg.): *Zur Biologie der Kognition.* Frankfurt. S. 11-90.

Maturana, H.R./Varela, F.J. (1987): *Der Baum der Erkenntnis: Die biologischen Wurzeln des menschlichen Erkennens.* München.

Maturana, U./Uribe, G. /Frenk, S.G. (1982): Eine biologische Theorie der relativistischen Farbkodierung in der Primatentheorie (im Original 1968). Maturana, H. (Hrsg.): *Erkennen: Die Organisation und Verkörperung von Wirklichkeit.* Braunschweig. S. 88-137.

Mavrinac, S./Jones, N./Meyer, M. (1995): *Competitive Renewal through Workplace Innovation: The Financial and Non-financial Returns to Innovative Workplace Practices.* US Department of Labor and Ernst and Young LLP.

Mavrinac, S./Siesfeld, T. (1998): *Measures that Matter: An Exploratory Investigation of Investor's Information Needs and Value Priorities.* Paris.

McCall, M.W./Kaplan, R.E. (1985): *Whatever it Takes: Decision Makers at Work.* Englewood Cliffs.

McFetridge, D.G. (1996): Comment to Lee/Has 1996. Howitt, P. (Hrsg.): *The Implications of Knowledge-Based Growth for Micro-Economic Policies.* Calgary, S. 78-81.

McGregor, D. (1960): *The Human Side of Enterprise.* New York.

McKee, M.R: (1997): The Human Resource Profession: Insurrection or Resurrection? *Human Resource Management. 36(1),* S. 151-156.

McLagan, P.A. (1997): Competencies: The Next Generation. *Training & Development.* May.

Megla, G. (1961): *Vom Wesen der Nachricht.* Stuttgart.

Meinicke, K./Reinhardt, R. (2000): Die Rolle der Führungskräfteentwicklung in lernenden Organisationen. *Zeitschrift für Organisationsentwicklung* (in Vorbereitung).

Menzel, R./Roth, G. (1996): Verhaltensbiologische und neuronale Grundlagen des Lernens und des Gedächtnisses. Roth, G./Prinz, W. (Hrsg.): *Kopf-Arbeit.* Heidelberg.

Merton, R.K. (1968): *Social Theory and Social Structure.* New York.

Metcalfe, S. (1987): Technical Change. *The new Palgrave. A Dictionary of Economics.* Vol. 4, London, S. 617a – 620b.

Meyer-Merz, A. (1985): *Die Wertschöpfungsrechnung in Theorie und Praxis.* Zürich.

Miles, R.E. (1965): Keeping Informed. Human Relations or Human Resources. *Harvard Business Review.* July-August, S. 148-163.

Miles, R.E./Snow, C.C. (1978): *Organizational Strategy, Structure and Process.* New York.

Mills, R./Print, C. (1995): Strategic Value Analysis. *Management Accounting.* 73(2), S. 35-37.

Mincer, J. (1962): On-the-Job Training: Costs, Returns, and Some Implications. *Journal of Political Economy.* 70, S. 50ff.

Minsky, M. (1975): A Theoretical Framework for Representing Knowledge. In: P. Winston (Hrsg.): *The Psychology of Computer Vision.* New York.

Mintzberg, H. (1973): *The Nature of Managerial Work.* New York.

Mintzberg, H. (1979): *The Structuring of Organizations.* Englewood Cliffs.

Mintzberg, H. (1994). *The Rise and Fall of Strategic Planning.* New York.

Mintzberg, H. (1999): *Strategy Safari: eine Reise durch die Wildnis des strategischen Managements.* Wien.

Mintzberg, H./Quinn, J.B./Voyer, J. (1995): *The Strategy Process.* Englewood Cliffs.

Mintzberg, H./Raisinghani, D./Theoret, A. (1976): The Structure of "Unstructured" Decision Processes. *Administrative Science Quarterly.* 21, S. 246-275.

Mitroff, I.I./Kilman, R.H. (1976): On Organizational Stories: An Approach to the Design and Analysis of Organizations Through Myths and Stories. Kilman, R.H./Pondy, R./Slevin, D.P. (Hrsg.): *The Management of Organization Design.* Vol. 1. New York.

Mitroff, I.I.; Betz, F. (1972): Dialectical Decision Theory: A Meta-Theory of Decisionmaking. *MS. 19,* S. 11 – 24.

Mitroff, J. (1983): *Stakeholders of the Organizational Mind.* San Francisco.

Mittelstraß, J. (1989a): *Der Flug der Eule. Von der Vernunft der Wissenschaft und der Aufgabe der Philosophie.* Frankfurt.

Mittelstraß, J. (1989b): Forschung, Begründung und Rekonstruktion – Wege aus dem Begründungsstreit. Ders.: *Der Flug der Eule. Von der Vernunft der Wissenschaft und der Aufgabe der Philosophie.* Frankfurt, S. 257 – 280.

Mittelstrass, J. (1990): Gestörte Verhältnisse? Zur gesellschaftlichen Wahrnehmung von Wissenschaft. Schuster, H.J. (Hrsg.): *Handbuch des Wissenschaftstransfers.* Berlin. S. 52.

Mittelstraß, J. (1995): Transdisziplinarität. Panorama. Programmleitung SPPU (Hrsg.): *Informationsbulletin. Nr. 5,* S. 45 – 53.

Mohnen, P. (1992): *The Relationship Between R&D and Productivity Growth in Canada and Other Major Industrialized Countries.* Economic Council of Canada.

Molander, C./Winterton, J. (1994): *Managing Human Resources.* New York.

Montgomery,C./Wernerfelt, B. (1988): Diversification, Ricardian Rents, and Tobin's q. *Rand Journal of Economics. Vol. 19,* S. 623 – 632.

Morecroft, J.D.W. (1988): System Dynamics and Microworlds for Policymakers. *European Journal of Operational Research. 35,* S. 301-320.

Morecroft, J.D.W./Sterman, J.D. (1994): *Modeling for Learning Organizations.* Portland.

Morey, D./Maybury, M./Thuraisingham, B./ Thuraisingham, S. (Hrsg.) (2001): *Knowledge Management: Classic and Contemporary Works.* MIT Press 2001 (im Druck).

Morris, C.W. (1938): *Foundations of the Theory of Signs.* Chicago.

Mossin, J. (1973): *Theory of Financial Markets.* Englewood Cliffs.

Mossin, J. (1977): *The Economic Efficiency of Financial Markets.* Lexington.

Mountfield, A. (1999): Balanced Scorecard als Mittel zur Strategieumsetzung – Mit fünf Fragen zum Erfolg. *is-report. 4,* S. 18-25.

Moxter, A. (1991): *Grundsätze ordnungsgemäßer Unternehmensbewertung.* Wiesbaden.

Mulder, M./Tjepkema, S./ter Horst, H. (2000) (Hrsg.): *Future Challenges for Human Resource Development Professionals in Europe* (im Druck).

Müller, A. (1992): *Gemeinkostenmanagement: Vorteile der Prozeßkostenrechnung.* Wiesbaden.

Mumford, A. (1995): *Learning at the Top.* London.

Münstermann, H. (1966): *Wert und Bewertung der Unternehmung.* Wiesbaden.

Nahapiet, J./Ghoshal, S. (1998): Social Capital, Intellectual Capital and the Organizational Advantage. *Academy of Management Review. 23(2)*, S. 242-266.

Naisbitt, J. (1982): *Megatrends.* New York.

Nason, S. (1994): *Organizational Learning Disabilities: An International Perspective*, Ph.D. Dissertation, Los Angeles.

Nefiodow, L.A. (1991): *Der fünfte Kondratieff.* Frankfurt.

Nefiodow, L.A. (1996): *Der sechste Kondratieff.* Sankt Augustin.

Nelson, R.R./Winter, S.G. (1982): *An Evolutionary Theory of Economic Change.* Cambridge.

Nerschmann, O. (1916): *Gewerbliche Produktionsstatistik.* Ergänzungshefte zum Deutschen Statistischen Zentralblatt. Leipzig.

Neubauer, F.F. (1974): Neuere Entwicklungen im amerikanischen Rechnungswesen. Das Human Resource Accounting. *Die Unternehmung. 28*, S.261 – 280.

Newell, A./Simon, H.A. (1972): *Human Problem Solving.* Englewood Cliffs.

Nkomo, S.M. (1986): The Theory and Practice of HR Planning: The Gap Still Remains. *Personnel Administrator 31*, S, 71-84.

Nkomo, S.M. (1987): Human Resource Planning and Organizational Performance: An Exploratory Analysis. *Strategic Management Journal. 8*, S. 387-392.

Nonaka, I. (1988): Creating Organizational Order out of Chaos: Self-Renewal in Japanese Firms. *California Management Review. 30/1*, S. 7-73.

Nonaka, I. (1989): Market research the Japanese way. *California management review. Bd. 32, Nr. 3*, S. 27-38.

Nonaka, I. (1991): Managing the Firm as an Information Creation Process. Meindl, J. R./Cardy, R.L./Puffer, S.M. (Hrsg.): *Advances in Information Processing in Organizations. A Research Annual. Vol. 4*, London, S. 239-275.

Nonaka, I. (1992): Redundant, Overlapping Organization: a Japanese Approach to Managing the Innovation Process. *Harvard-Manager. Bd. 14, 2*, S.93-103.

Nonaka, I. (1992): Wie japanische Konzerne Wissen erzeugen. *Havard manager. Nr. 2, 14. Jg. II Quartal*, S 95 – 103.

Nonaka, I. (1994): A Dynamic Theory of Organizational Knowledge Creation. *Organizational Science. 5/1*, S. 14-37.

Nonaka, I. (1998): *Knowledge Creation Architecture: Constructing the Places for Knowledge Assets and Competitive Advantage.* Boston.

Nonaka, I./Byosiere, P./Borucki, C./Konno, N. (1994): Organizational Knowledge Creation Theory: A first comprehensive test. *International Business Review. 3*, S. 4.

Nonaka, I./Konno, N. (1998): The Concept of "Ba" – Building a Foundation for Knowledge Creation. *California Management Review. Vol 40, No.3, Spring,* S. 54-84.

Nonaka, I./Takeuchi, H. (1995): *The Knowledge Creating Company: How Japanese Companies Create the Dynamics of Innovation.* New York/Oxford.

Nonaka, I./Takeuchi, H. (1997): *Die Organisation des Wissens.* Frankfurt.

Norman, D.A./Rumelhart, D.E. (Hrsg.)(1975): *Explorations in Cognition.* San Francisco.

North, K. (1998): *Wissensorientierte Unternehmensführung Wertschöpfung durch Wissen.* Wiesbaden.

North, K./Probst, G./Romhardt, K. (1998): Wissen messen – Ansätze, Erfahrungen und kritische Fragen. *Zeitschrift für Organisation. 3,* S. 158 – 166.

Ochse, I. (1994): *Der Beitrag der Personalentwicklung zum „Lernenden Unternehmen": Eine empirische Untersuchung an vier exemplarischen Beispielen.* Unveröffentlichte Diplomarbeit. Berlin.

Ockham, W. von (1999; Orig. 14.Jhd.): Summe der Logik. Meiner.

OECD (1992): *Technology and the Economy: The Key Relationships.* Paris.

OECD (1996): *Measuring What People Know: Human Capital Accounting for the Knowledge Economy.* Paris.

OECD (1998): *National Efforts to Measure Intangible Investment.* Paris.

OECD (1999): *Measuring and Reporting Intellectual Capital: Experience, Issues and Prospects.* An International Symposium. Amsterdam.

Oliver, J./Flamholtz, E. (1978): Human Resource Replacement Cost Numbers, Cognitive Information Processing, and Personnel Decisions. *Journal of Finance and Accounting. Summer,* S. 137-153.

Opitz, M. (1993): Desinvestitionen: Organisation und Durchführung. *Betriebswirtschaftliche Forschung und Praxis, 45,* S. 325-342.

Orth, B. (1974): *Einführung in die Theorie des Messens.* Stuttgart.

Ottersbach, D./Kolbe, C. (1990): Integrationsrisiken bei Unternehmensakquisitionen. *BfuP. 2,* S. 140-150.

Pape, U. (1997): *Wertorientierte Unternehmensführung und Controlling.* Berlin.

Paprottka, S. (1996): *Unternehmenszusammenschlüsse: Synergiepotentiale und ihre Umsetzungsmöglichkeiten durch Integration.* Wiesbaden.

Paul, W. (1993): Umfang und Bedeutung der Investor Relation. *BfuP. 45,* S. 133-162.

Paul, W./Zieschang, M. (1994): Wirkungsweise der Investor Relations. *DB. 47,* S. 1485-1487.

Pautzke, G. (1989): *Die Evolution der organisatorischen Wissensbasis (Bausteine zu einer Theorie des organisatorischen Lernens).* Herrsching.

Pawlowsky, P. (1992): Betriebliche Qualifikationsstrategien und Organisationales Lernen. Staehle, W./Conrad, P. (Hrsg.): *Managementforschung Bd.2.* Berlin, S. 177-238.

Pawlowsky, P. (1994): *Wissensmanagement in der lernenden Organisation.* Unveröffentlichte Habilitationsschrift. Paderborn.

Pawlowsky, P. (1997): *Betriebliche Weiterbildung und Organisationales Lernen.* DFG-Endbericht, Teil 1. Chemnitz.

Pawlowsky, P. (Hrsg.) (1998): *Wissensmanagement – Erfahrungen und Konzepte.* Wiesbaden.

Pawlowsky, P. (2000): Management Science and Organizational Learning. Dierkes, H./Child, J./Nonaka, I. (Hrsg.): *Handbook of Organizational Learning.* (in press).

Pawlowsky, P./Bäumer, J. (1996): *Betriebliche Weiterbildung: Management von Qualifikation und Wissen.* München.

Pawlowsky, P./Reinhardt, R. (1997): Wissensmanagement: Ein integrativer Ansatz zur Gestaltung organisationaler Lernprozesse. Dr. Wieselhuber & Partner (Hrsg.): *Handbuch Lernende Organisation.* Wiesbaden, S. 145 - 156.

Pawlowsky, P./Forslin, J./Reinhardt, R. (2000): Practice and Tools of Organizational Learning. Dierkes, H./Child, J./Nonaka, I. (Hrsg.): *Handbook of Organizational Learning and Knowledge.* Oxford.

Pawlowsky P./Wilkens, U. (Hrsg.) (1999): *10 Jahre danach – Unternehmen und Personalstrategien in den neuen Bundesländern zehn Jahre nach der „Wende".* München/Mering.

Pawlowsky P./Wilkens, U. (Hrsg.) (2000): *Project Application Submitted to the 5th Framework of the EU: Improving the Socio-Economic Knowledge Base.* Chemnitz.

Pedler, M. (1997): Interpreting Action Learning. Burgoyne, J./Reynolds, M. (Hrsg.): *Management Learning: Integrating Perspectives in Theory and Practice.* London, S. 248-264.

Pedler, M./Burgoyne, J./Boydell, T. (1991): *The Learning Company.* London/New York.

Pedler, M./Burgoyne, J./Boydell, T. (1994): *Das lernende Unternehmen.* Frankfurt.

Peltzmann, S. (1977): The Gains and Losses from Industrial Concentration. *Journal of Law and Economics. Vol. 20*, S. 229 – 263.

Penrose, E. (1959): *The Theory of the Growth of the Firm.* Oxford.

Perridon, L./Steiner, M. (1995): *Finanzwirtschaft der Unternehmung.* München.

Perrig, W./Wippich, W./Perrig-Chiello, P. (1993): *Unbewußte Informationsverarbeitung.* Bern.

Peters, T./Waterman, R.H. (1982): *In Search of Excellence.* New York.

Petkoff, B. (1997): *Wissensmanagement.* Bonn.

Pfeffer, J. (1982): *Organizations and Organization Theory.* Boston.

Philipp, B.C. (1995): Informationspolitik und Shareholder Value. Volkart, R. (Hrsg.): *Shareholder Value Management: Informations- und Arbeitstagung.* Zürich.

Piaget, J. (1967): *Six Psychological Studies.* New York.

Piaget, J. (1976): *Die Äquilibration kognitiver Strukturen.* Stuttgart.

Picot, A. (1990): Der Produktionsfaktor Information in der Unternehmensführung. *Information Management. 5(1)*, S. 6-14.

Picot, A./Reichwald, A. (1996): *Die grenzenlose Unternehmung.* Wiesbaden.

Plunkett L.C./Hale, G.A. (1982): *The Proactive Manager.* New York.

Pohmer, D. (1964): Über die Bedeutung des betrieblichen Werteumlaufs für das Rechnungswesen der Unternehmungen. Grochla, E. (Hrsg.): *Organisation und Rechnungswesen. Festschrift für Erich Kosiol zu seinem 65. Geburtstag.* Berlin. S. 305-349.

Poitevin, M. (1990): Strategic Financial Signaling. *International Journal of Industrial Organization. 8,* S. 499-518.

Polanyi, M. (1958): *The Tacit Dimension.* London.

Polanyi, M. (1962), *Personal Knowledge: Towards a Post-Critical Philosophy.* London.

Polanyi, M. (1966, 2. Auflage): *The Tacit Dimension.* London.

Pondy, L.R./Frost, P.J./Morgan, G. (Hrsg.) (1983): *Organizational Symbolism.* Greenwich.

Porter, M.E. (1980). *Competitive Strategy.* New York.

Porter, M.E. (1987): Diversifikation – Konzerne ohne Konzept. *Harvard Manager. 4,* S. 30-49.

Porter, M.E. (1989): *Wettbewerbsvorteile.* Frankfurt/New York.

Porter, M.E. (1996): *Wettbewerbsvorteile: Spitzenleistungen erreichen und behaupten.* Frankfurt.

Porter, M.E./Millar, V.E. (1985): How Information Gives You Competitive Advantage. *Harvard Business Review. 63(4),* S. 149-160.

Potthoff, E./Trescher, K. (1986): *Controlling in der Personalwirtschaft.* Berlin.

Povejsil, D. (1994): Die Schubkraft von Value-Based Management. Höfner, K./Pohl, A. (Hrsg.): *Wertsteigerungsmanagement.* Frankfurt. S. 303-318.

Powell, T. (1992a): Organizational Alignment as Competitive Advantage. *Strategic Management Journal. Vol. 13*, S. 119 – 134.

Powell, T. (1992b): Strategic Planning as Competitive Advantage. *Strategic Management Journal. Vol. 13*, S. 551 – 558.

Prahalad, C.K./Bettis, R.A. (1986): The Dominant Logic: A New Linkage between Diversity and Performance. *Strategic Management Journal. 7*, S. 485-501.

Prahalad, C.K./Hamel, G. (1990): The Core Competence of the Corporation. *Harvard Business Review. May-June*, S. 79-91.

Probst, G. (1987). Selbstorganisation und Entwicklung. *Die Unternehmung. Vol. 41*, S. 242-255.

Probst, G.J.B. (1987): *Selbstorganisation: Ordnungsprozesse in sozialen Systemen aus ganzheitlicher Sicht.* Berlin.

Probst, G.J.B./Gomez, P. (1991): *Vernetztes Denken im Management.* Wiesbaden.

Probst, G.J.B./Büchel, B. (1994): *Organisationales Lernen: Wettbewerbsvorteil der Zukunft.* Wiesbaden.

Probst, G./Raub, S./Romhardt, K. (1997): *Wissen managen*, Wiesbaden.

Probst, G.J.B./Knaeser, B. (1998): *Risikofaktor Wissen.* Wiesbaden.

Prusak, L./Cohen, D. (1996): Knowledge Buyers, Sellers, and Brokers: The Political Economy of Knowledge. Neef, D./Siesfeld, A./Cefola, J. (Hrsg.): *The Economic Impact of Knowledge.* Boston. S. 137-160.

Pulic, A. (1993): *Elemente der Informationswirtschaft. Wien.* Bohlau.

Pulic, A. (1996): Der Informationskoeffizient als Wertschöpfungsmaß wissensintensiver Unternehmungen. Schneider, U. (Hrsg.*): Wissensmanagement: Die Aktivierung des intellektuellen Kapitals. Blick durch die Wirtschaft.* Frankfurt. S.147-180.

Pulic, A. (1997): The Physical and Intellectual Capital of Austrian Banks. http://www.measuring-ip.at

Pulic, A. (1998): *Measuring the Performance of Intellectual Potential in the Knowledge Economy.* Paper presented at the 2nd World Congress on the Management of Intellectual Capital, Toronto.

Pulic, A./Bornemann; M. (1998): *Empirical Analysis of the Intellectual Potential of Value Systems in Austria.* Paper presented at the 2nd World Congress on the Management of Intellectual Capital, Toronto.

Pümpin, C. (1994): Unternehmenseigner und Unternehmensentwicklung. Gomez, P./Hahn, D./Muller-Stewens, G./Wunderer, R. (Hrsg.): *Unternehmerischer Wandel: Konzepte zur organisatorischen Erneuerung.* Wiesbaden. S. 273-291

Putnam, R.D. (1995): Bowling Alone: Americas Declining Social Capital. *Journal of Democracy. 6*, S. 65-78.

Putz-Osterloh, W. (1974): Über die Effektivität von Problemlösetraining. *Zeitschrift für Psychologie. 182,* S. 253-276.

Putz-Osterloh, W. (1983): Über Determinanten komplexer Problemlöseleistungen und Möglichkeiten zu ihrer Erfassung. *Sprache und Kognition. 2,* S. 100-116.

Putz-Osterloh, W. (1987): Gibt es Experten für komplexe Probleme? *Zeitschrift für Psychologie. 195,* S. 63-84.

Putz-Osterloh, W. (1988): Wissen und Problemlösen. Mandl, H./Spada, H. (Hrsg.): *Wissenspsychologie.* München.

Quinn, J.B. (1992): *Intelligent Enterprise.* New York.

Quinn, R.E./Cameron, K.S. (1983): Organizational Life Cycles and Shifting Criteria of Effectiveness: Some Preliminary Evidence. *Management Science. Jan.,* S. 33-51.

Raiffa, H. (1968): *Decision Analysis.* Reading.

Randolph, R. (1979): *Pragmatische Theorie der Indikatoren: Grundlagen einer methodischen Neuorientierung.* Göttingen.

Rappaport, A. (1979): Strategic Analysis for More Profitable Acquisitions. *Harvard Business Review. July-August,* S. 99-110.

Rappaport, A. (1981): Selecting Strategies that Create Shareholder Value. *Harvard Business Review. May-June,* S. 139-149.

Rappaport, A. (1986): *Creating Shareholder Value. The New Standard Business Performance.* New York.

Rappaport, A. (1992): CFOs and Strategists: Forging a Common Framework. *Harvard Business Review. May-June,* S. 84-91.

Rappaport, A. (1999): *Shareholder Value.* Stuttgart.

Raub, S. (1998): *Towards a Knowledge – based View of Organisational Capabilities.* Dissertation an der Uni Genf.

Reed, M. (1992): Introduction. Reed, M./Hughes, M. (Hrsg.): *Rethinking organisation.* London, S. 1-16.

Reed, S.F. (1989): *The Art of M&A. A Merger Acquisition Buyout Guide.* Illinois.

Regierungserklärung zur Sicherung des Wirtschaftsstandorts Baden Württemberg von 1993.

Rehäuser, J./Krcmar, H. (1996): Wissensmanagement im Unternehmen. Schreyögg, G./Conrad, P. (Hrsg.): *Wissensmanagement – Managementforschung. Bd. 6,* Berlin/New York, S. 1-40.

Reich, R.B (1993): *Die neue Weltwirtschaft.* Ullstein.

Reichheld, F.F.(1996). *The Loyalty Effect*. Boston, MA: Harvard Business School Press.

Reilly, R.F/Schweihs, R.P. (1999): *Valuing Intangible Assets*. New York

Reimann, B. (1987): *Managing for Value*. Oxford.

Reinhardt, R. (1993): *Das Modell Organisationaler Lernfähigkeit und die Gestaltung Lernfähiger Organisationen*. Frankfurt.

Reinhardt, R. (1998a): Das Management von Wissenskapital als strategische Herausforderung. Pawlowsky, P. (Hrsg.): *Praxis des Wissensmanagements*. Wiesbaden. S. 173-208.

Reinhardt, R. (1998b): Wissensmanagement konkret – eine Fallstudie. Geißler, H./Behrmann, D./ Krahmann-Baumann, B. (Hrsg.): *Organisationslernen Konkret*. Frankfurt. S. 233-274.

Reinhardt; R. (1998c): *Ergebnisse der Wissensmanagementdiagnostik bei der AUDI AG*. Unveröffentlichtes Arbeitspapier.

Reinhardt, R. (2000): *Die Messung von Wissen für die Weiterbildung: Wissensmanagement-Workshop der Allianz Versicherungs-AG*. München.

Reinhardt, R. (2001): Knowledge Management: From Theory to Practice. In: D. Morey/M. Maybury/B. Thuraisingham (Hrsg.): *Knowledge Management: Classic and Contemporary Works*. MIT Press 2001, S. 187-222.

Reinhardt, R./Beyer, J. (1997): Voraussetzung für Wettbewerbsvorteile. Süddeutsche Zeitung (Hrsg.): *Wissensmanagement*. München. S. 35-37.

Reinhardt, R./Pawlowsky, P. (1997): Wissensmanagement: Ein integrativer Ansatz zur Gestaltung organisationaler Lernprozesse. Dr. Wieselhuber & Partner (Hrsg.): *Handbuch Lernende Organisation*. Wiesbaden. S. 145-156.

Reinhardt, R./Bornemann, M./Pawlowsky, P./Schneider, U. (2000): Intellectual Capital and Knowledge Management. Dierkes, H./Child, J./Nonaka, I. /Antal A. (Hg.): *Handbook of Organizational Learning*. Oxford (im Druck).

Reinmann-Rothmeier, G./ Mandl, H. (1998): *Multiple Wege zur Förderung von Wissensmanagement in Unternehmen*. München.

Reinmann-Rothmeier, G./ Mandl, H. (1998): *Wissensmanagement. Eine Delphi-Studie* (Forschungsbericht Nr. 90). München.

Reißner, S. (1992): *Synergiemanagement und Akquisitionserfolg*. Wiesbaden.

Remer, A. (1992): Personalcontrolling. Gaugler, E./Weber, W. (Hrsg.): *Handwörterbuch des Personalwesens*. Stuttgart, S. 1642–1653.

Rennie, M. (1998): *Accounting for Knowledge Assets: Do We Need a New Financial Statement?* Paper presented at the 2nd World Congress on the Management of Intellectual Capital, Toronto.

Revans, R.W. (1982): The Enterprise as a Learning System. Revans, R.W. (Hrsg.) (1982). *The Origins and Growth of Action Learning.* Chartwell Bratt.

Revans, R.W. (1983): *ABC of Action Learning.* Southall.

Riebel, P. (1978): Überlegungen zur Formulierung eines Entscheidunstheoretischen Kostenbegriffs. Müller-Merbach, H. (Hrsg.): *Quantitative Ansätze in der Betriebswirtschaftslehre.* München, S. 127–146.

Rockholtz, C. (1999): *Marktwertorientiertes Akquisitionsmanagement.* Frankfurt.

Roever, M. (1980): Gemeinkosten-Wertanalyse: Erfolgreiche Antwort auf die Gemeinkosten-Problematik. *Zeitschrift für Betriebswirtschaft. 6,* S. 686-690.

Romer, P.M. (1990): Endogenous Technological Change. *Journal of Political Economy. 98, October,* S. 71-102.

Romhardt, K. (1998): *Die Organisation aus der Wissensperspektive: Möglichkeiten und Grenzen der Intervention.* Wiesbaden.

Romme, G./R. Dillen. (1997): Mapping the Landscape of Organizational Learning. *European Management Journal.* 15, S. 1.

Roos, G./Roos, J. (1997): Intellectual Performance: Exploring an Intellectual Capital System in Small Companies. *Long Range Planning - Special Issue: Intellectual Capital.* S. 413-426.

Roos, J./Roos, G./Edvinsson, L./Dragonetti, N. (1997*): Intellectual Capital: Navigating in the New Business Landscape.* London.

Ross, S.A. (1973): The Economic Theory of Agency: The Principal's Problem. *American Economic Review, 63,* S. 134-139.

Roth, G. (1996*): Learning Histories: Using Documentation to Assess and Facilitate Organizational Learning.* http://learning.mit.edu/wp/18004.html.

Rousseau, D. (1985): Issues of Level in Organizational Research: Multi-Level and Cross-Level Perspectives. Cummings, L.L./Shaw, B.M. (Hrsg.): *Research in Organizational Behaviour.* Greenwich.

Rubin, P.H. (1973): The Expansion of Firms. *Journal of Political Economy.* 81, S. 936–949.

Ruigrok, W./Wagner, M./Edvinsson, L. (1998): Intellektuelles Kapital messen. *Manager Bilanz. 11,* S. 24–28.

Rumelhart, D.E. (1984): Schemata and the Cognitive System. Wyer, R.S./Srull, T.K. (Hrsg.): *Handbook of Social Cognition.* London.

Rumelhart, D.E./Norman, D.A. (1981): Analogical Reasoning. Anderson, J.R. (Hrsg.): *Cognitive Skills and Their Acquisition.* Hillsdale. S. 335-359.

Russel, J.S./Terborg, J.R./Powers, M.L. (1985): Organizational Performances and Organizational Level Training and Support. *Personnel Psychology. 38,* S. 849-863.

Ryle, G. (1958): *The Concept of Mind.* London.

Sackmann, S.A. (1989): Kulturmanagement: Läßt sich Unternehmenskultur "machen"? Sandner, K. (Hrsg.): *Politische Prozesse in Unternehmen.* Heidelberg, S. 157-183.

Sackmann, S. A. (1991): *Cultural Knowledge in Organizations: Exploring the Collective Mind.* Sage.

Sackmann, S.A./Flamholtz, E./Lombardi-Bullen, M. (1989): Human Resource Accounting: A State-of-the-Art-Review. *Journal of Accounting Literature. 8,* S. 235-264.

Sadowski, D. (1980): *Berufliche Bildung und betriebliches Bildungsbudget.* Stuttgart:.

Sadowski, D. (1991). Humankapital und Organisationskapital – Zwei Grundkategorien einer ökonomischen Theorie der Personalpolitik in Unternehmen. Ordelheide, D./Rudolph, B./Büsselmann, E. (Hrsg.): *Betriebswirtschaftslehre und ökonomische Theorie.* Stuttgart. S. 127-142.

Sahal, D. (Hrsg.) (1982): *The Transfer and Utilization of Technical Knowledge.* Lexington.

Saraswat, S.W./Gorgone, J.I. (1990): Organizational Learning Curve in Software Installation: an Empirical Investigation. *Information and Management. 19/1,* S. 53-59.

Sattelberger, T. (1990): *Die lernende Organisation.* Wiesbaden.

Sattelberger, T. (1999): *Wissenskapitalisten oder Söldner: Personalarbeit in Unternehmensnetzwerken des 21. Jahrhunderts.* Wiesbaden.

Scheele, B. (Hrsg.) (1992): *Strukturlegeverfahren.* Weinheim.

Scheele, B./Groeben, N. (1984): *Die Heidelberger Struktur-Lege-Technik (SLT). Eine Dialog-Konsens-Methode zur Erhebung Subjektiver Theorien mittlerer Reichweite.* Weinheim.

Schein, E.H. (1969): *Process Consultation: Its Role in Organization Development.* Reading.

Schein, E.H. (1984): Coming to a New Awareness of Organizational Culture. *Sloan Management Review. 2 (Vol. 25),* S. 3-16.

Schein, E.H. (1991): What is Culture? Frost, P.J. (Hrsg.): *Reframing Organizational Culture.* Sage. S. 243-253.

Scheppeck, M.A./Cohen, S.L. (1985): Put a Dollar Value on Your Training Program. *Training and Development Journal. 39,* S. 59-62.

Schorer, A.G. (1997): Zum Theoriepluralismus im Strategischen Management – Das Inkommensurabilitätsproblem und Perspektiven zu seiner Überwindung. Kahle, E. (Hrsg.): *Betriebswirtschaftslehre und Managementlehre.* Wiesbaden.

Schiessel, M. (1992): Germany. International Bar Association (Hrsg.): *Due Diligence, Disclosures and Warranties in the Corporate Acquisitions Practice.* London, S. 70 – 83.

Schlagenhaufer, P. (1994): *Service-Orientierung als Herausforderung im Rahmen eines unternehmerischen Personalmanagements.* Dissertation Bamberg.

Schlösser, J./Samsinger, B. (1995): Aussagekräftige Kennziffern für den Blick nach vorn. *Investor Relations. August,* S. 10-111.

Schmalenbach, E. (1963): *Kostenrechnung und Preispolitik.* Köln.

Schmidt, F.L./Hofmann, B. (1973): Empirical Comparison of Three Methods of Assessing Utility of a Selection Device. *Journal of Industrial and Organizational Psychology. 1,* S. 13-22.

Schmidt, H. (Hrsg.) (1982): *Humanvermögensrechnung.* Berlin/New York.

Schmidt, M.P. (2000): *Knowledge Communities.* München.

Schneider, D. (1981): *Geschichte der betriebswirtschaftlichen Theorie – Allgemeine Betriebswirtschaftslehre für das Hauptstudium.* München.

Schnell, R./Hill, P.B./Esser, E. (1989): *Methoden der empirischen Sozialforschung.* München.

Schoenfeld, H.-M. (1974): Die Rechnungslegung über das betriebliche Humanvermögen. *BfuP. 26,* S. 1-33.

Scholl, W./Hoffmann, L./Gierschner, H.-C. (1993). *Innovation und Information. Wie in Unternehmen neues Wissen produziert wird.* Institut für Arbeits-, Sozial- und Organisationspsychologie. Berlin.

Scholz, C. (1987): *Strategisches Management – ein integrierter Ansatz.* Berlin.

Schön, D. (1983): *The Reflective Practitioner.* New York.

Schreib, H.P. (1993): Investor Relation aus Sicht der Anleger. *BfuP. 45,* S. 391-410.

Schreyögg, G. (1988): *Zu den problematischen Konsequenzen starker Unternehmenskulturen.* Hagen.

Schreyögg, G. (1996): *Organisation.* Wiesbaden.

Schreyögg, G./Conrad, P. (Hrsg.) (1996): *Managementforschung. Bd. 6, Wissensmanagement.* Berlin.

Schroder, H.M./Driver, M.I./Streufert, S. (1975): *Menschliche Informationsverarbeitung.* Weinheim.

Schumpeter; J.A. (1934): *The Theory of Economic Development.* Cambridge.

Schuler, R.S. (1992): Strategic Human Resources Management: Linking People with the Strategic Needs of Business. *Organizational Dynamics. Summer,* S. 18-32.

Schultz, M./Hatch, M.J. (1996): Living with Multiple Paradigms: The Case of Paradigm Interplay in Organizational Culture Studies. *Academy of Management Review.* 21, S. 529 – 557.

Schultz, T.W. (1961): Investment in Human Capital. *American Economic Review.* 51, S. 1-17.

Schultz, T.W. (1981): *Investing in People: The Economics of Population Quality.* Berkeley.

Schultz, T.W. (1986): *In Menschen investieren.* Tübingen.

Schumann, J. (1976): *Grundzüge der Mikroökonomischen Theorie.* Berlin.

Schwan, E.S. (1976): The Effects of Human Resource Accounting Data on Financial Decisions: An Empirical Test. *Accounting, Organizations, and Society.* August, S. 219-237.

Schweitzer, M./Küpper, H.-U. (1997): *Produktions- und Kostentheorie.* Wiesbaden.

Scott, B.R. (1971): *The Stages of Corporate Development. Business Policy Notes.* Cambridge.

Seifert, M. (2000): *Vertrauen als Organisationsprinzip: Eine theoretische und empirische Studie über Vertrauen zwischen Angestellten und Führungskräften.* Unveröffentlichte Dissertation. Fakultät für Wirtschaftswissenschaften, TU Chemnitz.

Seiffert, H. (1971): *Information über die Information.* München.

Seil, H.J. (1967): *Quantifizierung betriebswirtschaftlicher Sachverhalte. Der Quantifizierungsbegriff, die Quantifizierungsmöglichkeiten sowie ihre Auswirkungen in Betriebswirtschaftlicher Sicht.* Diss. TH Braunschweig.

Senge, P.M. (1990): *The Fifth Discipline.* New York.

Senge, P./Sterman, J.D. (1992): Systems Thinking and Organizational Learning: Acting Locally and Thinking Globally in the Organization of the Future. Kochan, T.A./Useem, M. (Hrsg.): *Transforming Organizations.* New York, S. 353-371.

Senge, P.M./Roberts, C./Ross, R.B./Smith, B.J./Kleiner, A. (1994). *The Fifth Discipline Fieldbook: Strategies and Tools for Building a Learning Organisation.* London.

Shannon, C.E. (1948): A Mathematical Theory of Communication. *Bell Systems Technical Journal.* 27, S. 379-423.

Shannon, C.E./Weaver, W. (1949): *The Mathematical Theory of Communications.* Urbana.

Sharpe, W.F. (1964): Capital Asset Prices: A Theory of Market Equilibrium under Conditions of Risk. *Journal of Finance. Vol. 19,* S. 425 – 442.

Shrivastava, P. (1983): A Typology of Organizational Learning Systems. *Journal of Management Studies. Vol. 20, No.1,* S. 7-28.

Siebenhaar, K.; Zeller, B. (1993): "Hinterher sind wir alle schlauer": Akquisitionen im Kontext unternehmenskultureller und kommunikativer Prozesse. Ansätze zu einer pre-merger Strategie im M&A- Bereich. Frank,Gerd-M./Stein, I. (Hrsg.): *Management von Unternehmensakquisitionen.* Stuttgart.

Siegwart, H. (1989): *Der Cash-flow als finanz- und ertragswirtschaftliche Lenkungsgröße.* Stuttgart.

Siegwart, H./Mahari, J. (1995): *Strategisches Management von Finanzinnovationen.* Stuttgart.

Siener, F. (1991): *Der Cash-flow als Instrument der Bilanzanalyse: Praktische Bedeutung für die Beurteilung von Einzel- und Konzernabschluß.* Stuttgart.

Siesfeld, G.A. (1998): The Measurement of Knowledge. Neef, D./Siesfeld, A./Cefola, J. (Hrsg.): *The Economic Impact of Knowledge.* Boston, S. 189-202.

Sievers, B. (1977): *Organisationsentwicklung als Problem.* Stuttgart.

Silverman, D. (1971): *The Theory of Organization: A Sociological Framework.* New York.

Simon, H./Tacke, G. (1991): Lernen von Kunden und Konkurrenz. Sattelberger, T. (Hrsg.): *Die lernende Organisation.* Wiesbaden. S. 167-181.

Simon, H.A. (1957): *Administrative Behavior a Study of Decision-Making Processes in Administrative Organization.* New York.

Simons, R./Davila, A. (1998): How High is Your Return on Management. *Harvard Business Review.* January-February, S. 71-80.

Sims, H. P. Jr./Gioia, D.A. (Hrsg) (1986): *The Thinking Organization (Dynamics of Organizational Social Cognition).* San Francisco.

Sjögren, A. (1998): *Human Capital, R&D and Economic Growth. Working Paper Series in Economic and Finance No. 238*, Stockholm.

Skyrme, D.J./Amidon, D.M. (1997): *Creating the Knowledge-Based Business. Business Intelligence Limited.* London

Smircich, L. (1983): Organizations as Shared Meanings. Pondy et al. (Hrsg.): *Organizational Symbolism.* Greenwich. S. 253-312.

Smircich, L./Stubbart, C. (1985): Strategic Management in an Enacted World. *Academy of Management Review. Vol. 10, No. 4*, S. 724-736.

Smith,A. (1933): *Natur und Ursache des Volkswohlstandes.* Leipzig.

Soin, S.S. (1992): *Total Quality Control Essentials: Key Elements, Methodologies and Managing for Success.* New York.

Solow, R.M. (1956): A Contribution to the Theory of Economic Growth. *The Quarterly Journal of Economics. Bd. 70*, S. 65 – 94.

Solow, R.M. (1957): Technical Change and the Aggregate Production Function. *Review of Economics and Statistics. Bd. 39*, S. 312 – 320.

Sontag, K. (1996): *Lernen im Unternehmen. Effiziente Organisation durch Lernkultur.* München, S. 223.

Spada, H./Ernst, A. (1990): *Wissen, Ziele und Verhalten in einem ökologisch-sozialen Dilemma.* Forschungsbericht Nr. 63 aus dem Psychologischen Institut der Universität Freiburg.

Sparrow, R.R./Hiltrop, J.-M. (1994): *European Human Resource Management in Transition.* New York.

Spencer, L. (1986): *Calculating Human Resource Costs and Benefits.* New York.

Spencer, J.C. (1995a): Organizational Knowledge, Collective Practice and Penrose Rents. *International Business Review. 3,* S. 353 – 367.

Spencer, M. (1979): *Foundations of Modern Sociology.* Englewood Cliffs.

Spender, J.C. (1995b): Organizations are Activity Systems, not Merely Systems of Thought. *Advances in Strategic Management. 12B,* S. 153 – 174.

Spender, J.C. (1996): Making Knowledge the Basis of a Dynamic Theory of the Firm. *Strategic Management Journal. 17, Winter Special Issue,* S. 45-62.

Spender, J.C. (1998): Foreword. Boisot, M. H.: *Knowledge Assets. Securing Competitive Advantage In the Information Economy.* Oxford, S. VII – X.

Spiceland, J.D./Zaunbrecher, H.C. (1977): The Usefulness of Human Resource Accounting in Personnel Selection. *Management Accounting. February,* S. 29-40.

Stachowiak, H. (1965): Gedanken zu einer allgemeinen Theorie der Modelle. *Studium Generale. 18,* S. 432–463.

Stachowiak, H. (1973): *Allgemeine Modelltheorie.* Wien.

Staehle, W.H. (1969): *Kennzahlen und Kennzahlensysteme als Mittel der Organisation und Führung von Unternehmen.* Wiesbaden.

Staehle, W.H. (1991): Redundanz, Slack und lose Kopplung in Organisationen. Eine Verschwendung von Ressourcen? Staehle, W.H./Sydow, J. (Hrsg.): *Managementforschung 1.* Berlin, S. 313 – 345.

Staehle, W.H. (1994): *Management: Eine verhaltenswissenschaftliche Einführung.* München.

Standard/Poors (1996): *Corporate Ratings Criteria.* New York.

Standard/Poors (1999): *Standard/Poors 500 Guide.* New York.

Stegmüller, W. (1978): *Das Universalien-Problem.* Darmstadt.

Steiner, M. (1993): Meinungen zum Thema: Investor Relations. *BfuP. 45,* S. 184-206.

Steinmann, H./Gerum, E. (1978): Die Unternehmung als Koalition. *Wirtschaftswissenschaftliches Studium. 10,* S. 469-475.

Steinmann, H./Scherer, A.G. (1994): Lernen durch Argumentieren: Theoretische Probleme konsensorietierten Handelns. Albach, H. (Hrsg.): *Globale Soziale Marktwirtschaft. Festschrift für Santiago Garcia Echevaria.* Wiesbaden, S. 263 – 285.

Steinmann, H./Schreyögg, G. (1993): *Management (Grundlagen der Unternehmensführung); Konzepte, Funktionen, Fallstudien.* Wiesbaden.

Stern, J.M. (1993): EVA - Share Options that Maximize Value. *Corporate Finance. August,* S. 31-32.

Stern, J.M. (1994): EVA Roundtable. *Journal of Applied Corporate Finance. 7(2),* S. 46-70.

Stern, J.M./Stewart, G.B./Chew, D.H. (1995): The EVA Financial Management System. *Journal of Applied Corporate Finance. 8(2),* S. 32-46.

Stern, Stewart/Co. (1993): *EVA Financial Management.* New York.

Stern, Stewart/Co. (1994): *Scotts Roadmap is EVA.* New York.

Stevens, A.L./Collins, A. (1980): Multiple Conceptual Models of a Complex System. Snow, R.E./Federico, P.A./Montague, W.E. (Hrsg.): *Aptitude, Learning and Instruction.* Vol II, 177-197, Hillsdale.

Stevens, M. (1993): *Some Issues in the Economics Training.* New York.

Stevens, M. (1994): Labour Contracts and Efficieny in On-the-Job-Training. *The Economic Journal. 104,* S. 408-419.

Stevens, S.S. (1959): Measurement, Psycholophysios and Utility. Churchman, C.W./Ratoosh, P. (Hrsg.): *Measurement, Definition and Theories,* New York.

Stewart, G.B. (1991): *The Quest for Value.* New York.

Stewart, G.B. (1994): EVA – Fact and Fantasy. *Journal of Applied Corporate Finance. 7(2),* S. 71-84.

Stewart, T.A. (1997): *Intellectual Capital: The New Wealth of Organizations.* London.

Stewart, T.A. (1998): *Der vierte Produktionsfaktor. Wachstum und Wettbewerbsvorteile durch Wissensmanagement.* München.

Stigler, G. (1973): A Sketch of the History of Truth in Teaching. *Journal of Political economy. 81,* March-April, S. 491-495.

Stivers, B.P./Covin, T.J./Hall, N.G./Smalt, S.W. (1997): Harnessing Corporate IQ. *CA Magazine. Vol. 130(3),* S. 26-29.

Stobbe, A. (1976): *Volkswirtschaftslehre I: Volkswirtschaftliches Rechnungswesen.* Berlin.

Storck, J. (1993): *Mergers & Acquisition: Marktentwicklung und bankpolitische Konsequenzen.* Wiesbaden.

Storey, J. (1989): *New Perspectives on Human Resource Management.* London.

Storey, J. (Hrsg.) (1995): *New Perspectives on Human Resource Management.* London.

Strassmann, P.A. (1996): *The Value of Computers, Information and Knowledge.* http://www.strassmann.com/pubs/cik/cik-value.html.

Strassmann, P.A. (1998): *The Value of Knowledge Capital.* http://www.strassmann.com/pubs/valuekc.html.

Strassmann, P.A. (1999): *Information Productivity.* Information Economy Press. http://www.strassmann.com

Streufert, S./Streufert, S.C. (1978): *Behavior in the Complex Environment.* New York.

Streufert, S./Sweezey, R.W. (1986): *Complexity, Managers, and Organizations.* Orlando/San Diego.

Strohschneider, S. (1988): *Wissensdiagnosen und Problemlösen. Eine Gegenüberstellung von gruppenstatistischen Daten und Einzelfallbetrachtungen.* Vortrag auf dem 36. Kongreß der Deutschen Gesellschaft für Psychologie in Berlin.

Süchting, J. (1995): *Finanzmanagement.* Wiesbaden.

Süß, H.M./Beauducel, A./Kersting, M./Oberauer, K. (1991): *Experiment zum Zusammenhang von Intelligenz, Wissen und Problemlösen.* Vortrag auf der 33. Tagung experimentell arbeitender Psychologen in Gießen.

Sveiby, K. E. (1986): *Kunskapsföretaget (The Know-How Company).* Malmö.

Sveiby, K.E. (1989): *The Invisible Balance Sheet.* Stockholm.

Sveiby, K.E. (1990): *Kunskapsledning (Knowledge Management).* Stockholm.

Sveiby, K.E. (1997): *The New Organizational Wealth: Managing and Measuring Knowledge Based Assets.* San Francisco.

Sveiby, K.E./Lloyd, T. (1989): *Das Management des Know-how.* Frankfurt.

Swanson, R.A./Gradous, D.B. (1988*): Forecasting Financial Benefits of Human Resource Development.* San Francisco.

Szyperski, N. (1962): *Zur Problematik der quantitativen Terminologie in der Betriebswirtschaftslehre.* Berlin.

Takeuchi, H. (1986): The new product development game. *Harvard-Manager. 3*, S.40-47.

Tallmann, S. (1991): Strategic Management Models and Resource-Based Strategies Among MNEs in a Host Market. *Strategic Management Journal. Vol. 12, Special Issue (Summer)*, S. 69 – 82.

Tampoe, M. (1994): Exploiting the Core Competence of Your Organization. *Long Range Planning. 27, 4*, S. 60–77.

Tapscot, D. (1998): *Growing up Digital. The Rise of the Net Generation.* New York.

Teece, D./Pisano, G./Shuen, A. (1992): *Dynamic Capabilities and Strategic Management.* Arbeitspapier. Mass..

Teece, D./Pisano, G./Shuen, A. (1994): *Dynamic Capabilities and Strategic Management.* Mass..

Teece, D.J. (1998): Capturing Value from Knowledge Assets. *California Management Review. 40(3),* S. 55-79.

Terpstra, D.E./Rozell, E.J. (1993): The Relationship of Staffing Practices to Organizational Level Measures of Performance. *Personnel Psychology. 46,* S. 27-48.

Thibaut, J.W./Kelley, H.H. (1959): *The social psychology of groups.* New York.

Thompson, J.D. (1967): *Organizations in Action.* New York.

Tichy, N.M./Fombrun, C.J./Devanna, M.A. (1982): Strategic Human Resource Management. *Sloan Management Review.* S. 47-61.

Tiwana, Amrit (2000):*The Knowledge Management Toolkit. Practical Techniques for Building a Knowledge Management System.* Englewood Cliffs.

Tomassini, L.A. (1977): Assessing the Impact of Human Resource Accounting: An Experimental Study of Managerial Decision Preferences. *The Accounting Review. March,* S. 1-17.

Tomer, J.F. (1987): *Organizational Capital: The Path to Higher Productivity and Wellbeing.* New York.

Tomer, J.F. (1998): Organizational Capital and Joining-Up: Linking the Individual to the Organization and to Society. *Human Relations. 51(6),* S. 825-846.

Töpfer, A. (1994): Marketing des Profit-Centers Personal. Anwendungsbeispiel Personalforschung. Ackermann, K.F. (Hrsg.): *Reorganisation der Personalabteilung.* Stuttgart, S. 145-184.

Torgerson, W.S. (1967): *Theory an Methods of Scaling.* New York.

Trux, W. (1993): *Strategie und operative Führung als Gesamtaufgabe. DBW. 53,* S. 319-329.

Turkle, Shelley. (1995): *Leben im Netz.* Reinbek.

Tushman, M./Scanlan, T. (1981): Boundary Spanning Individuals: The Role in Information Transfer and Their Antecedents. *Academy of Management Journal. 24(2),* S. 289-305.

Ulrich, D. (1997): Measuring Human Resources: An Overview of Practice and a Prescription for Results. *Human Resource Management. 36(3),* S. 303-320.

Ulrich, D./Brockbank, W./Yeung, A./Lake, D. (1993): *Human Resources as a Competitive Advantage: An Empirical Assessment of HR Competencies and Practices in Global Firms.* Unpublished Manuscript.

Ulrich, D./Geller, A./DeSouza, G. (1984): A Strategy, Structure, Human Resource Database: OASIS. *Human Resource Management. 23*, S. 77-90.

Ulrich, H. (1984): *Management.* Bern.

Ulrich, H./Probst, G.J.B. (1990): *Anleitung zum ganzheitlichen Denken und Handeln.* Bern.

Ulrich, H./Probst, G.J.B. (Hrsg.) (1984): *Self-Organization and Management of Social Systems.* Heidelberg.

Umstätter, W. (1988): Was ist Information eigentlich wert? *DGD-Schrift 4/89*, S. 589-603.

Umstätter, W. (1998): Über die Messung von Wissen. *Nachrichten für Dokumentation. 49 (4),* S. 221 – 224.

van Buren, M. (1997): *ASTDs Guide to Learning Organization Assessment Instruments.* Alexandria.

van den Daele, W./Krohn, W./Weingart, P. (Hrsg.) (1979): *Geplante Forschung. Vergleichende Studien über den Einfluss politischer Programme auf die Wissenschaftsentwicklung.* Frankfurt.

Varela, F. (1979): *Principles of Biological Autonomy.* New York.

Varela, F. (1984): Two Principles of Self-Organization. Ulrich, H./Probst, G.J.B. (Hrsg.): *Self-Organization and Management of Social Systems.* Heidelberg.

Varela, F.J. (1992): *Understanding Origins: Contemporary Views on the Origin of Life, Mind and Society.* Dordrecht.

Venkatraman, N./Ramanujam, V. (1987): Planning System Success: A Conceptualization and an Operational Model. *Management Science. 33, 6,* S. 687-705.

Vester, F. (1978): *Denken, Lernen, Vergessen.* München.

Vester, F. (1991): *Ausfahrt Zukunft.* München.

Vicari, S./von Krogh, G./Roos, J./Mahnke, V. (1996): Knowledge Creation Through Cooperative Experimentation. Krogh, G./Roos, J. (Hrsg.): *Managing Knowledge: Perspectives on Cooperation and Competition.* London.

Virga, P.H. (Hrsg.) (1987): *The National Management Association Handbook for Managers.* Englewood Cliffs.

Voigt, J.F. (1990): *Unternehmensbewertung und Potentialanalyse.* Wiesbaden.

Volkart, R. (1994): Begriff und Informationsgehalt des Cash Flow. *Der Schweizer Treuhänder. 1-2,* S. 23-31.

Volkart, R. (1995a): Wertorientierte Unternehmensführung und Shareholder Value Management. Thommen, J.P. (Hrsg.): *Management-Kompetenz.* Zürich, S. 539-549.

Volkart, R (1995b): *Finanzmanagement, Beiträge zu Theorie und Praxis.* Band I. Zürich.

Volkart, R (1995c): *Finanzmanagement, Beiträge zu Theorie und Praxis.* Band II. Zürich.

Volkart, R. (1997): *Wertkommunikation, Aktienkursbildung, und Managementverhalten als kritische Eckpunkte im Shareholder value-Konzept.* Working Paper ISB Zürich.

Volkart, R./Bühlmann, B (1997): Free Cash Flow – Schillernde Finanzzielgröße. *Der Schweizer Treuhänder. 1,* S. 10-18.

Volkart, R./Nadig, L. (1995): DCF-Analysen, Investitionsrechnung und Marktzinsmethode. *Der Schweizer Treuhänder. 9,* S. 713-720.

Vollmeyer, R./Holyoak, K.J. (1993): *Hypothesis-Testing Strategies in Learning a Complex Dynamic System.* Poster presented at the 1993 Annual Convention of the American Psychological Association in Chicago.

von Foerster, H. (1971): *Wissen und Gewissen.* Frankfurt.

von Foerster, H. (1985): *Sicht und Einsicht.* Braunschweig.

von Foerster, H. (1998): *Wahrheit ist die Erfindung eines Lügners.* Heidelberg.

von Hayek, F.A. (1945): The Use of Knowledge in Society. *American Economic Review. 35, September,* S. 3-42.

von Hippel, E. (1994): Sticky Information and the Locus of Problem Solving. Implications for Innovation. *Management Science. Vol. 40, April,* S. 429 – 439.

von Koolwijk, J./Wieken-Mayser, M. (Hrsg.) (1976): *Technik der empirischen Sozialforschung. Bd. 5, Test und Messen.* München.

von Krogh, G./Roos, J. (1996): *Managing Knowledge.* London.

von Krogh, G./Venzin, M. (1995): Anhaltende Wettbewerbsvorteile durch Wissensmanagement. *Die Unternehmung. 49,* S. 417-436.

von Rütte, M./Hoenes, R.C. (1995): *Rechnungslegung immaterieller Werte.* St. Gallen, Hochsch. für Wirtschafts-, Rechts- und Sozialwiss., Diss..

von Wagenhoff, C. (1984): Dauerhafte Gemeinkostensenkung. *Controller Magazin. 1,* S. 31-37.

Wächter, H. (1990): Personalwirtschaftliche Voraussetzungen und Folgen von Unternehmenszusammenschlüssen. *BfuP. 2,* S. 114-128.

Wack, P. (1986): Szenarien: Unbekannte Gewässer voraus. *Harvard Manager. 2,* S. 60-77.

Wagner, R.K. (1987): Tacit Knowledge in Everyday Intelligent Behavior. *Journal of Personality and Social Psychology. 52,* S. 1236-1247.

Wagner, R.K. (1991): Managerial Problem Solving. Sternberg, R.J./Frensch, P.A. (Eds.): *Complex Problem Solving: Principles and Mechanisms.* Hillsdale, S. 159-183.

Wagner, R.K./Sternberg, R.J. (1985): Practical Intelligence in Real-World Pursuits: The Role of Tacit Knowledge. *Journal of Personality and Social Psychology. 48,* S. 436-458.

Wakerly, R.G. (1984): PIMS: A Tool for Developing Competitive Strategy. *Long Rang Planning. 17,* S. 92 – 97.

Walbert, L. (1993): Americas Best Wealth Creators. *Fortune. Dec., 27,* S. 64-76.

Wallis, J.J./North, D.C. (1986): Measuring the Transaction Sector in the American Society: 1870-1970. Engerman S./Gallman R. (Hrsg.): *Long-Term Factors in Economic Growth.* Chicago.

Walras, L. (1954): *Elements of Pure Economics or The Theory of Social Wealth.* Homewood.

Walsh, J.P./Ungson, G.R. (1991): Organizational Memory. *Academy of Management Review, 16(1),* S. 57-91.

Weber, H.K. (1980): *Wertschöpfungsrechnung.* Stuttgart:

Weber, J. (1998): Macht der Zahlen. *Managermagazin. 12,* S. 184-187.

Weber, J./Schäffer, U. (1998): Balanced Scorecard – Gedanken zur Einordnung des Konzepts in das bisherige Controlling-Instrumentarium. *Zeitschrift für Planung. 9,* S. 341-365.

Weggemann, M. (1999): *Wissensmanagement. Der richtige Umgang mit der wichtigsten Unternehmens-Ressource.* New York.

Weick, K.E./Bougon, M.G. (1986): Organizations as Cognitive Maps: Charting Ways to Sucess and Failure. Sims, H.P. Jr./Gioia, D.A. (Hrsg.) (1986): *The Thinking Organization. Dynamics of Organizational Social Cognition.* San Francisco.

Weitzman, M.L./Kruse, D.L. (1990): Profit Sharing and Productivity. Blinder, A.S. (Hrsg.): *Paying for Productivity.* Washington, S. 95-141.

Weltbank (1998): World Development Report 1998: Knowledge for Development, June 30 1997; http://www.worldbank.org/html/fpd/Technet/wdr98/partone.htm

Werner, K. (1958): *Die Industriestatistik der Bundesrepublik Deutschland.* Berlin.

Wernerfeld, B. (1984): A Ressource-based View of the Firm. *Strategie Management Journal. Vol. 5,* S. 171–180.

Wernerfeld, B. (1995): The Resource-based View of the Firm: Ten Years After. *Stratecic Management Journal. 16, Nr. 5,* S. 171–174.

Wernerfeld, B./Montgomery, C. (1988): Tobin's q and the Importance of Focus in Firm Performance. *American economic Review. Vol. 78,* S. 246 – 250.

Westermann (1768): zit. in: Pawlowsky, P./Bäumer, J. (1996): *Betriebliche Weiterbildung: Management von Qualifikation und Wissen.* München, S. 5.

Westphalen, S.-A. (1999): *Reporting on Human Capital; Objectives and Trends.* International Symposium: Measuring and Reporting Intellectual Capital: Experiences, Issues, and Prospects, 9-10 June, Amsterdam.

Wiegand, M. (1996): *Prozesse organisationalen Lernens.* Wiesbaden.

Wijg, K.M. (1993): *Knowledge Management Foundations: Thinking about Thinking.* Arlington.

Wijg, K.M. (1994): *Knowledge Management Foundations: The Central Management Focus for Intelligent-Acting Organizations.* Arlington.

Wijg, K.M. (1995): *Knowledge Management Foundations: Practical Approaches to Managing Knowledge.* Arlington.

Wijg, K.M. (1996*): Knowledge Management is no Illusion.* Proceedings of the 1st International Conference on Practical Aspects of Knowledge Management. 30.-31.Oktober, Basel, 1996.

Wijg, K.M. (1997): Integrating Intellectual Capital and Knowledge Management. *Long Range Planning. 30(3)*, S. 399-405.

Wikström, S./Normann, R./Anell, B./Ekvall, G./Forslin, J./Skörvad, P-H. (1992): *Kunskap och Värde. Företag som ett kunskapsprocessande och värdeskapande system.* Stockholm (engl. 1994: Knowledge and Value. London).

Wilkens, U. (1998): *Human Resource Management in der europäischen Automobilindustrie.* Frankfurt.

Williamson, O.E. (1985): *The Economic Institutions of Capitalism.* New York.

Williamson, O.E. (1991): Comparative Economic Organization: The Analysis of Discrete Structural Alternatives. *American Science Quarterly, 26*, S. 269-296.

Willke, H. (1987): Strategien der Intervention in Autonome Systeme. Baecker, D. (Hrsg.): *Theorie als Passion.* Frankfurt. S. 333-361.

Willke, H. (1997): Wissensarbeit. *Organisationsentwicklung. 3*, S. 4-19.

Willke, H. (1998): *Systemisches Wissensmanagement.* Stuttgart.

Willke, H.(1994): *Systemtheorie I - Gundlagen.* Stuttgart.

Willke, H.(1995): *Systemtheorie II – Interventionstheorie.* Stuttgart.

Willke, H.(1996): *Systemtheorie III - Steuerungstheorie.* Stuttgart.

Wilson, D. A. (1996): *Managing Knowledge.* Oxford.

Winkelhage, J. (1998): Dienstleister, die beim Denken helfen. *FAZ, 28. März, Nr. 74*, S. 15.

Winter, S. (1987): Knowledge and Competence as Strategic Assets. Teece, D. (Hrsg.): *The Competitive Challenge – Strategies for Industrial Innovation and Renewal.* Cambridge.

Winterhager, W.D. (1982): Versuch einer bildungsökonomischen Bewertung der Berufsausbildung in der Bundesrepublik Deutschland. Schmidt, H. (Hrsg.): *Humanvermögensrechnung der Unternehmen.* Berlin, S. 335 – 346.

Wintermantel, R.E./Mattimore, K.L. (1997): In the Changing World of Human Resources: Matching Measures to Mission. *Human Resource Management. 36(3)*, S. 337-342.

Witt, F.J./Witt, K. (1990): Personalcontrollers Prozeßkostenrechnung. *Personalwirtschaft. 3*, S. 109-129.

Wittmann, W. (1959): *Unternehmung und unvollkommene Information* (Unternehmerische Voraussicht – Ungewißheit und Planung). Köln.

Wittmann, W. (1972): Wissen in der Produktion. Kern, B. (Hrsg.): *Handwörterbuch der Produktion.* S. 2261-2272.

Wittmann, W. (1979): Information. Grochla, E. (Hrsg.): *Handwörterbuch der Organisation.* S. 699-707.

Wöhe, G. (1990): *Einführung in die Allgemeine Betriebswirtschaftslehre.* München.

Wöhe, G. (1992): *Bilanzierung und Bilanzpolitik.* München.

Wohlrapp, H. (1995): Argumentative Geltung. Ders. (Hrsg.): *Wege der Argumentationsforschung,* Stuttgart – Bad Cannstatt, S. 280–297.

Woolridge, J. R. (1988): Competitive Decline and Corporate Restructuring: Is a Myopic Stock Market to Blame? *Journal of Applied Corporate Finance, 1*, S. 26-36.

World Development Report 1998: Knowledge for Development, June 30, 1997; http://www.worldbank.org/html/fpd/Technet/wdr98/partone.htm

World Economy Survey (1996). *The Economist. September 28*, S. 43.

Worldbank Report: Word Development Report 1998. Knowledge for Development, Teil 2.

Wright, P.M./McMahen, G.C (1992): Theoretical Perspectives for Strategic Human Resource Management. *Journal of Management. 18(2)*, S. 295-320.

Wunderer, R. (1992): Von der Personaladministration zum Wertschöpfungs-Center. *DBW. 2,* S. 201-215.

Wunderer, R. (Hrsg.) (1988): *Betriebswirtschaftslehre als Management- und Führungslehre.* Stuttgart.

Wunderer, R./Jaritz, A. (1999): *Unternehmerisches Personalcontrolling. Evaluation der Wertschöpfung im Personalmanagement.* Neuwied.

Wunderer, R./Schlagenhaufer, P. (1994): Die Personalabteilung als Wertschöpfungscenter: Ergebnisse einer Umfrage. *Zeitschrift für Personalforschung. 2*, S. 180-187.

Wunderer, R./Schlagenhaufer, P. (1994): *Personal-Controlling: Funktionen, Instrumente, Praxisbeispiele.* Stuttgart.

Wüthrich, H.A./Rufer, D. (1991): Werte schaffen muß Marktorientierung ergänzen. *io Management. 60(1)*, S. 34-36.

Yao, D. (1988): Beyond the Reach of the Invisible Hand: Impediment to Economic Activity, Market Failures and Profitability. *Strategic Management Journal. Vol. 9, Special Issue*, S. 59 – 70.

Yelle, L.E. (1979): The Learning Curve: Historical Review and Comprehensive Survey. *Decision Sciences. 10/2*, S. 302-328.

Yeung, A./Ulrich, D. (1990): Effective Human Resource Practices for Competitive Advantages: An Empirical Assessment of Organizations in Transition. Niehaus, R.J./Price, K.F. (Hrsg.): *Human Resource Strategies for Organizations in Transition.* New York, S. 311-326.

Yeung, A.K./Berman, R. (1997): Adding Value Through Human Resources: Reorienting Human Resource Measurement to Drive Business Performance. *Human Resource Management. 36(3)*, S. 321-336.

Zander, U./Kogut, B. (1995): Knowledge and the Speed of the Transfer and Imitation of Organizational Capabilities: An Empirical Test. *Organization Science. 6(1)*, S. 76-92.

Zimmerman, L.J. (1961): *Geschichte der Theoretischen Volkswirtschaftslehre.* Köln.

Zink, K. (1995): *TQM als integratives Managementkonzept.* München.

zu Knyphausen, D. (1993): Why are Firms Different? *Die Betriebswirtscahftslehre 53(6)*, S. 771-793.

zu Knyphausen, D. (1995): *Theorie der strategischen Unternehmensführung.* Wiesbaden.

Zuboff, S. (1988): *In the Age of the Smart Machine.* New York.

Zünd, A. (1992): Expectation Gap – Die Revision im Clinch von Erwartung und Auftrag. *Der Schweizer Treuhänder.* S. 371 - 379.

6 SCHLAGWORT- UND AUTORENVERZEICHNIS

Abbildungstheoretische Annahmen 192
Ackermann 131
Acland 239
Adams 122
Adler 87, 88
Akquisition 35, 97, 98, 100, 101, 102, 154, 227, 329
Albach 78, 300
Albert 377
Aldering 101
Alewell 70
Allan 88
American Institute of Certified Public Accountants 36
American Productivity & Quality Center 43, 136
Amit 153
Anderson 65, 100, 183
Anschlußfähigkeit 119, 122, 149, 166, 195, 205, 206, 208, 210, 211, 224, 266, 269, 305, 366, 371
Ansoff 153
Apobetik 108, 118
Argote 88
Argyris 139, 145, 146, 160, 206
Armbruster 183
Arnold 134
Arthur 71, 116, 132, 134, 224
Ashby 144
Astley 139, 194, 353, 374
Asymmetrische Besitzverhältnisse 123
Auffassung von Wissen 15, 114, 165, 200, 347
Austausch 79, 123, 124, 142, 150, 167, 170, 173, 187, 192, 193, 194, 196, 333
Axelrod 144
Backhuijs 231, 232
Badaracco 139, 194
Balanced Scorecard 15, 54, 214, 298, 303, 342, 343, 344, 345
Ball 258
Ballwieser 97
Balsiger 388
Bardeleben 69
Bardmann 198, 199
Barnard 78
Barney 12, 153, 155, 156, 157, 158, 162, 166
Bartel 70
Bartlett 144
Bartscher 236
Bassi 71
Bäumer 148, 268
Baysinger 134
Beaumont 131
Becker 65, 66, 67, 69, 70, 93
Beckman 88
Beer 116, 131, 136, 144
Begin 131
Bellinger 97

Ben-Zion 91
Berens 33, 34, 98
Berger 139, 194
Berichtswesen 32, 36, 82, 226, 245, 338
Besitz/Schutzmöglichkeiten 120
bestandsbezogene Perspektive 256, 295, 362
betriebswirtschaftliche Bewertungslehre 216
betriebswirtschaftlich-monetäre Perspektive 9, 13, 216
Bettis 139
Bewertbarkeit 44, 120, 125, 178, 195, 204, 229, 230
Bilanz 35, 53, 226, 227, 235, 241, 244, 248, 255, 324, 326, 350, 351
Bill 392
Binder 99, 102
Blackler 139
Blaug 70
Bleicher 43, 95, 126, 159
BMBF 27
Boemle 241
Bohn 139
Boisot 13, 165, 174, 176, 177, 178, 179, 193, 195, 207, 208, 290, 291, 292, 293, 294, 297, 359, 369
bonitäre Interpretation 216, 225
Bontis 14, 41, 54, 152, 213, 269, 283, 285, 286, 288, 292, 295
Borg 113, 363
Born 97
Bornemann 53, 120, 212, 245, 250, 251, 252, 253, 254
Bortz 263, 264
Boudreau 132
Bouffier 298
Bougon 145
Bourdieu 78, 79
Bower 183
Braczyk 67
Brennan 38
Bretzke 98, 197, 269
Brinkmann 254
Brooking 38, 39, 41, 92, 308
Brown 139, 182
Bruns 94, 258
Bühlmann 242
Bühner 32, 240, 241, 245
Bukowitz 152
Bullinger 43, 136
Bungard 113
Bunge 381, 382, 383, 384, 386
Burrell 374, 376
Burt 79
Büschges 265
calculated intangible value 53, 212, 226, 255, 352
Carleton 100

449

Carter 83, 120, 377
cash flow 34, 92, 94, 97, 217, 231, 232, 235, 240, 241, 242
Castanias 158
CCH 134, 135
Charakteristika von Wissen 18, 59, 120, 128, 192, 193
Chatman 77
Chauvin 91
Chew 243
Chief Knowledge Officer 39, 42, 311
Chmielewicz 260
Chufh 94
Clar 66
Clare 152, 245
Clark 88, 169
Coase 73, 74
Coenenberg 34
Cohen 132, 153, 166, 183
Coleman 78, 79
Collins 139, 158, 194
Comelli 208
Conner 79, 164
Connolly 91
Cook 145, 264
Coombs 110
Cootner 258
Copeland 32, 94, 240, 241
Cortada 136
Cowherd 133
Cronbach 264, 269, 272
Crossan 283, 284, 286
Cyert 88, 144
Daft 145, 184
Daniel 298
Dansereau 182
Daten 12, 13, 19, 23, 24, 25, 26, 41, 51, 54, 58, 61, 68, 97, 103, 104, 105, 108, 109, 114, 118, 121, 122, 130, 177, 181, 182, 185, 186, 187, 191, 198, 213, 232, 235, 239, 240, 244, 245, 254, 263, 265, 266, 268, 273, 278, 280, 282, 287, 296, 298, 303, 304, 306, 337, 342, 371, 385, 387
Davenport 42, 120, 126
Davis 37
Day 87, 88
Dean 131
Deetz 374
Delaney 132, 133
Demsetz 74, 155, 167
Desai 70
DeSouza 133
Devanna 133
Diagnose 14, 34, 45, 213, 269, 270, 272, 273, 274, 282, 288, 292, 295, 350
Diagnostik 14, 54, 213, 269, 270, 272, 274, 280, 282, 292, 293, 294, 295, 296, 350, 351
Diekhoff 182
Dielmann 100
Dierkes 43, 136

Diffenbach 95
Dixon 145
Donaldson 376
Doré 66, 71
Dörner 144, 182, 269
Døving 287
Dragonetti 38, 39
Drill 241, 242
Drucker 29, 30
Due Diligence 12, 58, 60, 90, 97, 98, 99, 100, 101, 102, 103, 203, 227
Duguid 139
Dürr 93, 94
Dutton 87, 88
Dyer 133
Eberl 144
Eccles 32, 343
economic value added 53, 92, 240, 242, 243, 248, 256, 367
Eden 145
Edvinsson 15, 39, 40, 41, 93, 214, 306, 308, 309, 310, 311, 312, 314, 315, 316, 320, 321, 322, 323, 324, 325, 327, 328, 329, 331, 334, 340, 344, 385
Edwards 38, 41
Eiley 41
Elias 239
Eliasson 61
Emery 144
Engels 217, 219, 220, 222
Epistemologie 55, 184, 189, 193, 387
Epple 88
Erfassung von Wissen 9, 11, 13, 14, 15, 16, 17, 18, 19, 26, 30, 31, 40, 41, 43, 46, 47, 50, 55, 59, 60, 68, 82, 89, 182, 191, 210, 211, 214, 223, 225, 255, 256, 259, 265, 289, 294, 298, 303, 306, 310, 312, 313, 314, 315, 316, 321, 322, 323, 325, 327, 328, 331, 333, 335, 337, 339, 341, 345, 346, 347, 352, 353, 357, 361, 363, 364, 366, 367, 371, 372, 373, 381, 386, 387
Erfassung von Wissenskapital 15, 18, 19, 40, 41, 50, 68, 306, 310, 312, 313, 314, 315, 316, 321, 322, 323, 325, 327, 328, 331, 333, 335, 339, 341
Erkenntnis 114, 182, 189, 375, 387, 389
Ernst 95, 96, 97, 188, 223
Ernst/Young 95, 96, 97, 188, 223
Erwerb 33, 61, 81, 117, 125, 141, 174, 192, 196, 231
Esser 215
explizites Wissen 83, 141, 167, 179, 194, 267, 319, 351
Fama 258
Feuer 70
Feyerabend 376
Fink 344
Fiol 139
Firth 258

Fischer 36, 53, 212, 215, 217, 220, 221, 258, 260, 261, 262, 302, 342
Fitz-enz 132, 236
Flamholtz 235, 236, 238, 239
Flechtner 105, 109
Folbert 105, 106
Fombrun 133
Forrester 144
Forslin 151
Frank 98
Friedrichs 263
Frost 145
Fruhan 32, 240
Fucks 107, 110
Fujimura 391
Garratt 145
Gebrauch 120, 121, 185
Gehrke 90
Gentsch 114, 126, 194
Gerhart 134
Ghoshal 79
Gibbons 55, 388, 389, 391
Gioia 376
Gitt 106, 112, 113, 124, 268
Glaser 342, 390
Gleser 272
Glick 70
Gomez 32, 33, 100, 101, 144, 240
Goschke 194
Goss 131
Gow 132
Gradous 239
Graesser 182
Granovetter 79
Grant 12, 79, 157, 165, 166, 167, 168, 169, 170, 171, 174, 179, 193, 195, 267
Grawe 194
Greenspan 28
Griliches 30, 91
Grossbard-Shechtman 77
Grossman 57, 202
Gruber 258
Grundler 344
Grundstein 42
Grünig 241
Gul 239
Gütekriterien 13, 14, 15, 19, 54, 188, 213, 221, 260, 264, 265, 268, 303, 341, 364, 385, 386
Gutenberg 86, 87, 301
Gutjahr 215, 263
Häberli 392
Hackl 105, 106
Haerri 241
Hafner 98
Hahn 37
Hall 91, 153, 163
Hambrick 287
Hamel 12, 43, 153, 155, 158, 159, 160, 161, 162, 163
Hammer 332

Hammond 88
Harrell 239
Hartmann 25, 101
Harvey 102
Hawkins 145
Hax 243
Hebb 194
Hedberg 150
Hedlund 139
Heidenreich 29
Heinen 87, 196, 217, 218, 219, 220, 298
Heinsohn 69
Helbling 33
Henderson 88, 169
Hendricks 239
Hermanson 235
Herrmann 197
Higgins 94, 95
Hildebrand 136
Hill 215
Hiltrop 131
Hirschey 91
Hoenes 245
Hofmann 132, 385
Höhener 258
Homans 122
Horváth 300, 342, 344, 345
Horváth & Partner 300, 344, 345
Hostettler 243, 244
Howitt 26, 30, 31
Hübbe 101
Huber 88, 144, 168
Hüffer 100
Hüfner 61
Hulland 283, 286
Human Cost Accounting 14, 236
Human Resource Accounting 235
Human Resource Management 12, 52, 71, 129, 130, 131, 134, 159
Human Resources 12, 58, 100, 131, 203, 336
Human Value Accounting 14, 237
Humankapital 11, 31, 36, 40, 57, 60, 63, 64, 65, 66, 67, 68, 69, 70, 71, 72, 73, 74, 75, 78, 82, 83, 91, 102, 103, 133, 159, 202, 228, 232, 236, 237, 239, 250, 255, 262, 308, 312, 317, 320, 321, 324, 333, 335, 336, 349, 362, 385
Humankapitaltheorie 11, 50, 51, 53, 57, 60, 65, 66, 67, 68, 69, 70, 71, 72, 73, 75, 103, 212, 235
Humanressourcen 32, 37, 64, 136
Huselid 135
IAB 29
Ichniowski 133
Identität 79, 81, 120, 121, 164, 192, 198, 312
Ijiri 221, 222, 297
ILOI 43, 136
immaterielle Aktiva 89, 99, 234, 349, 350, 351
immaterielle Vermögensgegenstände 28, 226, 324

immaterieller Aktiva 13, 53, 211, 227, 255
Implizites Wissen 141, 142, 193, 349, 350
Indikator q 90, 92, 257, 258
Indikatoren 15, 17, 19, 27, 28, 30, 32, 35, 36, 39, 40, 41, 42, 44, 50, 53, 54, 55, 88, 90, 92, 94, 95, 97, 101, 102, 138, 189, 212, 213, 214, 229, 241, 245, 250, 252, 255, 256, 258, 259, 262, 263, 266, 268, 282, 295, 297, 298, 300, 301, 302, 303, 304, 305, 306, 307, 308, 310, 312, 314, 315, 316, 317, 320, 321, 322, 323, 325, 326, 327, 328, 329, 331, 337, 338, 339, 340, 341, 342, 345, 346, 350, 355, 356, 357, 358, 359, 360, 361, 362, 363, 364, 365, 369, 372, 373, 381, 385, 386, 388, 390, 391
Indikators q 90, 93
Information 12, 13, 14, 17, 19, 24, 25, 26, 42, 51, 54, 57, 61, 75, 82, 87, 89, 103, 104, 105, 106, 107, 108, 109, 110, 111, 112, 113, 114, 115, 116, 117, 118, 119, 121, 123, 124, 127, 128, 129, 130, 144, 149, 166, 176, 181, 182, 183, 185, 186, 187, 193, 200, 202, 205, 206, 207, 208, 210, 213, 223, 224, 245, 246, 247, 250, 266, 268, 270, 274, 299, 300, 301, 337, 348, 371
Information Productivity 14, 245
Information Space 13, 176
Informationsasymmetrien 32
informationstheoretische Messung von Wissen 113
Informationstheorie 12, 105, 106, 110, 113
Informationsübertragung 106, 114
Informationswert 112, 117, 118, 119, 206
Innovation 27, 57, 64, 202, 274, 308, 319, 322, 333, 336, 343
intangible assets 28, 38, 227, 230, 232
intellectual capital 38, 53, 245, 251, 252, 256, 258, 367
International Survey on Knowledge Management Drivers 43
Investor Relations 35, 58, 60, 90, 93, 94, 97, 103, 189, 203, 256, 327
I-Space 13, 17, 18, 174, 176, 268, 290, 291, 365
Itami 43, 153, 159
Jackson 376, 377
Jacobs 78
Janis 292
Jelinek 88, 145
Jensen 73, 77, 96, 158, 167, 172, 258
Jochmann 101
Johanson 91
Johnson-Laird 183
Jonas 5
Jones 330
Jöns 113
Kaestner 70
Kapitalmarkt 103
kapitalmarktbezogene Perspektive 248, 362
kapitalmarktorientierten Unternehmensführung 212

Kaplan 41, 298, 342, 343, 344, 345
Katz 70, 134, 144
Keefe 134
Keeney 302
Kelle 342
Kennzahlen 15, 36, 246, 298, 299, 300, 301, 302, 303, 304, 307, 312, 340, 343, 345
Kernkompetenz 155, 160, 161, 163
Kiehn 237
Kieser 170
Kim 91
King 241
Kirsch 195
Klassifikation von Wissen 11, 12, 84, 86, 138, 174
Klein 388
Kleinhans 89
Klimecki 144, 145
Kline 145
Klingebiel 31
Kloidt 217
Knaeser 38
Knapp 120
Know-how 23, 27, 34, 38, 43, 63, 72, 95, 126, 141, 142, 157, 158, 159, 207, 245, 309, 314, 317, 319, 340
knowledge assets 233
knowledge based theories of the firm 50, 58, 203
Knowledge Capital 14, 245
knowledge statement 53, 212, 226, 233, 255
Koch 220, 225
Kogut 79, 139, 153, 164
Kolb 145
Kolbe 100
Koller 32, 94
Kommunikationsmodell 105
König 289
Königswieser 289
Konstruktivistische Integration 16, 364
Kontextabhängigkeit 54, 109, 110, 195, 206, 210, 211, 213, 224, 266, 269, 281, 305, 346, 366, 371
Kosiol 197, 218
Kostenwerttheorie 218, 219, 220, 221, 225
Kotler 95
Krcmar 106, 109, 120
Kreppner 262
Kropp 236, 237
Krystek 93
Kubicek 170
Kuhn 375
Küpper 213, 298, 299, 300, 301, 303, 304
Kurtzke 29
Küting 94
Kuznets 65
Lake 133
Landry 378
Lane 284
Lanz 99

Latour 173
Lawler 235, 237, 239
Leadbeater 232
Lee 28
Leffson 101
Leibenstein 74
Leitdimensionen zur Klassifikation wissensbezogener Meßgrößen 15, 352
Leitner 32, 91
Leonard-Barton 145
Lernprozeß 88, 144, 160, 163, 176, 177, 178, 284, 292, 297, 345
Lernprozesse 12, 13, 30, 63, 72, 77, 137, 143, 145, 146, 163, 176, 179, 184, 203, 205, 206, 208, 237, 283, 285, 288, 293, 296, 378, 391
Lev 32, 91, 92, 235
Levinthal 153, 166
Levitt 88, 144
Lewin 133
Lienert 264, 281
Likert 131, 235
Link 94
Lloyd 39, 126, 317
lokale Gebundenheit 123
Lorson 94
Lucas 57, 63, 202
Lück 123
Lueken 173, 375, 377, 378, 379, 380, 386
Luhmann 184, 185, 198
Lullies 89, 145
Lusch 36
Lush 102
Lyles 139, 287
MacDuffie 132, 134
Machlup 18, 57, 60, 80, 81, 82, 83, 84, 85, 86, 103, 165, 200, 203
Maidique 88
Majluf 243
Malik 144, 289
Malone 15, 39, 40, 41, 311, 312, 314, 315, 316, 320, 321, 322, 323, 324, 327, 328, 340
Management Value-Added 246, 248
Mandel 97
Mandl 136
Mankiw 67
March 144, 150
Markowitz 258
Marr 238
Marx 61, 219
Masuda 29
materielle Vermögenswerte 49
Mattesich 217, 222
Mattimore 132
Maturana 184, 185
Mavrinac 32, 92
McGregor 131
McKee 131
McLagan 101
McMahen 131
Meckling 172

Medium / Bewertbarkeit 192
Megla 105
Meinicke 7
Menzel 194
Merkmale von Wissen 11, 13, 19, 26, 58, 80, 82, 119, 127, 140, 165, 190, 191, 192, 204, 205, 207, 209, 210, 213, 224, 267, 268, 281, 305, 346, 366, 371
Mertens 34
Merton 79, 392
Meßbarkeit von Wissen 14, 15, 47, 50, 54, 84, 213, 266, 268, 293
Meßbezogene Entscheidungen 14, 262
Messung 12, 14, 15, 16, 21, 24, 26, 27, 35, 36, 37, 45, 46, 47, 50, 53, 54, 55, 64, 80, 82, 84, 103, 110, 112, 115, 117, 132, 152, 181, 203, 204, 210, 211, 212, 213, 214, 215, 216, 228, 238, 245, 256, 262, 263, 264, 265, 266, 267, 268, 269, 270, 272, 273, 293, 295, 298, 301, 305, 306, 309, 310, 338, 344, 347, 352, 353, 355, 356, 358, 360, 365, 366, 372, 381, 385, 387, 388
Messung semantischer Information 112
Messung statistischer Information 112, 115
Messung von Wissen 16, 21, 24, 26, 47, 50, 53, 55, 80, 181, 203, 210, 211, 212, 213, 214, 256, 267, 268, 269, 273, 295, 306, 309, 310, 338, 347, 353, 355, 356, 358, 360, 372, 381, 385, 387, 388
Metcalfe 62
Methode 340
Meyer 92
Miles 131
Mills 243
Mincer 65, 67
Minsky 183
Mintzberg 116
Mitroff 145
Mittelstrass 388
Mittelstraß 173
Modi der Wissensproduktion 18, 389
Mohr 27, 28
Molander 131
monetären Interpretation 216
Montgomery 88, 155
Morecroft 144
Morey 152
Motta 41
Moxter 97
Mulder 132
Mumford 145
Münstermann 97
Murrin 32, 94, 240, 241
Nachricht 105, 106, 107, 108, 109, 110, 113, 114, 117, 121, 175, 186, 187, 205, 206, 207, 208
Näf 25
Nahapiet 79
Naisbitt 29
Nefiodow 29

453

neue Wachstumsmodelle 63
Neuen Wachstumstheorie 57, 202
Newell 183
nicht-kumulative Ressource 81, 124, 192
Nkomo 133
Nonaka 12, 34, 43, 44, 67, 83, 84, 96, 124,
  137, 139, 140, 141, 142, 143, 145, 149, 152,
  168, 169, 174, 193, 194, 203, 267, 296, 351,
  378
Norman 182
North 22, 43, 93, 120, 136, 234, 340
Norton 41, 344, 345
Nowotny 388
Nutzbarkeit 13, 112, 156, 172, 192, 193, 194,
  195, 208
Ockham 113
OECD 28, 30, 41, 64, 66, 80, 102, 232, 335,
  342, 387
Oliver 239
Ontologie 192, 196
Opitz 96
Organisation 12, 29, 61, 64, 65, 73, 74, 75, 76,
  77, 78, 80, 87, 101, 129, 139, 140, 144, 145,
  146, 148, 149, 150, 151, 157, 162, 163, 164,
  168, 169, 198, 199, 206, 209, 239, 285, 308,
  309, 324, 332, 333, 343, 348, 349, 351, 374,
  383, 389
organisationalen Lernens 12, 17, 43, 114, 143,
  146, 147, 150, 153, 177, 205, 284, 296
organisationales Lernen 141, 146, 270
Orth 215, 263
Ottersbach 100
pagatorische Kostenbegriff 13, 218, 220, 221
Paul 93, 94
Pautzke 145, 195, 348
Pawlowsky 7, 12, 29, 43, 61, 66, 87, 89, 114,
  137, 138, 143, 144, 146, 147, 148, 152, 177,
  187, 195, 203, 267, 268, 274, 283, 287, 296
Pedler 145, 151
Peltzmann 155
Penrose 12, 153, 154, 156, 162
Perrig 194
Personengebundenes Wissen 349, 350
Peters 392
Petkoff 114, 194, 274
Pfeffer 353, 374
Philipp 241
Piaget 150
Picot 89
Poitevin 93, 96
Polanyi 139, 141, 382
Porter 34, 155, 160, 392
Powell 155
Powers 134
Pragmatik 108, 118
Prahalad 12, 43, 79, 139, 153, 159, 160, 162,
  163
Preis 22, 32, 37, 82, 112, 117, 124, 156, 219,
  227, 231, 234, 277, 279
Preissystem 120, 122, 123, 224

Preis-Wert-Relation 120, 123
Print 243
Probst 38, 42, 43, 137, 152, 234, 274, 334
Produktintelligenz 22
Produktionsfaktoransatz 11, 86
prozeßbezogene Perspektive 17, 18, 55, 214,
  294, 333, 338, 362, 363, 366
Prusak 120, 126
Pulic 14, 38, 53, 68, 212, 245, 246, 250, 251,
  252, 254, 256, 258, 259, 367
Putnam 78, 79
Quinn 29
Rabel 97
Randolph 297, 302, 303, 305
Rappaport 32, 33, 94, 98, 240, 241
Raub 43
Rechnungslegung 13, 36, 45, 53, 89, 226, 255,
  292, 308, 311
rechnungslegungsbezogene Perspektive 362,
  367
Reed 376
Rehäuser 106, 109, 120
Reich 68
Reichheld 95
Reilly 227, 228, 229, 230, 231, 232
Reimann 32, 240
Reinhardt 7, 14, 38, 44, 54, 120, 132, 137, 145,
  147, 148, 184, 213, 269, 273, 275, 276, 277,
  278, 288, 292, 295, 296
Reinmann-Rothmeier 43, 136
Reißner 101
Rennie 53, 84, 212, 226, 233, 234, 255
Repräsentationistische Integration 16, 362
Return on Management 247
Revans 145
Riebel 220
Rockholtz 34
Roll 258
Romer 57, 63, 202
Romhardt 43, 93, 140, 187, 234
Roos 15, 38, 39, 40, 120, 139, 145, 182, 183,
  184, 191, 308, 309, 312, 313, 314, 315, 316,
  318, 320, 321, 322, 323, 324, 327, 328, 330,
  331, 332, 333, 334, 337, 340, 344
Ross 73, 96, 172
Roth 194
Rousseau 287
Rozell 71
Rubin 154
Ruigrok 93
Rumelhart 144, 182
Russel 134
Ryle 139
Sackmann 95, 145, 159, 235, 239, 296
Sadowski 70, 73, 74
Sattelberger 314
Sautter 34
Scanlan 127
Schäuble 25
Scheele 182

Schein 145
Scheppeck 132
Scherer 376, 377, 378, 379, 380, 381
Schlagenhaufer 236, 254
Schlösser 241
Schmalenbach 218
Schmidt 132, 143, 236, 237
Schneider 120, 215, 220, 251, 260, 263
Schnell 215
Scholl 144
Schön 139, 145, 146
Schreib 94
Schreyögg 96, 296
Schroder 144, 292
Schuler 131, 136
Schultz 65, 67, 376
Schumpeter 81, 205
Schwan 239
Schweihs 228, 229, 230, 232
Schweitzer 196
Schwenk 287
Scott 388
Seifert 127
Seil 215
Semantik 107, 118
Senge 43, 143, 144, 150, 332
Shannon 106, 175
Shapiro 92
shareholder 32, 41, 240, 241, 242, 243, 248, 255, 259, 367
shareholder value 32, 240, 241, 242, 243, 256, 367
Sharpe 258
Shrivastava 88
Shuen 153
Siebenhaar 98
Siegwart 241
Siener 241
Sievers 208
Simon 107, 124, 129, 172
Sims 145, 184
Sixl 120
Sjögren 65
slippery 81, 120, 121, 122, 126, 127, 205, 206, 209, 210
Smircich 145, 184
Smith 61
Snell 131
Snow 131
Solow 62
Sonntag 145
sozialwissenschaftlich-empirischen Meßbegriffs 53, 212, 372
Sparrow 131
Spencer 236
Spender 12, 165, 171, 172, 173, 174, 179, 194, 195, 267, 378, 392
Spiceland 239
Stachowiak 197
Staehle 124, 169, 298
Standard 97
Statistik 106, 118
Steiger 69
Steiner 94
Steinmann 236, 378
Stern 53, 240, 242, 244, 250
Stevens 69, 215, 260
Stewart 29, 39, 40, 41, 53, 92, 212, 214, 226, 233, 234, 235, 242, 243, 244, 255, 308, 334, 344
stickiness 81, 120, 122, 126, 159, 205, 210
Stivers 41
Storey 131
Strassmann 14, 53, 116, 212, 245, 246, 247, 248, 249, 250, 251, 256, 258, 259, 367
Strategic Learning Assessment Map 17, 283, 285
Strauch 33, 34, 98
Strauss 390
Streufert 144, 292
Strukturelles Wissen 349, 350
subjektive Werttheorie 219
Sveiby 15, 38, 39, 40, 41, 54, 120, 126, 214, 306, 308, 309, 310, 311, 312, 314, 315, 316, 317, 318, 320, 321, 322, 323, 324, 327, 328, 329, 331, 335, 339, 344
Swanson 239
Sweezey 144
Syntax 107, 112, 118
Systematisierung wissensbezogener Meßgrößen 15, 352
Szyperski 216, 222
Takeuchi 12, 34, 43, 83, 137, 139, 140, 141, 142, 145, 149, 378
Tampoe 162
technischer Fortschritt 62, 63
Technologie 72, 76, 88, 89, 194, 228, 232, 325, 336, 382, 383, 384
Teece 153, 158
Terpstra 134
Thibaut 122
Thomas 88, 375
Thompson 172
Tichy 131, 133
Tiwana 152
Tomassini 239
Tomer 73, 74, 75, 76, 77, 78
Torgerson 262
traditionellen Rechnungswesen 35, 202, 211
Trägerabhängigkeit 117, 210, 211, 224, 268, 305, 346, 366, 371
Trow 388
Turkle 25
Turner 183
Tushman 127
Tversky 110
Übertragbarkeit 166, 192, 193, 195, 229
Ulrich 132, 133, 144
Umstätter 113, 114, 118
unsichtbare Vermögenswerte 229, 231, 232

unsichtbarer Vermögenswerte 13, 18, 226, 227, 228, 229, 231, 255, 259
Unsichtbarkeit 37, 49, 194, 210, 211, 223, 266, 305, 346, 366
Unternehmensbewertung 12, 33, 97, 98
Unternehmenserfolg 12, 39, 58, 71, 129, 130, 131, 132, 133, 134, 135, 137, 152, 200, 203, 246, 247, 267, 318, 330, 336
Value Added Intellectual Capital 14, 250
Value added intellectual potential 251
van den Daele 391
Varela 183, 184
Venzin 138, 139
Verbreitung 118, 120, 121, 178, 207
Vervielfältigungskosten 120, 121
Vester 25, 144
Vicari 184
Voigt 101
Volkart 32, 241, 242
volkswirtschaftlichen Wachstumstheorie 51, 60
von Foerster 25, 26, 199
von Hippel 81, 205
von Krogh 52, 138, 139, 144, 182, 183, 184, 191, 280, 305
Wächter 100, 237
Wagner 257
Wakerly 303
Waterman 392
Weaver 106, 109, 175
Weber 45, 101, 240, 254
Weick 145, 184
Weil 67
Weitzman 134
Weltbank 28
Wernerfelt 153, 154, 155, 156, 158
Wert 14, 22, 23, 30, 35, 38, 39, 61, 72, 80, 81, 82, 83, 84, 98, 110, 112, 113, 115, 117, 118, 119, 122, 123, 124, 125, 128, 157, 165, 167, 178, 191, 196, 198, 200, 204, 206, 207, 208, 209, 212, 216, 217, 218, 219, 223, 225, 226, 229, 230, 231, 232, 235, 236, 237, 240, 243, 244, 248, 249, 251, 252, 254, 255, 257, 258, 305, 306, 312, 313, 317, 321, 322, 325, 355, 356, 359, 385
Wert von Wissen 22, 81, 113, 122, 123, 124, 125, 207, 212, 216
wertmäßige Kostenbegriff 13, 218, 219
Wertschöpfung 11, 21, 24, 27, 29, 30, 31, 35, 36, 38, 45, 49, 50, 57, 58, 60, 66, 80, 88, 89, 93, 102, 130, 136, 158, 165, 169, 172, 200, 202, 235, 240, 244, 245, 250, 251, 254, 256, 257, 258, 259, 267, 282, 289, 309, 311, 333, 367, 385
Wertverlust von Wissen 105
Westphalen 70
White 28, 283, 284
Wiegand 43, 88, 138
Wieken-Mayser 260
Wijg 137, 152
Wilkens 7, 131

Williamson 73
Willke 110, 173, 184, 186, 187, 198, 200, 289
Wilson 145
Winkelhage 25
Winter 139, 158
Wintermantel 132
Winterton 131
Wissen 7, 9, 11, 12, 13, 15, 17, 18, 19, 21, 22, 23, 24, 25, 26, 27, 29, 30, 31, 35, 37, 38, 40, 42, 43, 44, 45, 46, 47, 49, 50, 51, 52, 53, 54, 55, 57, 58, 59, 60, 61, 62, 63, 64, 65, 66, 67, 69, 72, 76, 77, 80, 81, 82, 83, 84, 85, 86, 87, 88, 89, 90, 91, 92, 93, 95, 96, 97, 102, 103, 104, 105, 108, 109, 110, 111, 112, 113, 114, 115, 116, 117, 118, 119, 120, 121, 122, 123, 124, 125, 126, 127, 128, 129, 130, 136, 137, 138, 139, 140, 141, 142, 143, 145, 146, 149, 150, 151, 152, 153, 155, 158, 159, 162, 163, 164, 165, 166, 167, 168, 169, 170, 171, 172, 173, 174, 175, 177, 178, 179, 180, 181, 182, 183, 184, 185, 186, 187, 188, 189, 190, 191, 192, 193, 194, 195, 196, 197, 198, 200, 201, 202, 203, 204, 205, 206, 207, 208, 209, 210, 211, 212, 213, 214, 216, 217, 222, 223, 224, 225, 226, 233, 234, 239, 240, 242, 245, 247, 250, 255, 257, 262, 266, 267, 268, 269, 270, 271, 272, 273, 274, 279, 280, 281, 282, 290, 292, 293, 294, 295, 296, 298, 304, 305, 306, 317, 318, 319, 321, 334, 337, 340, 341, 342, 346, 347, 348, 349, 350, 351, 352, 353, 356, 357, 358, 362, 363, 364, 366, 369, 371, 372, 374, 377, 378, 379, 382, 383, 384, 385, 387, 389, 390, 391, 392
Wissensakkumulation 57, 63, 83, 203
Wissensbasierte Theorien des Unternehmens 12, 164
wissensbasierten Unternehmenstheorie 52, 130, 179, 181
Wissensbezogene Meßgrößen 15, 355, 356, 358, 360
wissensbezogene Wertschöpfung 91, 217, 245, 248, 257, 342, 363, 387
wissensbezogenen Vermögensgegenständen 244
wissensbezogener Wertschöpfung 14, 15, 35, 37, 45, 49, 50, 58, 92, 222, 223, 234, 245, 248, 252, 255, 256, 257, 258, 259, 288, 295, 297, 298, 338, 339
Wissenschaft 375, 377, 378, 381, 382, 383, 384, 392
wissenschaftlichen und technologischen Aussagesystemen 383, 384
Wissensflüsse 257, 293
Wissenskapital 18, 38, 39, 40, 42, 49, 54, 92, 126, 214, 233, 251, 298, 306, 307, 308, 309, 310, 311, 312, 313, 316, 317, 318, 320, 325, 326, 329, 330, 331, 334, 335, 336, 337, 340, 341, 346, 349, 350, 385
Wissenskapitalindex 40, 334

Wissensmanagements 7, 12, 14, 17, 39, 43, 44, 49, 52, 54, 58, 146, 147, 148, 150, 151, 152, 159, 176, 179, 181, 246, 269, 273, 274, 275, 276, 278, 283, 288, 289, 295, 296, 350, 351
Wissensmarkt 123, 126
Wissensökonomie 29, 116, 250, 252
Wissensproduktion 57, 80, 83, 89, 203, 388, 389, 390
Wissenstransformationsprozeß 44, 274
Wissensvermögen 44
Wittmann 84, 87, 89, 200
Wöhe 86, 87, 226, 227
Wohlrapp 379
Woolridge 91

World Economy Survey 23
Wright 131
Wunderer 236, 254
Yanow 145
Yao 157
Yelle 87
Yeung 133
Zammato 139
Zander 79, 139, 153, 164
Zarowin 92
Zeller 98
Zirger 88
zu Knyphausen 153
Zuboff 139

Jörg Scheffner

Kosten- und Erfolgsrechnung für immaterielle Potentiale

Frankfurt/M., Berlin, Bern, Bruxelles, New York, Oxford, Wien, 2001.
XXII, 309 S., 32 Tab.
Europäische Hochschulschriften: Reihe 5, Volks- und Betriebswirtschaft.
Bd. 2753
ISBN 3-631-36708-2 · br. € 50.10*

Der Lebenszyklus betrieblicher Leistungen verringert sich zusehends, insbesondere durch erhöhten Wettbewerb. Als Folge steigen die Kosten für intensivere Vor- und Nachleistungen und verteilen sich auf einen schrumpfenden Marktzyklus. Zur Kontrolle der Zielerreichung benötigt das Management kurzfristig exakte Informationen über die Performance ihres Produktmix. Zur Planung und Steuerung der zukünftigen Produktmatrix sind Informationen nötig, die insbesondere den Planungsprozess unterstützen und darüber hinaus Alternativen und Szenarien aufzeigen und bewerten. Im Mittelpunkt dieser Untersuchung stehen die Berücksichtigung der Kosten immaterieller Potentiale bereits im Zeitpunkt ihres Anfalls sowie Auswirkungen von Abweichungen entstandener Kosten für den Aufbau immaterieller Potentiale und die Möglichkeiten der Gegensteuerung. Die Abbildung dieser Einflüsse erfolgt durch das Controlling in der Erfolgsrechnung, wobei der gesamte Lebenszyklus integriert werden muss und die Zusammenhänge zu den Lebenszyklen anderer Produkte abgebildet werden.

Aus dem Inhalt: Begriff und Abgrenzung immaterieller Potentiale · Anforderungen an das Informationsversorgungssystem bezüglich Planung und Kontrolle im Bereich immaterieller Potentiale · Planung und Kontrolle der Kosten und Erlöse immaterieller Potentiale · Gestaltung einer an immateriellen Potentialen orientierten Kosten- und Erfolgsrechnung

Frankfurt/M · Berlin · Bern · Bruxelles · New York · Oxford · Wien
Auslieferung: Verlag Peter Lang AG
Jupiterstr. 15, CH-3000 Bern 15
Telefax (004131) 9402131

*inklusive der in Deutschland gültigen Mehrwertsteuer
Preisänderungen vorbehalten
Homepage http://www.peterlang.de